国家体育总局体育决策咨询研究优秀成果汇编
（2017—2019 年）

国家体育总局政策法规司 编

人民体育出版社

图书在版编目（CIP）数据

国家体育总局体育决策咨询研究优秀成果汇编. 2017—2019年 / 国家体育总局政策法规司编. -- 北京：人民体育出版社，2021

ISBN 978-7-5009-5943-4

Ⅰ.①国… Ⅱ.①国… Ⅲ.①体育事业—体制改革—成果—汇编—中国—2017—2019 Ⅳ.①G812

中国版本图书馆CIP数据核字(2020)第272154号

*

人民体育出版社出版发行
北京新华印刷有限公司印刷
新 华 书 店 经 销

*

787×1092　16开本　25.75印张　620千字
2021年10月第1版　2021年10月第1次印刷
印数：1—3,000册

*

ISBN 978-7-5009-5943-4
定价：100.00元

社址：北京市东城区体育馆路8号（天坛公园东门）
电话：67151482（发行部）　　　邮编：100061
传真：67151483　　　　　　　　邮购：67118491
网址：www.sportspublish.cn

（购买本社图书，如遇有缺损页可与邮购部联系）

目 录

坚定不移地走中国特色社会主义体育强国之路研究 …………… 池建等（1）
建设体育强国的内涵、指标体系和基本路径研究 …………… 鲍明晓等（9）
充分发挥现代体育在经济社会发展中的重要作用 …………… 戴健等（21）
如何在体育发展中体现以人民为中心的战略方针研究 ………… 申平华等（29）
加快补齐短板 开创体育发展新局面 ……………………… 钟秉枢等（38）
全民健身与全民健康深度融合的体制机制研究 …………… 陈佩杰等（43）
"互联网+"体育形势下的体育发展模式创新研究 …………… 李勇坚等（52）
体育产业发展的新模式和保障措施研究 …………………… 夏杰长等（59）
体育改革的总体思路与顶层设计 …………………………… 任海等（69）
体育特色小镇建设路径研究 ………………………………… 蔡文菊等（75）
体育特色小镇建设的研究 …………………………………… 周良君等（86）
关于东京奥运会备战措施、政策和保障条件的研究 ………… 杨国庆等（94）
推进体育与娱乐融合发展的研究 …………………………… 黄海燕等（102）
开启新时代全面建设体育强国新征程 ……………………… 鲍明晓（111）
群众体育改革与发展 ………………………………………… 卢文云（126）
竞技体育改革与发展 ………………………………………… 杨国庆（160）
体育产业改革与发展 ………………………………………… 黄海燕（195）
权利导向的《中华人民共和国体育法》修改总则研究 ……… 姜世波（217）
构建举国体制与市场机制相结合的新机制研究 …………… 鲍明晓等（221）
乒乓球对我国体育文化的贡献及社会影响研究 …………… 孙淑慧等（225）
国家队各项事务媒体转播权益保护研究 …………………… 马法超等（229）
不断深化体育改革背景下的我国体育竞赛表演产业政策研究 ……… 黄海燕等（234）
体育推动城市与地区发展研究 ……………………………… 林显鹏等（238）
运动健康城市的评价体系 …………………………………… 王家宏等（243）
运动健康城市的评价体系研究 ……………………………… 王卅等（248）
基于比较优势的粤港澳大湾区体育产业一体化研究 ………… 周良君等（253）
移动网络时代体育传播创新研究 …………………………… 张盛等（257）
东京奥运会我国重点项目备战策略研究 …………………… 彭国强等（261）
习近平总书记关于体育的重要论述研究 …………………… 曹卫东（265）
我国奥运冠军成长规律研究 ………………………………… 杨国庆（270）
群众"健身难"问题破解路径研究 ………………………… 卢文云（274）

足球改革发展进程中深层次制约因素对策研究……………………………………鲍明晓（280）
构建我国体育市场监管体系研究……………………………………………………黄海燕（285）
新时代我国体育事业发展综合评价体系研究………………………………………李 鉴（290）
办好人民满意的体育研究……………………………………………………………鲍明晓（294）
推动社区健身提质升级、增强居民获得感和幸福感研究…………………………沈群红（299）
体育消费发展现状、趋势及拉动政策研究…………………………………………江小涓（303）
我国备战参赛2022年亚运会"杭州计划"研究……………………………………彭国强（312）
我国国家队教练员聘用和激励机制改革研究………………………………………刘红建（319）
新时代优秀运动队思想政治工作研究………………………………………………时维金（325）
我国冰雪项目后备人才培养保障政策设计研究……………………………………张春萍（333）
体育赛事"一站式"服务研究………………………………………………………朱洪军（337）
地方足球治理体系研究…………………………………………………………………赵 毅（342）
体育产业与文旅产业融合发展研究……………………………………………………王 凯（345）
健康中国背景下健身气功中长期发展规划研究……………………………………范铜钢（350）
我国职业足球青训与校园足球衔接体系研究………………………………………邱林等（353）
新时代我国体育法治框架体系研究…………………………………………………谭小勇（357）
体育市场"黑名单"制度建设与组织实施研究……………………………………罗文桦（360）
民族民间民俗体育文化挖掘与传承研究……………………………………………陆学杰等（365）
城市马拉松旅游效应与创新发展研究………………………………………………许春蕾等（369）
英、德、法、日、加等国体育ADR（替代性纠纷解决）机制比较研究
　　………………………………………………………………………………………向会英（373）
我国冰雪运动产业高质量发展内涵及标准研究……………………………………王兆红（378）
人工智能应用与体育传播方式变革研究……………………………………………王相飞等（384）
大型体育场馆公共体育服务补贴政策的实施效果及转变方式研究………………金涛等（389）
国家体育产业基地建设现状与应对路径研究………………………………………许焰妮（393）
体育产业促进就业的渠道与政策研究………………………………………………徐开娟（398）
体育促进乡村振兴的路径及政策研究………………………………………………陈珍怀等（402）

坚定不移地走中国特色社会主义体育强国之路研究

池 建　蔡有志　王会寨　苗向军　周学政　陈世阳

中国特色社会主义伟大旗帜为中国特色社会主义体育强国建设指明了方向、立场、原则。习近平总书记体育思想为中国特色社会主义体育强国建设提供了根本指导和基本遵循。建设中国特色社会主义体育强国既是体育发展的崇高历史使命和政治责任，也是当前所面临的重大时代课题。

一、中国特色社会主义体育强国道路的内涵与特征

（一）中国特色社会主义体育强国道路的内涵

中国特色社会主义体育强国道路，是建设中国特色社会主义体育强国、实现体育强国梦的必由之路。中国特色社会主义体育强国道路是在统筹推进"五位一体"总体布局和协调推进"四个全面"战略布局，实现"两个一百年"奋斗目标中，我国体育事业跨越式发展的必然选择，是破解体育领域发展难题和困境的必然选择，是进一步落实党对体育工作新要求的必然选择。

中国特色社会主义体育强国道路是在我国政治、经济、社会、文化发展进入新的历史条件下，党的体育事业对人民群众热切期待和社会需求作出的回应，体现了党在不断深化对体育发展规律认识基础上大胆创新，勇于实践，积极开创体育工作新局面的远见卓识。

党的十八大以来，我国体育事业的发展面临着新的形势，从体育大国向体育强国的转变，要求我们深化体育领域改革，探索符合我国实际的中国特色社会主义体育强国道路，全面提升我国体育现代化水平和能力。中国特色社会主义体育强国道路体现了我国体育事业的指导思想、发展方向、战略目标、战略步骤、重点领域和实施策略，是必须始终和一贯坚持的正确发展道路。

（二）中国特色社会主义体育强国道路的特点

中国特色社会主义体育强国道路最鲜明的特点是坚持党的领导，坚持中国特色，以马克思主义的立场、观点和方法解决我国体育事业发展中遇到的关键性、瓶颈性问题。中国体育的发展道路不同于其他体育大国的最根本之处就在于党的领导和指引，并以马克思主义的立场、观点和方法找到了一条符合我国实际的具有中国特色、中国风格、中国气派的发展道路。这条道路的根本出发点和落脚点是满足人民群众对体育的多样化需求，增强人民体质，提高竞技体育水平，提升国家软实力。以实现两个一百年奋斗目标和中国梦为指引，以体育领域供给侧改革为突破口，全面提升我国体育核心竞争力。

改革开放40多年来，我国体育事业发展取得的成就是与我国多层次全方位的改革和顺应时代潮流及与时俱进的社会发展分不开的。进入新的时代，体育领域面临着新的挑战，不断出现新问题、新矛盾。要消除阻碍体育事业发展的各种障碍，需要我们以改革创新精神引领各项体育事业发展，全面推进体育治理能力现代化。

二、为什么要坚定不移地走中国特色社会主义体育强国道路

（一）中国特色社会主义体育强国是建设中国特色社会主义强国的重要内容

推动体育事业发展是建设中国特色社会主义的重要组成部分，建设中国特色社会主义体育强国是走中国特色社会主义强国之路的重要内核。中国特色社会主义理论、中国特色社会主义强国与中国特色社会主义体育强国有着密切的内生联系。

体育强国建设是实现"两个一百年"奋斗目标的内容和手段之一。党的十八大以来，以习近平同志为核心的党中央制定了一系列具有战略性、全局性、指导性的方针政策，着力推动体育事业改革创新发展，谋划部署体育强国战略不断向纵深推进。中央抓住推进体育强国战略的关键性环节和重点领域，审时度势，顺应民意，成功申办北京冬奥会。推动我国冰雪运动普及和发展，推动全民健身运动广泛开展，推动竞技体育、全民健身、体育产业等各体育领域协同发展，并使体育成为推进健康中国建设和京津冀协同发展的新的领域。

在习近平总书记"体育强国梦""全民健身与全民健康深度融合""体育强则中国强"等重要观点及思想指导下，体育强国建设已全方位融入我国全面建成小康社会、实现中华民族伟大复兴的战略全局，中国特色社会主义体育强国建设已成为建设中国特色社会主义必不可少的重要环节。

（二）中国特色社会主义体育强国道路是实现中华民族体育强国梦的必然选择

从历史的视角看，体育强国梦一直贯穿着中华民族追求民族独立、国家富强和人民幸福的伟大征程。体育强国梦是近代以来中华民族矢志不渝的追求。近现代体育，是以增强民族体质，改变预期寿命短、身体素质低下的状态，"强种救国""体育救国"为主要内容的近代中国人救亡图存努力和探索的方向。中华人民共和国成立以后，党和国家高度重视体育工作，全面开展体育运动，增强人民体质。改革开放后，特别是在全面建成小康社会关键时期，党和国家将体育事业的发展放在中国特色社会主义建设的全局和战略高度来考量，为中国特色社会主义体育强国建设提供了基本的制度和组织保障。

习近平总书记指出："道路决定命运，找到一条正确道路是多么不容易。中国特色社会主义不是从天上掉下来的，是党和人民历尽千辛万苦、付出各种代价取得的根本成就。"社会主义思想的提出已有500多年，从这个历史过程考察，会更加充分地认识中国特色社会主义的历史必然性和科学真理性。历史和现实表明，只有社会主义才能救中国，只有中国特色社会主义才能发展中国。作为中国特色社会主义的重要组成部分，中国特色社会主义体育强国道路反映了人民的选择，是历史的结论。只有坚定不移地走中国特色社会主义体育强国道路，我们的体育强国梦才有实现的基础，才能早日实现。

（三）中国特色社会主义理论体系为建设体育强国提供科学指导

从理论的层面看，中国特色社会主义理论体系是体育强国建设的行动指南，是坚持走中国特色社会主义体育强国道路的根本遵循。改革开放以来，我们党在总结历史正反两方面经验基础上，逐步形成并完善了中国特色社会主义理论体系。特别是党的十八大以来，以习近平同志为核心的党中央，立足国际格局深刻变化和国内改革发展稳定大局，提出了"五位一体"总体布局和"四个全面"战略布局。这些理论指明了体育事业发展的基本方针、基本原则和基本政策，确定了体育强国的目标、任务和主要内容，形成了与全面建成小康社会、实现中华民族伟大复兴相一致的体育强国战略——到 2020 年基本建成体育强国的产业体系和体育事业发展机制，初步实现中国体育的现代化；到 21 世纪中叶全面完成体育强国建设任务。"四个全面"战略布局为体育事业持续健康发展标定了历史方位，指明了主要任务。

三、中国特色社会主义体育强国道路建设的初步探索与实践

（一）中华人民共和国体育发展方式的改革与创新

中华人民共和国成立后，特别是改革开放以来，在党中央、国务院亲切关怀和坚强领导下，我国体育事业从极度落后大步发展为举世瞩目的体育大国，目前正在为实现体育强国的伟大目标而不懈奋斗。

中华人民共和国成立初，在中央人民政府的领导下，我国迅速完成了对旧中国体育的改造，并顺利过渡到中华人民共和国社会主义体育。建立了体育行政机构，颁布了体育规章制度，开展了体育竞赛活动，确立了普及与提高相结合的体育方针，为中华人民共和国体育的发展奠定了组织、制度等基础。

改革开放以来，中国体育事业取得了举世公认的辉煌成就，初步形成了中国特色社会主义体育发展道路。1978 年以来，中国体育发展大体上经历了 4 个发展阶段。

第一阶段（1978—1992 年）：重返国际奥林匹克大家庭，体育腾飞时期。这一时期，我国体育采用的是计划经济体制下的计划型发展方式。此阶段，我国体育事业初步形成以发展竞技体育为先导，带动体育事业全面发展的战略格局。以竞技体育举国体制为核心，初步探索出了一条中国特色高水平竞技体育发展道路。同时也极大地推动了群众体育的发展。

第二阶段（1993—2000 年）：深化体育改革，各方面大发展时期。这一时期，我国体育采用的是与计划经济向市场经济过渡相适应的混合型发展方式。并进行了竞技体育项目职业化、项目协会实体化、群众体育社会化、竞赛制度分级分类管理及体育产业化等的初步探索。

第三阶段（2001—2012 年）：以科学发展观为统领，全面发展时期。这一时期，我国体育实行超常规跨越式的发展方式。在全国揭起了体育热、奥运热，我国各项体育事业得到全面、快速发展。

第四阶段：党的十八大至今：是加快推进体育强国建设，实现体育强国梦的新发展时期。在新的历史时期，我国体育事业进入以全面深化改革为核心的发展方式。全面深化体育改革的目标是完善和发展中国特色社会主义体育发展道路与制度，推进体育治理

体系和治理能力现代化，让体育发展成果更多更公平惠及全体人民。

（二）中华人民共和国体育取得的成绩与经验

在党的坚强领导下，中华人民共和国体育始终坚持发挥政府的体育管理和服务职能，坚持体育与经济、政治、社会、文化协调发展，坚持全民健身与奥运争光协同发展，取得了一些成功经验。

第一，党对体育工作的坚强领导，是中国特色社会主义体育得到全面发展的根本保障。党和政府历来高度重视体育事业的发展。党的十六大、十七大等重要会议的报告、决议及政府工作报告把提高全民族的健康素质、成功举办北京奥运会作为重要工作，提出了明确要求。党的十八大以来，我国获得2022年冬奥会举办权，中央审议通过了《中国足球改革发展总体方案》，实施了《全民健身计划（2011—2015年）》《全民健身计划（2016—2020年）》，颁布了《关于加快发展体育产业促进体育消费的若干意见》《"健康中国2030"规划纲要》等重要文件。党中央的坚强领导，是中国体育取得辉煌成绩、实现历史跨越的根本保证和强大动力。

第二，全民健身理念深入人心，全民健身上升为国家战略。党的十八大以来，全民健身战略全面铺开，群众体育工作取得令人欣喜的成就。"大群体"工作格局初步形成，全民健身组织网络日渐成熟，体育健身场地设施大幅增加，全民健身意识极大增强，活动形式呈多样化，不同群体的群众体育蓬勃发展。

第三，竞技体育综合实力不断增强，管理体制机制改革稳步推进。竞技体育综合实力和国际竞争力进一步增强，优势项目继续保持和巩固，潜优势项目有所提升，田径、游泳等基础大项进步明显，冬季项目稳步发展。中国成功获得2022年冬奥会举办权，是体育事业在新的历史时期迎来的又一重大发展契机，是我国建设体育强国的重大历史机遇。近年来，体育领域改革力度不断加大，以全国性单项体育协会改革试点和全国体育赛事管理制度为突破口的管理体制机制改革稳步推进，改革不断深化。

第四，体育产业规模扩大，成为国民经济新的增长点。全面贯彻落实《国务院关于加快发展体育产业促进体育消费的若干意见》，体育产业规模逐步扩大，产业结构持续优化，产业体系日趋健全，产业政策不断完善，与文化、旅游、医疗等领域的互动融合日益加深。

第五，其他各项体育工作取得新发展。体育在实现两个百年目标中的作用进一步显现。体育文化在体育发展中的地位进一步提高，体育对外交往进一步深化拓展，体育法治、科技、人才、教育和宣传等工作不断开创新局面。

但同时，我们也要清醒地看到，体育工作距离党中央国务院的要求、距离经济社会发展的需求、距离人民群众的期盼仍有很大的差距。

四、坚定不移地走中国特色社会主义体育强国道路

（一）坚定不移地走中国特色社会主义体育强国道路必须坚持的基本原则

中国特色社会主义理论、中国特色社会主义强国道路与中国特色社会主义体育强国有着密切的内生联系，这就要求中国特色社会主义体育强国道路建设必须坚持以下基本原则。

其一，坚持中国共产党的领导。坚持党的领导既是中国特色社会主义体育强国道路最本质的特征，也是体育强国道路不断取得新成就的根本保障。作为中国特色社会主义道路的必要部分，中国特色的体育强国道路必然要坚持中国共产党的领导，坚决做到听党话，跟党走。具体来看，就是要求牢固树立政治意识、大局意识、核心意识和看齐意识，坚持走中国特色社会主义体育强国道路的道路自信、理论自信、制度自信和文化自信，不断提升坚持走中国特色社会主义体育强国道路的自觉性和坚定性。

其二，坚持中国特色社会主义的基本制度。中国特色社会主义基本制度是坚定不移走中国特色体育强国道路最根本的制度保障。也就说，要在中国特色社会主义基本制度框架内，探索体育强国道路，并且以体育强国道路的成功实践，不断丰富完善中国特色社会主义基本制度的内涵。比如，在发展体育产业过程中，就要坚持我国基本经济制度，既要发展体育产业的国有经济，又要发展多种所有制经济，还要探索混合所有制经济的发展；在深化体育事业改革过程中，就要坚持举国体制，发挥社会主义集中力量办大事的制度优势，同时也要不断完善举国体制，充分激发各类市场组织、社会组织的活力，协调好不同主体的关系；在弘扬体育精神的过程中，就要坚持我国基本文化制度，坚持以先进文化为前进方向，培育社会主义核心价值观，丰富和完善中华体育精神。

其三，坚持人民的主体地位和立场。中国特色社会主义发展的基本目标、基本理念及各项工作部署都体现了人民是推动社会发展的根本力量，实现好、维护好、发展好最广大人民根本利益是社会发展的根本目的。体育强国道路必须坚持以人民为中心的发展思想，其出发点和落脚点在于增进人民福祉、促进人的全面发展。坚持人民的主体地位和立场，解决的是发展体育事业"依靠谁"和"为了谁"的问题。尊重人民主体地位，就是在发展体育事业时要坚持为了人民、依靠人民。

其四，坚持将马克思主义与中国具体实践相结合，探索具有中国特色的体育强国道路。坚持走中国特色社会主义体育强国之路是马克思主义理论与中国实际相结合的具体实践。这就是要求，一方面，在坚持走中国特色社会主义体育强国道路的过程中，既要将马克思主义的基本原理作为体育事业全面发展的根本指导，用科学的世界观和方法论推动发展，又要坚持一切从实际出发，以我国体育事业发展的历史方位、社会基础、发展条件为前提，走出一条符合我国基本国情的体育强国道路。此外，还要求与其他国家相互学习、相互交流的过程中，始终以我国的基本国情、体育事业基本情况为根本，杜绝一味地照搬照抄，不断提升我国体育事业发展的水平。

其五，坚持体育发展的规律。坚持走中国特色社会主义体育强国道路要充分尊重发展规律、运用规律，充分发挥规律的指导作用。在体育实践中，尊重和运用体育的一般规律，认识、发现和运用体育运动、体育管理等方面的普遍规律，另外，要尊重和运用我国体育发展的特殊性规律，将体育发展的一般规律与我国体育的具体实践相结合。

（二）坚定不移地走中国特色社会主义体育强国道路的基本要求

中国特色社会主义体育强国道路需要充分调动包括体育系统在内的国家和社会各系统资源，明确方向，协同保障，突出重点，合理调整，努力建设和共同推进我国从体育大国向体育强国的新发展。

第一，明确中国特色社会主义体育强国的发展方向。体育事业是人民的事业，中国特色社会主义体育强国道路的方向就是面向人民大众不断增长的体育需求，以增强人民体质和健康为目标，为实现两个一百年奋斗目标和中华民族伟大复兴的中国梦提供强大的动力和支持。

第二，建设中国特色社会主义体育强国需要协调发展。由于各种原因和条件的限制，体育事业发展的不均衡现象还比较严重，群众体育与竞技体育、体育发展与国家需求、体育发展与区域发展、竞技体育不同项目之间的发展还存在很大的不均衡性，体育发展的短板还比较突出。解决这些不均衡性，迫切需要通过探索中国特色社会主义体育强国道路，实现体育与经济社会协同发展，深化体育领域改革，促进体育社会功能的发挥等方面来加以解决。

第三，中国特色社会主义体育强国建设要有抓手，突出重点。中国特色社会主义体育强国建设要突出发展的重点，围绕重点领域、重点项目和重点任务找到突破口。当前，我国竞技体育领域基础大项面临着国际竞争压力增大，传统优势项目竞争优势正在逐步丧失，潜优势项目发展潜力欠缺，冰雪项目基础薄弱等问题，要解决这些问题，需要突出研究运动项目的制胜规律，突出人才培养的核心作用，实施新的发展战略，为我国实现从体育大国向体育强国迈进奠定良好基础。

第四，中国特色社会主义体育强国建设要因地因时制宜，合理制定和调整战略。应对激烈竞争的国际局势，就要求我们在实践中不断根据出现的新问题新情况，探索新的发展战略，调整发展的思路，迎接新挑战。要在坚持和完善举国体制的前提下，发挥群众体育对竞技体育的支撑作用，在选材、训练、备战参赛的过程中适时调整战略重点，合理制定战略步骤，为我国体育事业发展提供更坚强的战略保障。

（三）坚定不移地走中国特色社会主义体育强国道路的着力点

第一，着力于新发展理念，寻求体育事业改革与发展新途径。当代中国特色社会主义的体育事业发展的新途径，必须根植于中国历史文化土壤，吸取中国特色社会主义的体育实践经验，借鉴国际体育的经验与教训，以"创新、协调、绿色、开放、共享"新发展理念为指导，以广大中国人民的体育需求为根本目标及动力。

在体育事业新发展理念中，创新发展强调人才是支撑发展的第一资源，要从"要素驱动""投资驱动"转向创新驱动，推动体育更有效率、更有质量、更加公平、更可持续地发展，从而为人们提供更好的公共体育产品和服务；协调发展强调注重解决发展不平衡问题，补齐农村、中西部相对落后的短板，推动城乡体育协调均衡发展，让人们享受普惠政策、参与体育更加公平，使人民有健康、民族有意志、国家有力量；绿色发展强调人与自然和谐相处，坚持可持续发展，在中国建设中充分发挥体育的重要作用，为人们提供更加舒适的生存发展环境；开放发展强调为了让人们能够面向世界体育赛场获得更大参与机会、享受更多发展成果，在对外开放中提高中国体育的国际竞争力和影响力；共享发展强调让体育改革发展成果由全体人民共同享有，同时使"健康中国"深入人心，具有更加鲜明的人民性。

第二，着力于制度模式选择，推进国家体育治理体系和治理能力现代化。中国特色社会主义体育发展道路的根本制度保障是中国特色社会主义体育制度。该制度的建立和完善是中国特色社会主义体育发展道路的突破口，体育体制机制改革和创新是推动体育发展的强大动力，体育制度是规范体育事业发展的制度保障因素。

整体设计、系统推进中国特色社会主义体育制度建设，可与时俱进地推动国家体育治理体系和治理能力现代化。体育事业是全民的事业，而中国特色社会主义体育制度的基础就是体育共建共享机制。这一机制的构建有三个基本点：一是"必须坚持人民主体地位"，以人为本，把人民群众的需求放在第一位；二是全民参与、共建共享，做到全地域覆盖、全周期服务、全社会参与、全球化合作、全人群共享，即政府、市场和社会共建的体育形态建构，政府保基本、建立公共体育服务体系，市场和社会满足百姓多样化、多层次的需求；三是支撑全民共享需求的外部条件和机制的培育，既要抓顶层设计，又要鼓励基层大胆创新。

在深化改革的今天，整个社会成员的共同健康和体育精神培育应成为体育共建共享机制的终极目标，这也是体育强国建成的最终标识。其主要标志包括：其一，跨界整合。以建立体育跨界新型治理体系为目标，从制度、组织与机制整合等维度出发，打破体育与卫生健康、经济、文化、旅游等领域的界限，打破体育内部传统的竞技体育与群众体育、学校体育三部分之间的界限，改变由体育一家部门办的模式，明确各方责任，提高跨界整合的规范性。其二，高效互通。构建完整发达的赛事体系，打通高端精英竞技和基层群众体育相互之间的隔绝；坚持和完善举国体制，建立统一完备、高效集约的精英体育备战和参赛体系；以供给侧结构性改革为主要抓手，制定好体育特色小镇、大数据、互联网+、新业态等重要产业政策，使体育产业成为国民经济新增长点。其三，价值引领。体育作为一种生活方式，其坚强意志品格、凝聚社会力量、维持社会秩序、传承传统文化、塑造民族精神，在社会中更应发挥其价值引领的作用。其四，多元并存。在体育强国建设过程中，传统体育与现代体育、民族体育与全球体育、大众体育与精英体育多元并存。

第三，着力于体育道路自信，持续扩大中国体育的国际贡献。我们要不断深化对于中国特色社会主义体育道路的认识。中国特色社会主义体育发展道路是在历史实践中不断形成的既符合中华民族特色又兼具世界眼光的体育发展道路，是历史选择、人民选择的结果。它既丰富了世界体育发展道路的多样性，对其他国家的体育事业发展产生不同程度的影响，又在一定程度上为其他国家体育道路的选择提供了参考和借鉴。

随着中国实力上升，我们将逐步承担更多力所能及的责任，可以为向发展中国家、转型期国家乃至发达国家宣传、传播中国特色社会主义体育改革与发展的经验、理论和政策奠定基础，还可为在国际上展现我国的体育软实力和中国特色社会主义体育理论、制度影响力提供必要的理论准备，努力为完善国际体育治理体系与促进世界体育发展贡献中国智慧、中国力量。

（四）中国特色社会主义体育强国道路的强大生命力

马克思主义鲜活生命力的特征，在于它的目标"始终如一"和"与时俱进"的理论品质。中国特色社会主义体育强国道路的生命力就在于其能够不断与时俱进，面对新情况新问题，采用新方法新思路解决发展中遇到的问题，探索出了一条具有中国特色、中国气派的体育发展新道路。

以习近平同志为核心的党中央紧紧围绕党和国家发展的大局对体育工作作出的一系列重要论述为指引，深刻回答了在新的历史条件"中国体育为什么发展、发展为了谁、怎么发展"这一基本问题，丰富和发展了马克思主义思想的内涵，为新形势下中国体育改革与发展提供了理论指导和行动指南，是马克思主义体育观在中国的新发展，体现了中国共产党人对新时期体育工作的基本看法和观点。

习近平总书记指出:"站立在960多万平方公里的广袤土地上,吸吮着中华民族漫长奋斗积累的文化养分,拥有13亿中国人民聚合的磅礴之力,我们走自己的路,具有无比广阔的舞台,具有无比深厚的历史底蕴,具有无比强大的前进定力。"中华人民共和国体育发展道路是共和国奋斗进取、繁荣强盛光辉历程的真实写照,是中国改革开放和社会主义现代化建设巨大成就的集中展示,是符合中国国情、具有中国特色社会主义的体育发展道路的成功实践。中国特色社会主义体育强国道路是从近代以来中国民族复兴的历史和现实中走出来的。我们必须坚持和发展这条深深扎根于中国特色社会主义建设伟大实践的体育强国道路。坚定道路自信、理论自信、制度自信、文化自信,敢于迎接前进道路上的一切困难与挑战,不断开创中国特色社会主义体育强国建设新局面,就一定会交出一份坚持和发展中国特色社会主义体育强国道路的满意答卷。

项目编号(2017-A-01)

建设体育强国的内涵、指标体系和基本路径研究

鲍明晓 骆玉峰 邱 雪 吴 卅 赵轶龙 戴腾辉

建设体育强国是全面建成小康社会、实现中华民族伟大复兴中国梦的重要组成部分，是体育事业自身实现全面协调可持续发展的必然要求。本研究聚焦体育强国内涵界定、评测标准、建设路径和主要举措，试图从理论和政策上初步回答什么是体育强国、如何建设体育强国这两个基本理论问题，为推动新一轮体育深改奠定理论基础和施策依据。

一、世界主要体育强国的共性特征

本研究将美国、俄罗斯、德国、英国、澳大利亚、日本作为建设体育强国的对标国家，这6个国家各具特色。美国体育主要以市场机制推进，最具影响力的是职业体育和大学体育联盟；俄罗斯体育主要以政府推进为主，特色是强调竞技体育优先发展，尤其重视冬夏季奥运会的参赛成绩；英国体育主要以社会和市场驱动，近年来也特别重视发挥政府作用；德国和日本体育重视体育公共政策，以完善的大众体育组织网络而闻名；澳大利亚体育以重大品牌赛事举办和运动休闲产业发达为主要特色。

从共性上看，这些公认的世界体育强国主要特征是：在发展机制上强调政府、社会、市场、公民个人四轮驱动；在发展格局上强调竞技体育、群众体育、学校体育、体育产业均衡发展；在发展目标上强调通过体育来带动和促进国家的政治发展、经济发展、社会发展和人的发展；在支撑保障方面强调多元投入、立法先行，体育公共政策全面支撑与保障。

二、体育强国概念与基本内涵

审视和判断体育强国有两个相互联系的维度。

一是体育自身的维度，即在全球比较视野下的一国体育发展水平。从这个角度看，所谓的体育强国就是由体育基础实力（体育基础设施水平，经常参加体育活动的人数，体育人才的数量和质量，体育教育、科技、文化的发展水平，体育消费和体育市场的规模和水平等）和核心表现（在国际重大综合性和单项比赛中的竞赛成绩，具有全球影响力的体育明星、赛事、俱乐部和体育企业数量，在国际体育组织中的影响力，具有话语权的体育媒体等）所构成的体育综合实力和国际影响力名列前茅的国家。

二是体育发展的外部性维度。凡是一国体育发展能融入并全面促进本国的政治、经济、社会、文化和人的发展，即体育发展正的外部溢出效应大而强的国家就是体育强国。从这个视角看，所谓的体育强国就是能融入并塑造民族精神的体育，是一个能参与经济生活并创造财富的体育，是一个能沟通人际、亲和社会、培育积极健康生活方式的体育，也是一个能传承历史并能给后代人留下宝贵文化遗产的体育。

据此，本研究认为，体育强国是能实现体育"两个发展"（体育自身发展与通过体育推动和实现的发展）目标并被国际社会普遍认可的国家（图1）。

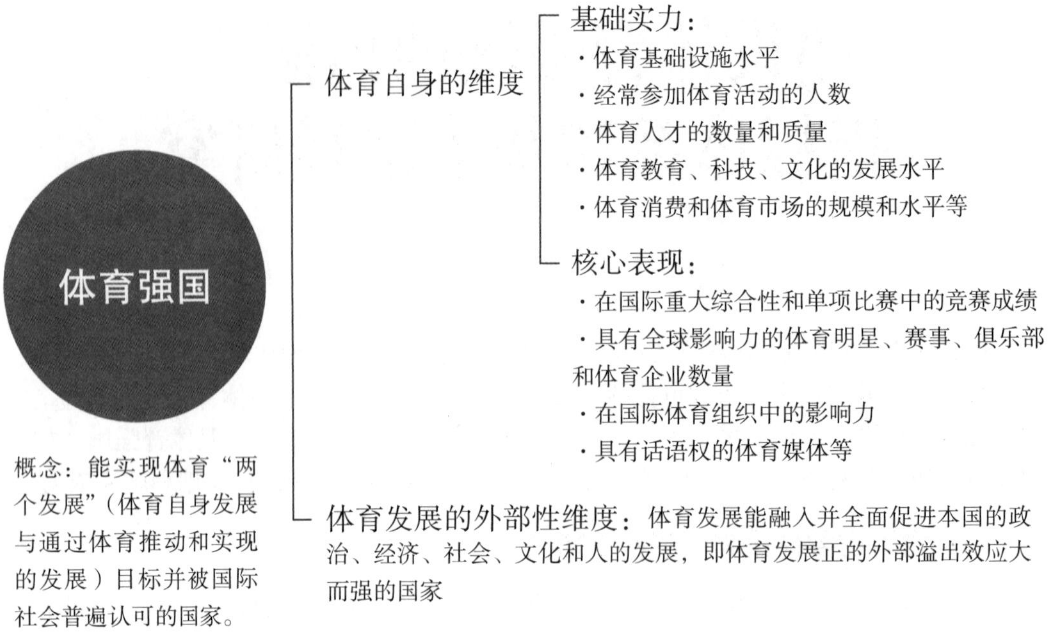

体育强国
概念：能实现体育“两个发展”（体育自身发展与通过体育推动和实现的发展）目标并被国际社会普遍认可的国家。
体育自身的维度
基础实力：
·体育基础设施水平
·经常参加体育活动的人数
·体育人才的数量和质量
·体育教育、科技、文化的发展水平
·体育消费和体育市场的规模和水平等
核心表现：
·在国际重大综合性和单项比赛中的竞赛成绩
·具有全球影响力的体育明星、赛事、俱乐部和体育企业数量
·在国际体育组织中的影响力
·具有话语权的体育媒体等
体育发展的外部性维度：体育发展能融入并全面促进本国的政治、经济、社会、文化和人的发展，即体育发展正的外部溢出效应大而强的国家

图 1　体育强国的概念

关于体育强国的基本内涵，本研究认为，体育强国首先是以人为本的体育，即要坚持以增强人民体质、提高全民族身体素质和生活质量为目标，切实把实现好、维护好、发展好最广大人民的体育利益作为体育发展的出发点和落脚点，促进人的全面发展，做到体育发展为了人民、体育发展依靠人民、体育发展成果由人民共享。其次体育强国实质上是强国体育，即要高度重视并充分发挥体育在促进经济建设、政治建设、社会建设、文化建设及生态文明建设中的独特作用，把体育的发展融入强国强种、富国富民的伟大实践。最后体育强国是一个全面协调可持续的体育，其基本表现形式就是实现竞技体育和群众体育协调发展、业余体育与职业体育的协调发展、体育事业和体育产业协调发展（图 2）。

强国体育
以人为本的体育
全面协调可持续的体育
体育强国基本内涵

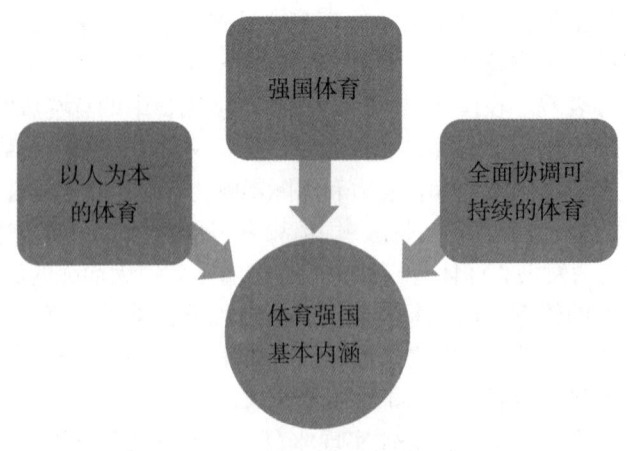

图 2　体育强国的基本内涵

三、体育强国建设指标体系

建设体育强国是全面建成小康社会、实现中华民族伟大复兴中国梦的重要组成部分，是体育事业自身实现全面协调可持续发展的必然要求。构建符合时代发展需要的体育强国指标体系，对我国未来体育发展具有重要的战略指导意义。体育强国的深刻内涵集中体现了实现体育自身维度和体育外部性维度并行发展的体育发展新理念。

依据体育强国的本质内涵、国内体育发展现状及国际体坛未来发展趋势可知，体育强国指标体系构建需要集中体现我国现阶段的体育发展水平，同时还要兼顾我国未来体育发展的需要；需要集中体现体育的本质特征，同时还要兼具体育的其他社会功能。

鉴于此，为了准确反映体育强国建设指标体系，提高指标设置的科学性和可操作性，本研究通过综合比较前人的研究经验并结合当前时代发展的需要，建议体育强国建设指标体系应包含六个一级指标：竞技体育、群众体育、体育产业、体育科技、体育教育、体育文化软实力。在以上六个一级指标下，本研究还相应设置了数量不等的二级、三级指标。具体指标设置情况如表 1 所示。

表 1 体育强国建设指标体系一览表

竞技体育	竞技体育成绩	夏季奥运会综合表现	金牌数、奖牌数、破纪录人数及获参赛资格项目覆盖率
		冬季奥运会综合表现	金牌数、奖牌数、破纪录人数及获参赛资格项目覆盖率
		足篮排三大球的竞技水平	世界杯参与场次的级别与名次
			世界锦标赛参与场次的级别及名次
		世锦赛等各运动单项世界级赛事的综合表现	金牌数、奖牌数、破纪录人数及获参赛资格项目覆盖率
	竞技体育保障	竞技体育人才保障	注册运动员人数
			注册教练员人数
			注册裁判员人数
			竞技体育后备人才数量
			竞技体育后备人才结构
		竞技体育科技保障	竞技体育保障团队的整体科研能力
			运动训练方法和手段的科技含量
			运动训练方法和手段的创新程度
		竞技体育资金保障	竞技体育中合理与高效的政府财政资金投入
			竞技体育中合理与高效的社会资本投入
		竞技体育制度保障	竞技体育运行机制的高效性水平
			竞技体育管理体制的合理性水平
			竞技体育违纪事件控制与惩罚机制的完善程度

续表

群众体育	群众体育基础	群众体育人口状况	经常参加体育锻炼的人口占总人口的比重
			体育锻炼人群的年龄分布状况
			国民体质合格率
			城市与农村体育人口差距
		群众体育参与程度	居民对体育锻炼的需求程度比赛活动的次数（次/年）
			居民消费支出占消费总支出的比重
			人均体育活动时间占闲暇时间的比重
			民间自发组织的赛事规模及数量（观众在1000人以上）
			参加体育竞赛活动的次数（次/年）
	群众体育保障	群众体育物质保障	群众体育经费占体育事业经费的比重
			每万人拥有体育场馆面积
			每万人拥有体育场馆数量
			每万人拥有群众健身俱乐部数量
			业余体校数量
			学校、机关及企事业单位体育场馆面向社会的开放率
			体育公共设施的供给、维护和更新情况
		群众体育人力保障	每万人拥有社会体育事业指导员人数
			全国体育公职人员占全国公职人员的比重
			各级医院医务人员在全民健身医疗服务过程中的参与率
		群众体育组织保障	群众体育领导机构（小组）数量
			基层工作体育行政管理机构数量
			每万人拥有体育社团数量
			健身知识的宣传与普及水平
		群众体育科技保障	全民健身科技创新平台和科学健身指导服务站点数量
			每万人拥有国民体制监测中心或指导站数量
			高层次群众体育科教人员数量
		群众体育制度保障	群众体育工作法规和发展计划
			国民体质健康监测体系建设水平
			群众公平享有体育权利的程度

续表

体育产业	体育产业发展规模	体育产业投入占GDP比重	
		体育产业就业人口占总就业人口的比重	
		体育用品制造业企业数量世界排名	
		体育服务业企业数量世界排名	
		体育产业生产总值占GDP的比重	
		体育产业发展水平	
	体育产业发展水平	体育产业消费水平	人均体育消费支出占人均消费总支出的比重
			人均体育消费支出的国际比较
		体育产业竞争力水平	体育产业国内市场占有率
			各类体育企业进入世界同行前50名数量世界排名
			体育企业产品具有国际知名度品牌数量世界排名
			体育产业国际专利数量世界排名
			体育赛事职业化程度
			体育职业联赛的国际竞争力
		体育产业结构优化水平	体育服务业生产总值占体育产业生产总值的比重
		体育产业的市场化程度	民间资本占体育产业资本的比重
		体育产业融合度	体育产业与休闲旅游业的融合度
			体育产业与养老服务业的融合度
			体育产业与医疗产业的融合度
体育科技	体育科技发展水平	省部级以上科研立项数量	
		体育专利申请量	
		领先世界的体育科技项目数量	
		在世界领先（SCI、SSCI）体育科技期刊发表成果的数量	
		研究成果的国内外转载数量	
		体育科技成果的转化能力	
	体育科技发展保障	体育科学研究经费占体育总投入的比重	
		体育科学研究机构数量	
		国家级重点实验室数量	
		体育科技人员数量	
		在读体育类研究生数量	
		体育科技服务的应用程度	

续表

体育教育	体育教育资源	基础教育各类学校体育设施投入占学校全部固定资产投入的比重	
		中小学体育教师人数	
		高等院校体育院（系）数量	
		高等院校体育类教师人数	
		高等院校体育类学生年录取人数占全部录取人数的比例	
		高等院校体育类研究生招生规模	
	体育教育质量	教练员教育质量及水平	
		运动员教育质量及水平	
		居民体育教育质量及水平	
		学生体质健康状况及环比同比水平	
		中小学生每天体育活动达到1小时的学生占全部学生的比重	
		高等院校学生体育活动每天1小时以上的学生占全部学生的比重	
		大学生体能测试标准的国际比较	
		体育的社会地位及认识程度	
		体育教师的社会地位及认同状况	
		体育人才的就业及应用水平	
	体育教育保障	体教结合制度的完善性	
		体育教育教学结构的合理性	
		学校体育竞赛制度和体系的完备程度	
体育文化软实力	体育精神文化	中华体育文化的国际影响力	
		具有正向传播力和影响力的体育影视、艺术、文学、作品数量	
		普世体育价值观的认同水平	
		具有正面形象和导向的体育明星数量及影响力	
		对绿色体育理念的认知程度	
	体育制度文化	具有中国特色体育管理体制	
		具有中国特色的体育管理机制	
		具有中国特色的体育法律法规体系	
	体育物质文化	具有体育文化传承价值的体育博物馆	
		具有一定文化表达水平的体育场馆设施	
		具有世界影响力的自主创新体育品牌	

四、全面建设体育强国的目标与任务

（一）体育强国建设目标

推进体育大国向体育强国迈进，是党中央、国务院站在全面实现中华民族伟大复兴中国梦的战略全局，对进入新阶段、新周期体育发展提出的新的时代要求。它是与到2020年全面建成小康社会和到21世纪中叶实现中华民族伟大复兴的历史进程和奋斗目标相一致的中国体育发展战略。全面建设体育强国的奋斗目标，就是到2020年基本建成体育强国的工作体系和业务构架，初步实现中国体育的现代化；到21世纪中叶全面完成体育强国的建设任务，体育全面融入"五大建设"和人的全面发展，体育综合实力和影响力全球领先。

（二）体育强国建设任务

围绕全面建设体育强国的奋斗目标，到21世纪中叶，中国体育必须努力完成以下六方面主要工作任务。

1. 全面完成中国特色体育发展道路的创建工作、为世界体育发展提供中国经验

全球最大的发展中国家如何实现体育现代化，是一项前所未有的伟大实践。要在全面总结中华人民共和国体育事业，特别是改革开放以来我国体育发展成功经验的基础上，进一步改革和完善政府统筹、政府主导、政府支持的体育管理体制，进一步探索和完善社会组织、市场组织和人民群众广泛参与的运行机制，建立健全政府保障的群众体育公共体育服务体系、政府支持的竞技体育动员组织运行体系及政府鼓励和引导的体育产业发展机制，走一条创新驱动的体育发展道路，为世界体育制度的演进与发展提供模板和动力。

2. 全面建成以人为本、融入国民积极健康生活方式的群众体育工作体系

全力推动全民健身与全民健康深度融合，建立覆盖城乡的全民健身服务体系，不断提高政府保障公民基本体育需求的水平，在群众体育的政府投入、群众体育的组织化水平、经常参加体育活动的人口比例、人均占有体育场地面积、社会体育指导员（志愿者队伍）的数量和质量等项指标超过中等发达国家水平，体育活动成为国民首选的健身休闲方式。

3. 全面建设基础扎实、发展均衡、核心表现突出的竞技体育新格局

深化运动项目管理体制改革，创新和完善竞技体育的举国体制，利用国际国内两种资源、两个市场，进一步拓展和夯实竞技体育的项目基础和人才基础；保持优势项目、强化潜优势项目、重点发展以田径和旅游为代表的基础大项和以足篮排球为代表的集体球类项目；在夏季奥运会上保持领先水平，金牌、奖牌、总分稳定在前3名，在冬季奥运会上持续突破，整体水平进入先进行列，金牌、奖牌、总分进入前6名；足球运动技术水平大幅提升，能持续、稳定地获得世界杯和奥运会的参赛权，篮球和排球的竞技水平达到世界先进水平（世界锦标赛和奥运会的前6名）；力争在2030年或2034年成功申办足球世界杯，在2050年左右再次承办一届夏季奥运会；稳步发展职业体育，集体项目重点发展乒乓球、羽毛球、足球、篮球、排球职业联赛，个人项目重点发展武术、网球、高尔夫球、拳击、台球、棋牌；培育和造就一批具有世界影响的体育明星和体育品牌赛事。

4. 全面打造实力雄厚、门类齐全、具有国际影响力的体育产业

通过持续不断地扩大开放，深化改革，不断消除制约体育产业发展的体制和机制障碍，以大力发展运动项目产业为核心，实施"体育+"和"互联网+"，抓住城市、青少年和中产阶层三个重点，建立和完善覆盖全社会的、高中低档并存的大众健身娱乐市场，以职业联赛和各类商业性竞赛、表演为主体的体育竞赛市场，带动体育中介、体育传媒、体育会展、体育旅游、体育文化创意、体育装备制造与销售的全面发展。到2020年全国体育产业的增加值占GDP的比重和体育产业从业人数占全国就业人数的比例双双达到1%，到2050年这两项指标双双达到2.5%；在体育产业的各个领域都打造一个具有国际竞争力的体育企业集团，同时形成一批具有全球影响力的体育赛事品牌、体育企业品牌和体育产品品牌，体育服务贸易占全球市场份额不断提升。

5. 全面建设充满活力、独具魅力的中华体育文化

体育大国向体育强国迈进必然伴随着中华体育文化的繁荣兴盛。当今世界体育强国之间的竞争，很大程度上是体育文化魅力的竞争。要以大力发展运动项目文化为突破口，全面推进体育文化建设工程，从文化的高度引领各个运动项目科学发展、和谐发展。要高度重视中华民族传统体育文化的挖掘、整理、保护和利用，使之与当代社会相适应、与现代文明相协调，保持民族性，体现时代性。要进一步加强中华体育文化的国际交流，运用现代科技手段开发、利用和传播民族民间体育文化资源。武术和传统养身功法，要成为在国外举办的中国文化年和"孔子学院"的重要内容，不断提升中华体育文化在全球的影响力。

6. 全面提升中国体育的国际影响力

体育强国说到底是对全球体育事务具有影响力和控制力的国家。培育和提升中国体育的国际影响力，必须在国际体坛树立一个讲信誉、敢担当、负责任的大国形象，要积极倡导相互尊重、相互借鉴、平等协商、求同存异，尊重多样性的处事原则，做到发展机遇共同分享、各种挑战共同应对。要围绕"一带一路"建设，加强同世界各国的体育交流与合作，深化传统友谊，扩大务实合作，提供力所能及的援助，维护发展中国家在国际体坛的正当要求和共同利益。积极参与多边国际体育事务，承担相应国际义务，发挥建设性作用，推动国际体坛朝着更加公正合理的方向发展。建设一支高素质的体育外事队伍，全面参与国际体育交流与合作，力争在重要的国际体育组织中不断提升中国的影响。

五、全面建设体育强国必须把握好的关键点

全面建设体育强国，是进入中华民族伟大复兴关键时期的中国体育，为了更好地适应社会主义市场经济不断发展的新形势，更好地适应全面建成小康社会的新要求和各族人民过上更好生活的新期待作出的战略抉择。全面有效地推进这一战略，必须重点把握好以下九个带有根本性、全局性、战略性的实施关键点。

（一）牢牢锁定全面实现中国体育现代化这一发展目标

通过建设体育强国全面实现中国体育的现代化，是体育发展富国利民的根本要求。改革开放以来，中国体育整体实力的全面提升和核心表现的不断彰显，是一个令国际社会印象深刻、广为称赞的基本事实，但快速发展也积累一些结构性矛盾，突出表现为政府满足公共体育需求的能力不强，区域间体育发展水平差距不断扩大，奥运项目与非奥

项目、业余体育与职业体育、冬季项目与夏季项目、优势项目与基础和球类项目之间发展水平的不均衡，以及体育组织化、体育社会化、体育产业化发展水平长期徘徊不前等。党的十八大以来，以习近平总书记为核心的新一届党中央领导集体高度重视体育工作，为进一步深化体育改革提供坚强的政治保障，同时民众快速增长的体育需求和持续增强的国力也为化解这些结构性矛盾和问题提供了坚实的物质基础和技术条件。从一定意义上讲，中国体育由大到强的过程就是不断化解矛盾、全面提升基础实力和打造中国体育核心竞争力的过程，而这个过程也就是中国体育全面实现现代化的过程。只有中国体育全面实现了现代化，创建体育强国的伟业才能真正达成，中国体育成为全球体育中心的目标才能实现。

（二）把改革、开放、创新作为建设体育强国的根本路径

建设体育强国的根本路径是什么？改革开放的基本经验告诉我们，那就是要始终坚持改革、开放、创新。改革、开放、创新是历史进步的基本道路，发展没有止境，改革、开放、创新也没有止境。只要有发展，就会有新情况、新问题，新矛盾，就需要不断地解放思想，不断地改革开放，以调整体制机制，推动事业在更高层次上持续发展。推动体育大国向体育强国迈进，全面实现中国体育的现代化，也是一个不断发现问题、解决问题的过程，也需要通过持续不断的改革、开放、创新来驱动。因为，不改革、不创新，制度就会僵化，事业就没有活力；不开放、不融合，就不能吸收世界体育发展的文明成果，就不能在参与国际竞争中求得更好更快的发展。同时，不改革就不可能有真正的开放，不开放也很难有真正的改革。开放本身就是伟大的改革。封闭的国家、封闭的事业，不可能赢得真正有质量、有效益的发展。所以，只有真正坚持改革、开放、创新不动摇，才能不断创新体育发展体制，拓宽体育发展渠道，增强体育发展活力，夯实体育发展基础。这就是为什么要始终把改革、开放、创新贯穿建设体育强国全过程的根本原因。

（三）把推动体育发展模式转型放在重要的位置

改革开放以来，尽管我国体育事业有了较快发展，但整体上仍是一个自闭的发展模式，即系统内循环的部门体育发展模式，体育发展与经济、社会、文化发展的融入度还不够，贡献率还不大。建设体育强国，一项重要标志，就是体育发展不仅要表现为自身业务工作的发展，而且还要表现为对政治、经济、社会、文化和人的全面发展起更加实际的作用。因此，推动体育发展模式的转型，即由部门体育向全局体育、单一"争光体育"向全面综合发展体育的转型至关重要。没有这样的转型，体育的发展恐怕更多的还是量和规模上的扩展，而不是质和效益的提升。所以，体育强国的核心在强国二字，体育能不能强国及能在多大程度上强国才是问题的关键，只有主动根据时代发展的要求适时调整体育发展模式，才能使体育在服从和服务于强国富民的伟大实践中真正实现强体与强国的内在统一。

（四）全面提升关乎全局的"六个水平"

建设体育强国必须尽快提升关乎体育工作全局的"六个水平"。一是体育组织化水平。中国体育基于草根的自组织化水平很低，这是中国体育生活化、消费化"化"得不畅的一个重要原因。如果我们坚持体育强国是以人为本的体育，那么我们就必须下决心突破

体育组织化水平长期在低位徘徊的局面。要结合基层民主建设、社区文化建设、校园文化、企业文化建设，大力发展基于兴趣、爱好的公民自设自创的草根体育组织，鼓励公民自愿参加各类体育协会，倡导自愿服务精神，编织覆盖全社会的、基于社区和自愿者服务的新型体育组织网络。二是体育社会化水平。长期以来，我国部门体育的发展模式致使体育发展的社会基础还十分薄弱，各类社会机构自主办体育的能力还不强。要通过改革体育管理体制和运行机制，调整和规范体育行政部门、运动项目管理中心和单项运动协会的职能，为各类社会机构自主办体育释放空间、提供舞台。应该看到，建设体育强国光靠政府单方发力或体育部门一家作为是难以为继、难有作为的，只有充分调动全社会的力量，共同建设、共同发展，才能达成目标，成就伟业。三是体育产业化水平。将除公共体育服务之外的一切体育活动推向市场，实现产业化运作是推动体育快速高效发展的必然选择，并且即使公共体育服务的供给也应尽可能采取市场化提供办法，以提高效率效益。世界体育强国的共性经验表明，体育产业化是体育资源的聚合器、是体育效能的放大器，也是整个体育高速成长的助推器。建设体育强国就必须大力发展体育产业，快速提升中国体育的产业化水平，这既是体育自身可持续发展的内在要求，也是体育参与经济、服务社会的必须选择，更是建设体育强国的应有之义。要借全球化的势能和中国崛起的大势，利用好国际国内两个市场、两种资源，鼓励各类资本投资兴办体育产业，激活体育消费、拓展体育市场、搞活体育商品和服务贸易，并在这个过程中锻造中国体育真正的核心竞争力和全球影响力。四是参与国际体育事务的能力和水平。我国目前之所以在整体上只能算是体育大国而不是体育强国，一个重要原因就是我国在国际体坛的影响力还不够。表面上看，这是由我国在国际体育组织中任职尤其是任要职的人数太少所致，但实际是中国体育的开放度和参与国际体育事务的能力还不强。因此，要提高这一水平，除了要培养一支数量足、质量高的体育外事人才队伍，更重要的是要进一步扩大开放，开展全方位的国际体育交流，更加积极主动地参与国际体育事务，承担应尽的国际义务，在国际体坛树立讲正义、守信用、敢担当、负责任的中国形象。五是体育信息化水平。体育信息化是体育现代化的一个重要的指标，要建设体育强国必须大力加强体育信息化建设。要以网络化、数字化、智能化为目标，利用互联网、物联网、大数据、云平台技术，全力实施智慧体育工程，建设覆盖全社会的公共体育信息网，完善各类体育专项数据库建设，推进智慧体育场馆、智慧运动社区建设，以信息化带动中国体育的现代化。六是体育创意化水平。体育是大文化的组成部分。在讲求差异化竞争、错位化发展的时代，体育的影响力很大程度上是体育的表现力，而体育的表现力又来自体育创意力，因此，在建设体育强国的进程中还必须有目的、有计划地不断提升我国体育的创意化水平。要以大文化的视角主动加强与新闻出版、广电传媒、文学创作、广告公关、咨询策划、音乐艺术、演艺经纪等相关行业的合作，加强体育影视和文学作品的创作，推广体育展示技术，发展体育创意产业，全面提升中国体育的艺术含量和创意水平。

（五）突破观念障碍，下决心大力发展职业体育

职业体育是当代全球体育中最活跃的部分，也是一国体育发展核心竞争力之所在。改革开放以来，我国在以奥运会为代表的全球业余体育竞争中取得了举世公认的辉煌业绩，但是在全球职业体育竞争中，我们还处于明显的弱势，基本没有竞争力。到 21 世

纪中叶，我们要全面建设体育强国，从现在开始就必须切实把思想认识统一到职业体育是新时期体育大国向体育强国迈进战略的重要支撑点，是竞技体育结构调整的重要内容，是群众体育助推的重要引擎，是体育产业发展的重点领域。一句话，是新一轮世界主要体育强国全球化竞争的战略要地。不在这一高度上解放思想、统一认识，我们就不可能在职业体育改革与发展的探索中走出一条国际视野、本土洞察、中国实践的创新之路。而能否实现这一目标，关键在于坚持解放思想、实事求是、一切从实际出发，既要反对"东教条"，又要反对"西教条"，既要遵循职业体育发展的基本规律，又要把握基本国情和体育发展的阶段特征，不断消除制约我国职业体育发展的体制和机制障碍。走一条在发动机制上强调政府主导、政府统筹，在推进方式上强调循序渐进、以点带面，在动力保障上强调深化改革、扩大开放，在依托基点上强调与城市发展相融合的职业体育发展振兴之路。

（六）鼓励和引导体育发展与城镇化发展相融合

进入21世纪以来，我国城市化水平呈现出快速提升的趋势。据国务院发展研究中心产业经济研究部的统计和测算，2030年中国的城市化水平可能会达到65%，2050年将达到75%。从西方国家体育发展的历史进程看，体育发展与城镇化有着高度的关联，当今全球著名的职业体育赛事、职业体育联盟、职业体育俱乐部，如网球的"四大满贯赛"、环法自行车赛、欧洲五大职业足球联赛、美国四大职业体育联盟及像曼联、皇马、利物浦、拜仁慕尼黑这样的职业足球俱乐部，大多具有百年历史。而一百年前也正是欧美城市化高速发展时期。这当然不是历史机缘的巧合，而是城市化带来的人口集聚、消费和市场集聚、产业结构调整、城市结构和功能的完善及城市生活方式的形成等多方面的积极变化促成了现代体育的生成与发展。当代中国正处在城镇化高速发展时期，而这个时期对体育发展来说就是一个绝不能错失的黄金机遇期。在这样一个难得的历史机遇期，推动我国由体育大国向体育强国迈进，就必须制定符合时代发展特征的推进战略，而这个战略的基本点就是要把体育的发展融入城镇化发展之中，充分发挥体育在提升城市形象、营销城市品牌、活化城市功能、提高城市生活品质、提升市民凝聚力和自豪感等方面的独特作用，全力推进体育特色小镇建设，运动休闲小镇建设，鼓励和引导体育发展与城市发展、新型城镇化建设互动发展、融合发展，借力城镇化，推动体育强国建设。

（七）加大力度实施科教兴体、人才强体战略

全面建设拥有近14亿人口的体育强国，必须把推动体育行业持续不断的科技进步作为支撑发展的动力，着力建设国家层面的体育科技创新体系，在关系全行业发展的关键领域、关键技术上组织和实施好科技攻关。同时，布局前沿研究，扶持基础研究，重点做好全民健身的科技支撑和国家队科技服务体系的"军转民"工作，不断提高我国体育科技的整体发展水平。要高度重视体育人力资源建设，全面实施人才强体战略。贯彻尊重劳动、尊重知识、尊重人才、尊重创造的方针，坚持德才兼备、注重实绩的选人用人原则，统筹抓好以体育高层次人才和体育高技能人才为重点的各类人才队伍建设。创新体育人才工作体制机制，激发各类人才创造活力和创业热情，开创人才辈出、人尽其才新局面，为全面建设体育强国提供坚实可靠的人才保障。

（八）建立和完善公共财政与市场投融资相结合的多元经费保障体系

全面建设体育强国需要创新型的经费保障体系来支撑。要围绕政府保障国民基本体育需求和推进体育基本公共服务均等化，完善体育公共财政体系。深化预算制度改革，强化预算管理和监督，加快形成统一规范透明的财政转移支付制度，不断加大对各类体育公共设施建设的投入。进一步做好体育彩票发行工作，改善销售环境，增加发行品种，扩大发行量，加强对体育彩票公益金使用的监管，进一步提高群众体育在公益金使用中的比例，增强基层政府提供体育公共服务能力。同时，不断探索与推进体育社会化、产业化相适应的市场化体育投融体制，鼓励各类资本，特别是外国资本和民间资本以独资、合资、合作、联营、参股、特许经营等方式投资体育产业。鼓励和支持有条件的体育企业进入资本市场融资。加强各类体育基金会的资金筹集和管理，积极拓宽基金来源，强化基金使用监管。

（九）切实加强对创建工作的组织与领导

建设体育强国是进入新时期、新阶段的中国体育面临的重大战略任务，各级政府要贯彻落实习近平总书记对体育工作的系列讲话精神，落实建设体育强国体育的政府责任。国家体育总局应组建体育强国建设领导小组，定目标、定任务，完善统筹机制，加强组织协调，正确处理系统内与系统外、近期工作目标与远期工作目标的关系，准确把握工作重点，明确职责分工，落实相关政策措施。地方体育行政部门组建相应的工作小组，以建设体育强省、省市、省县为目标，进一步转变政府职能，创新体制机制，提高服务水平，动员和引导全社会的广泛参与，营造良好的政策环境、法制环境和社会氛围，为全面建设体育强国提供坚强有力的组织领导保障。

项目编号（2017-A-02）

充分发挥现代体育在经济社会发展中的重要作用

戴 健　曾可强　戴国斌　郑家鲲　郭修金　胡德平　骆 雷　丁 一　王 凡

党的十八大以来，以习近平同志为核心的党中央把推动我国体育事业不断发展作为中华民族伟大复兴的重要组成部分，这不仅为我国体育事业的发展繁荣提供了重大机遇，也为我国体育工作提出了新要求。科学推进新时期体育工作的改革发展，需从理论上准确把握现代体育的特性，以充分发挥现代体育在经济社会发展中的作用，为实现中华民族伟大复兴的中国梦和体育强国梦作出贡献。

一、我国体育特性的历史嬗变

体育作为一项身体活动，具有娱乐身心、健身健体的本质功能，并在不同时期民族文化浸润下经历不同的嬗变，体现出不同的特性。

（一）古代体育的特性（1840年以前）

作为有目的有计划的身体活动，中国古代体育与作为"国之大事"的"戎"与"祀"相关，并在"国之大事"中形成了中国古代体育的总体面貌与特性。

1. 军事性

在冷兵器时代，体育对人身体机能的发展和精神的训练显示出极大的实用性，因而被用作军事强兵的手段。古代许多体育活动就直接来自军事，如武术、马球、蹴鞠等。为了军事训练的目的而进行的身体操练，成为古代体育活动的早期形态，并逐渐演变成为健身、娱乐或竞赛的体育活动。

2. 教育性

我国古代体育非常注重对儒家所提倡的"礼"的尊重，也强调"道德"与"技术"关系，即将教育寓于体育之中。虽然在中国传统体育中并不存在较大规模的、完整的或是现代意义上的体育教育，但教育的功能十分清晰。

3. 民俗性

我国古代祭祀活动不仅是一种祭拜的仪式，而且逐渐发展成为集体的聚会，其中以竞技为主要表现形式的体育活动，在祭祀的活动中呈现出不同的样态，如清明的踏春、荡秋千，端午的龙舟竞赛，重阳的登高望远等。多民族、多地域文化的融合，逐步形成了我国丰富的民族传统体育文化。

4. 养生性

中国古代体育主张肉体与精神是统一的整体，将身体活动作为养生保健的重要方式，通过肢体的活动来促进身与心的共同发展，如"五禽戏""八段锦""易筋经"等，实现精神意志与身体控制的双重锻炼效果。

（二）近代体育的特性（1840—1949年）

近代中国体育百年的历史，是于"西学东渐"的背景下、现代中国建设的进程中，在与传入的西方体育融合中推进了中国体育由传统而现代的转型式发展。

1. 政治化

作为西方身体锻炼的体育活动，不仅具有强健身体的作用，还有军事操练的意义。面对亡国灭种现实困境的近代中国，体育被赋予了军事的政治色彩，成为拯救国家的重要手段。尚武救国是近代体育的重要的任务，也被赋予了政治意义。同时，近代体育在强身强国的过程中，振奋了民族精神，强健了国民的体质，促进了大众对体育的接受与理解。

2. 项目化

近代体育的发展在参考西方体育发展模式的过程中，吸收与国外体育"项目化"的发展方式，逐步建立起从组织到制度的完整体系。武术作为民族传统体育，进行了自觉的"体育项目化"，实现了高度组织化与制度化发展，如中华武士会、精武体育会、中央国术馆等。

3. 科学化

随着西方体育科学化程度的提高，在近代西方"科学"体系中，我国传统体育的健身性、科学性等价值也得到了认可。在西方体育的参照对比中，我国民族传统体育与西方体育一起进行了"科学化"的探索，中国传统体育实现了与西方体育的融合，实现了自我改造[1]。

4. 社会化

新文化运动时期，我国的社会精英进一步认识西方体育，体育不再只是军国民体育，而是促进身心健康的娱乐与锻炼方式，使得我国对体育健身、娱乐、竞技观念最后形成。体育从军事的政治场域中向国民生活的社会场域转移，实现了体育社会化的转向。

（三）现代体育的特性（1949年至今）

中华人民共和国体育在将"增强人民体质"作为政治使命之后[2]，确立了以人为本、以人的发展为核心的人文价值精神追求[3]。

1. 政治性

中华人民共和国成立以来，体育在振奋民族精神、进行爱国教育、显示社会制度优越性、提高国际地位、实现强国梦等方面，成为国家强盛的象征，国家强大的政治符号。同样，在国际之间，体育对于促进青年间的了解、交流与互动，消除隔阂与偏见，以至于成为两国间打破交流障碍、实现政治对话的一个平台。

2. 教育性

当代体育融身体教育、精神教育与道德教育于一体，成为培养全面发展合格公民的重要手段。体育不仅可以提高现代人的身体素质，促进人的身心健康和个体的社会化，

---

[1] 韩军，等. 西方体育传入对中国体育文化演变影响研究[J]. 体育文化导刊，2016（12）：185.
[2] 戴国斌. 中华人民共和国武术发展的集体记忆：一项口述史研究[M]. 北京：人民体育出版社，2016：1-2.
[3] 肖焕禹，王胜利. 现代体育运动的特征及21世纪发展取向[J]. 上海体育学院学报，2001，25（3）：7-11.

而且可以培养现代人公平公正、竞争拼搏的意识，积极进取、克服困难的品质，以及爱国主义和集体主义精神，促进人的全面发展。

3. 健康性

新时期的中国体育正在转型，由以往的政府主导转变为社会、市场与政府协同，从"工具"体育转向"玩具"体育。体育不再成为一种工具，而是发挥自身的特点，发展运动休闲教育，倡导尊重自然、热爱生活的人文精神，促进人的全面发展，为提高居民的健康水平服务。

4. 经济性

随着经济社会的发展，大众对体育运动产品和相关体育服务的需求不断增长，体育消费显著增加，由此也带来了体育产业和体育经济的快速发展。挖掘体育所具有的市场潜力，不仅可以激发大众体育消费，拉动内需，而且可以增加就业、优化产业结构，促进国民经济的增长。

综上所述，在我国体育特性历史嬗变的过程中，存在着一些相对恒定不变的内在特性，如教育性、健身性；也有一些特性会随着社会环境的变化而变化，如军事性。此外，体育特性并非一成不变，而是随着时代变迁呈现出时代特征，如社会性。同时，现代社会所呈现出的新变化和新特征也将影响现代体育的特性，如经济性。

二、现代体育的功能

（一）体育是普惠民生的幸福伞

在全面建成小康社会和实现中国梦进程中，人民健康是堡垒和塔基。如何有效促进全民健康？实际上，体育是最经济的手段。

1. 现代体育能够补救人体机能的退化

文明的进步给人类生活带来了极大便利，但也直接造成人体生物结构与功能的逐渐退化。根据"用进废退"法则，体育运动能够有效补救人体机能的退化，即体育运动可以有效提高人体各器官系统的机能。

2. 现代体育能够预防现代"文明病"

现代文明引发了人类的"文明病"（心脑血管病、糖尿病等），越来越多的人在经受着"文明病"的折磨。不管是从病理学还是运动学的角度，有效预防"文明病"最直接的方法就是适度的体育运动，这是减轻乃至预防"文明病"最经济有效的方法。

3. 现代体育促进全民健康

《"健康中国2030"规划纲要》的颁布，标志着全民健康已经上升到了国家优先发展的战略地位。要实现提高国民身体素质的战略目标，需要通过完善全民健身公共服务体系、广泛开展全民健身运动、加强体医融合和非医疗健康干预和促进重点人群体育活动等措施[4]，可见全民健身对全民健康的促进作用。

（二）体育是追求卓越的排头兵

"更高、更快、更强"的奥运精神是对体育竞技性功能的完美诠释，追求卓越是体

---

[4] 中共中央、国务院."健康中国2030"规划纲要[Z]. 2016-10-25.

育运动的内在要求，也是现代体育塑造个人品性和民族精神的体现。

1. 现代体育促进自我超越

就个人而言，所谓"文明其精神、野蛮其体魄"正是现代体育内在功能之所在。职业运动员在竞技场上顽强拼搏、奋勇争先，为了获得理想运动成绩而不断突破自我，普通公民在参与体育运动过程中同样勇于挑战自我，在与极限的抗衡中得到自我肯定和自我实现。

2. 现代体育塑造民族精神

从民族层面看，体育运动所展现出的追求卓越、突破自我的精神，是民族形象的重要体现。无论是运动员参与的具有全球影响力的大型赛事，还是由广大群众参与的各类中小型体育赛事，参与者所表现出的顽强拼搏、勇于争先、公平竞争、团结协作的精神，共同构成了以追求卓越为核心的民族精神。

3. 现代体育诠释中华体育精神

从国家层面看，中华体育精神的核心是为祖国荣誉而战的爱国主义精神，中国女排五连冠的光辉战绩激发了中华民族顽强拼搏、勇于奋斗的精神气质，提升了民族自尊心和自豪感。2016年里约奥运会女排夺冠，更昭示着"顽强、拼搏、不服输"和"集体主义"的女排精神永不褪色，并激励我们继续前行。

（三）体育是凝心聚力的正能量

现代体育蕴含的规则、公平和团队意识、拼搏和奉献精神等，是凝心聚力黏合剂，是践行社会主义核心价值观的正能量。

1. 现代体育能够培养健全人格

自尊自信是个人实现自我价值的重要前提，也是完整人格的重要表征。随着经济发展和生活水平的提高，许多家长比较溺爱孩子，导致青少年缺乏独立意识和自信心。而体育运动是培养和发展自尊自信品格的重要手段，通过参与体育运动，能够不断克服困难、挑战自我、增强自信、展现自我，从而培养健全的人格。

2. 现代体育能够培养规则意识

"没有规矩，不成方圆"，良好社会秩序的基础是对共同规则的遵守和维护。在参与体育运动过程中，无论是对组织人员、参与人员还是对观众，都能及时进行"必须遵守体育竞赛规则"的显性教育。

3. 现代体育能够培养团队意识

团体意识是大局意识、协作精神和服务精神的集中体现，反映的是个体利益和整体利益的统一。一个运动团队特别是集体项目的运动队，要想充分发挥集体所有成员的作用，必须在情感上相互理解、相互信任，在行动上相互协调、相互支持，从而提升所有成员的战斗力。

4. 现代体育能够培养公平意识

社会公平正义是社会稳定的基础，也是构建社会主义和谐社会的必然要求。体育是一种本身包含公平价值观念的社会文化活动，公平竞争是体育活动中必须遵守的基本原则。公平意识是现代体育的基石，只有在公平竞争基础上的竞争，各国运动员才能保持团结、加深友谊。

（四）体育是发展经济的助推器

现代体育不仅有利于满足人民群众多样化的体育需求、保障和改善民生，而且有利于扩大内需、增加就业、培育新的经济增长点，是经济发展的助推器。

1. 体育产业助力国民经济转型升级

国际经验表明，一些国家（地区）的体育产业总产值及其对国民经济的贡献均较为显著，甚至成为国民经济的支柱性产业。体育竞赛表演业、健身休闲业等体育服务业的发展，以及与健康和提高生活质量相关的体育消费品需求增长，对国民经济相关部门的拉动作用十分显著，能有效助推经济转型升级。

2. 体育消费多元催生新兴业态

大众生活方式和体育消费习惯直接影响体育消费额，它是体育产业发展的基础，是促进体育用品和竞赛表演等业态发展的前提。大众体育消费需求的旺盛能够直接带动包括健身休闲业、竞赛表演业和体育用品业等体育相关业态的发展，也会催生体育旅游、体育康复保健等新兴业态的发展。

3. 竞赛表演业带动相关产业均衡发展

竞赛表演业与国民经济其他行业具有广泛的关联性，特别是与旅游、新闻出版、互联网、住宿、餐饮和交通运输等相关产业的融合度较高。重大体育赛事能够吸引国内外游客，创造旅游收入，并带动相关产业的发展，提供直接和间接就业岗位。

（五）体育是国际交流的润滑剂

体育以"世界通用语言"的独特身份，在国际交流中愈发彰显其魅力，不仅促进了国际交流与合作，也拉近了国家间、民众间的距离。

1. 体育是国际交流中的通用语言

体育具有天然的跨国界、跨语言、跨民族、跨文化的软穿透力，被称作是"世界通用语言"。体育成了中国外交的"新常态"，如习近平总书记访问爱尔兰时展示的足球脚法，访英期间参观曼彻斯特城市足球学院等，在无声中拉近了国家间的距离。

2. 大型体育赛事可以促进国际文化融合

国际大型体育赛事无论在申办、筹备，还是举办环节均会深度植入举办国的文化艺术、风貌民俗、经济实力等重要的国家信息，以之为契机达到展示国家形象、建立国际友谊的目的[5]。大型体育赛事，让世界不同国家、民族、肤色、语言的参与者在相同规则下进行同台竞技，对促进各民族文化融合不言而喻。

3. 体育明星是开展国际交流的使者

体育明星非凡的运动经历和卓越的成就受到全世界体育爱好者的膜拜，具有天然的亲和力和巨大的影响力，能够迅速拉近与各国公众的距离。体育明星不仅向世人展示了自己精湛的技术，同时无形之中增进了与国外民众之间的互相信任与认同，推动了国家间的交流与合作，充当了"国际民间交流大使"的角色。

4. 领导人体育情怀可以扩展国家的"朋友圈"

体育运动是一项具有广泛性的社会活动，不分高低贵贱，上至总统政要下至黎民百

---

[5] 梁婷婷，朱洪军. 国际大型体育赛事公共外交模式[J]. 武汉体育学院学报，2012，46（11）：5-11.

姓都不可或缺。世界上许多国家的领导人都是体育爱好者，习近平主席用体育拉近了中国与世界的关系，他的体育情怀让世界看到了一个主动融入、交流开放、虚心学习的大国风范。

5. 对外援助能够促进世界和谐发展

我国自20世纪60年代起开展的对外体育援助，赢得了受援国国家领导人和民众的赞誉和尊敬。国际奥委会一致认为，应当表彰中国的高尚行为[6]。我国对外体育援建工作不但促进了中国同发展中国家的友好关系，对推动国际体育事业发展也起到了积极作用。

（六）体育是弘扬文化的先行者

世界是由不同民族的多元文化组成的，"只有民族的，才是世界的"，刻有民族文化烙印的体育无疑具有弘扬、传承及融合优秀文化的作用。

1. 国际传播，以弘扬中国优秀文化

体育所具有的独特文化内涵赋予了体育"国际语言"的身份，在文化国际传播和交流中，打破了语言和种族的樊笼，成为文化输出和扩张的先行者。通过体育交流和展示，把本国的传统文化、价值观念和思维模式，在"润物细无声"中实现中国优秀传统文化的对外交流与传播。

2. 国内传承，以延续传统文化脉络

体育作为一种社会文化现象，是传统文化传承与发展的重要方式与手段。民族传统体育作为民间草根文化，是我国"民族文化基因"和非物质文化遗产。近年龙舟运动项目的普及，推动了中华民族传统体育、传统文化的发展，更是传统文化的生命脉络的延续。

3. 创新融合，以促进体育文化可持续发展

中国体育文化要提高发展的生命力和在全球的影响力，必须在自我价值认同的基础上不断实现传统体育文化的整合与创新[7]。中国体育文化要在多元并存的文化格局中显现自身的价值与魅力，需要面对现代社会环境，主动适应、适时创新，提升体育文化的竞争力。

（七）体育是展示国力的大舞台

习近平同志指出："体育强则中国强。"体育强是中华民族伟大复兴的重要标志，也是强国建设的重要内容，更是综合国力的大展示。

1. 现代体育是国家软实力的重要体现

一国体育发展水平的高低不仅代表了国民素质和运动竞技水平的高低，而且是国家软实力的重要体现。2008年北京以一届"无与伦比"的奥运会，提升了中国的国际形象和地位，增强了中华民族的凝聚力，更是让全世界重新认识了新一代的中国青年，让更多的人了解到中国的巨大变化。

2. 现代体育是现代文明的重要标志

体育作为一种社会活动，以其独特的魅力深刻影响着人的全面发展及社会的文明和进步。以奥林匹克为代表的竞技运动，让人们清晰地看到体育的作用力早已超越其本身，

---

[6] 袁雷,郭昱铄,等.改革开放以来的中国体育对外援助研究[J].沈阳体育学院学报,2016,35（4）：48-53.
[7] 程雪峰.中国体育文化传播的"主线重构"[J].体育学刊,2017,24（2）：19-24.

正在逐渐融入各类人群的生活，成为人们的生活方式并走入人的精神世界，成为现代社会文明的重要组成部分。

3. 现代体育是科技水平的集中展现

现代体育与科技密不可分，体育运动水平的提高和体育行业的发展均有赖于科技进步和创新。运动技术水平的提高有赖于科学技术的进步，包括运动训练器械、运动服装、运动营养、运动医学等领域，科技是促进体育发展的内驱力。

三、充分发挥现代体育在经济社会发展中的重要作用

党的十八大以来，以习近平同志为核心的党中央相继提出了中国特色社会主义事业"五位一体"总体布局和"四个全面"战略布局，确立了全面建成小康社会和实现中华民族伟大复兴中国梦的奋斗目标。对于现代体育事业而言，以实现"两个一百年"战略构想为根本，以贯彻落实"五位一体"和"四个全面"战略布局为途径，为全面建成小康社会和实现中华民族的伟大复兴注入体育动力。

（一）围绕"五位一体"：现代体育功能的融入

现代体育发展应自觉纳入"五位一体"基本运行轨迹，围绕"五位一体"的框架格局实践推进，让体育更好地服务于广大民众和社会发展的现实需求。

1. 立足"五位一体"，科学把握现代体育发展的新坐标

作为国家经济社会发展蓝图的重要组成部分，现代体育应当也必须立足于中国特色社会主义事业"五位一体"总体布局，围绕经济、政治、文化、社会、生态一体化发展格局来谋划工作，这既是经济社会发展对体育工作的要求，也是我国现代体育变革与发展的新基点与新坐标。

2. 坚持"五位一体"，系统构建现代体育发展的新机制

我国现代体育发展，必须更加主动地运用五位一体总布局的内在规律，实现与中国特色社会主义事业的良性互动。以经济建设为依托，以政治建设为保障，以文化建设为内核，以社会建设为环境，以生态文明建设为导向，增强现代体育可持续发展能力。

3. 融入"五位一体"，着力实现现代体育发展的新跨越

从经济建设来看，现代体育主动适应社会发展，加快转变经济发展方式。在政治建设方面，切实保障公民的体育权利，不断提升公共体育服务水平。在文化建设方面，继承和发扬中华传统体育文化，推动社会主义文化大繁荣。在社会建设方面，促进体育事业的均衡发展，提高人民群众的生活品质和幸福指数。在生态文明建设方面，构建资源节约型和环境友好型的现代体育发展格局。

（二）紧扣"四个全面"：现代体育功能的发挥

"四个全面"是在"五位一体"总体布局的基础上形成的，是当前和今后一个时期社会经济发展的总方略，也是我国现代体育事业整体、有效、协同、健康发展的必由之路。

1. 推进"全面建成小康社会"，谋划现代体育发展新目标

习近平总书记关于体育工作的重要批示和系列讲话，为我国现代体育事业的发展明确了新的目标与方向，把广大人民的根本利益作为出发点和落脚点，努力实现现代体育工作的领域全覆盖、区域全覆盖、人群全覆盖。

2. 坚持"全面深化改革",打造加快现代体育发展新动力

现阶段的体育改革,要以重大现实问题为导向,抓住体育发展过程中的主要矛盾和核心问题,包括"政府和市场"这个关键,"同构和脱钩"这个瓶颈,"管治和共治"这个核心,加快形成"多元共治"的体育治理体制和发展机制。

3. 落实"全面依法治国",形成依法治体新体系

全面依法治国为体育事业改革发展明确了方向——"依法治体"。依法治体是一项复杂的系统工程,必须坚持统筹兼顾、整体谋划,从立法、执法、监督各个环节,将体育工作纳入科学化、规范化、法制化轨道,提高体育法治监督的整体效益。

4. 深化"全面从严治党",营造现代体育发展新气象

现代体育发展必须紧跟新时期党风廉政建设的步伐,坚定不移推进体育领域的从严治党工作。各级体育主管部门要不断提升思想认识,抓住制度建设这个根本,不断健全组织根基,推进反腐败斗争新常态,使党纪真正为体育事业健康发展保驾护航。

(三)现代体育助力全面建成小康社会和实现中国梦的路径

面对全面建成小康社会和实现中国梦的新机遇与新挑战,需要准确把握新时期全民健身发展的新内涵、新变化,着力推进全民健身国家战略和健康中国战略。

1. 推进全民健身蓬勃开展,为健康中国发力

一是加大公共财政对全民健身领域的投入,扩大全民健身公共服务供给;二是创新全民健身工作体制机制,增强公共体育服务供给能力;三是探索体育与文化、养老、卫生、医疗等部门融合发展的新模式,促进全民健身与全民健康的深度融合。

2. 构筑竞技体育职业模式,为强国崛起加瓦

竞技体育职业化改革的首要问题是处理好政府、市场、社会之间的关系,不仅要加快推进政企分开,确立职业体育俱乐部的主体地位,而且要扎实推进运动项目协会实体化,进一步明确政府在竞技体育职业化过程中的责任清单,促进职业体育健康发展。

3. 拉动体育产业快速发展,为经济增长加油

体育本身蕴含着巨大经济功能与价值,伴随着我国经济发展进入新常态,体育产业的经济价值日益显现。在做大做强我国体育产业的同时,深度对接"一带一路"国家发展战略,实现与沿线国家体育产业的合作,全面激发体育产业在经济社会发展中的巨大潜力。

4. 提升体育教育基础地位,为全面人才奠基

全面建成小康社会和中国梦伟大构想的实现,必须建立在青少年健康成长、全面发展的基础之上。要将体育教育纳入健康教育范畴,让学生在接受系统、全面的体育教育同时,接受体育文化的熏陶,为中国梦的实现奠定高素质人才资源基础。

5. 完善体育发展共享机制,为和谐社会添彩

无论是全面建成小康社会还是实现伟大中国梦,最终的落脚点都是要回归到老百姓的幸福生活上来。因此,要完善体育发展共建共享机制,构建"多元共治"的体育治理体系,健全政策法规,让全体人民共享运动快乐和健康福利。

项目编号(2017-A-03)

如何在体育发展中体现以人民为中心的战略方针研究

申平华 张 安 黄正新 潘 登 丁 阳

以人民为中心的发展思想是习近平总书记治国理政新理念、新思想、新战略的核心精髓，也是新的历史起点上推动中国体育事业改革发展的基本立场和基本方针。在全民健身大觉醒和健康中国崛起的新时代，习近平总书记从中华民族伟大复兴的高度，深刻阐述了体育事业与人民幸福生活紧密相连、全民健身与健康中国深度融合、体育强国梦与民族复兴梦相互促进等一系列重大战略问题，核心思想就是要发展以人民为中心的体育。深刻理解这一战略思想，并将这一战略思想贯彻于体育事业的始终，无疑有着深远的历史意义与重大的现实意义。

一、发展以人民为中心的体育的基本内涵及其重大意义

（一）发展以人民为中心的体育的基本内涵

以人民为中心的体育旗帜鲜明地表明，中国的体育事业是人民的事业，是关系人民健康和幸福的大事业。这就决定了中国的体育要把满足人民的需求作为体育和体育工作的根本出发点和落脚点，要把人民作为体育事业的主体，以人民的满意度作为体育事业的最高评判标准。

发展以人民为中心的体育，内涵极为丰富，其本质的内容包括：一是体育发展要为了人民。为了谁的问题，是体育事业发展的根本原则问题。中华人民共和国体育事业起步之初，毛泽东同志就明确提出"发展体育运动，增强人民体质"。今天，习近平总书记一脉相承而又与时俱进地强调，体育事业要"让人民实现对幸福生活的向往"，要"致力于提高全体人民身体素质和健康水平"。因此，发展以人民为中心的体育就要坚持为人民服务这个根本方向不动摇，不断满足人民群众日益增长的体育需求，切实维护好人民各项体育权益，让体育发展的成果更多、更公平地惠及全体人民，使全体人民有更多的获得感和幸福感。二是体育发展要依靠人民。人民群众是历史的创造者，是推动历史前进的决定力量。发展以人民为中心的体育就是要紧紧依靠群众，尊重人民群众的主体地位，激发人民群众的强大力量，厚植体育发展的群众基础。要把人民群众作为体育发展的主体，不断丰富和完善群众体育的组织形式，探索多元主体办活动、办赛事的机制，彻底把体育部门办体育、体育专业运动员参与体育的局面转变成全社会办体育、全民参与体育的新局面。要释放蕴含在人民群众中的深厚伟力，充分发挥市场和社会，特别是基层体育社会组织在体育发展中的作用，弥补政府在体育公共服务体系建设中的不足和缺陷。要深刻认识到13亿中国人民是我国体育发展的牢固基石，是体育强国建设的独特优势，不断厚植体育发展的群众基础，能为中国的竞技体育、体育产业、体育文化、体育外交打开广阔的空间。三是体育发展要以人民满意度为最高评判标准。"知屋漏者

在宇下，知政失者在草野"。发展以人民为中心的体育，就是要把人民群众的满意度作为检验体育工作"含金量"高低的一把重要"标尺"。体育政策的出台要充分考虑群众的意见，听取群众的声音；体育工作的开展，要及时向群众公布，让群众知晓；体育发展的成果要让群众得到实实在在的利益，获得群众的支持。只有掌握好这个评价标准，中国体育事业的改革和发展方能有方向、有底气、有力量、有成效。

（二）发展以人民为中心的体育的重大意义

我们正处在一个健康成为人民的普遍追求、人民高涨的健身需求前所未有的新时代。能否正确认识和把握这个时代，是我国体育事业能否持续健康向前发展的前提。随着现代化的推进、人民闲暇时间的增多，体育越来越走向大众，走向生活。近半个世纪以来，世界掀起了大众体育健身浪潮，全球体育开始由精英化、专门化转向大众化、普及化。"终身体育""体闲体育""体育生活化"的呼声越来越高。我们同样处在这个浪潮中，尤其在北京奥运会以后，我国迅速迎来了大众健身的高潮。据统计，我国群众性体育社会组织由2007年的16028个增至2014年年底的32749个，年均增长10.75%。

我国社会体育指导队伍从2000年的3万多人增长到2014年的174万人，全国经常参加体育锻炼的人数比例已达到33.9%。从微信圈里赛步数，到街头巷尾大妈们的广场舞姿，再到近年来悄然流行的城市马拉松赛，这一切都在昭示：一股全民享受健身、拥抱健身的热潮正在九州大地涌动。着眼于人民健身意识大觉醒和全民健身上升为国家战略的时代背景，发展以人民为中心的体育是一个时代大课题，是顺应时代的战略选择，具有十分重大的意义。

1. 从治国理政的高度看，发展以人民为中心的体育既是践行党执政宗旨的必然要求，也是夯实党执政基础的新途径

中国共产党是立党为公、执政为民的无产阶级政党，其宗旨是全心全意为人民服务。1954年，毛泽东在《关于加强人民体育运动工作的报告》批示中指出："人民的体育运动是国家的一项新事业""改善人民的健康状况，增强人民的体质，是党的一项重要的政治任务。"体育事业是党的事业的一部分，体育工作也要坚持和践行党的执政宗旨。坚持和践行党全心全意为人民服务的根本宗旨，就要求体育必须要面向人民、服务人民，把以人民为中心的思想贯穿于体育工作各环节，努力让全体人民动起来、健起来，实现人民群众对幸福生活的追求。

发展以人民为中心的体育是践行党的群众路线与群众工作的必然要求，群众体育蓬勃发展，反过来又为党执政基础的稳固开辟出新的途径。途径一：凝聚起基层民众的人心。当前，亿万人民对健康生活的热切追求和参与运动健身的热潮势不可当，在这种情况下，发展以人民为中心的体育，切实回应基层老百姓的期待和期盼，能够凝聚起人心，增强基层群众对党执政的认同感。途径二：促进基层人际关系的和谐。体育的包容性能够加速个体间的融合与联系，多种多样的基层群众体育活动的开展，能够打破城市化带来的原子化生活状态，活跃基层的人际关系，减少基层民众间的纠纷和矛盾。越来越多的基层老百姓以运动为纽带形成一个个"广场舞群""跑步团""骑行队"，构筑起和谐基层人际关系新形式，维护了基层的稳定。据不完全统计，活跃在城乡基层社区尚未登记的体育组织数量就已超过百万个。这些基层群众体育组织具有生活化和覆盖面广的特点，可以协助基层政权有效化解基层的各类矛盾，起到社会"安全阀"和"减震器"的作用。

2. 从体育发展的规律看，发展以人民为中心的体育既是体育自身发展规律的必然选择，也是建设体育强国的主引擎

在体育发展初期，体育运动与生活是高度耦合的，但是后来随着现代体育的兴起，体育越来越专门化、专业化、精细化。随着物质条件的改善和人民休闲意识的增强，体育已成为人民群众的一种普遍要求，体育大众化成为体育发展的基本趋势。为此，一方面，要顺应体育大众化的规律，发展以人民为中心的体育，为群众参与体育、享受体育创造机会；另一方面，人民群众是推动体育发展的根本动力，这是体育自身发展的一个基本规律。即便是竞技体育，同样也需要扎根于群众体育的沃土，否则便成无源之水、无本之木。因此，只有发展以人民为中心的体育，才能为体育事业发展提供源源不断的动力支撑。

"合抱之木，生于毫末；九层之台，起于累土"。现阶段，中国还只是体育大国而非体育强国，与发达国家相比还存在一定的距离。造成这种现状的根本原因在于我国体育发展的群众基础比较薄弱。从竞技体育来看，美国的奥运选手都是民间产生的，没有"国家培养"一说。美国之所以能够长期高居奥运会奖牌榜首，就在于美国广大的普通老百姓都是体育运动的参与者，2013年美国参与户外运动的人数为1.4亿人，约占美国人口总数的49.2%，其中中青年人数占到59.83%。反观中国，经常参加体育运动的人数只有三成左右，并且体育人口的年龄结构呈现两端高中间低的"马鞍形"分布状态，青少年和老年人居多，中青年人群相对较少。邓小平同志曾说："没有广泛的群众体育活动，就没有雄厚的基础，好的选手就选拔不出来。"我国竞技体育项目中优势项目全是群众参与度比较高的项目，像乒乓球之所以能够长期称雄世界，就是因为这一项目群众性普及程度高，据统计，乒乓球业余选手就达到8300万之多。从体育产业来看，我国的体育产业在国民生产总值中所占的比例还不到1%，发展还很薄弱，体育品牌公司一直以来都笼罩在高库存的阴影之下，2012—2014年体育行业还经历了一次全国性的"关店潮"。据各大运动品牌2012年的年报统计，李宁、安踏、匹克、中国动向、特步这五大国产运动品牌的关店总数接近5000家。按照国际通行标准，当一个国家人均GDP达到5000美元时体育产业将会"井喷"，人均GDP达到8000美元时体育产业将成为国民经济的支柱产业。目前我国人均GDP已达8000多美元，但体育产业却并未出现理论上的繁荣。导致我国体育产业发展薄弱的根本原因就在于我国的人民群众体育参与不够，群众性体育消费不足。我国人均体育消费只相当于全球平均水平的1/10，每年在户外运动上的直接支出人均仅有500美元。因此，只有发展以人民为中心的体育，释放蕴含在人民群众之中的深厚伟力，才能真正推动我国体育的发展，打造建设体育强国的主引擎。

3. 从民族复兴的中国梦看，发展以人民为中心的体育既是实现体育强国梦的题中要义，也是实现中华民族伟大复兴中国梦的重要保障

发展以人民为中心的体育是实现体育强国梦的题中要义。习近平总书记指出"中国政府从全面建成小康社会、实现中华民族伟大复兴的战略高度重视发展体育事业""我们每个人的梦想、体育强国梦都与中国梦紧密相连"。从"东亚病夫"到体育大国，从张伯苓的"奥运三问"到北京奥运会的成功举办，一百多年来，体育伴随着中华民族命运而起伏跌宕，始终承载着国家强盛、民族振兴的不息梦想。中国梦是一个总目标，体育梦是中国梦的具体展开和内容组成。中华民族的伟大复兴，必将是体育的全面强盛与繁荣。发展以人民为中心的体育就是要推动中国体育走向体育强国，谱写中国梦的体育篇章，展现出中华民族伟大复兴全景下欣欣向荣的体育面貌。同时，中国梦是中国人民自近代以来孜孜以求的梦想，基本内涵是实现国家富强、民族振兴、人民幸福。发展以人民为中心的体育就是要通过推动全民健身，全面提升人民群众的健康水平和实现人民群众的幸福生活。因此，中国梦的内涵就已经包含了发展以人民为中心的体育的要求。

发展以人民为中心的体育是实现中华民族伟大复兴中国梦的重要保障。体育兴则国运兴，体育强则国家强，没有强健的体魄，就没有中国梦的实现。贫瘠的体育，支撑不了一个民族追梦的步伐。习近平总书记强调："人民健康是社会文明进步的基础。拥有健康的人民意味着拥有更强大的综合国力和可持续发展能力。"然而，当前我国国民体质的健康状况并不乐观，目前有近七成的公民处于亚健康状态，慢性病呈现"井喷"态势，青少年学生耐力、力量、速度等体能指标呈明显下降趋势。从1991年起，我国人均医疗费用的年均增长率一直在15%以上，全国居民因疾病造成的经济损失相当于当年国内生产总值的8%左右。令人堪忧的国民体质状况表明，在实现中国梦的征途中，我们面临着"未强先病"的严峻考验。全民健身则是实现全民健康的前提性条件，是全体人民增强体魄、幸福生活的基础保障。因此，发展以人民为中心的体育，普及和推动全民健身运动，提升人民群众健康水平，将为中华民族的伟大复兴提供体质保障。

没有顽强拼搏、突破自我的体育精神，就没有中国梦的实现。习近平总书记指出："中国人民正在为实现中华民族伟大复兴的中国梦不懈奋斗。体育是提高人民健康水平的重要手段，也是实现中国梦的重要内容，能为中华民族伟大复兴提供凝心聚气的强大精神力量。"发展以人民为中心的体育，让全体中国人参与体育，参与运动，能够激发人民群众的爱国热情，培养、锻炼人们勇敢、坚毅、果断、顽强的优良品质，增强民族向心力、凝聚力，最终为中国梦的实现提供精神保障。

二、发展以人民为中心的体育的主要内容

"以人民为中心"这六个大字，是摆在我国体育事业面前的一个大是大非的重大战略问题。真正将这一指导思想贯穿于新时期体育事业的始终，就意味着体育工作将迎来一场深刻的革命。具体来说，应实现五大转变。

（一）体育功能理念要实现从"工具论"到"人本论"的转变

工具论强调了体育对于社会经济发展的功能意义，人本论是从人的角度定义体育功能，强调体育对于发现人的价值、开发人的潜能、发展人的个性等方面的功能。近代以来，我国面临着内忧外患的民族危机，人们从保家卫国的角度认识体育的功能，把体育作为复兴民族、重振国威的政治工具。市场经济实施后，体育又被当成一种产生经济效益的工具。客观地说，在一定的社会历史阶段强调体育满足社会需要的工具性功能，存在一定的合理性。但是，片面强调工具论容易割裂人与社会之间的关系，导致体育事业只见社会不见人。应当区分体育的"本质功能"和"外延功能"，把体育对人的健康促进、情感完善、心理疏导等方面的功能作为体育的本质功能，把体育对社会的功能作为外延功能。明确只有实现好体育的本质功能，才能更好地发挥出其外延功能，需要强调的是，体育对人的功能意义不仅仅只是强身健体那样简单，而是全方位的。习近平总书记指出："体育在提高人民身体素质和健康水平、促进人的全面发展、丰富人民的精神生活、激

励人民弘扬追求卓越、突破自我的精神等方面都有着十分重要的作用。"这就要求从人的自由全面发展的角度审视体育的价值和功能，这与把体育作为"社会需要"的工具论认识形成强烈的冲突和矛盾。因此，实现体育功能理念从工具论到人本论的转变，就是要把体育满足人民需要的功能放在首位，全方位凸显体育对人的功能意义，确立以人民健康为本，以人民幸福生活为本，以人的自由全面发展为本的体育功能观。

（二）体育发展目标要实现由"金牌至上"到"人民至上"的转变

金牌至上，就是唯金牌论，认为"奖牌是硬道理"，把金牌和成绩作为衡量体育工作的唯一标准。人民至上，就是要凸显体育发展给人民带来的获得感和幸福感。客观上说，在一定历史时期内，以"金牌"作为体育事业的指挥棒，为国家在短时间内迅速摆脱体育弱国的形象，为中华民族赢得荣誉、振兴国威发挥了很好的作用。但长此以往，金牌至上的惯性作用势必导致体育事业越来越成为以金牌为中心的事业，造成我国体育行政部门出现金牌至上的政绩思维，片面发展竞技体育，追求重大赛事的奖牌，忽视与人民幸福生活紧密相连的群众体育。金牌至上致使群众喜闻乐见的体育项目发展相对滞后。习近平总书记指出："在一些人民群众十分关注的项目上，同国际先进水平相比，我们还有不小差距。"造成这种差距的原因之一，便是为了多拿金牌而把注意力集中在了所谓的优势项目上，职业化项目、三大球项目、冬季奥运会项目都没有很好地发展起来。金牌至上的政绩观还导致对个别冠军运动员、教练员姑息迁就，严格管理不够，造成极坏的社会不良影响。如果继续坚持金牌至上的体育发展目标，只会使体育与民众生活相割裂，使人们参加体育活动的机会减少，体育获得感降低。以人民至上而不是以金牌至上，这是发展以人民为中心的体育需要明确的首要问题。习近平总书记在这一问题上强调："体育比赛，不要有锦标思想。"因此，发展以人民为中心的体育需要实现体育目标从"金牌至上"转向"人民至上"，始终着眼于人民体质的改善，着眼于人民精神状态的提升，把人民对于体育事业的满意程度作为体育发展的考核目标。

（三）体育工作格局实现从"单打独斗"到"系统协作"的转变

长期以来，在工作动力格局方面，我国体育发展一直呈现出政府部门单独发力的状态。单靠政府一家发力难以满足人民群众复杂多样的体育需求。此外，城市社区和乡村未设置专门的体育机构，致使全民健身、群众体育在基层呈现"空心化""碎片化"和"无序化"的状况。因而，要实现由政府单独发力向政府、市场、社会多端发力状态的转变，就要释放非政府组织的作用和功能。在工作管理格局方面，我国的体育还存在由体育部门一家推动体育发展的局面。现实中，无论是体育场馆设施的修建，或是特殊群体的体育健身，还是基层百姓的全民健身都不是单靠体育部门一家可以解决的。长期的实践证明，如果只有政府体育部门的积极性，而没有其他部门的广泛支持和自觉参与，各项体育惠民工作就会难以推动，大打折扣，在有的地方甚至还会成为一纸空文。因此，要由体育部门一家办体育向政府部门之间的协调互动转变，真正使一件件体育惠民工作落实落地。在工作内容格局上，我国体育事业的发展原来主要专注的是竞技体育，广大人民群众能够参与的面相对较窄。因此，要拓展体育工作的内容格局，由主要是竞技体育，拓展为从竞技体育、群众体育、体育产业、体育文化及体育外交等多个方面协同推进的体育发展，让人民群众广泛参与。

(四)体育产品供给实现由短缺向丰富的转变

我国体育产品供给总体上数量不足。最近,一段广场舞大爷大妈与篮球小伙儿争篮球场地的视频火了,抢了不少社交媒体的头条。这正是当前我国体育产品供给短缺的生动写照,也凸显了在满足群众体育需求方面的尴尬境地。据调查,我国每万人仅拥有6.58个体育场地,为美国的1/16。我国体育产品供给不仅数量不足,而且内容也不均衡,存在"重硬轻软、重设施轻活动"、体育用品供给远远大于体育服务供给的问题。如在全国参加体育锻炼的人口中,有健身指导员指导的仅为4.8%。发展以人民为中心的体育,意味着要加大体育产品的供给,努力从短缺走向丰富,走向繁荣,实现体育产品和体育服务由配给式向需求式转变,最终达到体育健身生活化的目标和效果。具体来看,要实现体育产品全地域覆盖,尤其是实现落后地区基本体育公共服务全覆盖,着力发展县(市、区)、乡镇(街道)、行政村(社区)三级群众身边的全民健身设施网络和城市社区15分钟健身圈;实现体育产品全周期覆盖,满足各个年龄层次的体育需求;实现全人群共享,对于特殊领域和行业的人群,提供精准服务。

(五)体育文化氛围实现由"体育冷"到"体育热"的转变

"体育冷"主要是指社会上还没有形成"讲体育、敬体育、爱体育"的生动氛围,全社会重视体育、参与体育、发展体育的理念还没有完全形成。从人们参与体育组织的状况来看,我国每10万人还只拥有2个体育社会组织,并且参与的人群主要是老年人,很多中青年人都没有加入体育组织进行体育活动的意识,人民大众的体育活动还处于自发状态;从体育宣传来看,常常是自说自话,并没有得到社会的广泛共鸣。这主要因为体育的宣传着眼于竞技体育的报道,而对民众的体育生活涉及的相对较少,不能贴近百姓生活,打动人心。有研究者曾对CCTV5的《体育新闻》播出的内容进行过统计,结果发现,社会体育方面的报道比例仅为0.9%;从体育被重视的程度来看,在应试教育的影响下,社会上仍然存在一定程度上重智轻体的倾向,体育长期被作为一门"副科"对待,体育从业者的地位也并未得到应有的尊重,部门、企业和单位对于全民健身重视的程度不高,全民健身的相关政策也落实不到位;从体育消费来看,人民群众的热情普遍不高,还没有将体育消费上升到与文化娱乐消费相匹配的地位,以北京为例,2009年北京城镇居民人均健身活动的支出仅73元,"还不够看两场电影"。

发展以人民为中心的体育就要从根本上扭转这种体育氛围不浓不烈的局面,实现由"体育冷"向"体育热"的转变,具体要做到"四热":民众参与热。通过赛事撬动人民群众参与体育的热情,通过完善晋段升级机制刺激人民群众参与体育的热情,通过根据个人消耗的卡路里兑换运动服装、运动器材等物质奖励调动人民群众参与体育的热情。宣传舆论热。改变体育宣传悬置于人民群众之上的状态,加大传统和新兴的主流媒体对全面健身、全民体育的报道力度,讲述老百姓身边的体育故事,真正打动和吸引老百姓,营造人人运动,人人健康的舆论热潮。体育精神热。体育精神是体育发展的底蕴和原动力,是体育的"灵魂"。当前社会尚未形成体育热潮,一个重要的方面就是体育精神尚未在全社会得到弘扬和践行。要在群众体育活动和基层文化建设中弘扬奥林匹克精神和中华体育精神,达到人文熏染和人格重塑的目的,使人们真正从内心深处崇尚体育运动。体育下乡热。相对贫穷落后的农村地区是体育氛围最为薄弱的地区。积极开展体育下乡活动，有利于广大农民形成健康科学的运动理念和生活习惯，推动农村健身氛围的形成。

三、发展以人民为中心的体育的基本举措

发展以人民为中心的体育的目标已经明确，但实现这一目标却还任重而道远。要清醒地看到，体育工作距离发展以人民为中心的体育的目标要求、距离人民群众的热切期盼仍有很大差距。只有改革创新，采取切实可行的战略举措，才能打开新天地，开辟出一条以人民为中心的体育的发展"快车道"。

（一）加强以人民为中心的体育的战略引导

战略规划是体育发展的"指南针"，是发展好以人民为中心的体育的"指挥棒"。要从顶层设计的高度，系统谋划体育的战略引导，树立起新的战略目标、战略布局、战略思路和战略抓手。

1. 战略目标：促进人的自由全面发展

充分发挥体育在提升人民健康水平、实现幸福生活方面的独特优势和功能，使人民群众在体育活动中实现自由全面发展，把以人民为中心的体育真正化作为"全民幸福生活行动"。

2. 战略布局：系统融合

把体育融入所有国家大政方针，把全民健身与全民健康深度融合，积极探索"体育+"的产业融合模式，构建发展体育事业全地域覆盖、全周期服务、全社会参与的"大体育"格局，使体育深度融入人们的生活中。

3. 战略思路：把群众体育作为推进体育事业发展的基础工程

厚植竞技体育、体育产业、体育文化、体育外交工作的群众基础，优先发展群众体育以带动体育工作的稳步发展。

4. 战略抓手：以"三纳入"为抓手

以"三纳入"为抓手，即将全民健身事业纳入各级政府的国民经济和社会发展规划、将全民健身事业经费纳入各级财政预算、将全民健身工作纳入各级政府年度工作报告。要以"三纳入"为着力点和突破口，带动和提升各级政府抓体育、管体育、兴体育的积极性、主动性和实效性。

（二）夯实以人民为中心的体育的供给保障

当前，满足人民日益增长的多样化体育需求、实现健身运动生活化的最大障碍是体育产品服务短缺。据调查，79.9%的受访者表示身边缺乏可供运动健身的公共体育场馆，近半数（47.3%）的群众表示，自己正在参加的健身项目与所期望的项目不一致。要面对并克服这个障碍，就要夯实以人民为中心的体育的供给保障。

一是多手发力，做大总量。在人民群众体育需求旺盛与体育产品服务供给不足的矛盾下，单一化的政府供给模式早已难以为继，发挥市场和社会的作用，形成多元的供给格局已成必然。政府保基本，建立公共体育服务体系，完善大众体育基础设施建设；市场做决定，立足发挥市场的作用，做大体育产业，提高体育产品的产出，提供精细化体育产品服务，满足百姓多样化、多层次的需求；社会激活力，鼓励社会力量参与，培育发展多形式、

多层次体育社会组织和体育类民办非企业单位，增加和扩大体育产品服务供给。

二是平台建设，提升质量。现有的体育产品供给还是低水平、低层次的，在质量上还有待进一步提高。这里的质量主要是指体育供给服务的精准度不高，要通过四大平台建设，提升体育供给的质量。体育网络服务平台：建立一个具有权威性、覆盖面广的全民健身"淘宝网"，并开发与此相关的手机 App，让老百姓的体育需求"一网搞定""掌上搞定"。体育设施平台：加强健身步道、骑行道、全民健身中心、体育公园、社区多功能运动场等场地设施建设，到 2030 年基本建成县、乡、村三级公共体育设施网络，人均体育场地面积不低于 2.3 平方米，在城镇社区实现 15 分钟健身圈全覆盖。休闲体育平台：着力打造运动休闲城市、运动休闲示范区、运动休闲特色小镇等体育休闲平台。体育赛事平台：大量兴办小而专、参与面广的体育赛事，重点支持 1000 项群众身边的体育赛事，提升人民群众参与体育的热情。

三是科学调度，激活存量。公共体育场馆应面向社会全面开放，收费应趋于合理。据调查，近九成受访者（89.0%）抱怨，时下过高的公共体育场馆收费让自己"贵得运动不起"。与体育场馆收费较高相对比的却是我国存在较高的体育场馆的闲置率。据有关部门统计，全国有 15 个省份学校体育场馆开放率在 50% 以下，目前北京市向公众开放体育设施的中小学有 635 所，占全部 1700 余所中小学的 37.1%。因此，要增加对向社会开放的体育场馆的补贴力度，按照安全有序、科学规划的原则，将现有闲置的体育场馆向公众开放，扩大开放范围。

四是精准调控，均衡分量。我国城乡之间、地域之间的体育供给差别巨大。如体育指导员的数量，农村 9 亿人口只占有全国 10% 的体育指导员"。再如，上海人均体育场地面积达到 1.82 平方米，而贵州只有 0.41 平方米。因此，要把体育工作重心下移和资源下沉，把体育与精准扶贫结合起来，实现体育公共服务均等化。

（三）完善以人民为中心的体育的工作格局

发展以人民为中心的体育的工作格局，其核心就是要彻底把过去体育部门办体育、体育人办体育的模式转变成全社会办体育、全体人民推动体育的局面。

1. 在组织格局上，要充分释放社会能量，把办的职能交给社团，交给群众性的体育组织，交给市场机制

据调查显示，我国体育社团的活跃度低，在活跃度指数排名中，体育类社会团体居倒数第 2 位；我国体育产业的市场化程度不高，产值不大，仅占 GDP 的 0.8%。因此，要把体育产业作为朝阳产业培育扶持，破除行业壁垒、扫清政策障碍，建立布局合理、功能完善、门类齐全的体育产业体系。

2. 在管理格局上，推动"部门协同"制度化、规范化、具体化

当前"部门协同"制度化、规范化建设亟待加强，协同体育部门的相关部门主动性和积极性不强，处于一种被动应付的状态。要进一步发挥体育行政部门在推进"部门协调"中的主导作用，解决政府主导不硬、不够到位的问题，克服"腰杆软"的危险，进一步完善"大群体"工作机制。同时，以联合办赛为抓手，推动体育部门与相关部门协同进一步机制化。

3. 在内容格局上，大力探索"体育+"的融合模式

推动体育与养老服务、旅游、康复医疗、互联网等方面的融合，使体育的内涵与外延得到前所未有的拓展，深度介入到人民的生活中来，更为精准地为人民提供服务，满足人民的体育需求。

（四）构建以人民为中心的体育的制度体系

全力推进改革，建立健全体制机制，为发展以人民为中心的体育构建好制度体系。

首先，法律法规体系。现有《中华人民共和国体育法》和《全民健身条例》已无法满足新形势和新要求，人民群众体育权益的保护迫切需要全面的法律保障，修改《中华人民共和国体育法》和《全民健身条例》势在必行。其次，政绩考核体系。改变金牌至上的政绩观，把经常参加锻炼人数的比例、国民体质合格率、社会力量参与公共体育服务和全民健身等内容纳入考核指标。在此基础上，引入问责机制，建立自我问责、组织问责、政府问责等多元问责模式。再次，资金投入体系。改革资金投入机制，在加大政府资金投入的同时，推广运用政府和社会资本合作等多种模式，吸引更多的社会资本参与体育产业的发展。最后，医疗保障体系。推进体医融合，通过激励机制实现"治已病"与"治未病"的两手抓。

全民健身，浩浩荡荡，发展以人民为中心的体育已成为时代强音。我们坚信，在以人民为中心的体育的理念指导下，已经"站起来""富起来"的中国人，将会"健康起来"。届时，一幅壮丽的"健康中国"时代图景必将展现在中华民族伟大复兴的大幕之上。

项目编号（2017-A-04）

加快补齐短板 开创体育发展新局面

钟秉枢 韩勇 张建会 何俊 徐刚 郝晓岑 代坤 张治华

当前体育领域改革创新与体育强国建设的总体目标仍不相适应，体育与经济社会协调发展的机制有待进一步健全，人民群众日益增长的多元化、多层次体育需求与体育有效供给不足的矛盾依然突出。因此，建设体育强国，势必是一个不断补齐短板、挖掘潜力、开拓空间的过程。

本研究将围绕新时期体育事业改革发展的新形势和新要求，借鉴习近平总书记关于"改革强军"的战略思想和伟大实践，以问题为导向，剖析制约建设体育强国所面临的体制性障碍、结构性矛盾、政策性问题，回答"短板在哪里、原因是什么、怎么去补齐"，推进体育发展的现代化、国际化，进一步释放体育改革的活力，进一步增强体育的国际竞争力，以建设与我国国际地位相称的体育强国。

一、体育发展的短板

研究表明，当前我国体育发展的短板主要体现在8个方面：①竞技体育规模、结构、效益不均衡问题突出；②全民健身国家战略统筹推进面临严峻挑战；③青少年体育体系不系统、不完善、不健全；④体育产业整体质量不高；⑤基本体育公共服务严重供给不足；⑥人力资本支撑薄弱，科技创新能力不足；⑦体育立法、执法、守法链条不畅；⑧体育文化传播力和国际影响力不足。

二、体育短板产生原因

我国体育短板产生的原因主要有以下4个方面：①效率原则优先于公平原则；②功利主义凌驾于规律认知；③制度创新钝滞于中间阶段；④思想固化束缚着体育改革。

三、全面补齐体育短板的战略举措

全面补齐体育短板的战略举措主要有以下10个方面。

（一）明确目标：确立体育强国建设的战略定位

把体育事业放在"五位一体"总体布局和"四个全面"战略布局之中，把推动我国体育事业不断发展作为中华民族伟大复兴事业的重要组成部分，推动体育组织形态现代化，进一步释放和增强体育发展的社会活力，加强体育理论研究和体育常识普及，推动群众体育和竞技体育互动发展，促进举国体制和市场机制有机结合，建设同我国国际地位相称、同国家经济发展相适应、同人民美好生活相匹配的强国体育，以体育强国梦助力中华复兴梦。

(二)推进改革：突破"思想固化"的束缚和"利益固化"的藩篱

首先，要突破"思想固化"的束缚，积极推进体育治理体系和治理能力现代化，主动来一场思想上的革命，切实从一切不合时宜的思维定式、固有模式、路径依赖中解放出来。

其次，要突破"利益固化"的藩篱，更加注重体育改革的系统性、整体性、协同性、连续性，从根本上解决制度透明、体制透明等问题，把顿滞于中间阶段的"制度创新"通过全面深化改革继续推进下去。

第三，借鉴"军委管总、战区主战、军种主建"的改革强军思路，构建"行政部门管总—奥委会主赛—体育总会主健—全社会共同参与"的体育管理新格局，使体育领导体制和管理模式对接发展所需、基层所盼、民心所向。

第四，扎实推进项目协会的实体化改革进程，注意不同项目在推进协会实体化改革中的异同，注意处理好项目相关因素间的关系，形成扁平化、专业化、高绩效的项目协会领导管理体系和项目国家队参赛指挥体系，确保项目发展的科学性、有效性和全局性。

(三)全民健身：筑牢健康中国的体育之基

首先，协同创新，共同治理。用可持续的发展理念，健全统一领导体制，完善政府层面的协调机制，形成齐抓共管的工作格局，动员社会各界鼎力合作。

其次，完善督查，传播文化。完善全民健身公共服务体制机制，完善评价考核和督导检查，推动各级政府落实全民健身主体责任，以监管到位、讲求实效的思维方式统筹推进全民健身国家战略，充分释放全民健身的综合价值和多元功能。

第三，公共服务，多元提供。在国家层面加强对全民健身场地设施供给，健全服务保障体系和相关政策制度，引导各类市场主体在服务全民健身中发展壮大，实施"体育+"行动，推动体育与相关行业融合发展，构筑良性的运行体制机制。

第四，培育意识，养成习惯。创建运动健康城市，创建全民健身模范县，创建运动休闲特色小镇，夯实群众体育参与基础，努力推动全民健身与全民健康深度融合，更好发挥群众性体育活动在厚植体育基础中的重要作用，把全民健身计划做成全民幸福计划。

(四)夺标育人：打造竞技体育的精锐力量

首先，培养塑造与体育强国相适应的健康金牌观念，充分认清竞技体育背后透射出的国家制度、国家发展、国家形象、民族精神、社会价值，以体育强国梦助力中华复兴梦，加快中国竞技体育靠近世界舞台中心的步伐。

其次，推动项目规模结构和力量配比的改革，调整改善不同类别项目比例，优化项目力量结构，推动竞技体育发展由数量规模型向质量效能型、由人力密集型向科学密集型转变。

第三，以运动员为中心，构建体育系统、教育系统、社会组织多元投入的我国新型竞技体育人才培养体系和自下而上的"金字塔"式竞赛体系（图1）。

第四，以教练员为首要，根据项目特点组建中外结合的教练员团队，大力实施精英教练员资助计划和基层教练员培训工程，落实教练员持证上岗制度，完善教练员聘任管理办法，健全执教理念传承机制，尊重主带教练员的贡献价值，建设一支大局观强、素质全面、作风优良、能打胜仗的优秀教练员队伍。

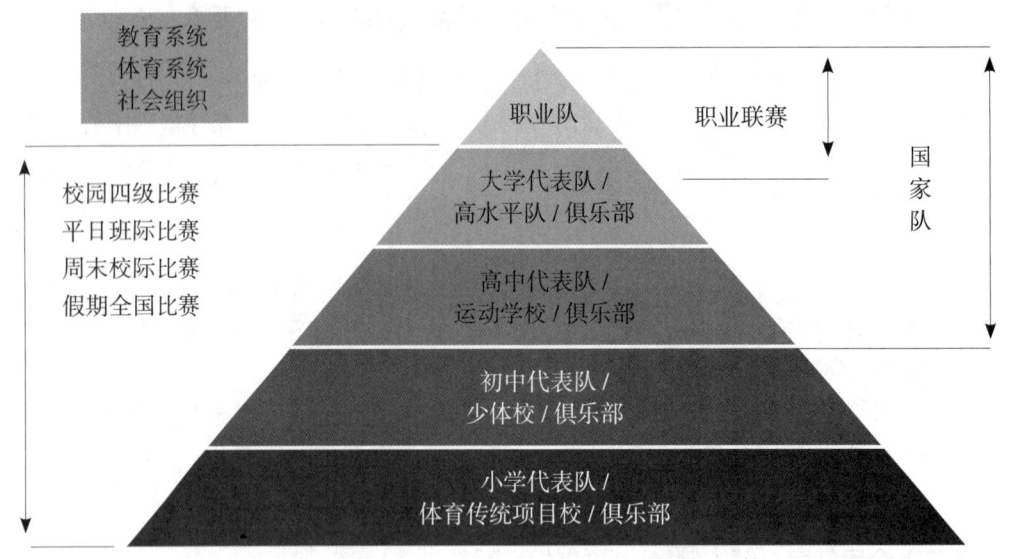

图1 多元投入的新型竞技体育人才培养体系

第五,以条件建设为保障,加强练兵备战的阵地建设,优化训练基地布局,完善基地管理制度,提高训练基地整体效益。

第六,加强国家队治理,深化运动队的组织建设。

第七,加强对运动员参赛过程的科学设计与有序控制,完善异地参赛系统,提高程序化参赛对重大比赛获胜的贡献率,提高运动员的参赛能力。要更加全面地把握每届奥运会的参赛资格体系,争取获得更多奥运会参赛资格。

(五)升级换代:开拓体育产业的康庄大道

首先,要创新市场运行机制,推进赛事举办权、赛事转播权、运动员转会权、无形资产开发等重要体育资源公平、公正、公开流转,建立健全各类体育产业资源交易平台,使市场在资源配置中起决定性作用。

其次,要把品牌建设摆在突出位置,着力增品种、提品质、创品牌,鼓励企业开发科技含量高、拥有自主知识产权的体育产品,推动体育企业做专做精、做大做强、具有国际知名度,推动文化创意和体育用品产业融合,打造文化附加值更高的体育产品。

第三,促进健身休闲与健康、养老、旅游等产业融合发展,推动"互联网+健身休闲",拓展健身休闲产业的发展空间。

第四,要挖掘竞赛表演业发展潜力,支持各地结合自然人文资源特色举办体育活动,打造一批影响力大、群众参与度高的精品赛事;要明晰赛事功能定位,全运会"国内练兵、一致对外"目标不能被弱化或改变,应突出冬运会冬奥备战和青运会青年运动员培养的目标价值,释放全运会的改革任务压力;要着力赛事产业服务,提升赛事的办赛质量和专业/职业水准,突破项目发展中竞技体育和群众体育分离的困境。

第五,职业体育水平要更高,继续推动具备条件的运动项目走职业化发展道路,完善职业体育的政策制度体系,优化和规范职业体育发展环境,塑造职业体育文化,逐步提高职业体育的成熟度和规范化水平。

（六）协同推进：促进青少年体育治理能力和治理体系现代化

首先，建立和完善政府、学校、社区和家庭协同的青少年体育参与网络治理模式，创新组织运行机制，大力提高青少年体育素养和参加体育活动意识，形成"自上而下"与"自下而上"有机结合、多元化的青少年体育参与模式。

其次，强化政府主体责任，健全法律法规体系，深化教育制度改革，"强制性"推动青少年体育发展，加强青少年体育活动，夯实青少年训练基础，促进青少年基本公共体育服务城乡、区域更加协调，依法保障青少年体育的发展。

第三，发挥学校体育的教育功能，更新校长治理理念，建立科学的学校体育课程结构和内容体系，推动学校建立与家庭和社区的伙伴关系。

第四，强化社区体育政策执行的网络治理方式，发挥社会体育组织的力量，构筑学校体育、家庭体育和社区体育三位一体的协同创新管理方式。

第五，充分发挥父母家人的榜样示范作用，营造家庭体育的良好氛围。第六，加强各级各类体校的精品化建设，积极调动社会力量，拓宽竞技体育后备人才培养渠道，完善青少年训练体系。

（七）焕发活力：扩大运动项目文化影响力

首先，以赛事为平台，厚植运动项目文化。

其次，加大对赛事队伍中典型人物、典型事迹挖掘的力度，打造具有国际影响力的体育明星，通过多种新媒体宣传媒介手段，讲好体育故事，传播运动项目体育精神，扩大体育文化的影响力和传播力。

第三，通过体育博物馆、体育电影、体育图书等形式，收集、整理、存档、研究、开发运动项目文化资源，继承、传播、提炼运动项目体育精神，扩大运动项目在群众中的影响力和认同感，使体育文化成为传承发展中华优秀传统文化的有效载体。

第四，构建日常生活实践中的运动项目文化，注重从家庭—学校—社区等不同层面强化运动项目文化的引领和示范，培育符合现代人需求的传统项目休闲体育文化，体育教育中全方位融入运动项目文化，社区建设中凸显区域运动项目文化特色的经典性元素和标志性符号，发挥体育文化在社会主义核心价值体系建设中的作用。

（八）科技创新：培育体育战斗力新的增长点

首先，需要广大体育工作者进一步增强科技意识，将科技创新理念融入体育运动发展的各个环节，用科技武装体育运动发展体系中各层次人员的头脑，提升全民健身和奥运备战中科技创新与服务的意识与能力。

其次，进一步完善和推进奥运科研攻关和科技服务，提高个性化定制服务水平，通过科技手段攻破技术难题，促进竞技水平提高，用科技带动国家队运动训练和奥运备战水平的提升。

第三，发挥科技创新在全民健身、运动参与大数据、赛事服务、志愿者培训等领域的重要作用，营造推动体育科技成果实现有效转化的体制机制，推进体育与科技创新的相互融合，提高全民健身的科学化水平。

（九）依法治体：增强体育强国建设法治化水平

首先，要根据我国国情和体育需求，形成多元体育法治资源与途径的协调互动，伴随社会转型全面构建法治体育，扭转目前我国体育法治基础相对薄弱的局面。

其次，深入推进科学的、民主的体育立法，完善体育立法体制和程序，建立体育仲裁制度，深化体育政策制度调整改革，丰富拓展体育法治理论。

第三，调整现实体育发展过于工具化、功利化的价值定位，依法保障公共体育产品的有效供给，变革偏重活动竞赛而弱化社会行政的管理模式，增强体育部门执法能力。

第四，培育和拓展体育法治的社会基础力量，打破过度垄断对体育社会化、产业化的限制阻碍，建立和完善透明公正的法治程序，畅通伸张体育权益诉求和解决体育纠纷的多元渠道。

第五，以纪律建设为核心，下大力气整肃运动队纪律，坚决克服管理松懈、作风松散、纪律松弛现象。

（十）国际合作：提升全球体育治理中话语权

首先，要围绕国家外交布局，做好体育外交工作顶层设计，借助高级别人文交流机制平台，配合"一带一路"建设及上合组织、金砖国家组织等多边机制，开展体育交流互访，加强互学互鉴。

其次，积极参与全球体育治理，有重点地加强与相关国际单项体育组织的合作，有计划地支持和选派优秀人员进入各个项目国际体育组织核心层，把握项目设置调整动态，体现中国声音。

第三，积极围绕参赛东京奥运会、筹办北京冬奥会开展国际体育交流与合作，学习交流赛事组织、备战参赛和发展体育产业的经验，引进资金、技术、人才，全面提升办赛参赛能力。

四、结束语

当今中国，前所未有地靠近世界舞台中心，前所未有地接近实现中华民族伟大复兴的目标，前所未有地具有实现这个目标的能力和信心。从曾经的"东亚病夫"，到奥运榜首的"体育大国"，再向"体育强国"迈进，中国体育在历史的关键点上必须抓住千载难逢的发展机遇，补齐体育短板，实现我国由体育大国向体育强国的根本转型，实现我国体育从量到质的全面提升，实现我国体育发展从要素驱动转向创新驱动，由政府独轮驱动转向政府、社会、市场、民众四轮驱动，形成系统完备、科学规范、运行有效的体育治理体系，推动我国体育事业健康、可持续发展，顺利实现体育强国梦，并为实现中华民族伟大复兴的中国梦奠定坚实的基础。

项目编号（2017-A-05）

全民健身与全民健康深度融合的体制机制研究

陈佩杰　卢文云　杨　钰　郑国华　郑家鲲　陆丽萍　郑丹衡　张　颖　刘东宁

2016年8月，在全国卫生与健康大会上，习近平总书记提出："要倡导健康文明的生活方式，树立大卫生、大健康的观念，把以治病为中心转变为以人民健康为中心，建立健全健康教育体系，提升全民健康素养，推动全民健身和全民健康深度融合。"由此，中央正式提出了全民健身与全民健康深度融合的战略任务。如何推进全民健身与全民健康深度融合已成为亟待解决的现实问题，需要在理论上明确全民健身与全民健康深度融合的内涵，寻求全民健身与全民健康深度融合的具体路径，以及建立保证路径实现的体制机制。本研究运用文献法、访谈法、比较分析法、案例分析法对上述问题进行了系统深入的研究，主要研究结论如下。

一、全民健身与全民健康深度融合的内涵

全民健身与全民健康深度融合是指：全民健身与全民健康两大民生工程在更广范围、更高层次、更深程度上相互渗透、互为一体的过程。其中，全民健身要以全民健康为目标和指向，全民健康要以全民健身为重要途径和手段，形成你中有我、我中有你，相互联系、相互交叉、相互渗透、相互促进的发展新格局，本质是探索一条运动促进健康之路，最终目的是解决我国关系健康的重大和长远问题，实现健康中国的战略目标。

两者融合的具体阶段如图1所示。全民健身侧重健康的前端，即A段、B段和B/C段，涵盖身体锻炼、养生、保健等工作；全民健康侧重后端，即C段、D段，涵盖疾病治疗、康复等工作；其中B/C段是两者融合的重点。

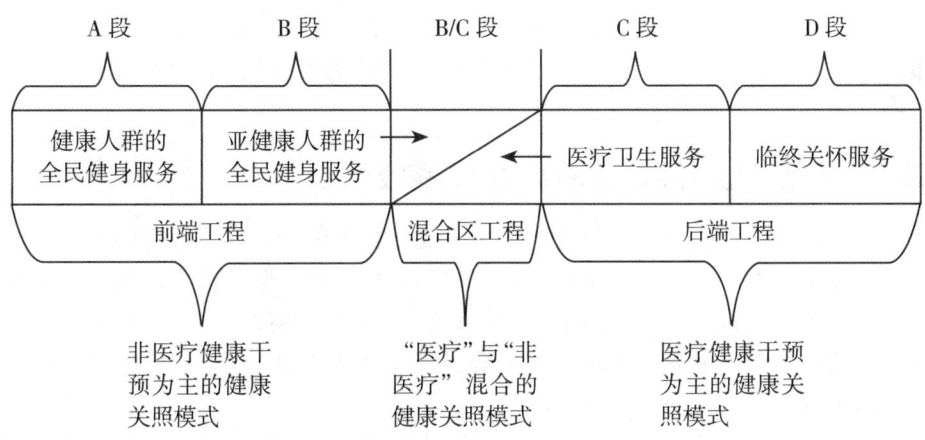

图1　不同健康阶段的全民健身与全民健康融合

全民健身与全民健康深度融合的机理如图2所示。全民健身与医疗卫生资源为实现两者的融合提供了物质基础，社会对健身和医疗卫生的需求是融合的动力，其体制和机制为其融合实现的制度环境，通过现代科技和服务方式的创新，从而延伸新的价值链，提升健身与健康产品（活动）的价值和品质，促进形成新兴健身与健康的业态，满足人们日益上升的个性化、多元化的健身与健康需求。

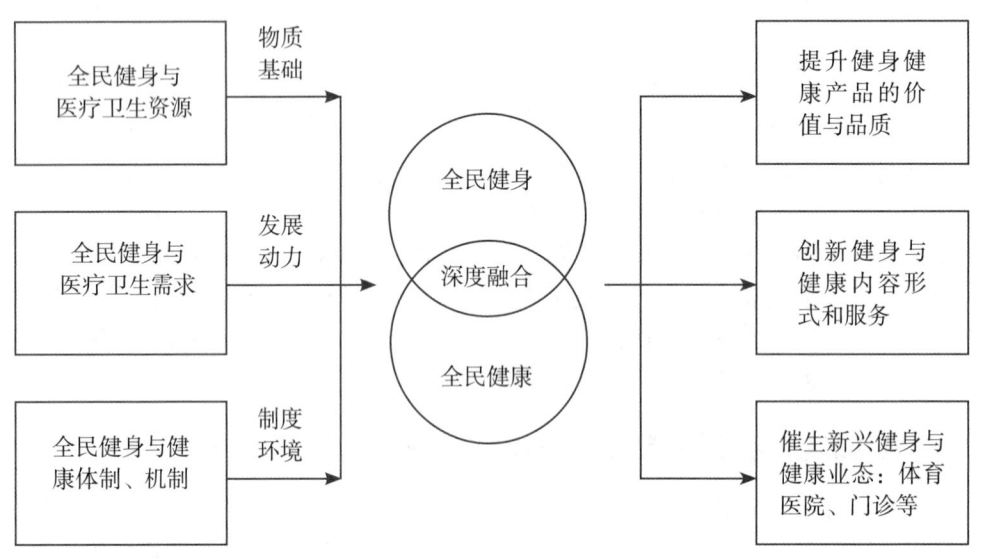

图2　全民健身与全民健康深度融合的机理

全民健身与全民健康深度融合，从范围来看，要从中央到地方。从管理学的角度看，是两个系统要素间相互协同的过程。从经济学的角度看，是资源在两个系统间的优化配置。从融合的具体内容看，包括宏观层面的决策层融合，主要指两个系统的战略规划、政策法规、标准厘定、重大问题的解决方案等要融合；中观层面的管理层融合，包括资源配置、绩效评估、设施、组织、活动、人才、宣传、科技等方面要统筹；微观层面的操作层融合，包括运动促进健康的具体方案、手段和方法上的融合和平台的建立，健身和健康行为干预计划、手段、方法上的融合和平台的建立。从融合的类型看，分为内部自发型融合和外部推动型融合。

二、全民健身与全民健康深度融合的路径

从学理上讲，选择全民健身与全民健康深度融合的路径，应该针对国民的主要健康问题，把构建全人群覆盖、全生命周期覆盖的运动促进健康服务体系作为全民健身与全民健康深度融合的关键出发点，两个工作体系应从各自的角度推进这一中心工作；要根据影响全民健身与全民健康深度融合的因素，结合实际从动力要素、政策要素和支持要素几个方面进行全要素提升。

从历史的角度看，选择全民健身与全民健康深度融合的路径时，应将那些已经证明符。合全民健身发展规律并取得实效的成功经验整合进去，这些成功的经验包括：①必

须立足于我国的基本国情和时代需要，紧密围绕党和国家的中心工作，服从服务于国家经济社会发展大局；②必须坚持政府主导、部门协同、全社会广泛参与的发展格局。③必须始终把满足人民群众不断增长的体育健身需求作为根本出发点和落脚点，以为群众做好事、做实事为重要动力，以构建"亲民、便民、利民"的全民健身服务体系为工作目标；④坚持以改革促发展，实现发展机制和方式的变革创新；⑤必须坚持整体规划、全面协调，以系列工程为抓手。

从现实的角度看，全民健身与全民健康深度融合的路径选择，必须要有利于解决我国当前存在的重大公共健康问题，如慢性疾病的蔓延、人口老龄化问题等，满足健康中国战略实施的需求。同时要有利于解决我国全民健身和全民健康各自工作体系存在的问题，如全民健身基本公共服务在地区间、城乡间的发展依然不平衡；公共体育场馆和学校体育设施对社会开放程度和利用率依然不高；新建住宅小区配套体育设施实行"同步设计、同步建设、同步投入使用"的政策落实不到位；参与全民健身的社会力量动员不够等。全民健康工作中，存在在行动计划上没有把运动作为健康促进的内容、卫生系统与体育部门联动的"体医融合"政策机制尚未建立、不同部门之间的健康责任区分不够明确、部门间协同及其他社会组织在政策中涉及不多等问题。

从国外的经验看，选择全民健身与全民健康深度融合的路径可以借鉴美国的做法。在宏观的决策层注重健康公民计划、国民体力活动计划等战略规划的融合；在中观的管理层强调医疗卫生服务与体育健身服务的"医体融合"、运动健康指导服务平台的构建，在计划实施过程中注重与教育部门、工商业、大众传媒、公园、休闲、健身、运动、交通、土地使用、社区、非营利组织等的跨界协同；在微观的操作层通过建立体力活动的生命体征系统，在临床3级诊疗系统中融入体力活动，实现临床诊断和治疗中健身手段、方法与医疗手段、方法的融合。

还可以借鉴澳大利亚的做法。①多方位：策略的实施包括基础建设、交通规划、医疗保障、媒体宣传等各个系统协调运作，全方位推进增加国民体力活动、促进国民健康战略；②多层级：上至政府的政策制定和经费支持，下至社区、学校、家庭的交互联动，整个战略体系各层级的责任明确，且自上而下的领导机制和自下而上的反馈机制科学合理；③多维度："运动促进国民健康"战略行动不仅考虑各年龄阶段的特点，还要考虑经济困难群体和偏远地区居民需求，建立点、线、面服务网络，尽可能立体式覆盖所有居民，充分体现公共服务的公平性；④重科学："运动促进国民健康"战略行动的制定建立在研究证据的基础上，做到有证可循，研究监控机制也充分体现循证实践原则，从而确保了战略行动的可行性、实施过程的可控性和实施结果的可测性。

综合学理、历史、现实和国际经验等几个方面的因素，我国全民健身与全民健康深度融合的具体路径选择如下。

（一）理念先行，解决全民健身与全民健康深度融合的认识障碍

根据健康中国战略的要求，贯彻和落实"以促进健康为中心"的大健康观、大卫生观，并将这一理念统领全民健身与全民健康相关政策制定实施全过程。树立"大群体观"，统领全民健身工作。突出政府的全民健身责任，把政府重视全民健身工作与重视民生相关联、相等同。要建立部门协同、全社会共同参与的运动促进健康模式，调动各方资源，形成目标任务具体化，工作过程可操作、可衡量、可考核的全民健身发展新格局。

（二）以全面深化改革为动力，破除制约全民健身与全民健康深度融合的体制机制障碍

打破体育、卫生、医疗等部门界限和行业壁垒，形成合纵连横、协同创新和跨域治理的运动促进健康模式。用全局的观念和系统思维考虑全民健身与全民健康的深度融合问题，通过全面深化改革，激发多元主体参与运动、促进健康工作的动力，形成推进运动、促进健康工作的合力；通过全面深化改革，为推进全民健身与全民健康的深度融合克难攻坚探寻方法路径，破除制约全民健身与全民健康深度融合的体制机制障碍。以实现健康中国战略为目标，推动全面深化改革各项任务的落实。

（三）共建共享全民健身公共服务体系，实现全民健身公共服务的精准化供给

要把共同建设、共同享有贯穿于全民健身公共服务体系构建的全过程，真正做到在共建中共享，在共享中共建。从供给侧和需求侧两端发力，统筹政府、市场、社会和个人四个层面，形成运动促进健康的强大合力。创新全民健身公共服务的供给方式，推动全民健身基本公共服务的供给侧结构性改革；体育、卫生、教育、旅游等行业要主动适应群众的健身需求，优化资源配置和服务供给，做好基础工作并补齐发展短板，推动健身与养老、医疗、教育培训和旅游融合，实现健身产业的升级换代，满足人民群众不断增长的健身需求。促进全社会广泛参与全民健身公共服务的供给，吸引、鼓励社会组织、行业协会、社会团体积极参与到运动促进健康活动中。从服务的可及性出发，把"六边"工程作为实施全民健身国家战略的重要抓手，推动全民健身和全民健康在理念、组织、设施、活动、队伍、管理和体制上融合。推进资源可及性保障工作，让所有人群都能享受到健身、医疗、卫生基本公共服务。从经济可及性的角度，要加大对偏远区域或欠发达地区的投资及重点扶植，实现全民健身公共服务的场所全覆盖、生命周期全覆盖。从个人层面来看，要强化个人的健身责任，提高全民体育素养，引导形成自主自律、符合自身健康特点的健身行为方式，有效控制影响自主健身行为的因素，形成热爱运动、坚持运动、追求健康、促进健康的社会氛围。

（四）建立有利于维护和促进全民健身与全民健康深度融合的政策法规

在政策法规的制定上要体现顶层设计与落地配套相结合，重在建体系、重统筹、谋实效。在顶层设计上要建立具有约束力的综合性法律，明确界定全民健身与全民健康深度融合相关主体及其各自权利、责任、作用范围；对全民健身与全民健康深度融合的战略规划、重大项目实施和核心要素建设有相应的法律保障。在顶层设计的基础上，要建立配套政策和具体实施办法，构建全民健身与全民健康深度融合的微观运行机制，使得各项工作能落地执行。通过专门的机构发挥政策法规制定的统筹统管作用，加大政策制定的统筹力度。加强对政策法规执行效果的评估和调研，提高政策效果。

（五）实施七大系列工程，使全民健身与全民健康深度融合落到实处

从全民健身与全民健康深度融合关键要素提升的角度提出实施七大系列工程：一是全民健身与全民健康深度融合宣传工程，解决认识问题；二是社区居民电子健康档案建设工程，解决微观层面融合的信息收集问题；三是全民健身与全民健康深度融合的人才支撑工程，解决人才保障问题；四是全民健身与全民健康深度融合的科技创新工程，解

决科学决策、科技保障问题；五是基于科学循证的社区重点人群健身行为干预工程，解决服务的公平性问题；六是全民健身与全民健康深度融合的"典型示范"建设工程，解决路径融合、体制机制和模式创新问题；七是"体医融合"工程，解决体育与医疗卫生部门之间优质资源整合问题。

三、全民健身与全民健康深度融合的体制机制

全民健身与全民健康由长期的分离状态向深度融合转变，本质上是由社会对全民健身与全民健康深度融合的隐性需求（隐性需求是指人们没有意识到的需求）与相关服务供给不足之间的矛盾而引起的不同利益集团相互博弈从而调整变革利益关系的制度变迁过程。由于两个系统的长期分离状态，主导两个工程的部门及相关主体为适应分离制度而形成的非正式制度（指观念、习俗、传统等）存量已经积累到了相当程度，在观念和行为上形成了对原制度的惯性，产生了路径依赖。要打破全民健身与全民健康深度融合进程中的这种路径依赖，只有借助于外在的力量进行强制性制度变迁。这种外在力量来自政府，政府通过建设适应全民健身与全民健康深度融合要求的体制机制，提供一种新的正式制度安排，并要求或鼓励其他相关主体在此框架下积累非正式制度（进入诱致性变迁过程），最终才能实现全民健身与全民健康的深度融合。因此，要把体制与机制建设作为关系全民健身与全民健康深度融合的全局性重大问题提上日程，采取有效措施，建立起规范、灵活的全民健身与全民健康深度融合的体制机制。

（一）建立全民健身与全民健康深度融合的体制

体制融合是全民健身与全民健康深度融合的前提。要从国家层面建立全民健身与全民健康融合的促进委员会（省部际联席委员会），由副总理牵头，成员包括体育、卫生、规划、住房、交通、国土、文化、教育、旅游、财政、园林、农业、民政、老龄办、妇联、残联、团委、工会、各省市相关领导。委员会常设机构挂靠在国家体育总局，主要职能是从全局上对全民健身与全民健康的深度融合进行统筹协调、信息互通，实施有力的组织领导；将各部门分散的资源和有限的力量进行集中整合，制定操作性强的全民健身与全民健康深度融合顶层设计方案，明确路线图和时间表；商讨和制定操作性强的全民健身与全民健康深度融合相关政策法规；监督评价不同层级的全民健身与全民健康深度融合进度。要建立委员会的联席会议制度，定期召开会议，根据《"健康中国2030"规划纲要》的目标和相关规定，商讨全民健身与全民健康深度融合涉及的重大问题，多方面听取融合涉及的相关主体的意见，出台有利于全民健身与全民健康深度融合的相关管理政策、措施，提高政策制定的科学性；推广经验、表彰先进。委员会下设专家咨询委员会，其主要职责是对全民健身与全民健康融合的总体方案及其相关专项规划实施进行跟踪评估，向联席会议提交年度评估报告；针对联席会议每年的议事主题和全民健身与全民健康融合工作的难点和重点问题，开展调研和咨询活动，向联席会议提交专题咨询报告；负责收集和整理公众对全民健身和全民健康服务供给方面的意见和建议，向联席会议反映社情民意。在地方层面也要建立类似的组织领导机构及联席会议制度，在国家关于全民健身与全民健康深度融合的总体框架下，结合地方实际，积极推进全民健身与全民健康深度融合工作。

在管理制度方面，《全民健身计划纲要》《全民健身条例》和以5年为周期的《全

民健身计划》，是我国全民健身工作的主要依据和重要工作内容。不同时期制定的《健康中国战略》《全国健康教育与健康促进工作规划纲要》《全民健康生活方式行动方案》等，则是该时期我国全民健康工作的主要依据和工作内容。全民健身与全民健康深度融合，客观上也要求这些管理制度能相互融合。应结合《"健康中国2030"规划纲要》的目标、内容和要求，从国家层面制定《全民健身2030计划纲要》，作为全民健身与全民健康深度融合的纲领性文件，有别于现有的《全民健身计划（2016—2020年）》。纲要中应明确规定涉及融合的各相关部门职责，以及完成该职责所要采取的具体策略。

（二）建立全民健身与全民健康深度融合的机制

1. 建立政府统筹推动机制

全民健身与全民健康深度融合的过程，是一个由政府推动的强制性制度变迁，到诱发社会形成有利于两者深度融合的观念、习俗、传统等非正式制度的诱致性变迁的过程。因此，坚持政府的统筹推动是全民健身与全民健康深度融合工作的重要原则，也是中华人民共和国成立以来我国全民健身和全民健康工作在各自领域取得成效的历史经验总结。建立政府统筹机制：

一是要提升对全民健身与全民健康深度融合工作的重要性认识，明确政府责任。把政府统筹推进全民健身与全民健康的深度融合工作，作为保障我国公民健康权利的内在要求，作为健康融入所有政策的具体体现。各级党委和政府要增强责任感和紧迫性，把全民健身与全民健康的深度融合工作自觉纳入政府工作总体规划、议事日程、财政预算、考核评估。

二是要综合运用资金支持、政策诱导、政绩评价和表彰激励等手段，切实推进全民健身与全民健康深度融合，落实政府责任。当前，要从国家层面研究制定《统筹推进全民健身与全民健康深度融合工作的实施方案》，明确全民健身与全民健康深度融合发展的目标和保障措施，细化工作任务和工作要求。要做好与全民健身与全民健康深度融合发展不相适应的政策的"立、改、废"工作，如对《全民健身条例》，就要根据融合工作的要求，清理废除过时的内容，填补缺少的内容，修订与融合工作相互矛盾的内容。在政绩评价方面，各级政府要把全民健身与全民健康深度融合工作纳入政绩评价指标。把"软任务"变成"硬指标"。并建立不同层级的全民健身与全民健康深度融合的示范区评选制度，发挥典型的激励和推动作用。同时，建立开放式的政治激励模式，通过设立"地方政府全民健身与全民健康深度融合创新奖"，引导各地根据自身的实际情况，自主选择全民健身与全民健康深度融合的实践模式，激发地方政府的创造性和能动性。

三是建立系列工程遴选、协调、督察的推进机制，使政府层面全民健身与全民健康深度融合工作落地。

2. 建立跨部门协同机制

全民健身与全民健康深度融合的本质是一条多方参与的运动促进健康之路，要求立足于全人群和全生命周期的健康问题，通过全民健身公共服务的精准化供给，引导人们形成科学的健身行为，达到疾病预防、治疗和康复的目的。要完成这一任务，就必须要求所有涉及全民健身公共服务供给的部门和地方政府进行资源整合，通过构建跨部门的协同机制，实现相关政策制定和执行中的协同、系列工程管理中的协同、全民健身公共服务提供中的协同，使相关各方的资源和能力优势发挥最大的社会效益。具体包括以下几方面。

一是要明确协同关系。即要明确在全民健身公共服务精准化供给的决策和执行、系列工程管理、具体服务供给过程中，需要哪些部门参与，共同的目标是什么，各部门在实现共同目标过程中具体肩负的责任是什么，要根据全民健身公共服务的具体内容及保障条件、部门本身承担的行政责任、国家的行政管理体制和部门分工确立各相关部门、群团组织、地方政府在全民健身公共服务精准化供给中的作用。

二是要建立跨部门的领导机制。发挥省部际协调委员会和联席会议的作用，进行全民健身与全民健康深度融合的总体战略决策和系统方案制定，研究制订跨部门协调措施，指导督促部门间合作，开展联合监督检查等。体育部门和卫生部门要组建各自的技术支持团队，不断为参与合作的其他部门赋能，提升他们的协同能力。

三是要建立跨部门协同的信息、资源共享机制。构建专门的信息平台保证部门之间的信息互联互通，在信息收集方面，建立信息收集的统一标准，进行长期、系统的信息收集，形成各种信息的资料数据库，作为全民健身与全民健康深度融合的效果评价数据；在信息的利用方面，组织相关部门专家，进行数据的科学分析和深度挖掘，提升信息的利用价值，为制定跨部门的科学决策提供参考；在信息发布方面，建立信息公开制度，为相关部门和社会公众搭建信息交流平台；在信息的质量保证方面，负责收集信息的部门要建立质量保证和监管体系，从组织、人员、设备和技术能力等方面进行保障，确保信息的准确性，避免虚假信息。在保证资源产权归属的前提下，通过制定资源共享的规则、程序、协议，使分属不同部门的场地设施资源、人力资源、科技资源相互利用，达到资源共享并提高资源的使用效率。

四是建立跨部门协同的监督激励机制。要立足于全民健身与全民健康跨部门协同的总体目标，充分考量跨部门协同活动中各行为主体承担的具体责任，制定相应的监督审查程序，并确定规范的奖惩措施，特别是在部门绩效评估中，不仅要关注部门本身工作目标的完成情况，而且还要把全民健身与全民健康深度融合跨部门协同目标的完成情况及其对总体目标的贡献程度纳入其中，以免出现跨部门协同无疾而终，却又无人追责的情况。同时，建立激励机制诱导各部门的协同，融合工作取得的成果要与协同方共享，体育部门和卫生部门在向政府的工作汇报中，要把协同方所做的工作、取得的成绩都尽可能列入，帮助协同部门进行总结和宣传，提升协同部门的影响力。在全国或省级联席会议上，要经常邀请协同部门负责人进行经验交流，促进协同部门在理念、行为上的改变，使其愿意进一步开展协同工作。

3. 建立社会参与机制

要发挥政府机关和事业单位以外的组织和个人在全民健身与全民健康深度融合过程中的作用。通过社会力量的有效参与，提高政府相关政策制定的民主性和科学性，反映不同利益主体的需求；降低交易成本，提高整体管理效率；提高全民健身公共服务精准化供给的水平、质量和效益；使政府切实履行保障人民健康权的职责。要实现社会力量的有效参与，需采取以下几方面的策略。

一是政府要努力在制定规划、出台政策、投入资金等方面发挥调节功能，营造全社会共同支持、参与全民健身公共服务精准化供给的制度环境。在规划方面，对社会力量参与全民健身公共服务的精准化供给应纳入全民健身与全民健康深度融合的总体规划，并列出具体的目标。在政策方面，制定专门的社会捐赠办法或条例，并对达到全民健身与全民健康深度融合示范标准的企业给予税收优惠政策，同时，对新成立的"体医融合"实体，应在土地政策上给予保障。在资金方面，加大财政对社会参与的投入力度，建立政府购买全民健身公共服务的制度。

二是建立全民健身与全民健康深度融合政策制定的社会参与机制。建立制度化的参与机制，确保社会的有序参与和有效参与。政策议程阶段建立畅通的利益表达机制，通过电子民意调查、电子公民投票、发送电子邮件、接触关键利益群体、深入基层调研等形式确定政策问题；政策规划阶段要对确定的政策问题草拟政策方案，并召集相关群体进行座谈评估，形成政策讨论稿；政策修正阶段要举行听证会，选择典型代表参与听证，根据听证意见进行政策修订，最后提交立法机构表决。要提升参与者的参与意识、素质和能力；建立决策回应机制，加强政府和社会的互动，对利益群体所反映的突出问题作出积极回应，并采取有力措施解决问题。

三是建立全民健身与全民健康深度融合的志愿服务机制。广泛宣传、普及运动与健康促进志愿服务理念，建立科学健身行为干预的志愿服务品牌，统一标识、统一口号；建立志愿者信息数据库，扎实推进科学健身行为干预志愿者注册和志愿服务记录工作；有计划、分层次、多形式地开展专门的知识与技能培训，提升科学健身行为干预志愿者服务的专业化水平，统一服务流程、统一标准，着力培育一支专业技能高、群众参与广、服务功能强、作用发挥好的科学健身行为干预志愿者队伍。建立表彰激励机制，对工作成绩显著的志愿者，依国家规定给予表彰。鼓励企事业单位、公益慈善组织和公民个人对科学健身行为干预志愿服务活动进行资助，形成多渠道、多元化的筹资机制。建立专门的科学健身行为干预志愿者服务网站，作为人们寻求和参与科学健身行为干预志愿服务的平台。

四是加强全民健身与全民健康深度融合的社会组织建设。政府应从盘活组织存量和培育组织增量两个方面出发，综合运用法律、行政、经济等政策工具发挥其对社会组织的引导、管理和培育的职能作用。对存量组织的盘活主要着眼于如何赋能，可通过提供咨询、培训和各种协助进行有针对性的能力提升。培育增量要从全民健身与全民健康深度融合的客观需要和增量对存量的激活作用两方面考虑，从层级上应着眼于培育群众身边的组织；从类型上应着眼于培育能提供健身和健康融合型服务的综合性企业或民办非企业单位，以及全国性或区域性大型连锁集团；要加大基于老年人、残疾人、青少年和不同类型的慢性疾病等特定人群提供健身行为干预服务的社会组织培育力度。在政策工具的选择上，首先，要简化社会组织登记注册的烦琐程序，特别对基层的社会组织更应该降低登记准入门槛，实行登记备案制。其次，要加大对社会组织的资金支持。财政方面，政府可通过直接拨款、购买服务、税收优惠或减免税等方式支持社会组织发展；社会资金方面，可通过捐赠税前扣除的政策鼓励企业和企业家的捐赠，对从事健身和健康服务的融合型企业要扩大税收优惠的种类和范围，对民办非企业单位参与经营活动的提供相应的税收减免政策。最后，要建立社会组织发展的孵化机制。通过彩票公益金设立专门的社会组织发展基金，作为社会组织发展专项基金启动资金；通过重点项目的资助，促进社会组织规模化、品牌化；要以体育场馆为依托，通过向社会组织免费提供活动场所，加强能力建设和信息服务，扶助社会组织逐渐成长。

五是提升社区的全民健身公共服务精准化供给能力。整合社区的内外资源，围绕服务需求评估和运动方案落实两大任务构建平台。在服务需求的评估方面，要发挥初级卫生保健的作用，为社区居民建立健康档案，收集居民的健康、体质和体育参与信息，在此基础上制定个性化的运动参与方案。在运动方案的落实方面，要注重对社区内部场地设施资源、人力资源、组织资源和其他资源的整合，形成全民健身公共服务网络体系，使每位居民的运动方案落实都能找到相应的资源。社区资源整合时，要坚持内外结合的原则，重点建立以政府投入资金、驻社区单位共享场地设施的资源整合机制，统一规划，将条条块块的各项外部投入整合到社区的全民健身公共服务网络体系之中，实现"上面千条线"与"基层一张网"之间的无缝衔接。人力资源的整合方面，要建设一支专兼结合的高素质的社区全民健身服务指导者队伍和志愿者队伍，动员驻区学校和科研机构的专家、学者担任志愿者，发掘社区居民中的体育精英等人力资源。组织资源的整合，要不断培育和发展群众自发的体育兴趣组织和社会服务组织。此外，还应积极在社区推广基于科学研究的健身行为干预活动实践，加强对重点人群的科学健身行为干预。

我们要深入学习贯彻习近平总书记系列重要讲话精神，以及关于体育工作的重要论述，扎实推进全民健身和全民健康深度融合，要把全民健身国家战略作为民生工程、幸福工程、聚力工程、发展工程、生态工程，着力构筑全民健身国家战略的大众化、生活化、便利化、科学化、智能化、法制化"六大支柱"，推动全民健身和全民健康在理念、组织、设施、活动、队伍、管理和体制上融合，不断提高人民健康水平。

项目编号（2017-A-06）

"互联网+"体育形势下的体育发展模式创新研究

李勇坚　夏杰长　姚战琪　高照钰　张彬斌　胡东兰　何佳婧

"互联网+"体育是体育创新发展的重要方向。2015年3月，《政府工作报告》中提出了"互联网+"的战略思路。2015年5月，国务院出台了《关于积极推进"互联网+"行动的指导意见》（国发〔2015〕40号），对推进互联网应用于各个行业提出明确的意见，这为"互联网+"体育创新发展提供了巨大的空间，很多资本开始全面进入到"互联网+"体育产业之中。"互联网+"对体育创新发展模式开始发挥出巨大的作用。

一、"互联网+"体育创新发展的定义与基本特征

"互联网+"体育是在国家"互联网+"大战略的带动下，促进互联网渗透到体育行业而产生的一种创新发展模式。主要是通过互联网、大数据、云计算、人工智能、物联网、平台模式等新技术、新模式与体育全面结合，对体育事业、体育文化、体育公共服务、体育政务、体育产业等进行全面改造，促进体育数据化、网络化、智慧化发展。

"互联网+"体育具有数据化、网络化、智能化、移动化、融合化、人性化、共享化、创新化等多个方面的特征。

二、"互联网+"体育创新发展的紧迫性与重要意义

"互联网+"体育创新发展是贯彻国家"互联网+"战略的重要方面。习近平总书记高度重视"互联网+"的意义与作用。2015年12月16日，总书记在第二届世界互联网大会开幕式上的讲话中指出：中国正在实施"互联网+"行动计划，推进"数字中国"建设。支持基于互联网的各类创新。2016年4月19日，习近平于《在网络安全和信息化工作座谈会上的讲话》中对"互联网+"提出了明确要求。2017年国务院政府工作报告中也进一步指出："要深入推进'互联网+'行动和国家大数据战略。"从发展现状看，"互联网+"体育进展较慢，必须加快推进。

"互联网+"是体育实现制度创新、技术创新与商业模式创新的主要支撑，具有十分重要的意义。第一，从全球竞争来看，大部分国家都推出了"数字化"战略。互联网已渗透到各国体育训练、公共服务、群众体育、智慧场馆、体育文化等诸多方面。第二，从政府角度看，"互联网+"对政府治理方式、决策、组织和业务流程及提供公共服务的方式等都将产生巨大的影响。第三，从竞技体育角度看，"互联网+"体育是打造体育强国的重要手段与力量。第四，从群众体育角度看，"互联网+"体育是落实"将全民健身上升为国家战略"的核心环节。第五，从体育产业角度看，是体育部门深化供给侧结构性改革的重要举措。

三、"互联网+"体育的创新发展模式之一：体育公共服务与体育事业

（一）"互联网+"体育公共服务创新

"互联网+"体育公共服务创新是以互联网为载体，利用云计算与大数据等技术构建体育公共服务供给信息供给平台，通过线上与线下互动的方式，对服务供给进行信息跟踪与反馈，通过数据分析优化公共服务供给，提高体育公共服务供给精准化水平，依托现有的互联网资源，促进政府职能的转变，使市场更好地在体育公共服务供给之中发挥作用，实现体育公共服务供给主体的职能转变及体育公共服务供给的创新模式。"互联网+"体育公共服务创新是体育公共服务供给改革的一个重要方向，是"互联网+"惠民服务的重要体现（图1）。

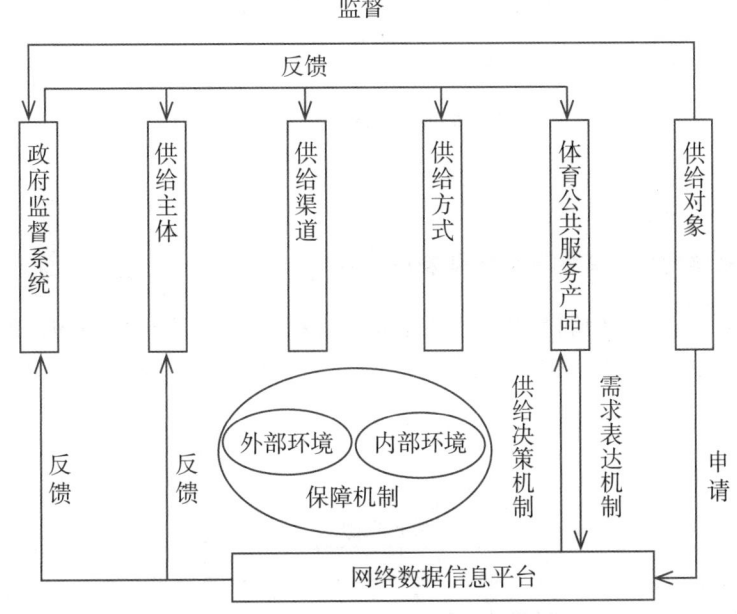

图1 "互联网+"体育公共服务供给模型

（二）"互联网+"竞技体育创新发展模式

随着人工智能、大数据等技术的日益成熟，以其为代表的新兴信息技术在体育训练中应用日益广泛。例如，通过人工智能技术编辑体育新闻稿（奥运会的大量冷门项目的新闻稿即由人工智能完成），进行体育比赛实况解说。而大数据在竞技体育发展中的应用也越来越广泛，目前已在体能训练（足球）、比赛监控（相扑）、科学选材（棒球）、技战术分析（网球）等实践中取得了成功。

（三）"互联网+"全民健身创新发展模式

体育互联网化，能够打造基于互联网的群众体育智慧发展模式。主要体现在：体育公共信息服务创新；智能化器材设施系统；个人智慧体育订制系统；群众体育创业创新服务体系和"互联网+"体育场馆创新发展模式（图2）五个方面。

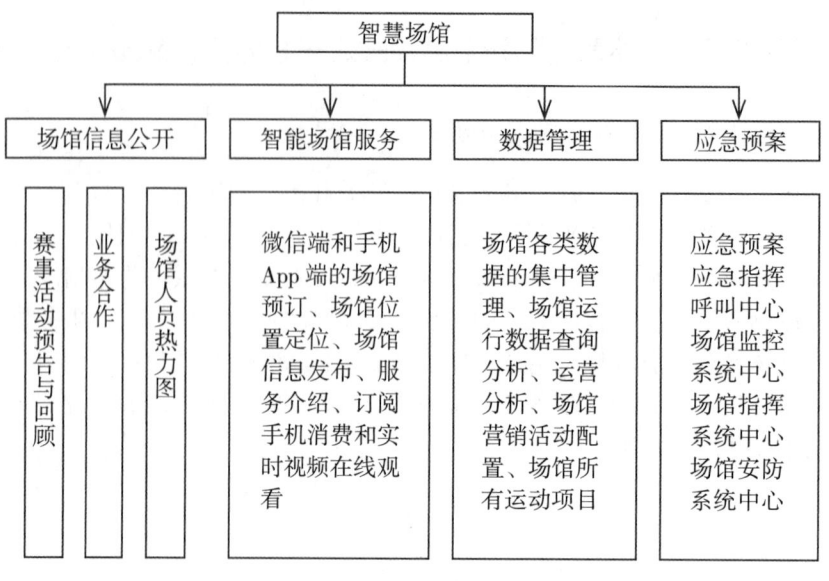

图 2 智慧场馆

（四）"互联网+"体育文化创新发展模式

"互联网+"体育文化创新发展模式主要体现在："O2O"体育博物馆模式（图3）、体育竞技文化传播模式创新和体育文化推广与社交活动融合发展模式（图4）共三个方面。

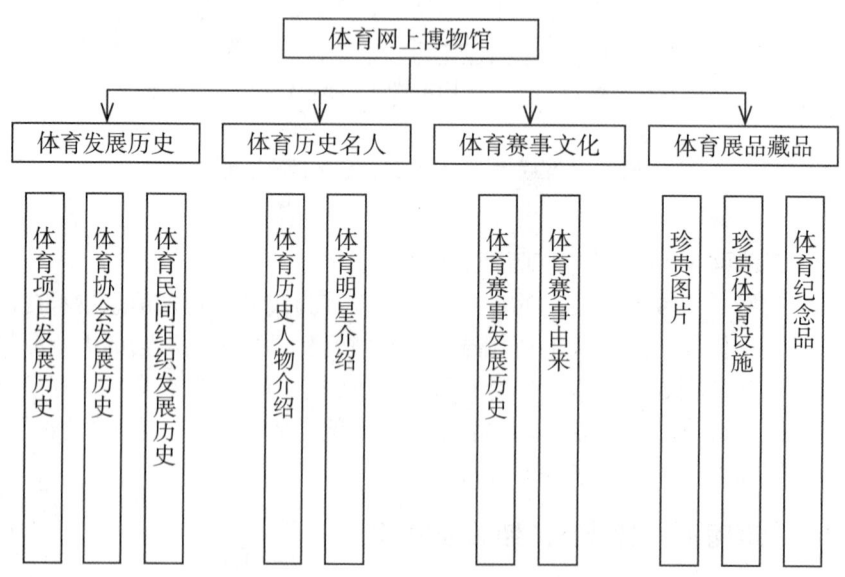

图 3 体育网上博物馆框架

· 54 ·

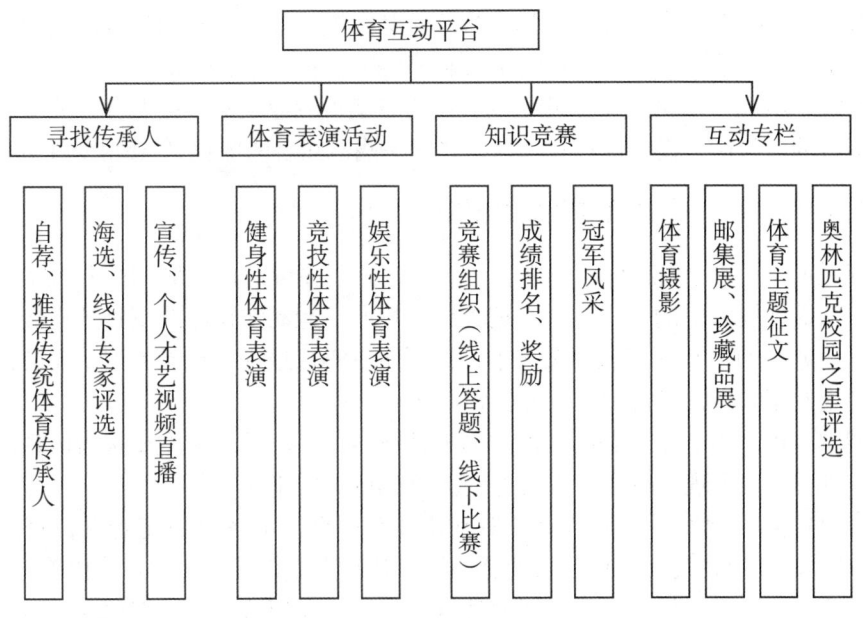

图 4 体育互动平台

（五）"互联网+"体育政务服务创新

"互联网+"体育行政服务创新，是基于体育行政的"放管服"理念，利用互联网的深入渗透，对行政审批事项进行整合，对行政服务标准进行统一，对数据格式等进行标准化，对审批流程进行透明化，使体育行政服务更加便捷高效。具体措施有：推进体育管理部门办公自动化、网络化、电子化；体育政务网络协同。

四、"互联网+"体育的创新发展模式之二：体育产业

（一）体育大IP及衍生产业的互联网化

狭义赛事IP资源（通过互联网实现IP的变现）模式。除了热门IP之外，利用互联网传播平台，还能够实现一些小众产品或者长尾产品的传播，使这些产品IP化。

IP资源与场馆资源无缝结合。场馆运营O2O的模式为用户提供了更加方便快捷的场馆预订方式，但无法为商家带来更多闲时增量，不能从根本上解决场馆资源稀缺和忙闲分布不均的问题。因此，IP资源与场馆资源的结合能够带来场馆运营模式的变革，推动体育改革深化。

运动员资源的IP化。将运动员变成网红，再利用网红转化为流量资源，是运动员资源IP化在互联网时代的一个重要模式。同时，利用网络直播平台、互动娱乐平台等，打造新的经济模式。

观众流量资源挖掘。利用观众资源，可以营销大量的衍生品，也可以作为电商流量入口。

虚拟社区或SNS。利用互联网上的赛事或者其他联结点（如粉丝、场馆），将观众联结为一个虚拟社区或者SNS内部的讨论平台等，将社交内容嫁接到体育上面，将是一种创新的发展模式。

体育自媒体资源。自媒体资源如广告等的开发模式较多、空间较大，还可以组织线上线下联动的系列活动，是"互联网+"体育创新发展的重要方向。

长尾IP。利用互联网技术，使一些长尾比赛获得专业级的转播服务，能够增加观众对体育赛事的参与性、娱乐性和互动性，并使一些不知名的体育IP获得变现机会。

（二）"互联网+"体育商业模式创新

"互联网+"体育创新出了非常多的新型模式。关键通过互联网的介入将分散的资源整合，从而便捷人们的体育生活，把教练、场所、运动知识等线下资源连接在一起，用互联网迅速帮助消费者实现相关需求，并顺便在实现过程中记录数据，反馈到互联网平台并利用专家或者人工智能进行分析和指导。

智能体育用品是基于互联网而形成的一种新型体育产品。它主要是指体育产品在形成和运作过程中增加现代科学技术的含量，如94Fifty智能篮球等。

体育电商融合化发展。体育电商应利用体育所创造的各种特定场景，打造电商流量入口。例如，利用各类互联网体育直播赛事，引流消费者到特定的体育电商产品入口。

"互联网+"健身服务。各类新型健身场馆及商业模式是"互联网+"体育发展比较热门的方面，如超级猩猩等。

体育装备生产智能化与营销互联网化。在"互联网+"的大背景下，体育用品的智能化生产是一个趋势。

互联网营销还为满足各类长尾市场提供了平台。类似冰雪、户外、女性等细分小众领域的装备供给，将为中国企业的崛起带来新的机会。

体育要素网络交易平台。网络平台能够集聚各类要素，为实现体育产业中相关的大宗性产品交易服务。

体育分享经济平台。利用互联网平台可以分享体育运动知识、体育设施与器材、体育装备等，有利于提高各类体育运动的参与度，并使各种体育闲置资源获得更为高效的利用。

（三）"互联网+"体育+社交模式

"互联网+"时代的社交化主要依赖于社交网络，体育具有天然的社交功能，以运动为切入口的社交模式，以"App+云+大数据"或"App+智能硬件+云+大数据"的形式在各类移动终端上运行，使体育活动从个人行为逐步演变为一种社交行为，实现了体育与健康、社交、分享等无缝融合。

（四）"互联网+"体育培训业

"互联网+"体育培训与在线教育平台有一定的相同之处。但是"互联网+体育培训"更多强调的是线上与线下的双向互动式培训教育，重视对线上线下各类资源的整合。

（五）"互联网+"体育+运动营养

"互联网+体育+运动营养"是"互联网+"体育周边行业创业的一个重要方面。在这种模式下，需要利用体育大数据、结合其他健康大数据等，使用人工智能分析技术，结合专家分析，对每个个体给出个性化的运动营养建议。另外，还可以利用这些大数据开发出优质的营养品、保健品。

（六）"体育＋人工智能＋健康管理"

健康管理是对个体或群体的健康进行全面监测、分析、评估，提供健康咨询和指导及对健康危险因素进行干预的全过程。结合体育与人工智能，可以为个性化健康管理提供更为丰富的内涵。

（七）互联网促进体育与相关产业融合发展

互联网能够高效地整合数据，立足于"互联网＋"体育，借助更加高效化的平台、多元化的内容和智能化的硬件，能够实现体育与教育、医疗、文化、科技、旅游、金融等领域的融合与发展。

五、"互联网＋"体育创新发展的政策建议

第一，发挥市场与政府的双重作用。

当前，传统体育机构在"互联网＋"理念方面仍未完全到位；互联网企业进入到体育行业，盲目强调互联网思维，忽视体育行业的规律；政府主管部门缺乏推进"互联网＋"的抓手和有力措施，使"互联网＋"体育创新发展面临着一些发展瓶颈。因此，需要发挥市场与政府的双重作用，从政府、企业和制度创新方面加强对"互联网＋"体育创新发展的领导。

第二，建立国家体育大数据中心，积极推进体育的数据化、共享化与互联网化。

"互联网＋"体育创新发展的基础是数据。数据格式不一，影响了大流通和绩效的发挥。因此，要建立国家体育大数据中心，推进体育数据共享的激励机制，加大体育设施等体育产业发展载体资源的开放程度，强调资源的共享与数据的开放，建立数据收集与处理的规则体系。

第三，建立"互联网＋"体育创新发展政策协同平台。

"互联网＋"体育创新发展的政策支持既涉及体育相关的政策，也涉及互联网的相关政策，还涉及体育系统内外各个部门之间的政策。因此，要加强各个部门的政策协同性，建立以互联网为技术手段的"体育＋"融合发展体系。

第四，制定国家"互联网＋"体育的系列标准。

"互联网＋"体育涉及体育、网络、数据、安全、技术等诸多方面的问题，数据还需要在各个部门之间共享，这需要建立一系列标准来加以解决。支持企业、协会、科研院所、相关部门制定"互联网＋"体育系列标准。

对暂不具备制定"互联网＋"体育标准的行业或创新商业模式，积极开展服务承诺、服务规范和服务公约等行业自律制度建设。

第五，推进"互联网＋"体育关键技术研究与开发。

互联网的各类技术已形成一个生态系统，体育行业如何融入到这个系统中，需要持续的技术研发。具体可以通过政府支持解决"互联网＋"体育所面临的共性核心技术；建立企业技术研发的激励机制；推进"互联网＋体育＋金融"等创新发展模式，加速"互联网＋"体育科研成果的转化。

第六，积极推进政府购买服务。

政府应通过购买服务等模式，促进"互联网＋"体育创新发展，重点推进体育设施

智慧化改造、数据收集与分析、体育训练人工智能、智慧场馆服务等相关服务。

第七，利用"互联网+"推进体育创新创业。

鼓励传统体育企业通过设施开放、数据开放、资源开放等诸多模式，与互联网企业进行合作，打造良好的创新创业环境。鼓励各类企业利用互联网平台打造体育IP（注意避免大型平台企业对体育IP的垄断），传播体育文化。鼓励互联网企业以技术优势、流量优势、数据优势与体育企业合作。另外，还应建立"互联网+"体育创新创业的支撑体系，建设各类创新创业服务平台。鼓励对各类资源的综合利用，促进产业良性发展，打造良好的产业发展生态。

第八，推进"互联网+"体育试点示范。

发挥改革试点示范突破带动作用。选择一些重点行业、重点企业、重点园区、重点地区进行"互联网+"体育试点示范，及时总结试点示范典型经验，及时做好推广应用工作。

第九，推进"互联网+"体育人才计划。

"互联网+"体育所面临的一个重要问题就是相关行业的人才缺乏。建设国家级"互联网+"体育人力资源服务平台，建立"互联网+"体育专项人才培训，每年推出若干个"互联网+"体育紧缺急需的职业培训项目和专业能力水平认证项目，对参加培训及考试合格的人员，经认定，可视情况给予适当政府补贴。建立"互联网+"体育高端人才引进专项计划，积极从海外引进一批"互联网+"高端人才。

项目编号（2017-A-07）

体育产业发展的新模式和保障措施研究

夏杰长　姚战琪　刘奕　魏翔　花楷　高照钰　刘维刚　杨斌

一、我国体育产业发展现状与前景

（一）体育产业规模较小，但发展势头强劲

目前，我国体育产业规模仍然较小，与体育强国的地位不相适应。2015年，我国体育产业增加值为1.7万亿元，占GDP比重0.8%，而世界主要发达国家体育产业增加值占GDP比重普遍都在2%以上，即使按照《体育产业发展"十三五"规划》提出的要求，在2020年达到1.0%的水平，仍然与其他国家相差甚远。

但值得注意的是，近年来我国体育产业总规模正不断提升，2006年，我国体育产业总产出规模仅为2787.93亿元，到2015年已经上升至1.7万亿元，十年增长6.1倍，年均增长率超过20%；体育产业增加值也从2006年的983亿元上升到2015年的5494亿元，占GDP的比重由0.46%上升到0.8%；从业人员数量由2006年的256.3万人上升到2014年的425万人，根据2016年7月4日国家体育总局公布的《体育产业发展"十三年"规划》，到"十三五"末期，我国体育产业从业人员人数将超过600万人次。总体而言，体育产业呈爆发式增长特征，未来体育产业将成为中国经济发展的热点产业，发展势头强劲，发展前景乐观，发展空间广阔。

（二）体育产业结构不均衡，但优化态势明显

从体育产业结构看，我国体育产业结构发展不均衡，赛事服务及健身服务等核心产业的市场化程度较低，人均体育消费较之发达国家较低。目前我国体育人口大概为4.34亿，占人口总比例约为31.4%，相比较欧美发达国家约70%的体育人口而言，占比过低。以2014年我国20岁以上人群体育消费数据为例，在20岁及以上人群中，我国人均体育消费926元（约145美元），且以运动服装、运动器材等实物消费为主，赛事及健身服务消费远低于全球平均水平的200美元。加之我国体育主体产业发展相对滞后，仍然以体育产品制造为主，单一的产品结构已经难以满足消费者日益增长的有关体育休闲服务等消费需求，产业结构不均衡特征凸显。

与此同时，我国体育产业发展迅速，产业业态呈现多样化发展态势，产业结构不断优化，体育产品和服务正日益丰富。我国体育产业项目和服务形式正在更加多样化，体育产业结构正在不断改善。以2008年和2015年体育产业增加值结构为例，2008年我国体育产业增加值结构中，体育用品及相关产品制造占整个体育产业增加值的比重达到69.99%，包含体育用品、服装鞋帽制造和体育场馆建筑在内的体育制造增加值占比高达73.18%，而体育服务增加值仅仅只占26.82%。到2015年这一状况则发生了显著的变化，

体育用品及相关产品制造增加值占比下降到50.2%，体育制造增加值占比为50.8%，相比2008年下降了22.38个百分点，体育服务增加值占比则明显得到提升，由2008年的26.82%上升到2015年的49.2%，几乎占据半壁江山。由此可知，我国体育产业结构正在进一步优化，体育服务业成为体育产业发展的趋势，在国际和国内赛事不断发展的今天，体育服务正成为人们体育消费的重要趋势，这也说明体育服务消费已经成为人们生活水平提高的一个重要的标志。

（三）体育品牌建设相对滞后，但影响力正逐步增强

我国体育品牌建设滞后主要体现在以下三个方面：一是体育品牌赛事质量不高。由于受到管理体制、竞争机制、运行机制、产业链建设及人才梯队建设落后等方面的制约，体育品牌赛事质量仍有待提高，体育赛事的运营机制尚未成熟，产业链远未完善。二是体育龙头企业的品牌竞争力优势不明显。我国具有庞大的体育消费市场，但由于产业发展规划的失衡，导致体育龙头企业集中在少数地区且大多为低水平重复性的生产，品牌意识较弱，这些企业在参与国际竞争的时候难以发挥其产业聚集优势。三是职业体育的品牌架设不够且商业化程度低。在我国，除篮球、足球、排球、乒乓球、羽毛球等传统项目具有一定的品牌效应之外，其他职业体育发展与发达国家相比，从职业赛事运营到品牌塑造仍有很大差距。

尽管如此，2008年以来，我国体育品牌赛事仍取得了长足的进步，以足球、篮球、乒乓球、网球、马拉松等赛事为主的中国体育品牌赛事的影响力正在不断增强。蓬勃发展的中国体育市场陆续吸引了足球、篮球、网球等众多大型赛事落户，仅2015年一年，就有近10项国际级网球赛事在中国举行。以中超联赛为例，2015年中超联赛版权卖出5年80亿元的价格，市场的认可不断助推了中超联赛的发展。2016年中超联赛电视收视规模为3.42亿人次，场均上座人数突破2.4万人，中超联赛的影响力进一步凸显。马拉松在我国近年来也得到了迅速发展，随着赛事的发展对于宣传城市形象、拉动城市经济起到越来越重要的作用，越来越多的城市加入了办马拉松、办路跑活动的大军。据统计，2016年全国马拉松赛事达328场，马拉松赛事可谓呈现"井喷式"发展。

（四）体育产业势头强劲，发展前景广阔

判断一个产业的发展前景是否广阔一看消费，即市场前景，二看投资，即发展大势。按照国际通行标准，人均GDP达到5000美元，体育消费会呈现"井喷"的发展态势。按照世界银行公布的数据，2015年我国人均GDP已经超过8000美元，因此我国体育消费正处于快速提升时期。根据国家体育总局2015年11月发布的《2014年全民健身活动状况调查公报》（以下简称《公报》）显示，自北京奥运会以来，中国体育消费总额和体育消费人口数量高速增长。截至2014年，20岁以上人群中有39%的人有过体育消费。其中，人均消费达926元，较2007年增长了五成。另据阿里巴巴集团的数据显示，2015年"双11"当天，体育用品成交额达44.57亿元，比2014年同期上涨了55%，成交用户增长约六成。随着人均可支配收入的增加，普通人对体育和健康的"投资"已成常态，加之北京申办冬奥会成功，包括冬季项目在内的相关赛事也将进一步被激活，在我国体育产业发展不断革新的今天，人们体育消费的热情将进一步上涨。

随着体育相关行业的快速发展，体育行业的"蛋糕"也越做越大，越来越多的投资

触及体育产业。例如，江苏省2014年体育产业引导资金资助的144个体育产业项目共累计社会投资近50亿元，近几年平均每亿元体育产业引导资金平均拉动社会投资为30亿~50亿元。

据统计，截至2015年年底，我国有30余家上市公司布局体育产业，其中A股上市公司约有28家，主要涉足职业体育、体育器材、竞赛表演、体育中介、体育传媒与博彩业、体育服饰与体育用品零售业六类领域；涉足体育产业的新三板公司有8家，主要业务是赛事服务、体育场馆建设与装饰等，体育产业投资布局正全面拉开。由此可见，体育相关产业正蓬勃发展，前景广阔。

（五）政策与科技共同支持，催生体育产业新业态

近年来，为引导国内消费群体向理想的方向前进，中国政府推出了一揽子方针和计划，发布了多项有关体育产业发展的政策，旨在加强全民的体育健身意识，促进体育产业健康有序发展。2010—2016年每年均有体育产业相关的政策或规划出台，其中以2014—2016年最为密集。2014年发布的相关政策最多，达7个，代表性的有"部署加快发展体育产业　促进体育消费推动大众健身"及《国务院关于加快发展体育产业　促进体育消费的若干意见》《体育事业"十三五"规划》《全民健身计划（2016—2020年）》等。这些重要政策和指导性文件的出台进一步完善了中国体育产业发展的制度安排，规范了体育产业发展的路径，为体育产业的振兴和蓬勃发展提供了有利的政策保障。与此同时，随着互联网技术、共享经济理念的普及，体育产业迎来了新的发展态势，"体育+"理念进一步在实践上得到落实。

政策的指引、互联网技术的发展、大数据的运用及共享理念的普及共同促进体育产业新发展，催生出各具特色的体育新业态，大致包括以下六个类型：一是体育旅游。随着旅游业的纵深发展，体验型旅游成为游客的首选。由于休闲运动旅游既能满足游客基本的旅游需求，又能增强体育锻炼、促进身体健康，从而成为了游客的新宠。以户外运动为主题的运动休闲主题游将不断涌现，运动休闲、运动体验、康体度假、赛事观赏、山野户外、体育节庆和民族民间民俗体育等旅游产品供给将逐渐丰富，未来，我国将逐渐形成一批具有国际影响力的体育旅游目的地，以及一批国家级体育旅游示范项目和体育旅游精品线路。二是体育健康。体育在推进健康关口前移、慢性病干预、健康促进、生活品质提升等方面的作用将逐步显现，社会资本开办的康体、运动康复等各类机构将迅速速增加，全民健身与全民健康的融合程度将不断增强，"Exercise is medicine"理念将深入人心，体育健康、体医结合将成为体育产业的又一重大商业领域。三是体育商业综合体。当今时代，运动、休闲、健康已经成为一种生活方式，消费者对运动场所的需求越来越强烈，对运动品牌的消费能力也越来越高。在这个全民健身时代，以购物中心为代表的实体商业也开始大玩"运动风"，迎来了各色运动场馆进驻，让"运动"这种强体验式存在成为消费者走进购物中心的最重要理由之一，引入"运动风"的购物中心同时将购物、餐饮、休闲、娱乐、运动健康等不同业态有机组合在一起，规模效益进一步凸显，消费者群体愈加高端，成为健康年轻时尚人群的首选休闲购物场所。四是体育公园。单打独斗的体育业态显然无法满足多样化体育消费人群的需求，市场需求的多样化和特色化促进了体育业态的"抱团取暖"，在汇集多种运动形式的基础上，以集合式"体育公园"的形态与购物中心混搭，最大化发挥运动业态强体验性带来的"吸客"功能的

"体育公园＋购物中心"模式不仅能满足个体运动休闲的需求,更能够形成有机的体育商业业态,带动了"运动休闲＋家庭娱乐"的城市体育消费业态的形成。五是电子竞技。自从2004年中国全国体育总会举办了"首届全国电子竞技运动会"至今,电子竞技在我国的发展已经跨过了13个年头,但由于传统观念对电子竞技和网络游戏概念的混淆,电子竞技在我国的发展一直举步维艰。近年来,随着互联网技术的发展,人们消费观念的转变,电子竞技产业已经建立起了日益完整的产业链条。据统计,中国电子竞技规模已经达到269.1亿元,电子竞技用户已经超过1亿人,电子竞技产业依然形成了完整的产业生态圈,未来发展不可估量。六是体育小镇。目前国内体育小镇的建设还处于起步阶段,也存在很多问题,但发展趋势明显,体育运动、旅游、文化、养生、互联网等元素的不断聚集及融入与城镇发展结合,形成了体育产业的新业态——体育特色小镇。在政策引导和地方政府支持的大背景下,体育特色小镇的发展将逐渐成为引领未来体育产业发展的新动力。

二、体育产业发展的重大意义

(一)体育产业发展有助于体育行业体制机制的改革创新

一直以来,我国体育产业发展传统体制色彩相对浓郁,而传统体制的束缚严重制约着体育产业的发展,改革的呼声愈加强烈。体育产业的快速发展能够提升体育产业市场化程度,市场化程度的提高将不断引进国际先进的体育产业发展理念和成熟的管理理念,能够在不断发展的过程中推动体育产业发展方式的演化和升级,从而转变传统的体育产业发展方式,打破体育行业领域的行政垄断,倒逼体育产业发展相关体制机制的改革。从长远看,将有助于体育行业体制机制的创新和体育产业的良性发展。

(二)体育产业发展有助于推动经济的稳定增长

收入水平的提高和生活条件的改善促使城乡居民对身体健康愈加重视,城乡居民对体育健身和体育休闲活动的需求显著增强,专业化、个性化、潮流化的体育服务不断延伸,催生了诸如体育旅游、体育养生、共享体育、体育竞赛、体育技能培训等多种新业态,但总体而言,我国体育服务的供给与庞大的市场需求仍然相去甚远。体育产业作为国民经济新的增长点,具有发展潜力大、辐射范围广、关联度高、产业链条长、带动作用强、资源消耗低、附加值高等特点,体育产业的发展有助于结合市场需求,不断推陈出新,形成多元化、多层次的体育服务供给体系,提升体育相关产品的规模和质量,促进体育产业与其他产业的融合发展,这对体育产业本身结构的优化升级、缓解人们日益增长的体育消费需求与供给不足之间的矛盾具有重大意义,更重要的是体育产业发展在带来居民体育消费满足的同时,可以激发体育服务市场和体育开发的"大蛋糕",对产业结构调整和经济持续增长作用巨大。

(三)体育产业发展是建设体育强国的必然要求

我国是一个体育大国,参与体育项目的人数多,国家大赛获取的奖牌多,国际排名稳居前列,但我国体育强国的实现仍然任重而道远。体育强国注重体育的全面发展和国民体育健康素质的整体提升,且体育产业在国民经济社会发展中具有显著的地位和作用。

目前，尽管我国是世界上参与体育活动人数最多的国家，但体育人口占比却排名靠后、体育产业规模较小、人均体育消费与发达国家相差大、体育用品制造在体育产业中仍然占据主导地位、体育品牌国际竞争实力弱，要想真正实现体育强国梦，就需要转变发展思路和发展理念，找到适合我国实际的体育发展道路，加快发展体育产业，全面提升国民的身体健康素质和体育产业在国民经济社会发展中的地位和作用。

（四）发展体育产业有利于增进社会和谐，实现中国梦

从小方面看，体育产业的发展有助于人与人之间的交流，增进人们之间的相互了解，拉近相互之间的感情，增进友谊。从产业本身看，通过提供具有娱乐性、体验型、观赏性的体育产品能够不断刺激体育消费的提升、增加就业、提升收入、改善民生，促进经济社会持续健康发展。从大方面着想，体育产业的发展为人民群众提供多元化、多层次的体育产品和服务，将有助于宣扬社会主义核心价值观、增强国家和民族自豪感、促进社会和谐，是中国梦的重要组成部分，具有十分重要的积极作用。

三、我国体育产业发展模式创新

（一）基于"财政推动＋金融协同"的体育产业基础发展模式

1. 体育产业创新发展对"财政推动＋金融协同"强烈诉求的动因

体育产业具备一定的公共产品属性，导致体育产业的发展会对整个社会经济带来一定的正向外溢性，所以在完全市场机制下可能导致市场失灵现象，加之体育产业所属行业属于基础体育类别，多数具有投入大、利润低、资金回笼慢等特点，导致难以在市场活动中获得足够的资金支撑。要突破体育产业发展的资金瓶颈，就必须要实现融资渠道多元化，构建"财政推动＋金融协同"的支撑体系。

2. "财政推动＋金融协同"的体育产业基础发展模式的实施路径

第一，归拢"财政推动＋金融协同"的工具组合。财政支持体育产业发展的基本工具主要有直接投入、税收优惠、政府采购和国有资本引导四种，"财政推动＋金融协同"的基本路径就是根据体育产业特性对上述四种基本手段进行金融化改造。

第二，完善"财政推动＋金融协同"的制度框架。"财政推动＋金融协同"的创新模式是需要财政、金融、体育产业等多个部门相互协同配合的系统化工程。借助当前政府新一轮进一步深化改革为契机，逐步推进财政、金融、体育产业等相关领域的体制改革，打破原有资源分配中的利益定式，形同协同推进合力。

第三，健全"财政推动＋金融协同"的要素保障。"财政推动＋金融协同"的创新模式首先要面对大量较复杂要素的整合与配置，从人才、技术、资金、土地等各类体育产业发展的必要资源入手，为"财政推动＋金融协同"的创新模式提供要素保障。

第四，构建"财政推动＋金融协同"的平台体系。"财政推动＋金融协同"的创新模式另一个重要方面是对财政、金融、体育产业等多个相关领域的优势资源进行系统整合，而搭建并完善平台体系建设则是基本路径。"财政推动＋金融协同"创新模式的根本目的是要解决体育产业发展中的资金瓶颈问题，进而完成体育产业高级化。因此，财政支持和金融融资是其两个重要的核心平台。

（二）基于"体育+"的体育产业融合发展模式

1. "体育+"的体育产业融合发展模式的动因

2015年3月，李克强总理在政府工作报告中首次提出"互联网+"概念，将融合发展推到了产业发展潮头。现阶段，随着我国体育产业逐步走上发展的快车道，体育与其他相关产业的融合发展日渐增多，如体育旅游、体育文化、体育医疗、可穿戴运动等都是体育产业融合的很好案例。构建以体育元素为核心的"体育+"融合发展模式，实现体育产业的"借船出海""高位嫁接"有着非常重要且现实的意义。

2. "体育+"的体育产业融合发展模式的实施路径

依照产业融合基本理论，产业融合是一个多方面，多层次的融合过程，需要经历技术融合、业务融合、市场融合三个递进阶段。

第一，促进"体育+"的技术融合。技术融合是整个产业融合的基础与前提。对于体育产业具体实践来说，技术融合主要可以通过标准融合和规划融合两种手段实现。

第二，促进"体育+"的业务融合。"体育+"的业务融合本质上是融合各方在产业价值链的业务重构，对于适应市场现实体育需求，改变体育产业原有商业模式，推进管理与组织变革具有重要意义。所以，业务融合是产业融合的核心，实践中包含人才融合和组织融合两个方面。

第三，促进"体育+"的市场融合。市场融合是在技术融合和业务融合基础上的进一步延伸，是体育与相关产业融合所供给的融合产品适应体育需求变化，以此获得竞争优势和争取更大市场空间的结果，应从体育产品供需，以及消费需求融合和供给产品融合两个方面进行理解。

（三）基于"产业链"整合的体育产业转型升级模式

1. "产业链"整合的体育产业转型升级模式的动因

我国体育产业发展起步晚，行业内部发展不完整，整个产业链不完整，多数呈割裂状态，产业内部缺少合理分工与协作，各个细分行业内部自成体系、封闭发展，企业之间难以形成合力，阻碍了体育产业规模化发展。我国体育品牌建设方面有所欠缺，同时在产业链的分工协作网络和社会化服务体系尚未形成，单个企业在整个产业链中谈判与议价能力不强，作为产业中最直接的产品生产者却在整个生产链中获得利益最少。产业链信息传递不对称，当前多数体育企业与消费者缺乏直接联系的主动意识和有效渠道，处在产业链中的各主体也缺少较为有效的信息交流网络。

2. "产业链"整合的体育产业转型升级模式的实施路径

第一，协同渐进地推动体育产业链升级。产品链是整体体育产业链高级化基础，知识链升级是整体体育产业链高级化核心，价值链升级是整体体育产业链高级化目标。体育产业链升级是一个渐进过程，以上三个方面有机地构成了一个协同促进体系。

第二，多维度促进体育产业链升级。推动体育产业链升级动力主要分为外部动力机制和内部动力机制两部分。外部动力机制主要是外部生存与发展环境，内部机制主要是产业链内部及企业本身。实践中，应注重外部动力机制与内部动力机制共同作用、相辅相成，以推动体育产业高级化发展。具体在体育产业链升级动力下，从纵向一体化、横向一体化和产业链融合三个方面来推动体育产业链整体升级。

第三，以体育服务业为核心引领体育产业链升级。体育竞赛表演业和运动健身娱乐业及相关的衍生行业应作为体育产业链升级的核心。我国体育产业链升级过程中，首要任务是完善体育产业结构与布局，提升体育产业比重，制定体育服务发展规划，完善相关标准体系，加强体育服务与相关行业的关联度。

（四）基于"企业并购"的职业体育俱乐部跨越式发展模式

在市场与政策的双重红利下，原本备受市场冷落的体育产业转变成为市场焦点，处在了发展的"风口"，各路资本跑马圈地地纷纷涌入体育产业。通过并购快速进入国内外体育市场，获取市场红利，是受到市场追捧的投资行为，已经成为当前体育俱乐部的发展趋势。

1."企业并购"助推职业体育俱乐部跨越式发展

职业体育俱乐部并购交易完成之后，并购企业就获得了目标企业的控制权，借助目标体育俱乐部的优势，整合并购双方体育俱乐部相关资源，便能实现并购双方的跨越式发展。首先，由于优势体育资源在企业内部转移扩散比通过市场的方式更有效，也有利于整合和提升当前体育俱乐部发展水平。因此，作为拥有控制权的并购企业就必须打破并购双方原来的企业在体育俱乐部运营的边界壁垒，在统一的战略框架内协调并购双方的行动，消除优势体育资源整合扩散的障碍。其次，并购中体育资源的转移扩散不是单向的，而是多向的，既有并购企业向目标企业的流动，也有目标企业向并购企业的流动，既有个体层面的体育资源转移，也有个体与组织及组织与组织层面的扩散，可以有效地实现优势互补、协同创新、跨界整合。再次，体育俱乐部的资源转移具有互动性，要顺利地实现并购及后期运营，并购双方就应该默契地进行配合，构建互信与互惠的平等关系，积极主动地进行良性互动。最后，体育俱乐部并购一个动态的过程，要循序渐进地遵循企业并购的基本规律和体育俱乐部的特征属性。

2."企业并购"的职业体育俱乐部跨越式发展模式的实施路径

第一，理念方面，立足体育产业转型升级，做好体育文化融合。当前经济新常态下，体育俱乐部并购要符合当前我国供给侧改革总体思路，服务于体育产业结构转型升级。立足于"一带一路"战略及与之配套的亚投行、丝路基金和金砖银行重大政策，以中国体育消费市场为依托，把国外体育资源与我国日益增长的需求紧密结合起来，为体育俱乐部的跨境并购提供良好的战略支撑和政策配套支持，也从体育俱乐部并购服务应用方面推进上述国家政策的落实。需要注意的是，并购后，在俱乐部的管理策略方面，中国资本应充分融入该国体育氛围，做好俱乐部的跨文化管理，缓解文化冲突带来的经营理念冲突和整合困难状况。

第二，投资方面，理性运用金融手段，做好风险防范。在并购前，做好尽职调查，梳理清楚相关并购风险，包括球员合同、历年的财务资料等信息，特别是后期资金投入估算等。在并购后，定位于长期战略投资者，向俱乐部持续注入资本和资源，提高竞技成绩。并以此为基础，通过提高联赛分成、转播收入、商业赞助、门票等营业收入，切实做好体育俱乐部并购后的可持续发展。

第三，品牌方面，围绕核心品牌，提升全球影响力。通过并购高水平体育俱乐部，借助其体育领域内的高曝光度，做好自身品牌营销，开拓国际市场，快速地在全球范围内打造自身品牌影响力。

第四，反哺方面，服务国内体育产业发展，促进人才梯队建设。通过并购国外著名体育俱乐部，可以将其引入国内发展，对国内市场进行反哺，进一步激发大众参与热情，带动国内体育产业发展。通过并购国外著名体育俱乐部，可以极大地促进国内外体育俱乐部的互动交流与业务合作，为从国外引进高水平足球人才，加快国内青少年运动员梯队的发展，达到人才反哺的目的。

（五）基于"协同治理"的体育赛事运营模式

1. "协同治理"与体育赛事运营

当前我国体育赛事尚处于初级发展阶段，公众对体育赛事的多元化需求，对现阶段体育赛事发展提出了诸多要求，同时也暴露出体育赛事的不足之处，主要表现为体育赛事体系碎片化所导致的要素无规则、体系无秩序、效果分散化。体育赛事种类多、涉及面广，是一项以体育为核心的复杂综合性社会活动。体育赛事运营中具体事务责任繁杂，日常管理较为混乱，体育赛事运作中多种矛盾较为突出，在体育事业与产业中受关注度高，改革困难大。尤其是在当前大型赛事运作中，已经不再局限于单一政府或组织，而是历经了从管理到治理再到善治，将视角转向多主体、多学科、多维度立体透视的协同治理。所以，突破原有体育赛事发展瓶颈，摆脱孤立的"点线式"管理路径，协调各方利益，构建协同、有序、整体的体育赛事新秩序，是提升体育赛事水平的基本途径。

2. "协同治理"的体育赛事运营模式的实施路径

第一，明确主体职能定位。政府应积极构建体育赛事的协同治理运营环境，努力创设体育赛事运营发展的有利条件，构建公平宽松的市场秩序及规则，消除市场外部性，明确市场的主体地位。借助市场的专业性、高效性、灵活性，以市场提升赛事运营的主要载体，逐步确立市场机制在体育赛事资源配置中的主导地位。根据具体赛事性质、规模和受众，结合体育非营利组织自身能力，有步骤、有计划地将政府体育赛事管理事务分解，转交由相应的社会组织完成。

第二，厘清赛事分类。从国内外举办体育赛事的实践来看，依据赛事运作主体的不同，可以将体育赛事的运作模式划分为四种，分别为政府主导型、商业组织型、生产企业型和混合型。对不同的模式，要分类施策。

第三，注重各治理主体的协调与监管。在事前利益协调机制中，政府、市场、行业协会、社会组织、公民（民众）应积极参与体育赛事的战略选择及规划，形成各方利益的有机平衡，做到责任分担，利益共享；在事中协力合作机制中，应充分实现各治理主体平等对话、共同协商，保障体育赛事实践预期；在事后监督防控机制中，各治理主体通过各种现代技术和手段审计评估、查错纠弊，互相监督，共同确保体育赛事科学监管。

第四，坚持市场化导向，明晰产权关系。我国体育赛事产业中，普遍存在着产权不明晰、组织管理结合不规范的问题，严重制约了体育赛事产业的健康发展。解决该弊病，应借鉴NBA（美国职业篮球联赛）的市场化运作方式，以市场化为导向，尽量划分清楚政府机构（或主管行业协会等组织）与各俱乐部、相关企业之间的权利和义务关系，明确产权归属，对所有权、经营权与收益权进行恰当的划分，维护投资者的利益，推动体育赛事中的相关俱乐部成为自负盈亏的独立法人，完善内部法人治理结构；积极培育多元化体育市场体系，建立健全体育资本市场，畅通体育市场融资渠道。

总之，未来推进我国体育赛事路径的选择在于加快推进从政府主导型体育赛事的运行模式转变为商业组织型的运行模式，最大化地推动体育赛事的市场化、职业化和产业化发展。政府主导型体育赛事的运作模式缺乏健全的激励机制，没有明晰的产权关系，不利于体育赛事产品的创新与营销，专业化水平不足；商业组织型体育赛事的运作模式，能有效克服政府主导型体育赛事运作模式的弊端，尊重市场规律，符合体育赛事产业未来发展的新趋势，并极大地推动体育赛事产业的健康有序发展。

四、体育产业发展的保障措施

（一）正确处理市场与政府在体育产业发展中的作用

1. 加快体育管理体制改革，推进政府职能转变

加快体育管理体制改革，推进政府职能转变是体育深化改革的重要方向和重点领域。要明确主管部门的职能，为国家体育总局职能定位提出新方向。要积极推进体育管理部门的"瘦身健体"，加快推进非职能业务的分离，增强职能范围内薄弱环节的完善与改进。

2. 以政府职能转变为契机，发挥市场在体育资源配置中的决定性作用

要以政府职能转变为契机，积极推动管办分离、政企分离、政事分离，推动协会的实体化运作，通过审批制度改革扭转行政权力配置资源的扭曲现象，坚持分类改革的思路，推进市场作用的发挥。要通过分步骤改革，转变政府职能，发展体育社团组织，激活体育市场主体，充分发挥市场在资源配置中的决定性作用，加快形成有效竞争的市场格局，为中国成为世界体育强国奠定坚实基础。

（二）加快推进供给侧结构性改革，提升体育产业产品和服务供给能力

1. 体育企业要不断提升创新能力，不断优化体育产品和服务供给结构

提升企业创新能力，力求在体育用品创意、设计、新产品的研发和零售渠道方式上寻求突破，不断加强品牌建设，形成品牌与高端消费、个性消费和具体育活动关联的市场运营能力建设。紧跟体验参与消费需求动向与趋向，加强对消费群体个性化、体验性产品服务需求的供给能力建设。

2. 积极探索"体育+"产业业态模式，丰富体育产品和服务供给

通过供给侧结构性改革，加快形成"体育+旅游、体育+文化、体育+特色产业（培训、康复、休闲等）、体育+互联网"等"体育+"的新兴业态模式，推动体育产业的联动效应。鉴于体育消费与旅游消费的同一性特点，深入推进体育旅游产业深度融合发展，培育并形成体育旅游新业态，开发体育旅游新产品。此外，围绕体育产业发展，形成体育产业与关联产业在地理空间上的集聚，推动体育产业对地区经济社会发展的带动和支持作用。

（三）营造良好的政策制度环境，为体育产业发展保驾护航

1. 制定和完善体育产业发展的经济政策，形成发挥市场主体积极性和能动性的激励机制

要结合体育产业发展的公益性和商业性分类导向，在体育基础设施、体育赛事运营、体育人力资本形成及体育消费等不同环节形成不同的支持政策。积极加快形成包括财政政策、投资政策、融资政策、价格政策、税收政策、产业发展基金等在内的体育产业政策体系，同时，破除行业壁垒、扫清政策障碍，最终形成不同政策合力形成下的体育产业又好又快发展的局面。

2.改善和优化体育产业发展的营商环境,形成有利于增强市场配置资源能力的管理体制

政府主管部门或更高层面的政府机构要切实按照《国务院关于加快发展体育产业促进体育消费的若干意见》和国家体育总局已制定实施的《体育总局关于推进体育赛事审批制度改革的若干意见》《全国性单项体育协会竞技体育重要赛事名录》《在华举办国际体育赛事审批事项改革方案》等改革文件精神,加快推进包括分类改革和审批制度改革在内的体育管理体制机制改革,切实按照更好地促进竞技体育、全民健身和体育产业协同发展的战略要求,加强规划、政策、标准引导,创新服务方式,强化市场监管,营造竞争有序、平等参与的市场环境。

(四)加大体育产业对内和对外开放力度,提升体育产业市场化水平和综合竞争力

1.加大体育设施等体育产业发展载体资源的开放,加快推动群众性和商业性体育领域的管制放开

全面清理不利于体育产业发展的有关规定,取消不合理的行政审批事项,凡是法律法规没有明令禁入的领域,都要向社会开放。推动场馆设施开放利用。引导体育企业做强、做精。实施品牌战略,打造一批具有国际竞争力的知名企业和国际影响力的自主品牌,支持优势企业、优势品牌和优势项目"走出去",提升服务贸易规模和水平。

2.积极支持对外开放,通过技术、资本、人才、先进管理等的引进推动体育产业转型升级

通过扩大对外开放补短板,促进体育产业发展进程中的管理、人才、制度等环节的改进和完善。通过积极合作的方式实现优势互补和互利共赢。积极加强与国际体育组织等专业机构的交流合作,积极引进国际精品赛事、健身娱乐设施与项目,鼓励境外资本投资体育产业等。

项目编号(2017-A-08)

体育改革的总体思路与顶层设计

任 海　张佃波　单 涛　张永泽

经过30多年的快速发展，我国体育事业在获得空前成就的同时，也面临前所未有的发展问题，目前中国体育出现的发展悖论有：第一，经济社会发展上升趋势与体育成效下滑趋势形成反差；第二，体育国际地位提升与体育文化影响力的下降形成反差。

反差强烈的两种趋势表明，旧的体育模式无法适应改革开放以来新形势、新任务、新要求，严重制约了体育的发展，使我国体育呈现出"散、弱、小"状态。更新观念，全面深化改革，构建大体育格局，是中国体育重获发展动力的关键所在。这就需要在整体上把握体育发展的状态，针对存在的主要问题进行顶层设计。

一、体育改革需要整体把握和顶层设计

（一）整体把握和顶层设计的必要性

近年来，我国行政部门及社会各界推出了一系列改革措施。碎片化的体育改革之所以难以奏效，是因为我国体育已经进入发展的瓶颈期、改革的深水区，面临的各种问题盘根错节，多有关联，具有整体性的特征，亟待进一步解放思想，统筹全局，针对问题产生的本源性原因，进行顶层设计，以"大体育"体制机制改革为动力，全面深化改革，使体育改革进入整体推进、联动发展的新阶段。

（二）整体把握和顶层设计的基本依据

1. 理论依据

党的十八届五中全会首次提出"创新、协调、绿色、开放、共享"的新发展理念。习近平总书记指出："创新发展注重的是解决发展动力问题，协调发展注重的是解决发展不平衡问题，绿色发展注重的是解决人与自然和谐问题，开放发展注重的是解决发展内外联动问题，共享发展注重的是解决社会公平正义问题。"显然，五大发展理念对中国各领域都具有指导作用。正如国家"十三五"规划指出的，"坚持五大发展理念是关系我国发展全局的一场深刻变革，是'十三五'乃至更长时期我国发展思路、发展方向、发展着力点的集中体现，必须贯穿于'十三五'经济社会发展的各领域各环节。"

2. 体育发展的既有基础

中华人民共和国成立以来，特别是改革开放以来，在实施"全民健身"和"奥运争光"两大计划的过程中，中国体育已经建立起较为雄厚的基础。随着"全民健身"上升为国家战略，"健康中国"国家战略的出台，进一步增强了体育的发展基础。

3. 体育发展的社会背景

我国正处在全面建成小康社会的关键时期，价值取向、发展方式、需求结构、利益格局、管理方式等均发生全面而深刻的变化，改革在多个领域进行，这给体育改革提供了优越的条件，也带来了巨大的压力。党的十八届三中全会通过的《中共中央关于全面

深化改革若干重大问题的决定》为体育改革提供了明确的指导纲领。

4.全球化时代的国际参照系

进入 21 世纪以来，世界体育事业的发展也进入了一个以改革为基本特征的新阶段。诸多国家的体育政策发生重大变化，以适应新的社会需要。其他国家体育所面临的问题与我国有一定的相似性，因此其经验及教训可以为我国所借鉴。

二、体育改革需要有明确的问题针对性

全面深化体育改革在今天之所以如此必要，是因为体育发展实践中出现了非全面改革便无法克服的障碍，体育发展进入瓶颈期（表现为：不接地气、封闭分割、行政指令式的运行机制和内涵不足）。随着"单位社会"的解体，我国体育呈现出"散、弱、小"状态。如图 1 所示。

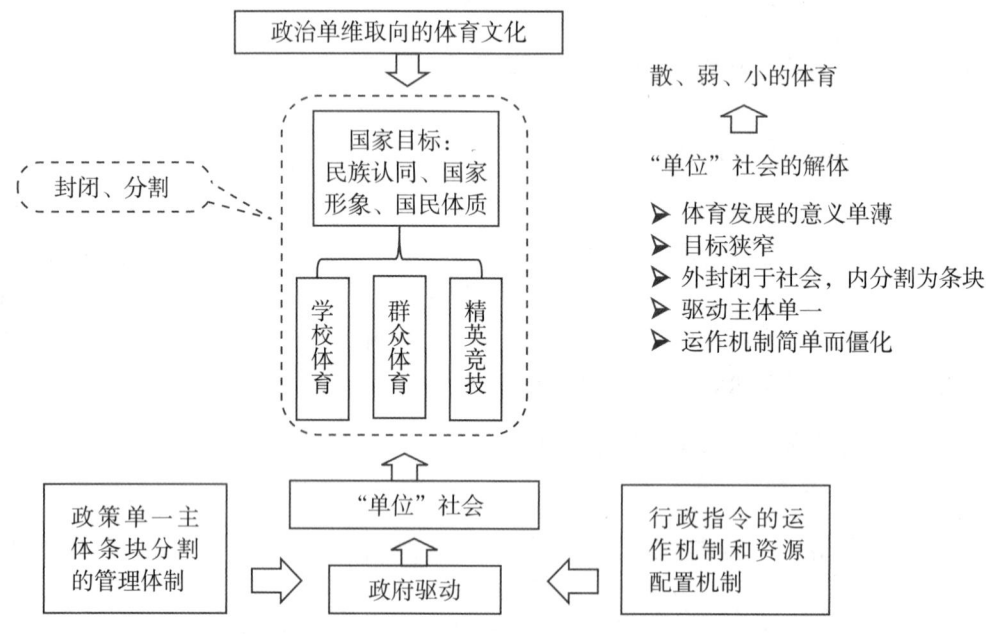

图 1　计划经济时期形成的我国体育发展格局

三、体育改革的总体思路

中国体育在大环境的影响下，呈现出以下两大发展趋势。

其一，体育联动发展、包容发展的趋势日益鲜明（图 2）。

体育自身力图突破条块分割的束缚，在原来分散割裂的体育形态间构建关系，交流和共享资源，优化体育结构，从而改变我国体育"散、弱、小"的格局，满足社会对体育的多类别、多层次的需求，实现体育的多重目标。

其二，体育发展的社会内生动力日趋强劲（图 3）。

中国体育发展的动力源开始发生方向性的变化，正在由政府自上而下的拉动，变为社会自下而上的推动。今天，中国体育发展的突出特征就是转型，全面深化体育改革就

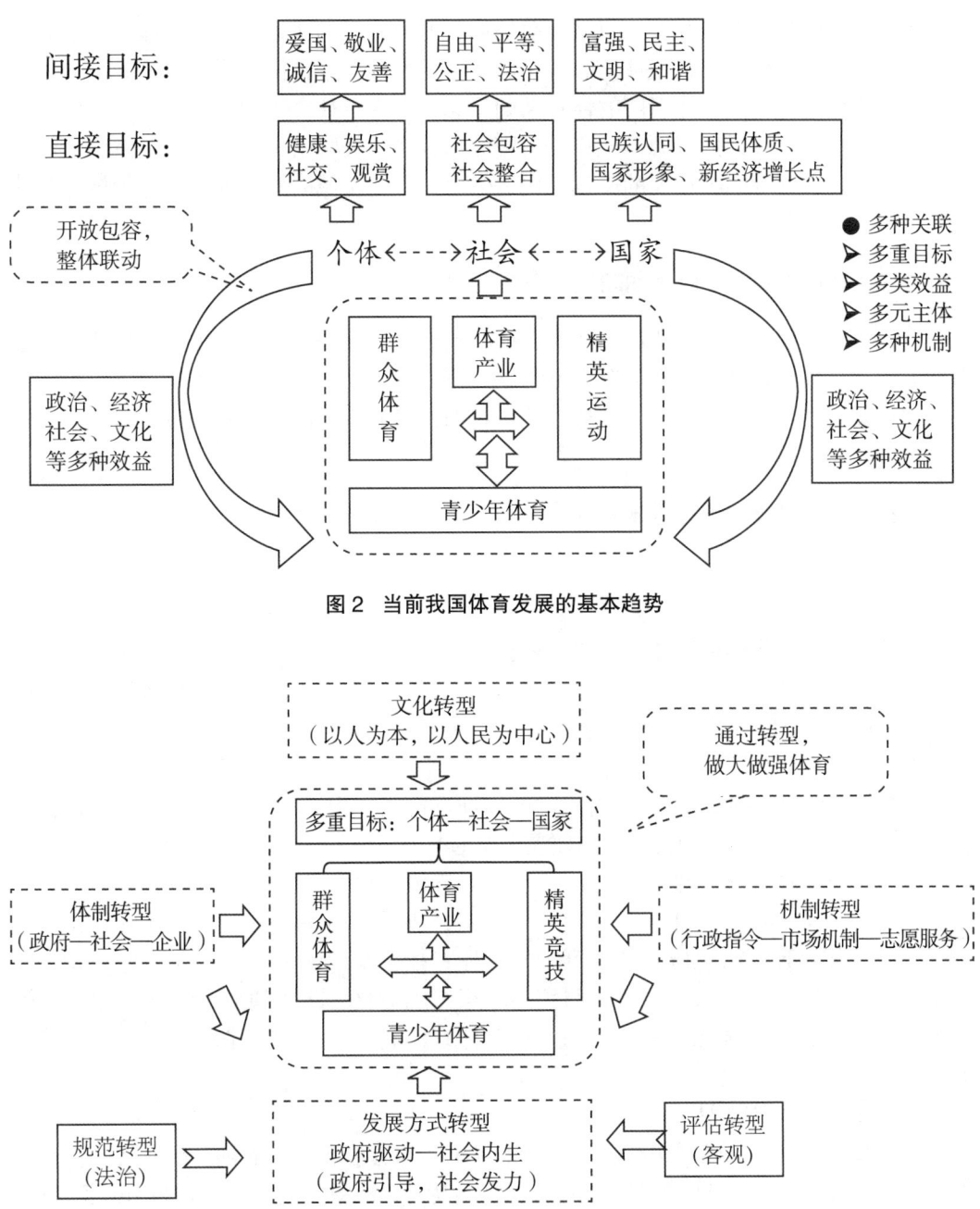

图 2 当前我国体育发展的基本趋势

图 3 我国体育发展的转型态势

是因势利导,将"散、弱、小"的体育变成有机联系的"大而强"的体育。近期而言,体育改革的核心任务是由条块分割转为开放包容,走出瓶颈;远期而言,是由政府驱动转为社会内生,完成转型。

(一)筑基固本,做大做强体育

首先,应强化青少年体育教育,厚植体育基础,让数以亿计的青少年爱体育、懂体育、会体育，养成体育习惯。其次，应将分散的体育变为整合的体育。将竞技体育孤军突进的态势，转向竞技体育与社会体育、学校体育和谐发展。三种体育形态资源共享，相互依存，相互促进。再次，让封闭的体育回归社会，在满足社会体育需求的过程中优化体育结构。最后，将单纯的资源消耗型变为资源增生型、关联生长型。通过对体育政治、经济、社会、文化等多种功能的开发，促进体育与其他领域的同步发展，并为体育及其关联产业的勃兴奠定基础。

（二）体育发展由政府驱动向社会内生转型

我国体育发展的动力主要源于政府，这种政府驱动的模式有其历史的合理性。但是在新的社会环境中，既有的政府驱动型的缺点也显露出来。不管是中央的要求、中国社会和体育发展的形势，都要求我们通过改革将旧的政府驱动的体育发展方式转型为"政府引领，社会驱动"。

（三）体育发展转型的具体内容

1. 体育文化转型

文化的核心是价值观和理念，文化转型对体育改革具有方向性的指导意义。体育文化转型要以项目文化和传统体育文化为依托，其关键在于从"以人为本"的视角切入，重新认识体育的价值：挖掘运动项目的文化精髓，以传播现代体育的文化价值；通过传统体育的创新与传承，增强中华民族的文化自觉。

2. 体育体制转型

体育体制转型针对的是发展主体，即由政府单一的发展主体，转为"政府—社会—企业"三位一体的协同结构，从而构建上下贯通、左右联动的组织体系。这里涉及：

首先是政府内体育、教育、文化、卫生、宣传等相关部门间的协同。其次是政府与非政府（社会组织、企业等）体育社会组织的协同。第三是赋权。政社分开，政业分开，赋予体育社会组织应有的权利，确立体育社会组织和体育企业在体育发展中的主体地位。第四是组织。正视体育组织与草根组织对接，将条块分割、碎片化的封闭组织转化为开放的体育社会网络组织。最后体育体制转型的重点是培育具有协同功能的枢纽性组织。

3. 体育运作机制转型

由行政指令的单一机制向行政手段、市场机制和志愿者行为的耦合机制转变。首先是充分发挥行政手段、市场机制和志愿行为各自优势，有效开发、配置和利用体育资源，实现资源共享。其次是依据体育服务或产品的性质（公益性、准公益性及非公益性）配置相应的提供机制或手段（行政手段、市场手段和志愿手段）。多种机制间形成功能耦合。最后是赋能。让体育社会组织和体育企业有能力发挥其社会工作机制和市场机制，成为体育发展的基础性机制。

4. 体育发展规范转型

由人治向法治转变，将法治与德治结合起来，相互支撑，使体育发展的运作公开、公正、公平。短期的政策治理与长期的法规治理相结合，构建由清晰的制度设置组成的发展平台，给体育以法律规则和道德规范，以保证体育改革与发展的有序推进。这就需要：管控体育违纪违规；强化体育道德教育。

5. 体育发展评估转型

体育转型的特点是渐进过渡，评估对把控这一过程极为重要。评估体育发展效绩不仅要反映量的增减，更要反映其质的变化，反馈机制要明晰。另外，我国体育发展正在进入多主体、多目标、多机制的状态，仅政府自己的评估，难以令其他合作者与参与者信服，需要提高评估的客观性和准确性。这就需要：将重标重量的评价转向重本重质的评价；将自我评估转向第三方评估。

四、抓住关键，突出重点，将改革落到实处

要重点推进以下几个领域的改革。

（一）做大做强体育的具体措施

1. 强化青少年体育，尤其是小学阶段的少儿体育

第一，突出竞技运动的教育功能，使之成为我国学校教育不可或缺的组成部分，发挥其在青少年全面发展中独特的教育效用。第二，强化青少年体育竞赛活动，特别是集体项目的竞赛活动。确保比赛活动有趣、安全、包容，让每个青少年在参与中身心获益。第三，强化小学阶段的少儿体育。第四，建立青少年体育的校内外联动机制。

2. 构建体育公共服务体系及其与非公共服务的联系

全覆盖的普惠性体育公共服务，是我国群众体育的基础，具有保基本、兜底线的重要作用；体育休闲娱乐等非公共服务，也是群众体育的重要组成部分，具有满足个性化需求及促进社会经济发展的重要作用。只有将这两种服务结合起来，才能支撑群众体育健康发展。

应将公共体育服务核心内容"四梁八柱"的"六个身边"工程与满足个性化需求的体育休闲娱乐项目相结合。如将运动休闲特色小镇、体育旅游示范区等结合起来，统筹规划、设计和实施，"公益模式"和"产业模式"两手抓，做大做强群众体育。

全民健身的投入可采用分类分层的方式，包括群体性的健身公共服务（政府全资投入、民众免费享用）、个体性的健身公共服务（政府补贴投入、民众低成本享用）和商业性的健身休闲娱乐（市场运营为主、政府引导支持）。通过模式创新，提供多类别、多层次的群众体育服务。

3. 改革体育运动学校，突出"育人"特色

要更新体育运动学校的办学理念，突出"学生运动员"的"学生"属性，以"育人"为体校的核心目标，将运动训练与文化学习深度融合，彰显运动训练独特的教育价值，提高其对有运动才能的青少年及其家长的吸引力。

4. 职业体育、专业体育和业余体育的对接

我国的职业体育由专业竞技体育分化而来，而业余体育（尤其是青少年业余体育）是职业体育和专业体育的基础。应通过改革在三者间建立起相互作用的友好界面，让职业体育的商业效益和专业体育的社会效益回馈反哺业余体育，形成三者间互相补益的良性循环。

5. 改革体育赛事

构建业余、专业和职业三大赛事体系。以数量巨大的业余赛事扩大体育参与、增加体育人口，营造昂扬向上的社会风气；以上下贯通、层级衔接的专业赛事，培养为国争光的精英；以高质量的职业赛事，提供观赏性的体育文化商品。在这三者自成体系的同时，

构建他们之间的联系，打破赛事垄断，保持赛事开放，形成关联互动格局。此外，在赛事改革中要特别关注全运会的改革。

6. 促进体育与其他行业的融合

体育与文化、教育、医疗、养老、健康、旅游等行业的融合发展，是今天体育发展的显著特征。要根据体育与相关行业的特点，设计相应的融合措施。

（二）加快体育转型的具体措施

1. 体育文化方面

该项内容的具体措施包括：第一，以运动项目文化为抓手，充实我国体育的内涵；第二，深化武术改革，传承和创新传统体育文化。

2. 体制机制方面

现阶段，我国体育体制机制改革的主攻方向是打破条块分割的碎片格局，突破系统分治造成的封闭性，激活社会和市场活力，开拓社会资源投入体育的渠道。该项内容的具体措施包括：第一，创新政府相关部门间的协同机制；第二，中华全国体育总会的改革；第三，深化足球改革，为单项协会的体制机制创新提供样板；第四，改革体育基金会，扩大社会的体育投入。

3. 发展规范方面

该项内容的具体措施包括：第一，制定全国体育发展规划；第二，修订和完善《中华人民共和国体育法》；第三，成立体育仲裁院；第四，制定运动员、教练员、体育官员道德条例。

4. 发展评估方面

该项内容的具体措施包括：第一，加强体育发展评估的研究，确定评估方案；第二，根据全面性、综合性原则，设定评估指标；第三，引入第三方评估，保证评估的客观性；第四，将国民体质监测改为全国体育活动状态监测。

五、结束语

我国体育发展由政府驱动向社会内生转型，是改革开放以来中国社会由计划经济向市场经济转型在体育领域的反映，有其深刻的社会根源和历史必然性。这一转型关乎中国体育能否做大做强，能否可持续发展，意义重大，影响深远。这一转型提出的挑战全面而深刻，我国体育已经进入问题频发期，也是新旧交替的阵痛期。由于中国的具体国情，完成这一转型，既无法从历史中寻找答案，也无法照搬国外现成的模式，只能依靠更理性、更全面、更彻底的改革探索前行，以"大体育"体制机制改革为动力，以全地域覆盖、全周期服务、全社会参与、全球化合作、全人群共享"五个全"为目标，创新出一条路来。

项目编号（2017-A-10）

体育特色小镇建设路径研究

蔡文菊　王妙英　赵爱国　杨树刚　肖　斌　丁杰群　李国平

体育特色小镇的建设是创新实践中国特色体育发展道路，大力发展体育产业，实现新型城镇化及城乡统筹发展的有效举措。本研究以现阶段我国正在建设、规划建设的体育特色小镇为研究对象，在结合国际先进发展经验的基础上，提出了产业型、休闲型、康体型、赛事节会型、教育培训型、本地服务型六种可行的体育特色小镇发展类型。通过对北京张坊生态运动小镇、高碑店京南体育小镇、许家崖航空飞行营地等在建的体育特色小镇进行实地考察，并结合文献资料、专家访谈等，发现我国现阶段体育特色小镇的建设发展中还存在诸多问题，发展现状亟待改善。结合体育特色小镇发展现状及存在的问题，提出构建完善的发展规划、构建体育旅游核心要素、构建完整的产业体系、构建可持续发展机制的"四步走"发展路径。同时形成了一套基于体育特色小镇发展导向的评价框架和指标体系，对建设完成的小镇品质进行评估和等级认证，以期为体育特色小镇的健康科学发展提供思路与方法。

一、我国体育特色小镇的发展类型

体育特色小镇需要依托当地的运动环境和传统特色打造。本研究对我国目前现有的体育特色小镇进行梳理，并结合国际发展经验分析后发现，根据不同的发展方式，我国体育特色小镇大体可分为以下六种发展类型（表1）。

表1　我国体育特色小镇发展类型

序号	类型	特点	案例
1	产业型	以生产制造及其上下游产业为核心功能，以休闲体验为配套功能	德清莫干山"裸心"体育小镇
2	休闲型	依托景区进行发展，和旅游业相结合，有一个或几个核心项目引爆点	新西兰皇后镇
3	康体型	以体育运动为媒介，以健康养生为主题	奥修国际静心村
4	赛事节会型	以赛事为核心，以赛事相关产业延伸	百丈时尚体育小镇
5	教育培训型	以体育运动项目培训教育为核心，具备教学资质，形成专业品牌	许家崖航空飞行营地
6	本地服务型	主要分布在北上广深杭等大城市周边，主打短途周末游	张坊生态运动小镇

二、我国体育特色小镇建设发展中存在的问题

目前，我国体育特色小镇建设发展中，主要存在以下七方面问题，如表2所示。

体育特色小镇在我国还处于初步发展阶段，我们要正视问题的存在，吸取先进的发展经验，逐步完善发展模式，实现促进城乡一体化的新型城镇化发展目标。

表2 我国体育特色小镇建设发展中存在问题

序号	存在的问题
1	发展定位不明晰
2	体育产业与其他产业融合较差
3	体育文化建设比较薄弱
4	基础设施不够完善
5	体制机制有待完善
6	人才引进难，培养不到位
7	缺乏科学可行的通用评估体系

三、体育特色小镇建设路径

从目标出发，体育特色小镇最终应该是一个特色体育产业驱动，是一个以体育旅游产业为主、生活度假相宜、各种服务门类百花齐放的综合型小镇。基于此目标，结合目前的资本市场环境，为了充分激发社会资本参与体育小镇建设的能力、为社会资本寻求新的出路，实现合作共赢，应考虑尽快引入多元投资，谨慎建设、大胆实践，以产业需求反推设施建设。

根据国家建设体育特色小镇的目标要求，结合调研的实际情况，本研究认为在体育特色小镇建设工作中应当从四个方面着手构建：完善的发展规划、体育旅游核心要素、完整的产业体系、可持续发展机制。

（一）构建完善的发展规划

结合目前我国体育小镇建设现状和存在的问题来看，体育特色小镇的良性发展要以体育产业作为小镇的核心驱动力，实现资源的高效配置及市场适度融合，加快培育新的经济增长优势，带动整个小镇的发展。要实现这一目标，必须从顶层设计着手，针对不同小镇的地缘优势和特点，构建完善的发展规划。

对于具有地缘特点和依赖自然资源类型的小镇，如滑雪等户外项目，以及低空项目、越野项目、水上项目等，对自然环境有一定的要求，因此在规划设计上，要充分借助相应的自然条件稀缺性带来的优势，很多地方可以发展自己的特色体育旅游产业，成为体育小镇的核心驱动产业。随着人才和专业场馆等基础设施的积累，再慢慢打造专业级的体育旅游产业。而对于拥有修久历史传统项目的体育小镇，如武术、足球项目等，此类体育特色小镇的发展规划应注重专业人才的积累和培养，发展体育项目培训，随着专项运动的发展、升级、文化提升，可以衍生出大量的业余体验产品、文化产品，使其具有较高的旅游文化价值。

体育小镇在规划设计时，起步阶段应该认清其发展体育产业的资源禀赋，充分发挥其独特优势，构建优势产品，充分结合当地实际情况，做好前期规划，保持自身独特性，并在远期补齐从业余体验到专业培训各个层级的体育产品。

（二）构建体育旅游核心要素

旅游的发展依赖的是旅游资源与游客，如被誉为"新西兰最著名的户外活动天堂"的新西兰皇后镇，就是旅游休闲与体育共生发展的典范。该小镇依托天然的湖泊与域内高山峡谷、激流险滩等自然地形地貌优势，将静态的自然风光开发为具有探险性、挑战性和极强参与性的户外运动，其中众多项目以极限、探险为核心，蹦极、高空弹跳、喷射快艇等很多极限运动均发源于此。

皇后镇位于新西兰第三大湖泊瓦卡蒂普湖北岸，被南阿尔卑斯山包围，交通网络发达，机场位于市中心附近的弗兰克顿郊区，抵达后公共旅游巴士、租车服务方便快捷，游客可以选择自己喜爱的方式出行，小镇服务设施齐全，提供各类高端住宿、特色餐饮等全方位的旅游度假服务。除此之外，小镇依据四季特点，围绕体育探险打造观光旅游、文化体验、高端度假等多元化产品序列，并充分利用冬季庆典进行小镇推广营销，形成了以探险式休闲为核心的综合型体育特色小镇。因此，一年四季都会吸引大量游客前往，除户外探险者之外，还收获无数喜爱休闲旅游度假的忠实游客。由此可见，体育旅游的核心要素为：核心项目、区位条件、客源关系。

1. 核心项目

体育特色小镇的核心项目就是特色体育项目，将色体育项目的选择应经过充分论证，要考虑当地实际情况；要有主题明确、特色鲜明的体育特色产品和服务，并达到一定规模；所开展的大、小项目要达到 30 个以上，类型多样，不同项目组合较好，能满足以家庭为单位的休闲需求；要降低该项目的参与门槛，吸引专项人流，并实现项目盈利；要符合群众体育的发展趋势和实际需求；要论证获客能力、消费潜力、开展赛事和产业带动的机制；要论证通过系列赛事、游戏组合等方式与外部其他产品、小镇避免直接竞争，扩大联合能力等可行性；在产业运营方面，要发挥产业联动与融合作用，形成体育产业与观光、度假、旅游、研学等业态的产业联动，与本地相关产业如医疗业、农业、制造业等的深度融合发展；在运营团队方面，要有所有权明确、经营稳定、执行力强的专门运营管理团队，定期举办节会活动，扩大影响力。

2. 区位条件

体育特色小镇的区位条件主要考虑交通和市场两个方面。在构建与客源地之间的交通能力之前，要理智认真地分析当地的潜在客源，做好前期市场调查，明确目标消费群；研究周边大城市的消费水平和意愿；考虑当地的交通网络完善度、地理可进入性和消费便捷度；充分论证当地是否具有发展国际、全国影响力项目的能力；若资源等级和交通条件均受到限制，能否考虑区域联合实现产品等级的提升，扩大潜在客源。潜在客源的讨论应按照国际客源、沿海发达地区主要客源、周边省会、直辖市等大型城市和主要城市客源的层级，逐级讨论。重点关注周边的高铁站点和飞机场对当地交通能力的影响。

3. 客源关系

客源市场是旅游地发展旅游业的重要条件。游客自传播是网络时代重要的宣传途径，同时又与游客忠诚度建立有着极高的联系，应当引起重视。体育特色小镇应在注重知名度打造的同时关注长期黏性的建立,在打造知名度的基础上将赛事推广和游客自传播并重。赛事可将引入成熟的 IP 赛事和培育当地自有 IP 赛事均衡考虑,近期向成熟赛事借力,远期培育起自有 IP 赛事。

在具体发展方法方面,例如,资源依赖型体育特色小镇可以先行与主要客源地的体育娱乐和培训机构联合,按照机构要求进行设施建设,直接引入成熟客群,开拓市场,扩大影响,以期在短期内实现自身作为体育特色小镇的影响力,并在随后的发展中根据市场需求对项目和设施进行升级,与市场共同成长。培训型的体育小镇可直接引入相关项目的高端人才和教学体系,积极组织相关赛事,争取三年内培养出全国冠军级别的体育人才,并输出大量的相关项目的专业体育人才,在市场上扩大影响力。

(三) 构建完整的产业体系

产业是体育小镇发展的物质基础,产业体系的完善程度直接影响体育小镇的核心竞争力。体育特色小镇在构建核心要素的同时,也需要构建完善的产业体系以实现自身的快速稳健发展。产业体系包括健身休闲、竞赛表演、场馆服务、体育中介、体育培训、体育康复、体育传媒、体育信息服务、运动食品饮料、体育用品制造与销售、体育装备制造与销售、体育建筑设计与施工等。对于体育特色小镇来说,构建完善的产业体系可从产品体系的组合、体育人才的保有、基础设施的建设、产业融合发展四个方面着手。

1. 产品体系的组合

体育特色小镇发展的核心是跨界融合,共生发展。体育单一业态难盈利,体育拉动的旅游消费、家庭消费、培训与课外活动消费、文化产品消费、周边产品消费,远远大于体育运动本身消费。国家体育总局与国家旅游局联手推动的"体育+旅游"产业模式就是以体育为先导,促进相关产业整体消费。体育特色小镇的旅游产品设计与发展,应该谨记特色原则,避免放诸四海皆可的"充数型"旅游产品,在设计中应结合当地的体育特色、文化特色,最终组合成特色鲜明的体育旅游产品体系。

体育特色小镇要想获得真实收益,首先要从延长旅游产品链条入手,扩大体育旅游产业自身的收益。对于单次旅游产品应关注吃住行游购娱,对于整个客群行为应针对商养学闲情奇六方面进行产品的深度开发,发展节庆赛事、会议会展、游学营训、康养度假等影响规模大、停留时间长、复访率高的项目。

2. 体育人才的保有

由于体育产业的价值实现依赖体验,而服务是实现体验的渠道,人才又是服务的直接设计者和提供者,因此体育人才的保有和输送是考察一个体育特色小镇是否能够持续发展的重要指标。为了能续保有和输送体育人才,提高体育产业从业人员和体育特色小镇当地居民对体育的认可与热爱,体育特色小镇应大力发展体育教育和开展社会体育活动。为了实现这一目的,应针对体育从业人员开办专业培训学校,提供实习、就业岗位;推广群众喜闻乐见的社会体育活动,这让专业人才对群众进行正确的健身指导,实现体育产业发展的良性循环。

3. 基础设施的建设

基础设施的建设应充分考虑体育特色小镇的特点,为体育游客、体育人才、群众体育提供适当的设施条件。

首先,针对当地特色体育项目的场馆,应该做到设施条件优良、数量充足,主要场馆应考虑作为该小镇的地标建筑之一，降低门槛对外开放。其次，针对体育游客的接待设施，应充分考虑日常和高峰，结合从酒店到青旅、民宿甚至营地等一系列接待设施，保障接待能力，丰富接待体验。第三，保障当地居民的全民健康和社会体育活动。如学校、医院、康养设施的建设，慢行、自行车设施的建设，以及居民区附近的公共体育场地和场馆的建设等。

4. 产业融合发展

体育特色小镇的发展要以特色、核心产业为支撑，建立核心项目、核心品牌，与此同时，要注重产业模式是否完善，大力发展除文化旅游产业之外的社会事业和产业，如医疗、教育、交通、服务等，伴随体育产业的发展同步开展。从而产生集聚效应，使小镇的产业链得以延伸。除此之外，通过不断吸引投资，拓展融资渠道，扩大产业规模，与传媒、会展、广告等充分融合，促进当地产业结构的转型升级，带动其他相关产业，最终实现产业融合、健康发展。

（四）构建可持续发展机制

西方国家特色小镇的建设经验表明：在特色小镇建设的过程中，政府因其在政治、经济、文化等领域的强大影响力，在特色小镇的建设过程中扮演着重要角色。我们要发挥政府作用，制定合理科学的体制机制，体育特色小镇的产业构成和形态不应该太过具体化设计，应该是一个"复杂适应"过程的结果，所以体育特色小镇应该平台化运营，建立完整的孵化、引入、引导和淘汰机制，划好红线，明确方向，为市场保驾护航，实现体育产业全链条产品的动态发展。

1. 社会保障制度的健全

社会保障关系民生，从学术角度来说是一个非常重要的社会功能，是现代政府的主要职能之一，也是体育特色小镇实现可持续发展的基础。无论是建成体育特色小镇，还是实现营造社会体育文化氛围的目标，都期望当地居民的生活水平和生活方式有较高的提升。所以当地在着力发展体育产业的同时，也要健全社会保障制度，发展社会经济生活，完善公共服务设施，重视生态环境建设，提升教育医疗水平，造福当地居民，做到居民安居乐业，避免产业与生活脱节，并制定相应的人才保障机制。

2. 体制机制的创新

体育特色小镇在建设上，应用创建制代替审批制，实施年度动态调整制，做到"宽进严定"。进一步完善产业发展的政策体系，在产业布局、财政税收、产业基地建设等方面加大扶持力度。拓展融资渠道，改善融资环境。积极转变政府职能，推进服务型政府建设，规范行政审批行为，减少政府对微观经济运行干预。积极发挥社会组织功能，充分发挥社会组织在行业自律、信息交流、咨询服务等方面的重要作用。运作上，坚持采用政府引导、企业主体、市场化运作的多元协调机制，摒弃政府大包大揽。扶持上，创新供给方式，凭实绩论赏，奖罚分明。重视体育产业培育孵化市场化，运用PPP、BOT等投融资模式推进项目建设，制定人才引进机制。

四、体育特色小镇建设评价指标体系

体育特色小镇建设评价指标体系的设计是在遵循系统性、科学性、独立性、可比性、可操作性原则的前提下，与国家发展改革委员会、国土资源部、环境保护部、住房城乡建设部联合印发的《关于规范推进特色小镇和特色小城镇建设的若干意见》，以及《体育总局办公厅关于推动运动休闲特色小镇建设工作的通知》（体群字〔2017〕73号）和《国家发展改革委关于加快美丽特色小（城）镇建设的指导意见》（发改规划〔2016〕2125号）相结合。根据文件要求，运动休闲特色小镇规划建设须形成"一年打基础、三年见成效"的发展态势，达到体育特征鲜明、文化气息浓厚、产业集聚融合、生态环境良好、惠及人民健康的运动休闲特色小镇总体目标。

据此，指标选取的主要依据有三个：第一，根据《体育总局办公厅关于推动运动休闲特色小镇建设工作的通知》（体群字〔2017〕73号），体育特色小镇的定位目标是按"创新、协调、绿色、开放、共享"发展理念，以运动休闲为主题打造的具有独特体育文化内涵、良好体育产业基础，运动休闲、文化、健康、旅游、养老、教育培训等多种功能于一体的空间区域，"产城人文"融合发展的全民健身发展平台和体育产业基地。第二，以2017年11月国家体育总局副局长赵勇在全国运动休闲特色小镇建设工作培训会上的讲话精神为依据，在入选第二批运动休闲特色小镇方面选取指标。第三，参照《关于规范推进特色小镇和特色小城镇建设的若干意见》，结合体育的特殊性，从产业、功能、形态、体制、创新5个维度选取了部分指标。

从体育特色小镇的内涵和建设目标出发，本研究借鉴"目的树"分析方法和德尔菲法的研究方法，将"建设创新、协调、绿色、开放、共享的体育特色小镇"作为我国体育特色小镇建设的总体目标层，总体目标层分为体育产业特色鲜明、空间布局合理、地域文化突出、设施服务完善、体制机制灵活6个准则层，后在这一准则层的约束下推导出要素层，最后确立三级评价指标体系。

经由充分的前期准备，并有幸获得了领域内相关学者和专家的帮助，我们根据专家评定法相关模型和推演公式确定各指标权重，指标标准值的确定力求标准值定量化，凡已有国家标准的或国际标准的指标尽量采用规定的标准值。据此，得到体育特色小镇评价指标体系综合权重及打分释义（表3）。

根据表中权重分配，满分为100分。在本指标体系实际运用中，三级指标各项满分均为10分，专家根据小镇发展的实际情况，参照指标释义进行打分，最后根据各指标的权值加权求和得到总分。

表3 体育特色小镇评价指标体系综合权重及打分释义

总目标层（A）	准则层（B）	要素层（C）	指标层（D）	分值标准及释义	系数
建设创新、协调、绿色、开放、共享的体育特色小镇	B1 体育产业 0.23	C1 发展规划	D1 规划完善度	发展规划未通过评审，不纳入本次评估范围；有规划并已通过评审，按规划完善度酌情加分	17
	B2 空间布局 0.18	C2 产业运营	D2 发展资金	投资总额少于20亿元，0~3分；超过20亿元，3~6分；各项投资到位并有效利用，6~10分	5

续表

总目标层（A）	准则层（B）	要素层（C）	指标层（D）	分值标准及释义	系数
建设创新、协调、绿色、开放、共享的体育特色小镇	B2 空间布局 0.18	C2 产业运营	D3 主导产品	主导产品和服务单一，0~3分；有体育主题、地方特色的旅游产品和服务，3~6分；有主题明确、特色鲜明的体育特色产品和服务，并达到一定规模 6~10分	7
			D4 开展项目	开展项目少，类型单一，0~3分；大、小项达到30个，类型较多样，3~6分；不同项目组合较好，能满足以家庭为单位的休闲需求，6~10分	5
			D5 核心项目	降低项目的参与门槛程度，0~3分；吸引专项人流效果，0~3分；实现项目盈利程度，0~3分；综合程度较好加1分	6
			D6 产业联动与融合	未形成体育旅游业态与其他产业联动、融合发展，0~3分；初步形成体育旅游业态与其他产业联动、融合发展，3~6分；形成体育产业与观光、度假、旅游、研学等业态的产业联动，与本地相关产业如医疗业、农业、制造业等的深度融合发展，6~10分	6
			D7 特色赛事	主要考量赛事影响力，有省内、地方媒体报道，0~3分；有国家媒体报道，3~6分；有国际媒体报道，6~10分	6
			D8 全民健身赛事和活动数	涵盖机构组织的、群众自发组织的、小镇组织的及周末健身类赛事活动；数量、类型多样，5~10分；数量少，类型单一，0~5分	5
			D9 节会活动发展情况	节会数量多、规模大且参加人数多，传播效果好，5~10分；无节会活动或影响力弱，0~5分	6
			D10 运营团队	有所有权明确、经营稳定，执行力强的专门运营管理团队，5~10分；运营团队专业程度一般，0~5分	6
		C3 综合效益	D11 主营体育产业收入	20亿元以下，0~5分；20亿元及以上，5~10分	5
			D12 年接待游客数量	参照当地相关部门统计数据，评估标准每年更新，年接待游客数量占当地居民总人口的40%以下，0~5分；40%及以上，5~10分	5
			D13 参加体育活动人口增加情况	体育人口每周身体活动频度3次（含3次）以上、每次身体活动时间30分钟以上，每次身体活动强度中等程度以上；体育人口无明显增加，0~5分；有显著增加，5~10分	6
			D14 居民体育消费占总支出的比重	参照当地相关部门统计数据，年增幅9%及以上 5~10分；9%以下 0~5分	5

续表

总目标层（A）	准则层（B）	要素层（C）	指标层（D）	分值标准及释义	系数
建设创新、协调、绿色、开放、共享的体育特色小镇	B2 空间布局 0.18	C3 综合效益	D15 解决就业情况	当地体育产业就业人口占就业总人口比重小于20%，0~5分；大于等于20%，5~10分	5
			D16 带动扶贫区域经济增长量	有民宿、农家乐、观光、农产品增收带动情况，市场认可度高，销售形势好，5~10分；辐射带动作用不明显，0~5分	5
		C4 交通条件	D17 交通网络完善度	根据目前国内对轨道交通的等级进行评估，共有五个级别，五级2分；四级4分；三级6分；二级8分；一级10分	9
			D18 地理可进入性	到达景点的方便程度，周围3公里是否临近城镇、景区、高铁、公路、机场，每符合一项得2分，满分10分	9
		C5 市场条件	D19 消费便捷度	从景区到消费点的距离、时间、客流量综合评价，不方便，0~3分；较方便，3~6分；很方便，6~10分	8
			D20 消费偏好	目标消费群不明确，缺乏前期市场调查，0~3分；目标消费群明确，但对潜在客源分析不充分，3~6分；对目标消费群有用户画像，充分分析潜在客源，6~10分	7
			D21 周边同类景区点数量	是否具有竞争力，避免同质化，没有同类景点，8~10分；数量不多，竞争力不大，5~8分；数量多竞争力大，0~5分	10
			D22 与市场需求的和谐度	考虑消费者实际需求，并论证本地是否具有发展国际、全国影响力项目的能力，与市场需求和谐度高，6~10分；一般，3~6分；较差，0~3分	9
		C6 自然环境条件	D23 生活环境空气质量达标情况	一年中生活环境空气质量达到和好与二级天数不足200天，0~5分；200天及以上，5~10分	8
			D24 景区级别	旅游局评定级别，达到3A级，0~4分；达到4A级，4~7分；达到5A级，7~10分	8
			D25 区域绿化覆盖率	绿化覆盖率（%）= 绿化植物垂直投影面积/城市用地总面积×100%，以2016年国家公布城镇绿化覆盖率为标准，达到40.08%，得0~5分，40.08%以上酌情加分，满分10分	7
		C7 空间发展条件	D26 小镇核心区面积	建成了展现小镇主要功能和风貌的3平方公里以上核心小区，10分，3平方公里以下酌情扣分	8
			D27 小镇辐射区面积	包含核心区在内的辐射面积达到5~6平方公里，且集中连片，10分，未达到酌情扣分	8
			D28 空间均衡度	参考总体规划，要求已建成总用地中的居住用地、产业用地比率不超出规划建成中总用地的比率，符合规划要求，5~10分，低于5分提出警告	8
		C8 文化传统与创新	D29 体育文化特色知名度	对当地传统体育文化的开发利用程度，体育赛事、活动有当地文化特色，南北差异明显，0~3分；有强烈民族地域性，有少数民族特色，3~6分；非物质遗产，6~10分	14

续表

总目标层（A）	准则层（B）	要素层（C）	指标层（D）	分值标准及释义	系数
建设创新、协调、绿色、开放、共享的体育特色小镇	B2 空间布局 0.18	C8 文化传统与创新	D30 民俗节庆活动	基于对当地传统体育文化的挖掘，有创新的相关民俗节庆活动，每次活动得2分，创新度高、传播效果良好酌情加分，满分10分	13
			D31 体育特色建筑是否与原有建筑协调	新建区域应延续老街区的肌理和文脉特征，严禁建设"大、洋、怪"的建筑，体育特色建筑分布连片集中，风貌协调统一，具有当地特色，6~10分；新建区域与原有建筑较不协调，3~6分；体育特色建筑与原有建筑明显不协调，0~3分	11
	B3 地域文化 0.19	C9 体育文化标识	D32 体育文化标识系统	考量文化内涵，无体育文化内涵的标识或体育特色不突出，0~3分；体育文化标识类型多样，比较有代表性，3~6分；有专业团队进行设计并通过评审，6~10分	14
			D33 体育文化衍生品	考量产业融合度，是否有体育文化衍生品的开发，无，0~3分；数量、类型较少，3~6分；开发良好，且具有一定规模，6~10分	13
		C10 体育文化传播	D34 表演与节会活动	没有或很少有体育相关的表演、节会活动，0~3分；表演与节会活动数量较多且类型多样，3~6分；定期举办，6~10分	14
			D35 公众传播平台	小镇有官方App、微博、微信公众号、官方网站，每符合一项得2分，有动态实时更新加2分	12
			D36 文字影像资料	是否充分挖掘、整理、记录相关文字影像资料，有相关书籍、宣传册、图片、视频形成相关的资料，每符合一项得2分，传播效果良好加2分	11
	B4 服务设施 0.2	C11 基础设施建设	D37 体育项目设施	拥有面向室内、户外、专业、业余、群体不同类型的体育设施，0~3分；数量充足，布局合理，3~6分；充分考虑规模与密度的配合，提供配套的休息设施，免费向游客及公众开放，6~10分	6
			D38 住宿设施	参照总体规划，是否有明确说明和考虑，前期规划中未提到，0分；有规划但实施不好，0~5分；规划合理并在评审期得到较好发展，5~10分	5
			D39 餐饮设施	提供具有当地特色的餐饮，餐饮场所卫生条件应达到GB 16153规定的要求，食业油烟排放应达到GB 18483规定的要求，餐饮设施数量、类型较少、地理位置不合理，卫生条件不达标，0~3分；餐饮设施数量、类型较多、地理位置合理，卫生条件达标，3~6分；餐饮设施数量充足、档次合理、类型丰富、地理位置合理，能提供具有当地特色的餐饮，卫生条件达标，6~10分	5
			D40 展览设施	是否有广场、公园、展馆、专业博物馆、体验馆、科技馆等设施，每满足一项加2分，满分10分	4

续表

总目标层（A）	准则层（B）	要素层（C）	指标层（D）	分值标准及释义	系数
建设创新、协调、绿色、开放、共享的体育特色小镇	B4 服务设施 0.2	C11 基础设施建设	D41 孵化设施	是否为项目孵化提供空间支持，前期规划中未提到，0分；有规划但实施不好，0~5分；规划合理并在评审期得到较好发展，5~10分	4
			D42 无障碍设施	无障碍设施符合GB 50763—2012第3项的要求，无障碍设施符号应符合GB/T10001.9的规定。未提供无障碍服务考虑残障人士、老年人等特殊人群的需求，0~3分；提供无障碍服务充分考虑残障人士、老年人等特殊人群的需求，3~6分；提供完善的无障碍服务，6~10分	5
			D43 安全健康保障	不具有健全的安全风险提示制度和突发公共事件的应急处理预案，不具备急救应急响应条件的医疗机构，0~3分；具有上述应急处理预案和医疗机构，3~6分；相关预案健全，且有卫生院以上规模的医疗机构，并具备急救应急响应条件；有专职安全保卫人员与医疗救护点、有大型赛事活动安全风险应急预案，6~10分	6
		C12 环保建设	D44 土壤环境质量	土壤受化学污染，未达到GB 15618规定的一类标准，直接剔除本次评估；土壤轻微污染，达标，0~5分；土壤无化学污染，达标，5~10分	4
			D45 固废排放情况	指无害化处理的垃圾量的比率，80%以上，5分；80%以下酌情扣分	5
			D46 城镇污水治理	污水处理率＝污水处理量/污水排放总量×100%，80%以上5分，80%以下酌情扣分	5
			D47 饮用水水源	水质达标率，根据《生活饮用水卫生标准》评价，分级量化，以全国平均值83%为标准，未达标，0~3分；达标，3~5分	5
			D48 噪声达标情况	计算达标率，依照《声环境质量标准》环境噪声达标区覆盖率（%）＝已建成的环境噪声达标区面积（km²）/建成区总面积（km²）×100%，分级量化；达标率80%以上，5分，80%以下酌情扣分	5
		C13 智慧化建设	D49 WiFi覆盖情况	免费WiFi全覆盖，10分；随机测试10个点，每少一个免费WiFi覆盖点，扣1分，最低0分	5
			D50 智慧安防与保障系统	是否有智慧安防实时监控/消防/引导指示系统，每满足一项得3分，满分10分	5
			D51 人脸识别系统	在核心景区和场馆出入口是否有人脸识别系统，无，0~5分；有，5~10分	4
			D52 监控和疏导系统	具备有效的人流量监控和疏导系统，5~10分；无或建设不完善0~5分	5
			D53 线上门票服务系统	有线上门票分销/结算/检票系统，且利用程度较好5~10分；无或利用程度一般，0~5分	4

续表

总目标层（A）	准则层（B）	要素层（C）	指标层（D）	分值标准及释义	系数
建设创新、协调、绿色、开放、共享的体育特色小镇	B4 服务设施 0.2	C14 公共信息服务平台	D54 人工智能服务系统	小镇场馆等各项设施服务的智能化程度；一般 0~5 分；完善 5~10 分	4
			D55 信息聚合平台	用于小镇介绍、商务服务、信息咨询、产品展示、休憩交流，每具备一项得 2 分，满分 10 分	5
			D56 在线教育培训	是否有健身在线教育系统用于在线教育培训；无，0 分；有并投入使用，0~5 分；定期组织培训，5~10 分	4
			D57 大数据服务平台	无，得 0 分；有规划并正在建设中，0~5 分；基本建成，且能基于大数据对经常参加体育锻炼人数、体育设施利用率、运动健身效果进行综合评价，10 分	5
		C15 建设主体	D58 小镇规划建设目标完成率	是否完成小镇规划开发空间、投资计划值、计划游客数，每完成一项得 3 分，满分 10 分	8
			D59 政策支持	有专门鼓励和支持小镇建设发展的优惠政策，5~10 分；无，0~5 分	10
			D60 非政府投资情况	是否非政府投资主导；创建期间政府投资占比大于 20%，0~5 分；占比小于等于 20%，5~10 分	8
			D61 企业参与建设情况	小镇以知名龙头骨干企业为主进行规划建设，10 分；以下酌情扣分	9
	B5 体制机制 0.2	C16 市场运作	D62 体育产业培育孵化市场化	有市场资金培育孵化体育产业，且资金投入达到一定规模，10 分；以下根据市场资金投入规模酌情给分	8
			D63 投融资模式	是否运用 PPP、BOT 等投融资模式推进项目建设，每个项目得 2 分，有创新做法酌情加分，最高 10 分	9
			D64 招商引资	是否有招商引资项目，促进公共服务市场化，每个项目得 2 分，最高 10 分	9
			D65 服务商	是否引入知名企业化服务商，每引入一家中国、世界 500 强以上企业的功能型、区域性总部、省百强企业、环保企业各得 2 分，满分 10 分	9
		C17 人才保障	D66 人才引进	有人才引进计划并达到目标落户人数，包括培训与经营管理人才，5~10 分；计划不完善，人才引进人数较少，0~5 分	10
			D67 人才储备	对体育项目培训人员进行专业项目的培训，定期举行教学研讨，5~10 分；对体育专业项目从业人员无定期考核、无定期培训，0~5 分	9
			D68 人才培养	未对体育从业人员开展培训，无相应的培训经费 0~3 分；对体育从业人员开展知识与技能的培训，提供相应的培训经费 3~6 分；定期对体育从业人员开展培训，培训内容包括体育专项知识和技能，并提供相应的培训经费保障 6~10 分	10

体育特色小镇建设的研究

周良君 吴延年 范冬云 王 钊 蒯 放 陈小英 颜 彪 邹 杰

体育特色小镇建设是贯彻党中央、国务院关于推进特色小镇、小城镇建设精神的重要举措,对于全面贯彻健康中国战略、加快供给侧结构性改革、推动新型城镇化建设等都具有十分重要的意义。特别是国家体育总局推出全国第一批体育特色小镇试点项目,被视为加快贫困落后地区经济社会发展、推动全面小康、贯彻和落实习近平总书记"精准扶贫"目标的重要抓手。自2016年《住房城乡建设部国家 发展改革委财政部关于开展特色小镇培育工作的通知》和国家发展改革委下发的《关于加快美丽特色小(城)镇建设的指导意见》出台以来,我国"特色小镇运动"风起云涌,体育特色小镇建设也热潮澎湃。从整体建设情况来看,体育特色小镇在开发和运营过程中还面临诸多实际困难,存在配套政策不健全、协调机制不完善及开发经验不足等现实问题,体育特色小镇建设无矩可循,不可一蹴而就,既需要政府和社会各界共同关注,又需要建设者们脚踏实地、锐意创新,才能探索出一条具有鲜明中国特色的体育特色小镇建设发展道路。

一、体育特色小镇建设的背景

2017年5月,国家体育总局办公厅下发了《体育总局办公厅关于推动体育特色小镇建设工作的通知》,正式启动了体育特色小镇建设工作,同年8月,公布了首批96个体育特色小镇试点名单,标志着体育特色小镇项目进入具体实施阶段。各省市相继出台发展体育产业、开展小镇建设的相关意见和实施方案,如《浙江省人民政府关于加快特色小镇规划建设的指导意见》、江苏省发改委印发的《关于培育创建江苏特色小镇实施方案》《安徽省体育局关于推进体育特色小镇建设的指导意见》、青海省的《关于共同打造高原特色体育小镇合作协议书》《山东省创建特色小镇实施方案》等。相关工作有序推进,如北京市设立了总体规模达100亿元的发展基金用于推动体育小镇建设,广东省举办了投融资对洽会,中信银行广州分行作为发起合作的首批金融机构与有关单位签署了"广东省特色小镇战略合作框架协议"。各类资本竞相涌入,智囊机构和社会团体纷纷建言献策,如莱茵体育与四川彭州市人民政府签署了协议,双方将共同开发中国彭州葛仙山体育小镇项目;香港上市公司雅居乐与威海市签订协议,将斥资500亿元打造体育产业特色小镇;北京体育文化产业集委团有限公司与中国建筑技术集团有限公司、北京北体科技中心及北京约顿气膜建筑技术股份有限公司达成了"四方共建体育小镇,助力中国体育产业"的战略合作。

二、体育特色小镇建设的意义

第一,是全面贯彻健康中国战略的重要抓手。体育特色小镇是全面实施健康中国战略的重要措施。通过打造新型健康生活方式,满足民众健身休闲需求,体育特色小镇建设将加快小康社会建设。同时,政府和社会资本共同参与、创新的体育特色小镇运营模式能促进健身休闲服务的多元供给,将加快全民健身和全民健康国家战略的实施。

第二，是加快发展特色城镇、推进新型城镇化建设的重要举措。体育特色小镇建设是贯彻落实党中央、国务院推进特色小镇、小城镇建设，加快"十三五"期间发展特色小镇要求的重要举措，是创新体制机制、加快推动经济社会转型、提高小城镇经济活力的重要内容。新型城镇化和美丽乡村建设需要产业支撑，良好的产业发展可以不断增强城镇经济活力，增加就业数量，提升居民生活满意度，提高城镇化水平。

第三，是促进体育与旅游、文化产业融合的重要载体。体育带来的影响是积极、长效的，辐射到经济社会的方方面面，能激发经济社会多元推动力，为旅游和文化产业提供新的驱动力，是旅游和文化产业的重要载体。体育特色小镇兼具除体育产业以外的文化、旅游、养生等其他功能，能实现生态、环保、养生、宜人等多重效益。

第四，是推进体育产业供给侧结构性改革的重要内容。新时代我国经济发展进入新常态，供给侧结构性改革是新周期经济增长的主要推动力。通过体育特色小镇的建设，可以较好地打造体育产业链及促进产业融合，形成体育休闲产业聚集区，有效改善我国体育产业的供给要素和供给结构水平，提高体育产业供给质量，刺激体育消费需求，促进体育产业发展。

第五，是推进脱贫攻坚和乡村振兴的重要内容。党和国家历来重视扶贫攻坚工作。党的十九大报告指出"要动员全党全国全社会力量，坚持精准扶贫、精准脱贫""实施乡村振兴战略"。将具备文化、生态资源的农村贫困地区建设成体育特色小镇，既发展了体育产业，又增加了居民就业和收入，对加快脱贫攻坚和乡村振兴具有重要意义。

三、体育特色小镇概念与分类

（一）体育特色小镇概念

体育特色小镇是以体育休闲为主题打造的具有独特体育文化内涵、良好体育产业基础，体育、文化、健康、旅游、养老、教育培训等多种功能于一体的空间区域、全民健身发展平台和体育产业基地。

（二）体育特色小镇分类

对体育特色小镇进行分类助于对小镇进行细化管理，有助于资源的最优配置。小镇分类依据有多种，如按小镇功能数量、投资人属性和体育项目类型等。

第一，根据国家进行特色体育小镇开发的目的及小镇的功能定位，可以分为以扶贫开发为目的的体育特色小镇和以城镇化建设为目的的体育特色小镇。

第二，从体育特色小镇的概念出发，针对产业可能性，根据细分产业类型与目标受众的不同，可将体育特色小镇分为四类：产业型体育小镇、休闲型体育小镇、康体型体育小镇和赛事型体育小镇。

四、国内外体育小镇建设的启示

根据西方国家著名体育旅游小镇和国内浙江德清莫干山"裸心"体育小镇、河南嵩皇体育小镇成功经验的基础上，利用当地小镇既有的旅游资源优势，谋划体育类主题创新，集聚资源，组合项目，创新驱动，实现企业成长和体育小镇经济的可持续发展。具体经验如下：

第一，以单项或一类体育活动或赛事为核心。挖掘当地地理环境特色或体育特色，因地制宜，建设单项或一类体育活动项目的产业群和产业链。

第二，基于对当地人文脉络和历史文化的梳理，找到特色基因，寻找基因与现代社会诉求的契合点，充分考虑原住居民的需求，注重就业人口及休闲化的消费聚集。国外的特色小镇不是人工打造的，是在长期发展过程中逐渐沉淀和自然形成的。

第三，精准引入运动项目产业，体育产业体系具有明显的主题性。基于当地产业特色和优势产业资源，建设体育类主题产业，促进体育和旅游、文化、教育、医疗等产业的深度融合，实现体育产业成长和当地经济的可持续发展。

第四，国外特色小镇与房地产开发没有必然联系。国外诸多特色小镇是经过数十年、甚至上百年的积累、演变和沉淀自然形成的，不是由房地产开发打造的。国外体育特色小镇是工艺传承、产业积累、历史人文和自然环境等因素长期融合发展形成的，具有独特性和不可复制性。

五、体育特色小镇建设的路径

（一）建设重点

体育特色小镇建设的重点，就是要落实党中央、国务院关于推进特色小镇和小城镇建设的精神，紧紧围绕国家顶层设计的原则和要求，突出小镇建设的目的和宗旨。

一是遵循小镇建设的基本原则，坚持以人为本，坚持探索创新，坚持因地制宜，坚持产业兴镇，坚持市场导向。二是紧扣小镇建设的重点任务，准确把握特色小镇的内涵，遵循城镇化发展规律，注重打造鲜明特色，有效推进三生融合，厘清政府与市场边界，实行创建达标制度，严防政府债务风险，严控房地产化倾向，严格节约用地，严守生态保护红线。体育特色小镇建设的基本原则和重点任务是各级政府审批小镇立项的基本要求，是开展小镇建设的基本依据，也是考核和评估小镇建设的基本准则。

（二）关键环节

建设体育特色小镇，生产是关键，是促进生活、生态发展的基本保证。发展生产的主要方式是"政府引导、企业主体、市场化运作"，作为一个市场化运作的产业实体，建设与运营体育特色小镇，关键要遵循市场规律，符合产业发展要求，还要注意明确消费群体、建立变现渠道、铸就行业品牌、解决建设资金等主要问题。

第一，明确消费者是谁，人从哪里来？"产业兴镇"是特色小镇生存与发展的立足点，要充分评估消费人群和消费总量，根据小镇产业积淀、禀赋资源进行项目设计，形成具有核心优势的消费吸附力。第二，要实现潜在消费变现，明确盈利模式，钱从哪里赚？这是体育小镇能否可持续发展的关键。要通过聚焦核心产业，形成产业链，建立多元化的产业盈利模式。第三，多元化的盈利模式需要专业化的管理，才能突围行业竞争，形成品牌效应。铸就行业品牌，专业技术壁垒如何形成？要牢固树立服务意识，加强专业化运作能力和水平，通过人才培养和技术深造等形式打造专业技术壁垒，形成核心竞争力。第四，小镇开发与产业发展资金是关键，所以要解决投融资问题，建设资金从哪里来？引导社会资本开展特色小镇建设，最主要的是要给予市场信心，一是要明确小镇的目标受众，二是建立小镇盈利模式，三是根据盈利模式确定小镇建设内容和规模，四是根据内容和规模确定融资数量和杠杆比例，通过"倒推"的方式给予资本市场信心，增强项目对于资本的吸附力。

六、体育特色小镇运营开发

体育特色小镇的开发运营，需要资金、人才、管理、营销、企业等各类资源共同发力，是集顶层设计与全要素导入、持续服务于一体的系统性工程。按照"体育+"或"+体育"的理念，在创新策划及专业规划的前提下，整合各类运营资源，搭建了包括规划设计、开发建设、投融资、运营管理、孵化器、人才培训的六大平台体系及全产业链解决方案。

（一）基本思路

体育特色小镇要严格按照"政府引导、企业主体、市场化运作"的基本思路，以"平台化思维"搭建各种合作平台，推动多元化主体同心同向、共建共享。

"政府引导"包括政策引导和产业引导，发挥政府宏观调控能力和政策导向作用，负责小镇的定位、计划、基础设施和审批服务，履行协调和监督职责。"企业主体"主要指建设主体、运营主体，发挥企业在资金、人才、技术等方面的资源优势，负责小镇的规划、设计、招商、投资、建设、运营等全程开发。"市场化运作"是指政府和企业成立联合开发公司，政府少量参股（一般参股5%~15%），85%~95%由社会资本方出资，整体按照市场化规律进行运作，突出"专业的人做专业的事"，同时通过招商引资形式引导各类资金、实体企业参与小镇的开发建设。在国外的一些城市，由市民组建一个治理委员会进行治理，这也是今后特色小镇运营可借鉴的一种模式。

（二）商业开发

体育特色小镇的商业开发通常包括土地一级开发、二级房产开发、产业项目开发、产业链整合开发、城镇建设开发五个部分。土地一级开发指对原土地进行初始开发，享受直接获利、补贴、升值等收益。二级房产开发内容包括居所地产、商铺地产、客栈公寓型地产、周末居所地产、度假居所地产、养老地产等，通过直接销售、回收经营等方式获利。产业项目开发包括特色产业项目开发和旅游产业项目开发，通过项目运营获利。产业链整合开发包括泛旅游产业链和特色产业链开发，两大产业链相互支撑，构建区域产业生态圈，实现整体盈利。城镇建设开发包括公共交通服务、社会服务、城市智能化管理、银行、学校、医院等城市配套设施开发，通过开发和运营获利。

（三）盈利模式

体育特色小镇运营包括特色产业收益、相关产业收益、房产开发收益、工程建设收益、土地升值收益、旅游收益六种盈利模式。

特色产业收益是指立足资源禀赋、产业积淀，通过发展优势主导特色产业，延伸产业链，形成特色产业集群。其以项目开发为形式，以产业园、孵化园为载体，通过项目运营获得收益。如中山国际棒球小镇，突出棒球体育赛事，形成棒球产业聚群和产业生态链，形成丰富的盈利点和持续的经营收益。

相关产业收益是以特色产业为核心进行主题功能拓展，联动旅游体验，形成食、住、行、游、购、娱、康、教等多元业态的消费盈利。如英国温布尔顿网球小镇，借助赛事品牌和悠久的历史,做赛事文化体验,原汁原味的中世纪大街上教堂仁立,迷人的村庄里有一流酒吧、餐馆、品酒坊、露天咖啡馆、温布尔登剧院、草地网球博物馆也都十分令人向往。

房产开发收益主要指二级开发,企业通过地产销售和自持物业经营获利,包括工业地产、居住地产、商业地产、休闲地产等。如碧桂园科技小镇计划投资总额约1300亿元,其规划创新小镇产业用地、产业配套用地、生活配套用地比例大约为30%:30%:40%。开发商通过对项目的地产用地和产业用地进行配比,以短平快的地产收益来平衡见效慢的产业开发支出,长短相济,协调发展。

工程建设收益主要指土地整理和公共基础设施的工程建设收益。内容包括道路、水电网等基础设施,以及学校、医院、公园、广场、综合服务区、接待中心等服务设施。如华夏幸福受政府委托对小镇范围内的土地进行统一的征地、拆迁、安置、补偿,并进行适当的市政配套设施建设,变毛地为熟地后,通过政府回购,获得盈利。

土地升值收益主要指政府主导进行土地一级开发,小镇发展带来周边土地的溢价,政府通过出让土地分享收益。如杭州云栖小镇由政府主导开发,以云计算为主导产业,通过塑造产业环境、给予产业政策优惠、引导产业聚集,使小镇经济迅猛发展,税收猛增,并带动小镇及周边土地的溢价。

旅游收益主要指泛旅游现金流回报和旅游产品体验性附加价值收益,包括门票、住宿、餐饮、购物等盈利渠道,操作的关键在于开发公司是否有专业的景区运营能力。如浙江德清莫干山"裸心"体育小镇,将体育产业、文化、旅游三元素有机结合,打造成为具有山水特色的户外运动赛事集散地、山地训练理想地、体育文化展示地、体育用品研发地、旅游休闲必经地和富裕民众宜居地。

七、体育特色小镇投融资

体育特色小镇投融资通常采用"项目融资"方式,它是以小镇项目为主体,以项目资产和未来收益作为偿贷来源和安全保障,融资安排和成本由项目未来现金流和资产价值决定。该融资方式具有有限追索或无追索、融资风险分散、融资比例大及资产负债表外融资的特点,但担保较为复杂,融资成本相对较高。

小镇开发主体通过设立SPV(特殊目的公司),SPV根据双方达成的权利和义务关系确定风险分配,进行可行性研究、技术设计等前期工作,然后根据融资主体、项目母公司或实际控制人、项目现状、增信措施、风控措施、财务状况、资产情况、拥有资质等情况,综合判断特色小镇开发的资金融入通道,测算融资成本,以及根据小镇项目的预期收益、资产及相应担保扶持安排融资方案。SPV还要参与项目整个生命周期内的建设及运营,相互协调,对项目的整个周期负责。常用的融资方式包括政策性(商业性)银行(银团)贷款、债券计划、信托计划、融资租赁、证券资管、基金(专项、产业基金等)管理、PPP融资等。

八、当前体育特色小镇建设中存在的问题

(一)配套政策不健全

国家从宏观层面对特色小镇的指导思想、基本原则、重点任务等方面作出了顶层

设计，但可操作性有待增强。特别是对体育小镇的土地规模、项目特色、配套业态等验收具体的指标要求不明确，出现了96个示范小镇参差不齐，部分获批"国家体育特色小镇"的体育小镇依旧存在概念不清、定位不准、急于求成、盲目发展及后劲不足等问题。

（二）合作机制不完善

体育特色小镇项目建设与城市规划、用地计划、环境保护等因素高度关联，当前大部分地方政府没有建立工作部际联席会议机制，地方职能部门在审批和推进过程中缺乏政策依据，导致小镇推进艰难。

（三）分类引导不明确

体育特色小镇可以分为特色产业体系小镇和以精准扶贫为目标的特色小镇。前者注重小镇的商业模式和营利模式，强调产业功能和经济效益，应充分发挥企业主体作用和市场化运作模式；而后者突出小镇的公益性和社会效益，需要政府的精确帮扶，对政府资源的投入和政策扶持依赖性更高。因此，不同产业属性的体育特色小镇的建设不能一概而论，政府应进行分类指导、分镇实施，突出小镇建设的目的性和实效性。

（四）用地申报困难

近年来，我国采取了严格的土地用途管制政策。《建设用地审查报批管理办法》规定，在土地利用总体规划确定的村庄和集镇建设用地范围内，为实施村庄和集镇规划占用土地的，由市、县国土资源主管部门拟定农用地转用方案、补充耕地方案，编制建设项目用地呈报说明书，经同级人民政府审核同意后，报上一级国土资源主管部门审查。申报手续复条，周期长。国家对年度内新增建设用地量都有具体的计划与安排，各省、市年度土地开发指标相对有限。体育特色小镇规划用地从几百亩至几千亩不等，小镇所在区、县缺乏土地划拨和审批权限，加上城市土地资源相对紧张，导致体育小镇开发拿地难，后期开发难以为继。

（五）整体规划不足

当前各级政府和社会参与特色小镇建设的积极性很高，甚至出现"先入为主""跟风冒进"的不良倾向，对困难估计不足、建设主旨不清、开发运营缺乏专业的整体设计。每个小镇的产业条件和资源禀赋都各不相同，小镇建设应该立足自身确立建设目标和发展路径，设计包括管理体制、运营机制、产业规划、核心项目导入、招商引资等在内的一整套开发与运营制度。然而在小镇开发的过程中,普遍缺少整体设计意识，小镇在招商、融资、建设中问题涌现，推进速度慢。

（六）内容同质化严重

部分体育特色小镇在建设中过于注重概念和外观设计，对体育资源深度挖掘不够，难以彰显特色形成核心竞争力。自行车道、健身步道、登山绿道几乎成为标配，内容重复雷同，无法吸引消费。部分体育小镇为追求"形成30项以上的运动项目"设置的要求，忽略了"特色小镇"这一核心要求。另外，小镇建设在选址上过于保守，没有结合当前旧城改造、旧厂改造、棚户改造等现实需求，没有充分发挥小镇建设在改善民生、提高人居环境、促进就业等方面的特殊作用。

（七）建设经验不足

体育特色小镇涉及的产元素多、功能集合性强，目前我国还没有标杆式的体育小镇建设模式，国际经验可鉴不可搬。一是小镇建设涉及的各部门沟通不够顺畅、协调机制缺乏，小镇推进速度慢。二是小镇资源导入与内容创新不足，核心特色资源甄选与创新不易，缺乏优质的体育项目落地。三是我国目前还没有专门培养运营特色小镇相关的综合性体育产业人才的机构，小镇建设与运营的专业人才不足。

九、体育特色小镇建设的建议

（一）加强政策配套

第一，建议政府出台体育特色小镇建设标准，明确建设要求和验收标准，取消一次性命名制，统一实行宽进严定、动态淘汰的创建达标制度。第二，协同国土、环保、住建等部门对体育特色小镇的用地、规划、环保等指标进行明确规范，从顶层设计上为体育特色小镇建设在关键环节方面扫除障碍。第三，督促地方政府出台符合当地特色的配套政策，为各地体育特色小镇建设保驾护航。第四，督促省市各级体育局树立主体意识，积极与地方各级职能部门保持沟通，主动争取政策和资金支持，协调解决体育小镇在建设中的各种难题，帮助企业进行技术规范与纠偏，加强统计监测。

（二）突出分类指导

建议政府将体育特色小镇分为"扶贫攻坚"和"城镇开发"两大类，在审批小镇立项时，对申报条件、编制规划、建设内容和建设周期等作出分类要求。对于以扶贫为目的体育小镇，要求尊重客观实际、立足要素禀赋和比较优势，严禁挖山填湖、破坏山水田园。建设过程中，国家体育总局和各级体育部门应在资源导入、特色产业引入、体育人群带入和体育人才植入等方面大力帮扶。对于以特色产业为着力点的体育小镇，应鼓励其大力发展优势主导特色产业，防止内容重复、形态雷同的同质化竞争，强调炼特色、建体系、出品质、优服务、重管理，充分发挥体育产业的融合功能和产业特性。

（三）做好规范引导

体育体色小镇建设周期长、涉及面广、资金需求量大，政府应对标一流、引导优质企业参与小镇建设。房地产企业具有土地开发经验，拥有丰富的资金、技术和人才资源，仍旧是当前体育特色小镇建设与开发的首要选择。在当前房地产市场调控背景下，政府无须避讳房地产企业，可通过合理引导、规范建设，为房地产资本畅通流动与企业转型升级建立平台，同时从企业资质、资金规模、用地规划、项目建设内容等方面建立小镇建设标准，建立可规可控的合作模式。

（四）科学论证规划

体育特色小镇建设无矩可循，为避免小镇盲目发展和后续跟进不足等问题，政府应严把"审批"关,对小镇的规划进行深入论证,对不足之处指明整改意见和努力方向。

建议政府组建多元化的专家团队,一是论证当前体育特色小镇建设中呈现出来的一些问题,如小镇"除核心项目之外,还应开展30个以上的体育项目"的提法是否符合小镇定位与发展需求。二是论证小镇规划,既要考察是否遵循了一般性原则,又要考察规划中提出的核心产业是否立足区位条件与客观实际,能否带动形成赛事、教育、培训、康养的产生态业链,并辐射设计、制造、营销、物流等生产性产业链的落地发展。小镇规划是否体现"三生融合发展"理念,开发周期、跟进措施、投融资渠道能否较好地达成小镇建设目标。

(五)督促合理开发

体育特色小镇建设不崇洋媚外、不求全求大,首先应该培育立足自身特色的核心产业。小镇的核心产业链应该是"体育+"而不是"+体育",只是通过引进几个赛事,给传统的旅游度假区、综合体或者旅游小镇带上体育特色小镇的"帽子",不能称为体育特色小镇。体育特色小镇可以是旅游胜地,但其内容必然是以体育为核心的"体育+"模式。体育特色小镇是生活模式的创新,也是人需求层次的升级,需要建立包括教育、医疗、住宅、酒店、餐饮、零售等完善的综合配套设施。

因此,应引导和督促小镇进行合理开发,既要注重打造鲜明特色产业,又要增强生活服务功能,构建便捷"生活圈"、完善"服务圈"和繁荣"商业圈",同时注重保护原生态经济和文化,让体育特色小镇在不久的将来成为闪烁在中华大地上的一颗颗璀璨明珠。

项目编号(2017-B-08-3)

关于东京奥运会备战措施、政策和保障条件的研究

杨国庆 叶小瑜 彭国强 刘红建 王龙飞 资薇 戴剑松 沈朝阳 叶臻

东京奥运会作为党的十九大后我国体育事业改革,尤其是竞技体育转型发展成果的一次大检阅,对于我国竞技体育实力展现、综合国力彰显和国家形象多维塑造等具有重要意义。当前,在充分认识我国备战东京奥运会面临的形势和困境的基础上,从措施、政策和保障条件三维层面提出了一系列备战举措,以期为更好地推进东京奥运会备战工作提供参考。

一、东京奥运会备战面临的形势和困境

(一)奥运会金牌、奖牌数量持续下滑,优势项目成绩创历史低点

中国代表团奥运会金牌和奖牌数量在北京奥运会达到巅峰,之后的两届奥运会呈逐届下滑的态势,里约奥运会下滑尤为明显。从中国奥运会代表团在近5届奥运的综合表现来看,除了在北京2008年奥运会凭借东道主的天时地利勇夺51枚金牌,共100枚奖牌,首次跃居金牌榜榜首之外,其余4届奥运会中国的金牌总数稳定在26~38枚,奖牌总数在59~88枚。优势项目的稳定发挥是中国奥运代表团在金牌榜与奖牌榜排名靠前的重要原因。跳水、举重、乒乓球三个项目在近3届奥运会的发挥非常稳定,三项的金牌总和均超过了15块。与之相比,体操、射击、羽毛球三个传统项目的发挥波动较大。里约2016年奥运会中国奥运代表团最终以26枚金牌、18枚银牌、26枚铜牌,位居奖牌榜第三位。这个成绩相比伦敦2012年奥运会38金、27银、23铜的成绩下降明显。从金牌的分布来看,中国奥运军团6大优势项目成绩在里约创历史低点,射击、体操和羽毛球项目均创下近5届奥运会成绩的最低点。同时,蹦床、柔道、跆拳道等6大潜优势项目成绩在北京奥运会之后也呈现逐渐下滑趋势,除了传统优势项目和潜优势项目外,其他项目成绩也呈下滑趋势。

(二)奥运备战存在对项目发展方向认识不清、规则研判不足、优秀后备人才短缺、体育国际话语权不够等现实问题

在近几届奥运会备战和参赛过程中,我国体育代表团在比赛中暴露了一些现实问题。第一,对世界奥运项目发展方向认识不清、部分奥运项目规则研判不足、把握不精准。由于自身水平、比赛水平、国际影响力等因素制约,我国对一些奥运项目的比赛规则的研判存在着一些问题,这直接制约了奥运会比赛成绩的提升。第二,对竞争对手的情报掌握不准,特别是对我国构成实质性威胁的国外选手没能全面了解与分析。我们对竞争对手的情报掌握多是凭借运动员、教练员平时的比赛积累和分析,缺乏对竞争对手信息的专门系统采集与分析。第三,竞赛体系安排不够合理与科学,与奥运参赛计划协

同性不够。奥运会以四年为一个周期。有些国家会在奥运会临近之前，通过单项协会组织的奥运选拔赛来选拔优秀运动员。这样既有利于选拔的公开、透明，也有利于选拔状态优异的运动员参赛，而非仅凭名气。我国的竞赛体系相对安排得不够合理，有的项目比赛很多，运动员疲于应付，有的弱势项目比赛很少，运动员反而缺乏比赛经验，这种竞赛体系与奥运参赛计划缺乏协调性。第四，优秀奥运参赛后备人才不足。里约奥运会后，一直承担着中国体育代表团夺金任务的一批优秀运动员要么退出国家队，要么实力下降明显，如射击队曹逸飞、陈颖，击剑队雷声，羽毛球队林丹，体操队尤浩等，而优秀后备尖子人才严重不足，影响了这些队伍的整体实力和水平。第五，新增奥运项目运动员的竞争力较弱。东京奥运会新增棒垒球、攀岩、空手道、冲浪和滑板5个大项。新增项目均为欧美、日本较为流行的项目，从目前来看，中国在这些项目的竞争力较弱。虽然这几年我国在攀岩、滑板等项目的发展方面有所提高，但与日本及欧美强国相比还存在着一定的差距。第六，复合型训练参赛团队建设严重滞后，科技助力水平不高。我国奥运复合型训练参赛团队建设不完善，缺乏主教练、专项教练、体能教练、科研人员、医务人员、物理治疗师等为一体复合团队的建设。第七，体育国际话语权不够。目前我国在国际组织任职的人数明显偏少，加上各运动项目协会和中心人事调整频繁，加入国际组织难以发挥作用。在国际组织的话语权不足，就使得我们缺乏在运动项目设定、规则制定、赛事管理等方面的主动权，导致我们只能成为奥林匹克运动的参与者而非主导者。

（三）国外竞争对手实力上升势头明显，东道主日本持续发力

美国、英国、俄罗斯及东道主日本是中国奥运奖牌的主要竞争对手，美国一直保持超强的竞技体育实力，美国是世界体育强国，除了在北京2008年奥运会让金牌榜首旁落之外，在近几届奥运会上一直位于金牌榜与奖牌榜首位。英国近2届奥运会金牌都稳定在25枚以上。在里约奥运会上，英国凭借"后东道主"优势一跃金牌榜第二位，27金、23银、17铜，共67枚奖牌落袋，创造了英国海外征战奥运的最好成绩。《法制晚报》记者统计发现，在里约奥运周期，也就是2013年到2017年，英国为奥运会代表团的训练、比赛和激励投入2.74亿英镑，比东道主时期还多3.6个百分点。从结果来看，显然，英国"砸钱"战略奏效了。具体到比赛项目，英国对赛艇和自行车项目的投入最大，超过3000万英镑，其次是田径、帆船，投入2600万英镑，游泳和皮划艇的投入约为2000万英镑。这些投入也确实换来了奖牌，在英国奖牌分布上，这六个重金投入的项目共收获37枚奖牌，占英国全部奖牌的近半数之多。苏联解体后，俄罗斯的奥运奖牌被分流、政府对体育经费投入严重不足的情况下，依然在近3届奥运会的金牌榜稳居前四。在备战奥运会方面，俄罗斯也有其独到之处。首先，国家大力支持奥运会备战；其次，修复和新建国家多功能训练中心；再次，大力支持少体校的改革工作；最后，重视科研工作。在国家大力支持下，俄罗斯的竞技体育虽然较苏联有所下滑，但仍然位居世界体育强国前列。在东京奥运会上，摆脱兴奋剂风波的俄罗斯军团必将强势回归。东道主日本在近3届奥运会中奖牌数量不断增加，赶超中国的势头明显，日本全面崛起表现在：第一，日本在摔跤、柔道、体操、羽毛球、乒乓球、游泳等多个项目与我国直接形成竞争，在雅加达亚运会上，日本游泳获19枚金牌，共获52枚奖牌，荣登奖牌榜首位。日本女运动员池江璃花子首次参加亚运会便斩获6金，6次刷新赛会纪录，展现出惊人的竞技能力。第二，日本在马拉松、竞走项目上全面

赶超中国，2017年国际田联马拉松金标赛事，日本斩获近10年来最好成绩。第三，东京奥运会新增的棒垒球和空手道等10个小项对日本有利，2016年的空手道世界锦标赛日本就斩获了6枚金牌。目前，日本的奥运备战已经开始持续发力。里约2016年奥运会，日本所获的12枚金牌，11枚来自其看家项目——柔道、游泳、女子摔跤、男子体操，只有羽毛球项目仅获得1枚女双金牌。但是，在2017年和2018年世界羽毛球锦标赛上，日本羽毛球队的整体表现非常突出，女双、男单有绝对夺冠实力，其他单项实力也很强。值得关注的是，除乒乓球、羽毛球、体操、游泳和田径等项目外，作为东道主，日本把空手道、棒垒球、攀岩、冲浪和滑板5个大项及18个小项加入东京奥运会。其中，空手道是其绝对强项，棒垒球同样是他们的传统优势项目，这无疑会为日本增加新的夺金点。2018年4月初，在无锡乒乓球亚锦赛上，年仅17岁的日本乒乓球选手平野美宇连胜国乒三位绝对主力丁宁、朱雨玲和陈梦，勇夺女子单打冠军。日本在乒乓球混合双打项目上的实力也不容小觑。由于优势项目的相似性，在东京奥运会上，日本无疑是中国的一位劲敌。

（四）民众、社会、媒体对于东京奥运会的期待将会前所未有

东京奥运会对于中国民众来说可能会十分微妙，中日两国特殊的国际政治关系和人民的民族情愫，促使举国上下十分关注中国军团的表现。据日本《朝日新闻》报道，日本奥委会决定日本在东京奥运会中的目标是金牌总数进入世界前三，28个竞技项目全部获奖（8名以内）。日本奥委会通过分析过去6届奥运会得出，要想金牌总数名列世界前三，需要20~33枚金牌。里约2016年奥运会中国奥运代表团最终以26枚金牌、18枚银牌、26枚铜牌，位居奖牌榜第3。中国体育夺金的项目分布在9个大项中，夺牌的项目分布在16个大项中。日本的金牌分布在5个大项中，奖牌分布在10个大项中。虽然从奖牌分布范围看，中国队的争金能力远优于日本队，但双方在多个项目上争金优势重叠，势必出现此消彼长的情形，而且日本通过新增的5个项目增加了夺金机会。从历届奥运会来看，中日体育的缠斗将会最为激烈，在体操、游泳、柔道、摔跤、乒乓球、羽毛球等项目上，日本队都拥有冲击中国队的实力。在数十亿观众瞩目的东京奥运大战中，中国运动员如果不能取得应有的成绩，运动员和运动队在赛场上没有表现出自信、顽强的精神风貌，将会无法得到全国人民的理解和认可，因此，这届奥运比赛也被喻为"输不起的奥运比赛"。

二、东京奥运会备战措施的对策建议

（一）加强顶层设计，制定不同项目东京奥运备战的参赛策略

第一，从全局视角对奥运备战参赛任务进行统筹规划，覆盖对不同项目备战目标、策略的谋划，注重抓重点项目的顶层设计。组织专门力量对参赛项目进行分类，有所侧重、有所区别地制定不同项目的具体参赛策略。第二，以《201—2020年奥运争光计划纲要》和《竞技体育"十三五"规划》中提出的东京奥运会参赛任务为指导，根据东京奥运会项目设置，确定不同项目的具体备战计划。各项目国家队要统筹制定备战计划，设计不同年度、不同项目和不同领域的分计划，并将备战计划层层分解至各个教练组，教练员和运动员。

（二）构建东京奥运备战的复合型目标体系，实施备战目标的分解与科学评估

第一，构建东京奥运会备战复合型目标体系。对我国备战东京奥运目标进行总体设计，应涵盖代表团规模指标、金牌总数、奖牌总数、重要项目影响力指标、集体球类项目参赛指标及体育道德评价指标等。根据东京奥运会项目发展和主要竞争对手的动态变化，确定优势项目、潜优势项目及集体球类项目的参赛目标。第二，构建科学合理的目标评估体系，强化备战目标的分解与评估。将训练、比赛、管理、信息、科技、保障等工作的各要素进行有机整合，进一步分解目标；以量化标准进行考评，从完成时限、达成幅度和预期结果三个方面形成动态的备战目标评估体系。

（三）建立扁平型奥运备战组织管理体系，落实东京奥运备战的责任主体

第一，成立东京奥运会备战工作组织和管理机构，各项目中心和单项协会要成立国家队队委会和复合训练绿管理团队，搭建备战领导小组、项目中心、协会和运动队多层责任体系，组建复合型训练与备战管理团队，建立备战领导小组、项目管理团队的扁平型奥运备战组织管理体系。第二，落实主体责任，强化责任意识，严肃责任追究。围绕参赛目标制定东京奥运会备战的详细工作计划与具体实施方案，明确管理人员、教练员、医务人员、科技人员等具体奥运备战相关人员的责任，并与主体责任人签订责任书，逐步形成"奥运备战有落实，任务落实有主体"的奥运备战组织管理体系。

（四）创新国家队管理的体制机制，积极推进国家队办队模式的地方化、院校化和社会化

第一，积极推动国家与地方共建国家队。可以选择项目成绩较好、项目后备人才充裕的省、市，以协议方式与其共建国家队，实现精英体育资源的共建与共享。第二，创造条件与高等院校、体育院校共建国家队。随着竞技体育改革的深入，运动项目院校化、协会化将成为一种趋势。当前要积极尝试与一些高等院校、协会建立合作伙伴关系。第三，促进体育单项协会与社会组织建设新型国家队。对于市场化程度较高、竞技成绩优异、项目特色鲜明的体育单项协会，应促进这些单项协会积极建设新型国家队。鼓励具有一定条件的社会组织共建新型国家队。

（五）优化东京奥运备战的优秀人才选拔机制，建立层次衔接的人才输送和培养机制

第一，实施奥运备战"直通计划"，激活优秀竞技体育人才多元选拔机制，要跨界跨项，要跨出体育界，跨到教育界，推行"跨项选材""青春期后选材"和"晚定项的动态选材"，打造不同项目联动递进的后备人才梯队。第二，建立严格的国家队奥运选拔制度，以公开、公平、公正为原则，遴选成绩好、状态好的运动员进入国家队。严格监督检查，制定选拔办法，确保参赛选拔工作阳光透明。第三，建立国家队、省市队、地方队层次明确的人才输送和培养机制；建立项目选拔与跨界选拔相结合的选拔机制，形成精英运动员培养与选拔的长效机制。

（六）大力推进"科技助力奥运"工作，打造"训练—科研—保障"一体化的东京奥运备战训练体系

第一，针对重点项目，实施"引智工程"，打造"训练—科研—保障"多元融合

的奥运备战训练体系，推进训练、科研、保障融合，将科技与教练员训练结合。第二，强化东京奥运备战科技攻关，鼓励高校和科研机构人员围绕运动项目技战术、训练方法手段、器材开发、伤病预防、疲劳恢复等课题进行研究，提高科技成果转化效率。第三，引进现代科技手段，组建复合型团队。充分利用人工智能、大数据资源分析与处理等优势，在国内、外遴选综合实力较强的奥运会复合型团队，签订服务协议，建立合作伙伴关系。

（七）围绕奥运参赛目标，创新服务东京奥运战略的竞赛体系

第一，坚定服务东京奥运会参赛的目标不动摇，一切比赛的安排与参加都要从有利于奥运会参赛为出发点。根据奥运项目的规律特征及项目的市场化、社会化程度，协调年度竞赛计划，形成科学、合理的奥运备战竞赛体系。第二，各项目运动队应根据自己的实际情况，有目的地参加国际、国内比赛，或交流技术、或开阔眼界、或积累经验等，合理统筹安排比赛次数与时间，制定与奥运备战选拔相适应的竞赛计划。第三，借鉴欧美经验，合理安排东京奥运会选拔赛，以满足奥运需求为目的，通过多元竞赛体系挖掘不同项目运动员的最大竞技能力，让竞技状态更好的运动队或运动员脱颖而出。

（八）打造多领域、多层次的东京奥运备战信息化服务平台

第一，完善科技信息情报整合机制，设立情报信息观察站，建立东京奥运会国外"重点"选手跟踪信息数据库，为运动队提供有针对性的保障方法和监控指标。第二，强化对东京奥运会比赛项目与规则的研究，特别是有变动、变动大的项目规则要重点进行分析研究，加强对奥运比赛规则的研究。第三，加强对东道主队伍与运动员的研究，强化对日本与中国有重叠性项目与运动员的研究，提出有效备战策略。第四，大力推动有运动经历、懂外语、会交往的人才进入国际体育协会，提高我国竞技体育国际话语权。

三、东京奥运会备战的政策体系

政策是以政府相关法规文件出台为载体的行动准则，也是政治发挥影响力的手段。当前，在全面深化体育体制改革、推动竞技体育发展方式转型的特殊时期，要在东京奥运会上实现新突破，就必须要有科学的政策引导，参照世界竞技体育强国备战奥运的政策特征，构建东京奥运会备战政策体系应包括政策目标、政策主客体、政策内容、政策工具、政策过程五个方面（图1），具体有以下政策建议。

（一）国家队多元组建扶持政策

完善国家队组建和奖励政策，创新国家队多元化办队模式，建立专门的考核激励扶持政策，鼓励地方协会、高等院校等与国家共同组建"国家地方队"。提供科学系统的东京奥运绩效奖励方案，建立动态、科学的运动员奖励指标体系，设定专项奥运训练奖金，对有特别贡献的运动员给予国家贡献奖表彰，赛前一年或者半年对运动员公布东京奥运会的奖金方案。

（二）优秀人才选拔培养政策

创新东京奥运会优秀人才选拔机制，推行"跨项选材""青春期后选材"和"晚定

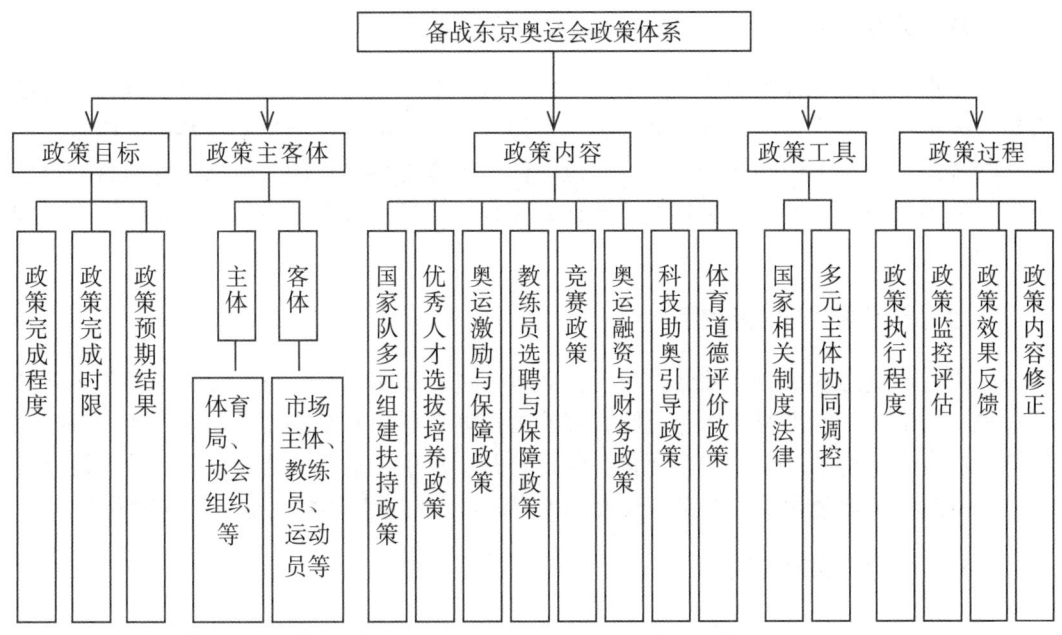

图1 "五位一体"的备战东京奥运会政策体系

项的动态选材"计划,打破传统的"早期选材"和"终身一项"的三级人才输送体系,积极推行对具有较好训练基础运动员的"二次选材",将教育政策和竞技体育政策结合起来培养优秀竞技体人育后备人才。

(三)奥运激励与保障政策

健全训练激励制度和各类保障政策,完善运动员收入分配和激励保障制度,完善《国家队训练质量管理评估办法》,保护运动员权益,制定国家统一的《退役运动员安置条例》,以制度法规的形式为运动员未来生活和退役转型做好科学规划,可以将现役高水平运动员与企业高管等进行配对,解决运动员训练之外的担心和顾虑,激励其备战积极性。

(四)教练员选聘与保障政策

健全各项目东京奥运会备战的教练员选聘制度,严格遵循竞聘上岗,提升教练员水平。同时,支持社会力量培养教练员,制定不同项目的国家教练员行业标准,建立教练员培训、认证考核制度,定期对教练员培训和资格评估。规范国外教练员的引入政策和考评制度,提升教练员奖励标准,将待遇与责任相结合对教练员绩效考评,保证提升引进教练员水平的同时调动其工作积极性。

(五)科技助奥引导政策

建立科技助力奥运的引导政策,通过政策引导社会投入奥运科技攻关的积极性。改进科技介入奥运的奖励制度,完善科技信息情报整合机制,从政策层面协调科研攻关、服务、运动训练和应用反馈的关系,通过科技攻关服务的引导政策和科技成果奖励政策,激励奥运备战科技服务,构建"训练—科研—保障"一体化的保障体系,提高科技服务效益。

（六）竞赛政策

建立重点项目竞赛激励政策，推进优势项目群的赛事开发，引入弱势项目赛事补偿政策，改革竞赛制度，建立行政部门和体育协会相协同的分层分类的竞赛制度体系，构建体育部门、教育部门和社会市场"三位一体"的竞赛协作机制，根据体育项目的市场化程度和项目特征，统筹协调年度竞赛计划规程，促进高水平竞技体育竞赛的社会化和职业化。

（七）奥运融资与财务政策

深化税收优惠政策引导社会力量投资奥运，进一步拓宽与东京奥运备战相关企业的营业税、增值税、所得税等优惠范围，完善国家体育彩票基金的使用制度，实现备战东京奥运会资金结构的社会化和多元化。制定公开、负责、透明的资金分配政策，设立东京奥运备战专项基金和相应的扶持或贷款政策，实现对竞技体育行业直接的财政调控。

（八）体育道德评价政策

从制度层面提升奥运参赛道德水平，加强赛风赛纪建设，引导运动员形成健康的参赛价值观；积极促进《反兴奋剂条例》入刑，深化兴奋剂查禁制度，签订反兴奋剂责任制；完善运动员罢赛惩处制度，对消极比赛的队员和教练员进行严格处罚，增加道德失范行为的政策成本，加强对奥运参赛道德素养的动态评价。

四、东京奥运会备战的保障条件

（一）体育精神的弘扬和内生动力的激发

坚持继承中华体育精神，学习弘扬中国女排精神，加强励志教育，在训练和实战中培养精神意志，组织开展多种形式的激励教育活动、职业道德培养和文明礼仪培育，把强化精神、意志、心理和作风的锤炼融入日常生活和工作当中。借助各种媒介，用实际案例激发运动员的爱国主义精神、集体主义精神及顽强拼搏、争创一流的体育精神。

（二）深化体制机制改革的决心与行动

抓住党和国家深化体制改革的历史机遇，以奥运会备战为契机，以备战促改革，以改革强备战，处理好政府、市场、社会三者之间的关系。以世界眼光、国际先进为标准，进一步促进各项目运动管理中心的管办分离，加强与高校、协会、企业等方面的合作。要从制度上对各方的实体化性质予以承认，并赋予它们相应的权利和责任。

（三）奥运备战资金的有效利用与监管

加强国家财政在奥运会备战资金方面的保障，以"投入—产出"为衡量标准对各机构与运动队实行绩效考核，对资金投入较多但成绩不甚理想的削减下一阶段的备战资金，提高奥运备战资金的有效性。建立奥运备战资金公开发布制度，在一定的范围内，定期向社会公布备战的基本信息及备战资金的使用状况等，提高备战工作的透明度，并自觉接受社会各界的监督。

（四）调动更多社会力量支持奥运备战

更好地借助社会力量，吸收更多的社会资本进入竞技体育领域，可以发挥不同项目的特点，寻求更多的赞助商，建立社会力量介入奥运会备战评估机制，选取一些设施完善、资金雄厚的俱乐部承担部分项目的备战任务，吸引社会资本介入奥运会的备战工作，实现政府办与社会办的有机结合，发挥社会存量竞技体育资源的作用，从而降低政府运作成本。

（五）建设满足备战需要的"训练—科研—保障"一体化的智能场馆

提高我国奥运场馆设施的科技元素，打造跨区域的现代化多功能训练场馆，通过器材的创新、设备的改造升级等逐步提高训练场馆设施的科技含量，推进训练、科研、医疗、康复保障等多个元素融入训练场馆。升级与改造满足备战奥运需要的"训练—科研—保障"一体化的多功能智能场馆；打造具有技术诊断、医务监督、信息情报收集、身体恢复等多功能融合的智能训练中心。

（六）建立高效缜密的赛时指挥与保障体系

全面做好中国代表团组团、参赛，指挥和后勤保障工作，成立赛前训练营和代表团赛时保障团，为运动员提供赛前适应性训练和赛时服务与保障。奥运会比赛之前，各参赛运动队制定倒计时工作计划和程序化参赛指挥方案，制定应对各种突发情况的处置预案。代表团应制定在奥运会比赛期间的宣传、安全、科研、医疗、经费和外事等方面的工作和保障方案。

（七）建立国家队效益第三方评估机制

评估是绩效管理的关键环节，第三方评估是政府绩效管理的重要形式。国家队效益第三方评估机制的建立可以弥补传统自我评估的缺陷，可以通过专家评估模式、专业公司评估模式等形式完善国家队效益的第三方评估机制。

（八）重构中国竞技体育价值观

借助各类媒介，积极引导媒体舆论和社会大众树立正确的竞技体育观，帮助社会大众清晰认识当前我国的体育实际情况和客观的国际竞争形势，帮助他们树立正确的奥运会心理目标定位，减轻运动员、运动队备战和比赛的压力，积极营造轻松和谐的备战氛围。

项目编号（2017–B–09）

推进体育与娱乐融合发展的研究

黄海燕 廉涛 王凯 张婧

体育与娱乐融合是指通过娱乐元素在服务内容、体育用品、活动空间等要素上的融入，吸引更多的百姓参与到体育中来，增强体育吸引力，提升体育获得感，促进体育事业和体育产业快速发展。近年来，我国已经逐渐进入大休闲时代，居民的休闲娱乐需求不断增长，体育的娱乐属性和功能被不断地确证和挖掘。《国务院关于加快发展体育产业促进体育消费的若干意见》（国发〔2014〕46号）、《国务院办公厅关于加快发展健身休闲产业的指导意见》（国办发〔2016〕77号）等政策文件均提出，要加快推进体育与娱乐等关联产业融合发展。在此背景下研究我国体育与娱乐融合发展问题具有较强的现实意义。

一、推进体育与娱乐融合发展的价值逻辑

（一）实现体育全人群共享的有效途径

后工业化时代，由于人类体力劳动的减轻和社会紧张因素的增强，人们的生命质量堪忧，迫切需要寻求一种既能使机体得以适当运动，又能使精神获得松弛的社会活动，于是休闲娱乐活动便成了人们生活的重要组成部分。在我国，随着全民健身上升为国家战略，坚持发展以人民为中心的体育、让人民群众共享体育发展成果已经成为社会各界的共识。大力发展体育娱乐是实现体育全人群共享的有效路径。加快推进体育与娱乐融合发展，不断增强体育的趣味性与娱乐性，既能够极大地吸引广大老百姓参与体育运动，提高全民的体育参与度，又能够满足群众多元化、多样性的体育需求，持续增强老百姓参与体育运动的获得感和幸福感。

（二）培育经济新动能的内在要求

当前我国经济正处在新旧产业与发展动能转换的关键期，作为"五大幸福产业"之一的体育产业在不断拓展国民经济增长新空间中所展现的强劲势头，让全社会充满了期待。伴随着体验经济的纵深发展，人们的体育消费观念也在不断转变，从注重实物消费转向注重服务消费，从单纯的观赏型体育消费转向观赏型与参与型相结合的体育消费。推进体育与娱乐融合发展顺应了体验经济背景下体育消费的新趋势，激发了一批以个性化、场景化为主要特征的体育新需求，培育了一批体验性强、科技化程度高的体育新消费，产生了一批以体育文创、体育影视、体育表演、电子竞技等为代表的体育新业态，有助于我国经济新动能的培育和发展。

（三）新时代体育工作的必然趋势

纵观国内外体育发展，现代体育已经呈现出大众化、职业化、市场化、智能化、社会化发展的新趋势。在这些趋势的助推下，体育与娱乐的互动越来越明显，体育发展也

受到了娱乐价值导向的牵引。以傅园慧、刘璇、刘翔、姚明、李娜等为代表的知名运动员多次出现在各种娱乐场合，田亮、张继科等体育明星已涉足娱乐圈，运动员个性化、明星化发展已成为一种趋势。此外，职业体育的发展与娱乐元素的结合密不可分，美国"超级碗"赛事就是职业体育与娱乐结合的典范。如今，观赏各类高水平的职业比赛已成为当代人休闲娱乐生活中不可或缺的元素，由此产生的"眼球经济""注意力经济"也是体验经济的重要组成部分。为此，推进体育与娱乐融合发展，是顺应现代体育发展新趋势的明智之举，也是新时代体育工作的新特点和新要求。

二、推进体育与娱乐融合发展的背景与形势

（一）经济繁荣打下了坚实基础

体育与娱乐融合的哲学意义在于它体现了体育对其精神本质的回归，反映了人类对自由的追求，进而关注人类的世俗关怀和终极关怀。它是人们精神消费的重要内容，是大众体育消费高级化的具体体现。因此，体育与娱乐融合的形成与发展得益于人类物质生活的极大丰富和闲暇时间的增多，深深地植根于不断发展的经济社会基础。改革开放40年来，中国经济社会日趋繁荣，以较快的速度较大程度地提高了人们的物质生活水平，并给人们创造了更多的余暇时间。这一变化使得广大老百姓为满足物质性需求而必须从事生产劳动的权重逐步下降，而为满足身心与精神需求从事包括体育在内的各种娱乐文化活动的权重逐步增加。与此同时，根据国际经验，人均GDP达到5000美元，体育产业将呈现井喷态势。2017年中国人均GDP已接近9000美元。由此可以判断，我国体育产业将在未来很长时间内保持较快速度增长，体育与娱乐的融合互动也将成为一种必然趋势。

（二）社会转型创造了良好环境

20世纪90年代以来，中国的经济、社会、文化等领域快速变革，在大众精神取向和价值观念方面引起了极大的变动，呈现出由统一向分化、由教化模式向消费模式、由社会活动向私人娱乐、由自由向自觉的转换。体育与娱乐的融合发展走向，正是中国大众价值取向发生变化的生动体现。它关注大众对体育娱乐功能的合理需求，体现的是对人的价值、人的主体性的充分肯定，也是对过去那种将体育政治化、漠视公众权力的冲击和否定。在逐渐开放宽松的社会环境下，国家对体育赛事、体育场馆、运动员无形资产等体育诸生产要素的管制逐步放开，体育诸要素的流动性和生产活力逐步得到释放，社会资本投资体育产业的热情持续上涨，为体育与娱乐等关联产业的跨界融合创造了优越的环境。所有这些社会环境变化而引起的体育和娱乐的变化，使体育逐渐回归本质，使体育与娱乐的融合发展成为必然。

（三）政策红利提供了强大支持

2014年以来，《国务院关于加快发展体育产业促进体育消费的若干意见》《国务院关于推进文化创意和设计服务与相关产业融合发展的若干意见》《国务院关于促进旅游业改革发展的若干意见》《国务院办公厅关于加快发展健身休闲产业的指导意见》《国务院办公厅关于进一步扩大旅游文化体育健康养老教育培训等领域消费的意见》等一系列国家层面的政策文件相继出台，旨在进一步改革与完善体育体制机制、激活生产要素

活力、破除行业壁垒、拓展产业发展空间，为推进体育与娱乐等关联产业之间的跨界融合和创新发展创造了良好的政策环境。随着这些政策红利的逐步释放，未来我国体育产业发展的一个重要"新常态"就是在更大范围、更深程度上与相关产业的融合，体育与娱乐的融合互动就是重要内容之一。由此可见，国家层面政策性文件如此频繁且旗帜鲜明地引导体育产业的跨界融合，为我国体育与娱乐融合的加速发展带来了千载难逢的历史机遇。

（四）科技发展增添了持续动力

世界新科技革命与全球产业变革的互动发展，极大地影响和改变着世界经济的发展进程，影响和改变着人们的工作、生活方式，也不断变革着体育、娱乐等与人们生活紧密相关的一系列活动的组织形式。例如，以体感技术、虚拟现实、增强现实、全景摄影、智能硬件、人工智能等为代表的创新技术，造就了迷你高尔夫、魔毯滑雪机、高山速降模拟机、卡丁车、室内攀岩馆等新的运动模式，将高尔夫、滑雪、赛车、攀岩等极具风险与挑战的户外运动实现了场景化、室内化和生活化。以"互联网+"、云计算、大数据为代表的技术创新，实现了人、场馆、教练员等的智能匹配，推动了运动社交娱乐、互动体育消费的技术进步、效率提升和组织变革。这些科技的进步和技术的创新将之前被广泛抑制的体育娱乐需求转化为了有效需求，并使人们参与体育运动的获得感和幸福感得到了极大提升。

三、体育与娱乐融合的领域与内容

（一）体育要素的娱乐变革

1. 运动员

运动员是体育的核心主体，也是体育与娱乐融合发展过程中最受关注的领域。现如今，运动员的称谓已经逐渐被体育明星这个概念所取代，体育明星的内涵也从最早的竞技体育英雄演变到与娱乐明星具有相同商业价值的市场元素。例如，NBA 球星科比、奥尼尔，网球明星费德勒、纳达尔，足球明星 C 罗、梅西等，他们不仅仅是一名运动员，还是美国职业篮球联盟、职业网球联合会及各顶级职业足球俱乐部等精心打造的娱乐明星。目前，运动员娱乐化的表现形式主要有拍摄商业广告、参与真人秀或综艺节目、拍电影或电视剧、出自传、发行唱片、与娱乐明星恋爱或结婚、退役转行做艺人等。英超球星贝克汉姆与娱乐明星维多利亚的结婚，是体育圈与娱乐圈跨界结合的经典教材，李连杰、吴京、陶虹、刘璇、田亮等是运动员投身娱乐行业的成功案例。此外，国乒的球员和教练员们也像娱乐明星一样，参加了《快乐大本营》《天天向上》《我们来了》《看你往哪儿跑》等综艺节目，"国乒三剑客"马龙、张继科、许昕还拍摄了 *ELLE*、*GQ*、*Figaro* 等时尚杂志封面。在市场经济条件下，体育明星的竞技成绩、外在形象、言谈举止，甚至训练、生活等成长背景的各个细节均是值得深挖的具有经济价值的元素。

2. 体育赛事

随着体育赛事审批权的取消，我国商业性赛事和群众性赛事快速发展，体育赛事呈现市场化和大众化的发展趋势，娱乐元素不断融入体育赛事策划与运营中，使得体育赛事逐渐成为一种以体育竞赛为主题的、具有泛娱乐化属性的活动。美国职业橄榄球大联盟年度冠军赛的策划和运营堪称世界顶级体育赛事娱乐化的典范。它将娱乐巨星、盛大活动、科技表演等融入赛事全过程，不仅成功吸引了巨额而又同样充满创意、噱头十足和博人眼球的商业广告，更具吸引力的是，它为美国人民提供了比赛之外更具价值的东西，即美国当代价值观的精神慰藉、时代文化情结的共鸣及生活谈资的统一。美国职业篮球联盟全明星赛、中国网球公开赛等一批顶级赛事同样在积极借鉴"泛娱乐化模式"，努力提高赛事的观赏性和参与性。球迷的互动狂欢、Cosplay（角色扮演）、赛场求婚、现场涌现的各种标语等娱乐元素在职业赛场内层出不穷，迷你马拉松、亲子跑、四季跑、彩色跑等带较强娱乐性质的参与性赛事风靡全球，徒步、龙舟赛、广场舞、轮滑等许多充满趣味性的群众赛事也与日俱增。一些体育公司专门推出符合大众群体的体育配套服务，意在强化体育赛事的娱乐休闲功能，为大众提供娱乐化的体育场景。比如，国乒与腾讯联手打造的"地表最强12人赛"，在球员出场、球员介绍、赛事转播等诸多环节中均植入了高科技元素，打造了一个泛娱乐化、黑科技与专业竞技相融合的时尚酷炫的体育赛事。马拉松传感式拍摄轨迹、画面的切换、登山等活动个人轨迹的极限追踪甚至可穿戴、GoPro（运动专用相机）等技术设备，有效提升了赛事的游戏化和代入感，让参与者真切地感受到运动的炫酷与时尚之美。

3. 体育场馆

体育场馆的娱乐化主要表现在外观和功能两个方面。在外观方面，体育场馆的设计和建设需要与城市文化、形象定位及周边环境和谐统一。在功能方面，随着科技的发展和社会需求的变化，体育场馆设计已经从简单的混凝土碗形建筑物发展到融合运动与娱乐于一体的多功能综合性建筑。现如今，体育场馆与文化艺术共生、集聚，搭载娱乐功能，作为城市中良好的公共设施面向公众开放已经成为世界的共同选择。

4. 体育器材装备

体育器材装备是开展体育运动必不可少的元素，也在某种程度上引领着体育的发展方向。随着体育的"去中心化"特征越来越凸显，体育器材装备的研发呈现出小型化、智能化、科技化、娱乐化的方向，体育器材装备在形式和功能上的趣味性、智能性和可参与性显著提升。在形式上，器材装备制造商倾向于采用艺术性手法、运用新材料将体育器材装备打造得更加安全、智能、可爱和易于操作。这在儿童趣味性体育器材装备方面体现得最为明显，比如，充气跨栏、充气平衡木、充气钻网通道、充气鱼跃龙门，以及动物或者卡通人物形状的跷跷板、旋转咖啡杯等。在功能上，体育器材装备制造商倾向于采用新技术或变革体育器材的形状、大小等参数提高体育活动的可参与性，比如，笼式足球场、可移动的篮球架、羽毛球网架等；或采用新技术，依据人体工程学的原则，强化体育器材的智能化，比如，经松乐趣派代表"Parrot AR.Drone 遥控飞行器"，它使用 WiFi（行动热点）技术与 iOS（移动操作系统）设备连接，使用重力感应操作飞行，同时还能够拍摄录像，让你体验到实境游戏的乐趣；科技智能派代表"Ciclotte 概念自行车健身器"只有一个轮子，这个轮子采用了磁性设计为驾驶者模拟完美的踏脚阻力，把手上的触摸屏显示则可以放置一台 iPad（平板电脑），运动娱乐两不误，大大增强了消费者的运动体验。

（二）体育娱乐产业的兴起

1. 体育影视

体育影视是指以体育元素为题材制作的电影与电视娱乐节目。由于其所具有的娱乐性和广泛影响力，影视作品成为宣传体育和普及体育的重要手段。此外，体育影视早已超出体育文化宣传的功能，形成了一个涵盖影视投资、生产、发行及其周边产品开发等多环节、多领域的产业经济形态。研究表明，目前全球体育影视作品已近万部，如《摔跤吧，爸爸》《点球成金》《百万宝贝》《选秀日》《重振球风》《卡特教练》等。除了众多的体育影视作品，国际性的体育影视组织业已形成。比如，国际体育电影电视联合会就是国际奥委会承认的一个致力于在电视、电影、传播与体育文化领域里推动体育价值的世界性组织，有113个国家和地区的会员，在世界上具有很大影响；有"体育奥斯卡"之称的米兰国际电影电视节也是国际奥委会唯一承认的组织，它是向世界展示体育影视魅力和体育影视人风采的最重要的舞台，在国际体育影视领域的地位非常突出，影响力也越来越大。与国外成熟的体育影视产业相比，我国体育影视产业才刚刚起步。尽管早期《许海峰的枪》《女篮五号》《冰上姐妹》《女足九号》《沙鸥》等优秀体育题材影视影响了一代人，但遗憾的是，近几年我国优秀的体育影视作品屈指可数。随着体育强国建设的不断推进，体育影视作为体育产业和体育文化的重要组成部分，越来越受到国家重视。好的体育影视作品不仅能够更好地传播体育精神、传播中国体育文化，还有助于形成完善的现代体育产业体系。本研究认为，随着体育大众化、市场化的不断推进，已经形成完善产业链条的影视产业必将更加关注体育题材，体育影视也将迎来发展的春天。

2. 体育表演

体育表演是以力量、技巧、功夫等为主要形式，以观赏性的体育活动为主要内容，以传播体育文化为主要目的的艺术演艺活动。从国际经验看，由于体育比赛、大型庆典活动、商业宣传、对外联络等领域对体育表演的需求，涌现出了较多体育表演的典范。荣称"世界上最受欢迎的篮球队"——哈林男子篮球队，建队50余年来用令人兴奋的篮球"秀"征服了115个国家和地区的一亿多观众，并为营利机构和学校带来了数百万美元的资金。创立于1990年的世界顶级跆拳道表演团K-TIGERS虎队以新颖的编排、优美的舞蹈与刚劲的拳风为特色，在世界各地巡回表演，展现跆拳道精神，传播跆拳道文化，受到世界各地人们的赞美。就国内而言，随着人们对体育休闲娱乐的需求日趋旺盛，兼具体育和娱乐功能的体育表演产业也得到了快速发展，尤其是武术表演产业。例如，以舞台剧《寺院内外》《风中少林》《少林少林》，以及少林寺武僧代表团少林真功夫的全球巡演为代表的一系列现代大型武术创意表演风靡海内外，短短几年时间迅速形成了一个直接经济收益达数亿元人民币的武术创意表演产业，并有力地带动了武术文化旅游等相关产业的发展。著名的大型山地实景武术创意演出剧目《禅宗少林·音乐大典》仅3年的票房收入就将前期的1.15亿元投资收回，并走出了一条通过体育表演带动旅游、拉动就业的良性发展模式。

3. 体育文创

体育文创，即体育文化创意产业，是以专利、版权、商标和设计四大类知识产权为核心，体育、文化、科技交融的产物。该产业处于技术创新和研发等产业价值链的高端环节，极大地改变了体育产品原有的形态及其在市场中的地位，是一种具有自主知识产权的高附加值、高收益性产业。就内容而言，根据其科技含量和数字化程度的不同，可以分为手工制售（如体育艺术品、体育特许商品等）、创意服务（如外观设计、体育商务策划、场馆建筑等）和内容生产（如体育广告、体育动漫、体育出版、体育信息、赛事转播等）三个类别，其中手工制售的科技含量和数字化程度相对较低，内容生产的科技含量和数字化程度比较高，创意服务介于两者之间。随着科技革命和产业变革的不断推进、全民体育的不断发展及体育资源的市场化配置程度逐步提升，体育文创产业将逐渐成为体育产业转型升级和高质量发展的重要助推器。

4. 电子竞技

电子竞技运动是指以信息技术为核心，以软硬件设备为媒介，在信息技术营造的虚拟环境中、在体育竞赛规则下进行的对抗性益智电子游戏运动，是国家体育总局2003年正式批准确立的第99个体育项目。尽管目前关于"电竞是不是体育"的争论不断，但我国电子竞技已经从昔日家长们眼中的"洪水猛兽"逐渐成为新兴的"世界语言"和文化，由一种社会现象延伸成为一个产业经济问题。放眼世界，电子竞技运动已经形成了一个围绕电竞赛事、电竞明星、明星主播等打造的，以内容和流量为主要变现途径，涵盖内容授权（游戏研发、运营商）、内容生产（赞助商、赛事执行方、电竞俱乐部、职业选手、赛事解说与主播）、内容制作（节目制作方）、内容传播（在线直播平台、电视游戏频道、电竞媒体）、内容消费（用户）、流量消费（电商）和内容监管（公安、广电、文化、体育等部门）等主要生产、消费环节的完整产业链条。随着电子竞技运动的逐渐普及、电子竞技赛事平台的不断完善和商业模式的日渐成熟，我国电子竞技产业的市场规模持续增长，根据中国游戏产业报告显示，2016年我国电子竞技市场实际销售收入达504.6亿元，达到游戏市场实际销售收入的30.5%。然而，电子竞技作为一种产业经济活动快速发展的同时，其"过度娱乐化"的原始属性与体育固有的"运动、健康、快乐"的价值取向之间的矛盾愈发引人关注与担忧。本研究认为，在互联网时代，随着青少年电竞玩家数量和电竞市场规模的急剧增长，电子竞技产业的快速发展态势已经不可改变，但其发展理念要发生根本扭转，即要牢固树立以人为本、以体为本的发展理念，将"传播体育文化、培育青少年运动兴趣、吸引青少年参与体育锻炼"作为电子竞技产业发展的根本出发点和落脚点，在内容上要增强体育的元素，要坚持以体为核心，让青少年在线上参与电竞运动的同时，进一步培育线下参与体育运动的兴趣。

四、推进体育与娱乐融合发展的方向

结合当前体育与娱乐融合的领域与内容，本研究认为，在新时代我国社会主要矛盾已经转变为"人民日益增长的美好生活需要和不平衡不充分的发展之间的矛盾"背景下，体育与娱乐融合发展方向可以归纳为三点：一是推进体育诸生产要素与娱乐业各领域更广范围、更深程度、更高层次的融合创新，通过各自产业价值链的渗透、延伸和重组，实现新产业和新增长点的形成，助推经济增长。二是以运动项目、体育场馆、体育器材为主体，通过游戏规则的变化、场馆功能的多元化和器材设施的趣味化，变革传统体育价值功能单一、形式僵化、参与门槛高的组织形式，提高体育的吸引力和参与性，推动全民健身事业繁荣发展，促进大众体育消费。三是可能会面临体育过度娱乐化的风险，因此要把握好体育与娱乐融合发展的度，尽量避免体育的过度娱乐化。

五、推进体育与娱乐融合发展的路径

（一）增强体育要素的娱乐功能

将娱乐元素融合体育核心要素，增强运动员、体育赛事、体育器材装备等体育要素的娱乐性是吸引广大老百姓广泛参与体育运动、推动体育可持续发展的重要举措。一是要进一步推进"放管服"改革，鼓励具备较好市场基础的运动项目试点运动员、教练员商业权和所有权分离，努力培育和打造一批具有国际影响力的职业体育明星。二是以满足消费者玩、吃、秀、购等多元需求为目标导向，将各类契合度较高的娱乐元素融入职业赛事的大平台，而针对群众性体育赛事则加强创意设计，增加更多互动性较强的娱乐元素或环节。三是要结合不同项目的运动特点和不同人群的体育需求，设计和建设具有趣味性、可参与性的多功能体育器材装备，尤其是对政府采购的全民健身器材，要进一步修订标准，将智能化、数字化、娱乐化的元素融入其中，也可以通过探索运动项目规则的变化使其更具观赏性和娱乐性，吸引大众广泛参与。

（二）扶持体育娱乐重点业态发展

大力推进体育与娱乐产业的深度融合、扶持体育影视、体育表演、体育文创和电子竞技等新业态发展，是扩大体育产业规模、优化体育产业结构、实现体育产业高质量发展的有力之举。一是建立与完善推动体育与娱乐产业融合发展的联席会议制度，推进多部门合作的体育产业工作协调机制。二是大力推进商事制度改革，实施严格的知识产权保护，广泛吸引社会力量参与。三是建设体育创新创业教育服务平台，帮助企业、高校、金融机构有效对接，鼓励设立各类体育产业孵化平台，培育高品质的、有影响力的体育产业众创空间。四是支持企业运用大数据技术分析消费者行为，开展精准服务和定制服务，灵活运用网络平台、移动终端、社交媒体与顾客互动，建立及时、高效的消费需求反馈机制，做精、做深体育娱乐的体验消费。五是强化政策支撑，优化营商环境，有效引导资金、土地、人才等资源集聚，减轻企业负担，进一步激发体育娱乐类企业的创新活力。

（三）打造体育娱乐发展平台

体育娱乐的发展具有典型的平台经济的特点，离不开各类发展平台的搭建和支撑。一是加快推动体育赛事版权和转播权市场化运营，推进体育赛事制播分离，积极打造国家体育传播平台，引导有条件的地方电视台创办体育频道，增加体育节目，延长播放时间，允许央视以外的地方卫视播放奥运会、亚运会、全运会等综合性体育赛事及足球世界杯，体育赛事播放收益由赛事主办方或组委会与转播机构分享。二是鼓励发展多媒体广播电视、网络广播电视、手机 App（安装在智能手机上的软件）等体育待媒新业态，培育一批发展潜力巨大的体育新媒体平台。三是搭建体育产权交易平台，推进赛事举办权、赛事转播权、赛事版权、运动员转会权等具备交易条件的资源公平、公正、公开流转。四是以大型体育场馆、体育综合体、运动休闲特色小镇等为基础，积极打造体育文化创意园区、电子竞技小镇、体育影视基地、体育娱乐主题公园等各类体育娱乐载体平台。五是打造具有中国特色的国家体育娱乐节品牌，激发国民参与体育活动的欲望和热情，促进体育运动的普及及地方经济和社会的发展。

（四）防止体育过度娱乐化倾向

体育与娱乐的结合是一把"双刃剑"，体育与娱乐的有效融合可以扩大全民的体育参与，促进体育高质量发展，但体育的过度娱乐化将会造成体育价值的扭曲，进而影响体育的健康发展。为此，本研究认为，应该采取有效措施防止体育的过度娱乐化倾向。一是加强舆论的宣传和引导，大力弘扬中华体育精神和中华传统体育文化，树立良好的体育形象；二是推进体育娱乐相关标准的建设，通过制定相关标准、指南和规则，规范市场主体的经济行为；三是加快构建覆盖体育组织、体育企业、从业人员等的行业信用体系，建立严重失信主体名单制度，推广信用服务和产品的应用，提倡诚信经营、服务规范；四是鼓励社会公众参与体育市场监管，发挥媒体监督作用，促进体育娱乐健康发展；五是加强体育娱乐相关行业协会建设，发挥各级体育娱乐相关协会在体育娱乐健康发展中的作用。

六、推进体育与娱乐融合发展的政策建议

（一）树立以人民为中心的体育发展理念

随着社会经济的发展和人们体育健身需求的激增，体育的"去中心化"特征越来越明显，为此，要树立以人民为中心的体育发展理念，把满足人民日益增长的美好生活需要作为体育发展的出发点和落脚点，以人民的满意度作为体育发展的最高评判标准，在资源配置上向全民参与体育倾斜，通过将体育变得更好玩、更有吸引力，让体育普及全民，提升老百姓的幸福感和体育获得感。

（二）在改革中不断释放体育资源的活力

要坚定不移地加强体育改革，积极推进运动项目管理中心与单项体育协会脱钩，稳步将体育赛事、体育场馆、明星运动员等体育资源推向市场，尤其是要通过制度设计明晰运动员的产权归属、娱乐开发权益分配等，不断释放体育资源活力，让社会力量根据市场规律，以发现和创造体育消费者的需求为目标，将娱乐元素有机融入体育，开发适合各类群体的体育产品和服务，积极扩大体育参与人口，最大限度地满足老百姓多元化的体育需求。

（三）建立有利于体育与娱乐融合发展的工作机制

建议国家体育总局采取"合纵连横"的策略，即在体育系统内，将各运动项目管理中心和单项体育协会作为落实主体，以运动项目的娱乐化为抓手，以体育赛事的娱乐化龙头，有在不断推进运动项目产业发展的同时，探索创新体育与娱乐融合发展的不同模式。此外，要建立推动体育与娱乐融合发展的多部门合作机制，尤其是与文化部、教育部、国家新闻出版广电总局、国家旅游局、国家知识产权局等部门的合作，促进体育与娱乐产业深度融合，加快发展电子竞技、体育影视、体育动漫、体育表演等产业，将体育娱乐产业做大、做强。

（四）出台促进体育与娱乐融合发展的政策法规

建议在《中华人民共和国体育法》修订过程中，要将体育与娱乐融合作为体育发展的一个重要方向，既要在法律层面考虑运动员无形资产开发、体育版权保护、体育进公园进商场等问题，扫清体育与娱乐融合发展的障碍，又要强化媒体、运动员等社会责任意识，防止体育过度娱乐化而造成的体育价值扭曲。此外，要适时出台《关于推进体育

与娱乐产业融合发展的指导意见》，指明未来体育与娱乐融合的发展方向，让体育娱乐文化成为公众一种生活方式内涵，并从金融、财税、科技、教育等多方面入手，为体育娱乐新业态、新模式创新发展营造良好环境。

（五）搭建体育与娱乐融合发展的各类平台

一是传播平台。要建立由国家体育总局指导的国家体育传播平台，并引导有条件的地方卫视创办体育频道或增加体育娱乐类节目；要积极推动制播分离，大力支持体育新媒体平台发展。二是载体平台。要将娱乐元素积极融入运动休闲小镇、体育特色小镇建设，支持各地建设电子竞技小镇；要积极鼓励各地创建体育文创产业园区、体育娱乐服务综合体等；要在国家体育产业示范基地、示范单位评选中向体育娱乐业态的区域和企业倾斜，打造国家级体育娱乐载体平台。三是研发平台。要积极鼓励创新，支持成立国家体育娱乐化技术研究中心，将虚拟现实、增强现实、大数据、云平台等积极运用到体育场地器材、体育运动装备、体育赛事等领域中，提升体育的娱乐化水平。

（六）培养体育与娱乐融合所需的专业化人才

一是鼓励和支持各地大力发展体育娱乐教育，支持有条件的高等院校设立体育娱乐相关专业、在体育经济与管理专业中增设体育娱乐方向或增加相应专业课程。二是鼓励多方投入，开展各类职业教育和培训，加强校企合作，多渠道培养复合型体育娱乐人才。三是完善政府、用人单位和社会互为补充的多层次人才奖励体系，鼓励体育娱乐领域的创新创业，对创意设计、自主研发、经营管理等体育娱乐人才进行奖励和资助。

项目编号（2017-B-15-1）

开启新时代全面建设体育强国新征程

鲍明晓

党的十九大报告指出，"经过长期的努力，中国特色社会主义进入新时代，这是我国发展新的历史方位……社会主要矛盾已经转化为人民日益增长的美好生活需要和不平衡不充分的发展之间的矛盾"。

变化的时代，不变的初心；变化的目标，不变的奋斗。这一刻，体育事业也伴随着伟大的祖国一同迈入了开拓奋进的新征程。

一、新时代催生体育强国

跟随时代脚印前行，是我国体育发展的基本脉络。在中国共产党坚强领导下，我国相继实现了从半殖民地半封建社会到民族独立、人民当家做主新社会的历史性转变，从新民主主义革命到社会主义革命和建设的历史性转变，从高度集中的计划经济体制到充满活力的社会主义市场经济体制、从封闭半封闭到全方位开放的历史性转变。这三个划时代的历史性转变，根本改变了中华民族命运，也深刻影响了人类历史进程。伴随着这一伟大变革，中国体育也相继实现了从东亚病夫到强健体魄、振兴中华的历史性转变，从闭关锁国到逐步开放、全面融入世界体坛的历史性转变，从体育基础极其薄弱、运动水平极其落后到发展成就辉煌卓著、国际影响不断增强的历史性转变。历史经验证明，时代的变迁、发展阶段的更迭才是给予体育发展最深层、最根本的动力。今天，改革开放 40 年后的中国已经迎来了从站起来、富起来到强起来的伟大飞跃，中国特色社会主义进入新时代。这是一个努力实现人的全面发展和社会全面进步的新时代，是一个分两步走到 21 世纪中叶全面建成富强民主文明和谐美丽的社会主义强国的新时代。拥抱这个新时代，汲取新时代的养分，聆听新时代的呼唤，与新时代一同奋进的中国体育就能获得最强劲的发展动力、最广阔的发展舞台。

（一）新时代带来的新机遇

中国特色社会主义新时代是一个怎样的历史方位和发展空间，党的十九大报告给出的答案是，"这个新时代，是承前启后、继往开来、在新的历史条件下继续夺取中国特色社会主义伟大胜利的时代，是决胜全面建成小康社会，进而全面建设社会主义现代化强国的时代，是全国各族人民团结奋斗、不断创造美好生活、逐步实现全体人民共同富裕的时代，是全体中华儿女勠力同心、奋斗实现中华民族伟大复兴中国梦的时代，是我国日益走近世界舞台中央、不断为人类作出更大贡献的时代"。这样一个生机勃发、前所未有的新高度、新空间，必定会给置身于这一时代的体育发展提供强大的、前所未有的新机遇。

政治保障坚强有力。现代体育是关乎人民健康幸福、社会和谐进步、经济提质增效、文化发展繁荣的全局性社会公共事务。世界上已经有越来越多的国家将体育纳入国家发展振兴的基础性、战略性工程。荷兰早在 1996 年，就将体育作为社会发展、社会整合、公共卫生及创造就业的一个工具。日本在2010年由文部科学省制定并颁布了《体育立国战略》，旨在提升体育在日本国家建设发展中的战略地位。体育具有多种社会功能，对于这样一个与民生福祉、国家发展关联共生度越来越高的社会公共事业，提供更为坚强的政治保障，是极为必要的。党的十三届全国人大一次会议上通过的《中华人民共和国宪法修正案》和《国务院机构改革方案》拉开了新时代我国政治建设序幕，一个党的领导更加坚强有力、人民当家做主全面落实、依法治国扎实推进的新局面正在形成。毫无疑问，这样的新局面、新成果，对新时代加快推进体育强国建设必将提供更为坚实的政治保障、组织保障和法制保障。中华人民共和国体育事业在各个历史阶段都取得了无愧于时代的伟大业绩，一条基本经验就是坚持党对体育工作的坚强领导和充分发挥强政府、强组织的整合动员优势，新时代政治建设领域开创的新格局、取得的新成果也一定会在更高的水平上支撑和保障体育强国建设。

　　经济支撑势稳力劲。体育事业的全面发展需要强大且稳定的经济支撑。改革开放之初，我国实施竞技体育优先发展的奥运争光战略，一方面是配合国家开放发展的大战略，在重大国际舞台上快速提升中国的形象和声誉的需要；另一方面也确实是因为国家支撑体育全面发展的财力明显不足及国民对体育消费几乎无支付能力，致使在现代体育的三大板块中，提供公共服务的大众体育和促进经济增长的体育产业发展明显滞后，体育发展的不平衡、不充分的问题十分突出。改革开放40年后的今天，党中央提出要加快推进体育强国建设，就是要从根本上解决体育发展中的不平衡、不充分的问题。体育强国是一个全职全效的体育系统，是一个既能实现自身全面发展又能促进经济社会全面发展的体育系统，建设这样的体育系统无疑需要强有力的经济支撑。改革开放40年间我国在经济建设方面创造了人类发展史从未有过的奇迹，平均经济增速在世界主要发展中国家和发达国家中名列第一，国内生产总值达到827122亿元，稳居世界第二，对世界经济增长贡献率超过30%，全国一般公共预算收入172567亿元，其中税收收入144360亿元，常住人口城镇化率达到58.52%，全年全国居民人均可支配收入25974元、人均消费支出18322元，恩格尔系数29.3%。进入新时代，我国经济发展正处于一个全面建设现代化经济体系的新阶段，这是一个努力实现经济由高效增长向高质量发展转变的新阶段；是一个坚持质量第一、效益优先，以供给侧结构性改革为主线，推动经济发展质量变革、效率变革、动力变革的新阶段；是一个提高全要素生产率，着力加快建设实体经济、科技创新、现代金融、人力资源协同发展的产业体系的新阶段，目标是着力构建市场机制有效、微观主体有活力、宏观调控有度的经济体制，不断增强我国经济创新力和竞争力。现代化的经济支撑现代化的体育，随着新时期我国在深化供给侧结构性改革、加快建设创新型国家、实施乡村振兴战略、实施区域协调发展战略、加快完善社会主义市场经济体制、推动形成全面开放新格局六个方面的系统推进，我国经济的规模、结构、质量和效益必将进一步大幅提升。相应地，国家支持群众体育和竞技体育全面发展的财政能力会大幅提升，市场和居民消费支撑体育产业发展的潜力、活力、实力也会大幅提升。有了这两个"大幅提升"，新时代加快推进体育强国建设的物质技术基础就会更坚实，发展动力就会更强劲，这就从根本上给了我们建设体育强国的底气、信心和决心。

　　社会进步固本强基。改革开放40年经济领域的巨大发展也带来了社会发展的全面进步。教育、科技、文化、卫生、医疗、养老、人口素质、健康水平、脱贫攻坚、生态修复、社会治安综合治理等方面都迈上了新台阶，实现了大跨越。截至2017年，我国已有4亿多人进入中等收入群体，位居世界第一，年末全国就业人员77640万人，城镇登记失业率为3.90%，贫困发生率为3.1%，九年义务教育巩固率为93.8%，高中阶段毛入学率为88.3%，全年研究与试验发展（R&D）经费支出17500亿元，境内外专利申请369.8万件，互联网上网人数7.72亿人，互联网普及率达到55.8%，全年国内游客50亿人次，国内居民出境14273万人次……这些在社会发展领域取得的迭代性的进步正标志着中国社会进入一个全面深化改革的新时代。这个新时代就是要实现从站起来、富起来到强起来伟大飞跃的新时代，就是社会主要矛盾迎来历史性转变的新时代。社会不仅是体育发展的场域，更是体育发展的沃土，社会在教育科技、文化卫生、人口素质、社会保障等方面的发展水平决定了土壤肥沃程度，进而影响并左右着体育发展速度和质量。一个安全和谐、积极向上、充满活力的健康社会，无疑将给体育强国建设提供最强的内生动力和最大的聚合协作力。当前，以习近平为核心的党中央已经对新时代社会发展作出了全面的战略部署，包括体育在内的各项社会事业都呈现了快速发展的势头。地肥苗壮，抓住新时代社会全面进步提供的最好环境、最强支撑，加快建设体育强国，是我们绝不能错失的战略机遇。

人的全面发展永续基业。唯物史观认为，人的全面发展不仅是社会全面、自由、和谐发展的前提和基础，更是人类发展的最高目标。人的全面发展受生产力和生产关系两个方面的制约，随着生产力水平的不断提高和生产关系的不断改善，人的全面发展的实现度也会不断提升。中国特色社会主义进入新时代，我国社会主要矛盾也随之转化为人民日益增长的美好生活需要和不平衡、不充分的发展之间的矛盾，而化解这一主要矛盾的奋斗过程也就是不断提高全体中国人民全面发展的过程。体育是人的全面发展的生物学基础，它"寓道德之舍，载知识之车"，娱情丰趣，颐养人生。围绕"两个一百年"的奋斗目标，新时代开启了一个以人民为中心，全面深化改革、全面创新发展的新征程，制约人的全面发展的经济社会因素必将进一步消解，追求美好生活的人民和追求伟大复兴的社会对体育的需求必将得到全面释放，体育作为促进人的全面发展和社会全面进步的要素也必将随之得到广泛重视。从根本上讲，人类在推动人的全面发展的所能达到的高度决定了体育发展的高度。当促进人的全面发展所有的社会努力和个体期待聚焦在一个美好时代，体育事业就会基业常青、活力四射。

（二）新时代提出的新任务

新时代在给当代体育发展提供新空间、新机遇的同时，也必然会给体育发展提出新要求、新任务。习近平强调，中国政府从全面建成小康社会、实现中华民族伟大复兴的战略高度重视发展体育事业，重视奥林匹克运动在社会发展中的重要作用。指出："我们将按照，中国共产党十八届三中全会的精神，努力提高人民健康水平，同步发展群众体育和竞技体育，由体育大国向体育强国迈进。"根据党的十九大报告对建设新时代中国特色社会主义作出的总体战略部署和习近平对体育工作的系列讲话和指示精神，新时代体育改革与发展一定会面临以下几方面的新任务。

为健康中国奠基。强健的国民体质，是健康中国之基，是活力中国之源。中国特色社会主义进入新时代，这在中华人民共和国发展史上、中华民族发展史上是一个前所未有的新阶段、新高度，面临的各项改革、发展、建设任务都极其繁重。身处新时代的中国体育，首要任务就是要做好新时代社会主义建设者身心健康的维护工作，真正把工作重心放在为广大的人民群众增寿添福上来，要按照全人群、全周期、全覆盖高标准构建全民健身公共服务体系，推动全民健身与全民健康的深度融合，实施更有针对性的大众健康运动促进计划，切实推动健康中国建设关口前移、重心下移，切实担当起人民健康运动促进的时代责任。只有这样，新时代的体育发展才能不愧于这个时代，才能为健康中国奠基，为活力中国蓄能。这应该是新时代对体育工作提出的最根本的要求。

为和美中国助力。以人民为中心，建设一个生机勃发、和美与共的社会主义和谐社会，是新时代中国特色社会主义建设的重要内容。和美中国最根本的是人民积极向上、身心和谐，家族、单位、社区和融共济，各民族、各阶层和美与共，全社会凝心聚力、昂扬奋进。体育是促进人的全面发展的一种有意识、有目的、有组织的社会活动。它强筋骨、调情绪、磨意志、增情趣，是沟通人际、亲和社会最自然、最有效的渠道。同时，现代体育对提升公民素质、激活基层群众自治、拓宽民主渠道、促进民族团结、弘扬社会主义核心价值观也有重要作用。新时代创建美好生活，建设社会主义现代化强国，必然要求体育在这些方面发挥重要作用，为和谐社会培土，为和美中国助力。

为经济发展增效。当前我国经济正处于由过去的高速增长向未来的高质量发展的换档期和转变发展方式、优化经济结构、转换增长动力的攻关期。新时代坚持质量第一、效益优先，以供给侧结构性改革为主线，推动经济发展质量变革、效率变革、动力变革，是贯彻新发展理念，建设现代化经济体系的核心内容。作为新经济、新业态、新动能重要组成部分的体育产业，在激活服务消费、扩大国内需求、促进经济增长、优化经济结构、提供新增就业、推动创新创业等方面都有实际作用。通过加快发展体育产业助力中国经济提质增效，也必须是新时代对体育改革与发展提出的另一个新要求、新任务。

为中华民族伟大复兴提供鲜活的精神动力。中华民族的伟大复兴是一项彻底改变中华民族命运的伟大实践。伟大的实践需要伟大的精神来激励和引领，而伟大的精神又需要来自这个时代不断涌现的鲜活素材和事例来凝练。中华人民共和国体育伴随着共和国的成长，在不同的时期都涌现出了一批又一批可歌可泣的英雄事迹，奏响了那个时期的最强音。"人生能有几回搏""团结起来，振兴中华""冲出亚洲，走向世界"等带有鲜明时代印记的口号，都是中华人民共和国体育发展历程中留给全社会的宝贵精神财富。新时代是实现中华民族伟大复兴中国梦的决战期，各项改革和发展的任务都极其繁重，更需要体育战线大力弘扬为国争光、无私奉献、科学求实、遵纪守法、团结协作、顽强拼搏的中华体育精神，创造更多能代表时代风貌的感人事迹和时代楷模，激励全体中国人民团结奋进，为中华民族走向世界舞台的中央提供更加鲜活的精神动力。

二、新时代加快推进体育强国建设的战略意义

新时代加快推进体育强国建设，既是体育自身提质增效、全面发展的实际需要，更是全面建设社会主义现代化强国的战略需要，推动这一进程具有以下六个方面的重要意义。

（一）伟大梦想呼唤体育强国

实现中华民族伟大复兴是近代以来中华民族最伟大的梦想。以习近平同志为核心的党中央确立了"两个一百年"的奋斗目标，义无反顾担当起率领全体中国人民实现中华

民族伟大复兴的历史使命,具体奋斗目标是在全面建成小康社会的基础上,分两步走在21世纪中叶建成富强民主文明和谐美丽的社会主义现代化强国。在人类发展史上,不同历史时期的世界强国总是有与强国地位相称的强大体育。18、19世纪的英国,20世纪至今的美国都既是世界头号强国,也是世界头号体育强国。前者创立的改变旧世界体育格局的"户外运动",并通过向殖民地的文化输出将"户外运动"传播到全世界,奠定了现代体育的项目基础和规则体系;后者在继承英国现代体育的基础上进行大量的创新创造,在学校体育、大众体育、竞技体育、职业体育、体育文化、体育产业等诸多领域都创立了新形式、达到了新高度,并从公民的精神风貌、人文素养和国家外在形象、声誉等方面进一步聚焦、投射和着色强国形象。体育强国梦是中华民族伟大复兴中国梦的必然组成部分。习近平曾提出:"体育是提高人民健康水平的重要手段,也是实现中国梦的重要内容,是能够为中华民族伟大复兴凝心聚气的强大力量。"他指出,"体育强,则中国强",就是要求新时代的体育工作不仅要按照建设现代化强国的整体标准建设好自身,还要通过高标准建设体育强国来促进和助力中华民族伟大复兴中国梦的实现。所以,从根本上讲加快推进体育强国建设是实现中华民族伟大复兴中国梦的内在呼唤,责任重大,使命光荣。

(二)美好生活邀约体育强国

中国特色社会主义进入新时代,一个最根本的变化是社会主要矛盾发生历史性转变,即由过去人民日益增长的物质文化需要同落后的社会生产之间的矛盾转变为人民日益增长的美好生活需要和不平衡、不充分的发展之间的矛盾。党的十九大报告指出,"人民美好生活需要日益广泛,不仅对物质文化生活提出了更高要求,而且在民主、法治、公平、正义、安全、环境等方面的要求日益增长",其实质是对人的全面发展和社会的全面进步提出了更高更新的要求。体育给人健康、让人快乐,是人的全面发展的基础支撑,同时,体育也能给社会增活力、添魅力,让社会整体呈现灵动有序、积极向上的文明新风,是社会全面进步的重要标志。联合国发布的2017年《世界幸福指数报告》(World Happiness Report)中,排名前10位的国家分别是挪威、丹麦、冰岛、瑞士、芬兰、荷兰、加拿大、新西兰、澳大利亚和瑞典。北欧五国不仅全部进入前10,而且占据了榜单的前3名,据此,人们把北欧称为"天堂般的存在"。而生活在"天堂"里的北欧各国,全民、全社会参与运动的水平全球最高,北欧人视运动为世俗生活的"圣经"、健全社会的律动,全生命周期地参与和享受运动的欢娱。可以肯定地说,如果把运动从北欧人的生活中拿掉,北欧各国的幸福指数一定会大幅下滑。北欧各国在不断满足人民对美好生活向往方面的成功经验,对步入新时代的我国无疑具有重要的参考和借鉴价值。美好生活离不开体育,离不开全民、全社会广泛的运动参与,建设体育强国就是全面贯彻以人民为中心的体育发展观,把不断满足人民日益增长的美好生活需要作为体育发展根本目的的内在要求。新时代体育发展的巨大空间在美好生活,最强的动能在美好生活。认识到这一点,赴美好生活之约的体育强国建设之路才能行稳致远。

(三)高质经济内需体育强国

新时代我国经济开启了由数量规模扩张向质量效益提升的创新发展新征程。围绕推动经济发展实现"三个变革",建设现代化经济体系,高质量发展阶段的我国经济必将更加重视培育新经济，打造新动能，增加新就业。从全球范围看，一个国家能不能称为体育强国，一个重要的维度，是看该国的体育是消耗社会财富多，还是创造社会财富多，如果消耗多于创造就肯定不是体育强国，也就是说，体育强国必须是体育产业的强国。体育产业是创造美好生活的产业，它不仅是大文化产业的重要组成部分，也是大健康产业不可或缺的部分，是能有效提升消费者生命质量和生活质量的幸福产业。这样的产业属性必然是进入高质量发展阶段的我国经济要努力催生和培育的新经济新动能。当前我国体育之所以整体上只能称为体育大国，一个重要的原因就是大众体育和体育产业的发展水平与真正的体育强国相比还有明显的差距，特别是体育创造财富能力不强是一个明显的短板。进入21世纪以来，党和政府出台了一系列政策引导和支持体育产业发展，"2016年我国产业总规模（总产出）为1.9万亿元，增加值为6475亿元，占同期国内生产总值的比重为0.9%。从名义增长看，总产出比2015年增长了11.1%，增加值增长了17.8%"。同年，"全国共有各类体育产业机构单位141850个，占整个国民经济机构单位的比例为0.78%，从业人员4423995人，占国民经济总就业人数的0.59%，比上年增长了22%"。尽管当前我国这一发展水平与欧美国家还有一定的差距，但是作为新经济、新业态、新动能重要组成部分的体育产业已经成为我国高质经济的新鲜血液，并呈现强劲的增长势头和巨大的成长空间。所以，加快建设体育产业高度发达的体育强国对推动和实现我国经济的高质量发展意义重大。

（四）创新社会治理寄望体育强国

改革开放40年我国经济快速发展，社会财富快速增长，但同时也带来了居民收入差距不断拉大，改革受益面不均，基本民生保障不到位、有短板，以及由此带来的社会心理失衡、社会疏离感加重、人际亲和力不足、社会凝聚力下降等问题。中国特色社会主义进入新时代，党和政府将提高保障和改善民生水平，加强和创新社会治理放在优先位置，党的十九大报告提出，"坚持人人尽责、人人享有，坚守底线、突出重点、完善制度、引导预期，完善公共服务体系，保障群众基本生活，不断满足人民日益增长的美好生活需要，不断促进社会公平正义，形成有效的社会治理、良好的社会秩序，使人民获得感、幸福感、安全感更加充实、更有保障、更可持续"。现代体育具有很强的社会建设功能，是创新社会治理的一个有效抓手。一方面体育是当代公民情感和兴趣的最大公约数，广泛开展多种形式的基层体育活动有助于促进人际交往，消除邻里隔阂，培育理性平和、积极向上的社会心态；另一方面广泛存在的基层社会体育组织也是调动公众参与、激活社区服务、促进社会协同，创建共建共治共享社会治理新格局的有效手段。当今世界主要体育强国都十分重视发挥体育在促进社会建设和创新社会治理方面的独特作用。新时代我们要加快建设体育强国就必须把强体育与强社会统一起来，更加自觉地服从和服务于社会建设。从这个意义上讲，加快建设体育强国就是创新社会治理的内在要求。

（五）繁荣文化需要体育强国

文化是国家和民族的灵魂，是国家发展、民族振兴的精神引领。习近平指出，"没有高度的文化自信，没有文化的繁荣兴盛，就没有中华民族的伟大复兴。要坚持中国特色社会主义文化发展道路，激发全民族文化创新创造活力，建设社会主义文化强国"。体育是社会主义文化的重要组成部分，是弘扬民族精神，加强爱国主义、集体主义教育的重要途径,也是大兴时代新风,抵制腐朽落后文化侵蚀,推进诚信建设和自愿服务建设,强化公民责任意识、竞争意识、规则意识和奉献意识的有效手段。满足人民日益增长的对美好生活的期待,要求体育事业必须提供更加丰富的公共产品和更高质量的精神食粮。而建设体育强国的要旨之一,就是要不断提高体育发展的文化含量、精神品质和艺术格调,树新风、育新人。所以,体育强国内涵在社会主义文化强国之中,建设体育强国的过程也就是繁荣和创新社会主义文化的过程。

(六)全效体育依托体育强国

现代体育是一个多能全效的体育,这不仅是指它是由学校体育、大众体育、竞技体育、体育产业、体育文化、体育科技、体育教育、体育外交等多要素构成的体系,而且是指它对人的全面发展、社会的全面进步、经济的提质增效、文化的繁荣兴盛、政治的昌明顺达都能起到明显促进作用。改革开放以来,我国体育取得了长足进步,树立了全球体育大国的形象。但是,对标世界主要体育强国,我们在体育自身发展中还存在诸多的短板和弱项,譬如三大球整体发展水平低下,田径、游泳和水上等基础大项基础不牢,冬季运动普及度低,竞技水平差,体育文化建设滞后,体育科技创新水平不高等,而这些短板和弱项的存在又制约了体育在促进人的全面发展和经济社会文化全面进步中能够发挥的作用。加快推进体育强国建设就是一方面要着力解决体育自身发展中的不平衡、不充分的问题,另一方面也要着力解决体育发展服务人的全面发展和社会全面进步的能力问题,推动体育发展实现多能全效。所以,没有全效体育,就没有体育强国,全效体育依托体育强国,体育强国催生全效体育,二者统一于全面实现中国体育现代化的伟大进程中,方向一致、目标一致。

三、建设体育强国,全面推进体育现代化

新时代开启建设体育强国的新征程,奋斗目标是全面实现体育现代化,不断满足人民群众对美好生活的新期待。

(一)体育强国基本内涵

从全球范围看,目前国际公认的体育强国都是体育的自身发展与体育促进的发展有机统一,且作出显著业绩的国家。2014年,习近平在与国际奥委会主席巴赫的交谈中指出,"长期以来,中国体育事业取得了长足进展。中国运动员在国际赛场上捷报频传。但是,有些项目仍是短板。我们要分类指导,从娃娃抓起,扎扎实实提高竞技体育水平,持之以恒开展群众体育,不断由体育大国向体育强国迈进。"在这一过程中,可借鉴体育发展较好的国家的经验。以美国为例,美国不仅在学校体育、大众体育、竞技体育、体育产业、体育文化五个核心业务领域基础扎实、实力雄厚、影响力超群,而且在推动美国经济社会文化人的发展方面起到了十分重要的作用。一方面,美国的学校体育氛围浓厚、赛事体系健全活跃、优秀后备人才辈出,基于社区和国家公园体系的大众体育广泛深入持久,健身休闲成为绝大多数美国人践行的生活方式,在世界几乎所有的重大体育赛事中都能取得稳定优异的运动成绩,以四大职业联盟为代表的团队职业体育和以高尔夫、网球、拳击为代表的个人职业体育产值大、效益好,体育产业成为大文化娱乐产业中的支柱行业,同时,各种体育主题和项目的博物馆、名人堂遍布全美,体育电影、电视剧、

文学作品、摄影雕塑作品及各种运动主题的纪念品推陈出新、琳琅满目，体育从整体上呈现的是基础扎实、实力雄厚、核心竞争力突出。另一方面，美国体育也促进和带动着美国经济社会和人的全面发展，它不仅是美国全球政治影响力的核心资产，是美国梦的文化引领，是软实力、巧实力的核心展示，也是美国先进生产力的一部分，带动就业，促进经济增长；同时，美国体育也在弥合因不同种族、不同信仰、不同阶层和不同收入水平而产生的社会疏离及防止青少年犯罪，活化社区、增强社会凝聚力方面发挥着重要作用。当然最重要的是，美国体育的全面均衡发展和生活化的推进也使之成为了全体美国人的健康源泉。或许，这样的体育才能真正称为体育强国。所以，体育强国是指能实现体育"两个发展"（体育自身发展与通过体育推动和实现的发展）目标并被国际社会普遍认可的国家。

从体育强国建设的中国实践出发，体育强国的基本内涵至少应涵括三个方面的内容。一是体育强国必须是以人民为中心的体育，即必须坚持人民在体育发展中的主体地位，要对标人民群众追求美好生活的愿望，找差距、建标准、努力干，切实把最广大人民的体育权益保障好、维护好，推动全民健身与全民健康深度融合、体育运动与美好生活深度融合。二是体育强国必须是强国体育，即要从国家发展、民族振兴的战略高度，积极主动地把体育发展融入"五大建设"，把体育的发展内化为国家的政治影响力、经济生产力、社会凝聚力、文化传播力和国民健康力，助力国家富强、社会进步、民族振兴、人民幸福。三是体育强国必须是全面协调可持续的体育，即既要解决体育发展不平衡的问题，也要解决体育发展不充分的问题。不平衡的问题重点是要解决区域、行业、人群体育发展水平差异过大的问题，以及群众体育、竞技体育、体育产业三大主体性工作发展不均衡的问题；不充分的问题重点是要解决基本公共体育服务动态升级、公共体育空间不足，以及冰雪、足球、户外运动、高水平职业体育发展滞后等一系列短板和弱项问题。当然，这只是初步的认识，更加准确地把握还要随着体育强国建设伟大实践的展开而不断总结和提炼。

（二）体育强国建设目标

加快推进体育强国建设，是党中央、国务院站在全面实现中华民族伟大复兴中国梦的战略全局，对进入新阶段、新周期体育发展提出的新的时代要求。它是与到2020年全面建成小康社会和到本世纪中叶把我国建成富强民主文明和谐美丽的社会主义现代化强国的历史进程和奋斗目标相一致的中国体育发展战略。对标党的十九大确立的路线图和进程表，全面建设体育强国的奋斗目标，可以相应地设立三个阶段的奋斗目标。

第一个阶段：从现在到2020年。围绕全面建成小康社会的战略目标，按照抓重点、补短板、强弱项的工作要求，以备战和筹办好东京奥运会和2022年北京冬奥会、冬残会为工作重点，补思想观念短板、基础设施短板、社会组织短板、运行机制短板、科技和人才支撑短板；强足球、冰雪运动、青少年体育、体育产业、体育文化等弱项；推动全民健身与健康中国融合发展，体育产业与相关产业融通发展，竞技体育与实现中华民族伟大复兴中国梦对标发展；实现经常参加体育锻炼人数明显提升，群众身边的体育基础设施明显改善，城乡和区域体育公共服务水平差距明显缩小；体育产业规模、结构、质量、效益明显跃升，竞技体育基础实力和核心表现明显增强；完成东京奥运会既定的参赛目标，扎实做好2022年北京冬奥会、残奥会的各项筹办和备战工作。

第二个阶段：从 2020 年到 2035 年。围绕基本实现社会主义现代化这一战略目标，再奋斗 15 年，基本建成体育强国的工作体系和业务构架，初步实现中国体育的现代化。主要建设指标是：体育发展的综合实力和核心竞争力跻身世界前列；经常参加体育锻炼人数大幅提升，覆盖城乡的基本公共体育服务实现均等化，全民健身成为国民活跃健康的生活方式；竞技体育中的弱项短板基本补齐，基础大项、集体球类项目、水上运动项目、冰雪运动项目的竞技水平大幅提升，以学校体育为基础、社会和市场力量广泛参与的竞技体育优秀后备人才培养体系有效运行，职业体育全球影响力快速提升，涌现一批世界顶级的职业联赛、职业俱乐部和赛事品牌；以运动项目产业为核心，以网络化数字化智能化为技术支撑，带动相关服务产业和装备制造业协同发展的现代体育产业体系初步形成，体育产业成为现代人文服务服务业中的支撑产业；体育文化、体育科技、体育人才、体育法治建设水平大幅提升，体育现代化格局基本形成。

第三个阶段：从 2036 年到 21 世纪中叶。在基本实现体育现代化的基础上，再奋斗 15 年，全面完成体育强国的建设任务，全面实现中国体育的现代化。到那时，人民群众将享有充分均衡的体育公共服务，运动健身成为每个人活跃健康的生活方式，体育工作全面融入"五大建设"和人的全面发展，中国体育的综合实力和影响力全球领先。

（三）体育强国建设任务

根据奋斗目标的设定，推进体育强国建设重点要完成以下工作任务。

1. 创新实践中国特色体育发展道路，提供中国智慧和中国经验

中华人民共和国成立以来，特别是在改革开放 40 年中，中国体育取得全球瞩目的辉煌成就，极具代表性地展示了中国发展的速度、效率和效益，走出了一条发展中大国如何逐步实现体育现代化的成功道路。在建设体育强国的新征程中，要在系统总结过去成功经验的基础上，按照"四个自信"的理论指引，进一步建立健全以强政府、强组织为基本特征的体育治理体系和以人民为中心的动员、组织和保障机制，推动政府统筹主导下的社会全面参与、市场有效参与和公民全人群全周期生活化参与，走一条改革引领、创新驱动、共建共享的体育发展道路，为人类体育文明进步提供中国动力和中国智慧。

2. 创建以人民为中心、融入国民积极健康生活方式的群众体育工作体系

以满足人民群众不断增长的美好生活需要为指引，全力推动全民健身与全民健康深度融合，群众体育与社会建设统筹推进，建立多元共治、共建共享的群众体育组织管理体制和协同运行机制，不断提高覆盖全人群的基本公共体育服务水平，大幅提高经常参加体育活动的人口比例，大幅拓展群众体育开展的公共体育空间，大幅提升群众体育参与的组织化水平，推动全民健身和健身休闲产业供给侧结构性改革，增加有效供给，实施技术和数字驱动战略，提升群众体育的网络化、数字化、智能化水平，推动群众体育扎根学校、扎根社区、扎根生活。

3. 打造基础扎实、发展均衡、核心表现突出的竞技体育新体系

对标重大国际体育赛事和高水平职业体育赛事，找差距、补短板、强弱项，实施基础大项（田径、游泳、体操）优先发展工程、集体球类项目跃升工程、冰雪运动补强工程、高水平职业体育提升工程、民族传统体育振兴工程，推动竞技体育全面均衡发展。深化运动项目协会改革，推动协会专业化建设，深化竞赛制度、优秀后备人才选拔、国家队组建、科技引领支撑、激励约束机制等方面的改革，推动项目管理高效化、精准化。

制定地方政府、大型国企、著名高等院校承接国家任务的实施办法，发挥举国体制的制度优势，完成好重大国际赛事的参赛和办赛任务。满足人民群众的热切期盼，积极申办足球世界杯和大型国际综合性运动会，力争在21世纪中叶之前达成目标。

4. 创建具有国际影响力的现代体育产业体系

以满足人民群众日益增长的多元化、多层次的体育消费需求为导向，深化体育产业供给侧改革，不断消除制约体育产业发展的体制和机制障碍。实施"一个中心、两个基本点、三个关键节点、四个重点人群"的发展战略，即以大力发展运动项目产业为中心，立足"体育+"和"互联网+"两个基点，抓住体育场馆、新兴体育综合体、运动休闲特色小镇三个关键节点，激活少年儿童、妇女、中产阶级和60~70岁的健康老人这四个重点消费群体，推动体育产业项目化、协同化、互联化和智能化发展，拓展产业链、激活生态圈。依托创新驱动，打造具有全球竞争力的体育企业、赛事品牌，带动体育产品和体育服务走出去，提升我国体育服务贸易占全球市场份额，力争体育产业到2025年成为大文化产业中的支柱行业，到2050年成为我国国民经济中的支柱行业。

5. 建设充满活力、独具魅力的中华体育文化

体育文化是一个国家体育发展的深层能力和精神内核。建设体育强国不能仅从物质和技术层面着手，还应在精神和文化层面上把控。建设充满活力、独具魅力的中华体育文化，要从精神（价值观）、制度、行为、器物四个维度来整合推进，要以大力发展运动项目文化为核心，围绕国民体育活动的生动实践，抓大众健身休闲文化、球迷文化、竞赛文化、运动队建设与管理文化建设。要从体育实践者的行为入手，推动制度文化、体育文化产品的创建，建一批体育历史文化设施，出一批高质量、有品位的体育文化产品。要从文化自信的高度，挖掘、整理、保护和利用好中华民族传统体育文化，推动以武术和传统养身功法为代表的优秀中华体育文化走出去。

6. 全面提升中国体育的国际影响力

体育强国说到底是对全球体育事务具有影响力和控制力的国家。培育和提升中国体育的国际影响力，必须要在国际体坛树立一个讲信誉、敢担当、负责任的大国形象，要积极倡导相互尊重、相互借鉴、平等协商、求同存异，尊重多样性的处事原则，做到发展机遇共同分享、各种挑战共同应对。要围绕"一带一路"倡议，多边和双边高层次人文交流机制，加强同世界各国的体育交流与务实合作。实施体育外交人才培养工程，选拔一批优秀退役运动员、教练员、裁判员和体育科技人才进行外事培训，为他们进入各类国际体育组织，特别是进入专业技术层级提供帮助，提升我国在重要国际体育组织中的话语权和全球重大体育事务中的议题创设、规则修订、纠纷解决中的实际能力。

（四）体育强国建设指标

加快建设体育强国必须在体育工作的主要领域设立相应的建设指标，以此来引导和督促各项建设任务的落实。对照体育强国建设任务设置了7个一级指标、31个二级指标和相应的建议目标（表1）。

（五）全面建设体育强国必须处理好的几个关键问题

加快推进体育强国建设，是进入新时代的中国体育承载的新使命、新任务，目标远大、系统繁杂，对实施中一些带有根本性、全局性、战略性的关键问题必须予以重点把握。

表 1 体育强国建设指标

一级指标	二级指标	建议目标
群众体育	经常参加体育锻炼人数比例	经常参加体育锻炼人数占总人口数 45% 以上
	每万人拥有体育社团数量	每万人拥有体育社团数量 5 个以上
	每万人拥有社会体育指导员、运动处方师、运动康复师、运动防护师数量	每万人拥有社会体育指导员 50 人以上（2015年数据为每万人拥有社会体育指导员 17 人）
	人均体育场地面积	人均体育场地面积 3~4 平方米以上
	全民健身工作是否有立法保障	全民健身工作拥有充分的立法保障
	全民健身工作是否有完善的评价体系	形成完善的全民健身评价体系
	人均全民健身事业经费支出数量	达到 20 元 / 人标准（2015年非官方数据为 6 元 / 人）
竞技体育	奥运会、世界杯、世锦赛赛事成绩	夏季奥运会金牌榜、奖牌榜前 3 名 冬季奥运会金牌榜、奖牌榜前 6 名
	高水平竞技后备人才建设水平	基于学校、面向全社会的后备人才培养体系健全，涌现一批高质量、品牌化的专项运动培训机构
	职业体育发展水平	足球、篮球、排球、乒乓球、羽毛球五大联赛成为全球顶级联赛；10 名左右的运动明星进入福布斯全球运动员收入排行榜
	专业（职业）注册运动员、教练员、裁判员数量	在当前基数上翻一番
	承办重大国际体育赛事水平	中国成为全球重大体育赛事中心，申办承办足球世界杯、再次申办承办夏季奥运会
	拥有承办国际赛事标准的体育场馆数量	在当前基数上再增加 50%
	体育产业增加值占 GDP 比重	体育产业增加值占 GDP 超过 2%~2.5%
	体育服务业产值占体育产业总产值比重	体育服务业产值占体育产业总产值比重超过 70%
	拥有全球知名体育品牌（企业）数量	20~30 家
体育产业	体育产业总规模的国际市场份额	体育产业总规模的国际市场份额达到 8%~10%
	体育产业从业人数占全国从业人员数比重	体育产业从业人数占全国从业人员数比重超过 3%
	人均体育消费支出占人均消费支出比重	人均体育消费支出占人均消费支出比重超过 5%
体育文化	体育文化娱乐作品数量和质量	出一批具有全球影响力的体育媒体、电影、书籍、杂志、动漫、游戏等
	体育博物馆、体育文化展馆、体育名人堂数量	建设一批具有全球影响力的体育博物馆、体育文化展馆、体育名人堂
	民族民间传统体育项目发展程度	发展一批具有世界影响力的民族民间传统体育项目
	体育科研机构（包括重点实验室）数量	在当前基数上翻一番

续表

一级指标	二级指标	建议目标
体育科教	体育类科技成果发表数量（SCI、SSCI）	在当前基数上翻一番
	学校竞赛体系的完善程度	形成分年龄、分阶段、全覆盖的区域性和全国性校园赛事体系
	中小学、普通高校体育教师数量	在现有基础上增加50%
	国际体育组织任职人数	我国在各类国际体育组织中任职人数比例达到10%
体育外交	国际体育交流、会议、会展数量	在现有基础上翻一番，并形成一批知名品牌
	国际体育组织（总部和区域总部）在华数量	在现有基础上翻一番
体育管理与法治	体育管理体制建设水平	中国特色体育体制建立健全
	体育法治建设水平	形成完备体育法律法规体系

注：建议目标的设定是根据2035年基本建成体育强国的奋斗目标推测的数据。

1. 必须紧扣全面实现中国体育现代化这一核心目标

建设体育强国是一个中长期的过程，有多重任务和多重目标。在这样一个多维连续的工作进程中，往往短期目标、过程目标因有时限、有考核而被置于优先地位，全力执行，而那些关乎基本、关乎全局的中长期目标和系统性目标往往被搁置，甚至因与短期目标争资源而被丢弃。要避免这种情况的出现，就必须有一根贯串始终的主线作标尺，而这根主线就是全面实现中国体育现代化这一核心目标。改革开放40年间我国体育事业规模、结构、质量、效益都有了显著提升，但对照体育现代化这根标尺，不平衡、不充分的问题还十分突出，群众体育基础不扎实、竞技体育核心实力不强、体育产业效益质量不高及公共体育空间不足、群众身边体育场地奇缺、体育科技和人才支撑乏力等问题还没有得到有效的解决。推进体育强国建设就是要系统性地解决这些问题，并从思想观念、体制机构、组织构架、人才建设、物质基础、多元保障等方面系统升级我国体育的发展水平和成就高度。任何竭泽而渔的功能主义做法和"头痛医头、脚痛医脚"的懒政作为都要杜绝，只有这样，创建体育强国的伟业才能真正达成，中国体育成为全球体育中心的目标才能实现。

2. 必须坚持改革引领、创新发展

建设体育强国必须坚持走改革引领、创新发展之路，必须破除一切落后陈旧的思想观念和制约发展的体制机制，必须突破一切固化的利益樊篱。改革开放以来体育事业取得了巨大成就，党和政府高度认可、社会各界赞誉有加，但是，或许正是因为这样的成就，2008年北京奥运会之后，体育界也的确滋生了一些因循守旧、不思进取的保守主义思潮，也形成一些谁都不能动、谁都不敢动的固化利益格局，2016年里约奥运会上我国部分优势项目成绩明显下滑，与这种不好的苗头有一定关联。同时，过去的快速发展也使得我国体育已经站上了一个很高的地位，在这个基础上再提升难度自然也会变得越来越大，因此，无论是解决系统内已经存在的问题，还是面对再发展再跃升遇到的新情况、新挑战，都需要改革除弊、创新开路。建设体育强国既是体育基础的全面提升，也是体育核心竞争力的全面打造，更是和"强手"过招，只有坚持改革开放不动摇，创新发展不停步，体育强国的建设之路才能行稳致远。

3. 必须持续推动体育发展模式转型

建设体育强国必须持续推进体育改革，但改革什么、为什么改革的问题在体育界远没有达成共识。综前所述，当前这一轮的深化体育改革关键是推动体育发展的新旧动能转换，核心是实现体育发展模式的转变。改革开放40年间，体育事业取得的巨大成就主要还靠举国体制的强政府来推动，社会力量、市场力量和公民个人力量参与和推动体育发展还明显不足，同时体育发展也主要是以竞技体育为国争光为主线，在体育系统内运行，体育事业主动融入经济社会发展和人的全面发展的水平还不高。全面建设体育强国是强体与强国的辩证统一，根本目标是推动社会的全面进步和促进人的全面发展。为此，必须推动体育发展的能动由政府独轮驱动向政府、社会、市场、公民个人四轮驱动转变，把社会的全面参与、市场的有效参与、公民的自觉自愿参与和政府统筹、政府主导融为一体，并带动体育发展模式由部门体育向全民体育、单一的"争光体育"向全效体育转型。没有这种新旧能动的转换，没有体育发展模式的根本性转变，全面建设体育强国的根本目标就不可能真正实现。

4. 必须着力提升全民体育的参与水平

提升全民体育的参与水平是建设体育强国的最基础、最重要的战略目标，也是从根本上检验以人民为中心的发展观是否真正贯彻落实的标尺。近年来，随着人民生活水平的提升和健康观念的强化，大众参与体育的水平有了明显提升，但对照体育强国建设标准，百姓参与体育的总量不足和质量不高的问题依然十分突出。一方面经常参加体育锻炼的人口比例与发达国家仍有较大差距，近年来主要还是几类人群的活跃，不是全民的、生活化的活跃；另一方面即使是经常参加体育锻炼的人群也存在组织化参与和消费化参与不足的问题。为此，必须把着力提升全民体育参与水平作为建设体育强国的核心指标置于优先发展的地位，扎实推进全民健身与全民健康深度融合、群众体育与社会建设深度融合，构建多部门协同、全社会共建共管的大群体格局及相应的管理体制和运行机制，并从场地设施、组织建设、赛事活动体系、健身知识和文化建设、经费投入和支持保障等方面出台设施细则和行动计划，确保全面提升全民体育参与水平在建设体育强国中的核心地位不动摇。

5. 必须下决心解决体育发展中的三个机制短板

建设体育强国不是局部的修修补补，而是整体水平的系统提升，其中健全的运行机制至关重要。长期以来，我国体育习惯于在体制内、系统内运行，体育的组织化、社会化、产业化的水平一直难以提升，这些成为制约我国体育全面协调可持续发展的三个突出的机制短板。现代体育一个显著特征就是组织化生存、社会化和产业化运作，其中组织化是社会化和产业化的前提。受我国社会组织改革与发展不到位的影响，我国体育社团发展长期滞后，特别是基于草根的群众自组织体育社团缺乏，体育在基层的活力明显不足。解决这一问题就要结合基层民主建设、社区文化建设、校园文化、企业文化建设，大力发展基于兴趣爱好的公民自设自创的草根体育组织，鼓励公民自愿参加各类体育协会，倡导自愿服务精神，编织覆盖全社会的、基于社区和志愿者服务的新型体育组织网络。要深化体育管理体制改革，规范各级体育行政部门的行政行为，落实"放管服"的各项要求，配套推动运动项目协会改革，为各类社会机构自主办体育释放空间、提供舞台。同时，要将除公共体育服务之外的一切体育活动推向市场，并且公共体育服务的供给也应尽可能采取市场化提供办法，以提高效率效益。世界体育强国的共性经验表明，体育产业化是体育资源的聚合器，是体育效能的放大器，也是整个体育高速成长的助推器。总之，没有体育组织化水平的大幅提高，体育强国建设就会基础不牢，没有体育社会化和产业化水平的大幅提高，体育强国建设就会机制不活、运行不畅。只有全力拓展和深耕体育组织，并发力打通体育社会化和体育产业化这一"任督二脉"，体育强国建设才能生机勃发。

6.必须抓住我国城镇化高速发展的窗口机遇期

工业革命以来，工业化和城市化是推动近现代体育发展最重要的两股力量，其中城市化的作用更为明显。一方面城市化带来的人口集聚、城市生活方式和多元文化的形成，夯实了大众体育全球勃兴的基础，推动了体育由贵族化向平民化的嬗变；另一方面城市化带来的消费和市场集聚，又催生了商业体育的萌芽与成长，带动了体育由业余向职业的演进。从欧美体育强国发展历程上看，抓住城市化高速发展的有利时机，推动生活化的大众体育全面复兴和商业化的体育产业快速生成，是它们从基础实力和核心竞争力两个方面打造体育强国的普遍做法。当前，我国正处在城镇化快速发展时期。截至2016年年底，我国的城市化率水平为57.4%，预计2020年将达到60%。根据国际经验，当城市化水平达到70%之前，城市化水平都会快速增长。为此，我们必须抓住这样一个重要的窗口发展期，主动将体育发展融入城市发展，充分发挥体育在完善城市功能、提升城市形象、营销城市品牌、活化城市功能、提高城市生活品质、增强市民凝聚力和自豪感等方面的独特作用，全力推进体育特色小镇建设、运动休闲小镇建设，鼓励和引导体育发展与城市发展、新型城镇化建设互动发展、融合发展，借力城镇化，推动体育强国建设。

7.必须大力实施科技驱动战略

科技创新是建设体育强国重要的战略支撑。面对风起云涌的科技创新浪潮，特别是现代生物技术、人工智能、大数据、新一代互联网技术的快速更新迭代，建设体育强国必须坚定不移地实施科技和数据驱动战略。要围绕竞技体育、群众体育、体育产业三大主体性工作的关键环节和核心问题，组织科技攻关团队，开展重大基础研究、布局前沿研究、突破关键共性技术，要以全面实现体育发展的网络化、数字化、智能化为目标，利用互联网、物联网、大数据、云平台、云计算及人工智能技术，全力实施智慧体育工程，建设覆盖全社会的公共体育信息网，完善各类体育专项数据库建设，推进智慧体育场馆、智慧运动社区建设，以信息化、数字化、智能化带动中国体育的现代化。

8.必须切实加强对创建工作的组织与领导

建设体育强国是进入新时代的中国体育面临的重大战略任务，体育系统要以党的十九大精神和习近平对体育工作的系列讲话精神为指引，全面贯彻落实建设体育强国的政府责任。国家体育总局应组建体育强国建设领导小组，定目标、定任务，完善统筹机制，加强组织协调，正确处理系统内与系统外、近期工作目标与远期工作目标的关系，准确把握工作重点，明确职责分工，落实相关政策措施。地方体育行政部门组建相应的工作小组，以建设体育强省、强市、强县为目标，进一步转变政府职能，创新体制机制，提高服务水平，动员和引导全社会的广泛参与，营造良好的政策环境、法治环境和社会氛围，为全面建设体育强国提供坚强有力的组织领导保障。

加快推进体育强国建设是新时代中国体育改革发展的根本任务，关系到体育工作的方方面面，涉及诸多的理论和实践问题。随着建设工作的深入推进，必然会出现一系列新问题、新矛盾、新挑战，党的十九大报告指出，"我们必须在理论上跟上时代，不断认识规律，不断推进理论创新、实践创新、制度创新、文化创新及其他各方面创新"，只有这样，全面建设体育强国的伟大实践才能生机勃发，行稳致远。

项目编号（2018-A-01）

群众体育改革与发展

卢文云

群众体育是体育强国和健康中国建设的重要内容,大力发展群众体育,使经常参加体育锻炼的人数达到较高比例,使全体国民的身体素养达到较高水准,是建设体育强国最重要、最基础的工作任务,也是体育强国最显著、最鲜明的特征,更是健康中国战略实施的内在要求。

党的十八大以来,新一届中央领导集体高度重视群众体育工作,把体育作为实现中国梦的重要内容,把全民健身作为人民追求幸福生活的重要举措,将全民健身上升为国家战略,为群众体育的发展提供了新动力。新时代,面对健康中国战略实施,以及广泛开展全民健身活动,加快推进体育强国建设,筹办好北京冬奥会和冬残奥会的新任务、新要求,群众体育发展应有新思路、新理念、新举措。

一、群众体育改革与发展主要成就

(一)全民健身上升为国家战略

北京 2008 年奥运会的筹办全面推动了我国体育事业的发展,"全民健身与奥运同行"群众性主题活动的开展更是极大地激发了我国群众的体育参与热情,不仅为北京奥运会的成功举办营造了浓郁的全民健身氛围,也提升了全民健身运动的社会价值和综合影响。2009 年,"全民健身日"的确立为奥运遗产的充分应用提供了典范,《全民健身条例》的颁布,为保障人民群众在全民健身活动中的合法权益,促进全民健身活动开展提供了坚实的法律保障。2014 年 10 月,国务院正式印发了《关于加快发展体育产业 促进体育消费的若干意见》,明确提出将全民健身上升为国家战略,把全民健身作为体育产业发展和扩大消费的基础。

在战略价值方面,全民健身上升为国家战略为群众体育的发展注入了强大的力量,也把群众体育工作提升到新高度,使其从体育系统价值上升为国家战略价值,跳出了以往单纯从个体和局部角度看待群众体育价值的局限,从推动人民全面发展和社会全面进步的角度充分挖掘群众体育的社会价值和综合作用。2016 年发布的《中国国民经济和社会发展"十三五"规划纲要》(以下简称《纲要》)从促进健康中国建设、满足多样化公共服务需求、构建现代公共文化服务体系、提高生活性服务业品质、完善服务业发展体制和政策、推进"一带一路"建设等多个方面提及了群众体育发展问题。并在《纲要》第十四篇"提升全民教育和健康水平"中专为"健康中国"和"全民健身"设置章、节,这是中华人民共和国成立以来首次在国家纲领文件中重点提出以体育提升人民健康水平的内容,凸显了群众体育发展在国家战略的重要价值。

在战略格局方面,群众体育从体育系统格局上升为国家战略格局,推动建立了更高层次的群众体育领导协调机制,实现跨界整合、融合发展,利用国家制定"十三五"规划,参与文化体制改革和落实健康、卫生、养老、文化、旅游服务业和体育产业新政的机会,参与制定构建现代公共文化服务体系和基本公共文化服务标准的文件，通过制定相关配套文件和实施细则，切实把全民健身列为各级政府和相关部门的工作内容，实现群众体育与各项社会事业相结合。如2017年全民健身工作部际联席会议机制的建立，意味着全民健身不再是体育系统的"单线作战"，而上升为政府主体工作，有利于部门协同推动群众体育工作。

在落实战略部署方面，群众体育从体育系统部署上升为国家战略部署。如围绕党的十八届三中全会提出的全面深化改革的战略部署，加快转变政府职能，转变事业发展方式，改革事业发展的体制机制，实施了群众体育的创新驱动发展战略，与地方政府共建全民健身公共服务体系示范区、项目协会制改革、科技助力全民健身、《全民健身计划》实施情况第三方评估等。

（二）群众体育发展的内生动力增强

一是群众体育需求增长。过去的十年是我国全面建设小康社会的关键时期，也是我国经济、社会快速发展时期，国内生产总值均逐年增长，从2008年的319515.5亿元，增长到2017年的827122亿元；城乡居民人均收入分别从2008年的15780.8元（城镇）、4760.6元（乡村），增长到2017年的36396元（城镇）、13432元（乡村）；居民消费水平从2008年的8707元，增长到2017年的18322元；在国家精准扶贫政策支持下，农村贫困人口从2010年的16564万人、贫困发生率17.2%，下降到2017年的3046万人、贫困发生率3.1%。群众体育的核心是体育健身，健身使人健康、愉悦、充实、智慧、高尚、幸福，因此，群众体育是人民幸福的保障。随着人们生活的富裕、闲暇时间的增多，广大人民群众对体育产生了内在需求，活跃在城乡大街、小巷的广场舞成为我国城乡生活的亮点和风景线，更是我国民众体育需求增长的真实写照。

二是群众体育赛事活跃。2017年全运会上增设了19个群众比赛项目，上千万人参与，受到群众好评的同时，进一步调动了群众参与体育活动的热情。其中，国家体育总局开展的"我要上全运"系列赛事，带动了各省（区、市）群众参与到赛事选拔活动之中，让百姓切身感觉到竞技体育的快乐，激发了群众参加体育健身的积极性。

三是群众体育意识增强，参与体育锻炼人数大幅增长。数据显示：2014年全国共有4.1亿20岁及以上城乡居民参加过体育锻炼，比2007年增加0.7亿人；2014年全国经常参加体育锻炼的人数为33.9%（含儿童、青少年），比2007年增加了5.7个百分点；与2007年相比，2014年20岁及以上经常参加体育锻炼的人群，城镇增加了48.0%，乡村增加了154.0%，乡村居民经常参加体育锻炼的人数百分比的增长幅度高于城镇；2014年，在20岁及以上人群中，有39.9%的人有过体育消费，全年人均消费926元。以上数据表明，我国城乡居民体育锻炼的意识增强，参加体育锻炼的积极性增高，人均体育消费水平大幅度提高，全民健身氛围更加浓厚。

四是群众体育的数字驱动开始显现。目前，越来越多人选择使用互联网运动服务工具辅助自己的体育锻炼，2016年1—9月，体育健身类App的用户规模和总使用时长稳步增加，单用户使用频次和使用时长处于稳步增长态势，用户每天的运动App启动次数和使用时长增多。这一现象说明，数字健身产品的推广使群众体育健身次数更频繁，体育健身时间更长，群众体育积极性参与度得到了提高。

（三）覆盖城乡、比较健全的全民健身公共服务体系基本形成

2010年，有中国特色的全民健身体系基本建成，实现了1995年《全民健身计划纲要》提出的目标。党的十七届五中全会提出了"十二五"期间经济社会发展的战略构想、指导原则和各项部署，强调将加强社会建设、促进社会事业发展、建立健全基本公共服务体系摆在突出位置，逐步完善符合国情、比较完整、覆盖城乡、可持续的基本公共服务体系，提高政府保障能力，推进基本公共服务均等化。2010年全国两会上，时任国务院总理温家宝在《政府工作报告》中明确提出"大力发展公共体育事业，广泛开展全民健身运动，提高人民的身体素质"的新要求，这是政府工作报告中第一次提出"公共体育事业"。2011年，《"十二五"规划纲要》也首次提出健全基本公共服务体系，并把大力发展包括公共体育事业在内的各项社会事业作为其重要内容。在此背景下，加快完善公共体育服务体系，提高公共体育服务水平，成为我国体育事业发展的中心工作。《"十二五"体育事业发展规划》中明确提出了"以建立完善符合国情、比较完整、覆盖城乡、可持续的公共体育服务体系为重点"的体育事业发展指导思想，以及"加快完善公共体育服务体系，提高公共体育服务水平，切实提高全民族的身体素质和健康水平，促进我国群众体育发展迈上新台阶"的体育事业发展总体目标。之后，国家体育总局进行了创新建设多层次基本公共体育服务体系的实践探索，如与江苏省共建公共体育服务体系示范区，制定了《推进公共体育服务体系示范区建设的实施意见》和《创建标准》，以及《示范区创建办法》和《指标体系》，进一步明确了公共体育服务体系示范区概念、内涵、内容和指标体系，并组织编制了《国家体育总局与江苏省人民政府共建公共体育服务体系示范区全民健身场地设施建设成果汇编》；试点探索"三县、一区"立体化的全民健身公共服务体系示范区建设模式，指导宁夏彭阳县、中卫县，江西省崇义县开展基本公共体育服务体系示范县创建工作；在北京市东城区"体育生活化社区"成果的基础上，指导其上升为社区级全民健身公共服务示范区等。各地方也在建设公共服务体系方面进行实践探索，如山东省探索用GPS技术监管公共体育设施；陕西省围绕构建体育基本公共服务体系，推进基本公共服务均等化，强力推动体育惠民工程建设等。

从全民健身体系到全民健身公共服务体系，虽然建设的具体内容没有变化，但全民健身公共服务体系更加强调政府基本公共服务职责的履行。通过实践探索及不断加大公共体育经费投入，以公共体育场地设施、全民健身组织网络、群众性体育活动系统、公益社会体育指导员队伍、科学健身指导及信息宣传服务系统为基本框架的覆盖城乡的、比较健全的全民健身公共服务体系基本形成。

1. 公共体育经费投入大幅增长

从财政投入看，2008—2016年我国投入群众体育经费合计2666146.65万元。从财政投入群众体育经费的增长看，由于2008年为奥运年，国家对体育事业经费加大了经费投入，因此以2009年的财政投入211944.4万元为基数，2016年财政投入群众体育290672.28万元，增长了37.15%。从体育彩票公益金的投入看，2008—2016年体育彩票公益金共投入群众体育3450055.13万元，从增长情况看，2008年投入213877.5万元，2016年投入532439.63万元，增长了148.95%，年均增长15.4%（表1）。

2. 公共体育场地设施大幅增加

一是公共体育场地设施以城乡基层、西部"老少边穷"地区和中部贫困地区为重点，

表 1 2008—2016 年财政和彩票公益金投入群众体育情况

单位：万元

年份	财政投入	增长(%)	彩票投入	增长(%)
2008	691053.00	—	213877.50	—
2009	211944.40	—	255972.20	19.68
2010	223684.80	5.54	383841.00	79.47
2011	266174.10	20.05	288917.00	35.09
2012	325537.60	53.60	397518.90	85.86
2013	195416.19	−7.80	425139.82	79.10
2014	210279.79	−0.79	407856.07	90.70
2015	251384.49	18.61	544492.11	154.58
2016	290672.28	37.15	532439.63	148.95
总计	2666146.65	—	3450055.13	—

资料来源：《体育事业统计年鉴》（2009—2017 年）。

以方便群众就近健身为原则，以形成布局合理、互为补充、覆盖面广、普惠性强的网络化格局为目标。通过加强公共体育设施规划制定与实施管理；继续实施"农民体育健身工程""雪炭工程""全民健身路径工程"；支持建设"全民健身活动中心""全民健身户外活动基地"和社区多功能全民健身设施；命名资助、示范引导、规范性管理推动；提高现有健身场所利用率等形式和手段，公共体育场地设施建设成效显著，表现为：一是全民健身场地设施的建设管理上升到国家规划层面，"体育基本公共服务建设工程"被纳入国务院《国家基本公共服务体系"十二五"规划》，国家发改委、体育总局联合下发了《"十二五"公共体育设施建设规划》《"十三五"公共体育普及工程实施方案》，成为继《"十一五"农民体育健身工程建设规划》后，国家层面关于体育健身场地设施方面的专项规划。

二是公共体育场地设施有较大幅度增长。场地数量方面，2008 年年底我国共有体育场地 76.3382 万个，到 2016 年年底，我国体育场地已超过 195.7 万个，增长了 1.56 倍；场地面积方面，2010 年年底我国人均体育场地面积为 1.083 平方米，到 2016 年年底，人均体育场地面积达到 1.63 平方米，增长了 50.5%。全国各市、县、街道（乡镇）、社区（行政村）已经普遍建有体育场地，配有体育健身设施。

2008—2012 年，政府命名群众体育场地 125395 个，场地面积 126943039.3 平方米，投入经费 17702065.5 万元。其中命名全民健身中心 31151 个，场地面积 35505709.4 平方米，投入经费 4217402.8 万元；命名体育公园 33970 个，场地面积 37284202.2 平方米，投入经费 2452932 万元；命名其他群众体育场地 20998 个，场地面积 16011102.3 平方米，投入经费 1118109.6 万元。政府援建体育场地 1183921 个，场地面积 294506783.8 平方米，投入经费 10300872 万元，其中健身路径 267193 个，篮球场 355997 个，乒乓球台 366532 个，小篮板 153563 个，其他场地 40636 个。

2013—2016 年，我国共投资 11175485.54 万元，建设健身场地 581547 个，健身器械 1508593 件，场地面积 366111644 平方米（表 2）。其中村级农民体育健身工程 290543 个，

表2 2013—2016年全国健身场地设施建设总体情况

年份	数量（个）	器材件数（件）	场地面积（平方米）	场地长度（米）	合计（万元）	投资总额　（万元）		
						财政资金	彩票公益金	社会基金
2013	146275	327759	98393663.75	6223336.30	3454667.49	1868878.53	1028862.76	556926.20
2014	166231	381882	116072086.40	4066861.10	2372112.60	1224894.98	729441.91	417775.71
2015	154676	383620	87990897.38	3381791.84	3286690.38	1055833.37	1561440.19	669416.82
2016	114365	415332	63654996.44	2547961.48	2062015.07	1338657.38	523717.29	199640.40
合计	581547	1508593	366111644	16219950.72	11175485.54	5488264.26	3843462.15	1843759.13

资料来源：《体育事业统计年鉴》（2014—2017年）。

场地面积156745271.44平方米，投资1280641.33万元；乡镇体育健身工程23461个，场地面积31036900.3平方米，投资692471.17万元；全民健身路径工程185543个，场地面积45126856.58平方米，投资2175889.55万元；大中型全民健身活动中心972个，场地面积9267699.69平方米，投资2205894.01万元；小型全民健身活动中心2614个，场地面积2939773.18平方米，投资347056.27万元（表3）。户外健身场地设施方面，包括体育公园2484个，场地面积53283559.01平方米，投资1426581.06万元；全民健身广场9832个，场地面积20515624.46平方米，投资1124154.55万元；户外体育营地555个，场地面积21858248.07平方米，投资249768.89万元；社区运动场地12589个，场地面积11643568.24平方米，投资234261.48万元；健身步道8518个，场地长度16220350.72米，投资428789.81万元（表4）。

三是在体育场地设施利用方面，积极推行体育场馆分时段免费或低收费向公众开放，体现公共服务属性。落实《教育部国家体育总局关于推进学校体育场馆向社会开放的实施意见》，用典型案例经验带动具备条件的学校积极开放体育场地设施，普遍提升体育场地设施使用效率。如杭州市通过政策设计、制度规范、智能管理，建立长效机制，推动工作落实，从2014年9月1日至2017年4月，全市共有570所符合条件开放的中小学校全部向社会开放，开放率达100%，全市登记开通入校健身的人数达569098人，入校健身2493078人次，受到了市民群众的欢迎和好评；大型体育场馆改革试点湖北省通过政府购买公共服务和体育公共服务平台，将改革工作向全省各种类型场馆全面推开，2015年受补助的63个大型体育场馆全年接待群众健身986.4万人次（其中免费接待健身535.7万人次，低收费开放接待101万人次），较2013年（下同）增长48.72%，体育技能培训40万人次（其中免费培训19.7万人次），免费运动健身指导49.4万人次，免费体质测试15.6万人次，全年收入合计2.64亿元，增长28.8%。

3. 全民健身组织网络日益完善

一是改革创新培育发展群众体育组织的体制、机制，制定体育社会组织改革相关政策，大力引导、培育、扶持体育社团、体育民办非企业单位、体育基金会等体育社会组织发展。以全国性体育社会组织改革为试点工作，推动各级各类体育社会组织改革，促进社会组织自身建设，提高综合服务能力，强化协会承担组织开展群众性竞赛和活动的功能。截至2016年，全国共有体育社会组织47280个，其中体育社会团体35876个、

表3 2013—2016年全国健身工程建设情况

年份	数量（个）	器材件数（件）	场地面积（平方米）	场地长度（米）	合计（万元）	投资总额（万元）		
						财政资金	彩票公益金	社会基金
村级农民体育健身工程								
2013	82417	—	41270082.90		388032.61	220552.87	104791.48	62688.26
2014	85697	—	42146847.45		415784.76	115735.81	250376.04	49780.91
2015	73718		43282057.40		300987.47	103085.37	149053.77	48848.33
2016	48711	—	30046283.69		175836.49	57472.12	91799.29	26565.08
合计	290543		156745271.44		1280641.33	496846.17	596020.58	187882.58
乡镇体育健身工程								
2013	6846		9034411.65		123197.72	53833.50	42498.73	26865.49
2014	7896	—	11407520.27		232610.98	100473.37	107078.85	25103.76
2015	5374		6479319.61		255160.21	192456.87	46138.89	16564.45
2016	3345	—	4115648.72		81502.26	33945.93	39948.83	7607.50
合计	23461		31036900.25		692471.17	380709.67	235665.3	76141.2
全民健身路径工程								
2013	39818	309576	12205290.61	—	1058736.65	232086.64	630673.51	195976.50
2014	47558	350009	12522282.81		294148.02	70958.30	212031.70	11209.02
2015	48509	368587	11913695.74		529743.58	90109.38	74361.83	365272.37
2016	49658	399744	8485587.42		293261.30	114418.70	168514.73	10327.87
合计	185543	1427916	45126856.58		2175889.55	507573.02	1085581.77	582785.76
全民健身活动中心大、中型								
2013	338	—	2930887.94		626938.05	393603.51	117488.54	115846.00
2014	254	—	2986629.76		381133.13	302445.99	31824.94	47562.20
2015	215		2136196.05		921710.19	196055.03	608911.16	116744.00
2016	165		1213985.94		276112.64	230900.88	13367.76	31844.00
合计	972		9267699.69		2205894.01	1123005.41	771592.40	311996.20
全民健身活动中心小型								
2013	668	—	1024534.97	—	74592.09	50260.01	15586.38	8745.70
2014	760	—	719871.42		117377.56	76903.08	22888.48	17586.00
2015	483		593204.21		126588.72	30781.91	90011.81	5795.00
2016	703	—	602162.58		28497.90	13537.50	13123.40	1837.00
合计	2614		2939773.18		347056.27	171482.5	141610.07	33963.70

资料来源：《体育事业统计年鉴》（2014—2017年）。

表4 2013—2016年全国户外健身场地设施建设情况

年份	数量（个）	器材件数（件）	场地面积（平方米）	场地长度（米）	合计（万元）	投资总额 （万元）		
						财政资金	彩票公益金	社会基金
体育公园								
2013	650	—	11609741.63	—	418251.93	311128.68	64267.16	42856.09
2014	682	—	24270557.57	—	349027.01	177247.17	13848.22	157931.62
2015	583	—	11384871.84	—	279925.90	237601.60	12488.17	29836.13
2016	569	—	6018387.97	—	379376.22	329879.10	13094.62	36402.50
合计	2484	—	53283559.01	—	1426581.06	1055856.55	103698.17	267026.3
全民健身广场								
2013	2771		7920475.00		484798.90	444177.20	10351.76	30269.94
2014	2427		4736643.55		95251.17	58100.14	21420.99	15730.04
2015	2301		3742738.00		81393.16	53500.16	11402.10	16490.90
2016	2333		4115767.91		462711.32	433574.16	16729.79	12407.37
合计	9832		20515624.46		1124154.55	989351.66	59904.64	74898.25
户外体育营地								
2013	165		5027083.00		25687.20	5544.40	4575.80	15567.00
2014	174	—	10424143.40	—	141665.40	135532.50	2117.90	4015.00
2015	105		3487449.67		63540.89	25278.53	26664.51	18521.00
2016	111		2919572.00		18875.40	2360.00	1019.98	15495.42
合计	555		21858248.07		249768.89	168715.43	34378.19	53598.42
社区运动场地								
2013	3505		2913747.10		41135.26	19119.57	10710.59	11305.10
2014	3092		2265622.88	—	60008.69	35759.52	16505.49	7834.68
2015	3128		3487449.67		63540.89	25278.53	26664.51	11625.85
2016	2894		2976748.59		69576.64	25768.93	30036.35	13771.36
合计	12589		11643568.24		234261.48	105926.55	83916.94	44536.99
健身步道								
2013	3026	—	—	6223336.30	121797.11	100688.31	5822.30	15286.50
2014	3047		4066861.10		127394.62	90614.77	20017.07	16762.78
2015	1249		3382191.84		89522.00	52535.71	14328.67	22657.62
2016	1196		2547961.48		90076.08	58101.02	9864.46	22110.60
合计	8518	—	—	16220350.72	428789.81	301939.81	50032.50	76817.50

资料来源：《体育事业统计年鉴》（2014—2017年）。

体育基金会335个、民办非企业单位11069个。从层级分布看，国家级体育社会组织96个、省级2394个、地市级14875个、县区级29915个（表5）。与2013年比较，体育社会组织总数增加9031个，其中体育社会团体增加17.31%，体育基金会增加38.43%，体育类民办非企业单位增加49.1%，省级、地市级和县区级体育社会组织总数分别增加19.6%、34.85%、19.76%。截至2012年，全国综合运动项目组织有6603个，其中省级119个、地级1939个、县级4465个；单项运动项目组织28203个，其中省级1142个、地级8289个、县级18772个。

表5 全国体育社会组织情况

单位：个

	合计		国家级		省级		地市级		县区级	
	2013年	2016年	2013年	2016年	2013年	2016年	2013年	2016年	2013年	2016年
体育社会组织总数	38249	47280	167	96	2071	2394	11031	14875	24980	29915
其中：体育社会团体	30583	35876	77	92	1396	1467	7773	9935	21337	24382
体育基金会	242	335	0	3	23	25	71	39	148	268
体育类民办非企业单位	7424	11069	90	1	652	902	3187	4901	3495	5265

资料来源：《体育事业统计年鉴》（2014年、2017年）。

二是积极发展城乡基层体育组织，引导健身站点、社区体育俱乐部规范、健康、有序发展。截至2012年，我国街道、乡镇体育机构合计53670个，街道、乡镇群众体育机构39462个，总体覆盖率达73.5%，其中街道有群众体育机构13168个，覆盖率达77.5%，乡镇有群众体育机构26294个，覆盖率达71.7%。街道、乡镇体育机构共有专职人员17285人，其中街道6964人，平均每个机构0.53人，乡镇10321人，平均每个机构0.39人；有兼职人员63016人，其中街道26502人，平均每个机构2人，乡镇36514人，平均每个机构1.39人。与2008年比较，我国城乡群众体育机构覆盖率增长19.1%，平均每个机构拥有兼职人员数增长11.9%。另有体育俱乐部21818个，其中国家级1400个、省级2921个、地级4604个、县级12893个；俱乐部有教练员47427人，平均每个俱乐部2.17人，会员6491097人，平均每个俱乐部297人。基层体育组织年办培训班37522次，培训人次2477165人，年组织活动90367次，参加人数11240811人次。截至2011年，全国有晨晚练点262291个，其中街道占126380个、乡镇占135911个；站点配置社会体育指导员485441人，平均每个站点1.85人，其中街道站点配置282532人，平均每个站点2.24人，乡镇站点配置202909人，平均每个站点1.49人；站（点）每天相对稳定的活动人数18016929人，其中街道9355645人、乡镇8661284人。

三是青少年体育组织增长迅速。截至2016年，全国共有青少年体育俱乐部8010个，其中国家级4151个、省级2749个、地市级1110个；较2008年的2242个，增长2.57倍。另有青少年校外体育活动中心489个，其中国家级35个、省级144个、地市级310个。青少年户外活动营地354个，其中国家级150个、省级172个、地市级32个。

4. 打造了全民健身"品牌"活动体系

围绕"丰富群众身边的体育健身活动""支持办好群众身边的体育健身赛事"打造全民健身品牌活动，为推进全民健身活动深入开展发挥示范和引领作用。

一是利用重大事件组织全民健身系列活动。如中华全国体育总会每年组织纪念毛泽东同志"发展体育运动，增强人民体质"题词周年全民健身系列活动，活动期间，各地体育总会在各自范围内联动开展形式多样的全民健身活动，大力倡导各级各类公共体育场馆设施免费或优惠向广大群众开放，并充分利用国民体质监测车和监测站点开展体质测试及科学健身指导。

二是组织创编和推广更多群众喜闻乐见、广泛受益的科学健身方式方法。以广播操为例，据不完全统计，2012年全国各地组织开展的比赛活动近2万场，直接参与群众近3000万人次，间接带动了1亿多人参与到广播操锻炼中，通过培训和会操展演等手段掀起新一轮广播体操热潮，同时，推动了广播体操、工间操锻炼的普遍化和制度化。

三是充分利用"全民健身日"，组织富有影响力的全民健身日主题活动。从2009年起，"全民健身日"被列为国家级"体育节日"，这是国家关注民生、顺应民意的一项重大举措。每年的"全民健身日"，国家体育总局、各级体育部门和社会体育组织根据不同地区、不同行业的特点，精心组织和策划一系列丰富多彩、贴近百姓、参与性强的全民健身主题活动。此外，各级体育部门和协会还以"全民健身日"为契机，注重公益惠民和志愿服务，积极推动体育场馆向公众开放，组织开展健身指导服务，营造科学健身舆论氛围，为全民健身活动常态化创造条件。系列活动的开展强化了各级政府体育服务职能，提供了更丰富的体育公共服务，以老百姓乐于参与的方式，使节日的健身乐趣惠及广大人民。

四是鼓励和支持根据地方特色、行业特点和群众需求广泛开展"一地一品""一行一品"全民健身活动。全国各省（区、市）体育部门积极创建了有自身特色的全民健身品牌活动和赛事，如东北三省重在充分发挥冰雪资源优势，广泛开展"全民上冰雪"系列活动，营造良好的全民参与冰雪运动氛围；贵州省打造山地户外精品赛事活动，充分利用自然生态和地域资源举办户外运动赛事，有力促进了举办地体育与旅游、宣传、文化的全面协调发展，成为当地群众体育发展的名片；甘肃省使体育品牌赛事成为"华夏文明传承创新示范区"和"敦煌行·丝绸之路国际旅游节"的亮点，推动"一带一区一长廊"等建设；上海市秉持"政府做实事，协会办赛事，媒体讲故事"的理念，创办了"上海市民体育大联赛"，用多元办赛、多方参与、集中决赛的形式，使市民运动会成为贯穿全年的体育嘉年华；重庆、天津、浙江、广东、福建、广西等省（区、市）举办了全民健身运动会、体育大会和体育节。这些地方特色全民健身活动的开展，对当地群众体育的发展起到了明显的促进作用。

五是联合相关部委、行业协会开展了针对不同人群、各具特色的健身竞赛活动。如联合国家民委筹办了第九届、第十届全国少数民族传统体育运动会；联合全国老龄办、中国老年人体育协会举办第一届、第二届、第三届全国老年人体育健身大会；联合农业部深入开展亿万农民健身活动；2013年开始，联合全国总工会每年举办全国行业体育职业技能大赛，举行以"岗位技能大练兵"为主要内容的群众性竞赛活动，第一名颁发五一劳动奖章；联合全国妇联每年举办妇女健身骨干培训班，为来自全国各地的妇女健身骨干和妇联干部进行系统、专业培训，提高妇女健身意识和身体质量，开展全国妇女健身网络展示大赛，得到了各地妇联组织和广大妇女群众的积极响应；联合各级残联和残疾人体育组织广泛开展残疾人健身康复锻炼活动,举办残疾人运动会。

六是打造以"我要上全运"为代表的系列品牌活动,发挥大型竞赛的综合价值。2017 年全运会上首次增加了群众体育项目。"我要上全运"是以全运会赛制创新为突破口和抓手,发挥大型综合性运动会带动群众体育参与的作用,让更多"草根选手"和民间高手展现风采。为最大限度鼓励全民参与,除马拉松项目外,其余项目均举行预赛和决赛,普通百姓可参加预赛,社会体育指导员作为赛事志愿者服务于群众。通过线上线下齐动员,广泛开展"我要上全运"系列活动,包括主题征文活动、摄影书画大赛、知识竞赛、棋牌项目网上赛事、广场舞比赛、体育达人秀节目、"赞美中国"景区户外运动大会。借助全运会,推动全民健身活动向全面和纵深发展,使举办全运会成为推动"健康中国"建设的重要窗口和舞台,提高人民群众对体育健身品牌活动的参与度和获得感,使其成为推进竞技体育和群众体育协调发展的有效平台。同时,弘扬体育文化、传承体育精神,使全运会等大型体育赛事成为推动体育事业改革发展的助推器和风向标。

七是创新群众体育办赛方式,拓展群众体育竞赛渠道,发挥群众体育的多元功能。如全国体育大会以淡化金牌、淡化锦标,突出重在参与、重在交流、重在快乐、重在健身为指向,以改革奖励办法为突破口,在办赛方式上进行了重大改革创新;举办了第二届全民健身科学大会、全民健身大讲堂活动和《全民健身计划纲要》颁布实施十五周年成就展。这一系列举措丰富了体育大会的办赛模式,增加了体育大会的文化元素,拓展了体育大会的多元功能,发挥了体育大会的综合价值。此外,积极引导社会力量举办全民健身赛事和活动,并产生了良好的社会反响和可观的社会效益。以城市乐跑赛为例,该赛事是以企事业单位为载体,面向在职人群,以快乐、健康、友谊为宗旨的非商业性、非竞技性群众体育活动。自 2013 年办赛以来,城市乐跑赛足迹遍布全国 60 多个城市,超 260 场赛事,逾 60 万人参赛,约 15000 家企业、20000 多个家庭及 49 所高校参与。教育部、国家体育总局与中央电视台联合举办的"谁是球王——乒乓球民间争霸赛""谁是球王——羽毛球民间争霸赛""谁是球王——足球民间争霸赛"全民健身系列节目,为普通百姓圆了自己的"体育梦""健康梦""冠军梦",打造了属于社会民众自己的梦想舞台、健身平台和展示平台。

5. 全民健身工作队伍壮大

一是社会体育指导员队伍发展迅速。主要采取了以下措施:①建立健全社会体育指导员组织体系,自 2010 年中国社会体育指导员协会成立至 2015 年,全国已成立 27 个省级指导员协会、199 个地市级指导员协会、766 个县级指导员协会,按照 2014 年 10 月中国内地行政区划单位统计,分别占 333 个地市级单位的 59.8% 和 2854 个区县级单位的 26.8%。②建立了全国《社会体育指导员管理系统》数据库,推进了社会体育指导员工作规范化管理和信息化建设。③深入开展社会体育指导员宣传工作,树立社会体育指导员良好的公众形象,扩大社会影响,提高社会认知度。④加强和改进社会体育指导员培训工作,通过建立社会体育指导员培训基地、修订《社会体育指导员技术等级培训大纲(2011 年版)》、编写出版《社会体育指导员技术等级培训教材》、拓宽社会体育指导员培训渠道、增加继续培训的次数和人数等,切实提升指导员技能素质水平。⑤推动社会体育指导员工作制度建设,使社会体育指导员的技术标准与形势变化接轨。⑥加强职业社会体育指导员队伍建设方面,如增设了"运动防护师"职业岗位,为优秀退役运动员参与全民健身职业指导创造了条件。

2008—2016年，我国公益性社会体育指导员总数从1042529人增长到2699323人，增长了1.59倍。其中国家级公益性社会体育指导员从1346人增长到10447人，增长了6.76倍；一级从83127人增长到194147人，增长了1.34倍；二级从259410人增长到739656人，增长了1.85倍；三级从698646人增长到1755073人，增长了1.51倍。从2008年和2016年全年年度审批人数看，总数从2008年的221894人到2016年的388512人，增长了0.75倍。其中，国家级公益性社会体育指导员从205人到2047人，增长了8.99倍；一级从10540人到30701人，增长了1.91倍；二级从48391人到108959人，增长了1.25倍；三级从162758人到246805人，增长了0.52倍。职业社会体育指导员总数从4420人增加到126254人，增长了27.56倍。其中，高级职业社会体育指导员从265人增加到1556人，增长了4.87倍；中级从1718人增加到32370人，增长了17.84倍；初级从2369人增加到92320人，增长了37.97倍。从2008年和2016年全年年度审批人数增加情况看，总数从2008年的1635人到2016年的35651人，增长了20.8。其中，中级从734人到5181人，增长了6.06倍，初级从788人到30425人，增长了37.61倍（表6）。

表6 全国社会体育指导员发展情况

单位：人

		累计审批人数		增长倍数（倍）	本年审批人数		增长倍数（倍）
		2008年	2016年		2008年	2016年	
获得技术等级称号的人数	小计	1042529	2699323	1.59	221894	388512	0.75
	国家级	1346	10447	6.76	205	2047	8.99
	一级	83127	194147	1.34	10540	30701	1.91
	二级	259410	739656	1.85	48391	108959	1.25
	三级	698646	1755073	1.51	162758	246805	0.52
获得职业资格的人数	小计	4420	126254	27.56	1635	35651	20.8
	指导师	68			47		
	高级	265	1556	4.87	66	45	
	中级	1718	32370	17.84	734	5181	6.06
	初级	2369	92320	37.97	788	30425	37.61

资料来源：《体育事业统计年鉴》（2009年、2017年）。

二是建立了全民健身志愿服务队伍。北京奥运会后，为进一步弘扬志愿服务精神，推动我国群众体育深入发展，积极培育科学文明健康的良好风尚，国家体育总局与中央文明办等6部门联合印发了《关于广泛开展全民健身志愿服务活动的通知》，对在全国联合组织开展全民健身志愿服务活动提出了要求。2010年，全国志愿服务活动协调小组制定了《建立全民健身志愿服务长效化机制工作方案》，明确了广泛开展全民健身志愿服务活动的工作思路和要求。2011年，国家体育总局成立了"全国全民健身志愿服务领导小组"和"优秀运动员全民健身志愿服务协调小组"，建立健全全民健身志愿服务的组织协调机制。2012年，国家体育总局还印发了《优秀运动员全民健身志愿服务实施办法（试行）》，成立"国家体育总局优秀运动员全民健身志愿服务协调小组"，并结合全国性赛事，组织10个运动项目的优秀运动员、教练员、裁判员和全民健身志愿者深入基层，开展志愿服务活动。2013年，组织开展了"红红火火过大年"全民健身志愿服务活动。通过不断加强领导，形成了以社会体育指导员为主体，优秀运动员、教练员、体育科技工作者和体育教师、体育专业学生组成的全民健身志愿服务队伍，形成了示范性志愿服务活动带动经常性志愿服务活动开展的常态局面。

6. 科学健身指导服务水平不断提升

一是以国民体质测定与运动健身指导站建设为依托，提高全民健身科学化水平。2011年，启动了国家级国民体质测定与运动健身指导站建设试点工作，首批建立了6个"国家级指导示范站"，在试点基础上研究建站标准和管理办法，以发挥体质测试结果对科学健身指导的服务效果，使更多的群众及时接受体质测定和健身指导服务。2013年，国家体育总局在江苏、广东开展了第二期"体质测定与运动健身指导站"试点工作，把每个省作为一个独立的面，着重探索"指导站"的运行模式和科学健身指导服务能力，解决服务覆盖人群结构、满足群众需求和提高服务满意度等问题。通过试点工作形成了一些为群众提供科学健身指导服务的新模式、新方法。

二是加强全民健身科普宣传，组织体育科研人员深入基层开展科学健身指导咨询服务。2009年，国家体育总局委托体育科学研究所、国家国民体质检测中心，每年在全国范围内举办"科学健身全民健康"全国运动健身科学指导系列活动。截至2016年，科学健身指导活动深入全国各地，至今已覆盖45个地市，惠及了22万余人。

三是科学掌握我国国民体质和全民健身的基本情况。为了检验《全民健身计划》实施效果，推动群众体育事业的发展，在2008年、2015年进行了第三次、第四次全国范围内的群众体育现状调查，比较完整、科学地掌握了全国城乡居民参加体育锻炼的基本情况，较为全面地反映了我国群众体育发展的整体状况，为制定《全民健身计划（2011—2015年）》《全民健身计划（2015—2020年）》等重大规划和政策提供了科学依据。我国从20世纪70年代末对大、中、小学进行体质测试开始，逐步建立起国民体质监测制度。2010年、2014年进行了第三次、第四次全国国民体质监测工作。历次国民体质监测工作，国家体育总局都在监测数据采集的基础上，认真分析监测结果，深入发掘体质变化成因，并向社会发布体质监测的主要结果，围绕监测公报和报告的撰写及监测数据的综合深度利用，举办行政和技术人员培训班，提高省市级体质监测和测试人员队伍的技术水平。通过国民体质监测工作，各级体育部门还培养出一支深入基层的群体科研队伍，在监测过程中向群众广泛宣传科学健身的理念和方法，建立健全体质测试站点，使体质测试工作日常化。2008—2016年，全国接受体质测试的人数达33989577人，每年接受体质监测的人数从2008年的2853123人，最高增长到2014年的7179573人，增长了1.52倍（图1）；2016年，全国累计建立国民体质监测站点8036个，年度新增954个，年体测人数达4432041人。

四是组织编写体育健身科普读物，开发，推广喜闻乐见的体育健身项目和锻炼方法。2012年，国家体育总局组织创编了第九套广播体操，并在"全民健身日"向公众正式发布。2013年，国家体育总局、教育部、全国总工会印发《国家体育锻炼标准施行办法》，实现了6~69岁人群的全覆盖，标志着我国群众体育进入了新标准航道。国家体育总局以全国群众体育现状调查、国民体质监测和中国国民健身指导系统等体育科研成果为基础，组织编写了《科学健身指导丛书》，同时，为指导广大农民朋友科学健身，发布了《全国新农村科学健身书库》目录，向乡镇、村全民健身和文化活动站点及农家书屋发送，

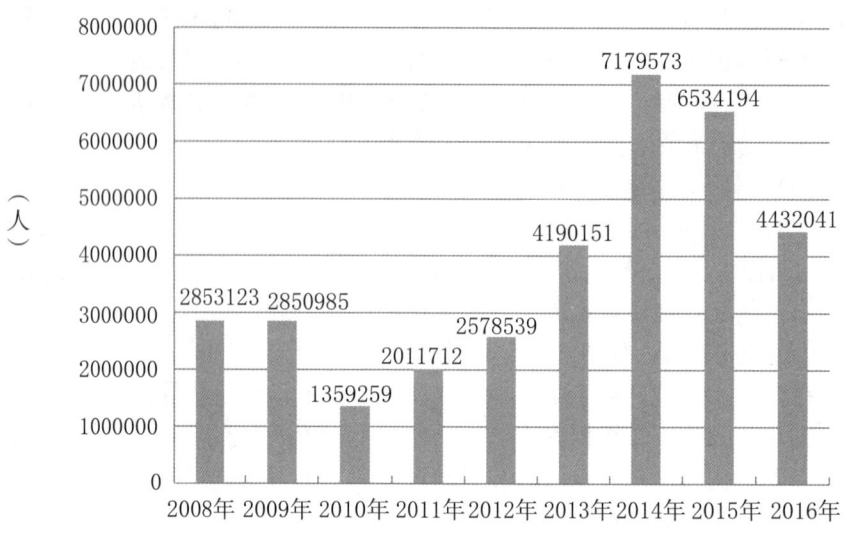

图1　2008—2016年全国接受体测的人数

资料来源：《体育事业统计年鉴》（2009—2017年）。

捐赠了书库视频。2017年8月10日，国家体育总局公布了《全民健身指南》，在全民健身计划与大众运动健身之间构建了一个科学运动健身指导平台，使体育健身活动在"健康中国"建设中发挥更大作用。

7. 信息宣传服务力度加大

一是组织开展多种形式的全民健身宣传和信息服务活动，营造良好的全民健身氛围。在国家层面，利用"全民健身日"鼓励各级各类媒体对群众体育进行广泛深入的宣传。如2017年的第九个全民健身日，国家体育总局和旅游卫视联合推出24小时全程大直播，节目分为"全民健身动起来""科学运动健康养生""健身可以很时尚"等多个板块，旅游卫视的40多名记者分赴江苏、浙江、海南等省的20多座城市的"全民健身日"分会场，全方位、多角度、实时呈现全国各地全民健身日活动盛况。为了使全民健身日的理念更深入人心，活动还启动了网络直播和实时互动，营造出全民健身、全民参与、全民健康的和谐氛围。在地方层面，浙江省体育局与浙江省疾病预防控制中心、浙江大学营养研究所联合组织开展了全省健康生活方式与科学健身大型科普宣传全省活动。北京人民广播电台体育台，自2012年8月7日起，每周二11时至12时开播北京市全民健身科学指导大讲堂。新疆维吾尔自治区克拉玛依市开展了"国家级体质测定与运动健身指导站"试点工作，建立了一支由教师、社会体育指导员、医学专家等组成的科学健身宣讲队伍，并通过广播、电视节目加大对科学健身的宣传。福建省体育局与省电视台合作，创办《运动时间到》和《快乐体育》栏目，报道群众体育赛事，介绍体育锻炼常识，推广体育锻炼方法，节目平均收视率稳步上升。

二是各类媒体高度重视和主动参与全民健身宣传与信息传播，逐渐加大对全民健身的宣传比重，增加全民健身活动报道、科学健身方法推介、体育养生休闲方式集锦、社会体育指导员风采等栏目和内容。在宣传过程中，新媒体发挥了很好的效用，如2011年的全国妇女健身网络展示大赛开通了专题微博，设置了网络投票栏，在15天的比赛过程中，网络观众投票量高达7425万人次，大量网络观众对比赛发表观点、进行评论，形成了火热的宣传声势，扩大了妇女健身活动的影响力。

三是推动全民健身公共服务信息网络建设，提高全民健身公共信息服务能力。国家体育总局积极推进体育信息化建设，设立了数字体育互动平台及国家体育总局政府网站、中华全国体育总会网站、华奥星空网站等网络平台，与电信企业、网站、海外大众媒体等全面合作，不断扩大我国全民健身的国内外影响。一些体育网站，如体育资讯网、大众体育网、体育管理在线、中国社会体育指导员网，也成为全民健身宣传和信息传播的重要平台。各级体育部门和体育组织也建立了各自的官方网站，有的还设置了专门的全民健身公共服务信息平台。如山东省建立了集"健身指导、公务管理、数据统计、决策辅助"于一体，管理和服务相结合的全民健身公共信息服务体系；广州市建立了全民健身公共服务平台"群体通"；浙江省建成了全民健身公共服务"一网三端"平台。

（四）群众体育的多元治理格局初步形成

1. 政府主导履行公共体育服务的职责有较大进展

政府主导作用表现在为广大群众提供基本的全民健身公共服务，其核心是各级政府贯彻和落实《全民健身条例》和《全民健身计划》，其重要抓手则是将全民健身事业纳入各级国民经济和社会发展规划、纳入各级财政预算、纳入各级政府年度工作报告（简称"三纳入"）。为强化各级政府主导群众体育发展的主体责任，国家体育总局多次会同国家发改委、教育部、财政部、国务院法制办等部门组成联合检查调研组，赴全国各地检查调研《全民健身条例》和《全民健身计划纲要》贯彻落实情况，并针对性地提出帮扶措施，帮助西部欠发达地区实现"三纳入"。"十二五"时期，全国省级"三纳入"覆盖率已达到100%。27个省份县级以上政府实现"全民健身纳入政府工作报告"全覆盖，28个省份县级以上政府实现"全民健身纳入财政预算报告"覆盖率达90%，其中实现全覆盖的有24个省份；29个省份县级以上政府实现"全民健身纳入国民经济和社会发展规划"覆盖率达80%以上，其中实现全覆盖的有26个省份。部分省（区、市），尤其是经济发达的东部地区，在实现完成"三纳入"全覆盖的基础之上，还把全民健身纳入到当地社会经济发展等其他领域，实现了"多纳入"。如上海市县级以上政府已全面将全民健身工作纳入基本公共服务体系，保障市民享受更加均等的全民健身服务；北京市连续12年将全民健身工作列入市政府办实事项目和折子工程，纳入到健康北京和健康北京人规划，纳入卫生、教育、科技、精神文明建设、社会建设等14项相关工作中；辽宁、安徽、广西等省、自治区将全民健身工作纳入对市政府的年度目标绩效考核；广东、江苏、福建、吉林、贵州等省把人均拥有体育场地面积和乡镇农民体育健身工程、十分钟体育健身圈、社区多功能运动场等全年重大建设项目作为为民办实事和体育惠民的任务；湖北省各州、市和县均把全民健身内容纳入当地政府年度十件实事之一。

2. 部门协同机制日益健全

部门协同的核心是围绕部门职责分工建立工作机制。2011年，经请示国务院办公厅同意，国家体育总局按照《全民健身计划》所确定的目标和任务，在征求27个中央和国务院部委意见的基础上，制定了《落实〈全民健身计划〉部委职责分工》，明确了中央和国务院相关部门在贯彻落实《全民健身计划》中的责任和任务。自 2012 年开始，国家体育总局每年牵头组织召开中央、国务院有关部委贯彻落实《全民健身计划》工作座谈会，建立各部委定期交流协商制度。为进一步推动部门协同，国务院 2016 年年底批复成立全民健身工作部际联席会议制度。2017 年 4 月，国务院全民健身工作部际联席会议在北京召开第一次会议，研究实施《全民健身计划（2016—2020 年）》工作机制，安排部署 2017 年全民健身工作。中共中央政治局委员、国务院副总理、联席会议召集人刘延东主持会议并发表重要讲话，国家体育总局局长、联席会议副召集人苟仲文发言，国家体育总局副局长、联席会议办公室主任赵勇对《国务院全民健身工作部际联席会议 2017 年工作要点》作出说明。联席会议 29 个成员单位相关负责同志参加会议并发言，表示全民健身国家战略意义重大，要履职尽责、主动作为，齐心协力实施全民健身国家战略，实实在在为百姓造福。

从部门之间的协同效果看，相关部委根据各自职能联合推出了若干涉及群众体育事业的重大专项规划和政策文件，如国家发改委与体育总局共同编制的《"十二五"公共体育设施建设规划》《"十三五"公共体育普及工程实施方案》，国家体育总局联合教育部出台《关于推进学校体育场馆向社会开放的实施意见》，联合财政部出台《大型体育场馆免费低收费开放补助资金管理办法》，联合文化部出台《关于发挥乡镇综合文化站的功能，进一步加强农村体育工作的意见》等；联合举办了各类群众体育品牌赛事和活动，如国家体育总局联合国家民委举办的全国少数民族传统体育运动会，联合农业部举办的全国农民运动会，联合中国残联举办的全国残疾人运动会，联合老龄办举办的全国老年人健身大会等，推动了各类人群体育活动广泛、深入开展；相关部门还立足自身职能，积极推动群众体育发展环境的改善，如中央文明办把全民健身重点发展指标纳入全国文明城市创建指标，科技部通过国家科技支撑计划支持国民身体素质提高的关键技术研究，国家标准委大力推进体育领域标准的制定与修改等。

国家层面的示范也带动了地方政府的部门协同。2013 年，有 9 个省（区、市）成立了全民健身工作（指导）委员会，8 个省（区、市）成立了全民健身工作领导小组，由政府分管领导担任主任（组长），定期召开会议，对《全民健身实施计划》任务分解和责任分工进行情况督办落实。有 9 个省建立了全民健身工作联席会议制度和定期报告制度，由各部门定期向政府领导通报本部门推行《全民健身实施计划》的工作进展，研究解决需要多部门协调落实的问题。很多省份都在体育系统内部对落实《全民健身实施计划》进行了任务分工，明确了各项任务目标、职责、牵头部门和参与部门。如陕西体育局主动与发改部门进行规划和项目衔接，参与修改《陕西省基本公共服务体系规划》《陕西省关于促进健康服务业发展的实施意见》《陕西省关于加强城市基础设施建设的实施意见》《加强老年文化建设的实施意见》，将体育的内容先行融入各类规划和标准中，同时，紧抓省政府制定全省《文化设施发展纲要》《陕西省创建文化先进县评选复查标准》《关中城市群核心区总体规划》的机遇，将涉及群众切身利益的体育惠民项目纳入大文化概念中，以充分享受现有的促进文化发展的各项扶持政策；福建省发改委、住建厅、省文明办等部门主动就县城建设标准、美丽乡村评选标准等工作征求和采纳体育部门的意见，可见，体育元素在城乡建设和发展中占据了一定的位置。

3. 全社会共同参与有新的进步

全社会共同参与包括八大核心力量：一是各级体育总会和单项体育协会；二是各级

工会、共青团、妇联、残联等群团组织；三是各级行业体协、人群体协等"条形"体育组织；四是各类健身俱乐部和健身团队等"块型"草根体育组织；五是群众体育科研院所等学术机构；六是新闻媒体；七是热心群众体育的企业；八是热心群众体育的各界社会人士等。为发挥不同社会力量的积极作用，形成共同推进群众体育事业发展的整体合力，在党的十八大提出的"加快形成现代社会组织体制"和党的十八届三中全会提出的"创新社会治理体制"宏观背景下，体育领域加大了体育社会组织改革的力度，按照"政企分开、政资分开、政事分开、政社分开"的要求，结合体育社会组织的公益属性，合理划分体育行政部门、事业单位与体育社会组织的职能。在国家体育总局部分项目中心和项目协会进行4类改革试点工作，包括非运动项目类协会、部分非奥运项目协会与行政单位脱钩改革试点；在一些项目协会推进单项体育协会综合改革试点；在部分非奥运会项目推进协会社会化改革试点；对部分奥运项目进行群众体育功能优化，充实协会任务。许多省份在推进社会组织"政社分开"方面也进行了积极探索，其中广东、上海、江苏、安徽等地成为民政部社会组织改革试点省份，国家体育总局在江苏、江西、宁夏、新疆4个省份开展了体育社会组织试点工作，探索体育社会组织评估制度、监管制度改革，利用财政资金、彩票公益金支持社会组织承接政府购买公共体育服务，加强体育社会组织能力建设，取得了良好的效果。体育社会组织的数量保持较快增长，全国正式登记的体育社会组织从2007年的16028个增长到2014年年底的38273个，年均增长10.75%。各地体育社会组织也呈快速增长势头，截至2015年，江苏省县级体育总会实现全覆盖，乡镇老年人体协、农民体协和单项体协有5900个，城乡晨晚练点达3.9万个，形成以基层体育社会组织为点，体育社团为线的点线结合、覆盖各类人群的体育社会组织网络；重庆市有基层老年体协组织8680个，会员158万余人，占老年人口的34%，建立起了纵向到村、横向到边的组织网络。

社会力量在群众体育各个领域发挥的作用也不断增强，各级体育总会发挥着桥梁、纽带作用。单项协会定期组织奥运冠军、世界冠军、全国冠军等优秀运动员深入社区、学校、农村和企事业单位，参加全民健身志愿服务活动；推行运动项目业余等级锻炼标准、段位制和业余裁判员、教练员、社会体育指导员认证体系，提高项目人口数量，夯实项目发展基础，探索多元主体办赛的机制，不断丰富群众身边的体育竞赛活动。工会、共青团、妇联、残联等群团组织和人群协会积极推动不同人群体育活动的开展，如共青团在全国高校范围内全面启动和广泛开展大学生"走下网络、走出宿舍、走向操场"主题群众性课外体育锻炼活动，推动将体育健身融入"校园文化节""三下乡"和"四进社区"等活动。一些网络、草根等非正式体育社会组织成为开展基层群众体育活动的组织者和主力军，如起源于河南省的"黎明脚步"，到2014年年底，在全国的实体团队已经发展到20多个，几乎每月都有主题跑步活动，并且组织召开全国黎明脚步研讨会。体育科研所等学术机构以智库的形式为政府的群众体育政策提供咨询，如上海体育学院承担《全民健身计划》实施第三方评估。新闻媒体成为群众体育宣传和信息传播的生力军，如吉林人民广播电台每天24小时滚动广播全民健身知识和主题口号，营造浓厚的全民健身氛围。热心的企业以各种形式参与群众体育，如万科集团举办的"城市乐跑赛"、无极限冠名的"世界行走日"及"全民健身挑战日"等活动已形成品牌。热心群众体育的各界社会人士积极参与群众体育志愿服务。

（五）群众体育的政策法规体系逐步完善

1. 全民健身条例的颁布

自《全民健身计划纲要》实施以来，我国始终高度重视政策法规对全民健身事业发展的保障作用。《中华人民共和国宪法》第二十一条规定："国家发展体育事业，开展群众性体育活动，增强人民体质。"明确说明了我国体育事业的性质，确立了群众体育在整个体育事业中的重要地位，是各级政府开展全民健身活动的重要法律依据。《中华人民共和国体育法》《学校体育工作条例》《公共文化体育设施条例》《公共文化服务保障法》《全民健身计划纲要》等有关全民健身的法律、法规，也从不同角度对与全民健身事业相关的政府投入、学校体育、公共体育设施等方面作出了规定，在不同层次对全民健身工作提出了要求，彼此间互为补充，为全民健身事业发展起到了重要的保障和引领作用。在此基础上，2009年10月1日，国务院颁布实施《全民健身条例》，以行政法规的形式确立了全民健身工作的法律地位。目前31个省（区、市，不含港澳台地区）中，17个制定了地方性全民健身条例，占54.8%；4个直辖市中，上海、北京、天津已制定条例，占75%；5个自治区中，内蒙古制定了《内蒙古自治区全民健身条例》，占20%；22个省（不含台湾省）中13个省制定了地方性全民健身条例，占59.1%。《全民健身条例》着重于解决影响我国全民健身事业的实际问题，明确了政府及全民健身体系中各有关主体的责任，建立了全民健身活动状况调查、学校体育开放、高危险性体育项目经营许可等制度，进一步确立了全民健身的法律地位，丰富和完善了全民健身的法规体系，为全民健身事业的发展提供了重要依据和保障。

2. 全民健身计划的相继发布

随着2010年《全民健身计划纲要》两期工程实施工作的结束，为明确下一阶段全民健身发展的目标任务和主要措施，继续有计划、有步骤地推动全民健身事业全面、协调、持续发展，更好地为国家经济建设和社会发展服务，2011年2月，国务院发布了《全民健身计划（2011—2015年）》。随后全国31个省（区、市）全部制定了省级《全民健身实施计划》，绝大部分地级市和大部分区（县）制定印发了本地区的《全民健身实施计划》；部分省印发了《全民健身实施计划》任务分解文件、评估评价标准和检查方案，建立了明确的责任分工、组织保障和评估检查机制，确定了"十二五"时期各级政府的目标任务和举措保障。2016年6月，国务院发布了《全民健身计划（2016—2020年）》，就"十三五"时期深化体育改革、发展群众体育、倡导全民健身新时尚、推进健康中国建设作了系统的规划和部署。截至2017年10月底，全国100%的省（区、市）、99.8%的地市、98.6%的县级政府也相继出台了相应的《全民健身实施计划》。

3. 配套立法和专项政策法规的制定

在促进城市、农村体育发展方面。为促进城乡体育组织建设，国家体育总局于2009年发布了《社区体育俱乐部创建标准和办法》，并在2010年6月，联合文化部、农业部印发了《关于发挥乡镇综合文化站的功能进一步加强农村体育工作的意见》。为推进全民健身进家庭，2017年，国家体育总局、民政部、文化部、全国妇联、中国残联印发《关于加快推进全民健身进家庭的指导意见》。

在针对不同人群体育工作方面，国家体育总局联合相关部委下发了系列实施意见。2010年5月，联合中华全国总工会印发了《关于进一步加强职工体育工作的意见》的通知；

2017年12月，联合农业部发布了《关于进一步加强农民体育工作的指导意见》；2017年11月，国家体育总局等7部门联合制定了《青少年体育活动促进计划》；2018年1月，联合国家民委印发了《关于进一步加强少数民族传统体育工作的指导意见》的通知。

在全民健身物质条件保障方面。2012年，《国家基本公共服务体系"十二五"规划》将体育基本公共服务建设工程纳入其中，国家发改委、国家体育总局联合先后下发了《"十二五"公共体育设施建设规划》《"十三五"公共体育普及工程实施方案》。为促进场地设施规范化建设，下发了《公共体育健身场地设施基本配建标准》，围绕健身场地设施建设模式、标准、项目设置等内容，指导各地公共体育设施体系建设；出台《全民健身活动中心命名资助办法》和配套的《设施配建与服务规范》，研制《全民健身户外活动基地设施配建与服务规范》，分类指导场地设施的规范建设和服务管理工作；修订《室外健身器材的安全通用要求》国家标准。

在加强全民健身标准制定方面。研制了体育公园、体育健身广场、户外体育活动营地、县级公共体育场、登山步道、城市健身步道等12项健身设施建设技术标准和服务规范的研制方案，按程序开展国家标准立项申报工作，其中《全民健身活动中心分类配置要求》《全民健身活动中心管理服务要求》《社区多功能运动场配置要求》3项列入了国家标准。为加强体育场地设施的使用，2013年国家体育总局等8部门联合印发了《关于加强大型体育场馆运营管理改革创新提高公共服务水平的意见》；2015年国家体育总局印发了《体育场馆运营管理办法》；2017年教育部与国家体育总局印发了《关于推进学校体育场馆向社会开放的实施意见》。

在全民健身活动与竞赛法规方面。2013年印发了新修订的《国家体育锻炼标准施行办法》；为拓宽群众体育竞赛渠道，2014年发布了《国家体育总局关于推进体育赛事审批制度改革的若干意见》，明确了群众性体育赛事在内的全国性体育赛事审批一律取消，降低了社会力量参与群众体育竞赛的门槛；出台了《关于支持社会力量举办马拉松、自行车等大型群众性体育赛事行动方案（2017年）》，积极引导社会力量办赛。

在全民健身工作队伍方面。2010年7月出台了《全国优秀社会体育指导员评选表彰办法》；2011年4月印发了《社会体育指导员发展规划（2011—2015年）》；同年10月发布了《社会体育指导员管理办法》，修订出台新的《社会体育指导员技术等级制度》。为促进全民健身自愿服务队伍发展，2010年，国家体育总局等6部门联合印发了《关于广泛开展全民健身志愿服务活动的通知》，年底制定了《建立全民健身志愿服务长效化机制工作方案》；2012年，国家体育总局印发了《优秀运动员全民健身志愿服务实施办法（试行）》。

在全民健身组织制度方面。地方政府积极探索建立扶持体育社会组织发展的机制，在培育和发展体育社会组织方面出台政策。如上海市出台《2014年上海市民体育大联赛赛事项目绩效评价实施办法》，从社会合作深度、社会动员力度、社会宣传广度、社会满意程度和资金运作规范度五个方面，对市民体育联赛承办的各级社会组织和协会进行综合考核评价，增强了体育社会组织的规范化运作意识和竞争能力；广东省从顶层设计着手，出台《广东省体育社会组织评估与资助办法》《关于加强体育社会组织培育发展工作的指导意见》《政府向社会组织购买体育服务暂行办法》《省级体育彩票公益金资助全省性体育社团开展全民健身活动办法》等，为扶持全省体育社会组织发展提供政策支持。

在推动全民健身法规的执行和宣传方面。为促进《全民健身条例》的贯彻落实，2009年，国家体育总局、中央文明办等20个部门下发了《关于贯彻落实〈全民健身条例〉的通知》，随后又下发了《关于贯彻落实〈全民健身条例〉推动各级政府依法履行职责的通知》。为在体育行业开展法制宣传教育，建立体育系统普法的长效机制，国家体育总局先后印发了《全国体育系统法治宣传教育第六个五年规划（2011—2015年）》《全国体育系统法治宣传教育第七个五年规划（2016—2020年）》。

此外，地方性政策法规不断完善，截至2013年年底，31个省（区、市）共制定地方性体育法规超过359件，其中省级人大制定的涉及全民健身相关政策的地方性法规共48件、地方政府体育规章49件、体育规范性文件212件；有立法权的自治州和较大的市制定了地方性体育法规和规章50余件。

二、群众体育发展面临的主要问题

（一）经常参与体育锻炼的人数比例低

经常参与体育锻炼的人数比例既是体育强国的重要标志，也是群众体育工作的重要目标。1995年《全民健身计划纲要》实施以来，我国分别于1997年、2002年、2008年、2015年进行了四次全国性的群众体育现状调查，我国16周岁以上城乡居民经常参与体育锻炼的人数比例分别为15.5%（1996年）、18.3%（2001年）、28.2%（2007年）、33.9%（2014年），全国经常参与体育锻炼的人数比例在约20年的时间里增长了1倍有余，说明我国群众体育工作的绩效较为显著，但与世界体育强国相比差距较为明显。美国行为风险因素监控体系（BRFSS）的调查显示，2001—2005年美国18岁以上经常参与体育锻炼的人数比例分别为45.3%（2001年）、46.9%（2003年）、48.8%（2005年），其2005年经常参与体育锻炼的人口比例就比我国2014年的比例高14.9%，从其发展来看呈现逐年递增的趋势，而且其经常参与体育锻炼的人口标准为每周5次、每次30分钟中等强度的身体活动，或者每周3次、每次20分钟大强度的身体活动，比我国的每周3次、每次30分钟中等强度身体活动的标准要高。英国第三次成人积极生活调查显示，2016—2017年英国16岁以上经常参与体育锻炼的人数比例为60.6%，比我国高26.7%，其经常参与体育锻炼的人口标准为每周150分钟以上中等强度的身体活动，且每次活动须至少持续十分钟以上，高强度的活动按中等强度的1倍计算，可见其经常参与体育锻炼的人口标准也要高于我国。2016年7月至2017年6月澳大利亚15岁以上经常参与体育锻炼的人数比例为61.8%。从经常参与体育锻炼人数比例统计的年龄看，我国是6岁以上，英国为16岁以上，美国为18岁以上，澳大利亚为15岁以上，所以按美、英、澳三国成年人的标准计算，我国2014年经常参与体育锻炼的人口比例应该远低于33.9%的水平。2007年全国群众体育现状调查官方公布的结果也印证了这一推断，2007年全国"经常锻炼"的人数比例为28.2%（含在校学生）；其中，16周岁及以上的城乡居民中达到"经常锻炼"标准的人数，仅占全国16周岁及以上总人口的8.3%。从体育锻炼的绩效关系看，只有达到"经常锻炼"的标准，才能产生良好的健身效果，起到较好的疾病预防、治疗作用，也才可能形成体育消费化参与，夯实体育产业发展的基础。因此，如何提高经常参与体育锻炼的人口比例是加快推进体育强国建设的重要任务，也是全民健身与全民健康深度融合的迫切要求。

（二）全民健身公共服务供给不充分与不平衡并存

全民健身公共服务供给的不充分是指供给的总量与需求相比较不够丰富、发展程度不够高、供给的态势不够稳固。

从丰富程度看，群众身边的场地供给类型较为单一，城市以健身路径为主，农村以乒乓球台和篮球场为主，较难满足不同群体多样化的健身需求。据艾瑞调查显示，2016年运动人群经常参与的运动项目排前5位的分别为跑步、健身走、羽毛球、骑行、登山步道，而我国体育场地排名前5位的分别为篮球场、全民健身路径、乒乓球场、其他类体育场地、小运动场。城市健身步道排第16位，仅为12295个，远远不能满足群众的需求，且群众身边的室内健身场地缺乏，群众健身易受天气制约，影响积极性。在体育活动的组织上多以整齐划一的大、中型品牌活动为主，针对慢性病群体、老年人、非体育参与群体组织的小型多样的科学健身行为干预活动较少。而英国2017年群众体育投资的12%用于体育非参与人群的行为干预活动，2016年还投入1000万英镑专门用于促进老年人的体育活动参与。美国也有专门针对老年人非体育参与者的基于科学循证的行为干预活动。

从发展程度看，2016年我国政府财政投入和彩票公益金共投入群众体育823111.91万元，2016年全国人口总数为138271万人，人均体育经费仅5.95元；而英国2016年财政资金投入群众体育1.056亿英镑，彩票公益金投入2.028亿英镑，合计3.084亿英镑，2016年英国人口总数为6563.72万人，人均体育经费约为4.7英镑，按2016年1英镑兑人民币8.5元计算，折合人民币39.95元，是我国群众体育经费投入的6.71倍。从我国体育事业经费投入占GDP的比重看，2016年我国GDP的总量为743585.5亿元，财政投入体育事业经费3445000.98万元，占当年政府公共预算支出总量187755.21亿元的0.22%；体育彩票公益金投入体育事业1811380.43万元，财政资金和彩票公益金投入体育事业经费总额5877585.05万元，占当年GDP的比重约为0.079%，而西方发达国家的比重为1%。从体育场地设施看，2013年第六次全国体育场地普查数据显示，我国人均体育场地数量为0.0012个，人均场地面积为1.46平方米，到2016年人均场地面积为1.63平方米，而美国为16平方米，日本为19平方米。从公益性社会体育指导员的数量看，2016年为2699323人，平均每512个人才拥有1名社会体育指导员，而英国广泛采用自愿服务的方式对群众的体育健身进行指导，2016年英国16岁以上的人有670万人参加过2次以上自愿服务，占总人口的15%。

从供给的态势看也不稳固，2008—2016年公共财政投入群众体育的发展并未呈逐步增长之势，且群众体育投入与体育事业经费投入不同步（图2）。2013—2016年，社区运动场地数量建设从3505个下降到2864个，场地面积2013年至2014年、2015年至2016年均有所下降，健身步道的建设从3026条下降到1196条，步道长度从6223336.3米下降到2547961.48米，呈逐年下降之势（图3、图4）。

供给的不平衡主要体现在城乡之间、地区之间。根据第六次全国体育场地普查数据，我国体育场地分布在城镇的数量为96.27万个，占比58.61%，在农村的为67.97万个，占比41.39%，城镇比农村多28.3万个；从体育场地面积看，城镇的面积为13.37亿平方米，占比68.61%，农村为6.12亿平方米，占比31.39%，城镇比农村多1倍有余；从人均场地分布看，城镇每万人拥有体育场地13.12个，人均场地面积为1.83平方米，农村每万人拥有体育场地10.79个，人均场地面积为0.97平方米，城镇在每万人拥有场地的数量

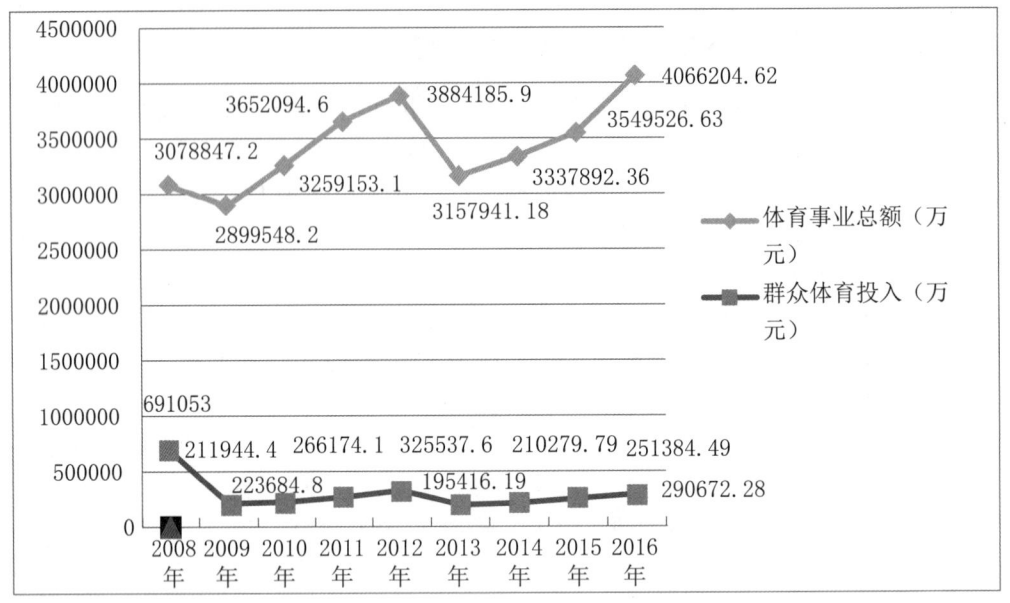

图2 2008—2016年财政投入群众体育趋势

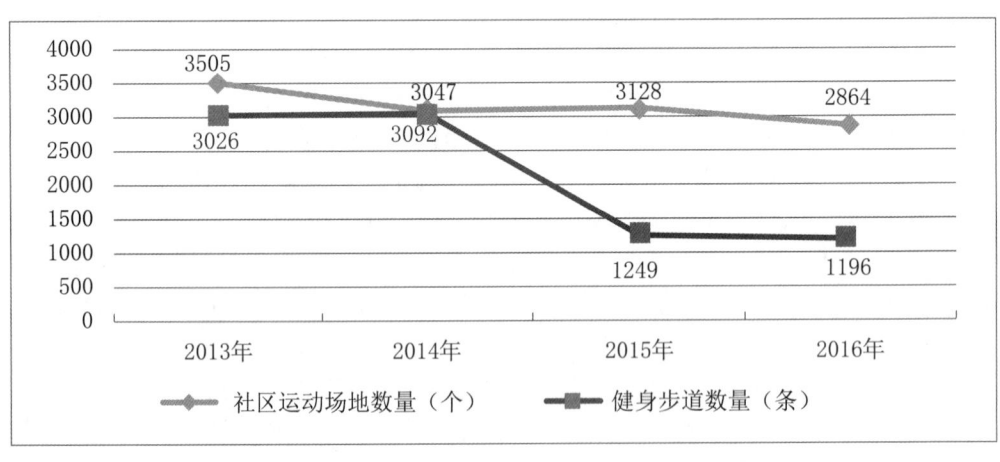

图3 2013—2016年社区运动场地和健身步道数量发展趋势

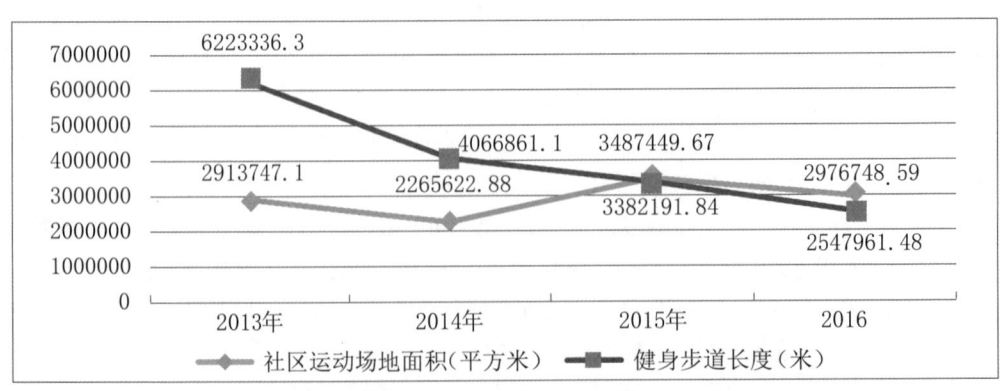

图4 2013—2016年社区运动场地面积和健身步道长度发展趋势

上比农村多2.33个，人均场地面积多0.86平方米。从群众体育机构的分布看，2012年，我国城市街道群众体育机构的覆盖率为77.5%，农村乡镇覆盖率为71.7%，城镇比农村多5.8%；从机构配备的专兼职人员看，城市街道平均每个机构配专职人员0.53人、兼职人员2人，农村乡镇平均每个机构配专职人员0.39人、兼职人员1.39人，城市也要高于农村。

从地区之间的不平衡看，在群众体育公共经费的投入方面，2016年人均财政经费投入东部地区2.71元、中部地区1.07元、西部地区2.67元、东北地区1.32元，最高的东部地区与最低的中部地区相差了1倍有余；在体育场地方面，截至2013年，东部地区、中部地区、西部地区、东北地区每万人拥有场地数量分别为13.69个、11.17个、11.52个、9.19个，人均场地面积分别为1.81平方米、1.16平方米、1.15平方米、1.50平方米，各地区间的差异均很明显；在全民健身组织方面，按体育事业统计年鉴口径计算，截至2016年，东部地区、中部地区、西部地区、东北地区平均拥有1个体育社会组织的人数分别为24893人、32840人、33206人、31459人，西部地区比东部地区多8313人；在社会体育指导员队伍方面，截至2016年，东部地区、中部地区、西部地区、东北地区每个社会体育指导员指导人数分别为435人、599人、627人、399人，西部地区比东部地区、东北地区分别多192人、228人（表7）。

表7 不同区域全民健身公共服务供给不平衡情况

地区	人均财政投入（元）	每万人拥有场地设施数量（个）	人均场地面积（平方米）	平均多少人拥有1个健身组织（平方米）	每个社会体育指导员指导人数（人）
东部地区	2.71	13.69	1.81	24893	435
中部地区	1.07	11.17	1.16	32840	599
西部地区	2.67	11.52	1.15	33206	627
东北地区	1.32	9.19	1.50	31459	399

资料来源：《体育事业统计年鉴》（2017年）；第六次全国体育场地普查数据汇编；《中国统计年鉴》（2014年，2017年）。

（三）群众体育多元治理的协同能力不足

群众体育多元治理的协同能力是不同治理主体有效利用各自的资源和优势，通过一定的方式相互作用、协调配合，促进群众体育向有序、稳定的方向发展，进而使系统整体功能倍增或放大，实现协同效应的能力，主要包括上下级政府之间的"纵向协同能力"、部门之间的"横向协同能力"及政府部门与社会部门、私营部门之间的"内外协同能力"。

从"纵向协同能力"看，由于缺乏科学的政府群众体育工作水平评价机制，导致国家层面的群众体育规划和政策在嵌入下级政府群众体育规划和政策过程中呈执行力逐级衰减的现象，尤其在县级，有些涉及老百姓切实利益的全民健身公共服务建设项目落不了地,个别项目资金长期"趴"在账上花不出去,影响了国家群众体育的总体政策实施效果。

从部门之间的"横向协同能力"看,目前虽然建立了全民健身部际联席会议制度,也出台了部门之间职责和分工的文件,但相关部门工作力度仍不够大,主动履责的意识不够强,未能充分调动和有效整合部门资源,主动思考、出台具有针对性的措施。同时,"部门协同"的形式还比较单一,"协同"的内容还不丰富,尚停留在单边或双边合作的初级阶段,缺乏深层次的"协同"合作破解全民健身事业发展的瓶颈和难题,如涉及规划和住建部门协同的新建小区配套体育设施的"同步设计、同步建设、同步投入使用"的政策落实不到位问题;涉及教育部门协同的学校体育设施对社会开放程度和利用率不高的问题;涉及公安、消防等协同的体育赛事审批权取消后,由于安全保障方面的审批导致群众体育赛事难以举办问题等都体现了部门之间合作深度不够。

从"内外协同能力"看,一是政府与社会资本合作的领域比较有限,主要集中在体育场馆和体育综合类硬件建设项目方面,且存在鼓励社会力量参与的优惠政策存在不足;二是政府向社会组织购买全民健身公共服务的政策普及面也有限,仅发达省市的购买机制趋于成熟,中西部地区相关政策明显不够,且相当数量的体育社会组织不具备承接政府购买公共服务的资格;三是对新涌现的网络、草根组织的重视和扶持力度不够,影响了组织的规模化发展和功能发挥,甚至引发管理混乱,如广场舞的扰民问题;四是全国单项运动协会虽然在项目普及上有新进展,但尚未形成针对不同运动项目的特有普及模式;五是体育社会组织发育成熟度低,大部分体育社会组织自治能力不足,难以独立生存和承担政府与社会所期望的责任,特别是部分官办协会存在定位不准、作用不大、能力不强、管理分散等问题,且自身缺乏提升工作水平的内在动力和发展能力,无力承接政府职能转移和发挥政府的参谋助手作用;六是社会参与群众体育的路径不通畅,特别是尚未建立全民健身自愿服务的供需平台,导致有意愿提供自愿服务的组织或个人难以找到服务对象,需求方又缺乏需求表达的渠道,阻碍了社会各界为群众体育贡献力量。

三、新时代群众体育发展展望

(一)发展思路

党的十九大作出"中国特色社会主义进入了新时代"的重大判断,并对党和人民事业的发展作出了全面部署,向公众发出了奋进新时代、开启新征程的进军号令。对体育领域来说,广泛开展全民健身活动,加快推进体育强国建设,筹办好北京冬奥会、冬残奥会,这是新时代党和人民的各项事业发展赋予体育的新任务、新要求。面向新时代,群众体育工作要以党的十九大精神为指导,全面准确贯彻落实新时代中国特色社会主义思想,紧紧围绕统筹推进"五位一体"总体布局和协调推进"四个全面"战略布局,深入贯彻落实创新、协调、绿色、开放、共享的新发展理念,着眼于不同时期群众体育发展的关键问题,把满足人民群众不断增长的体育需求作为群众体育工作的出发点和落脚点,以提升公民身体素养为核心目标,以提高群众的体育参与水平和质量为关键点,以促进群众体育智慧化为方向,以推进基本公共体育服务均等化为重点,以不断提升群众体育治理能力为路径,以使人民群众能共享群众体育改革和发展所取得的成果,使群众体育在实现"两个一百年"奋斗目标和促进健康中国建设进程中发挥积极的作用，为体育强国建设奠定坚实的基础。

（二）战略目标

根据我国社会主义现代化建设提出的"三步走"战略目标，新时代我国群众体育发展的战略目标分为三个阶段。

第一阶段：从现在到 2020 年，是全面建成小康社会决胜期。群众体育发展目标要着眼于全民健身公共服务供给不平衡、不充分与群众需求之间的矛盾，按照《全民健身计划（2016—2020 年）》和《"健康中国 2030"规划纲要》对群众体育发展提出的具体目标和任务要求，建立起与小康社会相适应的全民健身公共服务体系，努力促进全民健身基本公共服务的均等化；政府主导、部门协同、全社会共同参与的群众体育治理格局更加明晰，治理能力逐步增强；群众体育的智慧化基础基本夯实；群众的健身意识普遍增强，参加体育锻炼的人数明显增加，每周参加 1 次及以上体育锻炼的人数达到 7 亿，经常参加体育锻炼的人数达到 4.35 亿，公民身体素养稳步提升；群众体育的多元功能充分发挥，与各项社会事业融合发展的局面基本形成，全民健身成为促进体育产业发展、拉动内需和形成新的经济增长点的动力源。

第二阶段：从 2020 年到 2035 年：按照基本实现社会主义现代化的要求，全民健身公共服务均等化基本实现；具有中国特色的运动促进健康服务体系基本建成；人民的体育权利得到充分保障，群众体育治理体系和治理能力现代化基本实现；群众体育的智慧化水平显著提升；群众体育的综合影响力更加广泛深入；全民健身蔚然成风，经常参加体育锻炼的人数比例显著提升，公民身体素养显著提高。

第三阶段：从 2036 年到 21 世纪中叶：按照富强、民主、文明、和谐、美丽的社会主义现代化强国要求，群众体育完全实现智慧化；全民健身公共服务更加便捷、高效、贴心，完全实现精准化供给；群众体育实现与经济社会的融合发展；全民健身成为人民的生活方式，经常参加体育锻炼的人数比例达到 70% 以上；全民健身的中国理念、中国标准、中国方法、中国模式成为世界大众体育发展的标杆。

（三）主要措施

1. 树立群众体育发展的新理念

发展理念是关于"什么是发展""发展什么""为谁发展""如何发展"等问题的看法或观点。理念是行动的先导，一定的发展实践均是由一定的发展理念所引领的。长期以来，我们认为发展群众体育是为竞技体育培养后备人才，单纯强调群众体育的体质增强功能，群众体育的社会功能和多元价值被淡化。基层政府发展群众体育更多的是基于"行政的逻辑"而非"服务的逻辑"，即发展群众体育是基于上级政府的行政压力驱动，而非"为民服务"的内在使命驱动，在行政逻辑牵引下，很多基层政府并不在意民众的真实体育需求，单纯地把群众体育的发展看作建场地设施、组织活动、发展社会体育指导员等规模扩张上，是否通过全民健身公共服务促成了群众科学健身行为的形成则少有关注。在如何发展群众体育方面，也局限在体育系统内部认识和布局，未能完全激发市场、社会和公民个人发展群众体育活力。对此，新时代的群众体育实践必须以创新、协调、绿色、开放、共享理念为引领，树立以下群众体育发展理念。

一是关于群众体育发展的地位和作用。群众体育是社会主义事业总体布局的重要组成部分,是一项民生事业,关乎每一个人的身心健康,关乎民族未来,是人们追求美好幸福生活的重要内容,是推动体育产业成为经济转型升级的重要力量,是体育强国的基础。各级政府要树立"关心群众体育就是关心群众,重视群众体育就是重视群众"的民生理念,把群众体育作为党和政府联系群众、服务群众的桥梁;公民个人要树立科学健身是"对个人健康负责、对家庭幸福负责、对民族未来负责"的"责任"理念。

二是关于群众体育发展目的。坚持以人民为中心,以促进人的全面发展和社会全面进步为目标,努力提高全民族的身体素养,充分发挥群众体育的多元功能,不断满足人民群众日益增长的体育需求。

三是关于群众体育发展动力。坚持改革创新理念,努力推动群众体育发展从粗放型向集约型转变,从经验型向科学型转变,从单纯追求数量向同步提升质量转变,从要素驱动向创新驱动转变。对群众体育出现的新情况、新问题,作新的理性分析和理性解答,对群众体育本质、规律和发展变化的趋势作新的揭示和预见;根据群众体育发展的规律和时代要求,革除制约群众体育发展的体制性障碍,促进群众体育资源在不同系统、不同层次之间的有效整合;加快群众体育治理主体的内部机制改革,增强微观活力。

四是关于群众体育发展方式。坚持一手抓群众体育事业,努力构建覆盖城乡、惠及全民的全民健身公共服务体系,一手抓群众体育产业,推动健身休闲产业发展,健全健身休闲市场体系。要坚持三个统筹,即统筹城乡、区域和人群发展,着力提高农村地区、中西部欠发达地区和社会弱势群体的体育服务水平;统筹各方面力量,形成推动群众体育发展的强大合力;统筹国内国际两个大局,大力推动群众体育的对外交流与合作。

五是关于群众体育发展的领导力量和依靠力量。始终坚持党和政府对群众体育工作的主导作用,发挥不同部门在群众体育发展中的协同作用、市场在群众体育资源配置中的决定性作用、体育社会组织在群众体育发展中的连接纽带作用、人民群众在群众体育发展中的主体作用,最大限度地发挥群众体育工作者的积极性、主动性、创造性。

2. 推动群众体育与其他体育工作协同互促发展

群众体育与竞技体育相互促进。一是打通群众体育和竞技体育之间的壁垒,构建从"草根"到"顶层"的多层次、多结构、多区域的赛事体系,构建从业余到专业的运动员等级标准体系。二是充分利用竞技体育资源弥补群众体育资源的不足,满足人民的健身休闲需求,各类训练基地在完成训练任务的同时,要向群众开放;大型运动会的场馆建设要结合人们的健身需求,立足于多种体育功能的充分利用,做到比赛与训练相结合,竞技体育与群众体育相结合;充分利用体育明星服务社会公益事业,组织开展体育明星进学校、进社区活动,使体育明星能"沉"到基层社区,拉近与民众的距离,通过体育明星的身体力行,向民众普及全民健身、推广从事的运动项目。三是构建以提升青少年身体素养为核心的竞技体育后备人才培养体系,把竞技体育作为促进儿童、青少年全面发展的重要手段,广泛开展以培养儿童、青少年体育兴趣为目标的体育活动,使竞技体育后备人才的培养建立在青少年广泛参与的基础上,避免早期专项化。四是以体育综合体为抓手,探索运动项目训练基地、全民健身休闲、体育产业、旅游产业及延伸产业之间的融合发展模式。五是借鉴北京奥运会"全民健身与奥运同行"、天津全运会"我要上全运"活动的经验,继续利用举办国内外大型体育赛事推动群众体育发展。六是建立单项体育协会推动运动项目普及的机制,把运动项目的普及纳入其工作评价,并与政府投入挂钩。

群众体育与体育产业相互促进。一是不断提升群众体育参与的水平和质量,把提高经常参与体育锻炼的人数比例作为新时代群众体育工作的关键点,实施专门的行为干预工程,设置专门的经费保障,以扩大体育消费群体,夯实体育产业发展的基础。二是推动群众体育与文化、教育、旅游、养老、健康等产业融合发展,形成体育发展新业态,促进体育产业发展。三是不断丰富群众体育的市场供给,提高产品和服务质量,满足群众多元化的体育需求。

群众体育与体育文化相互促进。一是以群众体育为载体弘扬体育文化,包括推广健身、健康新理念和科学健身方法;弘扬奥林匹克精神、中华体育精神和各地区、各民族的体育文化;弘扬社会主义核心价值观等社会主义先进文化、中国传统文化,以及人类优秀文明成果;通过群众身边的全民健身优秀人物、先进事迹等传播社会正能量。二是以体育文化引领群众体育内涵发展,包括在群众体育工作和百姓健身活动中,以群众喜闻乐见的方式引导群众形成正确的健身和健康观念,养成科学的健身行为,使之潜移默化成为常态的生活方式;体育文化与体育场地设施建设、体育组织培育、体育活动开展和体育知识普及同步,追求相互交融、整体发展。

群众体育与体育外交相互促进。一是搭建国际交流平台,通过开展群众体育项目、智库、活动、人才等国际交流与合作,传播和推广群众体育发展的中国理念、中国模式、中国标准、中国品牌、中国人物和中国故事,发出中国声音,提升国际影响力,有效发挥群众体育在推广中国文化,提升国家形象和增强国家软实力等方面的独特作用。二是不断吸取发达国家群众体育发展的先进经验,推动群众体育向更高层次发展。

3.不断提升群众体育治理的现代化水平

群众体育治理能力现代化是群众体育治理主体通过持续互动、相互信任和协商共识建立起有机合作制度及机制,解决群众体育发展的各种矛盾与问题,实现群众体育的善治,进而实现人的全面发展和社会全面进步的过程。

促进群众体育治理能力现代化的目标是群众体育各个治理主体到位不越位,有为不乱为,最终实现调控主体主动有度、市场主体竞争有序、社会主体积极有位、个人主体参与有道的群众体育发展状态。

(1)群众体育治理主体的现代化

群众体育的治理主体是群众体育发展的责任承担者和参与者,从宏观上分为政府、市场、社会和公民四大类。群众体育治理主体的现代化既包括不同治理主体在数量上的增加和结构上的平衡,也包括各个治理主体治理能力的单项提升,更是指各治理主体间基本关系模式和相互作用方式的重构,进而实现整体效能优化提升的结构性调整。从当前我国群众体育治理主体的数量和结构看,存在基层政府群众体育组织机构不健全、群众身边的体育社会组织缺乏、具有国际竞争力和影响力的健身休闲骨干企业缺乏等问题。因此,应加大力度健全基层政府的群众体育机构;培育群众身边的体育社会组织;鼓励具有自主品牌、创新能力和竞争实力的健身休闲骨干企业做大做强,提升核心竞争力。

从各治理主体的治理能力看,政府作为公共利益的代表,其群众体育治理能力主要体现在提供基本公共体育服务及引导社会各种力量服务于群众体育发展的能力两个方面。在政府提供基本公共体育服务能力方面,由于资源吸取能力和统筹调控能力不足导致基本公共体育服务供给不充分和不平衡并存,由于资源配置能力不足导致基本公共体育服务的供给效率低下;在引导社会各种力量服务群众体育发展方面,由于政府职能转变不到位，市场、社会和公民参与群众体育治理的活动空间有限、深度不够。

针对这些问题，应以打造"强政府"为目标，从体制、机制和能力建设三个方向进行改革。一是体制方面，厘清政府的群众体育治理职能，政府在群众体育治理体系中应承担"元治理"的角色，从传统的"管理"转向使用新工具和新技术来"掌舵"和"指导"，以增强自己的统筹调控能力、建构和解构联盟的能力、协商和合作的能力、整合资源和监督的能力。具体承担的职责包括：作为规则制定者，从总体上架构群众体育治理体系，科学制定和有效执行群众体育治理的制度及政策；作为基本公共体育服务供给者，确定相关标准，并制定相关政策，通过财政等手段保障有效供给；作为秩序管理者，政府则应对健身休闲市场进行培育和监督管理；作为社会和公民参与治理的动员者，政府要为体育社会组织的发展营造制度和规则环境。在此基础上，明确中央与地方各层级政府在群众体育治理中的职责分工，提升基层政府的群众体育政策执行力。二是机制方面，从群众体育规划、政策制定、财政投入、基础设施、人才队伍建设等方面对政府在群众体育治理中的运作过程进行规范，确保实现政府在群众体育治理体系中的主导作用。三是具体能力提升方面，结合现代化的要求，从法治、规划、资源配置、组织、动员、执行、监督、调控、协调、反应、回馈等多个方面提升政府对群众体育治理相关能力，重点要提高政府对群众体育投资能力，建立投资效益评估体系，以政府的投资提升市场和社会活力。

群众体育市场治理能力主要体现在提供差异化的群众体育产品和服务的能力，其具体内容是群众体育产品和服务的提供与生产。其中，事关国家公共需求和公民基本体育权利保障的纯公共体育产品和服务，需要政府直接负起责任。除此以外的公民个性化、差别化的文化需求，需要通过发展健身休闲产业、繁荣健身休闲市场、壮大健身休闲企业得到实现和满足。目前，我国健身休闲业总体规模不大、产业结构失衡、市场主体核心竞争力不强，还存在有效供给不足、大众消费激发不够、基础设施建设滞后、器材装备制造落后、体制机制不活、从业人员专业性不高等问题。针对这些问题，应调整政府与市场的关系，以建设统一开放、竞争有序的健身休闲市场体系为目标，以发挥市场在资源配置中的决定性作用和更好发挥政府作用为原则，需从四个层面努力：一是私人体育消费完全交给市场，政府不直接介入；二是基本公共体育服务的提供尽可能与市场合作，以提高针对性和效率；三是涉及国家公共利益的群众体育产品和服务需要通过政府内部实现的，也要尽可能借鉴和引入竞争、效率等市场理念和机制；四是尽可能让市场机制充分、健康发挥作用。重点解决四个问题：一是保障各类健身休闲市场主体权利平等、机会平等、规则平等；二是推动健身休闲企业跨地区、跨行业、跨所有制兼并重组；三是提高健身休闲企业规模化、集约化、专业化水平；四是提高健身休闲企业社会公信力。政府作用的重点放在支撑体系建设上，包括健身休闲企业诚信体系建设、市场监管和行业监管等。

群众体育的社会治理能力主要体现在体育社会组织的自治能力、参与治理能力和服务社会能力三个方面。就体育社会组织的自治能力而言，要求体育社会组织通过完善制度、建立机构和选举成员对自身事务进行管理和服务，从而保障自身更好地存在和发展。就参与群众体育治理能力而言，体育社会组织要在公民与政府之间发挥纽带作用，一是体育社会组织应充分吸取民意，反映群众的体育需求，发挥其独立优势和专业优势，提出科学合理的政策意见和建议，从而促进群众体育政策制定的民主化与科学化；二是体育社会组织应鼓励组织成员积极参与群众体育治理活动，增强组织成员的民主参与意识，提高组织成员的民主参与能力；三是体育社会组织还应监督和评估政府的群众体育决策、政府的群众体育治理行为，以促进群众体育政策调整优化和政府权力的规范运行。在社会服务能力方面，体育社会组织应不断提高自身专业素质和专业水平，为社会提供群众体育产品或服务，满足群众的多元体育需求。目前，我国体育社会组织在自治能力方面普遍存在法人治理结构不完善问题；在参与自治能力方面，由于政社不分、权责不清，社会组织参与群众体育治理的作用发挥有限；在服务社会能力方面，大多数体育社会组织业务能力较低，自身又缺乏提升工作水平的内在动力和能力，加上经费缺乏和人员专业化程度低，服务社会的能力不足。针对这些问题，一是应正确处理政府与体育社会组织的关系，清晰认识体育社会组织在群众体育治理体系中的地位和作用，明确体育社会组织是弥补"政府失败"和"市场失灵"的重要力量，是政府职能转变的重要承担者，促进和发挥"体育社会组织"在群众体育治理中的积极性是群众体育治理现代化的内在要求。二是以全国性单项体育协会改革为突破口，深化体育社会组织改革，政府应还权、授权、分权给体育社会组织，加快形成政社分开、权责明确、依法自治的现代体育社会组织体制，增强体育社会组织的自治功能，激发体育社会组织活力。三是应通过构建体育社会组织的培育孵化机制、捐赠制度、税收优惠制度等，以及搭建政府与体育社会组织合作的工作平台，营造体育社会组织发展的良好环境。四是应建立体育社会组织的监管体系，在登记管理上，放宽体育社会组织的"准入条件"，推广备案管理，将数量庞大的民间草根体育社会组织纳入国家统一的监督管理体系之中；在健全体育社会组织的法人治理结构上，推行理事会治理机制，使得组织的决策与执行都能按照合理、高效、民主的方式运作，从而提高体育社会组织内部管理能力；建立健全体育社会组织的信息公开机制，定期向全社会公开财务报告等相关信息，建立回应公众查询的机制。

公民参与群众体育治理的现代化指公民参与群众体育治理意识和能力的现代化。主观上指公民对群众体育公共事务的关注意识、权利意识、责任意识的不断提高；客观上指公民对群众体育公共事务的认知能力和影响能力的提升，需要公民具备较高的体育专业知识能力和参与公共事务的程序、渠道、规则运用能力，掌握参与群众体育治理的程序、渠道和规则，合理利用互联网、体育社会组织、法律规范参与群众体育公共事务的治理。目前，我国公民由于体育参与水平本身较低，无论是主观还是客观上都难以满足群众体育治理现代化的要求，以全民健身路径工程的公民参与为例，公民的参与仅限于使用层面，而在全民健身路径工程管理的制度建设、规划与布局、路径工程维护等方面都缺少公民参与的身影，公民参与不足直接导致了工程闲置、布局不合理、管理不善和经费使用不明确等问题。为此，群众体育公益事业应真正从群众的需求出发，打好"民生牌"和"民心牌"，提高公民参与群众体育治理的主动性和积极性，促进公民"愿"参与；应畅通公民通过体育社会组织和具体项目参与群众体育治理的渠道，促进公民"能"参与。

在提升群众体育不同主体治理能力的同时，还应发挥不同治理主体的比较优势，重构政府、市场、社会、公民之间的关系，强化不同主体间的合作互动，建立群众体育合作治理机制，使得政府、市场、社会及公民通过沟通、互动和协商，建立相互信任、相互依赖与相互合作关系，共同分享资源和权力，共同提供公共体育服务和解决群众体育发展的问题。重点建立不同主体之间的协商机制、资源共享机制、合作动力机制、利益和纠纷调节机制、合作监督机制，实现政府的有效治理活动、体育社会组织的有效自治活动、公民的有效参与活动和企业的有效生产活动之间的良性互动，进而实现群众体育的治理目标。

（2）群众体育治理手段的现代化

群众体育治理手段是连接群众体育治理主体和客体的桥梁，群众体育治理手段现代化关键的是要变革创新。

一是要将法治作为群众体育治理的基本方式。在"四个全面"战略布局中，全面依法治国是全面小康、全面推进改革、全面从严治党的实现方式和手段，法治可以其可预期性、可操作性、可救济性等优势凝聚不同治理主体的共识，使不同利益主体求同存异，依法追求和实现自身利益最大化，是提升国家治理水平的必然途径。群众体育治理应以此为遵循，将群众体育治理依据由群众体育政策为主转变为法律为主，群众体育治理方式由主要依靠行政管理转变为依法治理，大力推进群众体育法律条例的完善工作，提升群众体育治理主体的法治观念，加大群众体育执法的力度及其监督，优化群众体育治理法治化的环境，使法治在群众体育治理中发挥引领、推动、规范、保障、制约作用。

二是要重视运用现代化的科学技术，将先进的信息技术手段、信息网络平台及其他工具、手段引入群众体育治理中，推进群众体育政策制定信息化、政策预演模拟化、政策评价定量化、政策实施数据化等，提升群众体育治理的科学化水平。

三是要建立群众体育治理效果的评估和反馈机制，可借鉴美国的全民健身指数报告的做法，建立包括政策环境指数和健身行为指数在内的群众体育治理效果评价体系，对国家和地方层面的全民健身治理绩效进行动态评估，为政府的决策提供依据。

四是要综合运用多种治理手段。在群众体育治理过程中，单纯的行政治理手段，容易导致政府扩张、效率低下、寻租腐败等一系列问题。仅强调市场的"竞争—交易"治理手段，也容易导致群众体育的公共性缺失和公共利益不足问题；仅强调体育社会组织和公民自我约束和自我管理的治理手段，也容易出现自我约束不足、自我管理不善、散漫散乱等问题。因此，群众体育治理手段的现代化要求将政府行政手段、市场竞争调控手段和体育社会组织及公民自我管理手段相结合，既发挥政府行政手段的公共性、集中性和基本公共体育服务保障的优势，又可以发挥市场组织竞争手段主动性高、回应性强、效率高的优势，也能够发挥体育社会组织及公民自治的手段形式多、过程活、应变性好的优势。

五是要创新群众体育治理工具，广泛运用合同承包、托管、特许经营、政府购买等工具，充分发挥市场和社会在群众体育治理中的作用。如利用合同承包形式，政府可将基本公共体育服务以"合同"的形式交由市场组织或体育社会组织生产和经营，政府再通过招投标竞争机制购买最优的基本公共体育服务；利用托管形式，政府可确保公共体育场馆在所有权不变的情况下，将经营权通过市场竞争的方式委托给市场或体育社会组织进行经营管理；利用特许经营方式，政府采用公开透明的筛选机制挑选出合适的市场或体育社会组织，授予该市场组织或体育社会组织经营和管理某项群众体育事业的权利，然后通过签订特许协议明确双方的权利与义务，从而使得市场或体育社会组织参与到群众体育治理中。

六是建立全民健身激励机制。搭建更加适应时代发展需求的全民健身激励平台，拓展激励范围，有效调动城乡基层单位和个人的积极性，发挥典型示范带动作用；改革群众体育先进单位、先进个人评选表彰制度，扩大表彰和奖励的覆盖面和代表性，树立榜样,形成学先进、比先进、超先进的良好风尚;建立健全运动项目业余等级标准和段位制,使体育爱好者的运动特长可以进行量化评定,让每一位运动参与者都可以享受到升段晋级的成功和喜悦;推广体育消费券、全民健身借记卡、全民健身公共积分等激励体育消费的做法,充分运用科技和金融创新的成果,建立引导和鼓励群众健身消费、市场化的全民健身激励机制。

4. 加快推进全民健身与全民健康深度融合

全民健身与全民健康深度融合是指:全民健身与全民健康两大民生工程在更广范围、更高层次、更深程度上相互渗透、互为一体。其中,全民健身要以全民健康为目标和指向,全民健康要以全民健身为重要途径和手段,形成"你就是我,我就是你",相互联系,相互交叉渗透,相互促进的发展新格局。习近平在2016年全国卫生与健康大会上强调,没有全民健康,就没有全面小康。要把人民健康放在优先发展的战略地位,以普及健康生活、优化健康服务、完善健康保障、建设健康环境、发展健康产业为重点,加快推进健康中国建设,努力全方位、全周期保障人民健康,为实现"两个一百年"奋斗目标、为实现中华民族伟大复兴的中国梦打下坚实健康基础。基于此,推进全民健身与全民健康深度融合的本质是探索一条运动促进健康之路,最终目的是解决我国关系健康的重大和长远问题,实现健康中国的战略目标。

提出全民健身和全民健康深度融合的原因在于当前我国疾病谱变化,健康促进模式由"以疾病治疗为中心"向"以预防为主、防治结合为中心"的转变。切实推进全民健身与全民健康深度融合既是新时代我国全民健身工作的新起点,也是新时代健康中国战略实施对全民健身工作提出的新要求。

全民健身与全民健康深度融合是一个渐进的过程,其融合过程受多种因素作用和相互影响。按照其发挥作用的不同分为动力要素、政策要素和支持要素。其中动力要素推动两者融合,政策要素指导两者融合,支持要素为两者融合提供必要的基础条件。从动力要素看,全民健身与全民健康的深度融合涉及不同组织、部门和系统之间的协同,推动不同主体融合的动力主要包括个体和社会对运动促进健康的需求因素、市场竞争因素和不同主体追求利益最大化因素。从政策要素看,全民健身与全民健康深度融合是通过微观(操作)、中观(管理)、宏观(决策)三个层次的融合来实现的,不同层次的融合需要相应的政策指导,因此,政策要素包括国家的宏观政策、区域的中观政策、操作上的微观政策三个方面。从支持要素看,主要包括组织、体制机制、科技支持、专门人才、资金投入几个方面,是全民健身与全民健康深度融合的保障。因此,在选择全民健身与全民健康深度融合的路径时,要结合实际进行全要素提升。

针对当前全民健身与全民健康深度融合内在动力不足、缺乏战略规划、缺乏组织协调机构、政策法规体系不健全、运行机制不畅通等问题。在理念上要贯彻和落实"以促进健康为中心"的大健康观、大卫生观,并使这一理念统领全民健身与全民健康相关政策制定实施全过程;要树立"全地域覆盖、全周期服务、全社会参与、全球化合作、全人群共享"的大群体观,重新审视现有的全民健身工作定位,寻找与相关领域工作的差距,形成使目标任务具体化,工作过程可操作、可衡量、可考核的全民健身发展新格局。在体制和机制层面,要从国家层面建立全民健身与全民健康融合的促进委员会,从全局上对全民健身与全民健康的深度融合进行统筹协调、信息互通,实施有力的组织领导;研究制定《统筹推进全民健身与全民健康深度融合工作的实施方案》,

明确全民健身与全民健康深度融合发展的目标和保障措施,细化工作任务和工作要求;建立和全民健身与全民健康深度融合体制相适应的政府统筹推进机制,综合运用资金支持、政策诱导、政绩评价和表彰激励等手段,落实各级政府责任,切实推进全民健身与全民健康深度融合工作。

在实践操作层面,要从全民健身与全民健康深度融合关键要素提升的角度实施系列工程:一是实施全民健身与全民健康深度融合的宣传工程,解决认识问题;二是实施社区居民电子健康档案建设工程,解决微观层面融合的信息收集问题;三是实施全民健身与全民健康深度融合的人才支撑工程,解决人力资源保障问题;四是实施全民健身与全民健康深度融合的科技创新工程,解决政策、手段和方法的科学循证问题;五是实施基于科学循证的社区重点人群健身行为干预工程,解决服务的公平性问题;六是实施全民健身与全民健康深度融合的"典型示范"建设工程,探索融合路径,进行体制、机制和模式创新,通过以点带面,力求形成一批可复制、可推广的经验和做法;七是大力推进"体医融合"工程,实现体育部门与医疗卫生部门之间优质资源的整合。

5. 深入推进"六个身边"工程

深入推进"六个身边"工程是落实全民健身国家战略的重要抓手,新时代要加大力度,不断完善群众身边的健身设施,健全群众身边的健身组织,丰富群众身边的健身活动,支持群众身边的健身赛事,开展群众身边的健身指导,弘扬群众身边的健身文化,构造支持全民健身工作的"四梁八柱"。让全体人民有地方健身,有机会健身,懂得如何健身,共享体育发展成果。

完善群众身边的健身设施。结合群众体育休闲化、生活化需求,大力推动健身步道、多功能运动场地、体育公园等便民体育设施建设。按照"插体于绿(地)、插体于(广)场、插体于(公)园、插体于景(观)、插体于空(地)"的思路,在现有的标志性建筑、绿地、广场、园林、景观、闲置地添置一些与周边环境相协调的体育设施,创造良好的体育生活环境。落实新建社区按标准配建体育设施,并与住宅区主体工程同步设计、同步施工、同步投入使用相关政策。推广学校体育场馆对外开放典型经验,提升学校体育场馆开放水平和使用效率。结合基层运动促进健康需要,推进体育、文化、教育、养老、医疗卫生等相关场地设施进行改造升级和资源共享,形成共建共享机制,实现健康促进"一站式"服务。加强群众身边的健身器材管理维护,推广手机 App、二维码等新的管理维护手段。

健全群众身边的健身组织。以构建小政府、强社团、大社会的新格局为方向,以形成"体育总会+单项体育协会+人群体育协会"的健身组织网络为目标,加快推进各级体育总会改革,理顺体育行政部门和体育总会的关系,切实发挥体育总会的纽带连接作用。探索基层健身组织与文化、教育、卫生、养老等各类组织相融合的途径和方式。大力扶持符合社会需求的橄榄球、棒球、登山户外、定向等时尚休闲体育项目的社会组织。建立民间体育组织登记备案制度,引导其健康、有序、规范发展。不断提升各类群众健身组织专业化水平,加大向群众健身组织购买服务的力度,打通全民健身服务"最后一公里"。

丰富群众身边的健身活动。因时、因地、因人群、因行业广泛开展主题鲜明的全民健身活动,打造全民健身品牌活动体系。继续鼓励和支持结合群众需求广泛开展"一地一品""一行一品"全民健身活动。积极组织面向农民工、老年人、残疾人等社会弱势群体的体育健身活动。大力发展广场舞、健身操、健步走、跑步、骑行、现代球类等群众喜闻乐见的健身项目。积极培育帆船、山地户外、马术、极限运动、航空等具有消费引领特征的时尚项目。推广普及武术、太极拳、健身气功等民族传统体育项目和乡村农味农趣运动等民俗民间项目。以筹办北京冬奥会为契机，推广和普及冰雪运动，努力实现"三亿人参与冰雪运动"的目标。充分发挥各行业各部门的优势，调动社会力量，打破行业壁垒，建立开放式、社会化的活动组织模式，推进群众身边的健身活动与文化、养老、旅游、精神文明、医疗卫生等相关活动全面融合。

支持群众身边的健身赛事。整合各方优势和力量，开展一批适合不同人群、不同地域和不同行业特点的群众身边的赛事。专业高端的竞技比赛要引入群众参与环节，实现大众选手与专业选手同场竞技。推广上海举办市民运动会的经验和做法，鼓励举办不同层次和类型的全民健身运动会。努力推进群众体育赛事升级，打造接地气、高标准、品牌化、美誉度高的草根联赛。充分挖掘和利用群众性体育健身赛事的综合价值，将赛事与城市景观、文化、旅游相结合，打造地方亮丽名片。加大政府购买体育赛事服务的力度，为社会力量举办群众体育健身赛事创造便利条件。

开展群众身边的健身指导。加强镇（乡）、街道的国民体质监测中心与指导站点建设，建立稳定的国民体质监测专业队伍，开展日常国民体质监测，利用体质监测进行科学健身指导。与有关部门合作在乡镇、街道建设健康促进服务中心，常年为群众健身提供科学、专业指导。利用县乡医院、社区诊所、家庭医生等基层卫生部门力量，全面培训可开运动处方的全科医生、家庭医生，为群众提供精准化的健身指导。加强基层健身指导队伍建设，扩大社会体育指导员培训规模，增加社会体育指导员的数量，建立社会体育指导员星级评选制度，提高社会体育指导员上岗率、服务水平和综合技能。建立专门的科学健身行为干预志愿者服务网站，列出不同地方的志愿者信息、联络方式，以及不同地区需要志愿服务的信息，作为人们寻求和参与科学健身行为干预志愿服务的平台。

弘扬群众身边的体育健身文化。构建体育健身文化宣传大格局，推动体育系统报、台、网、端等各类传播平台融合发展，扩大体育健身文化宣传的影响力，用好社会媒体资源，形成合力推动体育健身文化传播，通过开办杂志、开设专栏、开展讲座等灵活多样的形式，普及体育健身文化知识，提高人们的健身意识。打造好的体育电影、电视剧、体育微视频等，弘扬健康文化，把群众身边好的理念、健身养生方法，在群众当中弘扬开来。讲述全民健身故事，树立全民健身榜样，在全社会推广健康新理念、培育健身新风尚。

6. 着力推动基本公共体育服务均等化

基本公共体育服务是由政府主导，保障全体公民的体育基本权利，与经济社会发展水平相适应的公共体育服务。基本公共体育服务均等化是指全体公民都能公平可及地获得大致均等的基本公共体育服务，其核心是促进机会均等，重点是保障人民群众得到基本公共体育服务的机会。保障公民享有基本公共体育服务是政府的重要职责，推进基本公共体育服务均等化，是解决我国全民健身公共服务发展不充分和城乡、区域、人群之间发展不平衡的需要，是实现两个"一百年"的应有之义，对于人民共享体育发展成果，增强获得感和幸福感都具有十分重要的意义。

推进基本公共体育服务均等化的策略有：一是建立基本公共体育服务的标准体系。基本公共体育服务的标准化是实现均等化的必经之路，其核心是从我国不同阶段的国情出发，根据群众的基本体育需求，特别是"六边工程"的实施，通过编制规划，提出公共体育服务的范围、种类、程度及各级政府的保障支出责任，确定国家基本公共体育服务的保障标准，作为国家公共体育服务的"底线标准"或均等化标准。在此基础上提出基本公共体育服务均等化的评价标准，作为政府基本公共体育服务问责的技术基础。地方也可以根据群众实际体育需求、政府财政能力和体育特色，制定适合本地区特色的实施标准，建立国家指导标准和地方实施标准相衔接的公共体育服务标准体系。通过规划执行，监督和检查基本公共体育服务均等化政策执行情况和实施情况。

二是构建与基本公共体育服务均等化相适应的财政投资机制。基本公共体育服务是政府的基本职责，必须由公共财政予以保障。在基本公共体育服务财政投入的总量上，应建立与GDP或政府财政预算支出成比例的稳定投入机制，使得均等化的水平真正与经济社会发展相一致。在财政投资的责任上，应根据基本公共体育服务均等化的现状，结合均等化地区的财力和整个财政支付能力，明确不同层级政府的事权和财权范围，确定各级财政分担基本公共体育服务资金比例的权重，完善政府间转移支付机制，实现地方政府基本公共体育服务财政能力均等化。实施基本公共体育服务的精准扶贫，推动老少边穷地区基本公共体育服务的跨越式发展；把农民工、老年人、残疾人和农村留守妇女儿童纳入重点保障的特殊群体，对这部分群体的体育需求予以重点关注。在财政投资的方式上，培育体育社会组织参与基本公共体育服务的提供、管理和监督，通过政府购买体育社会组织的公共体育服务，打破基本公共体育服务政府垄断供给的局面，实现促进体育社会组织壮大、提升财政资金效率和基本公共体育服务质量的"多赢"目标；通过发放居民体育消费券培育等方式促进居民体育消费，打通公共体育事业与体育产业之间的联系。

三是建立政府间基本公共体育服务问责制。通过第三方评估主体，以基本公共体育服务均等化的评价标准为基础，加强基本公共体育服务标准执行情况的监督评估，并列入各级政府目标考核范畴，促进基本公共体育服务均等化的有效推进。

7. 促进群众体育智慧化发展

群众体育智慧化是指应用物联网、互联网、大数据、云计算等技术和手段，对群众体育领域的海量感知信息进行处理和分析，对群众的体育健身需求作出智能化响应和智能化决策支持，打造信息互联互通、多元主体协同、政民互动通畅、体育服务精准、公共管理智能的群众体育发展模式的过程。群众体育智慧化表现为群众体育感知智能化、群众体育管理的精准化、全民健身公共服务的便捷化，并通过强大计算能力和高级分析能力的智能技术处理，为体育锻炼的参与者提供全面、智能化的服务。

促进群众体育智慧化，一是建设智慧化的体育场地设施。大型体育场馆要以WiFi等无线网络建设和智能传感系统建设为基础，充分融入物联网技术和云计算技术，促进场馆预订、赛事信息、经营服务统计、能耗管理等整合应用；通过人工智能与大数据分析，识别用户的线上和线下体育行为偏好，并根据偏好进行精准营销，增加用户对体育场馆的黏性，并存储用户体育参与行为。推进智慧健身路径、健身步道、智慧体育公园建设，利用二维码进行设施管理与维护，通过手机App实现数据对接，使用者可通过扫描器械上的二维码进行签到和参与排位，查询器械的健身功能、使用方法、适合人群等信息，同时获得设施锻炼指导视频。鼓励社会力量建设分布于社区、商圈、工业园区等的智慧健身中心、智慧健身馆、智慧健身工作室、共享健身仓等。提升体育特色小镇、体育服务综合体等载体的智慧化发展水平。

二是打造智慧化的全民健身公共服务信息平台。加快推进互联网与全民健身公共服务体系的融合，创新全民健身公共服务的模式与流程，形成线上用户需求表达—线上线下资源共享匹配—线下用户体验—线上用户满意度评价—服务改进为流程的供给模式，真正做到问需于民、精确把握群众体育需求、精准推送公共体育服务，满足群众个性化、多样化的体育需求。特别要注重平台对群众体育健身行为的驱动作用，针对制约群众体育参与的健身知识、态度、信念、价值观等倾向因素，利用微信公众平台等新媒体、自媒体去引导和教育民众形成正确的认识，激发运动动机；针对制约群众体育参与的体育场地设施、指导人员、体育活动、体育组织等促成性因素，以共享思维通过线上线下结合的供给模式，实现全民健身公共服务的精准化供给；针对群众体育行为保持的强化因素，通过智能穿戴等对健身效果进行及时评价和反馈、利用社交平台分享健身行为等形式，促进群众体育锻炼行为的保持。积极探索网络化的体育治理模式，充分利用互联网、移动互联网应用平台等，加快推进体育政务新媒体发展建设，加强政府与民众的沟通交流，提高政府的群众体育管理、公共服务和公共政策制定的响应速度，提升政府科学决策能力，促进政府职能转变和简政放权；要利用社交平台加强群众身边的网络体育草根组织建设，推动基层群众体育的自治。鼓励政府和体育互联网企业合作建立群众体育资源、居民健康档案、群众体育参与、体质监测报告等信息共享平台，打通区域、行业、部门、单位之间的数据壁垒，利用大数据分析技术，提升政府的群众体育治理能力。

三是夯实群众体育智慧化发展的基础。结合智慧社会、智慧城市发展，加强群众体育智慧化所需的宽带网络、物联网、云计算中心、智能体育设施等建设，为实现群众体育资源整合、数据共享、互联互通提供支持，为实现群众体育智慧化打下坚实基础。开展体育行业相关标准体系和标准化建设，包括群众体育智慧化总体标准、信息资源标准、基础设施标准、应用标准、管理规范及数据编码规范等，使群众体育智慧化的运行、服务和管理有章可循、有据可依。建立群众体育的基础信息数据库，形成以国家的群众体育数据中心为实施主体、跨界合作平台为辅助的工作网络，开展群众体育基础性数据的长期监测工作；在实施主体方面，依托各省市体育科研所、高等院校和互联网大数据机构等，在全国布局一批群众体育数据监测中心，负责数据的采集和分析，形成包含群众体育环境监测数据库、群众体育行为监测数据库、国民体质监测数据库、公民身体素养监测数据库在内的群众体育基础数据平台，并建立与卫生健康、交通、环保等相关部门互联互通的数据共享机制，使群众体育数据与国民健康、经济、社会发展数据实现外部关联；探索推进智能穿戴设备、智慧场馆等产生的数据资源规范接入群众体育基础数据平台；建立群众体育的互联网数据采集与监测平台，通过群众体育专题调查、整合社交平台体育参与数据和体育消费订单数据等，丰富群众体育相关数据；支持第三方建立个人健身银行，进行全民健身效应的长期跟踪和数据挖掘。在数据利用方面，组织相关专家，进行数据的科学分析和深度挖掘，掌握群众体育发展动态、梳理规律、把握趋势，定期提出专业性、综合性分析报告，提高政府管理部门群众体育决策水平，促进群众体育事业科学发展。加大科研投资力度，鼓励群众体育智慧化的前后端研发，提供信息基础设施，前端指体育行为监控的智能传感器网络研发，实现透彻感知和全面互联；后端指体育行为云决策平台开发及应用，实现智能处理和智能服务。鼓励企业与高校、科研院所、职业教育等机构联合培养智慧体育人才。

项目编号（2018-A-02）

竞技体育改革与发展

杨国庆

习近平在党的十九大报告中提出"广泛开展全民健身活动,加快推进体育强国建设,筹办好北京冬奥会、冬残奥会",赋予了竞技体育重大的历史使命和时代责任。北京2008年奥运会以来,我国竞技体育事业在改革中取得新成就,为国家经济社会建设作出了重要贡献,同时,竞技体育发展过程中依然存在着一些突出的矛盾和问题。在体育大国向体育强国迈进的重要时期,我们既要巩固和提升竞技体育整体优势,也要积极补齐竞技体育发展"短板"。面向新时代,竞技体育事业要以党的十九大精神为指导,紧密围绕全面建设社会主义现代化国家的新目标,以新思想引领竞技体育改革发展新实践,开启竞技体育事业发展新征程,使竞技体育在实现"两个一百年"奋斗目标、促进国家建设中发挥积极作用,为早日实现体育强国、全面建成小康社会作出新的贡献。

一、竞技体育改革与发展主要成就

(一)竞技体育服务国家战略的地位与作用日益彰显

1. 竞技体育的政治价值服务于中国崛起

竞技体育是体育强国建设的重要内容,是实现中华民族伟大复兴中国梦的重要载体,对树立国家形象、振奋民族精神、推动国家外交、增强国家凝聚力等发挥着不可替代的作用。2008年以来,竞技体育继续发挥着强大的政治功能,助力中国崛起。

第一,塑造大国形象,彰显精神风貌。2008年以来,国家崛起的战略目标赋予了竞技体育特殊的使命,竞技体育肩负着重大的时代责任,通过继续发挥自身的政治价值,对内提升民族凝聚力,对外塑造大国形象,助力中国和平崛起。通过申办和筹办南京青奥会、杭州亚运会、北京冬奥会和冬残奥会等重大国际比赛,展现新时期中国的良好形象和经济社会发展新风貌。2014年南京青奥会,将一个负责任、有担当、活力四射的大国形象展示在世界舞台中央;北京2022年冬奥会、冬残奥会的成功申办标志着中国体育在当代国际体坛中取得了新的坐标。通过承办各类大型综合性国际赛事,展现了中国作为一个大国强烈的国际责任感,通过竞技体育赛事对国际社会产生了积极影响,塑造了大国形象。此外,十年来,越来越多的中国体育明星在国际竞技体育舞台崭露头脚,优秀运动员在赛场上表现出的高水平运动技能、坚韧顽强的毅力、包容大度的风格、积极阳光的面貌,向世界传递着中国体育的新风貌。十年来,姚明、李娜、朱婷等优秀运动员陆续进入国外高水平职业联赛,用勤奋、幽默、睿智的人格魅力为西方重新审视中国打开了一扇窗。丁俊晖、邹市明、刘翔、孙杨、林丹、武大靖等在国际赛场上的高水平运动技能、自信坚毅的精神品质彰显了新时代中国人的体育精神和民族精神,提升了我国国际地位与全球影响力。

第二,丰富国家外交形式,推动大国外交。竞技体育作为一种政治符号,能够超越国界和种族,具有搭建公共外交平台、促成政治文化沟通、推动人类价值观融合等多元价值。十年来，我国以竞技体育为载体，与世界各国和多个国际体育组织密切联系，在大型赛事举办、体育外交、体育对外援助等多领域展开了国际交流与合作，取得了巨大成就。北京2008年奥运会吸引了全球205个国家和地区参加，80多位国家元首或政府首脑出席，各国政要利用奥运契机商讨外交事宜，以和平手段促进国家间利益实现，使得竞技体育盛会成了一场国家外交的大戏。北京奥运外交表明，竞技体育作为国家间的特殊交往方式，传达了我国政府关于中国和平崛起、建立和谐世界的主张，深化了与世界各国的友好关系，为推动中国走向世界发挥了重要作用。十年来，我们举办和参与区域体育赛事、世界大型赛事，实现人文交流、民间交往的方式日益增多，在"一带一路"倡议、金砖国家合作、中国与"东盟"国家合作等重要的多边交往中，竞技体育赛事成为各种文化交流活动的有效载体，环青海湖国际自行车赛、"一带一路"乒乓球邀请赛、丝绸之路国际汽车拉力赛、中国武术丝路行、中俄青少年运动会、"一带一路"国际马拉松系列赛等系列赛事不断登陆"一带一路"沿线国家，加深了中国与世界体育文化的深层次交流，成为实现中国特色大国外交的助推器。

第三，提升国际话语权，增强国家影响力。2008年以来，我国从多个领域加强了竞技体育软实力建设，我们举办的大型国际赛事不断增多，国际体育领域的交流日益活跃，在国际体育事务中的作用不断增强。十年来，我们举办了2013年天津第六届东亚运动会、2013年南京第二届亚青会和第二届青奥会、2015年北京世界田径锦标赛等多项国际大赛，成功申办了北京2022年冬奥会、2022年杭州亚运会、2019年国际篮联篮球世界杯赛等重大国际赛事，多项世界大型赛事的申办，进一步提升了我国的国际话语权和世界影响力。我们还通过积极加入国际体育组织提升话语权，十年来，我国在国际体育组织中任职人数稳定在254~275人，任职职位数稳定在403~440个。2010年，中国冬奥会冠军杨扬以89票赞成5票反对的绝对优势成为中国第一个以运动员身份当选的国际奥委会委员。我们还拓宽了参与国际体育组织的方式，通过社会力量，利用中国企业家"走出去"，参与国际体育组织提升中国体育的影响力。中国企业家吴迪在2014年当选国际拳联副主席，王石在2014年当选亚洲赛艇联合会主席，不仅提高了中国在国际体育事务上的决策力，也进一步传播了积极、正面的中国体育形象，增强了国家影响力。

2. 竞技体育的经济价值推动经济社会建设

2008年以来，随着社会主义市场经济快速发展，我国竞技体育的经济价值被进一步挖掘，竞技体育不断服务于新时期的经济社会建设，为全面建成小康社会助力。

第一，竞技体育项目更加注重产业化发展。伴随着我国经济体制改革的深入，竞技体育与市场的关系日益密切。在国家大力发展体育产业的背景下，竞技体育的产业效益得到了进一步提升。2010年3月，《关于加快发展体育产业的指导意见》提出"通过大力开发体育竞赛和体育表演市场，不断推进全国综合性运动会和单项赛事的市场开发"。2014年10月，《关于加快发展体育产业促进体育消费的若干意见》提出"以竞赛表演业为重点，大力发展多层次、多样化的各类体育赛事"。在国家系列政策扶持下，我国竞技体育项目赛事的市场化、产业化进程不断提升。2015年体育竞赛表演业总产出149.5万亿元，实现增加值52.6亿元；2016年体育竞赛表演业总产出186.8万亿元，实现增加值65.5亿元。同时，大型赛事也带动了多个行业的产业化发展，如北京2008年奥运会和2010年广州亚运会，为我国提供了数以百计的就业机会，带动了地方旅游业、餐饮业、交通运输业等产业共同发展。随着新时代全面建设小康社会进程的加速，竞技体育促进经济在我国社会发展中的作用将越来越明显。

第二，运动项目的产业效益不断提升。2008年以来，大力发展运动项目产业成为新趋势。足球、篮球、排球、乒乓球等球类项目，马拉松、竞走、自行车等景观体育项目，马术、滑雪等体验类项目产业都得到快速发展，相关运动项目产业总量、产业覆盖面、市场认可度也在快速上升。并且，我国运动项目精品赛事不断涌现，从足球、篮球、排球、乒乓球等国内职业联赛，到美国职业篮球联赛季前赛、中国网球公开赛、世界一级方程式锦标赛、世界汽车拉力锦标赛等国际大型比赛，不同项目赛事创造的经济价值和品牌价值不断增长，各类运动项目的经济效益越来越明显。2014年10月，国务院印发了《关于加快发展体育产业促进体育消费的若干意见》（以下简称《意见》），提出抓好潜力产业，以足球、篮球、排球三大球为切入点，加快发展普及性广、关注度高、市场空间大的集体项目，推动项目产业向纵深发展。《意见》激活了竞技体育项目在经济领域的巨大能量，开拓了竞技体育项目产业化发展的新思路。以足球为例，在国家大力发展体育产业的背景下，足球产业效益不断提升。中超联赛16家俱乐部总收入由2013年的16.16亿元上升到2016年的70.82亿元，中超联赛有限公司总收入由2012年的1.19亿元上升到2016年的15.2亿元。各俱乐部门票收入大幅提升，2013年恒大俱乐部门票突破了1亿元，其余多数俱乐部的票房收入在1000万~2000万元。2014年，中国平安签约为中超联赛冠名，年均冠名费达1.5亿元；阿里巴巴以12亿元换得恒大足球俱乐部50%股权；恒大胸前广告卖出1.1亿元。"第一大球"的商业价值逐渐凸显。此外，伴随着竞技体育的市场化改革，各种竞技体育资源成为众多企业抢夺的焦点，国内竞技体育赛事如雨后春笋般涌现，冰雪运动、航空运动、山地户外运动、水上运动等一系列运动项目赛事不断走入民间市场，让体育产业有了更多的发力点，对经济社会发展发挥了重要作用。

3. 竞技体育的人文价值满足于社会需要

竞技体育不仅能够推动国家的政治、经济建设，而且能够凸显一个国家和民族的文化素质和精神面貌，在塑造人的健康体魄、培养人的健全品质、促进人的全面发展等方面具有重要作用。北京2008年奥运会后，伴随着我国体育事业改革的深入，竞技体育从主要服务于国家崛起的政治价值，逐渐向满足于社会需求的人文价值转变，不断体现出以"休闲、娱乐、教育、文化、服务"为中心的社会价值、教育价值和文化价值。

第一，竞技体育的人文价值理念通过奥运赛事不断推广。竞技体育不仅是一种赛场博弈的方式，而且是一种教育手段，一种精神载体，一种生活方式，竞技体育特有的人文价值理念通过奥运赛场不断推广。北京2008年奥运会以"人文奥运"为核心理念，在赛事筹办过程中强调人文与体育相融合，展现了以人为主体的奥运参与原则，为世界打造了一届"和谐、交流与发展"的人文主题奥运会，通过奥运赛场展现了运动员的精神面貌和顽强拼搏的优良品质，在全世界广泛推广了奥林匹克精神的教育价值。南京2014年青奥会同样以特有的方式推广了奥林匹克运动的人文价值，将"让奥运走进青年，让青年拥抱奥运"作为办赛理念，在年轻人之间提升体育运动意识和参与感，激发了青少年自我创新意识，打造了一届充满人文教育色彩的青年奥运会，并将参与奥运赛事作为塑造青少年健康体魄、培养青少年健全品质的有效途径，向世界各国青少年传达了奥林匹克文化教育的健康内涵。

第二，竞技体育满足于人民文化生活需要的社会价值不断提升。十年来，在国家体育部门的大力推动下，我们不断推动竞技体育与文化、卫生、医疗、养老、教育等多个领域合作，为人民提供优质的社会服务。体现在以服务人民业余文化生活为目的的体育赛事产品质量不断提升，以满足人民健身需要为主旨的大型体育场馆数量不断增多，以体育竞赛表演业、体育场馆服务业、体育赛事转播业等为主体的体育服务业比重稳步提高，竞技体育赛事活动不断走向民间。2014年国务院46号文件颁布以来，我国体育服务业迅速发展，传统主要用于高水平运动队的体育场馆不断进入公共服务领域，大型体育场馆逐渐成为竞赛表演、文化娱乐、体育培训、商贸会展等多功能集聚的体育服务综合体。此外，通过推动竞技体育社会化发展，挖掘竞技体育的社会价值，利用竞技体育赛事、竞技体育技能培训等多种形式，拓宽了竞技体育的服务价值，推进了全运会等大型综合性运动会和主要单项赛事改革，促使各类体育竞赛不断走向社会。同时，通过大力发展民间商业性、群众性赛事，调动地方体育部门和社会力量办赛的积极性，初步建成了适应社会主义市场经济需求，政府引导、形式多样的竞赛体系，不断满足人民群众日益增长的文化生活需要。

第三，竞技体育的精神文化价值得到弘扬。十年来，我国竞技体育不仅在世界大赛中取得了一系列优异成绩，而且竞技体育的精神文化价值不断凸显，在青少年意志教育、品德教育中发挥了重要作用。为充分发挥竞技体育的精神文化价值，全国各地打造了一系列体育文化育人活动，通过开展以"弘扬女排顽强拼搏、永不言弃精神"为主旨的优秀运动员进校园活动，培养青少年专注、拼搏的运动精神和团结奋斗、乐观向上的人生态度，帮助青少年身心健康成长。另外，全国各地学校还开展了体育明星进校园活动，姚明、李娜、孙杨等优秀运动员陆续走进校园，通过体育明星讲述励志故事，传递正能量，培养青少年学生的意志品质。通过积极弘扬中华体育精神和讲述励志性体育故事，竞技体育特有的顽强拼搏、不怕困难、团结协作等文化价值观得到弘扬，激发了青少年学生勇敢、激昂、能吃苦耐劳的精神品质，为新时代的社会建设提供了源源不断的精神动力。

（二）竞技体育综合实力稳居世界前列

1. 世界大赛创造优异成绩

奥运会作为一项综合性的国际体育盛会，是世界各国竞技体育实力展示的最高舞台，奥运奖牌榜客观地反映着各代表团的总体实力，准确地记载着各参赛国的竞技体育发展成就。十年来，我国共参加了三届夏季奥运会和三届冬季奥运会，中国代表团在夏季奥运会一直稳居世界前三位，综合实力处于世界前列。其中，北京2008年奥运会，中国队获得了51枚金牌、100枚奖牌，金牌总数位居世界第一；伦敦2012年奥运会，中国队获得了38枚金牌、88枚奖牌，占亚洲金牌总数的41.7%、奖牌榜的26.4%，金牌和奖牌总数超过了传统体育强国俄罗斯，取得了我国境外参赛的历史最好成绩；里约2016年奥运会，中国队获得26枚金牌、70枚奖牌，保持了奖牌榜世界前三位的优异成绩，并且扩大了优势项目，一些潜优势项目和弱势项目取得了新的突破。冬奥会方面，温哥华2010年冬奥会中国派出了参加冬奥会以来规模最大的代表团，以5金2银4铜的成绩列金牌榜第7位，首次进入冬奥会奖牌榜前8位；索契2014年冬奥会，中国代表团获得3金4银2铜，共9枚奖牌，金牌数超过韩国，成为亚洲第一。

2008年以来，我国参加了世界锦标赛、世界杯赛及亚运会等各类大赛，多个项目都取得了优异成绩。十年间，我国在奥运项目国际大赛中共获得世界冠军1182个，创造世界纪录124次，各年份世界冠军数量基本保持在100个以上，竞技体育综合实力继续保持世界前列（表1）。2010年广州亚运会，中国队获得199枚金牌，创造了亚运会金牌总数新高。2014年仁川亚运会，中国队连续第九次雄居亚运会奖牌榜首位，多个运动项目取得新突破。

表1 近十年我国获得的世界冠军和破世界纪录数量

年份	世界冠军数量（个）	破世界纪录数量（次）
2008	120	16
2009	147	22
2010	108	16
2011	138	8
2012	107	14
2013	124	13
2014	98	10
2015	127	10
2016	107	9
2017	106	6

2. 竞技体育项目亮点纷呈

2008年以来，我国竞技体育综合实力保持世界前列的同时，多个运动项目在世界大赛中亮点纷呈，充分展示了我国竞技体育的发展水平。伦敦2012年奥运会，田径、水上等基础大项实现历史突破，陈定收获了男子20公里竞走金牌，中国田径时隔8年重返奥运金牌榜；孙杨在400米、1500米自由泳决赛中勇夺两枚金牌，并打破了1500米自由泳世界纪录，改写了中国男子游泳奥运参赛历史；徐莉佳在帆船项目激光雷迪尔级比赛中获得首枚奥运金牌，实现历史突破。里约2016年奥运会，中国女排时隔12年再夺奥运冠军，女排精神再次引起社会热议；自行车项目首次夺得奥运金牌，实现了历史性突破；高尔夫项目首次进入奥运大家庭，我国运动员就登上了领奖台。我国田径项目全面进步，2008年以来的五届世界田径锦标赛中，三届获得两枚金牌，三次排名世界前十，尤其是2017年伦敦世锦赛，我国田径代表队获得2金、3银、2铜，总排名第五，男女20公里竞走、女子投掷、短跨、跳高等多个项目取得了好成绩。同时，我国优势项目乒乓球、羽毛球、跳水等在奥运赛场和世界大赛中继续保持优势，伦敦奥运会，乒乓球和羽毛球两个项目均包揽所有金牌，展现了我国优势项目的综合实力。

十年来，我国冬季运动项目取得了明显进步。温哥华2010年冬奥会，我国奖牌分布面由2大项8小项扩展到3大项9小项，进入前8名的运动员人数由3大项14小项49人次增加到4大项17小项66人次，我国短道速滑队成为冬奥历史上首支包揽女子项目金牌的队伍。索契2014年冬奥会，我国运动员在速度滑冰项目上取得历史性突破，速度滑冰女子1000米决赛创造历史，张虹以1分14秒02夺得中国冬奥会历史上首枚速滑金牌，展示了冬季项目的巨大潜力。

（三）竞技体育体制机制改革不断深化

1. 竞技体育管理体制和运行机制逐步完善

北京 2008 年奥运会是中国竞技体育深化改革的重要历史节点，奥运会后，深化竞技体育体制机制改革成为时代发展的要求。十年来，体育相关部门围绕北京奥运会后建设体育强国的要求，不断完善竞技体育举国体制，优化竞技体育发展方式，大力推进竞技体育社会化改革，加快推进国家队和后备人才选拔方式改革，竞技体育体制机制改革不断向纵深推进。

第一，竞技体育"开放""放管服"改革取得实效。一是进一步完善了竞技体育举国体制，打破了依靠国家"独家管办"竞技体育的发展方式。通过转变政府职能，取消、下放和清理了若干行政审批事项，推进了全国性单项体育协会试点改革和赛事审批制度改革。把体育内部的一些工作逐步放开给社会，由体育部门办体育转变为全社会共同参与办体育，打破了行政、事业、社团和企业四位一体格局，初步建立了与社会主义市场经济相适应、国家办与社会办相结合的竞技体育管理体制。二是大力推进实施竞技体育事业的"扁平化"管理。十年来，我们不断转变竞技体育发展方式，深入推进各领域的"放管服"改革，将原有竞技体育事业中各自分管几个部门、单位的块状管理方式，调整为条块结合的"扁平化"管理方式，我国竞技体育逐步从管办分离、简政放权中获得了可持续发展的动能和全方位拓展的空间，逐渐形成了计划与市场并行，国家体育总局集中领导下的"集中双轨制"运行机制，不断打造更加开放、更具活力的竞技体育管理体制和运行机制，提高了竞技体育的发展质量和效益。

第二，运动项目协会实体化改革不断深入，初步形成了社会化的竞技体育运行机制。2008 年以来，运动项目协会实体化改革成为一项重要任务，以足球协会改革为开端，为篮球、排球等其他项目协会改革探索经验。2016 年 2 月，国家体育总局足球运动管理中心正式撤销，中国足协与国家体育总局"脱钩"。2016 年 4 月，《中国足球中长期发展规划（2016—2050 年）》印发，标志着体育项目改革真正步入深水区。足球改革取得了立竿见影的效果：中超联赛观众上座率触底反弹；恒大两夺亚冠联赛冠军；奥斯卡、保利尼奥、孔卡等一大批国际球星纷纷加盟；中超版权费卖出 80 亿元，中超海外转播覆盖全球 96 个国家和地区；2017 年 3 月，75% 的地方足协实现了实体化。并且，以单项体育协会为突破口，一批运动项目协会陆续实施了实体化改革，让专业的人干专业的事，让优秀运动员发挥专业优势，成为体育协会改革的主题：2016 年 12 月，知名羽毛球运动员李玲蔚当选中国奥委会副主席；2017 年 2 月，姚明当选篮协主席；女排主帅郎平兼任中国排协副主席。截至 2017 年年底，中国篮球协会、中国滑冰协会、中国冰球协会等 15 个单项体育协会的负责人进行了调整，姚明、王海滨、冼东妹、周继红、张健等一批专业人士当选 27 家协会主要负责人，越来越多的专业人士走进管理层，凸显了国家体育部门深化运动项目协会实体化改革的决心和力度。

2. 竞赛体制和训练体制改革取得明显成效

十年来，我们继续深化竞赛体制和训练体制改革，通过完善办赛方式和组织管理办法，深入挖掘竞技体育项目特点和训练规律，在继续巩固、发展以三级训练网为标志的"一条龙"训练体制的基础上，大力拓宽训练渠道，加强训练创新，不断探索科学训练和科学管理新模式。

第一，稳步推进赛事审批制度改革，推动了体育竞赛的社会化。2014年10月，国务院《关于加快发展体育产业 促进体育消费的若干意见》提出"取消不合理的行政审批事项，凡是法律法规没有明令禁入的领域，都要向社会开放。取消商业性和群众性体育赛事活动审批，加快全国综合性和单项体育赛事管理制度改革，公开赛事目录通过市场机制积极引入社会资本承办赛事。"2014年12月，为全面推进体育赛事制度改革，充分调动社会各方承办体育赛事的积极性，国家体育总局颁布了《关于推进体育赛事审批制度改革的若干意见》，明确提出取消审批，除全国综合性运动会和少数特殊项目赛事外，包括商业性和群众性体育赛事在内的全国性体育赛事审批一律取消；提出创新赛事管理模式，编制《全国性单项体育协会竞技体育重要赛事名录》，完善赛事审批制度改革配套制度等多项举措。文件颁布以来，我国竞赛市场环境得到优化，各类市场主体参与办赛的积极性得到调动，逐步建立起了办赛主体多元化的赛事体系。

第二，积极推进全运会竞赛制度改革，挖掘大型赛事的综合效益。作为全国竞技水平最高的综合性运动会，全运会以往出现的争议纠纷、赛风赛纪等问题遏制了赛事的健康发展。近年来，我们围绕全运会竞赛体制，对项目设置、参赛方式、组织形式等多个方面进行了改革。2017年8月，第十三届全运会出台的一系列改革举措成效显著，无论是办赛理念还是体制机制都作出了重大创新。通过新增群众项目，打破专业和业余、国际和国内界限，打破地区壁垒；实施教练员激励政策等8项措施，取消了金牌奖牌榜，以杜绝金牌至上的扭曲政绩观和体育观。通过改革，业余选手走上了赛场，让普通人、草根体育走上了全运会舞台，实现了从竞技体育到全民体育的大转变。多项改革措施使全运会既起到引领全国竞技体育发展的龙头作用，又成为引导人民群众广泛参与全民健身活动的重要平台，实现了综合性运动会的多元价值和综合效益。

第三，加强训练创新，稳步推进训练体制改革。十年来，我们不断深化对不同运动项目训练规律的认识，在训练方法、手段及技战术方面勇于创新，逐步打造了符合现代运动训练发展要求的训练体制。一是不断探索科学训练和科学管理新模式。在运动训练管理实践中，遵循与时俱进的精神，创新运动训练方法，坚持和完善了诸多科学化训练制度，如不同运动项目技战术专家会诊制度、专业科研人员长期跟队制度、优秀运动队陪练制度等。另外，根据不同运动项目技术特点和要求，不断丰富了多元运动训练管理模式，如领队负责制、总教练负责制、领队领导下的主教练负责制、领队主教练分工负责制、队委会制、队委会领导下的分工负责制等，并通过系统引进国际前沿训练理论和训练方法，加强学习和交流，不断调动管理人员、教练员和运动员的积极性，有效提高了运动训练的效率与效益。二是不断提高运动训练科学化水平，推进运动队复合型训练管理团队建设。我们进一步加强了对训练基地科研、医疗、文化教育的投入和支持，完善了"科、训、医、教"一体化训练基地模式，提高了全国运动训练基地的训练、科研、医疗、教育和保障水平，以创新带动了科学化训练水平的不断提高，在全国各大城市建立了一批国家级训练基地。

3. 竞技体育项目职业化改革不断推进

推动竞技体育项目职业化改革是提升竞技体育发展水平的突破口，2008年以来，我们积极探索社会主义市场经济条件下的职业体育发展方式，鼓励具备条件的运动项目走职业化道路，支持教练员、运动员职业化发展。

第一，竞技体育项目职业化进程加速推进，职业化水平不断提升。2008年以来，伴随着竞技体育职业化改革的深入，足球、篮球、拳击、高尔夫、网球、冰球世界一级方程式锦标赛等多个项目的职业化水平不断提升，不同职业体育项目的社会参与面不断扩大，职业体育的成熟度和规范化水平不断提高。2015年以来，以足球改革为突破口，进一步提升了足、篮、排"三大球"等项目的职业化发展水平，加速了多个运动项目的职业化进程。2009年4月成立的广东恒大女排，作为国内第一支完全职业化排球俱乐部，开创了我国排球俱乐部自负盈亏、自主生存、自我发展的新模式，推进了我国排球职业化发展。中国网球积极探索职业化发展道路，也取得不错的业绩。2014年2月，李娜职业生涯排名升至历史新高度的第二位，谱写了中国网球的新历史，体现了我国竞技体育"双轨制"模式的成功。此外，我们不断完善职业体育政策制度体系，优化和规范职业体育发展环境，根据不同项目职业化的特点，加速推动了一批具备条件的运动项目走职业化道路。职业联赛形成了一定的市场规模，社会资金逐渐流向职业体育市场，如经营中国职业足球甲A联赛的国际管理集团（IMG）与中国足协的第二个五年协议额接近1亿元人民币，国际体育休闲公司（ISL）与中国足协签订的六年合作协议额约3亿元，中超现场观众由2007赛季的223万人次增加到2016赛季的580万人次，CBA现场观众由2007—2008赛季的105万人次增加到2015—2016赛季的179万人次。2016—2017赛季，中超、CBA电视转播收看人数分别超过4亿人次和7亿人次，俱乐部自身造血机能有了新的改善，经营活动已经覆盖到比赛门票、广告、转会、商业比赛、电视转播和商务经营等多个领域。

第二，"三大球"职业联赛改革不断深化，打造了形式多样的系列职业体育品牌赛事。十年来，我们重点以"三大球"联赛改革为突破口，调动了社会资源参与办赛的积极性，完善了职业体育竞赛体系，提升了以"三大球"为重点的职业联赛水平。其中，近90%的省级政府出台并落实了《中国足球改革发展总体方案》实施细则，中国足协44家地方会员协会全面启动调整改革；篮球改革取得新突破，CBA联赛完成管办分离改革，姚明当选中国篮协主席，CBA公司独立开展联赛商务运作；排球联赛改革全面深化，实施了联赛俱乐部准入办法，更名为"中国排球超级联赛"，联赛的市场价值和社会影响力得到提升，国家队建设取得新成效，国家女排时隔16年再度获得国际排联大冠军杯冠军。此外，我们通过完善激励制度，调动地方和社会力量办赛的积极性，大力发展职业程度较高、市场需求较大的职业体育联赛，如"三大球"、马术、拳击、帆船等项目，通过引导和鼓励有实力的企业建立职业体育俱乐部，打造了多项职业体育品牌赛事。路跑、自行车、球类及冰雪运动等赛事项目逐步"飞入寻常百姓家"，其中环海南岛国际公路自行车赛用12年时间实现了赛事品牌的跨越式发展，走出了一条中国自主品牌赛事昂首走向国际舞台的道路，成为职业联赛的成功典范。

（四）竞技体育结构性调整效益显著

1. 由要素驱动不断向创新驱动的发展方式转变

竞技体育发展方式是实现竞技体育发展的方法、手段和模式，不仅包含竞技体育增长方式，而且包括体制机制、运行质量、经济效益、法律制度等多个方面。长期以来，我国竞技体育主要以政府导向下的要素驱动为主要发展方式，依靠政策和保障等要素推动竞技体育发展，体现出以政府资源供给为主体，以行政手段管理体育事务，以计划手段配置体育资源，通过人力、物力、财力等基本要素的高投入和高消耗，利用举国体制集中有限资源推动竞技体育发展。要素驱动下的竞技体育为我国体育事业作出了重要贡献，然而，由于这种发展方式的科学化程度较低，高投入、高消耗、高成本、低效益成为竞技体育面临的现实问题。《2011—2020年奥运争光计划纲要》指出："我国竞技体育在发展方式上仍然主要靠扩大投入和规模，依靠政策和保障等要素驱动，创新驱动不足，科学化管理和训练水平不高，复合型训练管理团队建设滞后，训练效益不高。"北京2008年奥运会后，我国竞技体育发展方式不断优化，发展重点不断由过去的行政驱动向利益驱动转变，从注重数量上的提升向追求综合实力的增强、质量的提高和结构效益的调整转变。传统依靠行政驱动"自上而下"的竞技体育发展方式，逐步转变为通过利益驱动调节竞技体育参与主体行为、以市场调节竞技体育资源配置和以法律手段维护竞技体育发展秩序的新型发展方式。

第一，通过体制创新优化竞技体育发展方式。北京2008年奥运会后，通过进一步完善"举国体制"，推动竞技体育管理体制改革，转变了政府单一的资源配置方式，政府主导、部门协同、社会参与成为新的竞技体育发展方式，不断推动着竞技体育资源的集约化、内涵式发展。通过引入社会资本，把社会市场作为竞技体育资源配置的主体，推动了竞技体育的"扁平化"管理，逐渐形成了政府、社会、市场共同参与的管理体制。通过转变政府职能，强化政府的服务和调控功能，调动社会资源参与竞技体育的积极性，不断深化单项体育协会实体化改革，提高了竞技体育的发展质量和效益，初步形成了与新时期经济社会发展相适应，更加开放、更具活力的创新驱动型发展方式。

第二，通过机制创新优化竞技体育发展方式。围绕北京奥运会后建设体育强国的需要，从资源投入、项目布局、人才培养、训练体制、竞赛体制等多个要素不断优化竞技体育运行机制，推动竞技体育发展方式由依靠资源倾斜投入的粗放型逐渐向依靠科技引领、组织创新、制度创新、科技保障和理念创新的集约型转变，通过提高竞技体育运行中的各要素生产力来提高单位资源投入的产出率，竞技体育发展方式由依靠要素驱动的粗放型不断向多种机制耦合创新的集约型发展。2012年，党的十八大专门强调以创新驱动引领经济社会发展，依靠科学技术创新实现集约式增长，用技术变革提高生产要素的产出率。竞技体育作为经济社会的重要组成部分，在社会改革的驱动下，进一步创新了运行机制，不断由人力密集型向科学密集型转变，由重数量的外延式扩张向重品质的内涵式发展转变，利用科技、制度、市场等创新因素对竞技体育运行的有形要素进行优化，以创新的知识和技术提升了发展效益。

第三，通过制度创新优化竞技体育发展方式。制度创新是竞技体育创新驱动的根本保障，2008年以来，我国竞技体育不仅在政府管理制度、市场准入制度等方面进行了完善，还从后备人才、竞赛体系、协会改革、职业体育等多个方面进行了制度性创新，通过制定《奥运争光计划纲要（2011—2020年）》《关于进一步加强竞技体育后备人才培养工作的指导意见》《中国足球改革发展总体方案》《奥运项目竞技体育后备人才培养中长期规划（2014—2024年）》《体育竞赛裁判员管理办法》《国家队训练管理质量评估实施办法》《冬季项目后备人才培养中长期发展规划》《2022年北京冬奥会备战工作计划》等多项政策，以制度体系的创新引导竞技体育不断走向内涵式发展。

可以说，我国竞技体育由要素驱动不断向创新驱动的发展方式转变有着必然性和时代性，是竞技体育不断适应经济社会改革趋势和自身发展规律的必然选择，是推动我国由体育大国向体育强国迈进的必然过程。通过转变政府职能，强化政府调控与市场资源配置的协同性，通过转变竞技体育发展观念，创新发展方式，增强了竞技体育发展活力，推动竞技体育由"赶超型"不断向"可持续型"转变，提高了发展质量和效益。

2. 由单一管理不断向多元治理的发展模式转变

2008年以来，转变政府职能，优化竞技体育发展方式成为一项重要任务，在国家相关部门的引导下，社会市场、协会组织等不断参与到竞技体育管理中。2011年2月，竞技体育发展"十二五"规划提出，"进一步转变政府职能，充分调动社会各方积极性，逐步形成国家办与社会办相结合的多元竞技体育管理体制"，为新时期竞技体育管理体制改革指明了方向。十年来，社会组织、协会、市场等不断成为竞技体育管理的新兴主体，竞技体育发展模式整体呈现出从单一管理不断走向多元治理的改革趋势。

第一，从"垂直型"管理向"扁平化"治理转变，不断打造政府主导型治理体制。十年来，在国家社会体制改革推动下，竞技体育贯彻管办分离的原则，通过不断完善举国体制，转变政府职能，不断优化发展方式，主要从依靠行政指令单一管理不断向行政手段、市场机制和志愿者行为的多元治理转变；从政府权力无限向权力有限转变，围绕项目结构、人才培养、训练体制、竞赛体制等多个层面的管理体制进行改革，不断把社会的全面参与、市场的有效参与、公民的自觉自愿参与和政府统筹、政府主导融为一体，不断激发社会市场参与竞技体育治理的动力和活力，竞技体育不断向政府主导、企业赞助、个人投资、全社会参与的"扁平化"治理模式转变。

第二，从"中心—边缘"结构向"网式多中心"结构转变，不断优化社会化运行机制。一是通过推进竞技体育项目的社会化改革，推动竞技体育不断走向社会。主要完善了运动项目管理体制，大力推进项目协会实体化改革，逐步将运动项目主要业务职责移交给协会。尤其是2015年以来，以足球协会改革为开端，项目协会实体化改革再次启动，稳步推进了部分全国性体育协会与行政事业单位脱钩改革，截至2017年年底，28家脱钩试点改革协会已有10家完成脱钩任务，3家脱钩实施方案已得到批复，7家协会完成脱钩方案报送。二是不断推进竞技体育人才培养模式的社会化，创新了体育部门、教育部门、社会力量共同培养竞技体育人才的组织机制，社会组织、企业团体、协会、个人等不断参与到了运动训练和竞赛中，国家队不断向地方、向企业、向社会开放，项目选材不再局限于体制内单位，而是面向全社会开放选材。

第三，从政府管办合一"独轮驱动"向政府、社会、市场、个人"四轮驱动"转变，不断完善多元协同治理体系。2008年以来，我国竞技体育步入了多主体、多领域、多系统协同推进阶段，逐渐改变了我国体育事业管理主体单一的格局，打破了以行政指令为主体、依靠国家"独家管办"竞技体育的管理体制，由政府部门办体育逐步转变为全社会共同参与办体育，不断引入社会多元主体共同治理竞技体育事务，提升了各项目协会、俱乐部等多元主体的自主决策权。通过政府、社会和市场等多主体的密切合作、多主体的共同参与，初步形成了充分利用社会资源、依靠社会力量，政府支持、协会主导、市场自主的新型竞技体育治理体系。

3. 由金牌至上不断向展现综合实力的观念转变

长期以来，我们把在国际大赛上夺取金牌作为竞技体育的至高目标，把获取奥运会、世锦赛、亚运会等世界大赛的金牌数量作为展现国家实力的窗口，同时，把金牌作为考评国家各级地方体育管理部门和教练员绩效的指标。伴随着国家快速崛起，我国经济社会发展取得了举世瞩目的成就，综合实力不断增强。新时期，我们展现国家综合实力的方式日益多元，不再单纯依靠竞技场上的表现来宣示自身的强大，开始逐渐摒弃了金牌至上的金牌观，对金牌背后的国家发展、国家形象、民族精神等多元价值的认识提升到了新的高度。2015年1月，国家体育总局提出，"取消亚运会、奥运会贡献奖奖项的评选，对全运会等全国性运动会只公布比赛成绩榜，不再分别公布各省区市的金牌、奖牌和总分排名"，并且，采取措施纠正金牌至上的政绩观，颁布了《国家队运动员、教练员选拔与监督工作管理规定》《全国体育竞赛裁判员选派与监督工作管理办法》等，加大了对扭曲体育精神、违反体育道德行为的预防和处罚力度，标志着传统金牌至上的价值观念开始从国家层面发生转变。

第一，从"争光体育"不断向全面体育转变。对中国选手参加的比赛，不再"唯金牌论"，而是更加看重金牌数在奖牌数中所占的比重，更加看重运动健儿在国际赛场的综合表现，更加看重参加世界大赛的综合效益。如伦敦2012年奥运会和里约2016年奥运会，我们更加注重整体项目结构的优化和参赛的综合效益，伦敦2012年奥运会是中国海外征战运动员人数最多的一届奥运会，在客场作战的情况下，中国军团在乒乓球、羽毛球、跳水、体操、举重、射击等多个项目取得了新突破，在游泳、击剑、帆船等欧美传统强项中强势突围，创造了境外参赛的历史最好成绩。里约2016年奥运会，再次刷新了中国在境外参加奥运会的运动员数量纪录和参赛项目纪录，中国参加了除手球和橄榄球外的所有项目，运动员年龄也是近3届奥运会最年轻的，部分项目实现了重大突破，如自行车首夺奥运金牌，田径创造了历史最佳战绩，乒乓球、举重等优势项目取得新的进步，女排时隔12年再夺奥运冠军，彰显了新时代的中华体育精神。

第二，从突出奥运优势项目不断向各类运动项目全面协调发展转变。2008年以来，我们不断挖掘新的项目增长点，努力恢复各类运动项目之间内在的"生态平衡"，追求竞技体育项目的整体发展、整体效益。在业余体育与职业体育、奥运项目与非奥项目、夏季项目与冬季项目之间追求协调发展，在集体球类项目和基础大项上寻求突破，通过提高竞技体育项目的整体水平，提升中国竞技体育的国际影响力。十年来，我国竞技项目结构有所优化，优势项目及一批潜优势项目、田径、游泳等基础大项取得突破，冬季项目得到了长足发展。2015年，北京成功申办冬奥会后，冰雪运动进入快速发展期，为推动冰雪竞技项目发展，恶补冬季项目人才短板，努力实现冬奥会项目全项开展，国家专门制定了《全国冰雪场地建设规划（2016—2020年）》《冰雪运动发展规划（2016—2025年）》，计划到2022年全国滑冰场馆不少于650座，滑雪场地数量达到800个，通过大力扶持冰雪运动来促进冬季项目与夏季项目的均衡发展。

第三，从"以成绩为本"不断向"以人为本"转变。2008年以来，随着经济社会的快速发展，社会对金牌的认识不断发生转变，人们开始用更加宽容、理性的态度看待金牌，如里约2016年奥运会，国人对比赛首日零金牌的淡定与坦然充分体现出一种观念的转变，在女子100米仰泳半决赛结束后，傅园慧的一段采访透过电视屏幕，迅速在国内走红，没有拿到金牌但贡献了大量"魔性"表情包的傅园慧备受追捧，说明我们在关注金牌的同时，更关注的是运动员在赛场上展现出的综合素质和精神风貌，国人看待金牌的态度更加理性。此外，相比于金牌的数量，更加关注金牌的"含金量"。2008年以来，针对不同项目的市场化程度，不断推进运动项目管理体制改革，在一些弱势项目上取得新突破。如2009年网管中心允许李娜"单飞"后，李娜征战于多个职业赛场，2011年1月，李娜首次获得WTA顶级巡回赛冠军，同月，李娜在法国网球公开赛女单比赛中登顶，

2014年1月，李娜第三次跻身澳大利亚网球公开赛并收获女单冠军，创造了亚洲女子单打选手在大满贯中的最好成绩。一系列成绩，体现出我国开始在一些欧美强势项目中取得新突破，具有至高的"含金量"。

第四，从少数人的体育不断向全民体育转变。竞技体育不再只是少数人提高技能、为国争光的舞台，更成为人们生活中不可或缺的一部分，竞技体育赛事不断走向社会，引导人们广泛参与。2017年8月，第十三届全运会高擎"全运惠民，健康中国"主题，坚持以人民为中心，在办赛理念上作出了重大创新，不设奖牌榜，在办赛模式和项目设置等方面加大了改革力度，新增了群众项目，打破专业和业余、国际和国内界限，将竞技体育与群众体育紧密结合，让普通民众亲身参与全运会比赛享受全民运动的欢乐，最终有8022名群众选手参与到全运会角逐中。在19个项目中，既有乒乓球、羽毛球、马拉松等热门的现代运动项目，也有龙舟、太极拳等民族传统项目，还有在中老年群体中颇为流行的柔力球、健身气功等以健身养生为主的项目，让本来"高大上"的全运会更加"接地气"。这充分说明我们的办赛理念在不断转变，利用竞技体育提升人们生活质量、促进社会发展的作用日渐彰显。

4. 由较为单一的社会角色不断向多元角色转变

竞技体育的角色定位与国运兴衰密切关联。北京2008年奥运会前，国家对竞技体育的角色定位相对单一，主要服务于国家崛起的政治需要，强调发挥竞技体育塑造国家形象、彰显精神风貌、振兴中华的政治功能，通过大力发展竞技体育，提升国家影响力。竞技体育单一的社会角色主要倾向于达成国家层面的政治诉求，但随着全面小康社会建设的深入，人们对体育需求不断高涨，竞技体育较为单一的政治角色已不能满足人们日益增长的休闲娱乐、健康促进、文化教育、消费升级等多方面的需要。新时期，竞技体育积极顺应经济社会改革的趋势，开始由服务于国家层面的政治角色，不断向满足社会需要的多元角色转变，逐渐凸显竞技体育在促进人的全面发展和经济社会发展中的综合作用。

北京奥运会是中国竞技体育角色转变的重要历史节点。2008年以来，伴随着竞技体育管理体制改革，我们不断拓宽竞技体育角色的内涵和外延，不断挖掘竞技体育的多元价值，从文化娱乐、健康促进、文化教育、经济助力、社会缓冲等多个方面深化了竞技体育的战略角色，注重通过发挥竞技体育的综合价值为经济社会服务。具体实践中，主要促使竞技体育从单向度的为国争光向全面服务社会转变，最大限度地释放竞技体育的外部正效应，通过主动服务经济社会发展为竞技体育自身发展拓展更大空间，集聚更多能量。2016年7月，《竞技体育"十三五"规划》提出"以建设健康中国和体育强国为目标，以服务全面建成小康社会、满足人民群众体育需求为出发点，充分发挥竞技体育在全面建设小康社会中的综合功能和重要作用"。与之前的竞技体育发展规划相比，新时期的竞技体育更加注重其综合功能的发挥，更加注重通过竞技体育发展推动社会建设和满足人民群众的体育需求，在国家政策导向下，竞技体育由较为单一的社会角色向多元角色转变的效益明显。

第一，通过不断挖掘竞技体育的经济功能，为提升产业结构转型升级服务。2008年以来，为适应经济社会的快速发展，将发展竞技体育相关产业与促进消费紧密相连，通过大力发展体育竞赛表演、体育健身休闲、体育场馆运营、体育赛事转播、体育经纪等第三产业，不断挖掘竞技体育的产业价值，促使竞技体育为社会创造出更多经济效益，从而服务于新时代的国家经济建设。

第二，通过不断挖掘竞技体育的文化、教育功能，提升人们的精神品质。2008年以来，我们不断挖掘竞技体育所附带的精神价值和教育价值，通过大力开展形式多样的民间体育比赛促进人文交流，通过利用竞技体育所具备的公平、自由、民主等特质，提高或激发人们的精神文化品质，引导人们通过参与体育活动来提升自身精神素质，从而培养人格健全、具有良好社会适应能力的个体，为社会建设提供健康积极的合格公民。

第三，通过不断发挥竞技体育的休闲、娱乐功能，提升人们的生活质量。自2014年10月《关于加快发展体育产业 促进体育消费的若干意见》提出取消商业性和群众性体育赛事活动审批以来，竞技体育赛事活动不断走向民间，与社会、市场相结合，全国各地通过举办形式多样的体育赛事活动来丰富人们业余生活，广大群众不断参与到各类体育比赛之中，竞技体育的娱乐、休闲价值不断释放，提升了人们的幸福感和体育获得感。

（五）竞技体育人才培养和保障工作不断加强

1. 各类优秀竞技体育人才队伍建设不断强化

竞技体育人才包括优秀运动员、教练员、管理人员、科研人员、医务人员等多个群体，是实施体育强国战略的根基。2008年以来，我国进一步强化了教练员、裁判员、优秀运动员等人才队伍的培养工作，积极调动社会力量，加强竞技体育后备人才培养，逐步建立了各类运动员、教练员、科研人员、医务人员等优秀人才的选拔和培养制度，加强了复合型人才队伍建设，我国竞技体育人才总量稳步增长，人才队伍规模不断壮大，人才素质显著提高。

第一，培养了一大批世界顶级职业运动员和明星运动员。从2009年到2017年，运动健将每年超过5000人，总体数量呈上升趋势；国际级运动健将每年超过700人，2014年达到了854人（图1）。2008年有16人23次打破世界纪录，2012年有18人20次打破世界纪录，2015年有17人在10个运动项目上打破世界纪录。在优秀竞技人才队伍中，李娜作为中国职业运动员的杰出代表，2011年在法网女单比赛夺得职业生涯第一

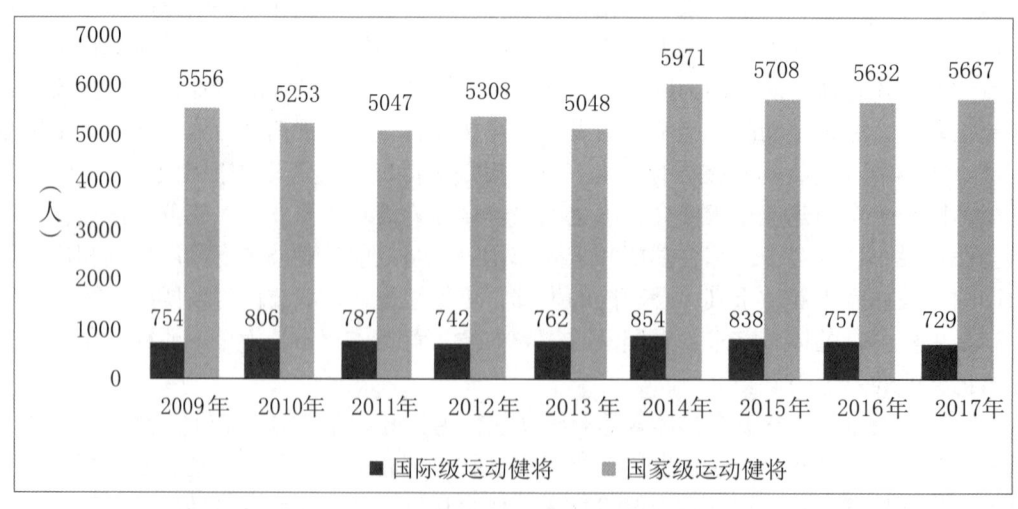

图1 2009—2017年国际级运动健将及国家级运动健将数量

资料来源：《体育事业统计年鉴》。

个大满贯冠军,成为第一位揽获大满贯单打桂冠的亚洲人;2012年,冯珊珊以282杆,低于标准杆6杆的成绩夺得文曼斯女子职业高尔夫球巡回赛(LPGA)锦标赛冠军,实现了我国在世界女子职业高尔夫球四大满贯赛中冠军"零的突破";孙杨实现了男子自由泳从200米到1500米的奥运会和世锦赛大满贯;徐嘉余勇夺中国首个男子仰泳世界冠军;2014年仁川亚运会,宁泽涛和沈锋分别夺下四枚金牌,宁泽涛还创造了男子100米自由泳亚洲纪录。此外,苏炳添、谢震业、张培萌、谢文骏、莫有雪等优秀运动员在田径赛场取得了多项优异成绩。

第二,不断加强了高水平教练员和裁判员队伍建设。十年来,我国十分重视教练员队伍建设,制定了不同层次的教练员岗位培训规划。对外引进高水平教练员,加强了对中青年教练员的培养深造,完善了国外优秀教练员队伍的引进、聘用工作,2009—2017年,我国在岗教练员和发展教练员人员人数整体呈上升趋势(图2)。为加强高素质教练员队伍建设,国家体育总局从2012年开始组织实施精英教练员双百培养计划(简称"双百计划"),2012年4月16日,国家体育总局印发了《国家体育总局精英教练员双百培养计划实施办法》,计划在未来十年重点培养100名专业运动队优秀教练员和100名业余训练优秀教练员。"双百计划"是一项高层次教练员专项人才计划,提高了专业运动队和业余训练教练员专项规律认识水平、创新能力和执教能力,提升了我国教练员队伍的整体素质。同时,我国从多个方面加强了裁判员队伍建设,在一些有条件的项目如足球、篮球等,开始逐步建立起了职业裁判员队伍,不断健全裁判员培训、晋升、选派、激励、处罚等各项制度,不断提高裁判员的专业水平和职业道德,培养了一大批专业技能高的国际级裁判员。

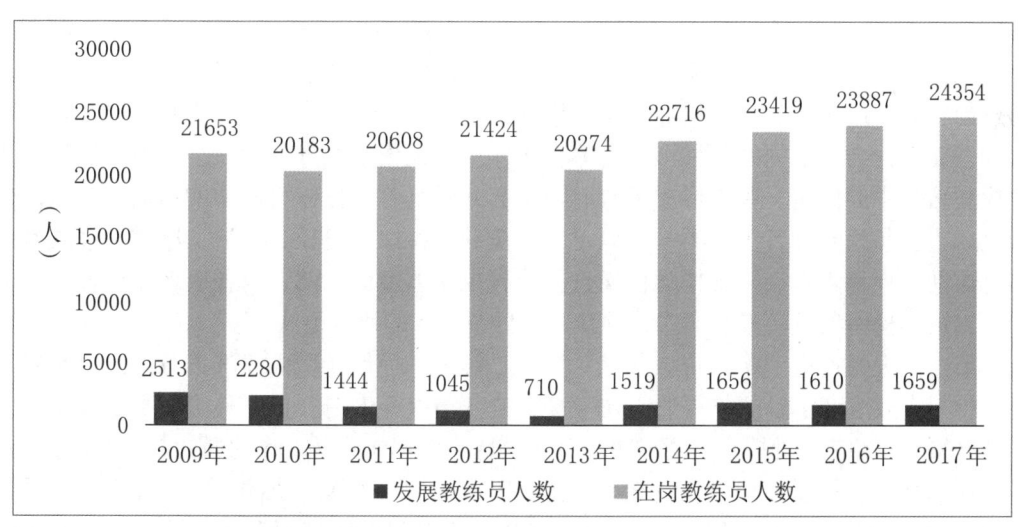

图2　2009—2017年我国发展教练员及在岗教练员人数

资料来源:《体育事业统计年鉴》。

第三,覆盖多领域、多行业的复合型人才队伍建设初见成效。复合型训练管理团队由项目管理干部、主教练、教练员、科研人员、队医等人员组成。2008年以来,我国在各类大赛备战过程中实施了复合型训练团队的工作模式,不断加强复合型训练管理团队建设，围绕提升教练员、裁判员等团队的整体素质开展了大量工作。通过颁布竞技体育人才队伍的政策举措，完善复合型训练管理团队建设的体制机制和操作办法，通过资源整合，实现训练、科研、医疗和管理的有机结合，提升了运动训练的科学化水平，充分发挥了管理人员、教练员、医务人员等在训练参赛中的积极性和创造性。在国家体育部门的政策引导下，我国各地大力推进复合型训练团队建设，如江苏省体育局于2016年1月出台了《省体育局关于建立复合型训练管理团队加快推进训科医管一体化工作的通知》，有效整合了训练、管理、科研、医疗等专业人才资源，充分发挥了各类人才在训练参赛中的积极性，提升了训练、比赛水平，取得了良好的效果。

2. 竞技体育后备人才多元培养方式不断创新

人才是竞技体育发展之源，体育强国建设与后备人才的选拔与培养密切相关。2008年以来，我国围绕竞技体育后备人才培养做了大量工作，制定了《关于进一步加强竞技体育后备人才培养工作的指导意见》《冬季项目后备人才培养中长期发展规划》《奥运项目竞技体育后备人才培养中长期规划（2014—2024年）》等多个指导性文件，不断创新竞技体育人才选拔方式，拓宽后备人才培养渠道，以国家高水平体育后备人才基地建设为龙头，改革与完善了三级训练网络，提高了选材育才科技含量，有重点地增加了对全国后备人才基地的经费投入，不断发挥学校尤其是体育院校在后备人才培养中的积极作用。

第一，创新了体育部门、教育部门、社会力量共同培养后备人才的格局。十年来，我国竞技体育后备人才选拔、培养工作不断创新，运动员文化教育和保障工作不断加强。主要体现在三个方面：一是各级体育部门与教育部门的协作加强，积极推进体教结合，协调青少年运动员的训练、学习与生活的关系，广泛利用学校资源发现和选拔优秀竞技体育后备人才，2017年12月，国家体育总局、教育部联合制定并印发了专门针对竞技体育后备人才培养的指导性文件《关于加强竞技体育后备人才培养工作的指导意见》，通过创新竞技体育后备人才培养体系，推动后备人才培养工作科学高效开展；二是积极引导、支持社会力量创办各种形式的体育人才培养机构，充分发挥社会力量在体育人才选拔和培养中的作用，逐步形成了政府与社会共同培养竞技体育人才的格局；三是以校园足球为引领，鼓励各级各类学校以足球、篮球、排球、田径、游泳、冰雪和民族传统体育运动等项目为重点，支持学校通过创建青少年体育俱乐部、与各级各类体校联办运动队、组建校园项目联盟等形式，创新体育后备人才的培养模式。

第二，大力推进"跨界跨项选材"工作。作为一种创新型人才选拔方式，"跨界跨项选材"有效改变了以往单一的人才输送渠道。2017年8月，国家体育总局下发了《关于开展攀岩、冲浪、滑板、小轮车四个奥运项目跨界跨项选材工作的通知》，成立了"跨界跨项选材"工作领导小组，设立了"跨界跨项选材"工作专家团队，率先在冬季项目开展"跨界跨项选材"。以备战2022年冬奥会"跨界跨项选材"工作为例，该项工作面向全国30个省份开展，其中不乏常年与冰雪"无缘"的南方省份，如广西、四川等，也包含竞技体育欠发达的西部地区，如新疆、青海等，在北京、南京、广州、哈尔滨、昆明等11个城市组织了面向全国的测试，最终来自田径、体操、蹦床、武术、曲棍球等夏季项目的338名运动员进入冬季项目，成为中国冬奥军团的后备军，这些运动员进入了速度滑冰、高山滑雪、冰球、单板滑雪、自由式滑雪、雪车、钢架雪车7个冬季运动项目国家集训队。

第三，实施了国家队多元共建工作，形成对弱势项目后备人才不足的补充。十年来，我们不断创新国家集训队备战体制改革，推进国家队多元共建工作，高水平体育人才的选拔不再局限于国家体育总局项目管理中心和国家队，充分调动了各省市项目协会、俱乐部、体育院校等共同培养竞技体育人才的积极性，利用各省市协会优势项目共建国家集训队，形成对一些弱势项目的补充。2017年9月24日，国家体育总局和浙江省人民政府在杭州签署"共建中国（浙江）国家游泳队的战略合作协议"，积极利用浙江游泳的训练管理经验培养优秀体育后备人才。在鼓励跨地区跨单位"联合组队"的政策下，全运会打破了地域藩篱，在游泳、田径、赛艇、乒乓球等10个大项、49个小项上实施跨单位组队的参赛政策，鼓励各省市在合类项目上合作组队参赛，"跨单位组合"成为2017年天津全运会的最大亮点，也为国家队多元办队工作的开展奠定了基础。

3. 运动员文化教育和保障工作有所提高

运动员是竞技体育事业的基础，加强运动员文化教育，切实做好运动员保障工作，对竞技体育的全面、协调、可持续发展具有重要意义。2008年以来，针对我国竞技体育后备人才短缺、运动员文化教育不足和运动员退役后就业艰难等问题，国家相关部门出台了《奥运项目竞技体育后备人才培养中长期规划（2014—2024年）》《冬季项目后备人才培养中长期发展规划》《关于强化学校体育促进学生身心健康全面发展的意见》《高等学校体育工作基本标准》等多项保障性制度，从多个领域大力推动运动员培养，涵盖了运动员招录、社会保险、行业保障、就学、就业等多项内容。针对运动员文化教育和保障工作，2011年3月，国务院办公厅下发了《关于进一步加强运动员文化教育和运动员保障工作的指导意见》，对解决我国运动员文化教育和保障工作中面临的实际困难，促进运动员全面发展具有重要意义。2017年12月，国家体育总局、教育部联合制定并印发了竞技体育后备人才培养的指导性文件《关于加强竞技体育后备人才培养工作的指导意见》，开启了新时代竞技体育后备人才培养的新局面。

十年来，围绕运动员文化教育和保障工作采取了多项举措，取得了积极成效。第一，加强了竞技体育后备人才的文化教育工作。各级体育和教育部门建立了运动员文化教育联席会议制度和督导制度，逐渐形成了以体育行政部门为主，体育、教育行政部门各负其责的竞技体育后备人才管理体制和运行机制，各级各类体育运动学校不断完善日常管理及运动员训练、参赛、教练员配备和培训工作，同时，教育行政部门继续加强体育运动学校的教学管理、教师配备和教师培训等工作，不断把运动员的文化教育工作落到实处。第二，不断完善各项激励和保障政策，维护好运动员切身利益。相关部门深入强化对运动员的有效激励，探索建立了与岗位责任、风险和工作业绩相挂钩的激励机制，不断发挥工资政策的导向作用，完善了运动员收入分配机制。同时，结合事业单位收入分配制度改革和规范特殊岗位津贴补贴工作，完善了运动员津贴奖金和运动员参加国际重大比赛的奖励方式，保障了运动员的切身利益。第三，不断构建和完善了运动员职业转换社会扶持体系，及时帮助运动员实现职业转换。完善了运动员自主择业经济补偿标准动态调整机制，同时，各地方根据经济发展水平、物价指数等因素适时调整经济补偿金标准。对于运动员自主择业的，按规定享受相应的就业扶持政策，对退役运动员自主创业按规定给予政策支持。

总体而言，十年来，在各级体育及有关部门的共同努力下，我国运动员文化教育和保障工作取得了明显成效，不同学历层次办学体系进一步完善，体育运动学校与优质中小学共建、联办,优质教育资源得到不断整合,运动员在役期间的文化教育工作和退役运动员就业安置工作不断落到实处,广大运动员切实得到了实惠。并且,全国各地区、各有关部门认真贯彻落实中央有关要求,在开展运动员文化教育和运动员保障工作中积极探索,努力构建了新型的运动员文化教育体系,到2016年年底,全国各级各类体校总量达2196所,其中,由体育部门和教育部门联合开展文化教育的各级各类体校有228所,从2010年到2016年,全国各级体校总量增加了18.2%,为运动员提供了更为便利的教育条件,推动了我国竞技体育的可持续发展。

(六)成功申办、举办了各类世界重大比赛

1. 申办并筹备2022年北京冬奥会、冬残奥会

随着冬季运动的快速发展,冬奥会的世界影响力不断提高。为更好地传播优秀体育文化,为世界奥林匹克运动的发展作出中国的贡献,我国积极申办了2022年冬奥会、冬残奥会。举办冬奥会是北京的历史选择,也是一项庞大的民生工程,申办2022年冬奥会、冬残奥会具有重大的社会价值和经济效益。

一是有利于推动京津冀地区的协同发展。申办2022年冬奥会是贯彻落实习近平视察北京重要讲话精神的生动实践,是推动国际一流和谐宜居之都建设和区域协同发展的重大机遇,北京联合张家口申办冬奥会与京津冀协同发展战略完全一致,将在促进地方经济进步,推动京津冀协同发展中发挥重要的作用。

二是有利于增加人民群众福祉。北京冬奥会将极大推动冬季体育运动的普及,改善人们的健身生活方式,满足广大人民群众日益增长的精神文化需求。同时,申办冬奥会有利于加快完善相关基础设施,加大污染治理和生态环境建设力度,推动体育文化旅游产业发展,这些都将惠及广大人民群众。

三是有利于促进奥林匹克精神的传播和奥林匹克事业的发展。申办冬奥会将推动我国3亿人参与冰雪体育运动,特别是在全国4亿青少年中普及奥林匹克教育,培育广大群众健康向上的生活方式,推动全国亿万群众对奥林匹克事业发展作出新的贡献。

四是有利于服务国家发展大局。在我国处于全面建成小康社会的重要时期,申办冬奥会将充分发挥举办重大国际活动凝心聚力的作用,有利于展示我国改革开放和现代化建设的伟大成就,更好地激发广大人民群众为实现"两个一百年"而奋斗,激发为实现中华民族伟大复兴中国梦而团结拼搏的热情和干劲。

北京作为世界上首个既承办过夏季奥运会又将承办冬奥会的城市,在冬奥会改革的大背景下,筹备工作成了一项重要任务。为做好北京2022年冬奥会的各项工作,我国从运动员体验、参赛规模、会后可持续发展等多个领域做好了筹备工作,颁布了《2022年北京冬奥会备战工作计划》《冬季项目后备人才培养中长期发展规划》等文件,实施了"冬季项目后备人才培养工程",加强了高水平后备人才基地建设,加大了冰球和高山滑雪等落后项目的政策扶持,完善了国家队的组建、选拔、训练、管理等各项制度,不断提升了冬季项目的竞赛组织水平。此外,我国政府还调整了全国冬运会和年度竞赛制度,根据备战2022年冬奥会的目标,进一步调整完善了全国冬运会竞赛规模、项目设置、竞赛编排、运动员注册交流等政策,提供财政支持,赛事编制预算约15.6亿美元,竞赛场馆和非竞赛场馆在内的场馆建设预算约15.1亿美元,一系列扶持政策的颁布,为成功举办一届精彩、非凡、卓越的冬奥会打下了坚实基础。

2. 承办各类世界重大赛事提升国家影响力

一个国家的强大和对世界的影响力，不仅体现在其军事实力及经济实力上，而且体现在国家的精神风貌和民族的文明气质上，体现在它是否能向世界展示出更多的精神力量，是否能从这个国家感受到更多的亲切与热情。没有一个平台像世界大型赛事一样，能够集中展现一个国家的综合实力，大型赛事不仅是体育竞技的比拼，更是文化、外交等软实力的彰显。承办奥运会、世界杯、世锦赛等国际大型赛事，对新兴市场的吸引力与日俱增，很多国家视此为构建全球影响力的重要渠道，主办国或主办城市可借此提升全球声誉，加速经济、政治和社会发展。

2008年以来，我国承办了多项世界重大体育赛事，如2010年广州亚运会、2011年上海世界游泳锦标赛、2012年海阳亚沙会、2013年天津东亚运动会、2013年南京亚青会、2014年南京青奥会、2015年北京世界田径锦标赛、2018年无锡世界击剑锦标赛、2018年杭州世界短池游泳锦标赛、2019年男子篮球世界杯赛、2019年武汉世界军人运动会、2022年杭州亚运会、北京2022年冬奥会、冬残奥会等世界重大体育赛事。每一届赛事的成功举办都对城市的现代化和国际化进程产生着巨大的推动作用，不仅提高了市民整体素质，推动了城市精神文明建设，而且对主办城市居民的精神态度产生了积极影响。十年来，通过积极承办各类世界重大赛事，很好地展示了我国现代化建设的伟大成就，扩大了与国际社会的交流与合作，增强了我国的文化软实力和国际影响力。

放眼世界上的国际化大都市，世界体育名城的形成都离不开体育赛事的大力推动，如美国纽约、英国伦敦、日本东京、西班牙巴塞罗那、韩国首尔等都曾举办过奥运会或足球世界杯，甚至许多城市都是因体育赛事的成功举办而一举成名。在全球化不断加速的今天，现代体育在提升城市影响力和彰显国家形象中的多元价值被不断发掘，体育已经被视为推进城市国际化、提升城市国际影响力的"催化剂"。全球体育城市影响力指数通过一系列涵盖经济、体育、媒体和社会影响的数据来评价，根据城市举办比赛的规模和影响来计算，该指数涵盖了70多项体育项目，包括夏季和冬季的奥运体育项目和奥林匹克"认可的"体育项目。2008年奥运会的成功举办，提升了北京在全球体育城市中的影响力，申办2022年冬奥会、冬残奥会将使北京成为世界上唯一一个举办夏季奥运会和冬季奥运会的城市，将进一步提升北京在全球体育城市的影响力。"全球体育影响力100强城市排行榜"显示，2012年南京的排名为42位，2013年、2014年因成功举办亚青会、青奥会，连续两年排名第28位，位列北京、上海之后，2016年飙升升至23位。南京的排名之所以飙升主要得益于2014年青奥会、2016年世界速度轮滑锦标赛等多项世界赛事，2017年，南京排位再次跃升至第10位，仅次于北京。通过举办各类国际赛事，塑造了城市国际化形象，展现了新时代中国城市建设的新精神、新风貌，提升了国家的影响力。

二、竞技体育发展面临的主要问题

（一）竞技体育服务新时代社会发展的内生动力不足

在迈向体育强国的进程中，竞技体育首先要实现自身的发展，然后才能推动国家社会的共同发展，但由于长期受国家体制机制影响，竞技体育实现自身发展的内生动力不足，短期内不能很好地适应新时代经济社会发展的要求，主要体现在两个方面：第一，竞技体育实现自我发展的内部驱动力不足。竞技体育内部组织缺乏活性，运行机制创新不足，依靠外部助力、引导社会广泛参与的力度还不够。在发展方式上，竞技体育还主要依靠政府的政策和保障等要素驱动实现发展，短期内竞技体育的外延式扩张和粗放式发展依然占据主导位置，依托社会，运用市场推动、科技助力、制度创新、组织保障等创新驱动要素发展的动力机制还不健全。在发展动力上，竞技体育依然主要依靠行政部门层层下达的政策、文件等维持运行，社会化、实体化、市场化改革还不够深入，管办分离、内外联动、各司其职的动力机制还未形成，"自上而下、自下而上、横向互动"的竞技体育组织内部联动能力还不强，充分利用社会市场资源，国家与社会共同兴办竞技体育、人民群众广泛参与的运行机制还未形成。第二，竞技体育主动融入并促进经济社会发展和人的全面发展的能力不强、作用不够。由于竞技体育一直囿于政府驱动型发展，主要围绕国家的政治需要，强调担负政治层面的"工具性"角色，实施国家权力向整个社会自上而下的渗透，将本来可以自我发展、发挥综合效益的体育变成了资源消耗型体育，使竞技体育的社会活性下降，短期内难以全面地融入国民生活方式。随着经济社会快速发展，人们对竞技体育的多元诉求不断高涨，但是，竞技体育还不能很好地满足人们日益增长的休闲娱乐、健康促进、文化教育、消费升级等方面的多元需要，竞技体育自身释放娱乐、休闲、健康、教育、经济、文化等多元价值的内生动力还不足。

（二）竞技体育发展不均衡、不充分的现象依然突出

我国竞技体育发展的规模、结构、效益等不均衡问题依然存在，主要体现在竞技体育项目结构布局还不够科学合理，夏季项目与冬季项目之间，奥运会项目与非奥运会项目之间，个人项目与集团项目之间，优势项目与弱势项目之间，东、中、西部区域项目之间发展水平依然存在较大的差距。新兴奥运会项目发展不充分，一些影响广泛的基础大项和集体球类项目水平较低，优势项目提升空间有限，潜优势项目整体缺乏后发优势和潜力，基础项目和"三大球"及冬季项目整体水平仍然较低，竞技体育区域间发展不平衡问题依然突出。第一，竞技体育项目分布不均衡，世界大赛主要还是依赖跳水、羽毛球、乒乓球等优势项目夺取奖牌。如伦敦奥运会金牌分布中，举重（5金）、体操（4金）、乒乓球（4金）、羽毛球（5金）、射击（2金）和跳水（6金）共获得26枚金牌，约占金牌总数的68%，我国大赛成绩主要还是依靠优势项目。第二，与美、英优势项目"错位"明显，暴露竞技体育项目薄弱环节。从2016年里约奥运会金牌分布看，我国优势项目多分布在美、英优势项目以外，与美、英形成较明显的"错位"（表2），田径、游泳等"重金项目"是我国竞技体育的"软肋"，在国际竞争中长期处于不利的局面。第三，竞技体育的职业化发展程度不均衡。尤其是职业联赛发展水平不高的运动项目，除乒乓球、羽毛球、女子排球的成绩相对理想外，我国篮球、足球、男子排球等项目的职业化水平还不高。第四，竞技体育的区域性非均衡发展。我国竞技体育在区域分布上存在很大差异，主要表现为东、中、西部地区之间，城市与农村之间竞技体育发展水平的不均衡，尤其是冬季项目分布不均衡对冰雪运动的推广造成障碍。

（三）政府、社会、市场多元参与的竞技体育治理体系还未形成

新时代，伴随着中国特色社会主义经济体制改革的不断深入，竞技体育赖以生存的社会环境发生了巨大转变，经济发展新常态和供给侧结构性改革对竞技体育与经济社会的协调发展提出了新要求。竞技体育原有的管理模式及运行机制越来越难以适应经济社

表2 里约奥运会中、美、英三国优势项目金牌分布

单位：枚

项目	中国	美国	英国
游泳		16	
篮球		2	
田径	2	13	2
竞技体操		4	
摔跤		2	
赛艇			3
艺术体操			2
场地自行车			6
马术			2
跳水	7		
举重	5		
乒乓球	4		
羽毛球	2		
跆拳道	2		

注：此表优势项目指取得2枚单项金牌以上或包揽此项目金牌的项目。

会转型升级的要求，面临着管理体制亟待创新，发展方式亟待优化，政府部门、社会市场、协会组织等多元主体的关系亟待进一步理顺等现实问题。受国家体制机制的长期影响，竞技体育领域中的国家办与社会办相协调、政府调控与市场调节相结合、全社会共同参与的治理体系还未形成。第一，竞技体育事务依然主要依赖于政府行政手段，社会参与度不高。主要还是以计划手段配置体育资源，以行政手段管理竞技体育事业，"管办不分"的管理体制与市场经济下高度社会化和产业化趋势不适应。第二，政府、社会、市场多元主体共同参与的决策机制不健全。竞技体育主要依靠行政部门层层下达的政策、文件等维持运行，社会多元主体共同参与竞技体育的力度还不够，各项目协会、俱乐部等自主决策权还不高，与经济社会转型所要求的"小政府、强社团、大社会"新格局不匹配。第三，管办分离、内外联动、各司其职的运行机制缺乏活性。竞技体育的社会化程度低，市场配置体育资源的作用难以有效发挥，与经济社会转型下社会市场投入竞技体育发展的格局不适应，导致竞技体育的自我造血功能不足。第四，举国体制与市场机制还未实现有机结合。竞技体育不同参与主体间存在利益冲突，体现在中央与地方，体育行政部门与事业单位及社会市场之间，运动员、教练员与集体和国家之间，奥运会与全运会之间的矛盾与冲突。充分利用市场资源，政府指导下的国家与社会共同兴办竞技体育、举国体制与市场机制有机结合的运行机制还未形成。

（四）竞技体育的科技驱动力量还比较薄弱

体育科技是竞技体育发展的强大动力，未来竞技体育的竞争将是以高科技为核心的人才竞争，科技与运动训练的结合将成为竞技体育赛场竞争的焦点。当前，我国竞

技体育的科技驱动力量还比较薄弱,科技创新能力不足。在竞技项目的科学化训练、运动损伤康复、高精尖训练器材开发等方面的力度还不够,大数据、人工智能技术、生物技术、体育装备、训练器材和科研仪器等还没有在竞技体育训练中广泛应用,技战术训练大数据分析、动态分析的能力还不强。并且,高层次竞技体育创新人才和团队缺乏,体育科技创新能力与世界发达国家相比还有一定差距,科技、训练和服务相结合的保障体系还不完善。

第一,竞技体育发展过程中的科技转化率不高。2008—2012年科技进步对我国竞技体育的贡献率为52.27%,但是结果不容乐观,2008—2012年,我国竞技体育科技人力年均增长率、竞技体育产出年均增长率,及体育科技事业经费年均增长率与2001—2008年相比都有不同程度的下降。我国竞技体育科技转化率不高,运用科技进步提高竞技体育的质量和效率是提升我国运动训练成绩的关键。

第二,现代科学技术与运动训练结合不够紧密。当前科技助力竞技体育各个项目训练的一些关键问题还未有效解决,大数据、人工智能在运动训练中的运用还有待深化,缺乏紧密围绕运动训练实际需求而展开的科技开发,以科技为手段,组织多元力量对重大竞技体育科研项目进行攻关,及推动高新技术在竞技体育训练实践中的应用力度不够。在科学训练、营养恢复、状态调控及多学科科技攻关等方面还不够深入,高效率、多渠道、多形式的信息服务网络及体育科技激励、保障工作依然不完善。

第三,高层次体育创新创业人才和团队缺乏,科技创新能力不足。当前我国体育科技的整体实力和创新意识不强,体育科研单位及训练基地的科技建设实力还比较薄弱,具有专业研究能力、了解运动项目特点和训练规律的高水平科技人员不足,一些科技成果的水平仅是停留在学术论文、原理模型的形态而没有开发为实施方案、方法、技术,或者是没有得到很好的推广应用,一些运动训练中的关键问题得不到及时有效的解决,用科技带动训练和奥运备战的水平还不高。

(五)竞技体育人才的多元化培养和保障体系还不够完善

我国体育人才的结构和总量与体育强国建设的要求还不匹配,表现在新兴奥运项目人才短缺,各项目人才发展不平衡等,甚至我国长期以来的优势项目也面临后备力量不足的问题。第一,体育系统、教育系统、社会组织多元投入的后备人才培养体系还未建成。后备人才资源不足、培养方式单一、运动员文化素质不高,大、中、小学"一条龙"的多元人才培养体系尚未建成,"举国体制"和市场机制有机结合,学校体育和社会力量共同参与,社会办体育、学校办运动队、俱乐部培养体育后备人才的协同机制还不健全,多元投入的新型竞技体育后备人才培养体系还未建成。第二,地方化、院校化、社会化多元人才培养模式还未形成。一个完整科学的高水平运动员培养体系应包含合理选材、科学训练、全面教育、职业规划、社会保障和配套法规等多个要素,然而,目前我国缺乏以竞技体育为手段、以全面教育为核心的人才培养方式。高水平运动员的培养主要采取"一条龙"模式,为了取得成绩,各地重点发展"夺金效益"高的优势项目,导致了基础项目和集体项目后备人才不足。当前,"跨界、跨项、跨地域"人才选拔方式还不够成熟,地方化、院校化、社会化多元人才培养模式还未形成。第三,竞技体育人才培养的体教融合不够,运动训练与文化教育还不够协调。传统以各级体校为基础的"三级训练网"主要通过国家强制性制度实施,体育部门和教育部门的协同性不够,导致青少年运动员训练参赛脱离了教育系统,文化教育水平不高影响了运动员的升学和就业,制约了竞技体育的可持续发展。

(六)竞技体育国际话语权亟待进一步提升

2008年奥运会以来,我国竞技体育达到了一个新的高度,很好地彰显了国家形象,提升了国家的影响力。但总体而言,我国竞技体育仍处于"内强外弱"的状况,体现在参与国际体育事务的范围和力度小,体育话语权分量低,传统体育项目创新不够,体育文化传播和国际影响力不足,拥有国际影响力的明星运动员较少等,国际体育形象与体育大国的地位还不一致。

伴随着竞技体育的强势崛起,我国理应在国际体育事务中享有对应的顶级话语权,但受限于种种因素,我国在国际事务中的影响力还不够。近几届奥运会的状况表明,中国体育在勤练"内功"的同时相对忽视了国际话语权,以至于我们虽然具备了在奥运金牌榜上同美国、俄罗斯等体育强国一较高下的实力,但在国际体育组织中的地位及影响力不够。甚至一些优势项目还未掌握国际话语权,如乒乓球缺少国际话语权,面临国际乒联的各种"打压",针对国乒的规则一改再改,如2007年,国际乒联要求乒乓球拍海绵体粘合胶水由有机改为无机,减少弹性,限制中国的快攻打法;2009年,又再次减少各队奥运会单打比赛名额上限,将3人减少为2人,防止中国队包揽前三。

此外,我国参与全球体育治理的能力还不够,国际体育事务中的中国态度、中国声音还不足。当今世界体育运动各单项组织每隔一段时间都会对规则作出修改,而在国际体育单项协会却少有中国人的身影。伦敦2012年奥运会和里约2016年奥运会上,夺冠的叶诗文和孙杨曾遭遇外国代表队成员和小部分西方媒体的质疑和诋毁,亦表明中国体育没有得到应有的尊重。国际奥委会委员李玲蔚认为:"中国体育界要继续提升话语权,光靠运动员在赛场上争金夺银是不够的,更需要加深对国际体育组织的理解,加强对各项目发展现状的理解及未来走势的判断,中国竞技体育还需要提升话语权。"

三、新时代竞技体育发展展望

(一)发展思路

以党的十九大精神为指导,全面贯彻落实习近平新时代中国特色社会主义思想,紧紧围绕统筹推进"五位一体"总体布局和协调推进"四个全面"战略布局,把竞技体育事业放在中国特色社会主义伟大事业的全局中去谋划,去推动,去落实,去担当,以新思想引领竞技体育改革发展新实践,开启竞技体育事业发展新征程。要立足决胜全面建成小康社会、全面建设社会主义现代化强国的目标,始终坚持以人民为中心的发展观,发挥竞技体育助力中国特色社会主义现代化建设的综合效益;要围绕"加快推进体育强国建设,筹办好北京冬奥会、冬残奥会"的要求,坚持以全面深化改革为引领,以创新驱动为关键,以优化结构布局为重点,遵循竞技体育发展规律,从备战奥运、筹办奥运、创新体制、依法治体、科学训练、人才培养、科技助力等多个维度出发,全面深化竞技体育体制机制改革,全面提升竞技体育治理能力现代化水平;要充分调动社会力量,协调好政府、社会、市场、协会等多元主体关系,建设更加充满活力、更加创新的竞技体育发展新格局;要着力于提升竞技体育综合实力，努力实现我国竞技体育的全面、协调、可持续发展，把竞技体育做得更好、更快、更高、更强，提高为国争光能力，使竞技体育在实现"两个一百年"奋斗目标、促进国家建设中发挥积极的作用，为实现体育强国和全面建成小康社会作出新的贡献。

（二）战略目标

加快推进体育强国建设对进入新时代的竞技体育提出了新要求。新时代的竞技体育要紧紧围绕我国社会主义现代化建设的战略布局，思考竞技体育在新时代中国特色社会主义战略安排中的发展方向，规划竞技体育在不同时期国家发展中的建设目标，使其更好地融入新时代国家发展大局。为此，根据我国社会主义现代化建设提出的"三步走"战略目标，对标党的十九大确立的路线图和进程表，对新时代我国竞技体育发展的战略目标进行了规划。

第一阶段：从现在到2020年。围绕党的十九大报告提出的"加快推进体育强国建设，筹办好北京冬奥会、冬残奥会"的要求，以《2011—2020年奥运争光计划纲要》和《竞技体育发展"十三五"规划》的相关精神为指导，按照抓重点、补短板、强弱项的工作要求，以备战东京2020年奥运会和筹办北京2022年冬奥会、冬残奥会为工作重点。2020年，中国特色竞技体育发展模式进一步完善，初步形成适应我国经济社会发展需要，符合世界竞技体育发展规律和趋势，更加开放、充满活力的现代竞技体育管理体制与运行机制；我国竞技体育的综合实力和国际竞争力明显增强，完成东京2020年奥运会的参赛目标，扎实做好北京2022年冬奥会、冬残奥会的各项办赛和参赛工作，力争取得优异成绩，基本实现竞技体育结构更加优化、效益显著提高的新局面。

第二阶段：从2020年到2035年。围绕基本实现社会主义现代化这一战略目标，到2035年，竞技体育中的弱项短板基本补齐，竞技体育内生动力明显增强，"政府引导、社会支持、群众参与、市场支撑"的法治化管理体系基本形成；运动项目协会发展社会化、市场化、实体化程度较高，竞技运动项目发展规模、发展质量大幅跃升，竞技体育参与人群数量显著扩大；以学校体育为基础，社会和市场力量广泛参与的竞技体育优秀后备人才培养体系有效运行；职业体育全球影响力大幅提升，涌现出一批世界顶级的职业联赛、职业俱乐部和赛事品牌；竞技体育与国家各项事业基本融合，竞技体育的娱乐、休闲、健康、教育、经济、文化等多元价值得到很好的发挥；运动训练科学化、智能化水平显著提高，奥运会和世界大赛成绩处于世界一流，冬季项目综合水平和国际竞争力持续提升。

第三阶段：从2036年到21世纪中叶。围绕实现社会主义现代化的战略目标，把我国建设成为世界体育强国，全面实现包括竞技体育在内的中国体育的现代化。到21世纪中叶，中国特色的竞技体育管理体制健全，奥运会和国际大赛管理机制和模式不断创新优化，竞技体育可持续发展动力和潜力持续增大；竞技体育项目布局合理，竞技体育发展的规模、结构、效益得到均衡发展，形成结构优化、开放共享、充满活力的竞技体育发展格局；教育系统、体育系统、社会组织深度融合的竞技体育人才培养体系已经建立；形成具有社会活力和市场资本支持的国内综合性运动会和多元化、多层次、多类别的竞赛体系；集体球类项目职业俱乐部蓬勃发展，国际体育明星不断涌现，职业赛事市场化、国际化水平提升，培育出有国际影响力的职业化品牌赛事；竞技体育全面融入"五大建设"和人的全面发展之中，竞技体育成为全体人民共同参与喜闻乐见的社会生活、文化生活和健康生活方式。

（三）主要措施

1. 构筑竞技体育发展新使命

（1）推动竞技体育与群众体育融合发展，助力健康中国建设

新时代，竞技体育要创新发展理念，以提高人民的健康水平、促进人的全面发展为重要方向，积极与群众体育融合，通过发展竞技体育引领全民健身工作深入开展，助力健康中国建设。

一是在协会组织上引领，竞技体育运动项目协会把普及运动项目，提升运动项目水平和参与度作为新的使命和职责，加强对基层项目协会的指导，支持基层协会发展个人会员，让群众广泛参与到协会当中去，把运动项目的普及纳入单项运动协会的工作评价，通过协会定期组织民间体育活动，利用协会组织把群众体育带动起来。

二是在赛事活动上引领，大力推广民间体育赛事，要在专业赛事上设业余组，通过专业赛事的组织把业余赛事带动起来，除了全运会增加群众性比赛项目外，还要鼓励其他竞技体育赛事搭建群众性比赛平台，从而扩大赛事参与人群，利用赛事引领扩大体育人口。

三是在竞技标准上引领，要在规范专业标准的同时，构建不同项目的业余标准，让不同项目的业余爱好者每年都有新的上升目标，有更高的标准要求，通过加强对不同等级标准参与人群的指导，让更多爱好者享受竞技体育的乐趣。

四是在竞技文化上引领，竞技体育创造的中华体育精神一直是中华民族精神和社会主义核心价值观的重要组成部分，要通过积极弘扬中华体育精神、践行中华体育精神来引导民众参与体育，培养意志力。利用体育明星引领群众体育开展，通过开展体育明星公益类社会活动，让明星接近民众，向民众普及运动常识，推广从事的运动项目。

五是在运动项目上引领，以人民对竞技体育需求结构的变化不断调整竞技体育的项目结构，积极推动运动项目的普及工作，如尽快推动冰雪运动推广工程，通过创新运动项目来激发群众参与体育的积极性。

六是在科学技术上引领，把运动员的训练方法、康复手段推广到大众中去，对民众的科学化健身提供指导，利用运动损伤康复、高精尖训练、人工智能技术、生物技术等运动训练中的新科技打造覆盖不同人群的健康指导方案，实现以"运动"这一非医疗手段促进人民健康。

此外，要推动竞技体育场地设施上向社会开放。大型场馆建设要立足于多种体育功能的充分利用，要结合人民长期的健身、休闲需求，充分利用竞技体育资源弥补群众体育资源的不足，各类训练中心和基地在完成训练任务的同时，可以向群众开放，为群众提供基本公益性体育服务。

（2）健全竞技体育治理体系，提升国家体育治理能力现代化水平

竞技体育作为体育事业的组成部分，与国家各项事业关联密切，竞技体育治理能力的提升能够有效提高社会自治水平，可以把竞技体育治理作为推动我国体育治理的突破口，通过提升竞技体育治理能力引领国家体育治理能力现代化。

第一，统筹政府、社会、市场和各类项目协会的关系，推动多元主体协同治理。打造共建、共治、共享的竞技体育治理格局是提升社会治理能力现代化的重要内容，当前大力推进的体育事业"扁平化"管理、运动项目社会化改革等能够激活社会体育组织的

活性,有效调动运动项目协会、市场组织等多元主体参与体育治理的主动性,从而提升社会治理水平。新时代,竞技体育要担当起服务于提升体育治理能力现代化建设的重任,厘清国家、社会和市场在竞技体育治理中的角色定位,合理规划不同主体的治理权限,协调好不同主体的关系,推动政府、社会组织和市场构成的多元主体协同治理。重点发挥社会市场在竞技体育治理中的主体作用,利用市场资源创新组织活性,规范项目协会组织合作的行为准则,通过多元主体的共商共治推动竞技体育发展。

第二,健全竞技体育相关制度,强化竞技体育的制度治理。根据竞技体育社会化改革需要,健全竞技体育相关制度,主要包括竞技体育人才培养管理制度、职业体育制度、竞赛制度、运动员社会保障制度及其他相关配套制度。还要健全竞技体育多元参与主体利益保障制度和联赛监管、仲裁制度,建立利益相关者共同参与的决策制度、监控问责制度、诚信制度、权力制衡制度、财务透明制度、绩效评估制度等。在竞技体育社会化改革进程中,要对职业体育联盟、职业俱乐部、运动员等不同主体建立相应的配套制度,通过制度规范不同主体的治理权限和利益边界,充分调动不同主体的积极性,最终实现竞技体育的制度治理。

第三,把法治理念融入竞技体育治理,提升竞技体育法治化水平。增强竞技体育管理部门的执法能力,完善竞技体育法规建设,打造满足市场需求导向的竞技体育法治构架,加大竞技体育的执法队伍建设,培育和拓宽竞技体育法治的社会基础,将竞技体育法律法规落到实处。要强化竞技体育执法,健全竞技体育行政执法程序,规范体育仲裁制度,将体育行政、仲裁和司法体制紧密衔接,利用法治保障竞技体育健康可持续发展,通过提升竞技体育法治化水平引领我国体育事业的法治化建设。

(3)拓宽竞技体育的政治价值,服务新时代国家战略需要

竞技体育作为一种政治符号,利用竞技体育塑造良好的国家形象,是凝聚中国力量、助力"中国梦"的重要方式。新时代的竞技体育要服务于国家发展战略,积极适应国家全方位、立体化外交的新格局,担当起增进国家间对话交流、协调国际关系的战略角色,要进一步发挥竞技体育的政治价值,对外塑造中国体育大国形象,对内提升民族凝聚力,体现中国特色社会主义制度的优越性。

第一,竞技体育的发展要服务于新时代的国家发展战略。在当前世界多极化不可逆转、经济全球化深入发展的趋势下,中国竞技体育的发展要服务于新时代的国家发展战略,进一步推动竞技体育对外开放,为促进世界体育的和谐发展作出更大贡献;要积极服务于"一带一路"建设和构建人类命运共同体战略,与世界各国开展双边、多边体育交往,在教练员援外、运动员交流、场馆建设等方面加深合作;要继续与国际体育组织深度合作,积极参与国际奥委会、国际单项体育联合会等组织,参与多边体育事务,承担相应的国际体育责任和义务,维护国际体育秩序朝着更加公正合理的方向发展;要通过竞技体育树立起一个负责任的大国形象,为人类和平与世界体育发展发挥更加积极的作用。

第二,竞技体育的发展要服务于新时代的国家外交战略。竞技体育作为世界共通的语言,能够起到攻破外交壁垒、缓解外交摩擦的重要功效,要利用竞技体育搭建公共外交平台,服务于国家外交战略。一是继续发挥大型赛事的外交价值,利用举办2019年男子篮球世界杯赛、2022年杭州亚运会、北京2022年冬奥会等重大国际赛事契机,促进国家间交流,展现新时代的中国大国形象;二是推动传统体育文化"走出去",要积极在世界各国推广中国武术、太极拳等传统体育,通过在世界各地举办各类民族传统体

育赛事等形式，将一些影响力广泛的我国传统体育项目推广到世界；三是推动首脑体育外交，在国家领导人外事活动中积极谋划形式多样、内容丰富的体育赛事活动，使具有中国特色的体育赛事成为对外人文交流的新特色；四是积极参与国际体育组织，选拔一批优秀退役运动员、教练员、裁判员等进入各类国际体育组织，参与多边体育事务治理，在国际事务中不断发出中国声音，提升国际体育话语权。

（4）发挥竞技体育的经济价值，促进国家经济社会转型升级

新时代，伴随着经济社会供给侧结构性改革的不断深入和民众消费意识的不断增强，竞技体育相关产业在促进经济社会转型升级中的主体作用将日益明显。对此，要把握中国经济进入"新常态"的历史契机，将竞技体育相关产业打造成为现代服务业中的支撑产业，全力助推中国经济社会转型升级。

第一，大力发展竞技体育项目产业助推我国产业结构转型升级。推进产业结构向服务化、高端化转型是新时代国家经济改革的重要内容，大力发展运动项目产业，推动运动项目的市场化运作，促使体育竞赛表演、体育场馆运营、体育赛事转播、体育经纪等第三产业的比重上升，实现我国产业结构不断向服务化方向转型。新时代健康新观念、科技新成果的融入将为运动项目产业发展带来新动力，助推运动项目产业与相关产业融合，实现与其他产业在生产、技术、产品、消费等各个环节密切关联、相互渗透，带动相关产业不断创新和转型。通过调整运动项目产业结构，扩大产业规模，大力推动"赛事+"发展，使不同运动项目赛事与健康、交通、旅游、餐饮、消费、传媒、保险、娱乐等相关产业深度融合，形成多元产业链。如通过拓展"赛事+传媒"市场空间，促使体育媒介、竞赛表演等产业合并，转化为全新独立的业态体系。

第二，大力发展职业体育引导我国消费结构转型升级。通过优化职业体育项目结构，大力发展中超联赛、CBA联赛，加快推进排球联赛、乒超联赛、羽超联赛等职业化改革，打造多门类、多层次的职业赛事品牌，为社会提供高质量的职业体育竞赛产品。此外，要做好赛事宣传，引导人们投入体育赛事消费，大力培育体育消费人口，通过体育赛事人口的提升推动社会消费结构转型，促使体育消费方式从实物型向参与型和观赏型扩展。在打造高品质职业联赛的同时，要广泛利用社会市场资源，培养具有广泛市场的职业体育俱乐部，打造不同项目的职业体育联赛体系，提升竞赛表演、场馆运营、职业体育等业态比重，为经济发展"新常态"下扩大消费需求、拉动经济增长提供持续动力。

（5）弘扬竞技体育的人文价值，推动国家文明与社会和谐

竞技体育具有特殊的人文价值，不仅能够促进人的身体协调、动作健美，而且可以培养高尚道德，促进智力发育。积极向上的竞技体育文化还可以充实生活，缓解压力，增加人们的愉悦感和幸福感，是凝聚人心、促进国家文明与社会和谐的重要方式，能不断为强国梦输送持续而强大的正能量。

第一，发挥竞技体育的文化教育价值，提升民族的意志品质。竞技体育运动训练过程既是不断克服各种艰难困苦、迎接对手各种挑战的过程，又是不断调整自身生理极限、忍受极度疲劳的过程，参与竞技体育活动本身就是一种意志体验，具有强大的激励斗志、凝聚人心的作用，对提升公民精神和意志品质意义重大。通过引导竞技体育项目从业者深入基层指导大众开展运动技能学习，让广大民众在学会运动技能的同时，体味竞技体育中的顽强拼搏、不卑不亢的文化精神，通过打造各种各样的民间体育赛事丰富人们的业余生活，通过经常性的体育参与提升公民的文化素养，打造健康文明的体育生活方式。

第二，弘扬中华体育精神，推广竞技体育核心价值观。习近平在会见第31届奥运会中国体育代表团时指出，我国体育健儿在里约奥运会上的表现，展示了强大正能量，展示了"人生能有几回搏"的奋斗精神，实现"两个一百年"奋斗目标、实现中华民族伟大复兴的中国梦，就需要这样的精神。深度挖掘竞技体育自身所具备的公平、公正、公开竞争的精神品质，挖掘竞技体育背后所附带的道德、礼仪、审美、情感、创新等文化元素，积极与和谐社会倡导的新理念进行对接。借助各类媒介，积极弘扬中华体育精神，利用"乒乓外交""女排精神"等优秀体育文化，引导青少年学生培养健康积极的体育价值观。通过将中华体育精神融入学生课堂、校园体育竞赛和课余体育活动等，让广大青少年学生在参与体育赛事的过程中感受优秀竞技文化，提升内在修养，培养凝心聚力的感召力、为国争光的爱国主义、敢于争先的拼搏精神和扬我国威的民族自信，从而为培育具有现代意识的合格公民奠定基础。

第三，践行竞技体育的社会服务价值，推动和谐社会建设。围绕社会日益增强的体育文化需要，发挥竞技体育的社会服务价值，通过整合教育系统、体育系统、社会组织和各项目协会的体育资源，拓宽竞技体育社会服务的内容，大力培育政府以外的竞技体育公共服务主体，让市场、社会组织、俱乐部等共同参与承担竞技体育服务。通过举办多种层次的体育竞赛和民间民俗体育文化主题活动，引导不同民族和社会背景的民众广泛参与，利用体育赛事搭建平台，促进不同民族、不同地区的文化交流，沟通人际，弥合民族疏离，增强民众超越宗教、民族、文化背景的集体意识和情感认同。通过借助体育赛事交流平台促使各个民族求同存异，从而增强民族凝聚力，促进全国各民族的团结与和谐。

2. 建立竞技体育发展的新体制、新机制

（1）建立举国体制与社会市场相结合的新机制

随着新时代社会主义市场经济体制改革的不断深入，举国体制面临经济社会转型的新挑战，需要通过全面深化改革破解难题。体育强国建设进程中，一方面，要继续坚持举国体制，发挥举国体制的特殊效用，为体育强国建设助力；另一方面，要进一步完善举国体制，构建举国体制与社会市场相结合的新机制。

第一，推动举国体制与市场机制深度结合，全面深化"放管服"改革。加强顶层设计，转变政府职能，以更为"开放"的观念创新竞技体育发展方式，进一步降低各类市场主体参与竞技体育的门槛，放宽准入，逐渐使市场在竞技体育资源配置中起决定性作用，由原来体育部门管理竞技体育，转变为全社会共同参与管理竞技体育，合理运用计划和市场两种手段，从宏观和微观两个层面调动社会资源，形成管理有序、结构合理、效率优先的新型管理体制，为举国体制注入新的活力。

第二，深入推进竞技体育管理体制改革，推行条块结合的"扁平化"管理。一是打造政府指导下国家与社会共同兴办、人民群众广泛参与的竞技体育运行机制，通过协调政府与社会、市场的关系，充分发挥政府、社会、市场各自的作用，形成"三轮驱动"、通力合作的运行机制；二是拓宽多元投资渠道，广泛吸纳社会资源支持竞技体育发展，引导社会力量参与竞技体育赛事组织，提高竞技体育的社会化水平，形成多渠道、多层面、社会广泛参与的竞技体育多元发展新模式，构建"小政府、强社团、大社会"的新格局，提升竞技体育的社会化水平。

第三，打造管办分离、内外联动、各司其职的新机制。贯彻政事分开、管办分离的指导思想，大力推进全国性体育协会与行政机关脱钩改革，优化国家体育总局、全国体育总会、中国奥委会职能，推动国家体育总局与中华全国体育总会、中国奥委会与各单项体育协会的职能分开，实现管办分离。以法律手段规范国家体育部门、社会组织和各类协会的权责，进一步引导各级体育事业单位和社会体育组织明确自己的权利与职责，构建责任层层分解、压力层层传递的举国体制。在明确不同主体职责的前提下，充分开发竞技体育的有形和无形资产，多渠道、多形式调动社会各方力量共同参与发展竞技体育事业。

（2）建立多元参与的竞技体育治理体制

新时代，国家治理体系和治理能力现代化建设为竞技体育治理方式的优化提供了基础，构建多元主体协同治理格局是提升竞技体育治理能力现代化的关键。要厘清国家、社会和市场在竞技体育治理中的角色定位，处理好不同主体的关系，打造多元主体协同联动的竞技体育治理体制。

第一，建立政府支持、协会主导、市场自主的新型竞技体育治理体系。改革竞技体育项目管理体制和运行机制，合理界定竞技体育行政管理部门、项目协会和市场主体的治理职能和责任，加强中国奥委会、各单项体育协会等组织间的协同，充分利用社会资源，依靠社会力量，推进政府、社会、市场、项目协会等组成的协同治理，打造多元主体协同合作、多种机制相互配合、多个主体共商共治的竞技体育治理体系。

第二，打造与经济社会相适应的竞技体育政府主导型治理体制。合理定位政府在竞技体育治理中的角色，推动政府主体的有序退出与有效介入。规划政府主体治理的职权边界，强化政府的调控型服务式治理，政府要"让位"、放权于社会市场，推进行政机关与竞技体育行业协会脱钩。同时，政府又不能"缺位"，政府要承担制度设计和治理监管的责任，监督竞技体育活动的开展和市场主体的生产经营行为，形成与经济社会相适应的竞技体育政府主导型治理体制。

第三，发挥社会市场在竞技体育治理中的主体作用。市场主体在竞技体育治理中要保持活性，在遵守市场规律的同时，通过制度激活市场活性，发挥市场的体育资源配置优势，不断引导运动项目协会进市场，以协会、社会市场为治理主体，以竞技体育资源配置最大化为治理客体，以法规制定、调控督导、协调服务、组织管理等为治理行为，结合我国国情，打造以竞技体育核心利益为主、多元利益相关者协同治理的机制。

3. 创新奥运备战模式

（1）创新奥运备战政策体系和参赛策略

东京奥运会和北京2022年冬奥会、冬残奥会是体育强国建设进程中的两项阶段性任务，做好两项赛事的备战工作，对于体育强国建设将起到引领作用。新时代，要以夏季奥运会和冬季奥运会取得优异成绩为重点，实施奥运战略，确定"以备战促改革，以改革促备战"的整体思路，创新奥运会备战组织管理运行新机制、新模式，做好高水平人才培养、复合型备战团队组建、科技助力等工作，以"真选、真练、真高、真干"的方法论做好奥运备战工作。

第一，调整和完善奥运备战政策体系。包括完善国家队多元组建扶持政策、参赛运动员选拔政策、奥运激励与保障政策、教练员选聘与保障政策、训练基地建设管理政策、竞赛政策、运动员和教练员人才交流管理政策、运动员升学就业保障政策、少数民族地区培养高水平运动员政策等，从制度、法规等层面支撑奥运备战。通过整合竞技体育制度性资源，发挥各地在人才、科研、资金、管理、保障等方面的优势，通过健全评价、奖励制度，调动全国备战奥运会的积极性。

第二，优化奥运备战优秀人才选拔方式，建立多元联动的人才输送体系。实施奥运备战"直通计划"，推动备战队伍与总局决策组织直通、经费直通、人才直通、决策执行直通。激活优秀竞技体育人才多元选拔方式，根据项目特征创新青少年运动员选材标准，推行"跨项选材""青春期后选材"和"晚定项的动态选材"，推进不同项目联动递进的后备人才梯队建设。要建立严格的国家队奥运选拔政策，打造国家队、省市队、地方队多层次联动的人才输送体系，以公开、公平、公正为原则，遴选成绩最好、状态最好的运动员进入国家集训队，形成精英运动员培养与选拔的长效机制。

第三，优化竞技体育项目结构布局，制定不同项目的奥运备战参赛策略。一是坚持突出重点，拓展优势空间，恶补弱势项目，统筹奥运与非奥运项目、夏季与冬季项目、优势与潜优势项目、集体球类项目与基础项目及弱势项目的协调发展，建立良性竞争、优势互补的竞技体育项目发展格局。二是从全局的视角对奥运备战任务统筹规划，要覆盖对不同项目备战目标、任务的策划，注重抓重点项目的顶层设计，在奥运参赛项目上不能一味追求"大而全"，要根据我国参赛项目的现状进行分类，有所偏重、有所区别地制定不同项目的参赛措施。各项目国家队要根据奥运会备战总体计划，统筹制订本项目备战计划，设计不同年度、不同项目和不同领域的分计划，并将备战计划层层分解至各个教练组、教练员和运动员。

（2）构建国家和社会多元参与的奥运备战体系

奥运备战是一项系统工程，伴随着新时代我国体育体制改革的深入，大量的社会力量将介入竞技体育领域，我们要利用好竞技体育社会化改革的趋势，借助社会力量，吸收更多的社会主体参与奥运备战，构建国家和社会多元参与的奥运备战新体系。

第一，建立多元参与的"扁平化"奥运备战组织管理体系。一是以奥运比赛项目为单位，组建复合型训练与备战管理团队，建立备战领导小组、项目管理团队的"扁平型"奥运备战组织管理体系。明确管理人员、教练员、医务人员、科技人员等相关人员的责任，逐步形成"奥运备战有落实，任务落实有主体"的奥运备战组织管理体系，保障奥运备战目标任务的有效完成；二是各项目中心要成立国家队队委会和复合型训练管理团队，对各项目管理中心、协会和运动队实施目标任务责任制，搭建备战领导小组、项目中心、协会和运动队多层责任体系，细化目标，落实责任，统筹安排比赛周期和年度训练、比赛计划等工作。

第二，提高备战奥运工作的社会化、专业化、市场化水平。调动更多社会力量支持奥运备战，广泛利用社会市场资源，发挥不同项目的特点，吸引社会资本介入奥运备战工作，可以选取一些设施完善、资金雄厚的俱乐部承担部分项目的备战任务。广泛利用社会力量做好奥运融资，寻求更多的赞助商，发挥社会力量调动多方资源，推动多渠道、多方式共同资助奥运备战，实现备战奥运会资金结构的社会化和多元化，从而降低政府运作成本。

第三，推进奥运会备战模式的多元化。奥运会备战过程中要有效整合政府、社会、协会、俱乐部等各种竞技体育资源优势，激发奥运项目发展的内生动力，充分调动和发挥地方备战奥运会的积极性。在推进奥运备战模式多元化的实践中，要继续发挥举国体制的优势，支持各种社会力量参与备战工作，从而实现精英体育资源的共建与共享，提升备战效率。

（3）大力推进"科技助力奥运"工作

科技水平是衡量体育强国的重要指标，随着现代科技的发展，科学技术已经成为提高运动训练水平的关键因素。科技助力奥运是奥运备战的重要创新途径，要针对重点项目实施"引智工程"，打造"科研—训练—保障"多元融合的奥运备战体系，发挥科技在提高运动训练水平中的作用。

第一，强化奥运备战科技攻关，完善科技助力奥运的工作机制。以备战东京奥运会、北京2022年冬奥运为首要任务，通过制定相关政策引导国家、社会、各类俱乐部协同开展科技助力奥运工作，大力推进科技介入日常运动训练，充分发挥科技的先导作用，加强对重点夺金项目训练理论与方法的研究与应用，有针对性地解决运动训练的实际问题。重点围绕奥运参赛项目的技战术、训练方法手段、器材开发、伤病预防、疲劳恢复等进行研究，紧密结合运动训练实践，以科研创新带动科技助力奥运工作。

第二，打造多元融合的复合型训练备战体系，提升备战训练科技含量。针对重点项目实施"引智工程"，打造"科研—训练—保障"多元融合的复合型训练体系。一是组织人员专门对先进国家奥运项目制胜特征进行研究，对竞技体育项目发展中的重点、难点问题进行联合科技攻关，通过器材的创新、设备的改造升级等逐步提高项目的科技含量；二是组建科研保障团队，打造奥运科技协调创新平台。与有关高校、科研所等合作，在国内外遴选综合实力强的科研团队，针对备战中的难题进行联合攻关，将科技与教练员训练结合起来解决实际工作中的问题。把科研实验室实施运动队化，把阶段性运动员测试日常化，每一个项目或项群可以与高校实验室或科研机构签订合作协议，对重点小项、重点运动员的制约短板进行深入研究，提升奥运备战的科技含量。

4. 多途径多渠道培养竞技体育人才

（1）创新国家队组建模式，推行跨界、跨项、跨地域多元人才选拔方式

实施国家队管理体制改革是推动体育事业改革的重要组成部分，通过创新竞技体育优秀人才选拔方式，激发项目发展的内生动力，充分调动各方参与的积极性，对于提高我国竞技体育综合实力和推进体育强国建设意义重大。在体育强国建设进程中，要创新国家队组建模式，优化优秀人才选拔方式，推进国家队办队模式多元化。

第一，推进国家队办队模式多元化。一是推进国家队办队模式的社会化，促进体育单项协会与社会组织合作建设新型国家队，依托多方力量，调动社会参与的积极性，促进单项协会积极建设新型国家队，针对市场化程度较高、竞技成绩优异、项目特色鲜明的体育单项协会，与其共建新型国家队；二是推进国家队办队模式的院校化，发挥高等体育院校教、科、竞、训一体化优势，积极与一些高等院校建立合作伙伴关系，如北京体育大学成立中国足球学院，上海体育学院成立中国乒乓球学院，南京体育学院成立中国网球学院，天津体育学院成立中国排球学院，国家体育总局与清华大学正式签署战略合作协议等；三是推进国家队办队模式的地方化，通过与地方政府签署合作协议的形式，采取年度考核，实行动态调整，实施扁平化管理，以创新的管理模式和考核体系规范国家地方队，赋予地方构建国家队训练团队的主教练选人用人的主导权，运用"省市选派、自主聘用"实现团队构建。可以选择项目成绩较好、后备人才充裕的省、市，以协议方式与之共建国家队，实现精英体育资源的共建与共享。

第二，推行跨界、跨项、跨地域多元人才选拔方式，建立国家队、省市队、地方队层次明确的人才输送和培养模式。打破传统的"早期选材"和"终身一项"的三级人才

输送体系，建立项目选拔与跨界选拔相结合的选拔机制，形成精英运动员培养与选拔的长效机制。一是将教育政策和竞技体育政策结合起来培养优秀竞技体育后备人才，激活优秀竞技体育人才多元选拔机制，要跨界跨项，跨出体育界，跨到教育界，打造不同项目联动递进的后备人才梯队；二是针对性地面向全球选材和重点地区选材，如针对华人、华侨和华裔，面向特定地区、特定人群、特定项目、特定行业等实施多元选材。

（2）实施体教融合，完善竞技体育后备人才培养体系

体育强国建设进程中，要有效发挥教育系统、体育系统和社会组织的作用，不断优化"体教融合"的三级训练网络体系，打造教育系统、体育系统和社会力量多元投入的新型竞技体育人才培养体系。

第一，实施"竞技体育后备人才培养工程"，建立规模、布局、结构合理的人才培养体系。政府部门要继续发挥主导作用，在资金、政策、教育、培训等方面给予更多的关注和支持，社会组织和团体要通过各种途径，积极吸纳社会资源，发挥在项目普及和培养后备人才方面的作用。要建立贯通"小学—初中—高中—大学—职业体育"的人才传递体系，调动学校和家长支持学生参与竞技体育的积极性，完善学校、社区、家庭相结合的青少年体育网络和联动机制，培育竞技体育后备人才发展的社会环境，保障竞技体育后备人才规模平稳增长。

第二，打造多元投入的新型竞技体育人才培养体系。后备人才培养中，要实施业余体校、运动学校、学校运动队、体育俱乐部的有机结合；学校竞赛体系、青少年竞赛体系、职业竞赛体系的有机结合，在各类学校、体校、俱乐部和职业队中选拔运动员组建国家队。根据运动员的不同层次，打造层层递进、密切衔接的人才培养体系，支持学校通过创建青少年体育俱乐部、与各级各类体校联办运动队、组建校园项目联盟等形式，创新体育后备人才小学、初中、高中一条龙培养模式，最终形成多元投入的新型竞技体育人才培养体系。

第三，推动体教融合，厚植竞技体育后备人才培育基础。一是完善支撑后备人才培养的制度基础，健全后备人才输送、人才培养、人才交流奖励制度，利用制度调动人才培养单位、组织和个人的积极性、主动性和创造性，拓宽运动员人才培养的"绿色通道"和"金色大道"。二是培育后备人才培养的教育基础，充分利用教育资源，完善三级训练体系，发挥学校在后备人才培养中的积极作用，形成以学校为主体的运动员培养模式，在推动教育系统、体育系统及社会组织多方融合的基础上，为国家培养全面发展的高水平竞技体育人才。

（3）健全教练员、裁判员等人才队伍的培养和保障体系

实现体育强国目标离不开一支专业水平突出的复合型团队，提升教练员、裁判员、科研人员、管理人员等队伍的综合素质是提升竞技水平的关键。体育强国建设进程中，要健全教练员、裁判员等人才队伍的培养和保障体系，打造具有国际水平的竞赛组织人才队伍和国际体育组织认知的人才团队，培育能够适应未来运动训练需要的复合型训练管理团队。

第一，大力实施精英教练资助计划和基层教练员培训工程，提升高水平教练员综合素质和创新能力。一是健全教练员培训体系，根据项目特点组建中外结合的教练员团队，做好国外优秀教练员引进、聘用工作，规范外籍教练员聘用和管理方式；二是大力推行精英教练员培养计划，健全市、区（县）和学校三级培训课程体系，完善教练员培

训的分类管理，通过开发网络培训课程资源，建立教练员网络研修社区，并对培训效果进行跟踪监控，从而真正提升教练员的专业素养；三是加快我国体能训练人才培养，成立中国体能训练协会，利用高校建立体能、康复专业，实施权威考核认证，扩大我国体能训练和康复再生人才规模，满足竞技体育强国建设和健康中国服务需要；四是加强教练员、裁判员队伍系统建设，提高教练员、裁判员岗位社会认同和价值地位，创新教练员、裁判员业务能力考评机制，完善教练员、裁判员继续教育和职业培训制度，建立教练员、裁判员终身学习制度，优化奖励办法，促使教练员、裁判员队伍建设走向规范化。

第二，健全复合型团队的激励、奖励保障机制，提升复合型团队的科学化水平。一是完善复合型团队的管理办法，明确复合型训练管理团队的构成、分工、职责等，合理分配教练员、医务人员、管理人员、科技人员等团队人员的责任，充分利用成员的专业优势，建立教练团队、科研团队及其他专家团队的沟通机制，"让专业的人做专业的事"，打造一支能够深刻把握项目训练规律，具有科学训练理念和方法的复合型训练管理团队；二是完善复合型训练管理团队收入分配和激励保障政策。围绕团队不同成员的职责和工作分工，落实各项激励和奖励政策，合理提升团队成员的收入和奖励额度，将复合型训练管理团队的工作业绩与个人收入、奖惩、政治荣誉挂钩，形成责、权、利相统一的激励保障机制；三是打造具有国际水平的竞赛组织人才队伍和国际体育组织认知的人才团队，支持和鼓励合适人员竞选国际体育组织的相应职务，争取更多地参与国际体育组织活动和决策，增强我国在国际体育事务中的影响力和话语权。

5. 提升运动训练的科学化、智能化水平

（1）推动"科技助力"与运动训练紧密融合

科学化、智能化水平是衡量体育强国的重要指标，在推动体育强国建设进程中，要大力提升运动训练的科技元素，推进"科技助力"工作，提升运动训练的科学化、智能化水平。

第一，完善"科技助力"工作的体制机制。建立与社会主义市场经济体制相适应、与运动训练实践密切结合的科技服务体系，完善统一的管理机制，打通各个项目间的壁垒，通过打造资源共享和经验交流平台，将科技与训练实践紧密结合。广泛利用社会市场资源，吸纳社会各方力量参与"科技助力"工作，共同进行科研攻关、科技服务和训练康复保障工作，打造高效率、多渠道、多形式的运动训练信息服务网络及体育科技激励、保障机制，提高科技服务的质量和效率。

第二，实施"科技助力"和科技支撑计划，提升运动训练的现代化科技含量。引进大数据和人工智能技术，加强国际信息情报收集，动态分析掌握各国竞技体育大数据；围绕运动训练的实际需求展开科技开发，以科技为手段，组织多元力量对重大竞技体育科研项目进行攻关，推动高新技术在运动训练实践中应用；加强技战术训练大数据分析，提高专项体能训练和科学恢复再生水平，加快生物技术、体育装备、训练器材和科研仪器等更新迭代；加强科学训练、营养恢复、状态调控及多学科科技攻关，提高训练过程和状态监控的科学化、信息化水平，通过器材的创新、设备的改造升级等逐步提高项目的科技含量。

第三，构建现代化多功能智能场馆。提高我国训练场馆设施的科技元素，通过器材的创新、设备的改造升级等逐步提高场馆设施的科技含量，推进训练、科研、医疗、康

复保障等多个元素融入训练场馆。要不断升级与改造满足备战奥运需要的"科研、训练、保障"三位一体的多功能智能场馆，打造技术诊断、医务监督、信息情报收集、身体恢复等多功能融合的智能训练中心，为运动训练与竞赛提供优良的硬件保障。

（2）打造"训练—科研—保障"复合型训练团队

复合型团队可以整合多学科的知识和人才，让专业的人员做专业的事，可以全方位地提高运动训练水平。在体育强国建设中，要构建科学化复合型训练团队，提高科技对训练的引领作用。一是整合社会和国际科技资源加入"科技助力"训练工作，建立多学科和国际化的高水平研究团队和平台，提高竞技体育的科技攻关和科技服务水平。各项目国家队要在国内外遴选综合实力较强的复合型团队，签订服务协议，建立合作伙伴关系，通过复合型团队的整体效用提升运动训练的科学化水平。二是在国际化高水平"科技助力"团队的引进和构建中，既要以体能、恢复、康复、营养、赛前训练等具有共性的学科为主体，解决竞技训练中长期存在的关键问题、难点问题和共性问题，也要以特定项目或运动员，尤其是重点项目和高水平运动员为研究对象，进行重点攻关和精准保障。通过研究重点项目的特征和训练趋势，对项目训练和竞赛规律进行深度认识，在训练方法、手段及技战术方面不断创新，促进科技成果转化与应用，提升对训练和参赛的驾驭和操作能力。三是做好复合型训练团队的协调工作，以运动员训练为基础，以科研为先导，以医疗服务和组织管理为保障，解决运动员日常训练、参赛过程中遇到的实际问题，利用科学的组织管理推动训练、科技、医务、监控及组织保障等工作落到实处。

（3）加强赛风赛纪和反兴奋剂工作治理力度

赛风赛纪和反兴奋剂治理工作是一项长期的系统工程，在体育强国建设过程中，我们必须坚持正风肃纪，加强行业作风建设，完善国家反兴奋剂综合治理协调机制，推进国家反兴奋剂综合治理体系建设，树立中国竞技体育的良好形象。

第一，健全体育竞赛赛风赛纪立法，完善反兴奋剂法规体系。一是全面贯彻实施《体育法》《反兴奋剂条例》《反兴奋剂管理办法》，积极推进反兴奋剂违规入刑工作，强化教练员、运动员及辅助人员自觉抵制兴奋剂的意识和能力。二是完善反兴奋剂管理体系，建立反兴奋剂责任制，完善运动队反兴奋剂准入制度，推进"标本兼治、综合治理、惩防并举、注重预防"的预防与惩治相结合的反兴奋剂综合治理体系建设。

第二，深入开展赛风赛纪和反兴奋剂专项治理。建立健全反兴奋剂风险防控体系，整合中国奥委会反兴奋剂委员会和国家体育总局运动医学研究所的部门职能，加强兴奋剂控制过程的计划、协同、执行、监督和改进，健全有效的防范制度和应急处理机制，联合部委兴奋剂综合治理协调小组、大型赛会纪律检查委员会、各赛会组委会监察机构及各参赛代表团的监察机构等对竞赛过程实施监督，提升反兴奋剂专业化水平。

第三，不断提高兴奋剂检测水平。加强兴奋剂检测实验室建设，一是利用体育院校、运动医院和相关科研院所的优势，推进兴奋剂实验室建设，促使相关单位在承担兴奋剂检测任务的同时，进一步做好硬软件设施建设，开展新型兴奋剂检测技术开发，利用新科技提高兴奋剂检测水平。二是加强反兴奋剂国际合作，与世界竞技体育强国开展反兴奋剂领域的双边交流，密切跟踪国际发展动态，深入交换反兴奋剂信息，切实提高反兴奋剂治理工作的实效与水平。

6.构建中国特色现代化竞赛体系

（1）全面推进竞赛体制改革

在迈向体育强国的道路上，要进一步推进竞赛体制改革，建立与经济社会转型和竞技体育发展规律相适应的竞赛体制，通过鼓励社会广泛参与，推动竞赛体系的社会化、科学化、制度化和多样化，逐步建成具有中国特色的政府引导、形式多样的竞赛体系。

第一，健全全运会、冬运会、青运会等竞赛制度，推动竞赛的市场化和社会化改革。一是对国内赛事实行分级分类管理，通过深化全运会、冬运会、青运会体制改革，带动我国竞赛体制的全面改革，发挥全运会在推进赛制改革方面的引领作用；二是加快推动竞赛的社会化，对商业性、群众性赛事，坚持谁主办，谁负责的原则，加强服务监管，改革和完善赛事申请办法、项目设置、赛制编排、运动员注册、计分办法和监督措施等，充分调动地方体育部门和社会力量办赛的积极性；三是大力鼓励"跨单位跨项跨界"组合比赛，利用社会市场资源，建立科学合理的竞赛协作机制，扩大专业赛事举办和参赛的灵活性、开放性和自主性，对多个单位组织的比赛同等公布所取得成绩，共同分享获得名次；四是加快推进市场化、社会化程度较高的项目建立职业联赛体系，逐步建立起适应社会主义市场经济、符合现代体育运动规律、与国际接轨的现代单项竞赛制度。

第二，打造围绕国际大赛参赛目标、服务奥运战略的竞赛体系。积极适应国际上以奥运会、冬奥会为中心的奥运资格竞赛制度和以市场为导向的职业竞赛制度，坚持全运会与奥运会接轨，年度赛事与全运会挂钩，通过开展形式多样的系列赛、大奖赛、分站赛等，将国内比赛和国际比赛有机结合。从利于奥运会参赛为出发点安排国内比赛，根据奥运项目的规律特征及项目的市场化、社会化程度，协调年度竞赛计划，积极发挥竞赛的杠杆作用，形成科学、合理的奥运备战竞赛体系。要以满足奥运需求为目的，扩大赛事规模与数量，构建既符合项目发展和市场化、社会化、多元化赛事需要，又符合青少年运动员成长规律和成才规律要求，与国际接轨的单项竞赛制度，通过打造多元竞赛体系挖掘不同项目运动员的最大竞技能力，让竞技状态最好的运动队或运动员脱颖而出。

（2）大力推进多层次学校体育竞赛体系

学校体育是竞技体育后备人才培养的基础，构建多层次学校体育竞赛体系是筑牢体育强国建设根基、适应新时代人才培养工程的重要载体。通过打造多元化学校体育竞赛体系，有利于培养学生体育意识和体育兴趣，提高运动技术水平，从而更好地实现竞技体育在新时代体育强国建设中的育人功能。

第一，整合竞赛资源，打造多层次、多样性的学校体育竞赛体系。国家、省、市、县要建立常态化的校园体育竞赛机制，构建相互衔接的县、市、省、国家四级学校体育竞赛体系。可以根据不同项目特征，实行国家投入、市场运行的纵向分级混合赛制，明确不同部门的权责分工，教育部门抓人才培养，体育部门管运动竞赛，形成教育部门与体育部门相互配合、齐抓共管的新格局。可以根据我国学校的地域分布，在全国范围内构建相对固定的校际体育联盟和竞赛区域，使校际体育联盟成为推动区域竞技体育赛事发展的新生力量，并逐步形成辐射能力强的全国学生精品赛事。

第二，协调不同系统的关系，构建多元参与的学校体育竞赛体系。推动体育系统、教育系统、社会组织共同投入学校体育竞赛体系，形成学校运动队、业余体校、运动学校、体育俱乐部有机结合，青少年竞赛体系、学校竞赛体系、职业竞赛体系有机融合的新型竞赛体系。发挥全国学生运动会的引领作用，完善区域竞赛体系，推动开展跨区域学校体育竞赛活动,定期举办综合性学生运动会,促使各级各类竞赛协调发展。具体实践中,可以把一些国家重点扶持的运动项目作为突破口,积极发挥单个项目的示范效应,如在全国上下大力发展校园足球的背景下,要尽快落实校园足球振兴计划,打造精英赛、联盟联赛、联盟杯赛、草根联赛,涵盖小学、初中、高中、大学四级及U9—U22共11个组别的赛事体系。

第三,改革学校体育竞赛形式,完善竞赛选拔机制。科学设计学校运动竞赛内容,完善学校体育竞赛管理办法,明确青少年比赛要以体能类游戏竞技为主,随级别增高逐步增加竞赛难度,运用挑战赛、对抗赛、大奖赛、等级赛等多种形式,增强竞赛的娱乐性与观赏性,充分发挥学生参与体育竞赛的主体作用。此外,要改革运动员的注册制度和比赛身份的核实制度,完善运动员区级、市级、省级、国家级注册制度,建立竞技体育后备人才信息网,畅通学生运动员进入各级专业运动队、代表队的渠道,稳步提升竞技体育后备人才输送的数量和质量。

(3)建设中国特色职业体育联赛制度

体育强国建设进程中,中国职业体育要积极与世界职业赛事接轨,进一步创新职业体育赛事发展方式,建设中国特色职业体育联赛制度,不断提升职业赛事的国际化水平。

第一,做好职业体育联赛顶层设计,创中华人民共和国特色职业体育发展方式。一是充分利用社会市场资源,将国内比赛与对外市场开拓紧密结合起来,严格联赛准入制度,扩宽项目协会的组织形式,由项目协会和参与其中的俱乐部共同拥有联赛产权,推动职业赛事的品牌运营;二是进一步深化运动项目协会改革,打造不同级别的职业联赛,发挥运动项目协会的行业管理职能,构建政府引导、依托市场、协会监管的联赛管理制度。根据项目特点,将国内比赛、世界大赛与市场化职业赛事的品牌建设有机结合,以职业赛事开发为核心,打造符合中国国情的多样化、多层次的职业体育联赛体系,建立具有中国特色的职业联赛发展模式。

第二,发挥俱乐部在职业联赛中的主体地位,推动职业联赛的实体化运营。充分发挥市场的主导作用,进一步探索足球、篮球、排球、网球、冰球、高尔夫球等项目职业化道路,不仅要打造不同项目的职业联赛,而且要以职业联赛为载体打造职业体育的"联盟体制"。借鉴国外职业联盟的成功经验,不断完善我国职业联盟的运行体系,推动职业联赛的实体化运营,为市场提供优质的体育赛事产品。通过办好职业联赛,逐步提高职业体育的成熟度和规范化水平,不断推出具有中国特色的精品职业赛事。

第三,积极与世界顶级职业赛事接轨,培育具有国际影响力的职业化品牌赛事。充分利用社会市场和国家对外政策,加强与世界职业体育组织的沟通与交流,积极推动职业赛事与国家"一带一路"倡议融合,将国内一些职业化水平高的赛事带入"一带一路"沿线国家,打造精品赛事,进而不断向世界其他地区推广。可以根据我国体育项目的职业化程度和在世界的影响力,挖掘赛事文化,不断增强职业体育赛事的市场化程度。重点推动一些传统优势项目赛事的国际化推广,乒乓球、羽毛球等项目要率先实行走出去战略,到2050年重点培育出3~5个具有国际影响力的职业化品牌赛事。

项目编号(2018-A-03)

体育产业改革与发展

黄海燕

北京 2008 年奥运会成功举办以来,中共中央和国务院领导高度重视体育产业发展,国务院多次专题研究部署,并于 2014 年 10 月 20 日出台了《关于加快发展体育产业促进体育消费的若干意见》(以下简称《意见》)。《意见》的出台为我国体育产业的发展指明了方向。

加快发展体育产业不仅对体育强国建设具有重大意义,还对体育进一步融入社会经济发展有着不可替代的独特功能和作用。一方面,发展体育产业既是体育强国建设的重要内容,也是加快体育强国建设的重要手段,有利于推进体育体制机制改革,转变体育发展方式,缓解体育领域供给侧结构性改革中的矛盾,解决体育发展不平衡不充分的问题;另一方面,发展体育产业有利于引导积极健康的生活方式,强化体育与相关产业融合发展,形成服务业重要增长点,对促进社会和谐、释放消费潜力、拉动社会资本投资、推动产业转型升级、培育中长期经济发展新动能具有重要作用。

一、体育产业改革与发展主要成就

(一)总体水平大幅提升

1. 产业规模不断扩大

从全国体育产业统计数据来看,2008—2016 年我国体育产业总规模和增加值总体呈现持续上涨的态势(图1),2008 年体育产业总规模为 4628.0 亿元,实现增加值 1554.7 亿元;2016 年体育产业总规模为 19011.3 亿元,实现增加值 6474.8 亿元。与 2008 年相比,2016 年体育产业总规模涨幅达到 310.8%,年均增长率为 19.3%(未扣除价格因素);体育产业增加值涨幅达到 316.5%,年均增长率为 19.5%(未扣除价格因素)。无论是体育产业总规模的增速,还是体育产业增加值的增速都远远高于 GDP 的增长速度,凸显出体育产业作为国民经济新兴产业的巨大潜力。

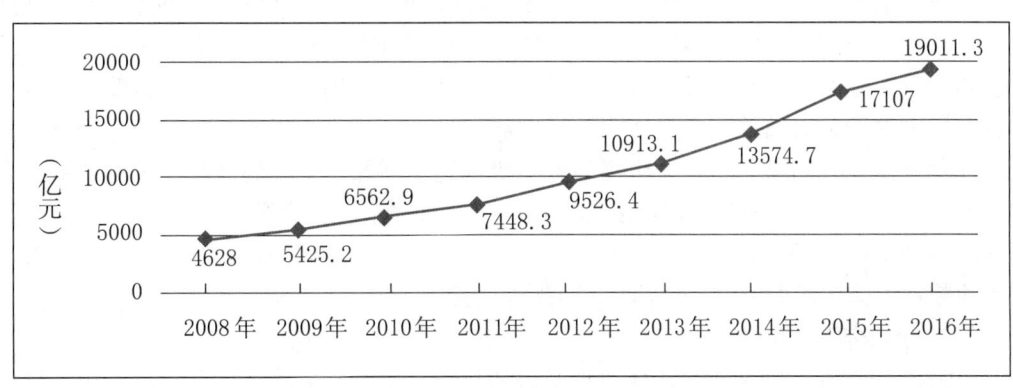

图 1　2008—2016 年中国体育产业总规模

从分业态看，2008—2016年，体育服务业保持高速增长态势，尤其是2014年以后，受体育市场化改革和产业政策利好刺激，体育服务业迎来爆发性增长，2016年体育服务业增加值首次超过体育制造业，达到3560.6亿元，是2008年的8.5倍。体育制造业的发展受国民经济发展和体育事业发展等多重因素影响。近年来我国体育事业发展持续向好，为体育制造业发展提供了良好的支撑，2008年至2016年，我国体育制造业一直保持增长态势。但受到我国经济发展放缓的影响，2013年至今我国体育制造业增长速度明显降低。此外，从2008年开始，受国家4万亿元投资计划的刺激，我国体育建筑业迎来蓬勃发展的时期，2013年体育建筑业的增加值是2008年的3.2倍；2014—2016年，受国家经济增速下降的影响，我国体育建筑业出现了较大幅度的波动，2015年体育建筑业的增加值仅为35.3亿元，只有2013年的22%（表1）。

表1 2008—2016年中国体育产业增加值

单位：亿元

类别	2008年	2009年	2010年	2011年	2012年	2013年	2014年	2015年	2016年
体育服务业	416.8	534.3	652.7	892.1	1085.1	1215.1	1357.2	2703.6	3560.6
体育制造业	1088.3	1224.2	1472	1673.0	1920.4	2189.6	2547.0	2755.5	2863.9
体育建筑业	49.6	77.4	95.4	124.0	130.4	159.0	136.8	35.3	50.3
合计	1554.7	1835.9	2220.1	2689.1	3136.9	3563.7	4041	5494.4	6474.8

2. 产业体系不断健全

经过数十年的发展，我国体育产业体系不断健全，基本形成了以竞赛表演、健身休闲为引领，体育场馆服务、体育培训、体育制造、体育用品贸易等共同发展的产业体系。与此同时，随着体育产业向纵深发展，体育产业与相关产业相互交叉、相互渗透、相互融合，催生出体育旅游、体育康养、体育文创、体育广告、体育传媒、体育会展等多种新兴业态。在体育旅游领域，全国正在着手打造一批具有国际影响力的体育旅游目的地，以及一批国家级体育旅游示范项目和体育旅游精品线路。在体育文创领域，我国正步入价值蓝海，电子竞技、体育传媒、体育影视、体育动漫等体育文创产业迅速发展。在体育会展领域，中国体育旅游博览会、中国体育文化博览会逐步壮大，中国国际体育用品博览会已发展成为亚太最大、世界排名前三的综合性体育用品展会。在体育健康领域，体育在推进健康关口前移、慢性病干预、健康促进、生活品质提升等方面的作用逐步显现，社会资本开办的康体、运动康复等各类机构迅速增加，全民健身与全民健康的融合程度不断增强。此外，随着互联网和信息技术的飞速发展，社会资本对"互联网+体育"发展的路径探索已经开始，特别是以云计算、物联网和大数据为代表的新一代信息技术与运动装备、体育服务的融合创新发展正悄然兴起。

3. 产业结构不断优化

相关数据表明，2008年全国体育产业各领域增加值的构成为：体育用品、服装鞋帽制造占69.99%，体育用品、服装鞋帽销售占9.12%，体育组织管理活动占7.56%，体育场馆管理活动占1.93%，体育健身休闲活动占4.79%，体育中介活动占0.29%，体育培训活动占0.87%，体育彩票占2.27%，体育建筑业占3.19%。2014年全国体育用品、服装鞋帽制造占63.03%，体育用品、服装鞋帽销售占11.41%，体育组织管理活动占6.79%，体育场馆管理活动占1.72%，体育健身休闲活动占5.90%，体育中介活动占0.72%，体育培训活动占3.56%，体育彩票占3.49%，体育建筑业占3.39%。以上数据可以看出，2008—2014年，体育制造业比例在逐年降低，而体育服务业中体育健身休闲活动、体育中介活动、体育培训活动、体育彩票比例呈逐年增长的趋势，体育场馆管理活动比例呈现波动中缓慢下降的趋势。

2015年国家体育产业统计分类发生变化，由原先的8大类变为11大类。统计数据表明，2015年国家体育产业增加值的构成为：体育用品及相关产品制造占50.2%，体育用品及相关产品销售、贸易代理与出租占28.4%，体育管理活动占2.1%，体育竞赛表演活动占1.0%，体育健身休闲活动占2.4%，体育场馆服务占8.3%，体育中介服务占0.3%，体育培训与教育占3.5%，体育传媒与信息服务占0.7%，其他与体育相关服务占2.5%，体育场地设施建设占0.6%。2016年国家体育产业增加值的构成为：体育用品及相关产品制造占44.2%，体育用品及相关产品销售、贸易代理与出租占33%，体育组织管理活动占2.2%，体育竞赛表演活动占1.0%，体育健身休闲活动占2.7%，体育场馆服务占8.8%，体育中介服务占0.3%，体育培训与教育占3.6%，体育传媒与信息服务占0.7%，其他与体育相关服务占2.8%，体育场地设施建设占0.8%。以上数据可以看出，2015—2016年，体育制造业比例明显下降，体育场地设施建设比例略有上升，体育服务业中的体育健身休闲活动、体育场馆服务、体育培训与教育、其他与体育相关服务比例均呈现上涨的态势，而体育竞赛表演活动、体育中介服务和体育传媒与信息服务比例变化较小。

总体而言，我国体育服务业所占比例的持续增长和体育制造业所占比例的明显下降，反映了我国体育产业内部基本结构的变动趋向，体育产业软化率大幅提高，内部业态结构改善明显，体育产业呈现出良好的发展态势。

4.产业主体不断壮大

近年来，尤其是《意见》颁布以来，社会力量投资体育产业的热情高涨，体育产业主体激增。以上海为例，根据上海市体育产业统计公布的数据显示，2015年主营体育产业的机构数为7938家，2016年主营体育产业的机构数达到8910家，2017年更是突破万家大关，达到了11489家，两年时间上海主营体育产业的机构数增长超过40%。产业主体的迅速壮大主要表现在以下几个方面：一是国有体育产业集团稳步增长。据不完全统计，目前有山西、黑龙江、上海、江苏、浙江、湖北、湖南、广西、陕西、青海10个省（区、市）成立了省级体育产业集团（企业），辽宁、贵州、内蒙古、江西、河南、新疆等省（区）正在筹备或者计划成立省级体育产业集团。除了省级体育产业集团外，有条件的地市也纷纷成立了体育产业集团公司，如南京市体育产业集团、常州市体育产业集团、温州市体育产业集团等。二是民营体育企业迅速崛起。体育产业是民营经济投资的集中地，民营体育企业则是体育产业的主力军。以上海为例，2017年上海市主营体育产业的11489家机构中，民营体育企业数量超过了10000家。近年来，旗舰型体育民企不断涌现，一批规模大、实力强、后劲足的体育民营企业集团迅速崛起。安踏体育、泰山体育、力盛赛车、英派斯、万国体育、乐刻体育、洛合体育等民营企业都逐渐成为细分领域的龙头。三是体育"双创"热情不断高涨。各类体育产业创新创业平台、体育产业众创空间、体育产业孵化器、体育产业创新创业大赛等纷纷举办，营造了良好的创新创业氛围和环境。2015年以来，涌现出了Keep、昆仑决、虎扑体育、耀宇文化、美骑网、乐动力、趣运动、懂球帝、黑鸟单车、懒熊体育等一批体育创业品牌，并纷纷获得资本市场的青睐。

5. 产业质量不断提升

十年来，我国体育产业在保持产业规模扩大和产业结构优化的同时，也在逐步转向高质量发展阶段。主要体现在以下几个方面：一是体育服务业不断迈向中高端水平。越来越多的体育服务企业开始关注技术和商业模式创新，注重线上线下互动，整合标准化的服务资源，探索多样化的"互联网+"跨界合作模式。体育服务的创新还进一步优化了体育资源配置，体育服务业与制造业之间的融合日益加深。体育制造企业由单纯提供产品转为提供产品和服务，乃至提供整套服务解决方案。掌握核心技术或业务的体育服务企业，通过集成平台连接上下游企业，扮演产业链资源整合的角色。二是体育制造业持续转型升级。越来越多的体育制造企业正由低效益、低附加值、同质化程度高的产业链低端向品牌化、国际化、科技化、智能化的产业链高端转化，由劳动密集型向技术密集型、资本密集型攀升，由"中国制造"向"中国创造"升级，安踏、泰山、红双喜等一批具有国际竞争力的品牌企业迅速涌现。三是体育与大数据、互联网、物联网、人工智能等高新技术融合程度不断提高，消费者运动休闲体验全面提升。各类体育App实现了体育资源的高度共享，提升了场馆预订、健身指导、运动分析、体质监测、交流互动、赛事参与等综合服务水平，形成体育产业新生态圈。

6. 产业贡献日趋突出

有关数据表明，十年来，体育产业占当年国民生产总值的比重持续上升，产业贡献度逐步提升。2008—2016年，体育产业增加值占当年国民生产总值的比重从2008年的0.49%提升至2016年的0.9%，尤其是受《意见》发布的影响，2015年体育产业增加值占国民生产总值的比重从2014年的0.64%跃升至0.8%，增长幅度达到了25%。从区域来看，长三角地区作为我国体育产业最发达的区域之一，体育产业对地区经济贡献也较为突出，2015年长三角三省一市体育产业增加值占当年长三角地区生产总值的比重达到1.1%，超过全国0.8%的水平。体育产业作为劳动密集型产业，极大地带动了就业。相关统计数据表明，2008—2014年，我国体育产业吸纳就业人口持续走高。2008年体育产业吸纳就业317.09万人，2014年这一数据达到425.77万人，6年间增长了25.5%，显示出强大的拉动就业能力。

7. 产业政策不断完善

近年来，国家对体育产业发展高度重视，各级政府部门围绕体育产业发展，制定和出台了包括《意见》在内的一系列政策文件，为体育产业发展创造良好的政策环境。

一是宏观指导性政策。国家在《服务业发展"十二五"规划》《国务院办公厅关于进一步扩大旅游文化体育健康养老教育培训等领域消费的意见》《国务院办公厅关于进一步激发社会领域投资活力的意见》等重要文件中均多次提及体育产业。国家层面还专门制定和发布了《体育产业"十二五"发展规划》《体育产业"十三五"发展规划》，作为指引我国体育产业发展的纲领性文件。2014年10月，《意见》正式颁布实施，该文件立足于激活体育消费，以破解制约我国体育产业发展的诸多体制性障碍为重要着力点，进一步明确了体育产业在国民经济中的重要地位，将体育产业视为我国经济转型升级的重要力量。2016年《国务院办公厅关于加快发展健身休闲产业的指导意见》（国办发〔2016〕77号）将发展健身休闲产业作为不断推动我国体育产业向纵深发展的强劲引擎，《国家旅游局、国家体育总局关于大力发展体育旅游的指导意见》（旅发〔2016〕172号）将发展体育旅游作为促进旅游业转型升级的必然要求和推动体育产业提质增效的必然选择。2016年以来，国家还将发展运动项目产业作为推进体育产业发展的重要举措，国家体育总局联合国家发展改革委、工业和信息化部、财政部、国土资源部、住房和城乡建设部、交通运输部、国家旅游局等多个部门先后出台了水上、山地户外、航空、马拉松、自行车、击剑等一系列运动项目产业规划。

就地方而言，截至2017年12月底，全国有31个省（区、市）全都出台了关于加快本地区体育产业发展促进体育消费的实施意见，28个省（区、市）单独制定了《体育产业"十三五"发展规划》，河北、山西、江苏、安徽、福建、湖北等21个省（区、市）出台了健身休闲产业实施意见，北京、天津、辽宁、江苏、湖南等8个省（区、市）研制了运动项目产业专项规划，北京、吉林、浙江、山东、湖北、重庆等19个省（区、市）制定了鼓励社会资本投资体育产业的政策，上海、浙江、安徽、福建、山东、广东等17个省（区、市）出台了促进体育旅游发展的相关政策。地方系列指导性政策的出台基本形成了中央与地方政策相互促进的局面，为有效促进全国及地方体育产业的健康发展起到了必要的政策引导作用。

二是专项扶持政策。近年来，各级政府部门制定了各类体育产业专项扶持政策，如《体育场馆运营管理办法》《体育场馆公共体育服务专项资金管理办法》《国家体育产业基地管理办法（试行）》《关于鼓励和引导民间资本投资体育产业的实施意见》《体育总局关于推进体育赛事审批制度改革的若干意见》《在华举办国际体育赛事审批事项改革方案》《体育总局办公厅关于推动运动休闲特色小镇建设工作的通知》《支持社会力量举办马拉松、自行车等大型群众性体育赛事行动方案（2017年）》《关于体育场馆房产税和城镇土地使用税政策的通知》等国家层面的政策，分别从吸引民间资本、推进赛事改革、促进场馆开放等方面助推我国体育产业发展。另外，专项扶持政策还体现在产业引导资金、产业基地培育、体育小镇建设、体育人才培养等方面。

8. 产业平台不断搭建

近年来，政府与市场主体特别重视产业平台搭建，各类体育产业平台如雨后春笋般纷纷涌现。一是产业载体平台持续壮大。体育产业基地作为体育产业载体平台是我国重点培育的体育产业排头兵和国家队。自2006年设立深圳国家体育产业基地以来，经过10余年的精心培育，国家体育产业基地的发展已初具规模，到目前为止先后培育建设了36家国家体育产业基地。运动休闲特色小镇作为体育产业发展的重要载体也得到政府的高度重视，2017年国家体育总局公布运动休闲特色小镇试点名单中，全国（除港、澳、台）有96个运动休闲特色小镇入选。二是产业资源交易平台不断搭建。中关村科技园、国家版权局和中国国际版权交易中心等发布了中国首个体育产品资源交易专项平台，北交所和华奥星空共同推出发布了中国首个体育产业资源交易平台，上海文化产权交易所、北京中奥盛世体育文化发展有限公司与上海奉贤南桥新城建设发展有限公司联合推出了中国首家体育文化产权交易中心。截至2017年12月底，天津、河北、山西、上海、安徽、山东、重庆、贵州8地已建设体育产业资源交易平台；北京、江苏、浙江、湖北、广东、青海6地正在筹建中，辽宁、福建、河南、陕西、甘肃、宁夏、新疆7地计划建设体育产业资源交易平台。

9. 产业基础愈发坚实

十年来，我国体育产业发展基础持续向好。一是体育人口持续增长，有锻炼习惯的人越来越多，潜在的消费群体越来越大，消费拉动的效应不断放大。二是体育场地面积迅速增加。《第六次全国体育场地普查数据公报》显示：截至2013年年底，全国共有体育场地169.46万个，体育场地用地面积39.82亿平方米，建筑面积2.59亿平方米，场地面积19.62亿平方米。其中，室内体育场地16.91万个，场地面积0.62亿平方米；室外体育场地152.55万个，场地面积19.30亿平方米。对比第五次全国体育场地普查，全国体育场地数量增加84.45万个，用地面积增加17.32亿平方米，建筑面积增加1.84亿平方米，场地面积增加6.62亿平方米，人均场地面积增加0.43平方米，每万人拥有体育场地数增加5.87个。三是体育消费稳步提升。国家体育总局发布的《2014年全民健身活动状况调查公报》中指出，2014年，在20岁及以上人群中，有39.9%的人有过体育消费，全年人均消费926元，较2013年的645元提高43.57%。全年体育消费总额在499元以下的人数占比为47.6%，在500~999元的为24.4%，在1000~1499元的为11.2%，在1500~1999元的为4.6%，在3000元以上的为6.5%。另据统计，2014年上海20岁以上人群人均体育消费为1464元，到2016年，上海市居民人均体育消费达到2094元，较2014年有了较大的提高，体育产业的消费支撑逐步增强。

（二）主要领域亮点频现

1. 健身休闲业蓬勃发展

随着人们生活水平的不断提高，健身休闲产业迎来快速增长期，已经逐步成为经济发展新常态下扩大消费需求、拉动经济增长、转变发展方式、促进社会和谐的有力支撑和持续动力。2008年我国健身休闲业增加值为74.5亿元，2016年健身休闲业增加值达到172.9亿元，涨幅达1.3倍。

一是健身休闲服务体系日益完善。市场发展早期，健身休闲业依托各类健身俱乐部，主要提供游泳、乒乓球、羽毛球、保龄球、舞蹈、器械健身等服务。经过近10年的发展，追求小众化、个性化、时尚化的户外运动已经成为健身休闲产业的重要内容，冰雪、山地、水上、汽摩、航空等运动逐步兴起，热气球、滑翔伞、攀岩、漂流、沙漠穿越、野外生存等项目发展势头强劲，极限运动、电子竞技、击剑、马术等时尚运动备受年轻消费群体的青睐。受此影响，与时尚健身消费相关的体育创意、体育旅游、在线健身休闲平台等呈现蓬勃发展态势。

二是健身休闲消费市场逐步成熟。以社区、商业圈、城市综合体为中心的个性化、专业化健身休闲场所日益普及，以中体倍力、青鸟、一兆韦德、威尔士、浩沙等为代表的一批全国连锁式健身场所已经初步形成品牌，以旅游目的地为载体的运动休闲度假基地已经初具规模，以融合发展为特征的运动养生、体育娱乐、户外拓展等新兴健身休闲活动日益活跃。国外知名健身企业纷纷抢占国内市场，逐步形成了多元化、多层次、多类型的健身休闲市场格局。

三是室内健身与户外运动两大领域快速发展。室内健身"群雄割据，龙头待起"，形成大型健身俱乐部、小型健身工作室、"互联网＋健身"共存的发展格局，深耕产品和服务的经营理念不断强化。室内健身在持续发展壮大的过程中，还涌现出了轻模式运作、共享健身等一些新型商业模式，健身企业与合作伙伴、利益同盟对接，建立标准规范也成为室内健身产业发展的新动向。户外运动产业近年来也迅崛起，冰雪运动、山地户外、水上运动、汽摩运动、航空运动等已经成为中产阶级休闲生活方式的重要组成部分。

2. 竞赛表演业精彩纷呈

十年来，随着我国竞赛表演市场经济社会效益的逐步显现，各地申办和承办高水平国际体育赛事的热情逐渐高涨。经过赛事组织者的不懈努力，我国赛事运作的社会化、市场化、专业化程度得到提升。2015年我国竞赛表演业总产出149.5亿元，实现增加值52.60亿元；2016年总产出达186.8亿元，实现增加值65.5亿元。

一是赛事数量不断增加，影响力逐步增强。英国体育营销研究机构SPORTCAL统计显示，2007—2018年中国承办的国际重大赛事数量全球最多，如北京2008年奥运会、2010年广州亚运会、2011年夏季世界大学生运动会、2014年南京青奥会、2015年世界田径锦标赛等。此外，北京还成功获得了2022年冬奥会、冬残奥会的承办权，杭州也成功拿到了2022年亚运会的承办权。一系列国际综合性体育赛事的成功举办（申办），不仅向世界展示了中国的综合实力和办赛水平，而且得到了国际体育组织的认可。在大型国际单项赛事方面，上海已连续成功举办15届世界一级方程式锦标赛上海站比赛，顶级网球赛事也相继落户国内各大城市，2015年深圳、北京、上海相继承办了国际职业男子网球协会的网球赛事（又称ATP世界巡回赛），广州、武汉、北京、天津和香港举办了国际女子职业网联的赛事（又称WAT巡回赛）。美国职业篮球联赛季前赛、意大利超级杯足球赛等一大批商业赛事也接踵而至，国内申办和承办国际性体育赛事的热情越来越高。

二是精品赛事不断涌现，品牌效应逐步形成。足球、篮球、排球、乒乓球等职业联赛规模和影响不断扩大，经济效益和社会效益不断提高，已经成为国内竞赛表演市场的主角。全运会作为国内规模最大的综合性体育赛事，经过历届主办方的不懈努力，赛事商业品牌价值不断凸显。北京马拉松、环青海湖自行车赛、中国网球公开赛、重庆武隆国际山地户外公开赛等已发展成为亚洲乃至全球的顶级赛事品牌，中华龙舟大赛、中外武术散打争霸赛、河南世界传统武术大会、宁夏国际摩托车旅游节、青海抢渡黄河极限挑战赛、湖北长江三峡国际龙舟拉力赛等民族品牌赛事不断形成，以"谁是球王"为代表的群众参与性体育精品赛事不断涌现。

三是组织模式不断丰富，社会化与市场化程度逐步提高。随着各种赛事逐步丰富化和国际化，我国一大批商业性赛事的组织运作模式率先与国际接轨，体育赛事社会参与和市场化运作的成分逐渐增大。美国职业篮球联赛中国赛、意大利足球超级杯等纯商业性比赛完全由体育中介公司运作，上海世界职业男子网球协会1000大师赛、国际田联钻石联赛等顶级赛事已完全由企业承办。此外，在利好产业政策的引导下，国内一批商业巨头和大型民营企业凭借高资本化、经营国际化等优势，纷纷跨界竞赛表演市场，开放办赛的良好格局逐渐形成。

3. 场馆服务业高速发展

体育场馆既是体育产业发展的空间载体之一，也是体育产业发展的重要内容。近年来，体育场馆数量的快速发展不仅为场馆服务业的发展创造了良好的条件和难得的机遇，也极大地促进了场馆服务业的发展。2008年我国场馆服务业的增加值为30亿元，2016年场馆服务业的增加值达到576.6亿元，涨幅接近20倍。

一是场馆经营服务内容不断拓展。现阶段我国大型体育场馆已突破承办一次性大型体育赛事、场地出租等基础性功能，日渐成为竞赛表演、商贸会展、文化娱乐、体育旅游等有效集聚的体育综合体和城市功能区。体育场馆经营服务内容的拓展和转变，不仅提升了场馆服务功能和综合利用水平，一定程度上盘活了体育场馆资源，而且促进了体育与商业等其他产业的有效融合。当前国内已经涌现出智美场馆、五棵松、佳兆业、体育之窗、微赛体育、中体产业、珠江文化等一批专业场馆运营主体，市场化的场馆运营实体的出现促进了场馆运营的规模化、专业化、连锁化和商业化运营水平，带动了场馆服务业的快速发展。

二是场馆市场化运营模式不断丰富。近十年来，我国在体育场馆市场化运营方面进行了一系列的探索，基本形成了包括承包责任制、租赁经营、建立或改建股份制公司、行政部门法人治理、委托经营模式、采用集团化经营管理等多元化运营管理模式。与此同时，随着场馆所有权和经营权分离的深入推进，结合江苏、浙江和重庆改革试点积累的实践经验，科学、合理的市场化运营模式盘活了大量大型体育场馆资源。此外，政府和社会资本合作（PPP）模式得到广泛推广，开辟了专业的场馆运营公司进入国有体育场馆运营领域的模式。截至2017年3月，已有223个体育场馆类PPP模式项目，总投资额达1583亿元。此类模式不仅为专业体育场馆运营主体找到市场空间，而且在一定程度上缓解了政府筹资的压力。探索体育场馆市场化运营模式同样备受政府部门（包括体育行政部门）的重视，国家体育总局副局长赵勇在2018年全国体育产业发展大会上表示，要在全国推行场馆"改造功能、改造体制"，让大型体育场馆有全民健身的功能，将场馆交给市场运作，政府放开资源，带动竞赛表演业发展。

三是场馆惠民服务政策持续推进。继国家体育总局等八部门联合印发《关于加强大型体育场馆运营管理改革创新提高公共服务水平的意见》之后，国家体育总局与财政部又共同印发了《关于推进大型体育场馆免费低收费开放的通知》和《大型体育场馆免费低收费开放补助资金管理办法》。相关数据显示，2014年和2015年大型体育场馆免费低收费开放补助资金达到8.5亿元和8.7亿元，补助免费低收费开放大型体育场馆1265个和1212个。仅江苏省2015年就安排5342万元补助了115个场馆，2016年安排4868万元补助了111个场馆。2016年长三角地区每年开放天数在270天以上的体育场地数量为182082个，占比约53.73%。

4. 体育培训业井喷发展

随着国民健康意识和健身需求的全面提升，体育培训业获得了前所未有的快速增长。尤其是素质教育理念的深入民心，体育培训作为素质教育重要的组成部分，越来越受到人们的重视。2008年我国体育培训业增加值为13.48亿元，2016年增加值为230.6亿元，涨幅超过17倍。

一是培训服务范围不断扩大。足球、篮球、棒球、橄榄球、网球、羽毛球、乒乓球、游泳、滑冰、跆拳道、柔道、空手道、武术、轮滑、桌球等传统运动项目培训需求依旧旺盛。高尔夫、马术、击剑、帆船、潜水、赛车等新兴时尚类运动项目培训广受人们欢迎。武术等民族传统运动项目培训也备受市场的认可。河南省登封市仅专业武术院校就有48所，海内外学员高达10万余人，在30多个国家和地区设有少林功夫馆、培训中心等机构，每年直接收入达30多亿元，登封市现已发展成为全球最大的武术教育培训基地，在全国乃至世界都拥有较好声誉和较大知名度。需求旺盛的体育培训市场同时也造就了一批初具规模的培训企业，例如，专注于武术培训的鑫度武术，专注于网球培训领域的新赛点，以冰球培训为核心业务的奥瑞金，提供专业化击剑培训服务的万国体育，以高尔夫培训为主的金博禄体育，提供专业橄榄球培训的巨石达阵。

二是青少年培训市场蓬勃发展。根据2016年教育产业报告，我国每年参加各类培训的青少年超过1亿人次，其中体育培训内容占1/3，整个市场规模超过1000亿元。另据国家体育总局数据显示，青少年每周参加1次及以上体育锻炼的人数占比为94.6%，在校外参加体育锻炼中接受专业指导的比例达到84.6%。青少年足球培训服务发展尤为突出，2016年我国足球培训潜在人口在3000万~4000万人，目前国内青少年足球培训机构约有6000家。由于收益率较高、投资回报周期短的特点，体育培训业广受社会资本的青睐。在企业融资方面，2016—2018年共有24家从事青少年体育培训的创业公司获得融资，处于A轮及以上的公司有16家，占总投融资公司数量的66.7%。运营状况方面也显示出市场持续盈利，击剑领域培训公司万国体育2016年实现营业收入1.83亿元，净利润458万元；篮球领域培训公司动因体育已在18个城市正式运营，营收增长速度达200%；青少年美式橄榄球培训品牌巨石达阵，活跃学员达5000余人，年利润达到1000多万元；青奥马术培训负责人表示，2016年马术培训市场迎来爆发式增长，该马场全年营收近千万元，比2015年翻了一倍。

5. 体育中介业势头良好

在我国体育产业发展环境持续向好和巨大体育市场需求的刺激下，连接供给市场和需求市场、国外市场和国内市场的体育中介业获得了长足的发展。2008年体育中介服务业增加值为4.46亿元，2016年实现增加值17.8亿元，涨幅接近4倍。

一是市场体系更加完善。经过多年的发展，我国体育中介市场已经逐步形成多元服务内容和领域的市场体系。初步形成了包括经纪服务市场、咨询服务市场和监督服务市场的格局。当前在经纪服务市场中，以体育赛事推广业务为主要内容，其次是运动员代理业务（包括转会代理和形象代理）。咨询服务市场随着近些年体育改革的深入推进和体育市场需求的持续递增，开始显示出较大的市场需求，主要包括体育政策资讯、产业发展规划、经营管理咨询、市场调查咨询、体育投资咨询、项目融资咨询等内容。此外，社会监督类中介服务也成为重要服务内容，例如，一些职业体育俱乐部的重组和资产评估均委托会计和审计事务所承担。

二是市场主体更加多元。十年来，市场需求的持续兴旺，催生了一批本土体育中介企业的出现。北京众辉国际体育管理公司、北京高德体育经纪公司、上海久事国际赛事管理集团、双刃剑体育文化传播公司等国内体育中介企业凭借得天独厚的社会资本经过深耕细作，已经初具影响力和规模。中国体育产业的迅猛发展同样吸引了国外同行企业的关注，一批国外知名体育中介企业凭借良好声誉和专业能力积极抢占国内体育中介市场。瑞士盈方体育传媒集团、美国八方环球市场推广咨询有限公司、英国谢菲尔德国际场馆管理集团、日本电通公司等均在中国设立分公司或办事处，开展赛事推广、奥运会和亚运会赞助商咨询服务、城市体育产业功能区的规划和运营咨询服务。

三是业务服务更加专业。随着国内体育市场的不断扩大，以及竞争的日趋加剧，尤其是国外专业体育中介公司对国内体育中介公司的冲击，国内体育中介企业都面临着市场细分和寻找目标市场的选择。这种变化趋势的结果就是要求专业的公司做专业的事，擅长运动转会代理业务的中介企业，主营服务内容也都是运动员转会代理，长期提供体育咨询的中介企业，服务内容的侧重点也是体育咨询业务。总的来说，体育中介服务业的专业化分工已愈加明显。

6. 体育用品业稳步增长

体育用品业在经历短期衰退和滞涨之后，随着体育产业政策的持续利好、人民生活水平的不断提高，体育用品业逐渐升温回暖，进入新的发展周期。特别是在群众健身需求和体育消费需求全面释放的背景下，我国体育用品业步入了新一轮的"黄金十年"。

一是从直线增长走向波动增长。面临复杂的国内外环境，体育用品业在经历内需不足与外需疲软、实体去产能的阵痛之后，产业效益出现较大幅度下滑，行业运行形势日趋严重，增长已经打破传统的连续上升态势，表现出较大的波动。增速由2007年的22.57%快速下滑到2009年的12.95%，下降了9.62个百分点，虽然2010年有所反弹，之后再次持续下滑，至2012年已经降到13.62%，增长显示出较大程度的震荡，体育用品转型升级已显迫切。经历过自身调整，2014年实现了14.38%的增速，2016年增长率为11.65%，行业整体呈现出较为积极的态势。

二是从同质化走向品牌化。中国体育用品业已经开始由过去的同质化向品牌化转变，一批具有国际影响力的品牌企业迅速涌现。红双喜乒乓球系列产品已经占据了国际比赛用球的80%，成为世界名牌；泰山体育产业集团以六大门类200多种器材一次性进入北京2008年奥运会，占奥运会体育器材总量的43%，提升了国际实力；李宁公司与美国职业篮球联赛和世界职业男子网球协会进行深入合作，努力开拓国际市场，打造国际品牌，并先后成为瑞典和西班牙奥委会的官方合作伙伴；安踏通过与中国奥委会的合作，进一步提升了其在中国市场的占有率；361°成为亚运会、大运会合作伙伴。同质化到品牌化的积极转变，标志着我国体育用品业开始进入新的发展阶段。

三是从要素驱动走向科技创新驱动。产业演进规律显示，技术资本创新决定体育用品经济利益和格局，依靠科技创新加速核心竞争力升级已经成为业内的重要战略与方向。安踏集团率先成立了国内体育用品第一家运动科学实验室，先后创造超过40项国家级专利技术。金陵体育通过聘请专业设计人员，与日本尼西、意大利盟多、美国斯伯丁和荷兰冠军芯片等国际知名公司建立技术合作关系，提升企业自主创新能力。从研发投入占比来看，国产品牌正在不断追赶国际知名品牌（国内研发投入占营业收入比重均在2%~5%），安踏的研发投入在国内运动鞋服品牌中处于最高水平（2014年为2.1亿元，占营业收入的2.4%）。

7. 体育旅游业悄然兴起

随着我国国民生活水平的提高，近年来人们运动休闲的需求日益增长，体育旅游已经成为国民休闲选择的重要方式。根据国家旅游局测算，我国体育旅游产业目前正以30%~40%的年均速度增长。2015年我国体育旅游市场规模约为2065亿元。

一是多样化的体育旅游产品体系初步形成。十年来，随着体育主题旅游的逐步兴起，以大型赛事观战游、体育表演观赏游和体育景观观赏游为代表的体育观赏类旅游，以冰雪运动、水上运动、山地户外运动、高尔夫运动和民族民间体育活动体育参与为主的体育旅游产品体系开始逐步形成。在观赏类体育旅游方面，主要以观赛游为主，国内主要以北京、上海为主要体育旅游目的地，如北京中国网球公开赛、世界一级方程式锦标赛上海站等赛事。参与类体育旅游方面，主要以各大城市的马拉松为主，如北京国际马拉松、上海国际马拉松、广州国际马拉松。

二是体育旅游投资主体的社会化更加显著。目前我国体育旅游投资主要有三种形式：其一是传统景区为提高游客流量而进行的体育项目（包括赛事）开发；其二是体育系统为增加收入而进行的项目开发；其三是社会资本为实现资本扩张而进行的项目投资。其中，社会资本投资是体育旅游投资中最为活跃和最为主要的部分。不论是高端的游艇、高尔夫还是相对大众的滑雪、漂流、露营都有社会资本投资的身影。可以说，体育旅游业是体育产业中吸引社会资本最为活跃的业态。

三是体育旅游三大市场初显雏形。体育旅游市场已经形成以国内游客为主体、国外游客为补充、出境游客为点缀的格局。在国内一些高水平体育赛事举办期间，吸引了大量的国内游客到体育赛事举办地观赛和旅游。入境游近年来也成为国内体育旅游市场的重要组成部分，高水平的体育赛事举办地成为入境游重要的目的地，如世界一级方程式锦标赛上海站，入境游客占到观众总数的近30%。广州亚运会期间，入境游客达到21%左右。参与型体育旅游入境游客较少，例如，滑雪、登山、高尔夫等运动项目，入境游在5%左右。入境游客主要来自韩国及中国台湾地区等。除了人流的流入以外，流出也成为近些年我国体育旅游的发展趋势，中产阶级开始走出国门，出国观赏顶级体育赛事和著名体育景点（如百年球场、百年职业体育俱乐部）。

8. 体育传媒业迅猛发展

近些年体育传媒在体育产业、信息娱乐产业的双重推动下，获得了迅猛的发展。2015年体育传媒与信息服务业实现增加值40.8亿元，2016年实现增加值44.1亿元。

一是多元媒体格局基本形成。十年来，随着数字技术、互联网技术、移动通信技术等新技术对我国传播媒体的重塑，现代体育媒体整体上可以归纳为三种类型：其一是以报纸、期刊、杂志、广播、电视等传统媒介为载体的体育传统媒体，如《体坛周报》《中国体育报》、CCTV-5、五星体育等；其二是以互联网门户网站、网络电视、移动电视、移动广播、数字电视、数字报纸等新兴传播媒介为载体的新媒体，如虎扑体育、新浪体育等；其三是以虚拟社区、社交软件等为代表的自媒体，如博客、微博、QQ、微信公众号等。在受众注意力与喜好深度细分化、个性化的过程中，媒体间的合作与博弈趋势也越来越明显：传统体育媒体凭借差异而成熟的运作体系、精心的内容制作等，在权威专业和精美内容方面显示出巨大的优势；新媒体异军突起，成为用户获取体育资讯的重要渠道，加速体育传媒业产业链重塑；体育自媒体迅速完成转型迭代，打破了原有的专业媒体机构主导的信息传播格局，逐渐形成了以大众为主导的信息传播新格局。

二是赛事版权商业价值初步显现。体育赛事转播权是体育产业中较为稀缺和顶端的产权资源，其商业价值的充分挖掘对发展体育产业具有重要的作用。长期以来，受到我国体育体制的影响，绝大多数优质体育赛事的版权资源无法流向市场。加上体育产权传统分散交易方式的弊端，导致真正能够走向市场的赛事版权资源不多，走向市场后真正能够盈利的赛事版权资源较少。2014年《关于加快发展体育产业 促进体育消费的若干意见》的出台，明确指出要放宽转播权的限制，积极挖掘赛事版权等产权资源的商业价值。对赛事转播权的松绑，能够将优质体育赛事版权资源迅速推向市场，并能够充分体现赛事版权的商业价值。例如，2015年体奥动力以80亿元买断中超联赛2016—2020年电视公共信号制作和版权。

三是赛事版权资源争夺更加激烈。国内激烈的竞争环境和优质体育赛事版权资源的稀缺，导致国内体育媒体企业纷纷把矛头转向国外市场，国外优质体育赛事版权资源成为共同竞争的对象。例如，万达体育成立世界铁人公司，并入股马德里竞技足球俱乐部；腾讯体育积极抢占美国职业篮球联赛、国际篮球联合会、英超、法网、欧冠、美国职业冰球联盟及女排世俱杯等顶级赛事版权资源;体奥动力、央视体育、PPTV 体育等也都纷纷加入到优质赛事版权资源的争夺战中。

二、体育产业发展面临的主要问题

（一）产业发展不平衡与不充分并存

近些年我国体育产业一直保持着较高的增长速度,在国民经济中的比重持续提升,逐渐成为促进我国经济发展的重要动能。但当前体育产业发展存在发展不充分和不平衡的问题。产业发展不平衡主要表现在:一是区域体育产业发展不平衡。由于我国经济发展水平和人民群众生活水平存在区域性差异,这一定程度上决定了我国体育产业发展存在着不平衡问题。长三角地区是我国体育产业最为发达的区域,2015 年体育产业总规模和增加值分别为 5589.66 亿元和 1812.93 亿元,占当前全国体育产业总规模和增加值的比重分别为 32.7%、33.0%。与长三角地区相比,我国中西部地区体育产业规模就明显相对较小。二是城乡体育产业发展不平衡。根据《2014 年全民健身活动状况调查公报》显示,20 岁及以上经常参加体育锻炼的人数百分比为 14.7%,其中城镇居民为 19.5%,乡村居民为 10.4%。可以看出,我国城乡之间的发展差距依然较大,以及受制于我国城乡二元结构的长期影响,城乡居民经济基础、消费观念等差异,一定程度上制约区域体育产业的发展。三是我国体育产业结构发展不平衡。在体育产业各业态中,体育健身休闲活动和体育竞赛表演活动在体育产业中的比重较低,体育用品及相关产品制造在体育产业中的比重相对较高,形成了不合理的体育产业结构。随着体育消费结构的不断升级,我国居民逐渐从实物性体育消费向观赏性体育消费和参与性体育消费转变,而我国体育产业结构不合理,制约体育消费水平的提升,影响区域体育产业发展。

产业发展不充分主要表现在:一是体育产业的经济贡献率不充分。从纵向看,2006—2016 年,我国体育产业增加值由 982.89 亿元增长至 6475 亿元,体育产业占 GDP 比重由 0.46% 提升至 0.9%。我国体育产业占 GDP 的比重不断提升,但与西方发达国家体育产业占 GDP 比重达到 2%~3% 相比,仍有较大提升空间。从横向看,旅游、文化、体育、健康、养老"五大幸福产业"快速发展,既拉动了消费增长,也促进了消费升级。但体育产业与旅游产业、文化产业相比,存在着总规模偏小、结构不合理等问题。综合纵向和横向看,我国体育产业对国民经济的贡献还不充分。二是我国体育服务业发展水平不充分。体育服务业作为体育产业的重要组成部分,其发展水平一定程度上反映了体育产业发展状况。2016 年我国体育服务业总产出为 6827.0 亿元,占国家体育产业总产出的比重从 2015 年的 33.4% 提高到 35.9%。尽管我国体育服务业发展势头良好,但发展仍不充分,发展水平仍有待提高。三是运动项目产业开发不充分。运动项目产业是体育产业的本质和核心内容,围绕运动项目所形成的产业链条是最具有活力和生命力的,几乎所有体育产业发达的国家和地区都有其特色的运动项目产业。但长期以来,由于体育管理体制的原因,我国各个奥运会项目管理中心的主要任务是"奥运争光",而各个非奥运会项目管理中心则主要是办各类比赛,以至于各运动项目发展缺乏产业思维,运动项目产业开发水平低、各运动项目产业开发程度差距大等问题较为突出,急需建立以"发展运动项目产业"为核心的体育产业发展思路。

（二）有效供给不足与有效需求不旺并存

随着供给侧结构性改革的深入推进，我国体育产业领域的供需矛盾和结构性问题较为突出，集中体现在体育产业有效供给不足和有效需求不足并存。

有效供给不足表现为：一是体育产品有效供给不足。体育企业经营管理水平不高，对大众居民体育消费需求和体育市场变化把握不够，可供大众居民选择的体育消费项目不多，产品不能较好地适应市场需求。体育企业自主创新能力不强，研发投入力度不足，品牌附加值低，缺乏龙头企业引领。体育产品种类单一、服务质量参差不齐，市场竞争力不强，难以满足大众多样化、多层次的体育消费需求。二是体育服务经营单位整体实力不强。在体育服务经营实体中，小微企业、轻资产运营的企业较多，缺乏有品牌影响力的龙头企业和有资本实力的上市企业。体育服务经营主体根据市场需求变化创新产品和调整产品结构的能力较弱，便民利民的体育场馆设施严重不足，现有体育场馆设施，特别是大型体育场馆设施的利用率有待提高，针对不同人群的体育服务产品明显不足。由于有效供给不足，直接导致公众体育服务消费得不到有效激发和释放。三是体育主导产业发展相对缓慢。体育健身休闲业和体育竞赛表演业作为体育主导产业，在体育产业中没有发挥应有的作用。《2016年国家体育产业总规模与增加值数据公告》显示，2016年，我国体育健身休闲业增加值为172.9亿元，占体育产业增加值的2.7%；体育竞赛表演业增加值为65.5%，占体育产业增加值的1.0%。当前，我国健身休闲业和竞赛表演业市场环境不乐观，吸纳社会资本进入体育产业领域的政策不完善。与此同时，由于高端体育健身休闲项目供给不足，竞赛表演市场发展水平较低，体育主导产业有待进一步发展。

有效需求不足表现为：一是实物性体育消费占主导。体育消费在扩大内需、拉动经济增长中具有重要作用，对体育市场发展具有导向作用。但在目前形势下，受到体育消费结构单一、产品供给不足、发展资金匮乏、居民个人可支配收入有限，以及对未来收入预期下降等因素的影响，大众体育消费主要来自实物性体育消费，体育消费行为受到了极大的限制，直接造成我国体育消费明显不足，制约了我国体育产业发展。加之，由于体育健身作为健康生活方式的习惯尚未普遍养成，公众体育消费意识不强，相当一部分人认为体育应是政府和单位提供的福利，体育消费尚未成为生活性消费的组成部分，造成体育服务消费动力不足。二是体育消费意识薄弱。当前我国居民体育消费意识薄弱，在全国总人口中有实际体育消费愿望和消费能力的人口比例较低，支撑体育市场发展的有效需求水平仍在低位徘徊。居民体育消费内容层次低，缺乏活力和消费热点。居民服务型消费不足，体育消费结构亟须优化。居民体育消费方式单一，城乡之间和东西部地区之间体育消费差异明显，体育消费的质和量都亟待改善。

（三）企业规模不大与盈利能力不强并存

随着全民健身上升为国家战略，体育产业高速发展，企业营业收入快速增长、资本蜂拥而入。《体育产业发展"十三五"规划》指出，培育骨干企业、扶持中小微企业，市场主体进一步壮大，涌现一批具有国际竞争力、带动性强的龙头企业和大批富有创新活力的中小企业、社会组织。现实中体育企业面临着规模不大与盈利不强的问题依然存在，制约体育产业发展。第一，企业规模不大。一是市场可供交易标的物不多。由于我国体育产业尚处于起步阶段，符合资本投资标准的体育企业并不多，再加之资本投资热情高涨,于是便出现了"水涨船高"的现象。二是以新三板市场为主的资本市场为资本快速变现提供了相应渠道。由于新三板市场对企业盈利能力的要求不高,且青睐未来具有较大增长空间的新兴产业,资本投入体育产业后,具有快速变现的预期,致使泡沫产生。三是以足球、篮球为代表的职业体育俱乐部对引进球员、教练员的投入大幅增加。近年来,随着恒大淘宝、江苏苏宁、上海上港等职业足球俱乐部花巨资引进外教、外援,取得中超、亚俱杯等比赛好成绩后,球员特别是外籍球员身价不断上涨,转会费不断攀升,造成成本大幅增加。除此之外,还有各类天价却难以变现的版权,职业俱乐部重资购买球员,造成不当竞争等。第二,企业盈利能力不强。国家统计局联网直报数据显示,2016年1—9月,体育行业678家规模以上企业中,有399家企业亏损,占58.8%,亏损总金额42.1亿元,较同期有所扩大,增亏12.1亿元。出现企业亏损和盈利能力不强的原因有:一是由于我国体育产业发展刚刚起步,大多数企业还处于成长阶段,普遍存在高投入、低产出、变现期限长等特点,例如,网球、赛车等相关企业尚处于"赔钱赚吆喝"的阶段,以大幅投入来换取知名度,打开市场。二是市场对于体育产业未来的发展前景乐观,具有良好的发展预期,纷纷投入重金,积极布局,但体育产业的盈利模式尚不清晰,体育消费的支撑还不足。三是资本流动性过剩。由于近年来,我国货币供应过快增长,再加上经济步入新常态后,传统行业缺乏有利的投资机会,故资本在短时期内纷纷集聚前景广阔的体育产业领域。

(四)产业人才数量不多与质量不高并存

人才问题是制约我国体育产业发展的一大瓶颈。体育产业人才培养的步伐、数量、结构等与快速发展的体育产业需求相比还很不协调,特别是复合型高级人才非常缺乏,在培育体育产业高层次人才和团队方面缺少相应的基础与政策支持。第一,体育产业人才数量少。近年来伴随着我国体育产业的高速增长,与文化、旅游、健康、科技等产业的不断融合,以及在国民经济中的地位和作用稳步提升,从事体育产业活动的单位数量迅速增加,随之而来的一个问题就是体育产业人才的匮乏。当前体育产业人才匮乏已经成为阻碍体育产业发展的重要原因。此外,体育产业职业标准化水平比较低,市场化水平不高,缺乏综合化的人力资源管理平台,缺乏对体育产业人力资源分类和对新兴业态体育产业人才的培养。统计数据表明,随着政策红利的逐步释放,体育产业已成为经济发展的新"风口",体育产业机构数量明显增加,年增长率达21.7%;吸纳就业不断增长,体育产业从业人数达440余万人。这与蓬勃发展的体育产业实际需求相比有巨大差距,主要表现在高层次专业化人才缺乏、体育产业人才的区域和行业分布不均匀、体育产业与相关产业的复合型人才缺乏等。第二,产业人才质量低。体育产业是现代服务业的重要组成部分,是以现代科学技术为主要支撑,建立在新的商业模式、服务方式基础上的服务产业,对人才质量的要求较高,但体育产业高质量人才密度低的状况已经远远不能满足实际发展需要,主要表现在体育产业人才队伍的专业化水平不高、整体业务素质不强、开拓创新能力不够等。究其原因在于:一是体育产业人才队伍建设缺乏相应的政策保障。目前既缺乏扶持体育产业人才队伍建设系统的政策体系,也缺乏现有人才政策的具体落实。二是体育产业人才队伍缺乏合理的建设机制。关于体育产业人才的投入机制、用人机制、人才引进机制和人才激励机制等均不完善。三是体育产业人才公共服务不健全,亟须建立体育产业人才供求状况动态监测制度,构建体育产业人才信息平台,定期开展体育产业人才状况调查工作。四是体育产业人才培养体系不完善。目前高等院校培养体育产业人才的方法和体系已经难以满足体育企业对复合型、实践型和创新型体育产业人才的需要，亟须建立产学研协同培养体育产业人才的机制。

（五）产业政策不完善与难落实并存

随着国发〔2014〕46号文件的出台，近年来，各级政府部门围绕体育产业发展，制定和出台了一系列政策文件，为体育产业发展创造良好的政策环境。时任国家体育总局副局长赵勇在2018年全国体育产业发展大会上的讲话指出，"国务院46号文件出台以来，各地方、各部门研制出台了一系列政策，现在关键的问题是要抓好落实。国家层面的运动项目产业规划已经出台很多了，省、市、县的同类规划很多地方都还是空白，要进一步完善和落实体育产业政策，这是一个瓶颈。关键问题是税收政策，水电价格，金融保障支持，安保成本等政策环境要共同努力。"可以看出，体育产业政策不完善与难落实的困境并存。首先，与文化、旅游等产业政策相比，我国体育产业政策体系尚未形成，政策力度不大，实施效果尚不明显。完善的体育产业政策有利于体育产业持续、快速、健康发展，从体育产业具体政策看，我国体育产业的财税政策、价格政策、土地政策等仍不完善，一定程度上制约体育产业的发展。随着体育产业供给侧结构性改革的深入推进，需充分认识体育产业发展过程中面临的困境，制定适宜于体育产业发展的政策，为体育产业发展提供政策保障。在国发〔2014〕46号文件的指导下，截至2015年年底，全国31个省（区、市）全部出台了本地区关于"46号文"的实施意见，但从整体上看，我国体育产业政策落实情况不容乐观。此外，产业政策难落实的现象也非常突出。根据《国家体育总局关于开展体育产业专项行业督查工作情况的报告》显示，各地对"体育场馆健身场所的水电气热价格不高于一般工业标准执行"情况普遍不理想；以及各地均对"新建居住区和社区要按室内人均建筑面积不低于0.1平方米或室外人均用地不低于0.3平方米"的标准进行了明确，但现实执行仍存在较多困境。目前，除《关于加快体育产业的指导意见》以外，国家层面没有进一步出台针对体育产业发展的政策性文件，尤其是体育服务领域相关税费优惠政策难以落实到位，市场主体的积极性没有得到有效地调动，促进体育产业发展的有效措施严重不足。体育服务业作为体育产业的核心组成部分，当前体育服务业在国家层面尚未形成系统完善的引导扶持政策。虽然国发〔2014〕46号文件从投融资、税收、能源、无形资产开发保护等方面提出应予优惠扶持的政策要求，但体育产业的扶持性、刺激性政策，仍需进一步落到实处。

三、新时代体育产业发展展望

（一）发展趋势

1. 政策红利不断释放，产业发展环境不断优化

随着我国社会经济改革的不断深入，尤其是体育改革的不断推进，体育赛事、体育场馆、明星运动员等体育资源将逐步进入市场。此外，伴随着政府的"放管服"改革，与体育产业发展息息相关的空域、水域等资源将逐步放开，安保、媒体等服务的市场化、社会化进程将不断加速，这将有力地促进我国体育产业的发展。未来一段时间，体育产业政策将逐渐从目前的注重政策制定逐渐向抓政策制定和政策落实双管齐下转变。一方

面将继续从推进政府"放管服"改革，促进体育资源市场化配置，发展运动项目产业，推动"体育+"和"+体育"发展，吸引社会投资，壮大市场主体等方面出台相关政策。例如，进一步推动有条件的运动项目出台产业发展规划，通过制定政策进一步促进体育与文化、健康、科技等融合发展及不断加强对体育市场的监管等。另一方面将更加注重对现有政策文件的落实，通过出台更加具体和务实的政策举措进一步推动体育产业发展，例如，落实现有税费价格、规划布局与土地、人才培养与就业等优惠政策，建设运动休闲特色小镇，打造体育旅游综合体，建设体育产业园区，加强体育产业标准化建设，构建各类体育产业发展平台等。总而言之，体育产业在财政、税收、土地、就业、信息化和标准化建设等方面的政策将更加灵活具体，政策的可操作性将逐步增强，产业发展环境将明显优化，体育市场活力将不断激活，作为朝阳产业、绿色产业、幸福产业的体育服务业将迎来巨大的发展空间。

2. 体育产业发展的内在逻辑逐渐清晰

随着体育产业逐步进入快速发展阶段，社会力量投资体育产业的热情将空前高涨。一是体育消费的不断扩大是体育产业快速发展的基石。如何通过供给侧结构性改革来丰富产品供给，培育体育消费，促进消费升级将成为重点。二是运动项目产业是体育产业的本质。国际经验表明，围绕运动项目所形成的产业链条是最具有活力和生命力的，它是体育产业的本质和核心内容，几乎所有体育产业发达的国家和地区都有其特色的运动项目产业。随着我国行业协会改革的不断深入，足球、篮球、冰雪、山地户外、水上、航空等运动项目将得到快速发展。三是体育赛事引领体育产业发展。长期以来，以体育赛事为核心产品的竞赛表演业一直是发达国家体育产业的龙头，引领和带动了其他业态的发展。可以预见未来数年，我国体育赛事在引领体育产业发展中将表现为以下几个特点：第一，职业体育联赛和群众性体育赛事将取得大发展。第二，体育赛事的市场化、商业化程度将逐步提升，成为竞赛表演业发展的关键驱动力。第三，体育赛事的举办不仅将有效带动健身休闲、中介、培训等业态的发展，还与旅游、新闻出版、互联网、住宿、餐饮和交通运输等产业有广泛的关联性。

3. 体育与相关产业的融合态势不断增强

体育作为大健康、大休闲的组成部分，是一个具有较强融合性特征的行业，体育与文化、养老、教育、健康、农业、林业、水利、通航等产业的融合发展是未来我国体育产业发展的必由之路，也是拓展体育产业业态，转变产业发展方式的重要手段，具有巨大发展潜力。未来一段时间，"体育+旅游""体育+健康"的发展空间最大。体育旅游领域，以户外运动为主题的运动休闲主题游将不断涌现，运动休闲、运动体验、康体度假、赛事观赏、山野户外、体育节庆和民族民间民俗体育等旅游产品供给将逐渐丰富，我国将逐渐形成一批具有国际影响力的体育旅游目的地，以及一批国家级体育旅游示范项目和体育旅游精品线路。体育健康领域，体育在推进健康关口前移、慢性病干预、健康促进、生活品质提升等方面的作用将逐步显现，社会资本开办的康体、运动康复等各类机构迅速增加，全民健身与全民健康的融合程度不断增强。

4. 体育新需求、新业态、新模式将不断涌现

当前，在全球新一代信息技术革命和新产业革命融合对接的背景下，以市场为导向的，以技术、应用和模式创新为内核并相互融合的新型经济形态将不断取得发展，并助推我国经济发展方式转变和能级提升。体育产业作为近期才取得快速发展的新兴产业门

类,尽管发展基础较为薄弱,但其后发优势也较为明显。未来一段时间,随着我国休闲时代的到来,广大老百姓多元化、多样性的体育消费需求将被激发,再加之我国体育领域创新创业的不断深入,以及"互联网+"战略的逐步实施,体育产业领域将不断发现新需求,创造新需求,以此为基础,体育产业的新业态、新模式将空前发展,为体育产业发展带来前所未有的空间。

5.科技和金融将为体育产业腾飞插上翅膀

当今时代,科技和金融在助推产业发展方面发挥的作用越来越明显。体育产业在遵循客观发展规律的基础上,也离不开科技和金融的大力支持。在科技方面,互联网+、物联网、虚拟现实(VR)、增强现实(AR)、机器人、无人机等现代科技成果和信息技术向体育产业领域的转移与应用,将加快推进体育产业在内容、形式、方式和手段等方面的创新。在金融方面,股权投资、债券投资、融资租赁、众筹、保险等金融工具和产品将不断被应用在体育领域,针对大众健身、体育赛事、体育场馆、户外运动、职业俱乐部、运动员等体育金融业务不断创新,成为我国体育产业快速发展的重要助推器。

(二)总体思路

近年来,我国体育产业逐步成为社会经济和体育事业发展的重要组成部分。这一时期,我国体育产业以"提高可持续发展能力"为主线,既体现出其在构建和谐社会和建设体育强国中的作用和地位日趋明显,同时也符合我国社会经济发展对体育的需求及体育产业发展的阶段特征。随着中国特色社会主义进入新时代,我国社会主要矛盾已经转化为人民日益增长的美好生活需要和不平衡不充分的发展之间的矛盾。体育产业是新时代人民日益增长的美好生活的重要组成部分,在满足广大人民更高层次的社会需求、决胜全面建成小康社会和推进社会主义现代化建设等方面,都有着不可替代的独特功能和作用。与此同时,我国体育产业在区域间、城乡间、行业间、人群间、运动项目间发展不平衡,体育事业和体育产业发展互动支撑效果不明显,体育产品和服务有效供给不足,及体育促进经济社会持续健康发展的作用发挥不充分等问题依然突出。必须通过加强体育领域供给侧结构性改革,创新体育管理体制和运行机制,把发展体育产业作为满足广大人民多层次、多样化健身需求和增强人民幸福感、获得感、安全感的必要之举,促进体育与经济社会发展不断融合、有效解决体育发展不平衡不充分问题的有力之措,持续有力地加以推进。

进入新时代,我国体育产业发展的主线也将发生变化,并逐渐演变为以"提升发展质量和效益"为主线。围绕这一发展主线,新时代我国体育产业发展要顺应广大人民对美好生活的向往,树立以人民为中心的体育发展理念,以发展运动项目产业为核心,以产业集群化、业态融合化、产品服务高端化和运营主体集团化为方向,以丰富产品有效供给为基础,以完善产业体系为关键,以促进体育消费为根本,加大改革创新力度,吸引社会投资,提升体育产业能级。

开启新时代体育产业发展新征程,要深化体育供给侧结构性改革,充分激发各类市场主体的创新活力,走创新发展之路;处理好体育与经济社会之间、体育事业与体育产业之间的关系,走协调发展之路;充分发挥体育行业绿色低碳优势,挖掘体育产业在建设资源节约型、环境友好型社会中的潜力,走绿色发展之路;加强体育与社会相关领域的融合与协作,积极吸引社会力量共同参与体育发展,走开放发展之路;把满足人民美好生活需要作为体育产业发展的出发点和落脚点，在资源配置上向全民参与体育倾斜，让体育普惠全社会全人群，走共享发展之路。必须从我国体育产业发展实际出发，遵循现代体育产业发展的内在逻辑和规律，顺应经济社会发展新特点、新趋势，加快转变体育发展方式，实现体育产业更高质量、更有效率、更可持续的发展。

（三）战略目标

根据我国社会主义现代化建设提出的"三步走"战略目标，以《关于加快发展体育产业 促进体育消费的若干意见》《体育产业发展"十三五"规划》和《"健康中国2030"规划纲要》等政策文件为依据，提出新时代体育产业发展的战略目标。

第一阶段：从现在到2020年。初步构建结构合理、布局均衡、功能完善、门类齐全的体育产业体系，基本形成各种经济成分竞相参与、共同兴办体育产业的发展格局。体育供给更加丰富，体育消费不断扩大，体育产业保持快速增长，成为"五大幸福产业"发展的重要标志，在国民经济发展中的地位和作用更加突出。

第二阶段：从2021年到2035年。体育产业在实现高质量发展上不断取得进展，基本形成健身休闲、竞赛表演、场馆服务、中介培训、体育用品制造与销售等体育产业各门类协同发展格局。体育产业环境明显优化，产业基础更加坚实，产业结构更加合理，对国民经济的综合贡献率明显提升，成为促进经济社会发展的重要力量。

第三阶段：从2036年到21世纪中叶。体育产业发展质量和效益显著提升，形成实力雄厚、门类齐全、具有国际影响力的体育产业体系。体育产业又大又强，成为国民经济的支柱产业之一。

（四）主要措施

1. 持续推进"放管服"改革，大力吸引社会投资

第一，持续深化简政放权，构建现代体育管理大格局。进一步转变体育行政部门职能，调整体育行政部门与体育总会、各单项体育协会的职责，实行管办分离、政社分开，把能够由体育社会组织承担的职能交由体育社会组织承担。积极推进单项体育协会改革，推动各类体育协会实现自治、善治，使其依法独立运行。继续推进体育赛事审批制度改革，对与举办体育赛事相关联的审批事项，相关部门不得要求赛事主办方提交体育部门的审批材料。对确需保留的安全许可及道路、空域、水域、无线电使用等行政审批事项，进一步优化审批流程。

第二，进一步强化政府监管，提高体育行业管理水平。加快建立覆盖体育组织、体育企业、从业人员等的行业信用体系，建立"黑名单"制度，将有关信用信息纳入全国信用信息共享平台并向社会公示，依照有关规定实施联合惩戒。制定体育行业协会自律办法，鼓励社会公众参与体育市场监管，发挥媒体监督作用，促进体育产业健康发展。按照总体规划、分步实施的原则，全面推动体育产业标准体系建设。引导和鼓励企业积极参与行业和国家标准制定。加强体育产业统计工作，定期发布体育产业及体育消费统计数据，建立体育产业大数据中心。加强体育产业行业协会建设，发挥各级体育联合会在体育产业发展中的作用。加快制定促进体育产业发展的相关法律法规，积极为体育产业发展营造良好政策环境。

第三，进一步创新服务方式，提升政府服务体育水平。大力推行"互联网＋政务"

服务，全面梳理行政审批和服务事项，加强网上办事大厅服务事项清单、办事材料目录化、标准化，建立体育产业多部门联合"一站式"服务机制。搭建体育信息服务平台、体育产权交易平台、体育产业投融资服务平台、体育科技成果转化服务平台等体育产业服务平台，围绕体育企业及项目的诉求，提供最具权威的政策咨询、人才招募、投融资、产权交易、项目孵化、技术合作及品牌塑造等特色专项服务，优化体育产业发展环境，降低体育企业市场运行的行政成本，提升体育企业发展效率。

2.加强体育赛事引领，大力发展运动项目产业

第一，积极打造各类运动项目的赛事体系。充分发挥体育赛事的引领作用，推动有条件的运动项目打造涵盖职业、商业和群众性赛事的多层次、多样化的体育赛事体系。大力发展足球、篮球、排球、乒乓球、羽毛球、围棋等职业联赛，鼓励网球、自行车、拳击、赛车等有条件的运动项目举办职业赛事，建立具有独立法人资格的职业联赛理事会，合理构建职业联赛分级制度。做好顶层设计，创新社会力量举办体育赛事的组织方式，广泛开展马拉松、武术、搏击、自行车、户外运动、航空运动、赛马运动、极限运动等项目赛事，采用分级授权、等级评价等方式，增加赛事种类，合理扩大赛事规模。鼓励各地加强体育赛事品牌创新，积极打造体现地方传统文化、凸显生态优势、融合新技术的体育品牌赛事，培育一批社会影响力大、知名度高的精品赛事。

第二，以产业化思维推动运动项目发展新方向。以产业规划为引领，以运动项目市场化发展为原则，积极发展传统运动项目产业、时尚休闲项目产业和民族特色项目产业。进一步落实产业规划"百张蓝图"计划，有条件的运动项目要抓紧制定产业发展规划，通过制定规划，厘清各个运动项目产业发展的思路，明确项目产业发展的目标和任务。加强各运动项目中心的产业职能，设立专门的产业部门，加强产业工作力量。打造国家级体育产业大数据平台，对接各业态、各运动项目子平台，支持与现有大数据企业合作共享。

3.积极构建体育全产业链条，打造现代化体育产业体系

第一，不断完善体育产业内容，努力打造体育全产业链条。主攻健身休闲、竞赛表演、体育培训、智能体育、体育用品制造、体育彩票六个产业方向，以市场和消费者为导向，打造上下游资源配置平衡、创新与品牌贯穿始终，融合产品链、资源链、服务链、创新链、价值链的体育全产业链条。发挥体育行业组织的引导带动作用，加强产业链上、中、下游企业的协调，提高资源的配置效率。推动东、中、西部体育产业良性互动发展、区域体育产业协同发展，实现体育产业链条的空间联动效应。积极发挥体育产业的平台经济功能，深度融合健康、旅游、文化、生态农业、地产、金融、传媒、教育等业态，实现全产业链闭合发展。

第二，不断丰富体育产业现代元素，努力打造现代化体育产业体系。加快推动互联网、大数据、人工智能与体育实体经济深度融合，引用现代管理制度，创新生产方式、服务方式和商业模式，促进体育用品制造业转型升级，促进体育服务业提质增效，丰富中、高端体育消费供给，提升体育产业"实"高度。以大数据、传感器、5G通信、互联网、物联网、体感控制、虚拟现实（VR）、增强现实（AR）、机器人、无人机等新兴技术为支撑，加快推进现代科技成果和信息技术向体育服务领域的转移与应用，促进体育产业内容创新、形式创新和发展方式创新。建立健全多元可持续的体育产业投融资机制，积极探索股权投资、债券投资、融资租赁、众筹、保险等金融工具和产品应用于体育领

域的金融服务模式，积极探索针对大众健身、体育赛事、体育场馆、户外运动、职业俱乐部、运动员等的体育金融业务，形成市场化、多层次、广覆盖和可持续的体育金融支持体系。大力发扬"以人为本"的发展理念，推动体育产业领域"大众创业、万众创新"，激发和保护企业家精神，建设知识型、技能型、创新型体育人才队伍和体育人才智库，夯实体育产业人才基础，释放人才红利。

4. 推动"体育+"和"+体育"发展，大力促进产业融合

第一，大力发展"体育+"，培育体育新业态。研究制定"体育+健康""体育+文化""体育+旅游""体育+教育""体育+养老"等行动计划，重点在产业发展规划、场地设施建设、赛事活动打造、产品研发设计、宣传营销推广、复合型人才培养、市场秩序规范、投融资机制构建等方面加大整合力度，推动体育与相关行业融合发展。深入挖掘体育资源价值，支持文化、旅游、地产、交通、制造、信息等行业研发体育领域的附加产品和服务，形成体育产业新业态。加大现代科技成果和信息技术向体育产业领域的转移与应用，重点支持"体育+科技"创新发展，促进新一代信息技术与体育服务、体育用品制造等领域融合创新。

第二，加快推进"+体育"，促进体育融入国家发展大局。结合新型城镇化建设、乡村振兴等国家重大部署，推进体育与城镇化设施建设紧密结合，推动生态农业、生态旅游业与体育互动融合，优化城镇空间布局，提升生态经济的内涵。将体育元素纳入城镇化和新农村建设规划、管理的全过程，打造体育特色小镇，建设城市体育特色社区、乡村体育综合体，推进体育与文化、商业、旅游、居住等建筑功能的联系，突出体育与建筑功能的互动融合。积极发展乡村体育旅游业，通过体育旅游资源要素配置不断向"三农"倾斜，通过城乡融合、城体融合、体旅融合，补短板，强弱项，实现生态增值，助推生态经济发展，全力为乡村振兴作出新贡献。促进体育空间与其他空间的渗透和融合，利用冰雪、森林、湖泊、江河、湿地、山地、草原、戈壁、沙漠、滨海等独特的自然资源打造健身休闲集聚区和运动休闲产业集群。

5. 鼓励体育领域创新创业，推动产业转型升级

第一，积极搭建创新创业平台。整合优势体育场馆资源、赛事资源、体育旅游资源、运动康养资源等，设立体育产业专项资金、体育创业投资基金，构建一批低成本、便利化、全要素、开放式的体育众创空间。发挥政策集成和协同效应，实现创新与创业相结合、线上与线下相结合、孵化与投资相结合，为广大体育创新创业者提供良好的工作空间、网络空间、社交空间和资源共享空间。

第二，大力发展体育智能制造。推进体育用品智能制造，鼓励建设智能工厂和数字化车间，培育引领体育用品智能制造的骨干企业和创新团队，开发新型运动康复装备、运动健身指导技术装备、可穿戴式运动设备等，加大虚拟现实（VR）技术在体育领域的推广与应用。鼓励发展与跑步、骑行、登山、钓鱼等群众参与度高的运动项目相关联的专业化运动装备，积极开展个性化体育用品定制服务。加强体育场地建设新技术、新工艺、新材料研发应用，鼓励发展气膜体育馆、拆装式游泳池、组合式体育设施等新型体育设施，推动体育建筑设计创新。

第三，深入推进体育服务创新。引导体育服务企业利用云计算、物联网、大数据、人工智能等现代信息技术实现服务内容创新，开发专业化、个性化、时尚化产品和服务。推动体育服务企业开展电子商务，促进营销模式和服务方式创新，通过线上线下互动，有效

运用私人空间，支撑体育服务业创新发展。健全体育服务业质量标准体系和质量管理体系，延伸服务链条，提升服务品质。

6. 加快产业载体建设，积极拓展发展新空间

第一，拓展体育产业发展空间。分类建设与各层级城市规模和功能作用相协调的各类载体平台，创造分级分类、形态多元、特色鲜明、功能完备的体育发展新空间。因地制宜打造国家体育产业示范基地、国家运动休闲特色小镇、国家体育旅游示范区、国家体育产业园区等各类国家级体育产业发展载体，不断提高集聚水平、规模效应和带动作用。支持有条件的地方建立体育特色小镇、体育产业园区、体育服务综合体等各类具有地方特色的产业发展载体平台。强化技术指导服务，编制各类体育产业基地、园区、特色小镇、体育服务综合体等载体平台建设标准。创新运营管理，加快建立适合各类载体平台自身特点，符合行业发展规律，与地方经济社会发展水平相适应，能够充分发挥载体平台效能的运营管理模式。

第二，搭建体育产业发展平台。加快推动体育赛事版权和转播权市场化运营，推进体育赛事制播分离，积极打造国家体育传播平台，引导有条件的地方电视台创办体育频道，增加体育节目，延长播放时间，将奥运会、亚运会、全运会等综合性体育赛事及足球世界杯转播权由央视扩展到地方卫视、网络平台，体育赛事播放收益由赛事主办方或组委会与转播机构分享。充分发挥市场的决定性作用，引导建立各类体育资源交易平台，促进体育资源公平、公正、公开流转，提高体育资源配置效率。引导和鼓励建立各类体育产业信息平台、展览展示平台、智库平台、技术研发平台、科技转化平台等，通过各类平台建设有效助推体育产业高质量发展。

7. 推进区域产业协同发展，积极打造产业增长极

第一，以国家战略为引领，加快推进国家重点区域体育产业发展。全面对接京津冀协同发展、长三角一体化发展、粤港澳大湾区建设等国家战略，以奥运会、足球世界杯等重大赛事为引领，重点打造京津冀地区、雄安新区、长三角地区、粤港澳大湾区等体育产业增长极。充分发挥各个区域区位优势和政策创新优势，积极吸引国内外优质的人才、资金、企业、项目落户落地。进一步强化区域内规划对接、战略协同、专题合作、市场统一、协同机制完善等，促进区域在体育资源共享、制度对接、要素互补、流转顺畅、待遇互认、指挥协同方面的良性互动，推动区域在体育健身圈建设、体育赛事举办、体育人才培养交流等方面的协同发展。

第二，以区域资源禀赋为依托，优化区域运动项目产业发展。围绕不同区域地域特点与资源特色，因地制宜地发展不同的运动项目产业，重点打造以云贵川为核心的山地户外运动产业，以黑吉辽和京津冀为重点的冰雪运动产业，以广东、海南、福建为分布带的滨海运动产业，以河南、湖北为重心的武术运动产业，以北京、上海为龙头的竞赛表演业，以浙江、江苏、安徽、江西为重点的山水运动休闲产业等。从国家和区域两个层面，强化运动项目产业发展专项规划的编制或在区域体育产业规划中对运动项目产业进行专门的规划，实现有序发展，杜绝同质化建设。

8. 以重点人群为目标，积极扩大体育消费

第一，培养青少年体育消费习惯。加强学校体育师资队伍建设，保障传统学校体育教育质量。具体实施校园青少年专项运动技能教育，培养青少年对特定运动项目兴趣爱好和消费倾向黏性。积极探索学校与社会优秀专业体育培训机构合作机制，开展多种形

式的青少年体育培训。引导优秀教练员进校园指导青少年运动开展，探索建立运动员校园培养机制。大力推动青少年校外体育活动场地设施建设，开发适应青少年特点的运动器械、锻炼项目和健身方法。

第二，完善老年人体育消费内容。制订实施老年人群体质健康干预计划、加强体医融合和非医疗健康干预，发布老年人体育健身活动指南，建立完善运动处方库。推动形成体医结合的疾病管理与健康服务模式，发挥体育健身在老年人健康促进、慢性病预防和康复等方面的积极作用。大力发展老年人喜闻乐见的运动项目，扶持推广太极拳、健身气功等民族、民俗民间传统运动项目。对标发达国家，加快完善老年人体育器材、场地、服务、规划等系列标准体系建设，促进老年人群体育社会培训机构服务更规范，服务质量水平更高。

第三，丰富中产阶级体育消费产品。准确把握中产阶级引领的体育消费升级新趋向，大力加强优质体育产品的生产和供给，特别是冰雪、潜水、赛车、赛马、击剑、高尔夫等小众体育项目的培育与发展，为扩大体育消费提供源头活水。鼓励各类市场主体向中产阶级群体提供多层次、多样化、个性化的体育产品。对体育产品供给主体在财税和金融政策上进行适当扶持，促进其生产出更多的符合市场需求的体育产品。

9. 推动实施新开放战略，提升产业国际化水平

第一，推动实施新开放战略。积极拓宽国际交流合作，主动融入全球化进程，有效畅通各类国际体育优质资源进入渠道，提升我国全球体育资源配置能力。持续优化营商环境，吸引国外体育企业总部、功能性体育行业协会、国际体育组织落户，加大前沿理念、先进模式和高端人才引进力度，集聚国际优质体育资源。加强政府推动的跨国协作，支持全国重点体育产业园区、骨干企业、研究机构与国际领军体育企业的全面交流和深度合作。探索建立国际化体育智库，提升中国在国际体育市场的影响力和话语权。

第二，大力实施"走出去"战略。以"一带一路"建设为主线，坚持"引进来"和"走出去"并重，大力拓展体育产业对内对外开放新空间。借鉴和推广金砖国家运动会成功经验，打造品牌活动。做好武术、健身气功、舞龙舞狮、龙舟等传统体育项目的国际推广工作，推动落实中华武术"走出去"战略，以打造"一拳（中华太极拳）一馆（中华武术馆）一赛（中华武术搏击）"国际体育文化品牌为核心内容，促进体育产业国际化发展水平。

项目编号（2018-A-04）

权利导向的《中华人民共和国体育法》修改总则研究

姜世波

一、体育立法乃民生立法，民生法治需秉持人权保障理念

从世界范围看，民生立法主要是赋权性立法，属于社会法的范畴，其主要包括教育文化体育类立法、公共卫生类立法、公共社会服务类立法、社会保障类立法、劳动保障类立法、人口综合管理类立法、特殊群体保护类立法等。从《中华人民共和国体育法》（以下简称《体育法》）所划分的三类体育来说，民生体育应当包括学校体育和社会体育。学校体育和社会体育是分别面向在校学生和全体社会大众的，现在已经发展成为民生需要，它们是全民健身运动的主体。民生法治的价值追求即人权保障。民生问题本质上属于人权问题，这些问题很多已经被记录在了《联合国经济、社会和文化权利公约》中，如适足生活水准权、受教育权、劳动权、休息权、住房权、健康权等。以法治和人权的意识处理民生问题，就要把民生问题真正作为人权问题对待，民生问题不只是一个福利问题，保障民生不是谁的仁慈恩惠，而是执政党和政府的宪法责任，是全社会的法律义务。法治时代的民生，需要通过权利话语直接表达为法律，从而形成制度性的人权，这也是法治的社会治理模式试图把社会行动全部纳入法治轨道的一种努力。

二、《体育法》中的权利条款分析

（一）《体育法》总则中的权利条款

《体育法》第一章"总则"规定了立法目的、体育工作方针、体育发展计划、体育管理机构、青少年体育、少数民族体育、体育科研、体育奖励和体育国际交流等内容。其中，青少年体育、少数民族体育、体育奖励等条款皆涉及公民、法人的体育权利。比如：第五条实际上确立了青少年体育的特殊地位，赋予了青少年接受体育教育和从事课外体育活动的权利。第六条特别规定了国家对少数民族体育事业的政策，它体现了国际人权公约对少数群体保护的基本精神，无论是《公民权利和政治权利国际公约》第二十七条就少数人权利的规定，还是1992年联合国大会以协商一致方式通过的《在民族或族裔、宗教和语言上属于少数群体的人的权利宣言》（第47/135号决议），都特别承认和保护属于少数群体的人的权利。正如有的学者所指出的，少数民族权利既是一种集体权利，也是一种个体权利。作为一项集体权利，少数民族权利是实现少数民族成员个体权利的工具。因此，应当认为《体育法》这一条体现了对少数民族体育权实现的特别关切。第八条实际上确立了运动员、裁判员等体育从业人员的获得表彰权。

（二）《体育法》分则中的权利条款

在"社会体育"一章中，第十六条体现了国家对老年人、残疾人这类特殊群体能够获得参加体育活动机会的关切，属于保障特殊群体人权的法律规定。"学校体育"一章第十七条事实上确立了学生享有接受体育教育的权利，只不过这里并没有将学生作为权利主体加以明文规定，而是规定了义务主体，即国家教育行政部门和学校。在"条件保障"一章中，第四十五条规定旨在保障公民对公共体育设施的使用权，这是实现全民健身的物质基础。

三、《体育法》修改如何遵循权利导向原则

（一）总则中如何规定体育权利

一种观点认为，《体育法》作为规定体育事业政策和管理的基本法律，应当坚持"宜粗不宜细"的原则，只须宣示体育权利的存在即可，不宜将体育权利条款规定得过细。另一种观点认为，仅仅宣示存在体育权利是不够的，还应宣示体育权利的具体内涵，这样才能让公众真正知晓体育权利的具体内容。本研究持后一种观点。

以最新一轮《体育法》修改专家组稿的表述为例，《体育法》"总则"关于体育权利的宣示条款是这样规定的：

第五条 公民依法平等地享有参加体育活动的权利。

国家对未成年人、老年人、妇女、残疾人参加体育活动的权利给予特别保障。

学生接受体育教育的权利则规定在"青少年体育"一章中：

第二十二条 学生有依法接受体育教育的权利和义务。

教育主管部门和学校应当将体育作为学校教育的组成部分，纳入学生综合素质评价体系，培养学生的健身技能、意识和习惯，促进学生德、智、体、美等方面全面发展。

体育主管部门应当在传授体育技能、组织竞赛活动等方面提供指导和帮助。

体育主管部门和教育主管部门应当协调配合，共同推动体育和教育相结合。

体育权利的条款如此规定存在以下问题：第一，体育权利的条款分别规定在"总则"和"青少年体育"两章中，虽然有一定的合理性，如保持了受体育教育权与青少年体育的统一，但这也割裂了体育权利内涵的统一性。比如，接受体育教育的权利仅限于青少年吗？体育教育仅指向学生吗？从终身教育的理念来说，体育教育应当贯穿人的一生，只不过对学生而言，体育教育是学生课程的组成部分，而校外的体育教育则是由社会机构和人员完成的，当然，学校体育也可能延伸到校外的体育教育和培训中，因此，不能忽略的是，在学校体育之外，每一个公民仍有接受体育教育的权利。将体育教育的权利规定在"青少年体育"一章，容易让人产生误解：体育教育权只属于青少年？第二，"总则"中只规定了"公民依法平等地享有参加体育活动的权利"，这一权利的内涵是否与《全民健身条例》第四条"公民有依法参加全民健身活动的权利"的含义一致？体育活动＝全民健身吗？恐怕不能这样理解，全民健身的外延通常要广于体育活动，那是否有必要在"全民健身"一章再单独规定一条"公民有依法参加全民健身活动的权利"？显然，"总则"关于"体育权利"一条的规定是有问题的。那么，"总则"中的权利条款应该如何规定呢？本研究认为，关于体育权利条款的规定应尽量与国际上的规定一致，鉴于

我国关于体育的一些基本概念至今为止仍然颇多争论，其含义不能达成共识的情况下，与国际规定保持一致不啻是一种合理的选择。

相比联合国教科文组织1978年通过的《国际体育运动宪章》最新版（2015版）的《国际体育教育、体育活动与体育运动宪章》（以下简称《宪章》第1条对体育的解释在原来只提及"体育教育"（physical education）和"体育运动"（sports）的基础上增加了"体育活动"（physical activities），亦可译为"身体活动"。至于为什么增加这一表达，修改报告的解释是"为了体现某些活动及与这些活动有关的利益攸关方、价值观和利益、按照通常的理解有些活动并不能为'体育教育和体育运动'这两个术语所覆盖，特别是涉及与健康相关的身体活动及其带来的好处。"这就是说，增加"身体活动"这一表达将有助于扩大《宪章》所调整的"体育"的范围。这样，广义的体育就包含了三个方面：体育教育、体育运动和身体活动。另外，《宪章》1.2~1.7款对于国家实现公民体育权利的义务规定得非常具体：1.2款既列出了承担实现义务的主体，又规定了体育的目的；1.3~1.4款要求各类义务主体应当为实现体育权利提供包容、适宜和安全的参与机会，特别是对学龄前儿童、妇女和女童、老年人、残疾人和土著人口等特殊群体；1.5款特别强调了体育运动多样性的文化价值；1.6款突出强调了人人有权追求实现与其能力和兴趣相应的体育成绩；1.7款特别强调了教育系统提供体育教育的义务，并提出了体育教育与其他教育之间应当达到平衡，强化它们之间的关联性。值得特别指出的是，1.7款明确规定了教育系统应将体育课程作为必修课，并建议最好做到每日一节体育课。这些详尽而具体的规定细化了1.1款所规定的体育人权的内容，这些规定应当成为各国制定体育基本法时确立体育权利内容的参考。

如果将"体育活动"大致对应我国的"全民健身"这一概念的话，那么，《体育法》"总则"中关于体育权利的规定则应包括体育教育、体育运动和全民健身三个方面。鉴于全民健身的广义性及《体育法》中概念的一致性，至少应包括体育教育和全民健身两个方面，即规定"公民依法平等地享有接受体育教育、参加全民健身活动的权利"。另外，"接受体育教育"对于学生而言既是一种权利同时也应成为一种义务，因此，建议在"学校体育"一章中应开宗明义，规定"各类在校学生有接受体育教育的义务"。鉴于我国立法语言一向秉承简洁明了的风格，直接套用《宪章》风格的表达语言显然不合适，但为了能够充分体现体育权利的人权属性，建议借鉴联合国《经济、社会及文化权利国际公约》第二条对国家义务的规定，增加一款"国家应当尽可能地运用法律的、行政的、财政的措施以尊重、保护和逐步实现上述权利"。此种国际人权法上的国家义务实际上与《国际体育教育、体育活动与体育运动宪章》第1条所规定的政府义务是一致的，但更加简洁且含义丰富。

（二）分则如何确认体育权利

《体育法》分则中原来的某些条款实际上间接涉及体育权利，但未来的修法如何将体育权利的保护体现在各类体育活动中，是学界和社会普遍关心的问题。在新一轮《体育法》修改专家稿中，对此是有所考虑的。这首先体现在"青少年体育"和"全民健身"两章，及"条件保障"一章，大部分条款都是规定学校体育教育的强制性及全民健身活动的场地、设施、人员、规划、资金保障的，这是保障实现体育教育权和健身权的基础。分则中也有一些对非体育人权层面的关切，如保护体育运动参与者、体育社会组织、运动员，赛事组织者权利的条款。比较典型的条款如：在"体育社会组织"一章中，第五十六条规定了体育组织的自治权利。在"体育产业"一章中，关于体育权利的规定有两条：第四十八条和第四十九条，但第四十九条相比欧洲对体赛事组织者的权利，漏掉了我国体育赛事组织方也经常列入观赛门票中的规定——体育赛事场地禁入权，即未经赛事组织者同意，任何人无权进入比赛场地。这种权利恐怕也不宜解释到"其他无形资产权利"中，因为按照同类解释原则，这种权利与前面列举的"名称、标志、音视频"很难归于一类。在"竞技体育"一章，第三十六条是对运动员权利的保护："国家保障运动员的合法权益，为运动员职业发展提供指导和帮助。国家鼓励退役运动员自主择业，对优秀运动员在就业、升学方面给予优待。"该条同样只是对运动员合法权益保护的宣示，同样未具体列明运动员享有哪些合法权益。第四十五条还对未成年运动员的合法权益给予了关注，但同样未指明未成年运动员的合法权益是什么。

从上述分则中有关体育权利的规定可以看出，新一轮《体育法》修改仍然坚持了"宜粗不宜细"的原则，对于前列各类权利，如体育社会组织自治权的范围、赛事组织者的权利、运动员的权利、未成年运动员的权利都只是声明一下权利的存在，并未规定具体有哪些权利。另外，虽然本次修法规定了各类权利，但立法思路仍然是权力导向的思维方式，除第四十九条外，仍都采用了国家应当如何如何的模式，而不是采用权利导向的立法模式，即直接规定权利主体享有哪些权利。权利导向的立法模式是向世人展示，权利保护的义务主体不只是国家而是可能侵犯权利的任何人。比如，在侵害运动员的大量案例中，涉嫌侵害运动员的主体不是国家，而是体育俱乐部。与其规定"国家保障运动员的合法权益"，不如规定"运动员享有如下权利……"，通过列明这些权利，就知道无论是谁侵害了这些权利，无论是行政机关及其工作人员，还是任何公民、法人或非法人组织，都会受到法律的追诉，国家自然也就保护了这些权利。而且，这样规定有助于权利被侵害的人行使诉讼权利，具体的侵害主体也能够确定，法院也易于受理，而如果只规定"国家保障运动员的合法权益"而未列举具体权利，运动员就很难将国家作为诉讼主体，法院也无法接受此类诉讼。这便是从权利保护的意义上说，权利导向的立法应优于权力导向的立法之所在。

关于运动员的权利。本研究认为在《体育法》中应当明确运动员所享有的权利，这些权利应当包括：第一，有权获得公平和平等机会参加体育赛事；第二，有权公平分享其体育项目所带来的经济活动和由此产生的财富；第三，有权获得公正和有利的报酬和工作条件；第四，有权谈判其所参与的体育项目的条款和条件，并有权指定专业人员代理；第五，仅受合法制定的条款和条件约束，仅受通过集体谈判达成的条款和条件的管理，公受其自由而真诚同意的条款和条件的约束和管理；第六，有权保护自己的姓名、形象和表演，其姓名、形象和表演未经其本人同意或授权不得进行商业利用；第七，在被控情况下有权享受正当程序的保护，所受处罚必须合法、错罚相当；第八，退役运动员有权获得适当的就业培训和教育，并获得作为劳动者应当享有的社会保障；第九，未成年运动员享有接受义务教育的权利；第十，在合同期满后享有依协会规定转会的权利。

项目编号（2018-B-02）

构建举国体制与市场机制相结合的新机制研究

鲍明晓 朱凯迪 胡孝龙 史 阳 彭松英 陈 茉

加快推进体育强国建设，努力构建现代化体育发展体系，是新时代体育改革与发展的重大战略目标。其中根据国情"体情"、时代特征、发展阶段的支撑和约束条件，创建一个举国体制与市场机制相结合的新型体育运行机制，是体育强国制度建设的关键问题，关系到整个体育事业结构优化、效能提升和新旧动能转换。

举国体制在我国语境下特指政府设定一个重大发展目标，并利用行政权力调动一切资源、整合多方力量，推动并达成目标实现的工作方式和运作机制。典型案例是"两弹一星"工程和《奥运争光计划》的实施与达成。在国际体坛，由于绝大多数国家的政府不直接主导和主控体育发展，我国由政府组织领导并推动的体育发展方式也就被指称为体育发展的举国体制。在体育系统内，我们所说的举国体制是指竞技体育的举国体制，基本内涵是以奥运会等重大国际赛事争创优异运动成绩为目标，以国家队建设为龙头、省级专业队为中坚、地市县业余体校为支撑，以奥运会、亚运会、全运会统筹计分为调节标杆，全国一盘棋、国内练兵、一致对外的竞技体育组织管理和运行方式。

回顾中华人民共和国成立以来我国竞技体育体制形成与发展的基本脉络，可以得出的基本结论是：一是在国力和体育发展基础都相对薄弱的历史时期，我国实行以为国争光为最高目标的奥运战略和以政府直接主导推进的举国体制，既是不同时期我国政治经济社会发展对体育提出的内在要求，也是体育自身科学发展、智慧发展的必然选择。它既呼应了国家经济社会发展的大战略，也迅速提升了中国体育的国际影响力，并带动和促进了体育其他领域的快速跟进发展，实现了体育事业整体的跨越式发展。二是举国体制作为极具中国特色的体育管理体制和运行方式，在60多年的运行实践中取得一系列令国人骄傲、国际社会公认的发展成就。主要是竞技运动水平飞速提高，国际影响力大幅提升；为民族复兴提供了强大的精神动力；引领和带动了体育事业全面；创立了中国特色的体育发展道路。三是随着我国体育在规模、结构、质量和效益等方面的快速提升和支撑体育发展的社会经济环境的快速变化，举国体制在当下的运行中也确实存在着一系列不容忽视的问题，主要表现在体制运行效率递减；聚合和协同能力薄弱；制约市场与社会参与；多元综合功能发挥不畅。

对体育工作来说，新时代坚持和完善举国体制同样是变与不变的辩证统一。其中不变的坚持至少应该包含以下四方面：一是必须始终坚持党对体育工作的绝对领导；二是必须坚持政府的主导与统筹；三是必须始终坚持以人民为中心的发展定位；四是必须坚持强体与强国的统一。没有这样的坚守，举国体制在实践中就会失去方向、失去规约，就极有可能陷入指导思想上的混乱，进而带来对举国体制的任意裁剪，破坏体制运行的内在机理，给体育工作带来严重冲击。

在坚持举国体制前提下完善举国体制，是保持和提升制度效率的必然要求。举国体制作为我国体育事业运行的"主机",在几十年的运行中出现部件老化、动力衰减、传导阻滞、产出下降等现象难以避免,必须根据新的发展目标和时代要求对系统进行迭代的优化设计和全面的更新改造。完善举国体制,一是要对举国体制内涵中应有要件的缺失进行补充和修复。把举国体制的作用面从竞技体育扩展到整个体育,从体育系统扩展到全社会,还原举国体制的本来含义,形成全国全社会协同联动、共建共管共享的新机制。二是动力更新。要将过去政府独轮驱动转型为政府、社会、市场、公民个人四轮驱动,将政府的财政支持、社会的自愿服务、市场的产业投资、公民的体育消费四股力量汇聚起来,实现体育发展的新旧能动的转换,打造支撑体育强国建设的新引擎。三是组织重构。要根据经济社会发展的快速变化,规范政府行为,打造勤政廉洁高效的体育行政部门,推动各类体育社会组织改革,给体育社会组织赋能,健全网格化的体育社团组织体系,以加快发展体育产业为抓手,引导和鼓励各类市场主体投资体育运动,培育和打造一批专业化程度高、市场竞争力强的现代体育企业,形成政府组织规划引领、社会组织和市场组织广泛参与的新型组织构架。四是激励约束机制再造。要根据政府组织、社会组织、市场组织的不同性质,建立健全相应的激励和约束政策。

面对全面建设体育强国新的战略任务,当前举国体制运行中存在的突出问题是资源不够、动力不足、机制不活、人才和科技支撑不强、创新创造能力孱弱等。解决这些问题的一项战略性举措就是充分发挥市场机制在体育发展的重要作用,通过市场机制的引入和强化来聚资源、添动力、活机制、补短板和强弱项。

虽然改革开放以来,市场机制在推动体育发展方面已经发挥一定的作用,但是面对建设体育强国新的战略目标,我们还需要进一步激活市场机制的重要作用,进一步化解制约市场机制发挥作用的突出问题,如思想和行为上的僵化保守;对体育属性的机械理解;"放管服"不到位;对体育部门名下的国有资产重保护、轻开发;漠视投资人应有的权益;支持体育产业发展的优惠扶持政策落不到位。

通过充分发挥市场机制来促进体育发展,是世界主要体育大国和强国的通行做法,它对推动一国体育的创新发展、高质发展具有不可替代的重要作用。结合我国的实际情况,当前在这一方面主要应做好以下六个方面的工作:一是要突破禁止锢,释放市场空间;二是要正确理解体育的经济社会属性;三是要努力营造公平公正的市场竞争环境;四是要推动体育管理体制改革;五是要深化政府"放管服"改革;六是要增加对各类市场主体的政府购买。

构建举国体制与市场机制相结合的新机制,是全面建设体育强国战略目标的实际需要,是创新实践中国特色体育道路的核心要件,它关系到体育发展的新旧能动转换和提质增资,因此必须从理论创新和实践探索两个方面推动新机制的落地和有效运行。

建立新机制的总体思路是:按照党的十九大报告提出充分发挥社会主义制度优越性,充分发挥市场在资源配置中的决定性作用,更好发挥政府作用的总体要求,在充分分析举国体制和市场机制在体育发展中的优势和劣势的基础上,推动举国体制优势与市场机制优势的系统耦合和功能性互补。总的原则是政府主导下的市场有效参与,市场机制补举国体制调动资源能力不强、激励和约束方式单一、资源使用效率不高、推动创新和突破关键技术的能力不强等问题;举国体制补市场机制的无序,防止投机和恶性竞争。重点是充分激活市场机制在体育发展中的作用,以改革完善体育领域内的产权制度和资源市场化配置为抓手,实现产权有效激励、要素自由流动、竞争公平有序、企业优胜劣汰;

改革体育领域国有资本授权经营体制,推动国有体育企事业单位布局优化和战略性重组,做大做强做优国有体育企业,试行国有体育场馆混合所有制改革,促进体育领域国有资产保值增值,有效防止体育领域国有资产的隐形流失。目的是解放和发展体育生产力,调动一切可以调动的资源和力量,全面建设利国惠民的体育强国。

从理论上讲,构建举国体制与市场机制相结合的新机制,是一个既能继承和发扬举国体制优势和长处,又能用市场机制的长处来弥补举国体制不足的系统化制度安排。

对照现行体育运行机制,新机制的新,主要应体现在以下六个方面:一是多元的体育发展主体;二是强劲的体育发展动能;三是集约化的体育发展模式;四是高效的体育运行管理;五是更高的体育发展格局;六是创新的体育发展理念。推动由单纯的重运动成绩、重为国争光向以人民为中心、服务民生、推动经济社会和人的全面发展服务转变。这是体育发展理念上的新。同时,要进一步健全与新机制配套的激励约束机制和保障机制。

由于体育不同部分属性不同,关于新机制的探讨还有必要深入到体育三大主体性工作中去展开讨论。

一是群众体育的新机制。群众体育整体上属于社会公共事业,主体责任是政府的公共服务职能。但是,随着人民群众生活水平的不断提高和追求美好生活愿望的日益迫切,超出基本公共服务的更高层次的多样化、个性化的运动健身消费需求也在不断活跃和提升。而这一部分需求的满足,则应充分发挥市场机制的作用,决不能将群众体育的公共服务属性无限放大,进而拒绝或排斥市场机制在这部分所发挥的主导作用。鉴于这样的复合属性,群众体育新机制在实践中的推动主要应强化以下几方面工作:第一,推进群众体育委员会制度。第二,增加向各类体育社团和市场主体购买群众体育公共服务的力度,有效提高政府提供服务的效率和效能。第三,强化全国性单项运动协会发展群众体育的职能,建立健全各运动项目协会群众体育发展的评价标准体系。第四,将群众体育中非基本公共服务全部纳入健身休闲产业,全面向市场开放。第五,参照国际奥委会TOP赞助商计划,制订并实施"中国群众体育TOP赞助商开发计划"。

二是竞技体育的新机制。竞技体育承载着为国争光、发展体育产业、引领和带动群众体育发展三大使命,它由以奥运会为最高舞台的业余体育和以高水平职业联赛为代表的职业体育两部分组成。从属性上看,前者属于公共产品,主体责任在政府;后者属于私人产品,主体责任在企业。当然,鉴于职业体育这一私人产品具有很强的外部溢出的正效应,竞技体育整体上界定为具有产业属性的公共事业可能更加符合实际。当前推动举国体制与市场机制相结合的新机制在竞技体育发展实践中的运用,重点要做好以下五个方面的工作:第一,突破竞技体育及体育部门封闭的格局。第二,运用市场机制,构建充满活力的竞技体育要素市场。第三,推动更多运动项目职业化发展。第四,充分激活竞赛市场,培育壮大市场化办赛主体。第五,加快建立一支高素质的经纪人队伍。

三是体育产业的新机制。体育产业是市场经济条件下体育事业中可以进入市场部分的产品和服务的集合体,其产业属性没有争议。举国体制与市场机制相结合的新机制在这一领域的实践,主要是落实市场在资源配置中的决定性作用,更好发挥政府作用。结合当前我国体育产业发展的实际,重点要做好以下四方面的工作:第一,用改革激发活力,确保市场在体育产业资源配置中的决定性作用是新机制的立足点。第二,用开放协作聚合发展动能。第三,用政策引导市场预期。第四,用法治规范市场行为。

总之，构建举国体制与市场机制相结合的新机制，目的是在全面建设体育强国的征程中，努力追寻市场在资源配置中的决定性作用和更好地发挥政府作用的辩证统一。具体到实际体育工作中，群众体育和竞技体育要更加重视发挥市场作用，而体育产业则要更加重视发挥政府作用。给群众体育和竞技体育装上"市场引擎"，给体育产业配上"政府导航"，新时代的体育发展才能生机勃发、行稳致远。

项目编号（2018-B-08）

乒乓球对我国体育文化的贡献及社会影响研究

孙淑慧 张 新 王 翾

乒乓球在19世纪末、20世纪初传入中国。中华人民共和国成立前，社会动荡，乒乓球运动经历了相对缓慢的发展历程。中华人民共和国成立后，该项目很快就焕发出勃勃生机，一时成为"全民运动"，被国人视为"国球"，也已不单单是一项竞技体育运动项目、一项游戏娱乐活动，而成为培养"中国精神"的训练场。

一、乒乓精神

中华人民共和国70余年的发展历程中，一代又一代的乒乓健儿奋力拼搏，让五星红旗一次又一次在国际赛场上高扬，更形成了历久弥新的中国乒乓精神。20世纪80年代初，在南斯拉夫诺维萨德举行的第36届世界乒乓球锦标赛中，中国队包揽了7项冠军。在回国后的表彰大会上，时任国务院副总理万里归纳总结了当时"乒乓精神"的内涵——胸怀祖国、放眼世界、为国争光的精神；发奋图强、自力更生、艰苦奋斗的实干精神；不屈不挠、勤学苦练、不断钻研、不断创新的精神；同心同德、团结战斗的集体主义精神；胜不骄、败不馁的革命乐观主义和革命英雄主义精神。

随着时代的发展，乒乓精神的内涵不断丰富，当代乒乓精神可概括为：胸怀祖国的爱国精神、精益求精的工匠精神、舍我其谁的担当精神、勇攀高峰的争先精神、与时俱进的创新精神、团结协作的团队精神、回馈社会的服务精神、放眼世界的开放精神。可以说，乒乓球这一小小银球，承载着中国许多政治、文化、外交方面的国家记忆，烛照着中国体育和中国社会的发展。

二、乒乓球运动推动有中国风格的体育文化的形成

在70余年发展历程中，乒乓球运动在自身成长的过程中促进与影响着中国体育的发展，一直为推动和形成具有中国风格的体育文化奉献着自己的力量，主要体现在以下3个方面。

其一，乒乓球运动是中国最具世界影响力的运动项目。尽管我国的竞技体育已跻身世界强国之列，我们有诸多优势项目，但"世界"对我国印象最深的仍然是"乒乓球"，我国在国际上影响运动技术走向的运动项目，目前也主要是乒乓球，这不能不说是乒乓球运动对中国体育的贡献之一。

其二，乒乓球运动推动和促进着中国体育文化的形成和发展，从第一个获得世界冠军到第一次在中国举办世界顶级大赛，乒乓球运动在中华人民共和国体育文化的发展成形中至少起到了4个方面的作用。

一是种子作用。中华人民共和国成立之初，乒乓球运动作为先头军，率先激发了国人的体育热情，一路带领国人认知了体育的锻炼价值和超越体育的文化意义，就像一个播种机，把乒乓球运动的火种播撒到了中国广袤的城市和乡村，成为全民热爱的一项体育运动。

二是催化作用。一代代乒乓健儿树立了中国体坛的国际信心，运动技术、管理制度、精神风貌、价值观念等元素立体构成的运动体系，率先形成了自身完整的运动项目文化，由此带动其他运动项目，催化了整个中国体育文化的形成。

三是示范作用。乒乓球选手作为中国体坛的时代先锋，始终保持了运动项目的优势地位，向其他体育运动项目示范了人才培训机制、管理体制等与时俱进的变革历程，成为其他运动项目学习的标杆。

四是模式作用。中国乒乓球运动队的管理体制最初是在独特时代背景下形成的举国体制，随着新时代市场经济的发展，又适当结合了俱乐部的运行体制，由此佐证了举国体制的巨大优势，在体育运动的开展模式上，强化了制度自信、民族自信。

其三，不断充实和丰富了中国的体育理念。中国乒乓球的智慧宝库里，几十年来储存的巧用心智的各种战例，俯拾皆是：刻意创新打法、技术与器材，使中国乒乓健儿真正做到了领先潮流，赢得了训练的高效率，赢得了40余年的战略主动。其中最突出的便是"国内练兵，一致对外"的赛训指导原则。正是在"国内练兵，一致对外"体育理念的指导下，中华人民共和国的体育事业蓬勃发展，昔日的"东亚病夫"已变成了一个健康向上、充满朝气的民族。再如"友谊第一，比赛第二"的主张。20世纪60年代，我国体育有了一些进步，特别是乒乓球项目进步较快。但其时，我国外事交流有很大的局限性，除苏联东欧国家外，重点是亚非国家。那时我们从维护亚非拉第三世界的团结出发，主张和他们比赛要适可而止，不要赢得太多，必要时要让球。这一方针在特殊的历史时期，为我国赢得了"人心"和"朋友"，对于我国在国际体育组织中的合法席位的恢复起到了积极作用。如今，时过境迁，国人对体育的诉求已与以往有较大的不同，但由乒乓球运动而生发的"友谊第一，比赛第二"的理念，仍提醒我们，友谊和比赛不是对立的矛盾，运动竞赛并不是你死我活的战争。从体育发展的角度来看，比赛正是双方运动员或一批同一项目运动员之间的切磋，目的是共同向人类的极限挑战，使运动技术水平不断提高。对于一个运动会或大型比赛来说，比赛并非目的，而仅仅是一种手段。团结、友谊、进步和促进世界和平才是比赛的崇高目的。当下，乒乓球文化则对中国体育文化有更新的"刷新"，新一代乒乓健儿们赛场上顽强拼搏，赛场下个性张扬、诙谐幽默，从教练员到运动员都让我们看到了不一样的"体育"。体育可以柔情，甚至可以"琐碎"，可以磊落地彰显个人的需要，从某种程度上讲，在他们身上彰显了中国体育的转型，正从过多地承受着国家与民族的责任而回归生活，倡导社会大众在快乐中追寻健康、享受生命、实现自我。

三、新时期乒乓球运动的新价值

乒乓球运动在我国的影响已远远超越体育本身，对当前国家、社会产生着独特的影响，其凝结着中国政治、外交等历史风云变幻中的国家记忆，已化为无形的精神力量。70余年来五星红旗一次又一次在乒乓赛场高扬，极大振奋了国人的精神，唤起了民族自豪感。同时，积极投身乒乓球运动与观赏乒乓球比赛的过程，在很大程度上是平等、豁达、合作、遵守规则、诚实公正、严格自律等新时代道德观念的教育过程：社会责任意识、规则意识、奉献意识及拼搏精神，这正是新时期我国社会发展所需的正能量。此外，在经济全球化的今天，没有哪一个国家或地区能够孤立自封求得自我生存发展。面对纷繁复杂的发展局面，习近平总书记高屋建瓴地提出了打造人类命运共同体的"中国方案"，而讲好中国故事、展示中国形象、求得世界范围内更多的理解和认同是建构人类共同体的重要内容，其中乒乓球运动可以发挥巨大作用，"小球推动大球"的破冰之旅，曾促成了中国更广地通向现代世界。

当下，国球已被视为中国的软实力，发挥着传播中国文化的重要作用。在国家实施"一带一路"倡议的新时代背景下，乒乓球运动大有可为。作为中国的国际领先优势项目，同时作为中国体育文明的代表，乒乓球运动是中国与世界对话的重要渠道和桥梁，是推行"一带一路"倡议的文化使者。习近平总书记访问巴布亚新几内亚时，特意观摩了中国乒乓球学院巴新基地的培训表演，这是乒乓球运动助推"一带一路"建设的一个生动案例。从运动项目的国际发展来看，奥运会正式比赛项目要求必须有世界范围内70个以上会员组织开展该项运动，中国作为世界乒乓球运动的发展引擎，保持和提升乒乓球运动的国际影响力，拓展项目开展的国际覆盖范围是义不容辞的责任，为此要勇担大国"使命"，促进世界特别是"一带一路"国家乒乓球运动发展。我们应看到乒乓球运动对外交流的重要载体价值，继续秉承"大乒乓球观"理念，续写"乒乓外交"的新篇章，让更多教练员和球员出国去交流，或让外国选手到中国来训练、比赛，帮助他们提高水平，让彼此间的比赛更充满无法预知的胜负悬念，更让中国文化、中国影响力、中国气度、中国风范借由小小银球走向更大的世界舞台。

四、新时代发挥乒乓球积极作用应注重的内容

新时代，在迈向体育强国的伟大征程中，我们期待乒乓球运动和文化能在中国体育文化及社会发展中产生更大的影响，发挥更积极的作用。由此"国球"自身的建设尤为重要，我们应当有更多的"文化自觉"，更加关注蕴含于这项运动之中有形、无形的文化形态，进而言之，应注重以下5个方面。

一要凸显"国球"地位，助力文化强国建设。乒乓球是中国体育走向世界的先头兵，是中国体坛勇攀高峰的标兵，乒乓球场是中国精神的训练场，乒乓球之于我国犹如跆拳道之于韩国、相扑之于日本、橄榄球之于美国、足球之于巴西一样，属于传统优势项目，是中国人运动形象的代表。所以，在运动项目开展日益多元的时代背景下，在体育发展战略和文化建设高度上，延续和保持乒乓球运动在中国的"国球"地位，进一步提高乒乓球运动开展的社会能见度，就显得尤为重要。毋庸讳言，因"国球"地位特殊，也偶有负效应，如出现了个别选手居功自傲的现象，因此乒乓球运动发展中要加强制度建设，优化治理体系，通过深化改革加强风险预警。

二要强化文化表达，突出精神意义。要通过竞赛仪式、器材标识等现场环节的文化设计，以及竞赛之外的视觉推广等文化形态建构，传播乒乓球运动的美好品质。

三要推动群众参与，延续国球情结。"国球"的生命之根在于群众基础，因此在今后的发展中，乒乓球运动应秉承传统，坚持走民间路线，踏实进入社区街道，规划乒乓球运动的配套设施，使国球留住社会人群的参与兴趣。

四要加强教育培训，感召更多青年参与其中。与20世纪60、70年代"全民乒乓"比起来，受多元娱乐活动因素影响，当下青少年一代的乒乓球技术的普遍水平有所下降，切实推进学校教育、家庭教育、社会教育、职业教育的"一体化"进程，是新时代搞好国球文化建设的必经路径。

五要突出观赏性，不断打造乒超联赛，使其成为展示和推广乒乓球文化的重要平台。

乒超联赛应根据乒乓球运动特点制订一套真正适合自己的赛制赛程，作出品牌特色，走差异化发展的道路，避免与其他体育赛事重复争夺有限的市场资源，并要注重加大电视、新媒体的二次传播影响，扩大乒超联赛影响空间。

旋转、速度、力量，乒乓球在瞬息之间跳动变换，影响着几代中国人的行为和思维，诸如"人生能有几回搏"的格言已经渗透到中国人心灵深处，成为中国人的人生信条，并塑造了中国年轻人拼搏进取又机智灵巧的性格特征，乒乓球场无疑是拼搏、坚持、刻苦、创新、应变、灵活等中国精神的训练场。

体育的发展离不开国家的综合实力，盛世展繁华，我们坚信在新时代，"国球"之光将会点亮我们心中美好、奋进的理想，烛耀中华民族的未来！

项目编号（2018-B-12）

国家队各项事务媒体转播权益保护研究

马法超 戎 朝 牟利明 王永为 张启彬 刘 燕 张 若 李永红

一、国家队基本问题

（一）国家队的概念

国家队是由国家所组建的体育运动队伍。它通常用来进行国与国之间的竞技活动，也往往代表一个国家的精神面貌和最高运动员技术水平。通常情况下，国家队仅仅指参加洲际及世界单项和综合性比赛的队伍，而不包括参加学生运动会和残疾人运动会的体育组织。

本研究中的国家队是指各运动项目的国家代表队和参加综合性运动会的中国体育代表团的统一称谓，包括成年队、青年队及青少年队等。

（二）国家队的权利主体

不管是参加锦标赛和杯赛的单项体育运动国家队，还是参加综合性运动会的中国体育代表团，其本身都不具有法人资格。依照规定成立国家队的组织才是国家队的权利主体。

参加洲际和国际性的杯赛、锦标赛，其参赛主体一般是我国的全国性单项体育协会。中国奥委会是以推动奥林匹克运动和发展体育运动为宗旨的全国性体育组织，它组织中国体育代表团，参加国际奥委会主办的夏季、冬季奥运会，同时还参加亚奥理事会组织的如亚运会、沙滩运动会等综合性体育盛会。

必须要说明的是，全国性单项体育协会和中国奥委会都是目前国家队的名义权利人。对大部分国家队来说，国家体育管理部门（包括行政机关和事业单位）才是真正的权利主体。

（三）国家队可以开发的主要权益

国家队可以开发的权益主要包括：第一，组织形象开发权。国家队作为一个平台，可以为运动员提供顶级的国际赛事平台，并且在参赛的过程中，国家队作为一个统一的整体参与整项赛事。因此，国家队应该享有该组织的形象开发权。第二，运动员形象使用权。虽然国家队给运动员提供了一个参赛的平台，但是这并不意味着国家队拥有运动员的形象权。国家队在进行商业活动时需经运动员授权才可使用运动员的形象权。第三，日常训练和管理的专有技术。一般而言，国家队不会通过出售专有技术获取经济利益，但如果有更先进的训练方法、训练手段被使用，之前相似的体育专有技术也可以被公开，换取相应的合作机会或其他专有技术，当然也可以被开发来获得更大的经济效益。第四，参加赛事的媒体转播收益权。国家队参加比赛，其转播权一般属于组织此次比赛的国际组织。不管转播权收入是多是少，一般情况下都会作出一个合理的分配，参赛的各个组织会以多种方式获得赛事的转播收益权。

二、媒体转播权的范围

（一）赛事

对于媒体而言，对赛事本身及其外延的报道构成了媒体转播的核心内容。赛事本身复杂的结构使得转播的内容也多种多样，赛事转播内容包括赛前节目、体育正赛、中场休息等，每一部分转播内容都对整个比赛具有重要意义。

（二）日常训练

无论是团体项目还是个人项目，大部分情况下，运动员都是跟队训练的，也就是在教练员的带领下以队为单位进行训练，当然还有个人的单独训练。

（三）运动员采访

运动员采访也是媒体转播内容中必不可少的组成部分，不仅是媒体自身获得关注的渠道，也是运动员扩大自己影响力的重要方式。对运动员的采访主要有两种形式，一种是比赛前或比赛后对运动员的瞬时采访，通常时间会在2~3分钟；另一种是提前邀请某运动员到约定录影棚进行长达几十分钟或更长时间的专访。

三、国家队在媒体转播中享有的权益

（一）国家队在媒体转播中享有的人身权益

国家队媒体转播涉及的人身权益除了包含运动员作为自然人享有的生命权、健康权、身体权、姓名权、名誉权、荣誉权、肖像权、隐私权外，还包含了参赛运动员代表资格所代表的注册单位、下一级单位，全国性单项体育协会、中国奥委会等法人、非法人组织享有的名称权、名誉权、荣誉权等人身权。

（二）国家队在媒体转播中享有的财产权益

国家队媒体转播涉及的财产权益主要包含运动员劳动报酬权、取得成绩而获得物质奖励的权利，运动员、运动队集体人格权的商业化利用（如利用运动员、运动队肖像、姓名或名称从事广告代言的经济收益），国家队所涉特殊标志权、专有技术等无形财产权，还包括媒体转播相关权益等方面。

四、国家队媒体转播权的收益分配

（一）媒体转播权的权益主体

在我国，体育赛事转播权一般归主办赛事的体育组织者所有，体育赛事组织者拥者有对体育赛事进行商业开发的一切权利。不管是电视媒体、网络媒体还是新媒体对国家队相关信号进行转播时，必须在征得国家队相关管理部门的同意之后、一些商业性的信号还必须购买版权之后方可进行转播。对于国家队参加的有国际体育组织参加的比赛，大多数情况下国家队只是作为一个参赛主体，自身并没有电视转播权的话语权，只能是在电视转播权售卖之后享受一定程度的分成。当然，对于国家队邀请他国国家队或俱乐部球队等来我国进行的比赛，则根据事前的协议由各个参赛队伍共同协商分配电视转播权及其他的一些商业开发权。

（二）国际奥委会电视转播收入分配

2002年以前，国际奥委会将电视版权收入的60%分配给承办地奥运会组委会，其余的40%由国家奥委会、国际单项体育联合会和国际奥委会三家分。2001年国际奥委会对电视转播权收入分配原则作出了新的规定：从2002年起，奥运会电视转播收入的49%给承办地奥运会组委会，51%给国际奥委会。国际奥委会再将这51%一分为三，1/3给参加奥运会的各国际单项体育组织，1/3给奥林匹克团结基金，1/3留在国际奥委会。各国参赛的国家队可以在相应项目的国际单项体育组织中拿到一部分分成或者奖金。

（三）国际足联电视转播权收益分配

国际足联的收入主要由转播权销售、厂商赞助，及与世界杯相关的产品销售构成。据国际足联经济主管坎特纳透露，不管是否进入世界杯决赛圈，每个成员国将有25万美元分红，后续还会有50万美元。世界杯冠军比赛，冠军可以获得3000万美元的奖金，亚军的奖金为2400万美元；获得第三、四名的球队可获得2000万美元奖金；进入四分之一决赛的球队将得到1800万美元奖金；小组出线至八分之一决赛的球队每支球队奖金额为900万美元；而在小组赛中被淘汰的球队也能每队获得800万美元奖金。除此之外，每支球队还能得到100万美元的额外资金，用于支付世界杯准备期间所产生的费用。2011年，中国足球队尽管没有获得出线名额，也得到了总数75万美元的分成。

五、对媒体转播主体的要求

（一）哪些媒体有权转播

从赛事组织方的角度而言，无论是国际组织还是国内组织都是一个民事主体，其章程只能对其会员产生合同法意义上的约束力，而不能约束第三人。除非得到国际条约或国内法的明确认可，章程不能创设绝对权或决定绝对权的归属。体育赛事组织者当然可以享有一定的民事权利，但这些权利的存在与归属同样依赖于法律的规定，而非来源于赛事组织者自身的章程。除了电子竞技等新型赛事，体育赛事总是在物理场所如体育场、体育馆等建筑物或其他场所内进行的，赛事组织者可以通过委托一家机构拍摄和制作赛事转播信号、由授权转播商对外播出或直接委托一家转播商进场直播赛事，通过这种方式制作或转播赛事节目；同时，赛事组织者往往作为该场所的所有者或承租人对场所享有物权，可以禁止其他机构未经许可进入场所拍摄或转播赛事，也可以将不得拍摄或进行直播设定为入场条件。

实际工作中，赛事转播权开发的权利归属是一个复杂的问题，在法律没有明确规定的情况下，权利人可能是单项体协、赛事联盟、参赛俱乐部、运动员、场馆业主等。权利人有权将赛事版权出售给转播媒体并从中获取收益，一些小型赛事或冷门运动的赛事，出于对自身进行宣传的目的，希望获得尽可能多的曝光，因此将转播媒体的门槛设置得较低或不设置门槛，甚至为了树立品牌形象、扩大知名度，支付"车马费"吸引大型主流体育媒体对赛事进行转播与报道。

一般来说，只要是取得权利人授权的网络、电视媒体都可以对体育赛事进行转播，但自媒体如个人网络赛事直播的权益有待商榷。

（二）对转播媒体的要求

媒体在进行赛事转播时应遵循实事求是的原则，即相对的客观性。除了赛事转播，在对赛事的文字报道中，也应遵循客观、真实的原则，标题可适当吸睛，但内容不得与实际情况有太大出入，不能歪曲事实、制造虚假新闻。

媒体要坚持转播节目的原创性，并不是指对转播内容的夸大、凭空臆造，因为从根本上讲，一切赛事转播内容都要以赛事本身为载体。

赛事的转播、制作通过设置不定数目和位置的录制设备作为基础进行拍摄录制，编导通过对镜头的选取、编排与后期加工，呈现可供观赏的新的画面。对于荧幕前观看赛事转播节目的观众来说，赛事的精彩程度不仅取决于比赛本身，也依赖于转播节目的制作水平。转播节目的制作是一项创作活动，在保证转播客观性的基础上，媒体工作者应该运用自身专业技能对摄影素材进行合理的剪辑与后期加工，使节目更具观赏性。

（三）选择转播媒体的原则

选择转播媒体要考虑以下三个因素：第一，受众人群与社会影响力；第二，大型赛事相关工作经验；第三，版权费用。

六、各类媒体的优劣势及面临的挑战

（一）传统媒体的优劣势

传统媒体具有以下优势：第一，往往拥有丰富的体育资源；第二，制作团队专业，制作水平精良；第三，制作内容更加权威；第四，技术发展水平相对较高。

传统媒体也有以下劣势：第一，播出时间受限，传播容量有限；第二，公众互动性差；第三，传播内容比较保守；第四，传播速度较慢。

（二）网络媒体的优劣势

相较于电视媒体，网络媒体有以下优势：第一，获取方式多样；第二，传播影响力巨大；第三，具有较强的互动性。

当然，网络媒体也有以下劣势：第一，诸多技术上有一定的限制；第二，受众体验不佳；第三，实时视频播放速率不够稳定；第四，转播实时图像不够清晰。

（三）电视媒体所面临的挑战

由于网络技术的飞速提高及国家队体育赛事转播政策的放宽，电视媒体的权威性受到前所未有的挑战。到目前为止，国内还没有一部完整的法律制度来规制体育赛事转播权的法律性质和权利归属，且观众分流日益明显，网络媒体自行打造的赛事等也给电视媒体的生存带来极大的竞争压力。

七、违规后的救济措施

（一）违规的表现形式

运动员违规的主要形式为违反比赛规则、违反体育运动精神及违反赞助协议。运动队违规的主要形式为违反比赛的公平性、违反赛事规则和违反法律法规。媒体违规的主要形式为违反赛事的客观性、侵犯赛事转播权，及侵害运动员个人合法权益。

（二）运动员、运动队违规后的救济措施

运动员违规后可以采取的救济措施包括：第一，申请相关协会或组织调解仲裁；第二，申请法律保护；第三，及时作出正面回应。运动队违规后可以采取的救济措施可以参照运动员违规行为的救济措施进行救济。另外，运动队是一个团体，其影响力要大于运动员个人，因此，运动队违规后的救济措施更加广泛。

（三）媒体违规后的救济措施

媒体违规后可以采取的救济措施包括：第一，申请仲裁和协商；第二，申请诉讼。

项目编号（2018-B-16）

不断深化体育改革背景下的我国体育竞赛表演产业政策研究

黄海燕 徐开娟 杨 扬 蔡嘉欣

随着经济的持续发展，居民收入的增长，生活方式和价值观的转变，人们越来越注重身体健康和精神享受，因此对体育消费的投入不断增加，体育也成为日常生活中不可或缺的一部分。伴随我国体育体制改革的深入，国家出台和颁布了一系列鼓励和推动体育产业发展的利好政策，在"商业性和群众性赛事审批"取消后，我国体育竞赛表演产业的发展更是进入了"快车道"。体育竞赛表演产业是体育产业的重要组成部分，表现为体育竞赛表演组织者为满足消费者运动竞技观赏需要，向市场提供各类运动竞技表演产品而开展的一系列经济活动，对挖掘和释放消费潜力、保障和改善民生、培育新的经济增长点、打造经济增长新动能具有重要意义。

一、我国体育竞赛表演产业链分析

体育竞赛表演产业链具有延伸性、整体性、优化性的特征，产业链涵盖生产与消费等环节，与各产业之间具有明显的关联效应。以职业竞技联赛为代表的体育竞赛表演产业，是整个体育产业未来潜力的核心构成，对于体育用品业、体育中介业、体育场馆业、体育传媒业等其他体育产业具有强劲的拉动作用，对于文化产业、旅游产业、休闲产业及广播电视传媒产业等具有巨大的辐射效应。产业链的关键是实现价值增值，重点是衍生产品，如门票、彩票、保险等，并进一步延伸产业链，形成直接或间接为赛事活动服务的产业，包括旅游、传媒、通信等，进而出现新的产业链，此外，存在于外部环境之中的高校、研究机构、金融机构和政府部门为竞赛表演产业的发展技术、人力资源、资金、政策等方面给予了大力的支持。

二、我国体育竞赛表演产业发展状况

目前，我国体育竞赛表演市场整体处于蓬勃发展阶段，基本形成了由职业联赛、商业比赛、综合性比赛和各项目单项竞赛组成的竞赛表演市场，并在国际市场上崭露头角。职业体育是当代全球体育发展中最活跃的单元，尤其是中国足球协会、中国篮球协会实体化改革成效显著。联赛投资热情逐年高涨，中国足球超级联赛（以下简称中超联赛）价值从2013赛季的1.37亿欧元涨至2016赛季的4.5亿欧元，三年平均年增长率达到49%。中超联赛价值的国际排名从2013年的第43名迅速提升到2016年的第14名，位列亚洲各联赛之首。我国的体育商业赛事起于1994年的中国足球甲级A组联赛带动的商业足球赛事，但就目前商业足球赛事的过程、成效来看，虽然在商业过度与否、竞技水平高低、赛事观赏程度、比赛结果认可、社会经济效益等方面不尽如人意，但一直都在摸索前行，形成了诸如NBA（美国男子职业篮球联赛）中国赛、国际田联钻石联赛上海站、F1大奖赛上海站等国际影响力大、代表性较强的商业性赛事。同时在国家相关政策措施的推动下，社会力量举办大型群众性体育赛事积极性显著提高，市场机制更加完善，发展环境不断优化，相关消费需求愈加旺盛，服务质量和水平明显提高，业态融合发展趋势更加明显。

2015年我国体育竞赛表演活动总产出值为149.5亿元，2016年总产出值为176.8亿元，2017年我国体育竞赛表演活动总产出值为231.4亿元，较2016年总产出值增长30.9%。同时，我国体育竞赛表演产业的国际地位日益凸显，英国著名体育咨询公司Sportcal公布的"2018全球体育影响力报告"（Global Sports Impact Report 2018）显示，在各国家（2012—2025年）举办体育赛事数量及影响力排名中，我国位列第三，仅次于美国和英国，并且与排名第二的英国之间的差距微乎其微，具有赶超之势。在"全球体育城市指数"（Global Sports Cities Lndex）评选中，我国共有8个城市（北京、南京、上海、杭州、张家口、成都、广州和南宁）进入前100名，其中北京排名第9。

三、我国体育竞赛表演产业消费群体分析

党的十九大报告指出，新时代我国社会主要矛盾是人民日益增长的美好生活需要和不平衡不充分的发展之间的矛盾。随着国家经济快速发展和人民生活水平的显著提升，在解决了吃穿住行基本问题之后，参与体育运动、体育消费的民众逐年增加。这不仅是美好生活需要的不可缺少的一部分，也是经济高质量发展的必然要求。我国目前居民可支配收入提升，消费潜力不断释放，以美元计价，2017年中国全年人均GDP为8836美元。体育作为有效需求并达到一定规模，要以较高的收入水平作为支撑。从国际经验看，经济发展进入上中等收入阶段即超过6500美元后，对体育消费较大规模的有效需求开始形成，进入高收入阶段后体育产业将成为支柱型产业，这个时期是体育产业迅速增长的时期，目前我国正处在其中。体育赛事作为观赏性强、满足人们多种精神需求和消费需求的活动，越来越多的观众愿意为观赛付费，包括现场购票观看和观看付费转播。中超联赛2016年创造了赛季观众总人数历史新高580.8万人次，总门票收入达5.2亿元。随着人们参与体育活动的积极性提高，跑步、自行车等专业程度不高的赛事备受欢迎，越来越多的民众参与到体育赛事中成为参赛选手。以马拉松赛事为例，马拉松跑者的消费主要包括日常跑步训练费、跑步装备、参赛报名费、马拉松旅游。调查显示，2017年我国马拉松跑者年度平均跑步消费金额达到13078元。

四、我国体育竞赛表演产业发展趋势

我国体育竞赛表演产业具有以下五点发展趋势：第一，体育赛事与媒体结合日趋紧密。国际性体育赛事和职业体育赛事在全球范围内受到的关注度不断提高，这与媒体科技的发展有着密切的关系，尤其是互联网技术和移动设备的普及，不仅扩大了职业体育赛事的受众数量，也拓展了职业体育赛事的转播途径和内容的丰富程度。第二，体育赛事领域科技化水平不断提高。科技创新是提升产业能级、激发产业活力的核心驱动力，从简单的步行运动到电子竞技运动，从一般的运动服饰到可穿戴技术，从感官判断到鹰眼技术，科技越来越多地应用于体育领域，电子竞技等新的运动项目也由此产生。第三，体育竞赛表演市场要素日益全球化。市场要素的全球化是指运动员、教练员、裁判员、赛事观众、媒体、志愿者、运作团队及赞助商等要素的全球流动。第四，体育竞赛表演市场竞争愈发激烈。高质量的体育竞技是体育竞赛表演的核心，当中超联赛和英超联赛

重叠时,有83.22%的球迷会选择观看英超联赛而放弃中超联赛,当NBA和CBA"撞车"时,80%的球迷会选择观看NBA。同样,随着全球职业体育的快速发展,高水平的跨国流动逐渐成为常态,优秀运动员不仅能够取得竞技方面的成功,也可以在俱乐部和联赛形象、代言商业产品、从事社会公益等多个方面发挥作用,因此各个职业体育俱乐部对世界范围内的优秀运动员展开了激烈的争夺。第五,体育竞赛表演人才队伍的专业化。随着我国体育管理体制的改革与完善,体育赛事正逐步由"政府办"向"社会办"的运行模式转变,体育赛事的运营主体将逐渐趋于多元化。

五、我国体育竞赛表演产业存在的问题

目前我国体育竞赛表演产业存在以下几点问题:第一,我国体育竞赛表演业市场整体规模较小,能够真正进入市场运作的项目数量较少,可获利运营的资源相对紧缺。目前,我国体育竞赛表演项目除了走职业化发展道路的足球、篮球、排球和乒乓球项目,其他运动项目还没有形成市场。第二,我国体育竞赛表演业市场发展不均衡。我国体育竞赛表演业发展较好的城市主要集中在北京、上海、广州等经济发达的少数城市中,并且向人口多、收入高地区集中。世界斯诺克中国公开赛、中国网球公开赛、北京国际马拉松赛、NBA季前赛、意大利超级杯赛、国际场地自行车邀请赛、国际铁人三项联盟世界杯等一系列国际级的大型体育品牌赛事集中落户北京。第三,大众体育消费文化基础薄弱。由于我国体育竞赛表演业起步晚,品牌影响力较弱,运营内容单一、对于体育消费者行为和动机把握不准、企业对于体育营销的特征与功能认识不足,对体育营销的决策和定位不当导致忽视了市场规律和观众需求。我国体育竞赛表演业比赛上座率较低,部分赛事上座率大多以赠票形式得以支撑,体育文化消费意识淡薄。第四,政策内容时效性滞后且缺乏关联性。由于体育竞赛表演业具有与其他产业高度关联性的特征,一场赛事的举办需要多方协调,我国的体育产业政策中缺乏关联性产业政策,政策结构体系不完善,导致责任主体、交通管制、赛事赞助产权、安全问题等新的问题不断出现。第五,制度变迁的路径依赖导致锁定效应。我国各类赛事长期处于计划经济时代下发展,政府行政指令手段为主的管理体制,在制度变迁过程中存在路径依赖。在体育产业发展的初期和中期,体育产业市场的管理体制会继续执行原来的行政管理体制,导致行政垄断频现,仍然"锁定"在原来的制度安排下继续执行。第六,赛事核心转播权单一且产权保护缺失。我国体育竞赛表演市场的自身内部建设尚未完善,并且处于体制改革时期,存在很多不稳定因素,赛事核心转播权和产权保护还处于起步阶段。

六、我国体育竞赛表演产业高质量发展的建议

基于以上我国体育竞赛表演产业存在的问题,本研究提出以下几点建议:第一,丰富赛事活动,完善赛事体系。加快足球、篮球、排球、乒乓球、羽毛球等潜力较大的赛事的职业化进程,鼓励网球、自行车、拳击、赛车等有条件的运动项目举办职业赛事,提高俱乐部和联赛的自我发展能力。综合评估世界锦标赛、世界杯赛等大型单项国际赛事的影响力和市场价值,引进一批品牌知名度高、市场前景广的国际顶级赛事落户中国。第二,壮大市场主体,鼓励创新发展。鼓励具有自主品牌、创新能力和竞争实力的竞赛表演企业做大做强,打造良好的赛事品牌等无形资产,通过管理输出、连锁经营等方式,延伸产业链和利润链,形成具有核心竞争力和行业带动力的企业集团。加强体育产业创

新创业教育服务，帮助企业、高校等有效对接。第三，深化合作交流，促进协调发展。加强与各国的交流合作，推动体育竞赛表演组织机构与国际体育组织、赛事所有权方、中介机构等建立合作机制，提高体育竞赛表演的质量和水平。鼓励搭建体育产业公共服务平台，促进体育竞赛表演企业与金融机构的合作交流。加强竞赛表演企业间的合作交流，鼓励龙头企业分享办赛经验、带动中小企业稳步发展。第四，增加赛事转播渠道，完善赛事版权法规。加快推动体育赛事版权和转播权市场化运营，推进体育赛事制播分离，积极打造国家体育传播平台，引导有条件的地方电视台创办体育频道，增加体育节目，延长播放时间，允许除中央电视台之外的地方电视台播放奥运会、亚运会、全运会等综合性体育赛事及足球世界杯，体育赛事播放收益由赛事主办方或组委会与转播机构分享。第五，改善消费环境，激发消费活力。鼓励各类媒体播出体育赛事节目，普及运动项目文化和观赛礼仪。鼓励利用各类社交平台，促进消费者互动交流，提升体育赛事消费意愿，引导大众消费理念。第六，完善赛事审批制度，建立产业标准体系。继续推进体育赛事审批制度改革，对确需保留的安全许可及道路、空域、水域、无线电使用等行政审批事项，进一步优化审批流程。推动体育竞赛表演产业标准体系建设，制定城市马拉松、自行车等各级各类竞赛表演活动的办赛指南和服务规范，明确体育赛事开展的基本条件、标准、规则、程序和各环节责任部门，在办赛流程指引、服务提供、赛事管理、场地设施等方面提高体育竞赛表演产业标准化水平。

项目编号（2018-B-17）

体育推动城市与地区发展研究

林显鹏　丁明山　阮飞　许寒冰　黄磊　白蕴超　董菲

根据党的十九大报告精神及习近平新时代中国特色社会主义理论，按照党中央"四个全面""五位一体"实现伟大民族复兴的战略布局，依据新时期我国城市与区域经济、政治、社会文化的发展背景，在对国内外体育推动城市与地区发展的现状和趋势进行系统分析的基础上，对我国新时期体育推动城市与地区发展提出如下对策建议。

一、科学规划城市社区全民健身公共设施

《"健康中国2030"规划纲要》指出："统筹建设全民健身公共设施，加强健身步道、骑行道、全民健身中心、体育公园、社区多功能运动场等场地设施建设。"借鉴第二次世界大战以来发达国家的相关经验，结合中国国情，提出以下规划思路，供有关部门参考。

（一）全民健身公共设施应成为城市重点发展领域

第一，全民健身公共设施作为城市社区基本体育场馆资源是世界上大多数发达国家普遍认同的原则，因此具有普遍意义；第二，全民健身公共设施具有多功能、造价低廉、方便灵活、易于管理等特点；第三，全民健身公共设施可以将许多体育设施集中建设，节省大量土地资源；第四，以建设全民健身公共设施的方式发展社区体育场馆，可以有效地发挥全民健身公共设施在体育项目开展和活动组织方面的集聚效应（图1）。

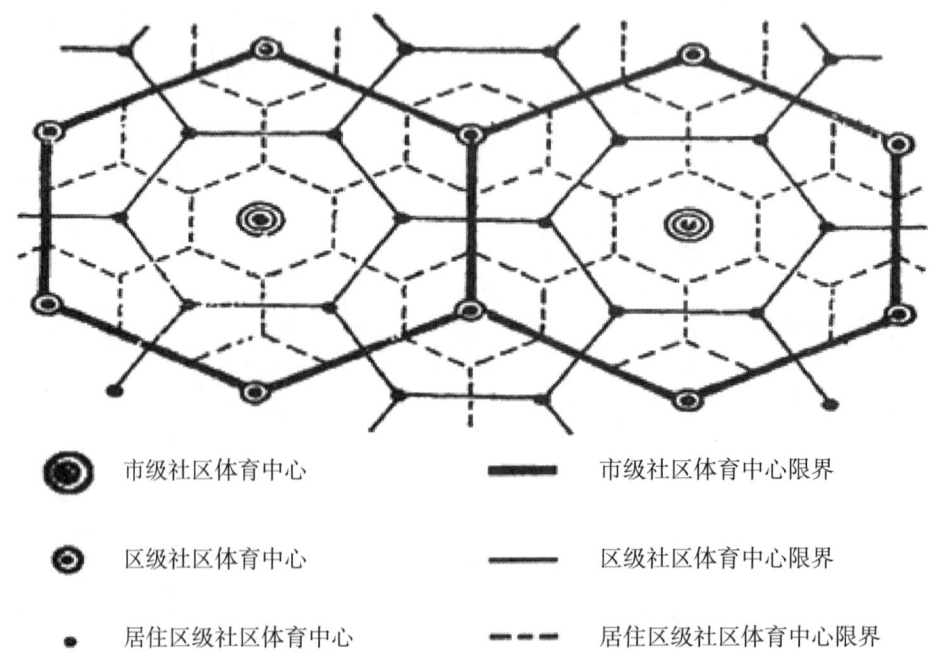

图1　我国社区体育中心布局理论模式

（二）构建三级全民健身公共服务网络

居住区级全民健身中心是我国最基础的也是数量最大的体育设施，即每3万~5万人的社区应当配建一个全民健身中心，在居住区级全民健身中心的基础上可构建区级（包括县级或小型地市级）全民健身中心和城市全民健身中心。区级全民健身中心是以城市区级行政单位管辖的、为体育服务区建设的全民健身中心，其服务人口的规模应当在20万人左右。城市级全民健身中心则是受地级以上城市行政管辖范围为服务区而建设的全民健身中心，其服务人口的规模应当在30万~50万人。通过以上方式构建居住区、区级和城市级全民健身中心三级全民健身公共服务网络，以不同级别全民健身中心为基础形成体育服务网络，更高级别的体育服务网络要涵盖低级别的体育服务网络。以城市级全民健身中心为核心充分利用大数据、物联网、人工智能等技术，实现城市全民健身网络化管理，实现远程健康监测、远程运动处方提供、远程健身指导。通过这种方式打造城市健康促进服务中心，构建"亲民、便民、利民"的多元化城市全民健身服务体系。

（三）全民健身与竞技体育贯通化

长期以来，因为一些地区人为地将全民健身与竞技体育相互隔离，所以必须坚决改变我国基层体育场馆建设以满足竞技体育功能为目标的单一建设模式，大力推动全民健身和竞技体育相结合的模式。基层体育场馆建设应当两条腿走路，将社区体育活动和竞技体育活动充分地兼顾起来。其基本实现途径是在建设区级全民健身中心的基础上，将全民健身中心里一定数量的馆房适当大型化，使其既能满足竞技体育训练和竞赛的需要，又能够满足社区体育活动的需要，这是我国未来基层体育场馆建设的必然趋势。

二、依托城市群不同城市的定位科学规划竞技体育资源

（一）国家级大都市竞技体育资源配置模式

首先，目前我国只有北京、上海、广州具备打造国家级大都市的条件。一方面只有这类城市才需要奥运会、亚运会等国际性和洲际性的大型体育赛事营销自己，另一方面也只有这样的城市才可能拥有承载这样大型体育赛事的能力。其次，国家级大都市应选择适合自己的赛事并形成自己的体育赛事结构，根据体育赛事的结构和战略确定城市体育场馆建设和布局规划。最后，国家级大都市是一个国家和地区体育场馆配置水平最高的城市，应当充分利用国家级大都市的集聚和辐射能力配置大型体育场馆。

（二）区域性大都市竞技体育资源配置模式

首先，区域性大都市一般属于省会城市，同时该地区城市较为密集能够形成城市圈。区域性大都市一般在城市群中属于副中心城市，在经济与社会发展中与国家级大都市有密切的联系，并补充和延伸国家级大都市的经济与社会功能。这样的城市其影响范围主要在城市群之中，同时也努力在全国的范围内营销和宣传自己。因此，国家级的大型赛事（如全运会）能够基本满足其营销和推广城市的需要。其次，区域性大都市十分适合举办固定赛事和职业体育赛事，因此应当创造或选择适合城市情况的体育赛事并形成战

略，将体育场馆建设与赛事战略结合起来。最后，根据国内外的经验，区域性大都市一般不宜配置和建设奥林匹克公园、体育城等大型体育场馆，但可以考虑建设大型体育中心。

（三）地区性中心城市竞技体育资源配置模式

首先，地区性中心城市一般是指位于城市群中的地级城市。这类城市一般是在城市带中起中心城市的作用，并对周边城市和乡镇产生辐射性的影响。这类城市一般不具备承办全运会、城运会等一次性的大型赛事，如果勉强承办则可能给城市带来沉重的财政负担。其次，经济发达、人口规模较大的地区性中心城市适合举办有限的固定赛事和职业体育赛事，可以根据赛事的选择建设相应的体育场馆。根据国内外经验，一般的城市为职业体育服务的体育场的适宜规模应当是4万个左右的座席。体育场馆的建设应当体现出专业性和专门性。最后，一般的地区性中心城市（尤其是中心城市）由于人口规模有限、城市的集聚和辐射能力较弱，一般不适合举办大型体育赛事。这类城市一般不宜建设中型以上的体育场馆，更不应当建设"一场两馆"的体育中心。其在体育发展的价值链中主要的功能是发展群众体育，各级社区体育中心是这类城市的发展重点。

三、依托城市群科学地规划体育赛事资源

我国城市体育赛事资源的布局应当采取非均衡发展和梯次发展的战略，其主要思路可以表述为：以北京、上海、广州为核心城市，以珠江三角洲城市群、长江三角洲城市群、京津唐城市群为先导地区，以辽中南城市群、山东半岛城市群、成渝城市群、关中城市群、台海城市群为主导地区，形成相互协调、相互支持、主次相递、整体统一的区域梯次性城市竞技体育赛事资源布局和场馆布局。

从各城市群具体城市的角度，对我国竞技体育场馆布局和体育赛事资源的配置作如下安排：首先，我国全运会应主要在我国先导地区和主导地区的中心城市举行，因为只有这样的城市才具有足够的集聚能力、辐射能力、人口规模和经济实力。全运会应当主要在这些城市轮流举行。这些城市包括北京、上海、广州、沈阳、济南、成都（或重庆）、西安。其次，城运会、大学生运动会、中学生运动会应主要在我国各城市群的中心城市和次级中心城市及经济较为发达的其他地市级以上的城市举行。次级中心城市及其他经济较为发达的城市主要包括天津、秦皇岛、大连、青岛、重庆（或成都）、南京、杭州、苏州、宁波、太原、厦门、深圳等城市。再次，世界杯足球赛应当主要在足球基础较为扎实、足球场馆设施较为完善、经济发展水平较高或潜力巨大的城市举行，如北京、上海、大连、沈阳、成都、广州等城市。最后，职业体育俱乐部及职业体育赛事主要应当依托城市群的中心城市、次级中心城市及若干经济较为发达的城市，其中人口较多的城市应当成为职业体育赛事的主要基地。这是发达国家100多年职业体育发展历史的经验。以此为背景，我国竞技体育场馆资源尤其是大型体育场馆资源应当主要配置在上述地区。

承接职业体育赛事的城市的体育场馆建设应当体现出专门化的特点，体育场馆的主要功能设计应尽可能满足我国职业足球和职业篮球举办比赛和商业开发活动的寻求。其他城市尤其是中心城市不应当把竞技体育场馆尤其是大型体育场馆作为自己的发展目标，而应当从当地经济社会发展及体育事业发展的情况出发，采取切实可行、量力而行、实事求是的体育场馆和体育赛事发展战略。

四、依托城市大型体育场馆构筑城市 CBD-RBD 综合商务区

我国城市拥有 2000 多个大型体育中心，依据国内外大型体育中心运营管理经验，依托大型体育中心、大型体育公园、体育产业园区构筑城市 CBD-RBD 综合商务区是彻底改变大型体育场馆运营管理难题，促进体育产业与其他产业融合发展的根本出路。该模式就是通过混合使用城市土地，在一定地域空间中集中城市多种"共生"功能，构筑都市"体育+商务+游憩+居住+文教"的人性化、宜人化场所。这种模式要求在区位选择上，紧邻中心区的风景名胜区或历史区域，与城市原有的商业、行政、金融、交通、文化的中枢相结合、地域上有重叠，发展具综合性。从功能上来看，宜包括体育、会展、办公、商务、居住、文化、娱乐等多种功能，体现出区域多元化功能的竞争力。未来应努力将大型体育中心、体育公园、体育产业园区建设成具有较高创新价值、鲜明时尚性，现代气息浓厚，以体育休闲产业运营为基础，融体育、演艺、餐饮、保健、度假、商贸、购物、娱乐等元素为一体的高层次国民综合休闲娱乐中心。依托我国大型体育中心、体育公园、体育产业园区构筑的综合休闲娱乐中心应主要由运动健身板块、高水平竞赛活动板块、文化演艺板块、奥运文化体验板块、餐饮娱乐板块、医疗康复与健康管理板块、休闲度假板块组成。在具体运作过程中，应对大型体育中心、体育公园、体育产业园区不同区域的功能进行规划，同时应着力对不同的场馆设施的功能进行定位和布局，形成相互协调、相互支撑、相互补充、整体统一的产业发展格局。

五、推动城市体育公园的建设和发展

城市体育公园是指城市中向公众开放的、以体育健身和游憩为重要功能，配置一定的体育服务设施和游憩设施，同时兼有健全生态、美化景观、防灾减灾等综合作用的绿化用地（表1）。

表1 我国城市体育公园的种类

类别	内容与范围	服务半径
全民健身基地	利用特色旅游资源，形成与体育旅游相结合的国家级全民健身活动基地，如环太湖体育圈、内蒙古马上运动基地、黑龙江冰雪基地等	全国
郊区体育公园	以户外运动为主体，包括滑雪、野营、旅行、郊游、拓展运动等体育活动设施为主体，满足人们返璞归真的心理感受	以"黄金周"游客为主要服务对象
市级体育公园	为全市居民提供户外运动、体育健身与游憩服务的活动内容丰富、体育设施种类齐全完善的绿地	2~3千米，面积不小于20公顷
区级体育公园	为市区内一定区域的居民提供体育健身与游憩服务，具有较丰富的活动内容和设施相对完善的绿地	1~1.5千米，面积不小于10公顷
居住区体育公园	服务于一个居住区的居民，配备适合当地居民兴趣的体育场馆设施的，为居住区配套建设的集中绿地（步行8~15分钟可到）	0.5~1千米，面积5~10公顷
小区健身苑	为一个居住小区的居民提供体育服务，体育设施以网球、乒乓球、篮球等常见体育项目为主配套建设的集中绿地	0.3~0.5千米，面积不小于0.4公顷
带状体育公园	沿城市道路、城墙、水滨等建设的，有一定体育与游憩设施的狭长型绿地	
街旁健身苑、儿童游戏场	位于城市道路用地之外，相对独立成片的绿地，包括街道广场体育绿地、小型沿街体育绿化用地等	绿化占地比例不低于65%

体育公园在体育场馆和体育设施配置方面具有以下特点：第一，户外体育设施占主体。由于体育公园在本质上属于城市绿地系统，因此在体育设施的配置上强调以户外场地类体育设施为主体。滑雪场、滑冰场、休闲绿道、高尔夫球场、野营地、垂钓园、游泳池、戏水池等都是城市体育公园重要的场地设施。第二，娱乐性和休闲性的特点。由于体育公园是满足人们游憩和休闲健身的设施，因此体育公园配置的体育设施十分强调娱乐性和休闲性的特点。健身路径、自行车路径、野营设施、攀岩设施、拓展运动设施、旱冰设施、极限运动与惊险运动设施是体育公园经常配置的体育设施。第三，小型化特点。由于体育公园的公园绿地性质，因此体育公园的体育设施配置应当以小型体育设施为主，如网球、乒乓球、篮球、排球、门球等项目的场地是体育公园通常配置的体育设施。第四，社区化特点。体育公园是为城市社区居民服务的，因此体育公园的社区化特点十分明显。在许多西方发达国家，城市基层体育公园大多与社区体育中心融为一体，社区体育中心或健身会所成为社区体育公园的重要体育场馆设施。第五，体育场馆与体育设施的配置必须与公园环境融为一体，也就是说尽管体育公园是体育场馆与体育设施相对集中的区域，但体育公园在总体上必须体现公园绿地的特点，必须与城市环境融为一体。

项目编号（2018-B-24）

运动健康城市的评价体系

王家宏　周志芳　陶玉流　王国祥　王俊华　马　胜　李燕领　罗　丽

2017年9月，在浙江温州召开的《温州市创建国家运动健康城市发展规划》论证会上，国家体育总局副局长赵勇提出，要以创建国家运动健康城市来推动全民健身发展，并指出运动健康城市是落实习近平总书记关于体育工作的重要论述和健康中国建设重要指示的综合抓手，要明确创建运动健康城市的目标和主要评价体系。随后，国家体育总局提出"三级联创"，即创建体育强省、全民运动健身模范市、全民运动健身模范县。运动健康城市的建设正是围绕"三级联创"的开展来推进全民健身与全民健康融合的。

一、运动健康城市概念的界定

城市是一个理想的人居社会，在对健康促进理论、体育促进理论等相关理论分析探究下，将运动健康城市定义为：在体育健康促进理论的指导下，以人的健康为核心，将体育运动融入城市的规划、建设和管理之中，用运动的方式优化人们的行为和生活方式，形成人类发展所必需的运动健康人群、社会及环境的有机整体。其目的在于用体育的方式去消解城市化进程中的弊端，不断改变人们不健康的行为，创造良好的生活环境和社会环境，从而达到健康的可持续发展。

运动健康城市的特征可以初步概括为：第一，拥有一定的城市经济基础；第二，拥有高品质的城市运动环境；第三，城市居民普遍了解运动促进健康的基础知识，掌握基础运动技能；第四，承办一定的体育赛事；第五，拥有适合公众参与体育运动的标准和指导中心，方便群众及时获取信息；第六，拥有体医融合干预机制，对慢性疾病能起到有效的防控作用；第七，拥有运动促进健康的研究机构，有针对性地为城市人口开发运动健康干预方式；第八，有弱势群体的运动场所，做到所有人皆受益；第九，运动健康产业发达；第十，体育设施及配套设施完善。

二、运动健康城市评价体系的构建

对运动健康城市评价体系的内涵、涵盖维度、评价原则及理论模型进行综合探究后，将运动健康城市评价体系分为资源、参与和保障三类，并在对运动健康城市发展分析的基础上初步构建了包含3个一级指标、9个二级指标和49个三级指标的运动健康城市评价体系，并选取了15名公共体育服务、全民健身、体育城市、运动健康促进等相关研究方向的专家、学者为咨询专家群，共进行了两轮专家问卷调查。根据对两轮专家调查结果统计分析，进一步对各指标的表达进行完善，最终确立了运动健康城市评价指标。它分为4个层次，包含一级指标3个、二级指标9个、三级指标33个（表1）。

表 1 运动健康城市评价指标

目标层	准则层 一级指标	要素层 二级指标	指标层 三级指标
运动健康城市评价指标	A 运动健康资源	A₁ 设施资源	A1.1 城乡体育设施覆盖率
			A1.2 万人拥有晨晚练健身站（点）
			A1.3 人均体育场地面积（平方米）
			A1.4 万人拥有健身步道公里数
			A1.5 学校体育设施向社会开放率
			A1.6 省级体质测定与运动健身指导站覆盖率
		A₂ 人力资源	A2.1 万人拥有社会体育指导员人数
			A2.2 职业性社会体育指导员（持国家职业资格证）
			A2.3 体育科研人员数（人/10万人）
		A₃ 服务资源	A3.1 15 分钟健身圈建成率
			A3.2 体育及相关产业企业数
			A3.3 年度承办省级以上群众体育赛事和活动次数
	B 运动健康保障	B₁ 资金保障	B1.1 年度政府资金投入
			B1.2 年度彩票公益金用于群众体育比例
			B1.3 人均体育经费（元）
		B₂ 组织保障	B2.1 是否成立党政主导、多部门参与的创建工作领导小组
			B2.2 发布全民健身相关政策规划数
			B2.3 全民健身相关政策执行完成率
			B2.4 每万人拥有体育社会组织总数
		B₃ 制度保障	B3.1 是否有运动健康城市建设监管制度
			B3.2 是否有弱势群体援助制度
			B3.3 是否有运动健康城市发展激励制度
	C 运动健康素养	C₁ 科普情况	C1.1 年度开展运动健康咨询服务次数
			C1.2 国家级健身指导站服务人群
			C1.3 运动健康智能平台用户数
			C1.4 体育与健康课程普及率
		C₂ 参与行为	C2.1 人均每周运动时长
			C2.2 经常参加体育锻炼人数比例
			C2.3 年度国家级健身指导站服务人次
		C₃ 参与水平	C3.1 国民体质监测合格率
			C3.2 慢性疾病运动干预有效率
			C3.3 年度人均体育健身支出（元）
			C3.4 人均体育消费与人均收入比

三、运动健康城市评价指标权重的确定

运用层次分析法，通过建立层次结构模型、构造判断矩阵和层次排序和一致性检验三步对专家调查问卷数据进行计算处理，进而得出运动健康城市评价体系各个指标的权重值，如表 2 所示。

四、运动健康城市评价标准的建立——以苏州市创建运动健康城市为例

采用专家调查法确立了运动健康城市的评价标准，参考全民健身、体育城市等相关评价标准的研究，并结合国际及相关省市的政策文件数据相关政策对研究运动健康城市的评价标准进行确定。对每个评价指标设置了 3 个标准等级，即"初具运动健康城市雏形""基本建设成为运动健

表 2 运动健康城市评价体系指标综合权重

目标层	准则层 一级指标	要素层 二级指标	指标层 三级指标
运动健康城市评价指标综合权重	A 运动健康资源，0.3877	A₁ 设施资源，0.2165	A1.1 城乡体育设施覆盖率，0.0457
			A1.2 万人拥有晨晚练健身站（点），0.0407
			A1.3 人均体育场地面积（平方米），0.0495
			A1.4 万人拥有健身步道公里数，0.0363
			A1.5 学校体育设施向社会开放率，0.0232
			A1.6 省级体质测定与运动健身指导站覆盖率，0.0211
		A₂ 人力资源，0.0926	A2.1 万人拥有社会体育指导员人数，0.0362
			A2.2 职业性社会体育指导员（持国家职业资格证），0.0279
			A2.3 体育科研人员数（人/10万人），0.0285
		A₃ 服务资源，0.0786	A3.1 15分钟健身圈建成率，0.0419
			A3.2 体育及相关产业企业数，0.0184
			A3.3 年度承办省级以上群众体育赛事和活动次数，0.0183
	B 运动健康保障，0.2349	B₁ 资金保障，0.1078	B1.1 年度政府资金投入，0.0386
			B1.2 年度彩票公益金用于群众体育比例，0.0311
			B1.3 人均体育经费（元），0.0381
		B₂ 组织保障，0.0690	B2.1 是否成立党政主导、多部门参与的创建工作领导小组，0.0219
			B2.2 发布全民健身相关政策规划数，0.0215
			B2.3 全民健身相关政策执行完成率，0.0148
			B2.4 每万人拥有体育社会组织数，0.0108
		B₃ 制度保障，0.0581	B3.1 是否有运动健康城市建设监管制度，0.0244
			B3.2 是否有弱势群体援助制度，0.0195
			B3.3 是否有运动健康城市发展激励制度，0.0142
	C 运动健康素养，0.3774	C₁ 科普情况，0.0870	C1.1 年度开展运动健康咨询服务次数，0.0203
			C1.2 国家级健身指导站服务人群，0.0326
			C1.3 运动健康智能平台用户数，0.0181
			C1.4 体育与健康课程普及率，0.0160
		C₂ 参与行为，0.1341	C2.1 人均每周运动时长，0.0501
			C2.2 经常参加体育锻炼人数比例，0.0563
			C2.3 年度国家级健身指导站服务人次，0.0277
		C₃ 参与水平，0.1563	C3.1 国民体质监测合格率，0.0644
			C3.2 慢性疾病运动干预有效率，0.0316
			C3.3 年度人均体育健身支出（元），0.0196
			C3.4 人均体育消费与人均收入比，0.0407

康城市"和"全面建设成为运动健康城市"，通过两轮专家调查问卷的反馈数据确立了运动健康城市的评价标准（表3）。

以苏州市（表4）为例，采用综合打分法对其创建运动健康城市的数据进行统计发现，苏州市创建运动健康城市的实现程度为91.4%。从整体情况来看，苏州市创建运动健康城市的现状水平与基本建成运动健康城市的还有些差距。按照投入—产出结构来看，苏州市创建运动健康城市在资源提供上，基本能够满足，但在保障上还存在差异，主要是资金保障和组织保障上存在一定差距。从运动健康素养上来看，人们对于运动健康参与意识和参与水平基本达标，但在参与行为上还需要多多引导。

本研究在对文献资料分析整理的基础上，分析探讨了运动健康城市的概念、内涵和相关理论基础，进而得出影响运动健康城市形成与发展的主要宏观因素，构建运动健康

表3 运动健康城市评价标准

一级指标	二级指标	三级指标	单位	初具运动健康城市雏形	基本建设成运动健康城市	全面建设成运动健康城市
A 运动健康资源	A1 设施资源	A1.1 城乡社区体育设施覆盖率	%	70	80	100
		A1.2 万人拥有晨晚练健身站（点）	个	5	7	8
		A1.3 人均体育场地面积	平方米	1.8	2.5	3
		A1.4 万人拥有健身步道公里数	公里	1.6	1.8	2
		A1.5 学校体育设施向社会开放率	%	60	80	100
		A1.6 省级体质测定与运动健身指导站覆盖率	%	60	80	100
	A2 人力资源	A2.1 万人拥有社会体育指导员人数	人	16	25	35
		A2.2 职业性社会体育指导员（持国家职业资格证）	万人	0.3	0.5	0.8
		A2.3 体育科研人员数	人/10万人	7	9	15
	A3 服务资源	A3.1 15分钟体育健身圈建成率	%	70	80	100
		A3.2 体育及相关产业企业数	个	2500	3000	5000
		A3.3 年度承办省以上群众体育赛事和活动次数	次	6	9	11
B 运动健康保障	B1 资金保障	B1.1 年度政府资金投入	亿	40	60	80
		B1.2 年度彩票公益金用于群众体育比例	%	60	70	80
		B1.3 人均体育经费	元	50	70	100
	B2 组织保障	B2.1 是否成立党政主导、多部门参与的创建工作领导小组			是	是（100）
		B2.2 发布全民健身相关政策规划数	个	4	6	8
		B2.3 全民健身相关政策执行完成率	%	70	85	100
		B2.4 每万人拥有体育社会组织数	个	0.5	1.5	2
	B3 制度保障	B3.1 是否有运动健康城市建设监管制度			是	是（100）
		B3.2 是否有弱势群体援助制度			是	是（100）
		B3.3 是否有运动健康城市发展激励制度			是	是（100）
C 运动健康素养	C1 科普情况	C1.1 年度开展运动健康咨询服务次数	次	100	160	230
		C1.2 国家级健身指导站服务人群	人	2000	3500	6000
		C1.3 运动健康智能平台用户数	万人	7.5	10	15
		C1.4 体育与健康课程普及率	%	90	95	100
	C2 参与行为	C2.1 人均每周运动时长	小时	1	1.5	3
		C2.2 经常参加体育锻炼人数比例	%	34	40	45
		C2.3 年度国家级健身指导站服务人次	人/年	2000	3600	5800
	C3 参与水平	C3.1 国民体质监测合格率	%	90	93	95
		C3.2 慢性疾病运动干预有效率	%	15	20	30
		C3.3 年度人均体育健身支出	元	150	170	200
		C3.4 人均体育消费与人均收入比	%	1	2	3

表4 苏州市创建运动健康城市的实现程度

一级指标	二级指标	三级指标	单位	标准值	现状水平	实现程度(%)
A 运动健康资源	A1 设施资源	A1.1 城乡社区体育设施覆盖率	%	80	75	94
		A1.2 万人拥有晨晚练健身站（点）	个	7	6.5	93
		A1.3 人均体育场地面积	平方米	2.5	3.49	100
		A1.4 万人拥有健身步道公里数	公里	1.8	1.9	100
		A1.5 学校体育设施向社会开放率	%	80	94.49	100
		A1.6 省级体质测定与运动健身指导站覆盖率	%	80	110	100
	A2 人力资源	A2.1 万人拥有社会体育指导员人数	人	25	35.6	100
		A2.2 职业性社会体育指导员（持国家职业资格证）	万人	0.5	0.35	70
		A2.3 体育科研人员数	人/10万人	7	7.6	100
	A3 服务资源	A3.1 15分钟体育健身圈建成率	%	80	100	100
		A3.2 体育及相关产业企业数	个	3000	3154	100
		A3.3 年度承办省级以上群众体育赛事和活动次数	次	90	85	94
B 运动健康保障	B1 资金保障	B1.1 年度政府资金投入	亿	6	4.72	79
		B1.2 年度彩票公益金用于群众体育比例	%	70	60	86
		B1.3 人均体育经费	元	70	44.2	63
	B2 组织保障	B2.1 是否成立党政主导、多部门参与的创建工作领导小组		是	是	100
		B2.2 发布全民健身相关政策规划数	个	6	4	67
		B2.3 全民健身相关政策执行完成率	%	85	80	94
		B2.4 每万人拥有体育社会组织数	个	1.5	3.3	100
	B3 制度保障	B3.1 是否有运动健康城市建设监管制度		是	是	100
		B3.2 是否有弱势群体援助制度		是	是	100
		B3.3 是否有运动健康城市发展激励制度		是	是	100
C 运动健康素养	C1 科普情况	C1.1 年度开展运动健康咨询服务次数	次	160	156	98
		C1.2 国家级健身指导站服务人群	人	3500	3000	86
		C1.3 运动健康智能平台用户数	万人	10	11	100
		C1.4 体育与健康课程普及率	%	95	100	100
	C2 参与行为	C2.1 人均每周运动时长	小时	1.5	1	67
		C2.2 经常参加体育锻炼人数比例	%	40	35	87.5
		C2.3 年度国家级健身指导站服务人次	人/年	3600	3000	83.3
	C3 参与水平	C3.1 国民体质监测合格率	%	93	96	100
		C3.2 慢性疾病运动干预有效率	%	20	19.3	96.5
		C3.3 年度人均体育健身支出	元	170	175	100
		C3.4 人均体育消费与人均收入比	%	2	1.90	95

城市评价体系，并以苏州市为例对运动健康城市的发展进行实证分析。综合对苏州市创建运动健康城市现状的实证探究，可以证实运动健康城市评价体系符合城市体育发展规律，同时也具有一定操作性和科学性。这不仅对认识和构建运动健康城市的理论框架具有参考意义，也能为我国各地市建设运动健康城市起到一定的参考作用。

项目编号（2018-C-02-1）

运动健康城市的评价体系研究

吴卅 邱雪 郭静 李海鹏 杨越 佟玲

伴随"运动促进健康"理念的逐渐普及,运动(身体活动)在健康城市建设中的重要作用得到普遍认同。党的十九大报告提出了"广泛开展全民健身活动,加快推进体育强国建设"的号召。运动健康城市是落实体育强国发展战略和全民健身战略的主要抓手,可以通过为居民提供运动(身体活动)的环境与服务,实现城市的可持续健康发展。

尽管国内一些城市提出了建设"运动健康城市"的目标,但除了个别城市形成了当地的实施建设计划外,大部分城市还处于建设探索阶段,没有形成具体的建设指标和实施方案。运动健康城市评价指标体系,是可综合反映城市运动健康促进状况及支撑运动(身体活动)的环境和服务保障能力协调发展状态的综合指标体系,不仅是对运动健康城市发展特征、发展趋势及总体能力的一种判断,也是制订运动健康城市建设方案的基础。

运动健康城市评价体系需具备以下功能。

第一,通过运动健康城市指标体系的确立,构建评价信息系统,对城市的发展现状进行评价,分析其存在的影响相应指标发展的问题,诊断其产生原因,制订运动健康城市建设方案。

第二,方便进行不同城市间运动健康城市发展程度的评价与比较。

第三,对一个城市五年内的运动健康城市发展程度进行监测评价,分析原因,制订和调整运动健康城市的建设发展策略。

由于运动健康城市建设是一项多层次、多系统的复杂工程,而对这一复合系统的状态和变化的描述,不能仅用几个孤立的指标完成。因此,需要多个指标组成的有机指标体系,来整体、系统地反映运动健康城市建设的状况。运动健康城市评价指标体系不同于一般指标体系,而是一种根据各地情况有选择性进行的指标体系,一种需要逐步完善的进展性指标体系,一种使城市成为运动环境、运动健康促进服务保障能力、运动健康人群、体育产业发展有机结合的综合性指标体系,是一个指标选择、指标执行、指标评价,并逐渐推进、不断完善的指标体系。为了客观、全面、科学地衡量运动健康城市的发展状况,除了需要符合统计学的基本规范外,还需遵循以下原则。

第一,科学性原则。指标体系一定要建立在对于运动健康城市建设科学系统认识的基础上,选取能科学、客观、真实地度量相关描述目标,且具有代表性的综合性指标。

第二,整体性原则。运动健康城市建设是一个综合体,它包含运动环境、运动健康促进服务保障能力、运动健康人群等若干子系统，而这些子系统之间又存在着复杂的联系，构成一个有机整体。所以，需要把运动健康城市建设作为一个系统进行分析，所建立的指标体系应当具有高度的概括性、整体性，既要有足够的指标涵盖面，又要求指标之间彼此联系且互相区别。

第三，简明性原则。指标体系必须简单易懂，易于观察，方便评价。

第四，数据可得性原则。在确保指标体系能够完整展现运动健康城市发展程度的前提下，应保证有可靠的权威数据作为指标数据的来源，即数据是否可得，以免花费大量精力而达不到预期效果。评价指标的数据在城市通过一定的科学手段可以较易获得且较为敏感，评价指标获得的数据能够获得普遍认可，并有良好的持续性和可重复性，能够在不同的时间点连续测量，因而能观察指标的持续变化。

此外，指标体系中应考虑设置特色指标，保持指标体系动态平稳。不同城市的运动健康城市建设应符合本城市自身的经济和社会发展水平，在运动健康城市基本评价指标框架体系的引导下，融入体现自身特色的运动健康促进内容元素。

"运动健康城市评价指标体系"的目标层为运动健康城市评价指标体系，准则层包含运动环境、运动健康服务保障能力、运动健康人群、体育产业发展、特色指标共5个一级指标，各一级指标分别由能够反映该指标特征的若干子指标构成，具体如下（表1）。

表1 运动健康城市评价体系（权重）

一级指标	二级指标	一级指标	二级指标
运动环境（0.26）	人均公共体育空间面积（平方公里），0.20	运动健康服务保障能力（0.25）	人均全民健身经费支出，0.08
	城镇社区15分钟健身圈覆盖率，0.13		年度彩票公益金用于全民健身比例，0.08
	学校体育场地每周平均开放时长（小时/周），0.11		设有体育医院和运动处方门诊的数量，0.06
	公共体育场馆每周平均开放时长（小时/周），0.14		能开具运动处方的社区医生、全科医生、家庭医生数量，0.06
	每万人绿道（步道）里程数（公里/万人），0.20		每千人拥有体育社会组织数量，0.06
	新建社区体育设施覆盖率达到100%，0.11		每年举办全民健身赛事活动数量，0.07
	乡村公共体育健身设施100%全覆盖，0.11		每千人拥有社会体育指导员数量，0.07

续表

一级指标	二级指标	一级指标	二级指标
运动健康人群（0.21）	城乡居民达到《国民体质测定标准》合格等级以上的人数百分比例，0.22	运动健康服务保障能力（0.25）	健身健康文化产品创作数量，0.07
	居民科学健身素养水平，0.18		全民健身公共服务信息化平台建设情况，0.08
	经常参加体育锻炼人数比例，0.20		全民体质健康干预计划的制订和实施情况，0.07
	学生体质合格率，0.20		国民体质健康监测建设实施情况，0.11
	向省级以上运动队输送运动员数量，0.20		是否将国民体质测定纳入健康体检项目，0.06
体育产业发展（0.18）	体育产业增加值，0.25		是否将全民健身相关项目纳入医疗保险支付范围，0.06
	体育产业增加值占GDP比重，0.25		媒体科学健身知识和健身方法普及水平，0.07
	人均体育消费支出，0.26	特色（0.10）	
	体育综合体和产业示范项目、示范基地建设情况，0.24		

第一，运动环境指标。运动环境指标7项，包括人均公共体育空间面积、城镇社区15分钟健身圈覆盖率、新建社区体育设施覆盖率达到100%、乡村公共体育健身设施100%全覆盖、学校体育场地每周平均开放时长、公共体育场馆每周平均开放时长、每万人绿道（步道）里程数。

第二，运动健康服务保障能力指标。运动健康服务保障能力指标14项，包括全民健身公共服务信息化平台建设情况，全民体质健康干预计划的制订和实施情况，人均全民健身经费支出，年度彩票公益金用于全民健身比例，国民体质健康监测建设实施情况，设有体育医院和运动处方门诊的数量，能开具运动处方的社区医生、全科医生、家庭医生数量，每千人拥有体育社会组织数量，是否将国民体质测定纳入健康体检项目，是否将全民健身相关项目纳入医疗保险支付范围，每年举办全民健身赛事活动数量，每千人拥有社会体育指导员数量，媒体科学健身知识和健身方法普及水平，健身健康文化产品创作数量。

第三，运动健康人群指标。运动健康人群指标5项，包括城乡居民达到《国民体质测定标准》合格等级以上的人数百分比例、居民科学健身素养水平、经常参加体育锻炼人数比例、学生体质合格率、向省级以上运动队输送运动员数量。

第四，体育产业发展指标。体育产业发展指标4项，包括体育产业增加值，体育产业增加值占GDP比重，人均体育消费支出，体育综合体和产业示范项目、示范基地建设情况。

第五，特色指标。特色指标5项，包含但不限于如下内容每万人健身房（俱乐部）数量、体育特色文化活动开展情况、每年体育科研经费投入情况、体育+互联网（旅游、医学）融合发展情况、品牌赛事活动举办情况。

依据上述指标体系，在获得某城市（如X城市）30个子指标数据的情况下，首先通过对数据进行归一化处理,之后按照如下公式对数据进行层级加总,可以得到该城市的运动健康水平总得分(记作 $score_t^k$)情况,其计算公式如下:

$$score_t^k = \sum_i w_i \left(\sum_j w_{ij} x_{ijt}^k \right)$$

其中,k 表示城市,t 表示时间(年份),w_i 表示第 i 个一级指标的权重,w_{ij} 表示第 i 个一级指标下的第 j 个二级指标的权重,x_{ijt}^k 表示城市 k 在第 t 年度的第 i 个指标下的第 j 个二级指标的得分(该得分为归一化之后的得分)。

"运动健康城市评价指标体系"主要用于测评各个城市的运动健康水平变化情况,其具体应用如下。

第一,用于纵向比较来测量某城市(如 X 城市)运动健康水平的变动情况。具体说来,通过对某城市(如 X 城市)连续若干年(如连续 5 年)的运动健康水平得分情况进行测算,可以分析该城市运动健康水平连续 5 年的变化情况,从而为决策者政策的制定提供参考。

第二,用于横向比较来测量不同城市在同一年度的运动健康发展水平的差异性。具体说来,通过对某一年度不同城市(如 2017 年上海、北京、天津)的运动健康发展水平得分情况进行测算,计算出不同城市之间运动健康水平的排名,能够了解不同城市间运动健康水平的差异性,从而为决策者政策的制定提供参考。

我国城市数量多,且城市的人口、面积悬殊,地理环境各异,政治、经济、文化发展水平很不平衡,基础设施状况不一,各市在教育科技、居民生活、医疗卫生、治安环保等社会发展方面及市内交通、邮政通信、居民住房、供电、供水、供气等基础设施方面的发展水平参差不齐。因此,在采用横向比较策略评价不同城市某一时期的运动健康发展水平时,建议根据人口、社会、经济和资源环境等标准对运动健康城市实施分级、分类比较。如若按照人口规模等级分类,可按超大城市(常住人口 >1000 万)、特大城市(常住人口为 500 万 ~1000 万)、大城市(常住人口为 100 万 ~500 万)、中等城市(常住人口为 50 万 ~100 万)、小城市(常住人口 <50 万)的规模等级,对不同人口等级下的城市的运动健康发展水平进行横向比较。当然,实施评价的目的不在于结果排名,而在于改进。运动健康城市建设是解决城市化进程中出现问题的途径之一,是基于可持续发展战略,旨在解决居民健康问题的一个健康城市发展战略。一座城市的决策者能够持续实施改进居民健康状况的计划行动,此城市就是健康的城市。

具备科学性和可行性的运动健康城市评价指标体系,能够为一个城市政府层面制定政策与实施干预手段提供依据,通过分析指标数据得出运动健康城市建设的发展趋势,对运动健康城市的整体发展水平进行客观地评价和评判。初步构建的运动健康城市评价指标体系奠定了运动健康城市理论和实践研究的双重基础。

运动健康城市评价指标体系是通过指标去评价一个城市的主要运动健康促进问题和影响因素,形成可持续发展的运动健康促进城市。建立一套符合本区域发展特色的评价指标体系是开展运动健康城市建设的基础,运动健康城市评价指标体系应强调城市的运动健康促进需求,因地制宜地解决当地的运动健康促进问题,并结合地方的社会和文化背景,对于健康问题及运动健康促进问题进行界定。我国幅员辽阔,各省、市经济发展不平衡,因而每个城市面临的健康问题不同,在制订评价指标体系时,不仅要参考世界卫生组织（WHO）和国家的评价指标体系，还要结合当地实际需求，建设符合本市特色的评价指标体系。

运动健康城市建设是一个动态变化的过程，每一次评价并不是最终结果，每一个运动健康城市都在不断地努力，以改善居民的健康状况，而不仅仅是为了达到一个特定的健康标准。用指标体系评价运动健康城市是对运动健康城市科学测量和评定的过程，评价指标具有一定的导向性，因此，在不同时期和环境下，应该不断完善评价指标体系。运动健康城市的评价体系的建设应有利于引导市民提升科学健身素养，养成良好的运动生活方式的健康习惯，改善和提高居民的整体健康状态。

运动健康城市指标体系是基于新时期大健康发展理念而构建的，突破了以往传统观念下体育工作内容的认知框架，其宗旨在于为城市常住人口创造一个充满活力、包容、开放的城市环境，实现运动（身体活动）促进居民健康的终极目的。

项目编号（2018-C-02-2）

基于比较优势的粤港澳大湾区体育产业一体化研究

周良君　肖婧莹　陈小英　董焕先　丘庆达　苏士琛　赵冠宇　陈建才

粤港澳区域合作具有较为悠久的历史。从跨境加工贸易为主的1.0阶段，到传统服务业合作的2.0阶段，再到高端服务贸易合作的3.0阶段，粤港澳区域合作在不断地深化与发展。

当前，时代又赋予了粤港澳区域合作新的历史使命和全新内涵。2017年7月1日，习近平出席了《深化粤港澳合作推进大湾区建设框架协议》签署仪式。2017年10月1日在党的十九大报告中，习近平进一步指出，"以粤港澳大湾区建设、粤港澳合作、泛珠三角区域合作等为重点，全面推进内地同香港、澳门互利合作"。按照协议，粤港澳大湾区将建设成为更具活力的经济区、宜居宜业宜游的优质生活圈和内地与港澳深度合作的示范区，打造国际一流湾区和世界级城市群。粤港澳大湾区建设向粤港澳区域合作提出了新的挑战。

一、基于比较优势的粤港澳大湾区体育产业一体化发展背景和意义

（一）世界知名湾区体育产业发展经验借鉴

粤港澳大湾区宜居宜业宜游的优质生活圈建设、国际一流湾区和世界级城市群的发展离不开体育产业。国际经验表明，湾区往往也是体育产业发展最活跃的地区。湾区体育产业特色凸显，纽约湾区以体育总部、体育赛事和体育服务为主要特色，旧金山湾区主打体育赛事和体育科技，东京湾区主推体育赛事和体育文化娱乐。在大湾区以新旧动能转换为核心的经济转型中，以健康休闲、文化创意和高端装备制造为核心的体育产业，将成为粤港澳区域合作交流的润滑剂、打造优质生活圈的重要手段和港澳大湾区经济发展的重要增长点。

（二）粤港澳大湾区内各城市发展体育产业的比较优势

粤港澳大湾区涉及一个国家、两种制度、三个关税区、三个法律体系，"9+2"的组织架构超越了以往任何一个城市群的定位。粤港澳11个城市由于经济发展水平、产业结构发展和土地资源的差异导致体育产业发展水平和体育产业结构的差异，并形成了各具特色的体育产业。陈燕等（2017）通过粤港澳大湾区各行业的灰色关联度计算，发现文化、体育和娱乐行业的关联度较小，仅为0.887，表明湾区在文体娱方面存在较大差异，具有很强的互补性。在体育用品业方面，深圳在高端体育用品研发方面占据优势，东莞、佛山、中山等地则有较多的体育用品制造和加工企业。在体育服务业方面，香港的体育资本市场活跃，赛马业、游艇业等高端体育赛事发达，澳门体育旅游业、体育博彩业持续火爆，广州、深圳依托其强劲的综合实力，拥有较多的体育场地设施，在体育

竞赛表演业和体育健身休闲业等方面都有较大优势，珠海、肇庆、惠州则依托其地理优势和土地资源，在体育旅游、户外运动等方面发展迅速。湾区城市之间的比较优势为粤港澳大湾区体育产业一体化发展提供了可能。

（三）粤港澳大湾区体育产业一体化的战略意义

一是促进区域体育产业发展，打造国际体育产业高地。粤港澳大湾区将发挥在国家体育产业发展中的引领功能，辐射带动泛珠三角地区体育产业发展，并向中南、西南延伸，形成辐射东南亚、南亚的重要体育产业支撑带。同时借助"一带一路"，对标纽约湾区、旧金山湾区、东京湾区和洛杉矶湾区等国际一流湾区，打造国际体育产业高地。二是为中国和世界体育产业创新发展提供示范和引领。中国体育产业在发展过程中面临诸多挑战，粤港澳大湾区迫切需要创新发展模式积极应对，需要依托创新驱动、对标国际一流湾区做好示范和引领。

二、粤港澳大湾区体育产业一体化的历程、基础及存在的问题

（一）粤港澳大湾区体育产业一体化历程

粤港澳三地文化同源、人缘相亲、民俗相近、交流合作密切、区域认同感强，体育产业交流合作历史悠久，大致可分为3个阶段。

粤港澳体育交流与合作起步1.0时代（1978—2003年）：港澳回归之前，粤港澳的体育合作主要以社会团体和企业推动为主。由著名社会活动家、香港知名实业家霍英东先生创办于1979年的省港杯足球赛拉开了粤港澳体育交流合作的序幕。省港杯足球赛从最初的广东、香港两地体育交流也逐步演化成了两地在政治、经济、文化的全方位交流。此后，粤港澳三地举办了众多以民间力量推动为主的体育和文化等交流活动。在体育产业方面，形成了由香港负责研发和营销、东莞和佛山等负责制造的体育用品业前店后厂模式。

粤港澳体育交流与合作快速发展2.0时代（2004—2014年）：港澳回归之后，粤港澳三地的合作越来越密切，政府、社会团体和企业都在不同程度地推动三地的体育合作交流。2003年在香港礼宾府签订的《粤港澳体育交流与合作协议书》（以下简称《协议书》）标志着以官方形式推动的粤港澳三地体育交流合作正式进入轨道。《协议书》包含了三地在竞技体育、群众体育、体育人才交流与培训、体育科研与学术交流和体育产业合作5个方面的内容，确立了交流与合作的方向。2004年，由广东省体育局、香港特别行政区民政事务局、澳门特别行政区体育发展局和广东省体育产业协会共同举办的首届"粤港澳国际体育用品博览会"搭建了一个粤港澳三地体育产业全方位展示、交流、贸易和体验的平台。该阶段的主要特征是掀起了以香港为枢纽的欧美企业到广东投资、广东资本开展国际化经营的浪潮。

粤港澳体育交流与合作创新升级3.0时代（2015年以后）："粤港澳大湾区"国家战略的提出为粤港澳三地体育交流与合作提供了更大的空间和平台。广东省体育局、香港特别行政区康体局和澳门体育局就具体合作内容和方式进行了座谈和交流，举办了一系列会议和论坛。2017年国内首个以"粤港澳大湾区"命名的体育赛事在东莞举行，此后举办了一系列以"粤港澳大湾区"命名的赛事，覆盖了足球、篮球、网球、马拉松、

自行车、高尔夫球、游艇、帆船等10多个项目，参赛人数超过10万人次。大量的体育人才、资金、项目涌入湾区，政府、企业和社团组织联动，粤港澳体育产业进入全面合作阶段。

（二）粤港澳大湾区体育产业一体化发展基础

粤港澳大湾区体育产业一体化发展具备得天独厚的发展优势，一是在外部环境方面，粤港澳大湾区拥有雄厚的经济实力和较高的对外开放水平、完善的交通网络和便利的通关模式、良好的区位优势和共同的文化背景；二是体育发展内部环境方面，拥有建设粤港澳大湾区和发展体育产业的政策优势、丰富的体育场地设施和水陆空体育资源、多元化的体育赛事活动、数量庞大的体育机构和丰富的人才资源及湾区各城市各具特色的优势体育产业。这些外部环境和内部环境为湾区体育产业一体化发展奠定了坚实的基础。

（三）粤港澳大湾区体育产业一体化发展面临的挑战和问题

粤港澳大湾区涉及一个国家、两种制度、三个关税区、三个法律体系，"9+2"的组成模式超越了以往任何一个城市群的定位，因此，在体育产业一体化发展中必然会面临相关的挑战和问题。第一，法律制度差异明显。澳门采取自由经济制度，奉行积极不干预政策，而内地实行社会主义市场经济制度，强调宏观调控。资本主义制度和社会主义制度的差异造成了三地在行政制度、法律制度和经济制度的差异，也导致三地在政府功能、规划内涵及执行力等方面存在差异。第二，缺乏统一的体育产业协调机制。粤港澳大湾区涉及三个省级行政单位，缺乏超省级的行政组织与机构对区域内体育产业进行统筹规划和管理。目前粤港澳体育产业合作仅限于体育赛事，合作形式较单一，层次不高，且集中在广州、深圳和香港等核心城市，未形成有效的体育产业合作与分工机制。第三，体育产业要素流动受阻。在"粤港澳大湾区"的国家战略背景下，大量的体育人才、资金、项目将不断涌入湾区，如何整合区域间体育资源要素，实现体育资源要素的高效流动，将是粤港澳三地体育产业发展所面临的问题。除了行政制度、法律制度、经济制度和监管制度存在差异外，粤港澳三地的关税标准、资金流通制度、投资开放程度、对外经济政策也有实质性区别，导致湾区人流、物流、资金流和信息流等体育产业要素流动受阻。

根据区域制度与经济增长理论及区域产业分工与空间布局理论，制度创新是推动粤港澳大湾区体育产业一体化发展的关键。大湾区需要系统规划制度建设和运行机制，结合湾区城市的比较优势，利用区域体育产业的分工和集群，实现粤港澳大湾区体育产业的全面发展。

三、粤港澳大湾区体育产业一体化对策措施

（一）创新粤港澳大湾区体育产业管理体制和运行机制

粤港澳大湾区体育产业一体化发展要破解"一个国家、两种制度、三个关税区、三个法律体系"的体制机制障碍，就必须从顶层设计出发，在制度建设和运行机制上系统规划，破除阻碍湾区体育产业发展的因素。第一，建立国家层面和三方参与的管理协调机制。第二，建立全局性、针对性和延续性的湾区规划部署机制。第三，建立政府、企业、

社会共同参与的体育产业发展合作机制,加快推进大湾区民营企业的先导驱动。第四,推进体育行业服务标准与管理的对接机制。

(二)构建粤港澳大湾区体育产业一体化发展模式

区域体育产业发展一体化模式主要有体育产业内分工、体育产业链分工和体育产业全面融合。第一,以体育产业链分工为重点,优化大湾区体育产业结构。充分发挥深圳的技术研发创新优势,香港的金融与运营优势,以及东莞、佛山等地现代制造和加工业优势,进行区域内体育产业合理分工,推进粤港澳区域的对接协作。第二,以体育产业内分工为重点,助力大湾区体育产业转型升级。大湾区应结合各地区资源和政策优势,以体育竞赛表演和体育健身休闲为重点,构建错位发展、优势互补的现代化体育服务业体系,助力大湾区的体育产业转型升级。第三,以体育产业全面融合为重点,实现大湾区体育产业竞争力的全面提升。积极推进湾区体育产业内部的要素融合,通过资源集聚创建湾区体育产业示范区;借助湾区内香港和澳门在服务业的优势,建立多部门和多产业的合作机制,推进体育产业与其他产业的深度融合。

(三)巩固和完善粤港澳大湾区体育产业集群发展

粤港澳大湾区作为内地与港澳深度合作的示范区,是体育用品业、体育竞赛表演业和体育休闲旅游的主要聚集地。巩固和完善区域主导体育产业的发展,建立不同的体育产业集群化发展模式,是实现粤港澳大湾区体育产业发展壮大的重要路径。构建以"穗深港"为核心的体育竞赛表演集群圈、以"深莞佛"为核心的体育用品集群圈、以"澳珠肇惠"为核心的体育休闲旅游集群圈和以"中佛江"为核心的传统体育文化集群圈。

(四)打造和创建国际化和本土化、高品质和生活化的体育生活圈

粤港澳大湾区建设不仅承载着世界级城市群、国际科技创新中心、"一带一路"建设重要支撑、内地与港澳深度合作示范区的战略使命,同时也肩负着宜居宜业宜游的优质生活圈建设的重大民心工程。充分发挥体育在教育、人文、人才集聚、就业创业、体育旅游休闲、国际化等方面的独特优势,打造和创建国际化和本土化、高品质和生活化相融合的体育生活圈:国际化与本土化相结合的体育教育优质生活圈、岭南民族传统体育文化为核心和国际文化相融合的体育人文优质生活圈、高端化和专业性结合的高端体育人才聚集优质生活圈、高品质与生活化相结合的体育旅游和休闲娱乐优质生活圈。

项目编号(2018-C-10)

移动网络时代体育传播创新研究

张 盛 杜 恺 李 超 李 丁 张隽茂

在以移动传播和智能驱动为表征的媒介生态中，体育内容的生产方式正由大众传播时代规模化、标准化的生产向智能传播时代个性化和精准化的生产转变，这不仅是对传播媒介和平台的颠覆，而且是对传统体育传播模式中传受关系的解构，是对人与人、人与社会的连接方式的重构。近年来，移动互联的发展突飞猛进，改变了人们娱乐生活和进行文化传播创新的固有模式，使个性化的受众需求在信息生产与传播的迭代升级中得以释放和重塑，体育传播移动化、社交化和智能化的特征日益显著，为移动网络时代的体育传播创新创造了巨大的理论与实践空间。

一、移动网络时代体育传播创新的媒介生态

党的十八大以来，在习近平总书记网络强国思想的引领下，我国互联网领域基础设施和关键技术得到迅猛发展，"互联网+"战略引领的网络发展新业态推动网络社会发展持续演进，并催生出经济和社会发展的新模式与新形态，网络融入生活、重塑行业、改变生活的力量不断彰显。2017年以来，移动网络集聚已久的动力加速释放，移动化、智能化、可视化和社交化在各垂直领域显示出强劲的发展态势，体育内容的价值日益凸显。

一是智能终端进入存量竞争时代，中青年网民成为移动互联主力军。手机网民规模及其在网民总数中的占比不断攀升，对互联网内容建设和使用行为产生了深远影响。移动终端因其智能简便，互动性强，成为受众接收体育信息的首选。21~30岁的青年人群既是互联网用户的中坚，又是观赏体育赛事和参与体育运动的主流人群。

二是技术迭代加速推动应用升级，移动互联场景得到丰富和拓展。移动互联改变了体育参与、体育消费和体育观赏中人际传播、群体传播、组织传播和大众传播的形态和属性，并在内容生产和媒介体验中创造性地拓展了体育传播的应用场景，智能化成为体育传媒发展的主导性趋势。

三是内容监管体系化进程加速，体育内容的价值观属性得到彰显。体育内容作为有着深厚受众基础、专业化门槛高、精神感召力强的优质内容，在移动互联内容生态中的特殊地位不断彰显。移动互联时代，多元主体共同推动体育资讯成为具有价值观引领属性的网络内容。

二、移动传播与智能驱动：基于对2018年俄罗斯足球世界杯传播创新的个案观察

体育传播创新始终都与媒介技术的革新紧密交织在一起。2018年俄罗斯足球世界杯的举办与移动传播体系和人工智能技术主导的媒介生态相得益彰，体育内容的特性与传播技术的迭代加速融合，折射出体育传媒未来发展的总体趋势。以央视体育等为标杆的国内传媒在媒介产品和节目样态等方面积极推进新业态的探索，不断适应和满足收视终端多样化生态下体育受众的需求变化。

一是程序化生产与智能化分发驱动的内容再造。人工智能技术随着计算科学的发展而不断革新,基于程序化内容生产和算法化内容分发的传播模式正在推动体育传播的智能化升级。内容的算法化分发和信息的智能化推送改变了传统媒体和PC(个人计算机)网络的信息流动从媒体到受众、从点到面的模式,实现了从编辑实施绝对把关到将部分把关权限让渡给受众的转变,能够将特定信息传送给特定受众,并使其在特定的场景下进行信息接收。互动性和反馈性的增强将进一步改变体育赛事播出、体育新闻报道甚至体育社群互动的方式。媒体乃至商家可利用实时流媒体、社交媒体和球迷产生的数据深入地了解受众,根据体育迷的观赏和消费偏好,绘制基于大数据分析而形成的用户精准"画像",更有针对性地向用户推送广告内容。在数字技术极大降低机构传播者进入传播领域的移动网络时代,对作为赛事IP(知识产权)持有者的体育组织来说,积极主动地推进媒介化转型战略,有助于增强与受众的互动与沟通。

二是社交化传播与多主体参与推动的关系重构。随着媒体传播技术的不断升级,已从早期单向传输的赛事转播1.0版,到以赛事为核心的节目制作2.0版,演进至移动互联时代体育赛事传播3.0版。移动互联加速终端融合与受众交互新形态的出现,体现了新技术和体育魅力共同驱动而激发的创新特质,同时也使多元场景下的个性化需求在信息生产和传播机制的变迁中被释放和重塑,人与信息、人与媒介、人与人间的关系在移动传播中被重新定义。在社交媒体的传播生态中,赛事主办方和营销机构在提升赛事传播品质的同时,将更多的资源投放到由赛事衍生的社交渗透率上,多元参与下的协作互动构成全新生态。因此,社交媒体平台加强与专业体育组织合作,能通过强强联手、资源整合和联姻核心IP,构建流量聚合场。此外,与以往世界杯报道的内容生产由足球解说员和评论员等专业资讯生产者主导不同,社交化传播能够激活社会关系网络上的体育趣缘群体,为不同参与主体以不同方式介入传播生态的塑造提供了动力,使原本的观看者和体验者成为内容的传播者甚至生产者。

三是多元化选项与拟态化呈现打造的沉浸体验。2018年俄罗斯足球世界杯赛事转播平台由电视端进一步向移动端转移,央视影音、优酷和咪咕成为获得赛事新媒体版权的转播方,媒介融合与业态更新在一种更加多元化的传播网络中并进。传统媒体在移动生态中构建的多圈层传播进一步强化了电视大屏在大型体育赛事中的传播力。VR(虚拟现实)和AR(增强现实)等拟态化视觉技术在提升赛事转播现场感和逼真性的同时,注重强化与受众的交流和互动,增强受众的参与感和归属感。技术升级使得转播平台能实现多频道和多终端切换,延伸出更多元的传播和体验场景。移动网络下的赛事直播,依托内容制作方高水平的采编播团队,打造体验感更独特和选项更多元的视频资讯,着力拓展受众在专属媒介产品上的收视时间和收视效果。

三、迭代与升级:移动网络时代体育传播的创新策略

5G时代的来临将加速移动传播技术的更新与迭代,体育传播创新要面向传媒新生态、媒体新业态和媒介新形态,推动传播场域中的平台、关系和理念升级。

(一)平台升级:强化系统集成,开发社群价值,推动魅力传播

随着移动网络的全面覆盖及智能终端设备的不断普及,包括体育传播在内的传媒生态链经历着重构,对体育资讯的生产、传播、营销和消费模式等方面产生巨大影响。移

动 App、社交应用、短视频及网络直播成为最具活力的应用领域，推动体育传播平台的加速升级，以适应移动网络时代的创新需求。在欧美发达国家，ESPN(娱乐与体育节目电视网)等传统体育电视机构的融媒转型成为互联网体育传播创新的先锋。在我国，央视等传统体育媒体在大型赛事中的创新实践也彰显了打造新型优质内容，全力拥抱移动互联的决心。与内容生态变迁相伴随的是，进入互联网下半场的传播竞争将进入到平台竞争的阶段，即更加系统地集成内容资源、技术资本和沉淀用户。移动传播体系和人工智能技术将进一步推动内容的平台化发展。利用平台型媒体强化体育传播的系统集成，不仅符合受众需求变化，也符合体育传播构建社群的需要。无论是专业体育媒体，还是具有媒介属性的体育组织，都要对体育受众的社群属性给予更多重视，提升传播行为在动员和激活体育受众方面的效能，有效维持受众的活跃度和忠诚度，提升传播影响力。在媒体智能化发展的趋势下，构建体育社群化的用户平台要发挥大数据和人工智能等技术在编辑、审核、智能追踪和个性化分发等方面的效率优势，更好地发挥其服务体育媒体的技术潜力，让专业的体育内容生产者和体育社群运营者专注于体育精神的弘扬和风格化表达的呈现，按照社群属性生动地讲述和传播体育故事，培育体育社群良好的价值观。随着平台型和社交化媒体加速布局体育内容，体育传播创新要依托体育内容的社会属性，强化对移动互联生态中媒体传播链的协同整合，以优质内容对接技术升级和模式创新，释放体育独有的文化魅力。

（二）关系升级：彰显内容优势，遵循社交属性，优化体育传播生态

移动互联开启的是一个关系再造的时代，体育传播介质与内容、传者与受众、人与传播环境都处在动态的进化中。在互联网时代泛娱乐化的生态中，体育作为内容经济的显贵，是一种具有鲜明价值观的高价值内容。国际重大赛事不但具有可看性，对体育粉丝而言，更是一种有魅力的必看性内容。因此，在渠道冗余、高品质内容稀缺的内容生态中，固有的供需关系法则正经历着调整。关系再造推动新旧媒体之间的竞合与互动，体育组织与媒体之间的依赖与博弈，资本与技术的角力与联姻，这些因素构成了体育传播模式创新的内在动力。

移动网络时代的到来，使传播技术以更为复杂和精准的方式嵌入到人的社会关系网络中。在体育生活化的当下，传播技术推动体育媒介形态的新旧迭代，也促进了体育媒体业态的多样化呈现和传媒生态的圈层化发展。自拉扎斯菲尔德基于广播研究开启大众化传播范式，一对多、点对面的传播范式深刻影响了包括体育传播在内的应用传播学。随着新技术的不断涌现，收视场景也日趋多元，从"公共场景"到"家庭场景"，再到更具有流动性的社会化场景等，都在体育传播中得到生动展现。2012年伦敦奥运会以来的"赛事+社交"的模式强化了传播平台和受众之间的联结，彰显出移动互联新特质。迈向4.0版本的社交媒体将通过更为强大的技术基因，突破时空的限制，打破虚拟与真实的界限，进一步催生体育在传播领域的新业态和新形态，使更多的场景和应用在智能化的社交平台上予以呈现，进一步提升奥运会等重大赛事在全球文化工业中的影响力和感召力。

（三）理念升级：坚持受众为先，善用互联网思维，彰显价值引领

技术迭代驱动的平台升级和关系升级应坚持受众为先的理念，在多终端和多渠道切换中有效叠加竞技体育和大众体育的场景要素，在内容生产中进一步向受众赋权。体育内容具有鲜明的直观性和精神的感召力，能充分满足人们的情感和心理需求。移动互联时代的体育传播有巨大的价值挖掘潜力。体育作为一种健康的休闲体验，一种以身体为介质的教育方式，一种平民化社交手段和一种积极生活方式已经越来越深入人心，成为折射国民精神的一扇窗口。国家重大体育赛事、体育活动和体育文化传播要更好地运用社交化和平台型媒体优势，扩大体育传播的内容范围，把握社会化传播和视频化传播特点，强化对大众体育活动和体育风尚的传播，探索跨界融合的产品发展策略，在网络内容生态中打造具有体育魅力和引领性价值的内容新形态，展现老百姓日常生活中的体育实践，传播体育生活化的价值导向，彰显体育文化精髓。因为无论是运用平台型媒体，还是将体育社群本身构建为体育传播平台，移动网络时代的体育传播都要致力于推动有价值观的传播，继续保持在网络内容生态中的"旗手"形象，发挥自身在社会传播和国家形象建构中的积极作用。2018年俄罗斯足球世界杯不仅是一场竞技体育的视觉盛宴，东道主还利用足球盛会所展开的魅力外交充分挖掘了大型体育赛事的政治功能，对塑造和修复国家形象发挥了重要作用。在技术更新日趋加速，体育成为全球沟通纽带的背景下，体育对国家形象进行整合营销的功能日益显著。面向2022年北京冬奥会，借鉴其他国家在移动网络时代开展体育文化传播的成功经验，需要我们创新理念和模式，更好地把握体育传播创新的新趋势和新逻辑，积极探索和积累体育魅力传播的规律，不断提升我国体育文化的传播力和话语权。

项目编号（2018-C-13）

东京奥运会我国重点项目备战策略研究

彭国强 杨国庆 高庆勇 陈德旭 程喜杰 尤传豹 闫 杰

竞技体育重点项目是奥运赛场的重要夺金点，为我国实现奥运争光计划、培育金牌增长点、确立我国在世界竞技体育强国中的地位发挥了重要作用。东京奥运会我国重点项目主要包括以下三类：

一是从竞技体育项目实力而言，包括在国际重大比赛中多次取得优异成绩，在后续比赛有望实现突破，在东京奥运竞争格局中具备有利条件的运动项目。具体包括我国传统优势项目和部分潜优势项目，如跳水、乒乓球、羽毛球、体操、举重、射击、柔道、摔跤、击剑、射箭、自行车、女子跆拳道等，这些项目对奥运会的金牌贡献率超过70%。

二是奥运会"金牌大户"项目，主要是奥运会金牌数量集中的基础项目，包括田径、游泳和水上（赛艇、皮划艇、帆船）项目，即之前的"119工程"或"122工程"项目，3个项目金牌总和占据奥运会金牌总量的1/3。这些项目容易开辟新的金牌增长点，可以弥补我国夺金面狭窄的缺陷，是我国备战东京奥运会要重点突破的项目。

三是社会关注度高、影响广泛、群众喜爱的集体性球类项目，主要包括篮球、排球、足球"三大球"项目。

一、我国重点项目备战东京奥运会面临的形势

（一）奥运会规模和各国竞技实力不断提升，国际竞争日趋激烈

各国对奥运会的重视程度和参与热情越来越高，参加奥运会获得奖牌及金牌的国家和地区总体呈上升态势，奥运会金牌和奖牌的地域归属呈现越来越分散的趋向，各国对奥运备战投入力度不断加大。

（二）我国奥运会金牌数量持续下滑，传统优势项目成绩创历史低点

我国传统优势项目出现了不同程度的下滑，重点项目成绩不平衡、不稳定，夺金项目与世界竞技强国"错位"明显。与奥运成绩下滑趋势对应的是民众对东京奥运会成绩高涨的期望值，舆论将东京奥运会形容为"输不起的奥运比赛"。

（三）国际竞争对手与我国重点项目日渐重叠，日本竞技项目整体实力上升明显

国际竞争对手与我国重点项目日渐交叉，对我国优势项目造成强大冲击。尤其是东道主日本在体操、帆船、摔跤、柔道、空手道、棒垒球、滑板、攀岩等项目上体现出较强的优势。

（四）奥运项目设置和竞赛规则调整幅度加大，对项目参赛提出了更高要求

东京奥运会扩大了项目设置和规则调整幅度，规则的调整会引起制胜因素的变化，由于我国的优势项目打分类较多，易受规则变化影响，对我国运动员的素质、能力、动作难度和质量提出了更高要求。

二、我国重点项目备战经验与不足

备战经验主要体现在：形成了举国体制与市场机制相结合的制度优势；形成了相对稳定的重点项目集团优势；形成了重点项目丰富的国际大赛经验；形成了较为完善的保障体系；形成了系统的组织机制和战略顶层设计；形成了一批优秀的教练员团队和教练员梯队；形成了一套科学有效的备战举措；形成了思想政治工作上强大的精神动力。

备战存在的不足主要体现在：对世界各国重点项目发展方向认识不清，规则研判不精准；一些重点项目赛前情报失真，对竞争对手的情报掌握不准；部分重点项目训练创新不足，技战术落后；运动员体能不足、体育精神培育不够、心理素质不过硬；竞赛体系安排不够合理科学，与奥运参赛计划协同性不够；重点项目优秀后备人才不足，奥运周期缺乏对年轻运动员的培养；新增奥运项目竞争力较弱，复合型参赛团队建设不完善；重点项目的影响力和国际话语权不够；围绕重点项目的科技驱动力量比较薄弱。

三、世界竞技体育强国重点项目分布及主要备战策略

各国在奖牌数较多的基础大项上竞争愈演愈烈，我国与美国、英国、日本、俄罗斯重点项目呈现"错位"发展，我国重点项目主要集中在乒乓球、跳水、举重、羽毛球、射击、体操等技巧型与快速力量型项目；美国重点项目集中在田径、游泳、篮球、网球等基础大项与球类项目；英国重点项目集中在自行车、赛艇、帆船帆板、马术等项目；日本重点项目集中在柔道、摔跤等格斗类项目和羽毛球、乒乓球、游泳等项目；俄罗斯重点项目集中在田径、摔跤、花样游泳、艺术体操等项目。

围绕重点项目各国采取了不同的备战策略：美国注重对项目发展方向、规则变化、竞争对手情报等的跟踪与掌握；实施"科技助力"训练，构建了高科技辅助训练体系；保障重点项目运动员选拔的公平化、科学化，注重重点项目整体提升；打造了高效的赛时应对机制与训练参赛保障体系。英国注重对重点项目经费的投资回报率，围绕重点项目重点资助；大力实施跨项选材，健全了重点项目"天才"运动员和教练员培养体系；注重与科研机构合作，强化高科技服务重点项目备战。日本打造了重点项目强化支援体系，制订了缜密的奥运强化计划，分层分类援助重点项目发展，重视体育情报信息的收集与研究。俄罗斯注重后备力量培养和复合型训练团队保障，加大了训练基地建设，提升了科技支持下的科学化训练水平，加强教练员培训和能力提升，强化兴奋剂规避。

四、我国重点项目备战策略

（一）我国重点项目备战的一般性策略

1. 加强重点项目备战顶层设计，构建举国体制与社会市场结合的备战新机制

围绕重点项目，构建国家和社会多元参与的备战体系，调动更多社会力量支持备战工

作；引导和鼓励有能力、有动力的地方体育和社会组织、企业、高校、个人承担奥运训练参赛任务，推动多元协同备战；提高重点项目备战工作的社会化、专业化、市场化水平，提升备战奥运会资金结构的社会化和多元化；对于一些发展基础较弱、市场发育不成熟、职业化程度不高、选拔人才率较低的项目要继续以"举国体制"的制度优势提高备战效益。

2. 建立重点项目目标责任体系，强化动态监管、绩效评估、挂图作战

搭建多层次备战参赛目标，提升备战参赛目标的具体化和科学性；以量化标准进行目标考评，形成"奥运备战有落实，任务落实有主体"的目标责任体系；将东京奥运会目标任务完成情况作为考量责任人政治素养和绩效的标尺；细化东京奥运会100~110个重点小项、35~40个夺金点的备战参赛任务时间表，根据任务目标合理安排进度。

3. 实施重点项目金牌系统工程，制订实施奥运冠军团队建设行动计划

围绕重点项目成立金牌攻关组，加大训练创新和难点攻关，动态把控东京奥运会夺冠的能力指标，设计夺冠的成绩目标、素质指标、体能标准、训练周期、阶段计划、比赛安排、参赛保障等实施路径，为每一个重点项目金牌点配备全方位、立体式、无缝隙的高精尖冠军保障团队。

4. 推进重点项目运动员跨项选材，建立多元联动的人才输送体系

建立项目选拔与跨界选拔相结合的选拔机制，提高选材计划的科学性；面向全球、全社会、多民族选材，打造不同项目联动递进的后备人才梯队；实施精准选材，制订详细的选材标准和科学的选材测试方案，针对特定地区、特定人群、特定项目、特定行业等实施多元选材。

5. 优化重点项目国家队组建方式，推进国家队办队模式的多元化

广泛推动体育行政部门、地方政府、协会组织和社会力量等多元主体共同组建国家队；建立重点项目国家队组建激励政策，依靠政策激励地方、社会组织、协会等组建国家队，建立科学的东京奥运会绩效奖励方案，以制度化保障奥运战略目标的实现。

6. 构建围绕东京奥运会参赛目标，服务奥运战略的重点项目多元竞赛体系

从大项、分项和小项的不同层级，进一步细化重点项目竞赛布局，客观设定重点项目参赛目标；改革重点项目竞赛体系，建立行政部门和体育协会协同的分层分类的竞赛制度；加快推进市场化、社会化程度较高的项目建立职业联赛体系。

7. 强化重点项目体系化保障能力，对重点项目训练参赛提供精准服务保障

围绕相关运动员和教练员建设科学训练、伤病预防、膳食营养、心理辅导、设施保障等全方位、多角度、立体化的综合保障体系，实施一般保障与重点保障、定点保障与流动保障、综合保障与个性化保障、物质保障与精神保障相结合；组建高效的复合型保障团队，建立重点项目赛时指挥和保障系统。

8. 实施"铁人计划"，提升重点项目运动员的体能储备

全周期坚持体能科学训练，出台体能教练制度建设和激励政策，成立备战东京奥运会体能训练专家组，形成分工合作的团队模式；设计智能化、数字化体能训练器材设备，构建体能训练标准，提升重点项目专项体能训练水平。

9. 加强重点项目国家队思想政治工作和反兴奋剂工作

将运动员精神、意志、心理和作风的锤炼融入训练和生活，把思想政治工作作为同技战术训练、体能训练同等重要的工作一起部署、一起考核；推进反兴奋剂教育常态化制度化，健全反兴奋剂风险防控体系，完善运动队反兴奋剂准入制度。

（二）我国重点项目备战的专门性策略

1. 优势项目和部分潜优势项目的备战策略

包括形成东京奥运会优势项目集团优势，提高项目核心竞争力；优化项目科学管理体系；围绕项目竞赛实战需要，构建多元竞赛实战保障体系；将"三从一大"科学训练原则与项目需要融合，推动项目技战术创新；高度重视东京奥运会项目设置动态变化，做好应对适应工作；加强对非技术战术因素的重视与研究；加强对国外竞争对手分析，建立主要对手预期反应档案；加强对重点项目和重点对手的精细化研究，打造项目备战资源与信息服务平台。

2. 集体性球类项目（三大球）的备战策略

包括加强集体性球类项目竞赛分析，精心谋划奥运参赛资格获取方案；形成国内竞赛与国际重大竞赛"内外结合"的赛事体系；提升集体性球类项目运动员的运动智能水平，培养核心队员；推动竞赛与训练结合，处理好集体性球类项目俱乐部联赛和国家队比赛的关系；提高教练员的执教能力和临场指挥能力；构建完善的信息情报系统和通畅的信息交流机制，借助"外脑"提升训练效益；以科学化训练为中心，加强对项目制胜规律的认识；借鉴国外先进经验，打造国际化训练平台，强化体能康复团队建设。

3. 田径、游泳和水上基础项目的备战策略

包括针对重点项目运动员建立专门性训练保障团队；加大"请进来、走出去"力度，提升基础项目训练的科学性、靶向性和有效性；赛练结合，搭建国内国际高水平竞赛平台；建立"冠军运动员技术和专项素质模型"；加强专项体能训练，高度重视恢复工作。

4. 推进基于重点项目需求的"科技精准助力"，提高训练参赛科学化水平

体能类项目要注重科技助力专项体能提升，注意伤病预防，构建数字化体能训练体系，强化训练监控，为训练相关数据提供量化指标。技巧类项目要坚持发展难度与提高质量协调，辅助跨界跨项选材、技术诊断与优化等手段快速提高运动能力；提升运动员心理素质，加强对于规则变化的国际信息情报收集。场地类项目要提升赴日本训练频次，提高运动员对场地熟悉程度，加大模拟训练室等训练辅助器材研发，创造出东京场景、东京氛围，借助科技手段模拟实战场景。集体类项目应以技术优化和战术训练为核心，加强心理训练，注重科技助力的连续性和系统性，通过科技手段模拟对手训练提升运动员实战能力。

5. 加强对东京奥运会项目规则和情报研判，提升重点项目备战参赛的精准度

从体能类项目、打分类项目、球类项目3个类别分别设计针对性备战方案，主要包括主动适应规则变化、加强重点项目和重点对手的精细化研究、强化对东京奥运会比赛项目与规则研究、建立国外选手与我国重点运动员综合对比分析数据库、密切跟踪国外先进的训练方法和科技助力手段等，为我国参赛团队科学分析、准确预判、制订风险预案提供参考。

项目编号（2018-C-19）

习近平总书记关于体育的重要论述研究

曹卫东

本研究的主要内容包括两个层面：一个层面是对习近平总书记关于体育重要论述的理论研究，梳理其内在的理论、历史、实践渊源，挖掘其科学内涵及蕴含的理论品格、方法论特色；另一个层面是对贯彻落实习近平总书记关于体育重要论述的实践研究。

一、习近平总书记关于体育重要论述的渊源

（一）习近平总书记关于体育重要论述的理论渊源

一是继承和发展了马克思主义体育学说。从"体育与人的自由全面发展的双向互动"发展为"发展以人民为中心的体育"，从"体育是教育的重要内容"发展为"以全民健身健全全民健康教育体系"，创造性地提出了以全民健身健全全民健康教育体系的观点。

二是传承和完善了毛泽东体育思想。从"体育运动是关系人民健康的大事"发展为"增强人民体质是体育工作的根本任务"，从"发展'群众本位'的体育"发展为"群众体育、竞技体育和体育产业的协调发展"，从"体育是三育之首"发展为"德智体美劳全面发展"。

三是秉承和丰富了中国特色社会主义体育理论。从"体育是个群众性的东西"发展为"通过全民健身实现全民健康、全面小康"，从"提高水平，为国争光"发展为"体育强国梦与民族复兴中国梦紧密相连"。

（二）习近平总书记关于体育重要论述的历史来源

一是吸收了中国传统体育文化精髓。习近平总书记关于体育的重要论述汲取了以民为本、天下为公、自强不息、革故鼎新、为政以德、政者正也、知行合一、和而不同等中华民族传统文化思想精华，其核心内容来源于中国特色社会主义体育文化中爱国主义、无私奉献、顽强拼搏、自强不息、团结协作、艰苦奋斗的传统体育精神。

二是汲取了中华人民共和国体育发展经验。习近平总书记关于体育的重要论述将体育地位上升至国家层面、战略层面，将体育与国家民族命运相系，将体育强国梦与中国梦息息相连。

三是借鉴了奥林匹克运动精神与文化。习近平总书记是奥林匹克精神文化的倡导者和践行者，习近平总书记关于体育的重要论述继承与发扬了新时代中国特色奥林匹克精神文化，这是中华民族精神及优秀传统文化与奥林匹克精神文化的深度融合，是新时代中国特色奥林匹克运动发展的精神文化引领。

（三）习近平总书记关于体育重要论述的实践基础

习近平总书记关于体育重要论述的实践基础有两个方面。

一是从政经历中发展体育的实践经验。习近平总书记从政经历丰富，梁家河村时期（1969—1976年）是习近平总书记关于体育重要论述的思想奠基期，确立了为人民做实

事的信念；正定县时期（1982—1985年）是习近平总书记关于体育重要论述的初步孕育期，提出了群众体育与竞技体育两手抓；福建省时期（1985—2002年）是习近平总书记关于体育重要论述的重要准备期，指出要推动体育事业与体育产业同步发展；浙江省时期（2002—2007年）是习近平总书记关于体育重要论述的渐趋成熟期，强调在体育强省目标下的体育事业全面协调可持续发展；中央时期（2007年至今）是习近平总书记关于体育重要论述的全面展开期，全面统筹谋划加快推进体育强国建设。习近平总书记在不同的从政经历中，越来越从政治家的高度认识体育，对体育的论述越来越多，也越来越深入、全面、丰富、系统。

二是新时代中国体育事业改革发展的实践探索。新时代的中国面临在全球化时代世界范围体育发展的新机遇与新挑战，面对新时代社会主要矛盾变化对体育事业发展提出的新要求，面临体育大国迈向体育强国进程中亟待处理的新问题，需要中国体育事业改革发展。中国体育改革发展作出的实践探索也构成了习近平总书记关于体育重要论述的实践基础。

二、习近平总书记关于体育重要论述的科学内涵

（一）坚持以人民为中心的体育价值取向

坚持以人民为中心的体育价值取向是习近平总书记以人民为中心的发展思想在体育领域的体现，它具有丰富的内涵。

一是体育是促进人的全面发展的有效途径。体育可以促进人的能力的发展，可以促进人的个性的自由发展，可以促进人的社会化。

二是体育事关人民的美好生活。体育是人民健康生活、幸福生活的基础和保障，大力发展体育事业是对新时代人民对美好生活需求的回应。

三是体育助力人类的和平与发展。作为国际通用语言，体育为全世界的沟通提供了平台，加强国际体育的交流与合作，可以推动人类的文明进步与交流，助力人类命运共同体建设，维护世界和平发展。

（二）坚持体育事业与中华民族伟大复兴紧密相连的战略定位

体育事业发展与中华民族历史命运基本走向是紧密相连的。

一是体育强则中国强，国运兴则体育兴。中华人民共和国成立前国弱体衰，体育意义重大，却无法发展；随着中华人民共和国的成立和国力的发展，中华人民共和国的体育建设逐渐完善，体育在中国崛起的过程中发挥着不可替代的重要作用。

二是体育强国是现代化强国的重要组成部分。发展体育运动，增强人民体质，是我国体育工作的根本方针，通过体育实现人民健康，是现代化建设的重要追求；建设体育强国是中国梦的重要内容，是弘扬爱国主义精神、振奋民族精神的重要手段。

三是体育为建成富强民主文明和谐美丽的社会主义现代化建设增添动力。政治方面，体育可以维护民族团结，增强国家认同，可以促进国家间合作与交流，提升国家形象；经济方面，体育可以提高人民的健康水平，为经济发展提供动力，体育产业是国民经济的组成部分，有利于推动经济转型升级；文化方面，体育可以丰富人民的精神文化生活，弘扬积极向上的精神文化；社会建设方面，体育有利于社会治理，实现社会和谐；生态

建设方面，体育可以推进生产方式和生活方式的绿色转型。

（三）坚持"改革创新，建设体育强国"的发展谋划

党的十八大以来，习近平总书记提出了一系列新时代改革发展的重要论述，为体育的繁荣发展提供了有力的理论指导。这些论述包括以下七个方面：

一是发展的保障是坚持党对体育工作的领导。

二是发展的根本任务是增强人民体质。这是习近平总书记对我国体育发展根本任务的再次重申，也是对中华人民共和国历代领导人体育发展思想的传承。

三是发展的目标是建设体育强国。习近平总书记将建设体育强国上升到国家战略的高度，提出要将体育强国建设作为体育发展的目标。

四是发展的理念是"创新、协调、绿色、开放、共享"。

五是发展的动力是改革创新。体育改革是全面深化改革的题中之义，全面深化体育改革是破解体育发展困境、促进体育事业科学发展的必由之路。

六是发展的引领是弘扬体育精神。习近平总书记多次强调，体育比赛最重要的不是获得金牌，而是发扬体育精神。

七是发展的原则是尊重规律。发展体育事业，就要尊重体育发展的规律，尊重项目发展的规律和市场规律。

三、习近平总书记关于体育重要论述的理论品格与方法论特色

（一）继承了马克思主义优秀的理论品格

一是坚定的人民立场和强烈的责任担当。习近平总书记重视体育并非仅仅出于个人对体育的兴趣和爱好，更是基于对体育功能价值的深刻认识，出于对全民族的发展幸福乃至全人类命运的考虑。

二是鲜明的实践品格和明确的问题导向。实践性与问题意识是马克思主义理论的优秀品格。习近平总书记关于体育的重要论述继承了马克思主义优秀的实践品格，时代是思想之母，实践是理论之源。

三是开放的理论胸怀和广阔的理论视野。发展性、开放性是马克思主义理论的优秀品格。习近平总书记在坚持马克思主义基本立场的基础上，不但发展了马克思主义基本观点，还丰富了马克思主义基本方法，开辟了马克思主义新境界，并将之运用到体育、教育等各个领域工作中。

（二）鲜明的方法论特色

一是用高远的战略思维谋划体育发展，用宽广的国际视野和世界眼光进行顶层设计，从全局高度和长远眼光思考体育，从整体上把握体育。

二是用深刻的辩证思维处理体育错综复杂的关系。

三是用深邃的历史思维洞察体育发展规律。习近平总书记继承发展了人民群众创造历史的历史唯物主义观点，提出了"人民中心论"思想，并运用它指导我国的体育工作。

四是用严密的法治思维规范体育行为。体育是公平竞争的游戏，规则意识是体育人的基本素质，遵纪守法是中华体育精神的重要内涵，也是奥林匹克精神的本质要求。

四、在实践中坚持和贯彻习近平总书记关于体育的重要论述

（一）立足体育事业历史任务，加快体育强国建设步伐

一是推动体育场地设施建设。政府需制定管理扶持政策，在城市建立各种体育设施，在学校建立高质量场馆并向社会开放。

二是普及全民健身活动。加强竞技性全民健身赛事体系建设，举办全民健身日活动，培养社会体育指导员。

三是促进青少年体育发展。提高与国外先进环境的互动，提升青少年体育技能，推动体育设施双向开放，建立青少年体育人才库，建立完备的青少年 U 系列赛事。

四是建构国家体育训练体系。加强梯队建设，建立后备人才培养机制，做好服务保障体系建设工作。

五是推动体育产业升级。构建现代体育产业体系，拓展体育产业发展空间，针对消费群体积极宣传引导，提升消费水平。

六是建设体育社会组织。加强顶层设计，建立健全群众性体育社会组织，建立体育社会组织跨部门合作监管综合体系。

（二）牢记健康第一教育理念，开创教育强国建设新局面

一是要深化认识，明确"人的全面发展"是教育强国建设的核心宗旨。"培养什么人"是教育者首先需要思考的问题，"教育强国"战略亦需以此为前提和基础。

二是要回归本原，始终坚持将"健康第一"作为教育工作开展的根本观念。身体是人发展的"本原"，"身体健康"的重要性决定了坚持"健康第一"教育观念在践行"教育强国"战略中的统领性地位。

三是要夯实基础，充分发挥体育教育在"五育并举"中的关键作用。需要构建"五育并举"教育体系，在"五育并举"教育体系中不断夯实体育教育的基础性地位，充分发挥体育在"五育并举"中的奠基性和综合性价值。

四是要坚持创新，持续推进体育教育的系统性变革。探索和深化体育教育的系统性变革，持续加强体育教育工作，事关青少年的健康成长，以及祖国和民族的未来。

（三）落实全民健康重要指示，担当健康中国建设新使命

在制定公共政策中融入体育促进健康理念，在构建全方位全周期健康保障机制中发挥体育的作用，在推进全民健身和全民健康深度融合中凸显体育价值，实现全民健身生活化，落实健康中国战略。

（四）创新体育对外交流模式，构建人类命运共同体

一是加强体育交流，促进世界和平与安全。我国要以更加积极的、开放的姿态参与和承办国际体育赛事，在国际体育交流中要坚持共同、综合、合作、持续的新安全观，促进世界和平与安全。

二是增进体育合作，实现各民族共同繁荣。要打破民族主义的、自我封闭和自我保护的陈旧观念，始终坚持合作共赢的理念，将发展体育事业的成果惠及所有参与国际体

育事业的国家和地区，践行"和而不同"的交往模式。

三是发展体育文化，引领世界文明进步。对体育理论进行创新性的总结和研究，积极贯彻传播积极、健康的价值观念，将中国传统文化中追求"和谐""共荣"的价值观念通过国际体育活动的参与与开展呈现给世界。

四是倡导绿色体育，促进全球生态环境改善。通过提升科技手段，加强管理，减少污染和浪费，并且发掘推广中国独特的体育文化中"人与自然"和谐统一的观念。

五是搭建体育交流新平台，构建体育对外交往新格局。要继续深化与亚洲各国尤其是周边国家的体育交流合作，积极倡导中国与中东欧国家及拉美、非洲各国的体育交流活动，在"一带一路"战略规划中推进体育文化交流。

项目编号（2019-A-01）

我国奥运冠军成长规律研究

杨国庆

为迎接中华人民共和国成立 70 周年，为更高更强地推动竞技体育发展，本研究以我国 251（现役 38）位奥运冠军为研究对象系统剖析了我国奥运冠军成长的基本特征、教育特征、训练竞赛特征、心理制胜特征，凝练出了新时代奥运冠军精神。在此基础上，系统总结了我国奥运冠军成长成才的 40 条规律，提出了对东京奥运会、2022 年北京冬奥会备战和推动新时期奥运冠军人才培养的 20 条启示，希望能为新时代培养更多为国争光的体育精英人才提供理论指导。

一、我国奥运冠军的成长规律

（一）我国奥运冠军成长的基本规律

我国奥运冠军集群成长存在明显的"阴盛阳衰"现象。我国男性参加奥运会项目人数多于女性，但获得金牌的数量却远少于女性，在夺金总数、夺金比例、夺金项目分布等多个方面，男性运动员都明显逊色于女性运动员，金牌贡献上呈现"女强男弱"态势。

我国奥运冠军成才的黄金年龄集中在 21~26 岁。我国奥运冠军成才的年龄分布整体呈"马鞍形"态势，主要集中在 18~26 岁，其中 21~23 岁年龄段人数最多。

各级各类体校是我国奥运冠军成长成才的主渠道。我国 251 位奥运冠军都有不同程度的体校成长经历，各级体校是我国奥运冠军成长的"摇篮"，在奥运冠军培养中作出了巨大贡献。

我国奥运冠军多为汉族运动员。我国共产生 237 位汉族奥运冠军，占奥运冠军总数的 94%，少数民族奥运冠军只有 14 位，只占奥运冠军总数的 6%。我国只在 8 届奥运会的 10 个项目中产生过少数民族奥运冠军。

我国奥运冠军主要分布在技能主导类项群。我国奥运冠军在技能主导类项群（排球、乒乓球、跳水、体操等）中占绝对优势，技能主导类项群夺金率是体能主导类项群的 3 倍。

我国奥运冠军分布具有典型的"地缘集群规律"（摇篮现象）。地缘分布上，我国奥运冠军主要集聚于四大区域，包括长江流域（90 人），北京市、天津市及周边地区（31 人），东部、南部沿海地区（47 人），东北三省（53 人），其中长江流域最多，区域集聚特征明显。

我国奥运冠军主要集中在传统优势项目。跳水 33 人、举重 28 人、体操 25 人、乒乓球 24 人、羽毛球 19 人、射击 18 人、田径（8 人）、游泳（10 人）及赛艇（4 人）、帆船（2 人）、皮划艇（2 人）等水上项目奥运冠军人数相对较少。

我国奥运冠军区域分布呈"东强西弱、中部适中"的"南北对峙"现象。我国奥运冠军地域分布不均衡，东部共产生奥运冠军 164 名，占全国奥运冠军总数的 65.3%，中部次之，西部省份只产生 21 名。

我国奥运冠军成长具有明显的地域流动性，实现了区域"优势互补"。

我国各届奥运冠军项群分布不均衡。体能主导类速度性项群（游泳）和技能主导类表现准确性项群（射击、射箭）奥运冠军数量整体呈下降趋势。

我国不同性别奥运冠军在沿海和内陆城市分布上差异明显。我国男性奥运冠军相对多分布在广东省、江苏省、浙江省、福建省等东部沿海城市。

我国奥运冠军成长呈明显的地域性"马太效应"现象。我国不同省市奥运冠军分布不均衡，奥运冠军多集中在人口密集、经济发达的东部（164人）、中部（66人）地区，呈现越靠北的省份获得奥运金牌人次越多的趋势。

我国奥运冠军项群结构存在明显的性别差异性。我国各项目奥运冠军性别呈非均衡分布，女性奥运冠军在体能主导类速度性项群（游泳）、耐力性项群（赛艇、帆船、田径）、技能主导类隔网对抗性项群（乒乓球、羽毛球、排球等）、格斗对抗性项群（柔道、跆拳道、击剑等）方面有明显优势。

我国奥运冠军分布具有明显的聚类动态变化特征。在区域分布上，我国奥运冠军力量型项群（举重等）主要集中在北方，技术型项群（跳水、羽毛球等）主要集中在南方，体能主导类项群（游泳、田径等）主要集中在南方。

我国奥运冠军成才时间呈现出明显的地域差异性。我国不同地区奥运冠军成才时间不平衡，华东和华中地区奥运冠军成才时间相对较短，东北和华南地区奥运冠军成才时间较长。

奥运冠军精神是不同时代运动员凝聚的强大动力。奥运冠军精神内涵包括"挑战极限、使命在肩；爱国奉献、团结拼搏；创新争先、奋斗有我"。

（二）我国奥运冠军成长的教育规律

文化教育程度与我国奥运冠军成才夺冠不呈正相关。我国奥运冠军首次夺冠时达到大学本科学历的人数不到一半，多数冠军的学历并不高。

我国奥运冠军"子承父业"的特征不明显。我国大部分奥运冠军的直系亲属没有竞技体育经历，大多数奥运冠军的父母都是普通的工人、农民，从项群看，技能主导类隔网对抗性项群奥运冠军的直系亲属从事体育比例相对较高，排球、乒乓球、羽毛球等项目的"家族体育"特征相对明显。

良好的家庭支持氛围是奥运冠军成才的重要基础。多数奥运冠军家长尊重子女的体育兴趣爱好，积极为他们创造良好的成长环境，但家庭对不同性别奥运冠军的支持存在差异，家长相对更看重对男性运动员兴趣爱好的培养。

我国奥运冠军的本科、研究生高学历教育年限较长。我国奥运冠军在小学、中学阶段年限与普通学生相比差异不大，入小学时平均年龄为6.73岁，初中毕业时平均年龄为12.21岁，高中毕业时平均年龄为18.23岁。

我国奥运冠军成长的主要教育方式是班级集中授课。我国在奥运冠军不同成长阶段实施了多元教育方式，在基础阶段与发展提高阶段，班级授课是我国奥运冠军的主要受教育方式。

我国奥运冠军成长中存在一定的学训矛盾。我国奥运冠军普遍投入训练的积极性较高，同时认为学习与训练有一定的冲突性，但并非认为学训矛盾非常高，男性占36.8%，女性占38.6%。

我国奥运冠军有着良好的自我认知、自我践行和自我约束能力。我国奥运冠军自我认知较明晰,都有着对卓越人生的执着追求,把登上奥运会最高领奖台作为人生最大理想。

信念教育和励志教育是助推我国奥运冠军成才的重要动力。我国奥运冠军接受过各种形式的爱国主义教育。国旗、国歌教育等爱国主义教育活动及到革命圣地参观等,是奥运冠军接受的最普遍、最常态化的社会教育形式。

(三)我国奥运冠军成长的训练竞赛规律

我国奥运冠军成才的训练年限平均为13.85年。我国奥运冠军成才时间突破了国际上流行的"10年10000小时的刻意训练"定律,从第一次接触运动项目的时间到首次夺取奥运冠军的时间,跨度一般分布在9.86~17.84年,平均需要13.85年。

我国奥运冠军训练周期存在"此消彼长"现象。我国奥运冠军成长过程中普遍存在"启动期越长,成长期和夺冠期越短;启动期越短,成长期和夺冠期越长"现象。

我国奥运冠军训练周期存在"男早女迟"和"男长女短"现象。我国男女奥运冠军训练周期不均等,其差异主要体现在青少年时期。就成长速度而言,男性运动员发育晚,但启蒙训练更早;女性运动员发育早,却启蒙训练晚,表现为"男早女迟"启蒙训练现象。

我国不同项群奥运冠军的成才训练时间不平衡。体能主导类耐力性项群的青少年训练时间较短,体能主导类速度性项群男性运动员的青少年训练阶段时间跨度是耐力性项群的2~3倍,速度性项群男性运动员的启动期最长而成长期最短,表现为典型的"厚积薄发"项目。

我国奥运冠军容易再次问鼎的项群是技能主导类隔网对抗性和难美性项群。我国奥运冠军再次问鼎的项目特点是"练得更久,赢得更多",其中隔网对抗性项群和难美性项群人数最多,排球、乒乓球、羽毛球、体操、跳水等项目有多数运动员连续获得奥运金牌。

国家主导是我国奥运冠军成长成才的重要保障。我国奥运冠军的成长成才离不开国家的支持与保障,尤其是运动员在备战奥运会中的训练参赛与举国体制的制度优势密不可分,利用"上下一条龙、全国一盘棋"优势,广泛动员全国体育部门、全社会多方力量。

"以赛促练、以赛代练、赛练结合"是我国奥运冠军成才的基本理念。科学处理训练与竞赛的关系是我国奥运冠军成才的基础,将"赛练结合,以赛代练"等科学训练理念贯穿于不同项目训练参赛之中,动态处理训练与恢复适应的关系。

"三从一大"科学训练原则是指导我国奥运冠军成才的重要法宝。我国奥运冠军的成才得益于具有中国特色的"三从一大"训练原则,坚持从难、从严围绕从实战需要出发开展训练参赛工作,客观认清不同项目的训练本质特征和制胜规律。

(四)我国奥运冠军成长的心理制胜规律

我国奥运冠军的心理成长具有明显的时代特征。我国奥运冠军的自我认同时代特征明显:零的突破—前北京—北京—后北京,这四个时期内的运动员在自我认同上展现出核心成分、多元化和弹性上的变化。

我国奥运冠军具有良好的集体自我认同和自我评价。我国奥运冠军形成了具有中国特色、集体主义特征明显的集体自我认同,这种认同源自于并深刻体现了对国家的依恋与情感、对体育内涵的理解及对项目的热爱。

我国奥运冠军多数保持着比较稳定的成就动机。我国奥运冠军的成就动机具有一致性，体现在总体的高动机性、高投入性和高主动性。

教练员训练中"严和爱"的把握尺度是影响奥运冠军心理的重要因素。奥运冠军对师徒关系以积极表述为主，消极表述较少，师徒关系给奥运冠军成才带来的帮助很多，同时训练过程中带来的压力和焦虑情绪也很多，教练员在训练过程中"严和爱"的尺度把握是运动员成才的一个重要因素。

自我谈话、情绪发泄、注意力转移等是我国奥运冠军主要自我心理调节方式。我国奥运冠军主要从顺境和逆境两个方面进行自我调节，68.5%的奥运冠军在大赛中都能很好地自我调节。

心理监控、心理训练和心理干预是我国奥运冠军的主要外部心理调节手段。我国多数奥运冠军都有心理服务参与，其中主要为心理监控、心理训练及对重点运动员的赛间进行个性化心理干预。

我国奥运冠军的核心心理品质在于强调心理韧性。我国奥运冠军更为强调心理韧性，68.6%的奥运冠军都能勇于面对挫折，表现出男性心理韧性强于女性、年龄越大心理韧性越强、运动水平越高心理韧性越强等特征。

二、现实启示

一是关于优秀运动员培养体制机制的启示：坚持和完善竞技体育举国体制，打造政府主导下的运动员培养新机制；进一步加强和完善新时期体校建设，推进奥运冠军培养模式的多元化；完善优秀运动员跨域流动培养机制，实现区域优势互补、联合培养；构建常态化家校沟通协同机制，强化家庭与运动队联动。

二是关于优秀运动员选拔输送的启示：遵循奥运冠军成才的项群、地缘和时空规律，完善特定人才选拔方式；实施"家族体育计划"，深度挖掘家族优秀体育后备人才；统筹奥运冠军成才夺冠的黄金时间，科学规划后备人才成长档案；打造新时期教体融合培养新体系，精细化运动员输送模式。

三是关于优秀运动员培养方面的启示：构建奥运冠军成长成才的人口统计学数据库，提升人才培养的科学性和精准性；利用奥运冠军成长的地缘集群优势，建立多元集聚型训练基地和人才中心；建立运动员文化教育区别对待机制，实施"因项、因材施教"；打造适应不同运动员的活态性学训制度，优化运动员文化教育方式。

四是关于运动员成才方面的启示：围绕运动员不同成长阶段实施多元教育方式，全面提升育人质量；制定运动员不同成长阶段的个性化训练参赛方案，确保精准训练、精准参赛；坚持"以赛促练、以赛代练、赛练结合"训练理念，统筹训练与竞赛关系；坚持"三从一大"科学训练原则，深化对运动项目制胜规律的研究和认识。

五是关于运动员保障方面的启示：强化运动员理想信念教育，提高运动员自我管理能力；把握好训练中"严和爱"的尺度，塑造良性"教练员—运动员"关系；重视运动员心理韧性和心理调节引导，提升运动员核心心理素养；大力弘扬新时代奥运冠军精神，全面提升奥运冠军文化的影响力。

项目编号（2019-A-02）

群众"健身难"问题破解路径研究

卢文云

一、群众"健身难"问题的内涵及表现

群众"健身难"是指人民群众在提升身体活动水平和能力、形成积极健康生活方式的行为过程中感到困难的事,是人民群众对健身服务不亲民、不便利、不科学、不普及的心理感受,是提供方所提供的服务及相关条件不适应需求方要求的客观表现。从媒体的报道分析,群众"健身难"问题的难点主要体现在五个方面:一是健身去哪儿难,反映的是体育场地设施总量不足、结构缺陷问题;二是获取科学健身指导难,反映的是科学健身指导的有效依据缺乏、专业队伍不足、阵地没有形成规模问题;三是寻求健身组织难,反映的是体育社会组织发育不良问题;四是参与健身比赛和活动难,反映的是体育赛事和活动供给总量不足、服务质量有待提高、市场潜力未充分释放等问题;五是群众主动健身难,反映的是群众健身意识薄弱、健身习惯难以形成等问题。

从群众调查的数据分析,经常参与体育健身的人群仅占37.42%,未参与体育健身的人群占41%;群众眼中的"健身难"问题的难点排序为:获取科学健身指导难＞参与健身比赛和活动难＞寻求健身组织难＞群众主动健身难＞健身去哪儿难;群众对政府解决"健身难"问题工作的满意度不高,选择"非常满意"和"比较满意"的人数合计仅占20.59%;96.44%的调查对象都认同"体育健身是人民美好生活需要的重要组成部分"。

群众"健身难"问题具有历史阶段性特点,它是在身体活动不足成为全球性的公共卫生问题、群众健身成为人民美好生活需要的重要内容及推动体育产业成为国民经济支柱性产业的时代背景下产生的问题,直接关系健康中国和体育强国战略的顺利实施,凸显了解决群众"健身难"问题的重要性与紧迫性,必须予以重点关注,寻求切实有效的解决办法。

二、群众"健身难"问题的成因

(一)体制性成因

首先,国家体育总局、中国奥委会、中华全国体育总会、全国性单项体育协会之间的顶层设计不清晰是最核心的体制性问题,这使得体育领域全面深化"放管服"改革难以深入推进,政府职能无法实现有效转移,其带来的后果为:一是使得市场、社会参与健身服务供给的空间有限、深度不够,难以激发市场动力和社会活力。二是制约政府"管"和"服"职能的发挥,使得体育市场秩序混乱、损害消费者利益行为发生。三是以服务会员和行业双重需要为生存和发展逻辑的社会体育组织管理体制难以建立,使得体育社会组织的发育不良。

其次,实现全民健身基本公共服务均等化的财政体制尚未建立,加上统筹调控能力不足,导致全民健身基本公共服务供给的总量与需求比较尚不丰富、发展程度不够高、

供给的态势不够稳固，以及城乡、地区之间的不平衡。在公共资源的配置方向上，往往偏好大型场馆、重大赛事等显性投入，对群众身边小型多样的场地设施、健身行为干预项目投入不足，使得供需存在一定的不匹配。

最后，政府不同层级之间、政府不同部门之间、政府与社会之间的协同不足，特别是政府全民健身工作水平评价机制的缺乏，导致国家层面的全民健身规划和政策在逐级嵌入下级政府全民健身规划和政策过程中呈执行力逐级衰减的现象。

（二）管理性成因

首先，竞技体育资源服务全民健身不力，表现为：大型体育场馆长期存在的开放难、利用率低下等问题无法得到有效解决；竞技体育人力资源参与全民健身志愿服务不力；竞技体育赛事资源带动全民健身有待加强；竞技体育科技成果向全民健身转化较低。

其次，学校体育资源有效利用不足，表现为：学校体育场地资源对外开放受内外因素的双重制约，没有得到充分利用；体育教师由于社会服务意识淡薄、教学任务和科研任务繁重、激励机制不完善等原因，参与群众健身指导不足。

最后，共享健身平台建设不足，使得体育资源难以发挥最大效益，也无法引导多元主体共同解决健身服务供给问题。

（三）政策性成因

首先，政策的文本类型以通知、意见为主，"法规"类的政策缺乏，不利于全民健身工作的有效推进。

其次，"全民健身融入所有政策"在交通政策、环境政策、农业和食品政策等方面还缺乏相应的具体实施细则。

再次，自愿性政策工具使用不足，不利于群众健身组织的发育、群众健身意识的提高及健身习惯的养成；强制性政策工具应用过多，不利于各地根据具体的健身难问题采取相对应的解决方案；混合型政策工具选择结构不合理，"契约""诱因型工具"使用较少，使得政策的执行效果受到影响。

最后，政策过程存在政策制定的民主化程度和科学化水平有待提高、政策执行的碎片化和政策评估方法体系滞后问题。

三、群众"健身难"问题的破解路径

（一）政府主导保基本

政府主导保基本的原因在于：一是如何促进群众主动健身是世界性的公共卫生问题，许多国家把提升身体活动水平纳入公共卫生范畴，对居民的身体活动行为进行有效干预，我国需要借鉴。二是科学健身是一种"有益物品"，不仅对个体健康有益，而且对提高国民体质、减轻国家医疗负担、推动体育产业成为国民经济支柱性产业等有益，政府应促进或增加个人对这种"有益物品"的消费。三是参与健身是公民的基本权利，要求发挥国家的主导作用，给予公民最低限度的、必要的健身保障。

政府在解决群众"健身难"问题中应发挥以下主导作用：一是作为引领者，做好顶层设计、总体规划、制度供给，保证整个全民健身服务体系的发展部门有主管、法律有支撑、人财物有保障、服务有质量、监管有标准。二是作为组织者，统筹不同类型的服务主体协同提供多样化的全民健身服务，在充分发挥各自优势的基础上，形成政府、市场、社会及政府不同层级、不同部门在全民健身服务供给中的协同关系。三是作为监管者，督促不同类型的主体提供优质健身服务，避免损害公共利益的行为发生。四是作为服务者，为群众提供广覆盖、保基本的全民健身公共服务，切实履行好应当承担的全民健身服务"托底"职责。

为使政府切实履行职能，一是要建立全民健身基本公共服务的标准体系，逐步形成国家、行业、地方相互衔接的标准指标体系，并建立全民健身基本公共服务的标准动态调整机制，结合《全民健身计划（2016—2020年）》的滚动实施，适时调整、提高具体指标。二是要促进全民健身基本公共服务的均等化，通过均衡配置和有效使用全民健身公共服务资源、建立以城带乡联动机制、对老少边穷地区的缺口进行精准扶贫、推进重点区域全民健身基本公共服务均等化、制定系列特殊政策等措施，补齐城乡、区域和人群短板。三是要建立全民健身基本公共服务有效供给的统筹协调机制、财力保障机制、人才队伍建设机制、多元供给机制、监督评价机制，确保全民健身基本公共服务的标准落实、均等化水平稳步提高。

（二）市场主体促消费

充分发挥市场在资源配置中的决定性作用，通过推动营商环境优化、鼓励健身休闲企业创新发展、优化要素保障等措施，推动健身休闲产业高质量发展，激发健身消费活力，使那些不愿平均无差别享受基本健身服务的群众能在自愿多付费的前提下进行选择，享受更多、更优质的健身服务。

在健身休闲市场营商环境优化方面，继续深入推进健身休闲领域的"放管服"改革，建立健身休闲领域的负面清单制度。重新审视现有高危体育项目的审批，明确标准。积极构建以权力清单和责任清单为基础、以信用监管为核心、以智慧监管为支撑，社会监督、行业规范、行政监督相结合的多元化监管体系，重点加强对青少年体育培训、老年人健身等户外运动休闲领域的监管。着力提升健身休闲领域政务服务效率，推进健身休闲领域政务服务标准化、智能化、便民化，重点加强对规则、标准、等级、认证等行业公共服务的供给。推进体育、公安、卫生等多部门对商业性和群众性大型赛事活动联合"一站式"服务机制建设。加强对健身休闲领域的创新创业支持，提高健身休闲领域关键技术和产品的自主创新能力。强化土地、资金、人才和信息要素保障。

（三）社会补充促公益

对那些处于基本公共服务和私人服务之间、政府没能力提供而市场又不愿提供的健身服务，要利用体育社会组织的非营利性、公益性、专业性、灵活性优势，发挥其强大的社会资源吸纳能力和调动能力，充当公益性健身服务的供给角色。

第一，在宏观上厘清国家体育总局、中国奥委会、中华全国体育总会、全国性单项体育协会（以下简称单项协会）之间的关系。可借鉴英国"一臂之距"原则，国家体育总局只管制定体育政策和财政拨款，把具体管理竞技体育的事务委托中国奥委会，管理全民健身事务委托中华全国体育总会。中国奥委会、中华全国体育总会通过具体分配拨款的形式，负责资助和联系单项协会、其他相关机构和个人，贯彻落实国家体育方针和政策。单项协会通过接受政府委托、购买和服务会员进行运动项目的普及与提高。中国奥委会、中华全国体育总会作为中介非政府公共体育机构，形式上相当于单项协会的联合会，起承上启下的枢纽作用，各单项协会作为枢纽节点，形成分类、分级、分层、自主、自律、自养的政府与体育社会组织合作的新型体育治理新格局。

第二，对单项协会脱钩后的角色进行重新定位，把为会员提供优质、高效的行业服务和"俱乐部"产品，作为单项协会生存和发展之基。

第三，建立并公开单项协会权力清单和职能清单，将适合由单项协会承担的职能保留，将不适合单项协会承担的职能予以交还，实现单项协会脱钩后角色、职能和资源的有效匹配。

第四，对单项协会进行包容审慎的合法合规性监管，将监管重心从原有的登记审核向事中和事后转移，形成党委领导、政府各部门联合监管的体制机制。

第五，给予脱钩后的单项协会精准化的制度供给、资源支持和自治引导，助其平稳过渡转型。

第六，健全群众身边的健身组织，探索基层健身组织与文化、教育、卫生、养老等各类组织相融合的途径和方式。建立民间草根体育组织登记备案制度；不断提升各类群众健身组织专业化水平，加大向基层群众健身组织购买服务的力度，打通全民健身服务"最后一公里"。

（四）个体主动履责任

解决群众"健身难"问题除了发挥政府、市场和社会作用建立支持体系外，还要改变群众对健身的认识，以及提升群众自主解决"健身难"问题的能力，使广大群众能主动健身，并能有效利用现有条件或创造条件健身。其关键是要树立个体健身的责任意识，并主动履责将意识转化为自主的健身行为，必要的情况下政府甚至可以强制要求个体履行健身责任，如强制公务员体质达标、身体质量指数（BMI）达标等。此外，公民的健身责任还体现在作为全民健身治理主体，主动参与全民健身的政策制定、表达健身服务需求、反馈健身服务质量，以及作为群众身边的典型，示范引领身边的人主动健身，积极参与全民健身志愿服务。为此，要把提升公民身体素养作为群众主动履行健身责任的前提，亦作为政府全民健身工作的核心目标，让体育健身知识、行为和技能成为全民普遍具备的素质和能力，形成破解群众"健身难"问题的内在张力。

（五）社区依托搭平台

解决群众"健身难"问题应以社区为依托，搭建各类平台，促进群众健身活动的普遍化和生活化。一是搭建资源整合平台，充分将政府、市场与社会力量有机结合起来，提升社区内外体育社会团体、体育赛事活动、体育场地设施等各类资源的整合能力。二是搭建体医融合平台，形成社区全科医生或家庭医生负责科学健身方案制定和效果反馈，社区运动与健康促进中心负责方案落实；或者采取医院和体检中心负责推荐和效果反馈，社区运动与健康促进中心负责科学健身方案制定与落实的体医融合模式。三是搭建健身宣传平台，从理念、形式、方法、内容等方面创新健身理念。四是搭建服务联系平台，围绕解决居民健身过程中的实际问题，提供有针对性的健身服务。五是搭建健身激励平台，充分调动不同主体协同解决群众"健身难"问题的积极性。

（六）资源共享提效益

破解群众"健身难"问题，要通过资源共享盘活体育健身资源存量，突破体育健身资源利用的区域壁垒，提高全要素生产率。一是加强制度创新，着力解决资源共享过程中的难点、痛点、卡点、堵点问题。包括完善资源共享的配套政策，制定出具体可操作性的资源共享条文细则，厘清健身资源共享过程中的责、权、利关系；搭建协同管理机制，打通资源共享治理卡点；建立资源共享监督机制，突破资源共享落实堵点。二是积极深化共享健身平台的构建，将分散的健身资源有机整合在一起，并掌握群众健身"供给"与"需求"的匹配情况，实现资源供给的精准化、智能化。

四、破解群众"健身难"问题的政策建议

（一）加强全民健身基本公共服务供给的财政保障

根据体育产业占国内生产总值（GDP）的比重不断提高体育事业经费投入占GDP的比重，保证体育事业财政总投入的增速指标远远高于财政总支出的增速指标，并且不断提高全民健身财政投入在体育事业总体投入中的比重，切实增强各级财政特别是县级财政提供全民健身基本公共服务的能力。要优化公共财政投入的结构，特别是应结合全面深化体育改革，加强对体育体制改革的财政支持，保证改革的平稳推进，切实解决制约群众"健身难"问题的体制性障碍。

完善财政转移支付制度，促进全民健身基本公共服务的均等化。增加中央和省级政府在全民健身基本公共服务领域的支出责任。加大对农村、中西部地区、老少边穷地区的财政支持力度，适当增加一般性转移支付特别是均衡性转移支付规模和比例，减少或取消配套性补助的比重，充分发挥专项转移支付资金促进全民健身基本公共服务均等化的积极作用。鼓励东部较发达省份对落后地区提供对口扶持。中央财政应以常住人口为基准制定县级全民健身基本公共服务财力保障范围和保障标准，并根据相关政策和因素变化情况动态调整；省级财政要按照辖区内全民健身基本公共服务均等化的要求，加大对县级政府的转移支付力度，帮助困难县弥补基本财力缺口。

（二）制定政府购买全民健身公共服务政策

结合全国性单项体育协会脱钩后的治理进行顶层设计，从国家层面出台专门政策，指导不同层级政府系统深入推进购买全民健身公共服务工作。政策的制定应以《中华人民共和国招标投标法实施条例》《中华人民共和国政府采购法实施条例》《政府购买服务管理办法》《国务院办公厅关于政府向社会力量购买服务的指导意见》等为依据，充分吸取现有推进政府购买全民健身公共服务地区的实践经验。政策的制定要体现以下要点：一是重点要明确承接主体的具体条件，将基层备案的民间体育社会组织纳入承接主体；二是制定政府购买全民健身公共服务的指导性目录，明确政府购买全民健身公共服务的种类、性质和内容，并根据经济社会发展变化、政府职能转变及群众健身需求等情况及时进行动态调整；三是对政府购买的计划编制、信息公开、合同签订、服务验收等环节应作出明确规定；四是加强对政府购买全民健身公共服务的监督管理，明确财政、发改、民政、监察、审计、体育等部门的监管职责；五是根据全民健身公

共服务购买种类，研究制定考评指标、考核方式方法等绩效考评体系。

（三）落实健身休闲产业发展的配套政策

一是地方层面和涉及的相关部门要结合实际对现有出台的政策进行细化，形成操作性强的配套政策。二是建立政策执行的督查机制，联合相关部门对政策的落实进行监督检查和跟踪分析，重大事项及时向有关部门报告。三是对已有政策执行的效果进行评估，评价政策的科学性和合理性，并对政策进行修正。重点落实"放管服"政策、土地政策、财税政策、消费和保险政策。

（四）完善体育社会组织培育政策

加大对全国性单项体育协会改革的政策扶持，包括改革的配套政策、人员安置和保障政策、发展扶持政策，确保改得动、改得顺、发展好。大力培育群众身边的体育社会组织，鼓励依托各种社区平台，为社区体育社会组织提供组织运作、活动场地、活动经费、人才队伍等方面支持；采取政府购买服务、设立项目资金、补贴活动经费等措施，加大对社区体育社会组织扶持力度；建立社区体育社会组织与社区建设、体育社会工作的联动机制，把社区体育社会组织建设成为增强社区健身服务功能、吸纳体育社会工作人才的重要载体。加强枢纽型体育社会组织建设，探索在同类别、同性质、同领域的体育社会组织中建立枢纽节点。推动具有地方特色的体育社会组织孵化器建设，为社会组织提供场地设备、注册协助等创建初期亟须的资源，加大对体育社会组织的资金支持力度。

积极探索、改革符合各地情况的体育社会组织登记管理制度；加强对体育社会组织的监督管理，建立体育社会组织"异常名录"和"黑名单"，将体育社会组织的实际表现情况与体育社会组织享受税收优惠、承接政府转移职能和购买服务等挂钩。支持体育社会组织参与提供公共体育服务；逐步扩大政府向体育社会组织购买服务的范围和规模；落实国家对体育社会组织各项税收优惠政策；加大体育彩票公益金支持体育社会组织的力度。把体育社会组织人才工作纳入体育人才工作体系，保障从业人员的职称评定、岗位培训、工资待遇等方面与其他领域同等待遇；通过岗位购买等形式，引导优秀人才尤其是专业人才进入体育社会组织；把体育社工纳入社会工作者序列，享受专业社工待遇，吸引体育社工到体育社会组织工作，增添体育社会组织的活力。聚合竞技体育人力资源、学校体育教师、社会健身骨干等力量，组建全民健身指导队伍，大力推进全民健身志愿服务，打造全民健身志愿服务品牌。

项目编号（2019-A-03）

足球改革发展进程中深层次制约因素对策研究

鲍明晓

近 30 年的足球改革几乎涉及足球发展的方方面面，尽管其间改革进程有缓急、改革成效有起伏，但整体上是朝着一个不断解决问题的方向前进，特别是 2015 年以来在国家层面推动的改革，调动和整合了更多的社会资源，一些长期难以解决的基础性短板和难点问题得到了解决，足球改革发展整体进入了一个十分重要的攻坚期、关键期。尽管当前足球改革与发展仍然存在如中国足球协会的行业领导力不强、专业度不高，地方足球协会实体化改革难以推进，青训基础不扎实，校园足球存在形式主义，国字号球队的竞技运动水平没有显著提高，以及全行业精神面貌消沉，参与和从事足球的人群不快乐、不自信等问题，但自 2015 年开始的新一轮改革的综合效应正在推动中国足球步入一个良性、可持续、高质量发展的正确轨道。

中国足球就好似一个量子世界，叠加、纠缠、测不准，解决中国足球问题，既需要因果的、系统的传统思维，也需要跳跃的、权变的量子思维。本研究基于关键人物访谈和多学科专家座谈对制约足球改革发展深层次问题进行了梳理与分析，并提出了相应化解对策。

一、深层次制约因素

本研究认为，所谓足球改革深层次制约因素，主要是指除《中国足球改革发展总体方案》涉及的领域和问题之外，尚未被发现或已发现但未予以足够重视的其他制约足球改革发展的因素，主要包括外层社会环境类、中层体育支持与协同类及足球内生态类。

（一）外层社会环境类制约因素

第一，对党中央大力发展足球运动的战略思想和深刻意涵理解不到位、认识有偏差，对习近平总书记关于足球工作的重要指示批示贯彻落实不到位，以致急功近利、形式主义盛行，影响改革成效。

第二，"独生子女"政策带来的"1-2-4"倒金字塔式家庭结构，产生了对孩子的强保护，致使相当多的家庭不愿让孩子参与足球运动，因此，青少年有质量参加足球运动人数明显不足。

第三，各类媒体尤其是以微博、微信为代表的自媒体，长期对足球肆意、无节制的负面报道和评述，致使足球的"破窗效应"不断强化，负能量不断累积，足球行业和足球人的社会形象每况愈下，足球参与者和从业者能获得的社会心理支持越来越弱、社会地位越来越低，社会切割带来的心理孤独、心理负担也随之越来越重。

第四，足球社会形象差、从事足球的人向上社会流动的难度大、概率小，致使足球人在社会阶层中的位阶不断下移，参与和从事足球的人群日益呈现底层化趋势，中上社会阶层的人群远离足球，极大影响了足球行业整体素质的提升。

第五，在"土地财政"的强约束下，即使在国家有关部委给足球场地建设提供专项奖励和补贴的情况下，各级地方政府对足球事业和足球产业的供地仍然不足，足球场地设施建设的短板依然没有显著改善，群众和孩子身边的足球场地不足依然严重制约足球发展。

第六，"病态"城镇化带来城市产业工人农民工化，大量进城务工的农民工在城市工作、却不能落户城市、享受应有的市民身份，过上真正的城市生活，原有的城市产业工人却大量离开工作岗位，进入代理、管理、服务甚至租赁食利的非生产性岗位，致使支撑现代足球发展的城市产业工人大军在我国实质上是缩水的。纵观现代足球的全球勃兴，工业化和城市化带来大量产业工人在城市集聚和随之形成的新的身份认同和新的生活方式，是支撑足球在全球快速发展的重要原因。然而在我国，工业化并没有在根本上冲击城乡二元结构，带来真正意义上的人的城镇化，大量寄居在城市的农民工并不能以产业工人的新岗位换来市民身份的新认同，进而也难以形成融入城市的生活方式。这样的原因或许可以解释为什么改革开放以来我国足球发展水平没有相应的提高，特别是各级国家队的竞技水平甚至还不如改革开放初期的奇特现象。

（二）中层体育支持与协同类制约因素

第一，足球与大体育分立。一方面，足球作为改革突破口、试验田，在体制和机制上先行先试，再加上竞技水平长期落后，难以承担为国争光任务，足球的运行与留在奥运争光体系中的其他项目的运行基本是分道而行；另一方面，足球水平低、声誉差，也使得国家体育总局的职能部门和其他项目不愿意与足球发生联系，久而久之，足球与大体育脱节的现象愈演愈烈，以致足球基本游离在大体育工作体系之外。

第二，基础大项尤其是田径项目对足球在选材、体能训练等方面的支持不够，优势项目在技战术训练、心理意志训练、大赛综合备战与临场指挥等方面的经验反哺足球不够。

第三，球类项群特别是足球、篮球、排球三大球之间缺少交流与互鉴，大家都以项目不同为由，不愿在集体球类项目的共性特征和共性规律上互相交流与学习，女排、女篮、男篮在队伍建设管理方面的成功经验无法向足球迁移。

第四，近年来在备战东京奥运会和2022年北京冬奥会中的一些有益经验和成功做法，如体能大比武、跨界跨项选材、科技助力奥运，基本也不涉及足球，足球无法做到与大体育同频共振。

第五，大体育对足球的"会诊"工作基本没有启动。足球圈内开过多次"问诊把脉"的会，也面向社会各界开过多次研讨会、座谈会，但基本上没有组织体育系统内多项目专家的咨询"会诊"会，而这一层级的问诊寻方，其实更为关键和有效。

（三）足球内生态类制约因素

第一，足球人压抑、低沉、不快乐。组织的效率是组织与人良性互动的结果，其中组织中人的主动性、积极性、创造性是关键。足球工作者由于长期处在一个高压的社会环境中，且各级国家队在重大比赛中的成绩始终难以突破，多年的日常工作中也鲜有成功的正向激励，因此搞足球的人刻意低调、自我抑制及在工作中缺少刚毅与果决、活力与创造，成为一个显性特征。一群长期压抑、不快乐的人汇聚的组织要实现一个艰巨宏大的目标，基本没有可能。

第二，组织使命强，团队能力弱。足球在当下的中国社会肩负着一个崇高而艰巨的历史使命，中国足球协会（以下简称中国足协）是这一使命的主要担当者，而现在的问题是这一组织及其所属团队的整体能力明显偏弱。尽管经过多年的改革，中国足协、地方足球协会及各家俱乐部的管理层、技术层的人员配备和工作能力有所改善，但核心部门、关键岗位上的人员变动不大，老面孔仍然居多，社会精英和体育界精英受多种因素的制约向足球流动的意愿仍然很弱。整体上团队能力不支持组织使命的问题依然十分突出。

第三，责任与激励不匹配。在已经完成协会制改革的全国性单项体育协会中，中国足协的薪酬制度改革是最早的，但薪酬总额和各职级薪酬标准也是最低的。目前中国篮球协会、中国田径协会设定的薪酬标准都高于中国足协，横向比较之后，特别是对标振兴中国足球的艰巨任务，责任与激励不相容、不对等的问题也不容忽视。

第四，胡子眉毛一把抓。机械地贯彻执行《中国足球改革发展总体方案》，对足球各子系统在整个系统中的地位作用、交互关系分析不透，对"足改"推进中的时序、节奏、重点和难点的把握不准，对关键环节和决胜目标发力不狠，在需要长期建设的目标任务上搞"会战"，在需要短期攻关突破的目标任务上打"持久战""游击战"。

二、化解足球改革深层次制约因素的对策

（一）社会环境改善方面的对策

第一，与振兴足球有关的社会各界、各部门、各单位都要结合"不忘初心、牢记使命"主题教育活动，认真学习领会习近平总书记对足球工作的重要指示批示，全面准确理解和把握党中央、国务院对加快发展足球运动的战略思想和本质意涵。把加强党的领导、提高政治站位体现落实在更加遵从足球发展逻辑和内在规律上，力戒一切有其形无其实的形式主义。

第二，调整和完善支持足球发展的人口社会政策。全面实施一对夫妇可生育两个孩子政策，破除一切制约"二孩政策"落地的社会经济政策；改革户籍制度，推动以人的城镇化为核心的新政策，帮助农民工有序落户，平等享受城市居民的公共服务，特别是在子女就学、就业方面的平权政策，逐步完善和优化支持足球发展的社会人口政策和环境。

第三，实施"破窗"修复计划。各级政府主管宣传舆论的部门要组织新闻工作者深入足球改革一线，客观报道足球改革进程中存在的问题，深入挖掘足球改革一线的典型素材和正面形象，引导社会舆论对足球改革与发展作客观理性的思考，形成正能量社会舆论氛围。同时，对网络上恶意诋毁、肆意贬损足球的言论要加以必要的监管，及时修复和更换破损的"窗户"，净化足球发展的舆论环境，构建支持足球发展的社会心理场域，为广大的足球工作者提供强大的社会心理支持。

第四，创设足球工作者向上社会流动的渠道和机会。贯彻落实《中国足球改革发展总体方案》对足球运动员在升学、就业、创业等方面给予的支持政策。在中考体育加试中增加足球选项，鼓励高校开设足球学院和足球专业，创办足球高水平运动队。大力开展以足球竞赛产业为核心、足球培训产业为支撑，足球场地建设运营、装备制造销售、

媒体信息服务为基础的足球产业，拓展产业链，优化生态圈，鼓励退役足球运动员结合专项技能创新创业，增加对退役运动员创办足球培训机构和赛事运营机构的政府采购，让广大的足球工作者有更加稳定的工作机会、更加殷实的收入水平，进而获得更好的社会形象和更受尊重的社会地位。

第五，要采取更加有力的措施，推动各级政府切实增加足球事业和足球产业用地。要研究并推动按城市规模和人口基数配建公共足球场的标准，同时要做好多渠道解决足球场地设施差、孩子们没地方踢球的问题，要更加重视盘活可利用自然空间（公园、广场、草地、沙滩、地下和屋顶空间等）和非体育空间（废弃的厂房、库房、待开发的建设用地等），增设非标、临时（特殊时段）、可拆卸可移动的足球场地设施。用好政府专项财政贴补和奖励政策，调动社会力量新建更多的足球场地设施。

（二）大体育反哺足球方面的对策

第一，重建大体育与足球的联动机制。我国是全球体育大国和夏季奥运强国，依托大体育振兴足球是必然的选择。过去由于足球特殊的状态，足球改革尤其协会实体化改革的确存在照搬经济社会领域改革经验，过分强调管办分离和足协的独立性，造成足球长时间与大体育分立的状态，国家体育总局（以下简称总局）及其他运动项目管理中心与足球的联系越来越弱，大体育助推和反哺足球的作用难以发挥。为此必须下决心重建大体育与足球协同联动机制。一是建议总局（或中国奥委会）成立"大球类运动项目振兴委员会"，加强对我国低水平集体球类项目改革与发展的统一监管，提供更加有力的智力和技术支持。二是建议总局奥运备战办的工作机制应向足球延伸，要根据足球世界杯与奥运会周期不同的特点，制定更具针对性的备战方案和执行监管办法。三是建议总局借鉴对口扶贫的专项政策和做法，要求与足球发展有关部门，特别是优势项目运动项目中心（协会）都制定支持足球发展的专项行动计划，提供人才、技术、队伍管理、大赛备战经验等方面有益支持。

第二，加大足球跨项选材的工作力度。要采取多种办法扩大足球后备人才的选材面，加大从基础项目、体能项目、灵巧项目、集体球类项目及武术搏击类项目选拔足球后备人才的工作力度。推动中国足协与中国田径协会的战略合作，在田径和足球的基层业余训练中创设田径足球双修班，交叉训练、混合训练，既教足球，也练田径，让更多已经接受过初步运动训练，并具有较好体能基础的孩子参与足球训练，在扩大足球后备人才规模的同时，提升效能和质量。

第三，加强对足球发展的基础支撑和综合保障。要结合足球运动的特点，将备战东京奥运会和北京2022年冬奥会中的一些有益经验和成功做法，如体能大比武、跨界跨项选材、科技助力奥运、综合训练保障、复合团队建设、专项情报与信息收集等向足球迁移，让足球与总局的中心工作、重点任务、重大部署同频共振、同步前行。

第四，要进一步做好体育系统内优秀项目管理和技术人才挂职足协的工作。目前足协仅仅依靠社会招聘人才，尽管新聘人员在相关行业有不错的业绩，但对体育和足球缺乏专业知识和行业经验，对足球热爱度、忠诚度及由此内生激发的使命感、责任心也明显不够，因此继续推进选派挂职工作，帮助足协建立更加专业、更有效率的人才队伍依然十分重要。

（三）完善和健全足球内生态方面的对策

第一，加强足球组织建设。转变从应然的制度层面机械地抓机构改革和组织建设，不能光研究体制制度，不研究干足球的人，要了解足球工作者的思想观念和行为方式，从人与组织互动、人与人的互动中去改组织、建组织、活组织、强组织。要在抓好中国足球协会改革的基础上，更加重视地方足球协会和公民自组织的足球社团建设。

第二，制订并实施"足球主人"专项计划。要从观念上、制度上真正赋予足球工作者主人翁地位，相信只有足球工作者才能拯救足球、振兴足球，坚决消除一切污名化足球的社会舆论环境，给予广大足球工作者应有的社会尊重和有尊严的工作生活条件，提高中国足协的薪酬标准，给长期扎根基层、扎根一线的足球工作者发放专项津贴，从精神和物质两个方面激发他们的自信心、责任感，让搞足球的人快乐起来、自信起来。外因必须通过内因才能起作用。中国足球的崛起与强盛，只有在全体足球工作者真正成为了自信的、有担当的"足球主人"时，梦想才会实现，目标才能达成。

第三，要始终抓住职业联赛这一核心枢纽，不断推动国内联赛国际化。要按照足球、篮球是高度职业化项目的特点，始终把工作重心放在加强和提升国内职业联赛水平上，发挥这一关键枢纽在上带国家队、下带青训、校园足球和社会足球方面的重要作用。同时，鉴于足球发达国家都有高水平的职业联赛，而我国国家队长期集训只练不赛的效果并不好，以及各层级国家队运动员在国际比赛中普遍跟不上欧美运动员比赛节奏的实际情况，进一步放宽国内联赛的外援限制、加大归化球员的力度、继续引进年富力强的国际教练员及团队、不断推动国内联赛国际化也是必然选择，否则关起门来的低水平商业化联赛不仅无助足球运动水平提升，还会产生一系列负面因素制约足球运动的健康发展。

第四，要坚定不移地狠抓国家队竞技水平提升这一关键和龙头。近年来，中国足协在抓各层级国家队水平提升方面做了很多努力，但各层级国家队在关键大赛中的成绩表现依然没有起色，社会舆论要求解散国家队，把有限的人力、物力、财力集中起来抓青训、校园足球和足球场地设施建设的呼声很高，但是，一定要清醒地认识到，各层级国家队竞技水平尤其是中国男足水平的明显提升，是整个足球改革能否发生良性"化学反应"的关键，没有国家队水平的突破，足球场地设施建设、青训和校园足球建设和发展的成效很难得到承认和认可，同时，不和国家队竞技水平提升对标的青训、校园足球也一定是低水平、缺活力的。现在的问题是，中国足协抓国家队建设还不够准、不够狠。今后，一是要始终抓住国家队建设这一关键龙头不放，坚定信心、坚定意志。二是要认真做好对各级国家队状态诊断，一次性找准找齐问题和短板。三是要根据核心问题和关键短板，如教练员团队选用、核心球员归化、国家队球员加盟和租借国外高水平联赛、大战心理调节和心性力量激励团队配备、科训医保团队组建等，一次性配伍、全剂量服用。总之，出台的措施一定要稳准狠，决不能想做不敢做，或做一半收一半，试着看、慢慢来。

大道至简，精于心、简于形。尽管足球或许是当代中国最复杂、最难做的工作之一，但是只要我们认准目标、坚定信心，复杂的事情简单做，简单的事情重复做，重复的事情用心做，日日精进，久久为功，中国足球就一定能在不远的将来站起来、强起来。

项目编号（2019-A-04）

构建我国体育市场监管体系研究

黄海燕

党的十八大以来，党中央和国务院高度重视体育产业工作，大力推进体育领域"放管服"改革，我国体育产业取得长足发展，社会力量迅速进入体育领域，体育市场日趋繁荣。与此同时，体育市场也出现了各种各样的问题，对体育消费者造成人身、财产侵犯的事件时有发生，严重影响了居民体育消费的信心，对体育产业的健康可持续发展造成不利影响。市场监管是克服市场经济固有缺陷、促进市场经济健康发展的必要手段，构建体育市场监管体系、加强体育市场监管已经成为当下我国体育产业发展的重要诉求，《国务院办公厅关于促进全民健身和体育消费推动体育产业高质量发展的意见》（国办发〔2019〕43号）中将"优化体育消费环境，规范体育市场秩序"单独列出，足以看出体育市场监管的重要地位。基于此，本研究以构建体育市场监管体系、加强体育市场监管水平为主要目标，运用专家访谈、实地考察、小型座谈会、内容分析等研究方法，从监管部门设置、监管范围界定、监管法律依据、监管工具应用四个方面，对全国各省市体育市场监管现状进行梳理，找出其中存在的关键性问题，为构建全国体育市场监管体系研究提供参考建议。

一、我国体育市场监管现状与问题

（一）我国体育市场监管现状

通过对全国主要直辖市、地级市、地区、自治州、盟的人民政府网站和体育部门网站进行查询，本研究梳理出三种体育市场监管模式。一是北京模式，即体育部门独立进行市场监管的模式；二是深圳模式，即文化综合执法机构独立进行市场监管的模式；三是上海模式，即体育部门与文化综合执法机构联合进行市场监管的模式。三种模式的产生体现了在"放管服"改革背景下体育市场监管模式建设的多元性。基于各地体育市场监管实践，目前在体育市场监管中已形成如下四点共识：第一，"以服务促监管"是体育市场监管的必然选择；第二，信息收集与公示是体育市场监管的主要工具；第三，法治体系是体育市场监管的重要基础；第四，积极运用"互联网+"是体育市场监管的发展趋势。

（二）我国体育市场监管问题与成因

本研究从组织体系、法治体系、内容体系、方法和工具体系四个维度对我国体育市场监管现状进行分析，发现我国体育市场监管目前存在以下问题：一是组织体系不完善，主要体现在体育行政执法人员比较缺乏，以及市场监管机构设置与体育市场发展不匹配；二是法治体系有待健全，主要表现为体育市场监管法律依据不足、法律责任界定不够清晰、行业专业标准与体育产业发展不匹配；三是监管空白亟待填补，主要体现在新兴运动项目监管模式尚不清晰，以及产业融合催生新兴业态监管问题、多行业的共性监管空白难以解决；四是监管理念和工具比较陈旧，"以服务促监管"手段不够丰富、体育信用体系建设进程亟待推进、信息监管尚未成为常规监管工具、体育市场监管问责机制缺失是其主要表现。

体育市场监管是一个复杂的系统工程，以上问题的出现也不只是某一主体的问题，本研究认为，市场主体爆发性增长导致无序竞争、政府部门职能转变导致监管缺位、被动脱钩导致社会团体定位不明确是导致体育市场监管出现问题的主要原因，而解决这些问题也应围绕着政府、社会、市场三者展开。

二、我国体育市场监管体系的构建

（一）总体思路

本研究在综合分析我国市场监管相关政策法规基础上，形成了构建体育市场监管体系的总体思路。第一，应以保障消费者合法权益为监管底线。体育产业的核心产业与消费者的人身安全和财产安全息息相关，消费者合法权益的保障对消费者信心的培养、体育产业的持续健康发展具有重要意义。第二，应以优化体育产业营商环境为根本导向。以《优化营商环境条例》（中华人民共和国国务院令第722号）为引领，做到"有所为有所不为"，尽力破除传统市场监管中"一放就乱、一管就死"的困境。第三，要将市场监管与"互联网+"思维充分融合。以"互联网+政务服务"为基础，加快培养"互联网+体育市场监管"和"体育市场监管+互联网"思维。第四，应推进综合监管与行业专业监管协同发展。理性看待体育市场问题及综合监管与行业专业监管之间的关系，力争通过提升行业专业监管水平促进综合监管效用最大化。

（二）体育市场监管体系构成

1. 体育市场监管组织体系

本研究认为，体育市场监管应构建层次清晰、分工合理的宏观监管组织体系。在国家层面，国家体育总局应着力加强顶层设计，构建监管体系推动机制。在地方层面，体育市场监管部门要完善现有监管机制，挖掘地方特色，京津冀、长三角、粤港澳等体育产业发展较好的地区可在监管模式创新、协同监管等方面进行率先尝试。在区县基层，应结合市场发展现状，推进基层监管部门建设。

在监管组织体系构建的基础上，一方面，应着力加强体育市场监管专业人才队伍的建设。注重培训内容、形式的多样性，加强对执法规范、体育法律法规、典型案例剖析等板块的结合，并推动企业、高校等多方参与到人才队伍建设工作中来。另一方面，应大力拓宽公众及社会团体的参与渠道。在公众参与层面，可选聘具有专业知识的资深人士及体育消费者，定期参与各类市场监管工作，及时反映消费者关注的行业热点问题，提升监管决策的科学性和及时性。在社会团体参与层面，应充分认识行业自律在减轻政府负担、降低规制成本方面的作用。落实各级单项体育协会承担运动项目相关标准制定的责任，在某些小众运动项目发展比较快的地区，地方单项体育协会应率先尝试制定相关标准，为全国标准的制定提供参考。

2. 体育市场监管内容体系

分级分类监管是市场监管现代化的标志，更是市场监管走向成熟的必经之路。基于此，本研究认为，应同时从运动项目和产业分类两个角度入手构建市场监管内容体系。

通过对不同类型的体育细分市场实施不同的市场监管逻辑和策略，在综合监管与行业专业监管之间有所侧重，达到体育市场监管精细化、具体化的目标，进而促进体育市场监管整体效能的提升。

从运动项目角度来看，可将运动项目分为职业化水平较高的运动项目、群众参与度较高的运动项目、市场化难度较大的竞技项目，针对不同类型的运动项目，应采用不同的市场监管方式。一方面，应进一步加强对高危险性体育项目经营的监管，论证漂流、热气球等运动项目纳入高危险性体育项目的必要性和可行性。另一方面，应通过项目分类的方式加强对电子竞技、综合格斗等新兴运动项目的市场监管。从产业分类角度来看，可将体育市场分为核心产业市场、中介产业市场和外围产业市场。其中，核心产业市场与体育行业专业监管的关联性最强，应采用行业监管为主、综合监管为辅的市场监管逻辑。中介产业市场和外围产业市场更需要综合监管与行业专业监管相结合实施监管。体育市场监管应从健身休闲业、竞赛表演业、体育培训业三个核心产业入手，逐步加强对更多细分业态的监管。

3. 体育市场监管法治体系

体育市场监管法治体系是各级监管部门进行市场监管的核心依据，在立法资源紧张的背景下，首先，应切实加强民法商法在体育市场监管中的运用，增加对现有体育市场监管典型案例的分析，加强体育市场监管与《中华人民共和国反不正当竞争法》《中华人民共和国消费者权益保护法》《中华人民共和国公司法》等一系列法律的联系，形成民法商法与行业专业法律法规结合的体育市场监管法治体系。其次，应进一步明确《中华人民共和国体育法》、体育行政法规、中央政策文件、体育部门规章、体育规范性文件、行业标准在法治体系中的地位和作用，以"放管结合"为核心思路，清理阻碍体育市场主体发展的政策法规，出台、更新与体育产业发展方向相符的部门规章和规范性文件，使之与体育市场现状更加匹配。最后，应从微观视角推进各类标准的制定，单项体育协会应着力解决目前各类运动项目标准与产业发展不相匹配的问题，推动运动项目标准的更新与完善。针对水上运动、登山、拓展等与旅游关联性较强的运动项目，也应尽快出台相关运动项目标准，破解在产业融合背景下新兴业态的监管难题，为市场监管部门的监管提供依据。

4. 体育市场监管方法和工具体系

在政府部门逐步退出市场行政干预的背景下，寻求市场监管方法和工具的创新，是体育市场监管的发展重点。基于各地实践经验，本研究提出以下六点对策：一是加强行政指导在体育市场监管中的作用。有效拉近市场主体与监管部门之间的距离，为市场主体提供更加具体、有针对性的服务，从源头上降低市场主体违规经营的可能性。二是加快体育信用体系建设进程。在形成有关职能部门协作配合机制的基础上，尽快建立具有体育特色的信用信息收集内容体系。将信用信息收集内容体系设计与体育行政执法内容深度融合的同时，充分考虑不同业态特征，以可行性、便捷性为出发点，设计不同细分业态的企业信息公开规范和标准，并加强体育社会组织在信用监管中的作用。三是合理使用"黑名单"制度和信用惩戒机制。在充分尊重市场主体权益的前提下，坚持从严慎用原则，加强不同细分市场"黑名单"的设置条件，力求从行业专业的角度丰富"黑名单"制度和信用惩戒机制在体育行业应用的依据。四是确立信息监管为体育市场监管的核心方法。通过市场主体信息公开制度和行政机关市场信息监管结合的方法，构建与体育市场匹配的信息监管机制，弥补立法的滞后性问题。五是利用"互联网+"提升体育市场监管效率。依托全市业务体系，各部门加强信息共享、数据联动，避免"信息孤岛"的产生，为加强事中事后监管提供了有力保障。六是增加科技手段在体育市场监管中的应用。增加大数据技术在信息分析中的应用，并通过非现场行政执法有效降低监管成本。

三、对我国体育市场监管的相关建议

（一）提升体育市场监管法治化水平

体育法治体系是体育市场监管的核心依据，法治体系的不完善将直接增加各级体育市场监管部门的工作难度。提升体育市场监管法治化水平，有助于夯实我国体育市场监管体系的基础，提升各级体育市场监管部门的监管水平。第一，在《中华人民共和国体育法》的修订过程中，应增加体育市场监管的相关内容。第二，应尽快出台《体育服务经营活动管理条例》，弥补当前体育服务业监管薄弱的问题。第三，针对健身休闲业、竞赛表演业、体育培训业等重点业态，可通过制定相关规范性文件的方式充实监管部门的市场监管依据。第四，加强对体育市场监管典型案例的研究，梳理与体育市场监管关系密切的民法商法，提升各级体育市场监管部门处理体育市场问题时的工作效率。

（二）明确各级监管主体的权力和义务

一般而言，措施性监管改革和创新往往从基层产生，在中上层推广，制度性监管改革和创新大多由上层研究制定，以规章形式产生，并由基层实践。因此，加强对国家及地方体育市场监管主体的权力和义务界定，有助于借助宏观、微观两方面的实践经验完善体育市场监管体系，并为各级体育市场监管主体实施行政执法行为提供更加丰富的依据，具有重要意义。在全国大部分地区采用分级管理模式进行体育市场监管的背景下，建议从国家层面在体育政策法规制定中对省市层面体育部门的市场监管职责进行更加明确的界定和指引，省市层面体育部门应将加强本地区体育市场监管水平纳入其工作计划中，更好地推动基层体育市场监管部门的建立。

（三）加强市场信息系统的建设和利用

深化"放管服"改革背景下，体育市场监管部门对体育市场信息的掌握程度直接决定了体育市场监管的水平。对体育市场信息的收集和分析，是监管内容界定、监管法治建设、监管方法和工具选择的首要依据。针对目前体育部门掌握体育市场信息较少的现状，如何在成本最小化的前提下建设合理有效的体育市场信息系统、从哪些维度对体育市场信息进行分析、如何充分发挥体育市场信息系统在规范市场秩序和促进市场主体发展两方面的作用，是各级体育部门在建设和利用体育市场信息系统中应重点考虑的问题。

（四）丰富行政管理手段和工具的应用

由于我国体育产业发展不均衡的问题比较突出，信息监管、"互联网+监管"、非现场执法、大数据分析等工具并不完全适用于所有体育市场监管部门。所以，进一步挖掘行政检查、行政处罚、行政指导等传统行政管理手段和工具在体育市场监管中的应用，是提升大多数体育市场监管部门监管水平的可行路径。其中，行政指导手段更加适合于全国各个层级体育市场监管部门。行政指导的应用有助于迅速拉近监管部门与市场主体的距离，帮助体育部门在简政放权后迅速找准监管定位，是"以服务促监管"的直接体现。因此，建议各级体育市场监管部门加强对目前体育领域已有行政指导案例的研究，梳理行政指导手段应用的基本路径，强化其在体育市场监管领域的应用。

项目编号（2019-A-07）

新时代我国体育事业发展综合评价体系研究

李 鉴

体育事业关系国家形象、民族风貌、社会和谐、经济发展、文化兴盛、百姓幸福，是中国特色社会主义事业总体布局的重要内容和经济社会发展的重要组成部分。近年来，以习近平同志为核心的党中央高度重视体育事业的发展，发表了一系列重要讲话，作出了一系列重要指示批示，制定了一系列决策规划和政策部署，指明了体育在党和国家事业发展全局中的新定位。2019年8月10日，国务院办公厅印发《体育强国建设纲要》，紧紧围绕"以人民为中心的思想"，对新的历史时期体育强国建设的目标和任务作出了战略部署，提出要"努力将体育建设成为中华民族伟大复兴的标志性事业"。

本研究以新时代体育事业发展综合评价体系和具体指标为研究对象，旨在通过理论与实践相结合、定性与定量相结合的方式，客观地分析我国体育事业发展的现状和问题，为体育强国建设提供思路和借鉴。其意义具体体现在：第一，深入挖掘新时代体育事业的内涵、使命与功能，把握体育发展的战略定位、战略方针、战略目标、战略思路、战略举措等一系列重大理论问题；第二，落实巡视整改要求，从多个维度综合评价新时代体育事业的发展，树立正确的体育政绩观；第三，建立一套指标体系，为体育强国内涵建设、成果评估提供分析工具；第四，当前正处于"十三五"规划的收官期，指标体系能够直接应用于"十三五"时期我国体育事业发展的评价和总结，从而为谋划"十四五"发展提供借鉴。

基于此，本研究由四个部分组成，分别为不同时期我国体育事业的功能价值，新时代我国体育事业的内涵、使命和功能，新时代我国体育事业发展综合评价的指标体系，以及"十三五"期间我国体育事业发展综合评价的实证研究。

一、不同时期我国体育事业的功能价值

回溯我国体育事业的发展历程与演进逻辑，从近代体育的强国强种功能，中华人民共和国成立后体育外交的特殊贡献，改革开放后的奥运争光战略、体育体制改革及全民健身战略的推行，到北京奥运会的百年圆梦、体育产业迅速发展，再到新时代体育事业发展战略定位的不断提高，可以发现，不同时期的中国体育事业承载着不同的民族情感与希望，其内涵和外延不断丰富，所承担的使命和功能也在不断变化。

二、新时代我国体育事业的内涵、使命和功能

习近平总书记关于体育的重要论述是指导体育事业改革发展的系统、科学、完整的理论体系，是习近平新时代中国特色社会主义思想的重要组成部分，是对几代党和国家领导人关于体育工作要求部署的继承和发展，是体育强国建设的行动指南和根本遵循，必须长期坚持并不断发展。结合当前实际，新时代体育的内涵应该至少包括四个方面内容：必须是以人民为中心的事业，必须是全面协调可持续的体育，发展落脚点是体育强

国建设，最终目标是把体育建设成为中华民族伟大复兴的标志性事业。围绕着这一内涵，衍生出新时代我国体育事业发展的三大使命：以中华民族伟大复兴为使命，以满足人民美好生活需要为使命，以加快推进体育强国建设为使命。从功能方面来讲，对于个人发展而言，体育具有健康、教育功能；对于国家发展而言，体育具有经济、政治、文化、社会及生态文明等功能。因此，在向体育强国迈进的征途上，要充分挖掘和弘扬体育的功能，使体育事业服务于人的发展和国家的发展。

三、新时代我国体育事业发展综合评价的指标体系

本研究采用层次分析法和德尔菲法构建新时代体育事业发展综合评价的指标体系。在指标选取时遵循全面性、科学性、可操作性和代表性原则，尤其注意指标的数据是否易于收集、指标是否可以量化，并尽可能地保证指标数量的精练。参照《体育强国建设纲要》，通过研究组内部反复讨论和两轮专家意见征询，评价体系拟由群众体育、竞技体育、体育产业、体育文化、体育外交、保障体系和负向指标7个维度构成。这7个维度即评价体系的7个一级指标，下分16个二级指标、45个三级指标，按照专家打分情况建立各个指标的权重，构成新时代体育事业发展综合评价体系（表1）。其中，前6个一级指标都有二级、三级指标和组合权重，最后一个负向指标是反映管理部门在体育相关事项落实、管理、监督等方面不足的指标，是需要引起重视并在下一阶段工作中整改和提升的内容。负向指标以清单形式列出，不再设二级、三级指标，分为"兴奋剂违规率""重大安全事故""重大赛风赛纪事件"，属于扣分项。

表1 新时代体育事业发展综合评价指标体系及权重

一级指标	二级指标	三级指标	组合权重
群众体育 0.1771	国民体质 0.3533	经常参加体育锻炼人口数量 0.3626	0.02268
		《国民体质测定标准》合格率 0.3275	0.02049
		《国家学生体质健康标准》优良率 0.3099	0.01939
	场地设施 0.3370	人均体育场地面积 0.3392	0.02024
		行政村体育设施覆盖率 0.3275	0.01954
		公共体育场馆开放率 0.3333	0.01989
	组织化水平 0.3098	每千人拥有体育社会指导员人数 0.4623	0.02536
		体育社会组织数量 0.5377	0.02950
竞技体育 0.1717	人才队伍 0.3424	各等级运动员比例 0.3313	0.01947
		各等级教练员比例 0.3436	0.02019
		国家高水平体育后备人才基地数量 0.3252	0.01911
	竞技成绩 0.3315	奥运会获奖牌数 0.3450	0.01964
		获得世界冠军数 0.3333	0.01897
		创造世界纪录数量 0.3216	0.01830
	职业体育 0.3261	职业体育俱乐部数量 0.2262	0.01266
		中超联赛收入 0.1746	0.00977
		CBA联赛收入 0.1786	0.01000
		中超联赛观众上座人数 0.2103	0.01177
		CBA联赛观众上座人数 0.2103	0.01177

续表

一级指标	二级指标	三级指标	组合权重
体育产业 0.1744	产业规模 0.3243	体育产业总规模 0.2511	0.01420
		体育产业增加值占 GDP 比重 0.2641	0.01494
		体育产业从业人数 0.2554	0.01445
		上市体育公司数量 0.2294	0.01298
	产业结构 0.3243	体育服务业增加值占比 0.5463	0.03090
		体育专利数量 0.4537	0.02566
	体育消费 0.3514	人均体育消费金额 0.5172	0.03169
		体育消费额占人均居民可支配收入比 0.4828	0.02958
体育文化 0.1662	文化载体 0.5172	体育类博物馆、纪念馆、荣誉室数量 0.3421	0.02941
		体育类文化创作作品数量 0.3421	0.02941
		体育专业电视频道数量 0.3158	0.02715
	文化传承 0.4828	国家级体育非遗项目数量 1	0.08024
体育外交 0.1471	国际影响力 0.5210	在国际体育组织中的任职人数 0.3543	0.02716
		举办重大国际赛事次数 0.3314	0.02541
		元首体育外交次数 0.3143	0.02409
	国际交流 0.4790	国际出访和到访人次 0.5361	0.03778
		港澳台地区出访和到访人次 0.4639	0.03270
保障体系 0.1635	政策法规 0.3403	体育政策法规建设情况 1	0.05564
	经费投入 0.3246	人均体育经费投入 0.3675	0.01950
		体育彩票年销售金额 0.3072	0.01630
		体育彩票公益金支出 0.3253	0.01726
	人才保障 0.3351	体育专业数量 0.5204	0.02851
		国家级体育传统项目学校数量 0.4796	0.02627
总计			1

新时代体育事业发展是一个相对的、动态的阶段性过程，因此设定的指标目标值是有限目标值。目标值的选择主要是基于标杆值法（以国家层面相关规划、纲要、意见的目标值为依据）和局部拟合法（以基期值和增加值为参考，用回归法计算出目标值）。选择合适的多指标评价方法是新时代体育事业发展综合评价的重要环节。由于新时代体育事业发展综合评价的指标较多，层次也比较复杂，需要进行多层次模糊综合评价，建立数学模型，因此本研究选择加权法的模糊综合评价法对体育事业发展进行综合评价。由于每一个指标都具有不同的量纲和目标值，不具有数值上的可比性，所以对指标进行标准化处理，采用直线型无量纲化方法中的临界值法来表现目标值的实现程度。确定每一项指标的得分后，通过加权法计算总分。

四、"十三五"期间我国体育事业发展综合评价的实证研究

本研究选取 2015 年作为基期值、2018 年作为现状值、2020 年作为目标值，按照评价指标体系与综合评价方法，定量计算"十三五"期间我国体育事业发展的综合得分，通过对比 2015 年得分，判断"十三五"期间我国体育事业的发展状况，并验证所构建的体育事业发展综合评价体系与方法在实践应用中的可行性。

整体上看，"十三五"期间我国体育事业发展状况良好，加权总分为88.08分，相比2015年增加36.57分。6个一级指标（此处不包含负向指标）的平均分为88.98分，得分均在87分以上，从高到低依次为群众体育、竞技体育、体育产业、保障体系、体育外交、体育文化，相比基期值都有一定增加。其中体育产业和保障体系增加最多，竞技体育则基本保持稳定。

二级指标的平均分为89.40分，得分在79~100分，存在一定差异性。按照得分从高到低的顺序排，产业结构、人才队伍、场地设施、职业体育、国民体质、国际影响力、经费投入、组织化水平的得分都在平均分以上。

三级指标的平均分为90.31分，得分差异较大，在65~100分。相比基期值增加较多的有两大职业联赛收入、体育产业总规模、体育产业增加值占比、人均体育消费金额、人均体育经费投入等。

通过综合评价可以发现，"十三五"时期我国体育事业发展迅速、亮点频现，但仍存在发展不充分、不平衡的问题，主要表现为以下几点：一是群众体育发展不平衡。体育社会化、组织化水平不高，区域间发展不均衡；体育社会指导员人数有待提升，且体育社会指导员到岗率较低；基层体育社会组织发展缓慢，支持培育体育社会组织发展的机制仍需完善。二是竞技体育发展势头有所减缓。竞技体育在规模、结构和效益上依旧存在不均衡问题，"三大球"、田径、游泳等项目和发达国家有不小的差距，发展基础比较薄弱，后备人才储备不足，这也导致了部分项目竞技成绩的回落。三是体育产业国际化、专业化程度有待提高。体育产业产值占GDP的比重和人均体育消费金额远低于发达国家平均水平，具有国际知名度的中国特色体育产品品牌较少、产业链不够完善。四是体育文化软实力亟待强化。在现代体育文化的发展和传播过程中，我国体育文化还处于一种"低势能"状态，影响力略显不足，体育文化创作水平有待提升。五是体育国际话语权需要提升。存在体育话语质量不高、话语传播效果不佳、议程设置能力不足等问题。

基于当前体育发展现状和未来目标，在开展体育工作时应做到"五个推进"，为全面建成小康社会和实现中华民族的伟大复兴注入体育动力：一是推进体育全面融入国家总体布局之中；二是推进体育领域深化改革；三是推进体育融入解决新时代主要矛盾的全过程；四是推进体育强国建设和各领域协调发展；五是推进新时代体育人才的培养和引进。

鉴于指标可操作性、数据可获取性、评价工作难易度等限制，本研究所构建的指标体系可能不够全面，数据收集也有缺失，未来应继续加强定性与定量相结合的体育发展评价研究，以便更全面、更客观地反映我国体育发展全貌，为体育强国建设提供目标激励与现实反馈。

项目编号（2019-A-08）

办好人民满意的体育研究

鲍明晓

体育是人民创造、人民实践、人民推动、人民享有的社会事业，是反映人类社会生存质量和文明进步的显著标志。全面建设体育强国，办好人民满意的体育事业，是新时代党和政府对体育工作的新要求，是人民群众追求美好生活的新期待，更是在体育事业改革发展中坚持正确的政治立场、提高政治站位、认真学习贯彻以习近平同志为核心的党中央的人民观的根本追寻。本研究围绕什么是人民满意的体育、为什么要办好人民满意的体育，以及如何推进和实践办好人民满意的体育这三个基本理论问题展开，得出以下主要观点和研究结论。

一、什么是人民满意的体育？

本研究认为，人民满意的体育是基于高质量实践体育发展人民性的体育形态，是以人民群众对美好体育生活新期盼为指针，以人民群众高兴不高兴、满意不满意为准则，更加注重解决体育发展不平衡、不充分的问题，以服务于经济社会全面发展和人的全面发展为目标的体育样式。它与既往体育发展形态的区别在于：公民本位、全面均衡、贯通发展、科技驱动和人民检验。办好人民满意的体育，其核心内涵是"四个一切"，即发展理念，一切为了人民；发展动力，一切依靠人民；发展成果，为了一切人民；发展绩效，一切由人民评判。

二、为什么要办好人民满意的体育？

办好人民满意的体育，既是走什么路、举什么旗的重大理论问题，也是推进体育事业高质量发展、回应人民群众日益增长的对美好体育生活新期待的现实问题。办好人民满意的体育，理论上是加强党对体育工作领导、丰富和实践习近平新时代中国特色社会主义思想、贯彻落实以人民为中心的体育发展观、推动体育与"五大建设"全面协调发展、引领和推进体育领域全面深化改革、推动体育发展水平和体育治理能力现代化的客观根本要求；实践上是要回应人民群众对美好生活的向往和追求，全面增强人民群众对体育发展的参与感、认同感、自豪感和获得感的实际需要。必须做到人民想什么，我们做什么；人民盼什么，我们发展什么；人民怨什么，我们改什么，最大限度地激发体育改革发展的内生动力，让人民群众在全面参与、自主实践、创新创造中实现健康美好的体育生活愿望。人民对美好精彩体育生活的向往，不仅标定了体育发展的方向，更是推动体育可持续发展的根本动力。因此，要建设真正意义上的利国惠民的体育强国，持续及时回应人民群众对体育工作的期盼就始终是第一要务。

三、办好人民满意的体育的推进策略

指导思想：以习近平新时代中国特色社会主义思想为根本遵循，以促进人的全面发展和经济社会全面发展为目标，以保障、维护和发展人民群众根本体育利益为宗旨，推动群众体育与全民健康和社会建设深度融合、竞技体育与中华民族强国梦对标发展、体育产业与提升百姓生命质量和生活质量的相关产业协同发展、体育文化与社会主义核心价值观融通发展，全面建设体育强国，全面提升体育发展水平和体育治理能力现代化，带领全国各族人民在参与和奋进中享有体育权益、增进体育福祉。

基本原则：坚持党对体育工作的全面领导，坚持社会主义办体方向，坚持把培育身心健康的合格公民作为根本任务，坚持深化体育改革创新，坚持把服务中华民族伟大复兴作为体育的重要使命。

工作机制：组织动员机制、民主决策机制、绩效考核机制、监督保障机制。

对策建议：围绕当前体育发展中存在的突出问题和人民群众对体育工作的期盼，本研究就进一步推进办好人民满意的体育提出了八个方面共35条对策建议。

（一）加快推进群众身边体育场地设施建设

第一，各级政府在制定本地区经济社会发展规划和国土空间规划时，要确保公共体育空间、设施、场所的统配与建设，要制定更加严格的城乡社区全民健身场地设施的配建标准和监督评价制度，确保新建和改扩建的居民小区都有健全适用的社区运动中心。

第二，对没有配建全民健身场地设施或配建没有达标的城乡社区，要协调相关部门和社区物业，合理利用社区空置场所、地下空间、广场绿地、街心公园、建筑屋顶、权属单位物业附属空间补充社区全民健身场地和设施。

第三，进一步采取有效的措施推动学校、机关单位和企事业单位体育场地设施向社会免费或低收费开放。对有条件向社会开放但以各种理由拒绝开放的单位要进行问责。

第四，鼓励引导商业机构在城市社区新建和改建各类体育健身综合体，为社区居民提供有偿健身培训服务。政府相关部门要增加对运营社区体育场地设施商业机构的政府采购，鼓励住宅、商业、文化、娱乐、教育培训等商业机构增设和运营运动健身、体育培训等业务板块，开展"体教文商"的综合开发与复合运营。

第五，推动全民健身路径的转型升级，引导和鼓励有条件的地区兴建小型社区体育中心，满足不断增长的全民健身项目化、竞赛化的发展需求。

第六，要加快推进国家公共户外运动设施的工程建设，实施国家步道（登山道、绿道）、国家自行车骑行道、国家公共户外运动营地的认证工作。

（二）大力支持社会办赛

第一，推进各级政府的"放管服"改革，建立健全体育赛事审批取消后的多部门综合配套服务的标准和流程，切实加强体育赛事赛中赛后监管，在规范管理的前提下，为赛事举办单位提供便捷的贴心服务。

第二，各级公安部门要以鼓励和支持各级体育赛事举办机构积极办赛为初心，制定科学合理的赛事安保标准，适当放宽体育场馆因安保要求而设置的门票禁售比例，严禁赛事安保服务商超标准收费，切实降低赛事举办的安保成本。

第三，各级体育行政部门要运用政府购买、租金补贴、赛后奖励等多种手段支持各类社会机构举办基层草根类赛事。

第四，大力发展体育志愿者队伍，鼓励各类体育专业人士和热爱运动的人士为赛事运营机构提供专业技术服务和综合保障类的志愿服务。

(三)加快推进体育组织化建设

第一,根据全国性单项体育协会改革实施中出现的新情况、新问题,进一步完善相关政策,进一步理顺行政、中心、协会、企业的关系,进一步加强协会能力建设,着力提升协会的社团治理能力、组织管理能力、协调沟通能力和实际工作中的创造能力,尽快形成"依法设立、自主办会、服务为本、治理规范、行为自律"的协会实体化管理体制。

第二,加快推进地方性单项体育协会的配套改革,重点解决好协会资产权属、资产使用方案、财政预算授权管理和事项约定协议,建立政府向协会购买公共服务的专项资金,支持协会做好专业技术服务和无形资产开发,使协会具备实体化运行的基本财力和可持续生存能力。

第三,体育和民政部门要以激活社会体育组织活力为首要工作目标,要主动担责,扶持支持,绝不能相互推诿、互不作为。体育部门可试行社会体育组织推介制度,积极向民政部门推介具备基础条件的民间体育社团组织,民政部门要进一步简化备案流程,支持这类社团组织依法依规组建、规范自律运行。

第四,开展网上非正规体育社团组织的摸底工作,对具有一定规模和影响力的运动社区、跑团、微博和微信公众号、草根运动达人都要进行摸底排查,了解这类组织的运行特点和这类群体的共性诉求,为它们在线下组织赛事和活动提供必要的支持,帮助它们依法合规、自主自律运行。

(四)多渠道激活大众体育消费

第一,鼓励和引导社会力量,特别是有实力的品牌体育企业扎根社区开设连锁体育健身服务机构和利用废旧工业厂房、库房及物业闲置空间、老旧商业设施改造兴建新型体育健身综合体,有效增加群众身边的体育健身消费场所。

第二,制定优惠政策鼓励和引导营利性体育机构和非营利性体育社团组织租用包括机关单位和事业单位在内的公共体育场馆,提供低收费的体育健身、体育培训、体育竞赛服务,化解有效供给不足的矛盾。

第三,加强对开展青少年体育培训机构的市场监管,鼓励行业协会和独立的第三方机构制定行业标准,开展星级评定,推介优秀诚信企业,引导消费者理性消费。同时,工商、税务、体育等相关行政部门要联合执法,对不合理收费、恶意骗费及出现重大伤害事故的运营机构要加大处罚力度,切实保护好消费者的合法权益。

第四,各级政府要增加城市社区体育产业经营用地,鼓励体育健身培训机构自建场馆或长期租用社区公共空间开展经营,解决体育经营机构因租用场地比例过高而造成的经营不稳定的问题。

第五,各级体育行政部门要加大对组织大众体育赛事和活动运营机构的政府采购,鼓励和引导它们增加赛事和活动类消费产品的供给,解决市场上静态训和练的产品多而动态比和赛的产品少的问题。

第六,研究将公民体育健身消费支出纳入年度个人所得税抵扣的可行性办法,鼓励有条件的省市试行向特定人群发放体育消费券,鼓励有实力的企业向职工发放健身补贴,进一步激活大众体育消费。

（五）全面扭转青少年体质下滑局面

第一，全社会都要从战略的高度重新审视青少年体质下滑带来的风险和危害，要推动各行各业从体制、机制、政策等方面检视可能存在引发青少年体质下滑的诱因，包括人口政策、环境政策、文化政策、医疗保健政策、食品卫生政策、住房交通政策等，尽可能消除制约青少年体质增强的外部大环境因素。

第二，教育行政部门要全面贯彻党的十八大以来党中央和国务院关于学校体育改革的一系列文件，在全面总结成败得失的基础上进一步深化教育教学改革，要力戒急功近利、"毕其功于一役"的心态和"以毒攻毒"的做法，全面探讨以实施身体素养理论为目标的新教育体系，以激发学生运动兴趣、帮助学生掌握2~3项终生参与体育活动的技能为目标的教学体系，以多项目、分年龄的校园、校际、地区和全国性竞赛体系为主要内容的新一轮改革。

第三，体育行政部门要全力配合好教育部门，切实把青少年体育摆在重要位置，在专业资源投入、专业人才培养、竞赛体系联通等方面多做实事，要责成所有全国性单项体育协会建立健全U系列赛事，鼓励和引导社会力量举办各类青少年赛事和活动，规范青少年体育培训市场和体育类研学产品，制订体育明星进校园专项计划，鼓励体育工作者面向校园开展志愿服务。

（六）推动足球改革早见成效

第一，全面贯彻落实《中国足球改革发展总体方案》的各项战略部署，以久久为功、驰而不息、一张蓝图绘到底的决心和意志，带着使命和责任筑基础、补短板、强弱项、求突破。

第二，做好足球场地设施建设，除了要调动各方力量兴建更多正规足球场之外，还要更加重视盘活可利用自然空间（公园、广场、草地、沙滩、地下和屋顶空间等）和非体育空间（废弃的厂房、库房及待开发的建设用地等），增设非标、临时（特殊时段）、可拆卸可移动的足球场地设施。

第三，加强足球组织建设，要转变从应然的制度层面机械地抓机构改革和组织建设，不能光研究体制制度，不研究干足球的人，要了解足球工作者的思想观念和行为方式，从人与组织互动、人与人的互动中改组织、建组织、活组织、强组织。要在抓好中国足球协会改革的基础上，更加重视地方足球协会和公民自发组织的足球社团建设。

第四，全力抓好男足国家队竞技水平提升这一关键环节，加大归化球员力度，加大科技支撑力度，确保男足国家队在未来几年的国际大赛中有较好的成绩表现。男足国家队竞技水平的明显提升是整个足球改革能否发生良好"化学反应"的关键。

第五，制订并实施"足球主人"专项计划，消除一切污名化足球的社会舆论，给予广大足球工作者应有的社会尊重和有尊严的工作生活条件，激发他们的自信心、责任感，让搞足球的人快乐起来、自信起来，只有这样，中国足球的振兴才具有持续的内生动力。

（七）推进科技兴体、科技助力工作的开展

第一，从观念转变入手，全面提升全行业的科技意识，要看到随着移动互联网、物联网、大数据、云计算尤其是人工智能技术的革命性应用，人体运动的灰箱、团队博弈

的黑箱都有了更加切实可行的技术解决方案，科技在解决体育发展中关键问题的能力大幅提升。要在体育领域开展各种形式的科普和新科技、新应用的专题讲座，让相信科技、依靠科技成为全行业的共识。

第二，要下决心解决体育与科技"两张皮"的问题，调整机构设置，在训练一线组建一批"训科教医服"一体化的科训综合体。

第三，要围绕基因选材、大数据战术设计和运动监控、人工智能辅助训练、交互性观赛、先进智能运动装备研发、智慧场馆应用等前沿关键领域开展科技攻关，力争研究出一批高质量的科技成果和应用案例，做好竞技体育科技成果向全民健身、体育产业的转移和应用，带动全行业的科技进步。

（八）普及科学健身知识和技能

第一，构建国家级全民健身科普资源库和国家、省市、区县三级全民健身科普专家库，建立健全全民健身科普知识发布和传播机制，将传授科学健身知识和技能作为各级社会体育指导员考核晋级的主要内容。

第二，鼓励扶持各类媒体开办全民健身科普节目、专栏，推动"互联网＋全民健身"，动员更多的社会力量参与全民健身科普工作，引导各类体育健身和培训机构，开发基于新媒体传播工具，重视发挥各类草根名人和健身达人的示范和表率作用。加强对各类全民健身科普平台的监督管理，对于出现问题较多的信息传播平台，特别是传播虚假信息的要依法依规勒令整改，对于科学性强、传播效果好的全民健身信息平台要予以推广和表彰。

第三，全力推进全民健身项目化和竞赛化发展，要明确各级各类体育协会普及本项目知识技能的首要责任，不断扩大项目化参与全民健身的人口比例。要合理构建各运动项目的业余赛事体系，推动形成以全国业余公开赛和总决赛为龙头、社区联赛和城市联赛为支撑的竞赛体系，鼓励和引导各地因时因地因需举办和创办各类全民健身节庆活动，打造和推广全民健身活动品牌，通过全民健身的项目化和竞赛化带动大众健身技能和水平的提升、增加全民健身的黏度和终身参与度。

第四，做好民族传统体育的活化和推广及国外新型优质大众健身项目的引进工作，不断丰富和拓展全民健身的内容体系。

项目编号（2019-A-09）

推动社区健身提质升级、增强居民获得感和幸福感研究

沈群红

一、相关政策支持

（一）全民健身计划

继《中华人民共和国体育法》《全民健身条例》《全民健身计划纲要》《全民健身计划（2011—2015年）》等一系列政策之后，国务院在2016年6月15日发布《全民健身计划（2016—2020年）》，就"十三五"时期深化体育改革、发展群众体育、倡导全民健身新时尚、推进健康中国建设作出了部署。

《全民健身计划（2016—2020年）》中明确提出，有效扩大增量资源，重点建设一批便民利民的中小型体育场馆，建设县级体育场、全民健身中心、社区多功能运动场等场地设施，结合基层综合性文化服务中心、农村社区综合服务设施建设及区域特点，继续实施农民体育健身工程，实现行政村健身设施全覆盖。

（二）健康中国行动

习近平总书记在2016年8月的全国卫生与健康大会上强调，"没有全民健康，就没有全面小康""把人民健康放在优先发展战略地位""努力全方位、全周期保障人民健康""完善人口健康信息服务体系建设，推动健康医疗大数据应用""要倡导健康文明的生活方式，树立大卫生、大健康的观念，把以治病为中心转变为以人民健康为中心。建立健全健康教育体系，提升全民健康素养，推动全民健身和全民健康深度融合"。

中共中央、国务院于2016年10月25日印发并实施《"健康中国2030"规划纲要》，文中明确提出，"实现国民健康长寿，是国家富强、民族振兴的重要标志""加强体医融合和非医疗健康干预""建立完善针对不同人群、不同环境、不同身体状况的运动处方库，推动形成体医结合的疾病管理与健康服务模式，发挥全民科学健身在健康促进、慢性病预防和康复等方面的积极作用"。

2019年7月9日，健康中国行动推进委员会印发《健康中国行动（2019—2030年）》，文中明确指出，"建立针对不同人群、不同环境、不同身体状况的运动促进健康指导方法，推动形成'体医结合'的疾病管理与健康服务模式。构建运动伤病预防、治疗与急救体系，提高运动伤病防治能力。鼓励引导社会体育指导人员在健身场所等地方为群众提供科学健身指导服务，提高健身效果，预防运动损伤"。

（三）城镇老旧小区改造

2019年6月19日，国务院总理李克强主持召开国务院常务会议，部署推进城镇老

旧小区改造，顺应群众期盼改善居住条件；确定提前完成农村电网改造升级任务的措施，助力乡村振兴；要求巩固提高农村饮水安全水平，支持脱贫攻坚、保障基本民生。会议指出，按照中央经济工作会议和《2019年国务院政府工作报告》部署，积极做好"六稳"工作，其中稳投资是重要方面。要找准切入点，抓住既能满足群众期盼、有利于拓展内需促消费，又不会导致重复建设的重大项目，扩大有效投资，努力实现稳增长、调结构、惠民生的一举多得之效。

通过民生工程（基础类）、提升工程（完善类）和配增工程（提升类）三类改造，将老旧小区改造成为绿色健康、舒适优美的居住小区，使老旧小区居民增加"安全耐久、健康舒适、绿色节能、经济适用、智能感知、人文美观"六大获得感。

（四）中华人民共和国科学技术部2020年度重点专项

2019年9月30日，中华人民共和国科学技术部（以下简称科技部）对2020年度重点专项"主动健康和老龄化科技应对"向社会征求意见和建议。在"任务四：主动健康和老年服务科技示范与应用推广"中明确，在"科学健身示范应用"方面应加强"社区科学健身综合应用示范"的相关研究。包括针对"健康中国行动"和《体育强国建设纲要》的科学健身重大需求，系统集成新型精准运动检测设备、运动处方库和精准运动干预最新科研成果，构建慢性疾病运动干预体医结合服务新模式；研究国民体质检测创新技术和科学健身科普新模式，为社区居民健身促进健康融合服务；集成新型智能健身健康器材装备在全民健身工程中示范应用，研究智慧社区健身与健康融合中心建设标准和管理规范。

二、研究分析

目前，我国慢性病患者已超过2.6亿人，慢性病导致死亡人数已经占我国总死亡人数的85%，我国45%的慢性病患者死于70岁之前，因慢性病早死亡人数占我国早死亡总人数的75%，保障民众健康的现有模式正面临着新问题、新挑战。

公共体育服务体系在弥补人民群众"体力活动不足"方面取得了很大的成绩，但面对不断攀升的"慢性病发生率"和"巨额医疗支出"，传统的"全民健身"运行模式需要在"体医融合"的助推下实现全民健身与全民健康融合发展。

当前，保障民众健康的现有模式正面临着新问题、新挑战，慢性病高发、运动不足等已经取代了传染病，成为危害民众健康的严重问题。究其原因，与运动、环境、饮食密切相关。单纯依靠医疗卫生并不是最有效的保障方式，需要从生活方式方面进行干预，形成以社区民众"少生病、晚生病、更健康"为目标，以"全民健身"为先导，推动社区健身服务提质升级，为社区居民提供集运动、营养、心理、环境健康干预为一体的社区健康促进服务，促进社区居民"主动健康"，增强社区居民的获得感和幸福感。

社区不仅是广大居民居住生活的地方，还是城市社会的细胞，折射出一座城市最朴实的形象，不断增强社区居民的获得感和幸福感，构建数字社区、健康社区是数字中国、健康中国战略的基石。健康社区的构建需要以社区为中心的运动设施配套建设。

《全民健身计划（2016—2020年）》中明确提出"探索建设健康促进服务中心"，《"健康中国2030"规划纲要》也强调要积极推动全民健身和全民健康深度融合。为深入贯彻党的十九大精神，推进落实以上政策，探索体医融合和健康促进发展新模式，在2017年12月18日，国家体育总局、国家卫生计生委联合发函，支持河北省体育局会同河北省卫生计生委积极推进体医融合工作，建立"健身与健康融合中心"全国试点，探索新模式并加以推广。各地体育部门在推进落实"健身与健康融合中心""社区健康促进中心""健康生活服务综合体"等融合服务综合体时，还是碰到了很多问题。例如，场地的选择及费用问题，综合体的研究、规划设计问题，综合体的建设问题，以及综合体的自主化长效运营问题等。

老旧小区改造工程可以成为体育部门推进落实综合体的重要突破。自2019年6月19日国务院常务会议部署开展城镇老旧小区改造试点工作以来，各地政府启动了城镇老旧小区改造工作。城镇老旧小区改造是保障和改善民生的重要工作，是推动全民健身与小区商业、适老助残、居民健康促进在社区服务层面深度融合的重要抓手，在城镇老旧小区改造中推进社区健康促进中心暨居民健康生活服务综合体配套建设，实现片区服务设施、公共空间共建共享，有助于增强社区居民获得感和幸福感，切实回应居民的关切。

同时，借助科技部2020年度"主动健康和老龄化科技应对"重点专项，汇聚体育、医疗、建筑、区块链、物联网等多学科人才，统一了研究方向，共同着手开展技术、产品研发，基本标准、建设指南、管理规范团体标准制定，以及社区健康促进中心暨居民健康生活服务综合体的规划研究、建设、运营、示范等工作。在东部地区、中部地区和西部地区各形成一个示范点。通过示范点形成模式和老旧小区改造工程，开展全方位建设，逐步实现健康舒适的新一代居住环境，增强社区居民获得感和幸福感。

三、政策建议

第一，建议国家体育部门联合国家住建部门等，共同在城镇老旧小区改造中植入"健康生活服务综合体"。打造以社区全民健身中心为龙头，社区商业生活中心、社区特殊人群（老年人、残疾人、孕妇及儿童）服务中心、医疗健康服务中心为补充的物理空间与数字化平台结合的数字孪生街道居民健康生活综合服务体，为街道/社区居民提供运动和营养等非医学干预为主、医学干预为辅的社区智慧健康生活服务体系。通过改造，让老旧小区的居民能够享受到社会保障、社会救助、医疗卫生、社区安全、社区文化、体育教育、环境美化及购物、餐饮、日常修理等方面的服务，为社区居民提供集运动、营养、心理、环境健康干预为一体的数字化社区健康促进服务，促进社区居民"主动健康"，增强社区居民的获得感和幸福感，为全民健身与全民健康融合发展提供新动能。切实贯彻《国务院关于加快发展体育产业促进体育消费的若干意见》《"健康中国2030"规划纲要》和《全民健身计划（2016—2020年）》，推动全民健身服务供给侧改革，引领社区健康服务模式变革，支撑数字中国、健康中国建设，推动社区健身提质升级。

第二，由国家住建部门和国家体育部门联合编制基于城镇老旧小区改造的社区健康促进服务中心暨街道居民健康生活综合服务体基本标准、建设指南、资源配置和管理规范。明确其定义、基本内容、功能、构成，明确其与社区居民15分钟健康生活综合服务圈和社区网格化服务体系的关系，形成适应我国不同地域和经济社会发展水平的社区健康促进服务中心暨街道居民健康生活综合服务体的物理空间、装备配置、人员和服务标准。

第三，城镇老旧小区改造需要编制改造片区专项改造规划，其中社区健康促进服务中心暨健康生活综合服务体专项改造规划和推进计划，应由同级住建、体育主管部门联合编制。

第四，社区健康促进服务中心专项改造规划应编制资金筹措保障金融专项方案和推进计划。充分发挥政府财政资金的引导性作用，由政府和市场机构组成"老旧小区改造"建设管理公司，调动社会资金以市场化方式统筹实施改造建设。

第五，为保障社区健康促进服务中心暨健康生活综合服务体的服务效果，保证服务质量，建议在健康生活综合服务体研究规划、建设、运营的基础上，联合多方力量，强化健康促进服务相关基础学科建设，包括中医、西医、体医结合临床的科研水平、服务水平等。

第六，为保障社区健康促进服务中心为社区居民提供更好的、连续的健康保障及促进服务，建议同步建设基于虚拟世界的线上孪生平台，通过该信息化平台为居民提供保障安全、保障隐私的个人档案数据管理服务，提供资源获取、知识推送等全方位的健康生活综合服务。

项目编号（2019-A-10）

体育消费发展现状、趋势及拉动政策研究

江小涓

我国已经进入发展的新时期,即将进入高收入国家行列。国民的消费需求随之拓展和升级。人民群众对美好生活的愿望中,增加体育消费并从中获得健康与快乐是重要内容,发展体育产业、增加有效供给是满足人民群众对体育消费需求的主要途径。2014年以来,我国制定了《国务院关于加快发展体育产业促进体育消费的若干意见》(国发〔2014〕46号,以下简称46号文件)等一系列发展体育产业、促进体育消费的文件。现在,制定新的促进体育消费的文件、出台新的政策必要、重要而且紧迫。首先,宏观形势变化,体育产业作为今后支柱性产业,加快发展意义重大;其次,五年来政策效果和难点问题需要总结完善,各地的好做法、好经验值得研究总结并及时推广;最后,五年来形势发生较大变化,有许多新的理念、新的消费需求、新的产业形态、新的支撑技术、新的商业模式和新的投资者出现,产生了新的制度和政策诉求。因此,有必要进一步对促进体育消费增长问题进行深入研究。

一、体育消费的规模、质量和结构

46号文件发布后,体育消费规模快速增加,更具意义的是,近些年来,体育产业增长速度一直快于GDP的增长速度,2014年以来,高出GDP增长率的幅度更加明显,显示了体育产业是新增长点和今后增长主力产业的态势(图1)。

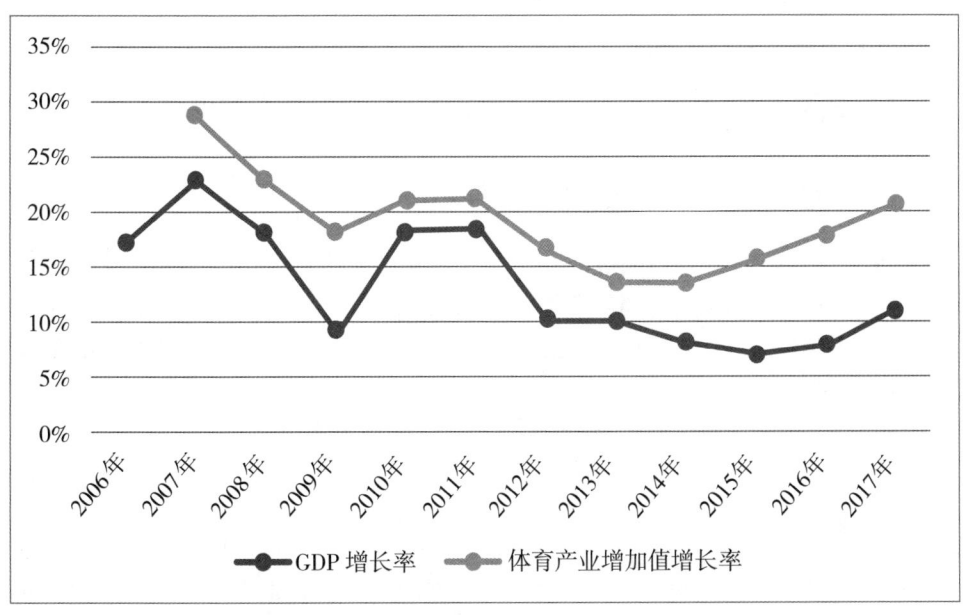

图1 体育产业增加值增长率与GDP增长率的比较

资料来源:国家统计局网站。

与其他国家对比来看,美国、德国、韩国、英国、日本等国体育产业均相对发达,而我国体育产业仍然处于相对较为落后的状况,发展潜力巨大(图2)。2016年全国体育产业增加值为6475亿元,产业增加值占同期GDP的比重达0.9%[1]。2016年体育产业就业人数为440余万人[2],占2016年城镇就业总数的1%[3]。无论是消费数量、消费质量还是消费结构,都与人民群众的需求有较大差距,需要加快发展。

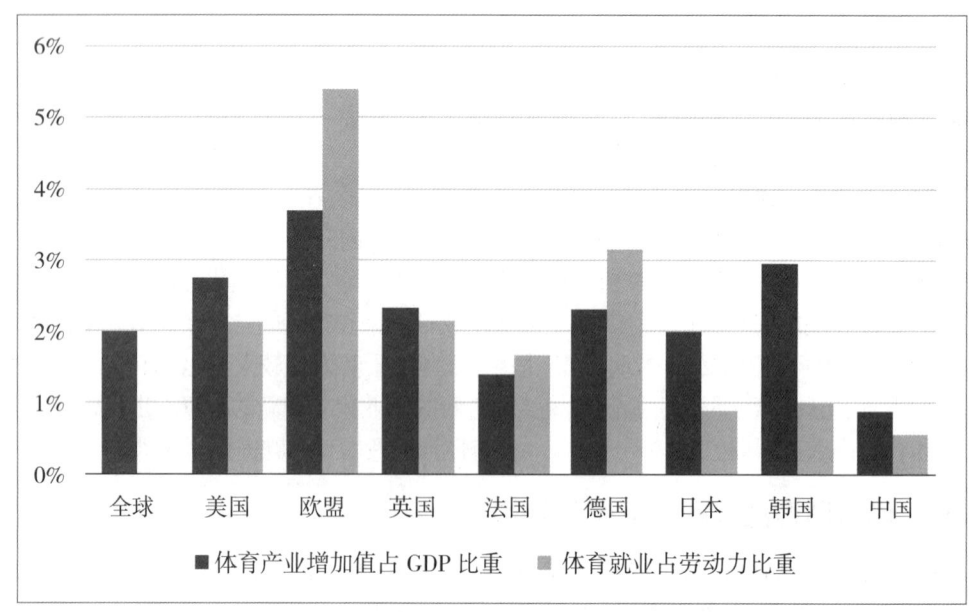

图2 各国体育产业增加值及就业比重的比较

体育消费的增长意义重大,既是人民群众对美好生活向往的重要内容,也是我国今后保持平稳较快增长的支柱性产业,因此,必须提高重视程度。

二、促进体育消费的政策及其效果分析

(一)已经出台的政策分类及效果

46号文件出台之后,许多促进体育产业发展和促进体育消费的相关政策接连发布。据统计,党中央、国务院及各部委制定的相关政策共有65项,为丰富体育消费需求、培育体育消费理念、提升体育运动技能、拓展体育消费空间、刺激体育消费行为和健全体育消费保障六大类。

---

[1] 国家统计局.2016年国家体育产业规模与增加值数据公告[EB/OL].[2020-09-25].www.ztats.gov.cn/tjsj/zxfb/201801/t20180113-1573014.html.

[2] 中华人民共和国人力资源和社会保障部.2016年度人力资源和社会保障事业发展统计公报[EB/OL].[2020-09-25].www.mohuss.gov.cn/syrlzyhshbzb/zwgk/szrs/tjgb/201805/W020180521567132619037.pdf.

[3] 人民网.2016年度国家体育产业总规模达1.9万亿元[EB/OL].[2020-09-25].https://sportb.people.com.cn/nl/2018/0114/c202403-29763435.html.

1. 丰富体育消费需求的相关政策

此类政策落实总体良好,赛事活动逐年丰富,众多单项体育协会牵头组织开展群众性业余赛事。体育产业示范基地的评定进一步提升了体育品牌价值,发挥引领作用,助推着体育产业的发展。同时,对促进地方经济的转型升级、丰富群众的体育消费需求具有重大意义。

2. 培育体育消费理念的相关政策

此类政策正逐年体现出良好态势。其一,近几年来,多样化的内容形式结合立体化的传播平台为全民健身、科学健身营造了良好的舆论氛围。其二,通过挖掘身边的先进典型,许多体育赛事充分发挥了大众榜样对运动项目的引领带动作用。

3. 提升体育运动技能的相关政策

此类政策首先体现出的效果就是体育教育培训市场的蓬勃发展。运动健身群体的需求日趋多元化,马术、击剑等越来越多的小众高端运动快速崛起,显现出巨大的市场价值。校园体育运动也取得不小的进展,以足球为例,学校运动场馆面积的增加,校园足球师资培养培训体系的完善,都有效助推着校园足球的发展。

4. 拓展体育消费空间的相关政策

此类政策有力地促进了多种体育业态的发展。各地方政府纷纷对体育综合体的建设和发展提供大力支持。同时,体育场馆建设更注重利用先进技术,获得更多社会或经济效益。各省市全民健身公共服务体系和产业链、生态圈建设愈发完善。"体育小镇"正在以新的形态带动体育产业发展。

5. 刺激体育消费行为的相关政策

此类政策已经有了众多有益的尝试。国家体彩公益金被更加灵活地用于促进体育消费。这既包括在供给侧支持体育场馆基建建设,补贴体育场馆向公众免费或低收费开放;也包括在需求侧试点推出体育消费券,用多种方式刺激体育消费行为的转化。

6. 健全体育消费保障的相关政策

此类政策的实行取得了一定的成果。2017年国家标准化管理委员会发布了由国家体育总局制定的18项体育领域的国家标准。近两年,国家体育总局发布了有关市场环境和赛事监管服务的一系列通知。社会监督机制不断健全,国家体育总局委托中国体育场馆协会组成的督查组,检查场馆补助资金执行落实到位并见成效。除此之外,体育保险业也实现了发展。

(二)地方鼓励体育消费的政策及效果

自46号文件出台以来,各级地方政府积极行动,从供给侧与需求侧两端发力,刺激体育消费,健全体育消费保障体系。本研究梳理出九项此类政策。

"医保卡健身制度"实行期间,促进了全民健身发展,改善了大众健身观念,但也存在挤占挪用医保基金、医保健身卡整体的使用范围比较有限、医保健身卡入门门槛过于严格等问题。

"体育消费券制度"试点以来,促进了居民的体育消费,也带动了其他体育相关产品和服务的消费,但是仍然存在预算数额不足、媒体宣传力度不够、干扰市场的公平与活力、对弱势群体不公平等问题。

"健身积分制度"目前仍处于起步阶段,该政策效应有待进一步观察,但在试行阶段存在补贴数额不足、宣传力度不大、线上平台缺乏优化、全民健身公共积分使用步骤繁杂等问题。

"体育产业发展引导资金"存在资助项目合理性存疑、投向政府类项目比例较高、项目监管不到位、不能做到专款专用等问题。

"体育场馆免费或低收费开放政策"存在现行政策补贴依据单一、补贴资金到位不及时、员工服务意识不足、信息公开内容有限、监督评价环节薄弱等问题。

"体育场馆能源优惠政策"存在各地水务、电力、天然气等集团均以未接到正式通知为由拒不执行,将能源一般工业价格与商业价格并轨等问题。

"青少年运动技术等级制度"在带动青少年运动参与的普遍性上还存在极大不足。青少年运动技能等级制度缺失、运动技术难度不符合青少年身心发展规律等问题,已经成为各类运动项目市场化的痛点。

"体育产业人才引进政策"存在政府部门对企业的人才需求状况不熟悉,企业也对自身需求模糊不清,高校体育人才培养学科设置不合理、培养体系不完善、人才培养与社会需求不匹配等问题。

"体育组织创新扶持制度"落实较好,未来应鼓励体育组织创新,推进多部门合作的体育产业发展工作协调机制,加强各城市间、各区域间的沟通与合作。

(三)影响促进体育消费政策效果的因素分析

本研究认为,多个因素影响了当前促进体育消费政策的执行效果,主要包括对体育消费的重要性认知不足;监管责权不明,缺乏部门协同;政策推行群体、区域发展不均衡;评价指标体系尚未建立完善;促进产业发展的长效激励体系尚未形成;对新兴体育运动理解不够或研究不深等。

三、扩大体育消费的新因素和新机遇

近几年,体育消费的环境和条件发生了许多重要变化,主要有"八新",它们带来了新的消费需求,提供了新的发展空间,产生了新的政策诉求。

(一)新发展理念:凝聚共识形成合力

党中央国务院多次对体育产业发展提出要求并作出规划,社会各方面也逐渐对金牌争夺之外的产业发展和消费普及给予正面的理解和支持。

(二)新收入水平:消费多元化和持续升级

2020年前后,中国将进入人均收入过万美元的国家行列,同时中国正在经历快速的城市化发展,城市人口持续增加。这两点决定了我国进入了体育消费迅速增长和体育消费结构持续升级的时期,体育消费群体快速成长,体育行业无疑成为朝阳产业。

(三)新技术使用:新消费业态和增值服务

先进网络技术和庞大用户支撑多种形态的"互联网+体育"。我国人口规模巨大,接入互联网的绝对人数和相对比例都很高。网络技术、数字技术、人工智能(AI)技术等在体育领域的应用已经在多个领域广泛渗透,开拓了新的发展机遇。

（四）新职业化体系：线上线下双重市场

最近几年，职业体育产业水平不断提高，质量不断优化，社会关注度不断提升，消费者群体不断扩大，效益有所增加。此外，作为一个人口规模最大、大城市最多的国家，在网络和数字时代，有可能支撑更多元赛事体系和商业模式的形成。

（五）新转播主体：增量与存量市场开拓

无论是存量还是增量，转播增量增收的空间巨大。特别是有了互联网和大数据技术，市场化的视频平台企业有更高的积极性，用各种创新手段，将更多观众黏在转播节目上。打通线上与线下，可以不断为消费者创新客户价值和客户体验。

（六）新战略投资者：延伸产业链及可持续发展

最近几年，大型战略投资者开始发力，进入体育行业。大型战略投资者有动力与能力助力于投资体育企业和整个体育产业，带动其持续全面的增长。

（七）新运动项目：电子体育爆发性增长

我国发展电子体育也有巨大潜力。电子体育产业无论是市场规模还是用户数量都远远超过了很多传统体育项目，并且未来仍有较大增长空间，但是电子体育对青少年的不利影响也需要正视和深入分析。

（八）新教育理念：更多参与者与观赏者

青少年体育对体育消费有直接促进作用，社会培训机构也能够提供多元化的体育消费产品，扩大了体育消费。此外，拥有更高的教育水平和更高的未来收入的人则更有可能参与课外体育俱乐部，这也预示着我国青少年体育消费具有较大的增长空间。

四、有关促进体育消费的政策的建议

（一）扩大群众体育消费

1. 落实和扩大体育场馆开放政策，提高效率，加强考核监管

健全体育场馆公益性开放财政补贴的政策保障，落实能源价格优惠政策。提高场馆开放的效率和服务水平。鼓励提高场馆运营网络化服务和信息化管理水平。在确保公益性开放时间和场地的前提下，可以允许场馆开发一些经营空间，建立用地的规范程序。

2. 促进社区开展多种体育活动

地方财政部门要增加社区体育专项经费支持。将体育活动发展落实情况、社区群众的参与人次等作为指标列入社区绩效考核评价等体系中。将社区健身服务场所从室外简易场地扩展到室内运动馆及宾馆、企事业单位的运动场所。制定政策鼓励这些场所以合理价格对社区居民开放。

3. 试点医保卡适用于体育健身领域

明确地方可以根据医保资金可持续情况，确定医保卡在健身领域使用，先行试点。合理设置医保健身卡的门槛，合理选择医保卡适用健身场馆，建立动态评估机制，加强监管，确保医保卡资金的使用专属性及安全性，建立黑名单制度。

4. 建议适时启动修改《中华人民共和国社会保险法》

更改"医保卡"名称为"健保卡"，把"基本医疗保险"改为"基本健康保险"，并建立更为广泛融合及良性互补的健身、预防和医疗体系。

5. 修订《基层工会经费收支管理办法》并抓好落实

将"健身技能"培训列入可使用经费的项目中，并在文体活动支出中明确体育健身支出的比例。

6. 落实和推广《关于进一步加强职工体育工作的意见》

鼓励企事业单位等积极组织和引导职工参与健身计划，把工间操活动落到实处，为在职在岗人员健身锻炼提供场地、时间和技能培训支持。

7. 试点和推广体育消费券

以体育彩票公益金为主要资金来源，有条件的地方可以设立专项预算。更多地用于低收入和老弱病残等体育消费支付能力较弱的群体中。更多地用于具有公共性、大众性的健身消费项目和设施中。

8. 试点并推广体育消费积分政策

消费者的体育消费可以采取积分制，用来换取体育消费券、体育消费折扣卡、体育比赛观赏门票等，还能获得较高等级的医保卡用于健身服务。

9. 新建小区需要配置体育健身场地和健身器材

以强制执行标准列入《住宅建筑规范》。建设验收需要对体育健身场地和体育健身器材执行情况进行验收，达标合格方可通过。

10. 多渠道增加体育运动场地

鼓励地方政府盘活存量资源，改造旧厂房、仓库、老旧商业设施建设群众身边的体育健身场所。

（二）培养青少年体育消费技能和消费习惯养成

1. 丰富大中小学体育教育培养大纲

引入"+X"机制。在必考达标项目之外，结合青少年自选 X 项目进行考核。

2. 多种方式建设青少年校外体育俱乐部

通过购买社会服务的方式，在社区引入市场化青少年体育运动俱乐部，提供多种运动技能的教学培训机会。特别注重引入公益性非营利的青少年体育运动俱乐部。

3. 试行社会资本投资运营学校体育和场馆的政策

大学品牌赛事、运动队、体育场馆试行"第三方运营"，提升使用率，扩大消费。

4. 为学校组织体育活动建立免责机制

将体育保险纳入国家体育制度，为体育运动安全与保障定制多场景保险产品与服务，如公众责任险、场地责任险等险种，建立健全公共场馆特别是学校的免责机制，促进学校积极组织体育活动，并将场地向公众开放。

（三）推动供给侧改革，提供更多体育消费的产品和服务

1. 鼓励更多地方设立体育产业引导基金并提高使用效率

要求没有设立体育产业引导基金的地方尽快设立引导基金。建立管理制度、奖补制

度和问责制度。可以委托第三方进行项目管理。

2. 落实支持体育产业发展的金融政策

大型国有金融机构和地方金融部门要作出具体规划，支持有条件的体育企业通过发行债券、股票及资产重组、股权置换等方式筹措发展资金。

3. 合理处置税收抵扣中的问题

体育企业与政府和老百姓有大量往来款项目，无法进行进项税抵扣，应采用相应的处理方式，减少社会资本的损失。

4. 优化符合战略投资者要求的"放管服"改革

推动项目审批制度改革，开设绿色通道，精简规范程序，创新审批模式。

（四）促进先进科技应用推动产业升级

1. 支持高科技体育用品制造企业发展

依托国家双创示范基地和双创特色载体，建设一批应用数字技术、AI技术等高科技的体育用品制造企业。

2. 推动体育服务业数字化转型和智能化改造

加强数字化基础设施建设，引导企业"上云用数"，精准与消费者沟通并提供服务。支持构建体育领域规范化数据开放利用的场景。

3. 鼓励开发适宜家庭参与的产品服务

以家庭为单位参与体育服务消费能够有效地增强体育服务消费黏性。鼓励依托互联网大数据和人工智能，开发家庭级体育服务应用，并给予扶持和政策鼓励。

（五）促进更多职业体育消费

1. 试点职业体育俱乐部建设或租用专用场馆

鼓励地方将大型公共场馆免费或者较低租金提供给俱乐部。鼓励俱乐部多种形式开发场馆运营。

2. 保护职业体育知识产权

完善相关法律法规，切实保护职业体育的知识产权，包括赛事版权、商标权、球员肖像权。加大对视频直播和短视频版权的保护力度，建立相关投诉反馈机制。

3. 提升大型体育赛事安保质量

在职业俱乐部与公安部门之间建立更加有效的直接沟通机制，加强配合，完善紧急预案机制，保障球迷赛事体验的完整性。

4. 明确举办赛事的程序和规则

取消赛事审批制度出台后，要及时建立新的举办规则和申办程序。需要多部门联动，列明行进路线图，支持赛事产业的发展。

5. 提供适合职业体育特点的商标注册政策

在职业体育俱乐部进行商标注册时，应参考地理标志产品保护相关政策，为职业体育俱乐部商标开辟一个新的类别，保留商标中地理名称，推进职业俱乐部名称中性化。

6. 完善职业体育俱乐部的法人治理结构

改进职业联赛决策机制，充分发挥俱乐部的市场主体作用。规范发展职业联盟，完善联盟公司对联赛制度、联盟准入及行为监管的法律基础。

（六）支持鼓励冰雪产业的发展

1. 支持场地建设等回收期长的项目建设

支持包括冰雪装备制造、场馆建设在内的建设项目的值税率享受最优税率。对进口项目所需国内不能生产的自用冰雪运动设备和配件，在政策规定范围内，免征进口关税。

2. 平等或优惠使用水电气热的政策

落实冰雪场馆按照一般工商业电价标准降低10%的政策。按照国家政策，适当调整冰雪企业取用水水源，以降低企业成本。

3. 落实融资担保体系

有冰雪产业的地方要设立融资担保公司，明确额度标准要求，为冰雪产业发展提供融资担保，并建立相应的风险补偿机制。

另外，还要落实土地使用和供地有关政策。

（七）规范发展电子竞技产业

1. 设立国家电子竞技协会

建立国家级电子竞技协会，建议体育行政部门会同有关部门尽快调研和拿出方案。

2. 促进电子竞技产业和俱乐部健康发展

抓紧制定行业规则，放开电子竞技赛事电视转播限制。放松国际电子竞技运动员签证限制。

3. 多部门共同行动约束电子竞技的负面影响

建立以反沉迷为导向的电子竞技产业的进入规则、训练时长规则、体能运动时长规则、选手的教育水平规则等，并要求企业利用技术手段做好未成年人的保护措施。

（八）积极完善体育人才政策

1. 鼓励培养和引进人才

在国家千人计划、杰青计划等人才项目中，将体育专才列为一类。加强高校体育复合型人才的培养。

2. 大量增加社会体育指导员

鼓励培训，以及支持政府、高校和企业的三方协同合作，实现社会体育指导员职业化及专业化发展。

另外，还要完善培养体育人才的教育体系。

（九）促进全国性体育协会提供行业性公共服务

1. 制定和完善各项业余体育运动技能评价体系

加快提供规则、标准、等级、认证等"行业公共产品"。行业组织要发挥有效作用。

2. 鼓励各领域设立细分行业协会并加强监管

这些协会对本领域的运营和培训机构，要设立准入条件、经营规范、服务标准等，维护市场秩序，确保消费者权益。

3. 为群众体育运动提供公共产品

各个单项运动协会，都应该为群众体育运动提供标准制定等服务，可以鼓励地方先行先试。

4. 全面推行青少年运动技术等级制度

各个全国性单项运动协会，都要限时推出青少年运动技能等级制度。出台《青少年运动等级标准》。

另外，还要加大体育文化建设和职业道德建设。

（十）加强领导形成合力

1. 各级政府成立领导小组或组织联席会议定期研究体育产业发展问题

党政领导挂帅，定期召集相关部门研究体育产业发展问题及政策落实情况。

2. 加大宣传力度

中央和地方的宣传部门应该有系统的宣传计划，提高公众对体育活动重要性的认识。利用新兴网络媒体和传统媒体共同进行宣传。

（十一）用好各种创建活动和政策载体

1. 文明城市建设中要落实体育标准并增加新的标准

应增加全民健身理念宣传引导力度和量度、群众性体育活动开展情况、国民体质监测合格率、人均体育场地面积等审核指标。

2. 卫生城市建设中要落实体育现有相关标准并增加新的标准

应该将群众性体育活动开展普及率及活动时长、国民体质监测合格率、人均体育场地面积等指标加入进去。

3. 将体育相关指标纳入国家统计体系

在国家统计公报中增加全年体育赛事活动场次、全国体育人口等其他各类体育数据。

4. 体育主管部门志要做到"放管服"

体育主管部门要更多放手具体事务，做好公共服务和宏观引导。

另外，还要适时推进健康城市和健康社区创建活动。

（十二）实行多类型试点工作

实行场馆建设综合试点城市、职业体育试点联盟、健康城市和社区建设试点城市、学校体育教育改革试点城市等。

项目编号（2019-A-11）

我国备战参赛 2022 年亚运会 "杭州计划" 研究

彭国强

杭州 2022 年亚运会是我国重要历史节点的重大标志性活动，是塑造国家形象、促进经济社会发展、振奋民族精神的重要契机，是推动中国与亚洲各国家和地区之间文化交流的重要平台，对加快推进体育强国建设、实现中华民族伟大复兴的中国梦具有重要作用。为全力做好杭州亚运会备战参赛工作，全面提高我国竞技体育水平和为国争光能力，特制订本"计划"。

一、形势与挑战

（一）中国代表团亚运会参赛回顾

从新德里 1951 年第一届亚运会到雅加达 2018 年第十八届亚运会，亚运会走过了近 70 年历程。我国从 1974 年首次正式组队参加第七届亚运会至今，已连续参加了 12 届亚运会，取得了优异成绩。从 1982 年第九届亚运会首次实现金牌榜总数第一位开始，我国已连续 10 届占据亚运会金牌榜榜首位置，尤其在我国举办的第一个国际性综合赛事——北京 1990 年亚运会上，实现了"冲出亚洲，走向世界"战略目标的第一步。进入 21 世纪后，我国亚运会参赛工作取得了新突破，广州 2010 年亚运会创造了金牌总数新高，仁川 2014 年亚运会多个运动项目实现突破，雅加达 2018 年亚运会多个运动项目亮点纷呈，跳水、乒乓球、羽毛球、体操等传统强项继续保持优势，射箭、射击和摔跤项目取得了亚运会参赛史上的新突破。同时，我国在亚运会参赛过程中也存在创新驱动不足、科学化管理和训练水平不高、复合型训练管理团队建设滞后、项目结构发展不均衡，以及基础项目和"三大球"水平总体不高、运动员体能储备不足、后备人才缺乏等现实问题。

（二）面临的机遇与挑战

当前，我国竞技体育迎来新的发展机遇。党的十八大以来，以习近平同志为核心的党中央，从国家发展战略和全局高度部署和推动体育事业改革发展，为竞技体育发展与备战参赛工作指明了方向。伴随着新时代的到来，经济社会发展新常态为竞技体育发展提供了新环境，科学技术不断创新为竞技体育发展提供了新动力，备战东京奥运会为亚运会参赛工作提供了新举措，筹办北京 2022 年冬奥会等国际大赛将不断提升我国竞技体育的国际影响力。当前，运动项目协会实体化改革、科技助力大赛、跨项跨界选材、"铁人计划"等一系列创新性的政策举措将为亚运会备战工作提供新机遇。

亚运会备战参赛工作也面临着严峻挑战。当前，我国集体球类项目、基础项目与世界高水平还有差距，部分重点项目实力有所下滑，集体项目面临资格赛挑战，优势项目提升空间有限，潜优势项目尚未形成人才厚度，缺乏新的金牌增长点；亚运会金牌含金量不高，具有世界水平的成绩或是战胜世界级对手获得的金牌不多；日本、韩国等国家在我国多个传统优势项目上进步较快，已形成冲击态势，我国优势项目空间被压缩；运动员体能储备不足，持续对抗能力不强。当前，亚运会已进入"杭州时间"，我们要强化责任担当，动员各方力量，扎实推进备战参赛工作，努力实现"参赛也要出彩"目标，力争在杭州亚运会上向党和人民交出一份满意的答卷。

二、指导思想与工作方针

（一）指导思想

以习近平新时代中国特色社会主义思想为指导，全面贯彻落实习近平总书记关于体育工作系列重要讲话和批示精神，围绕加快推进体育强国建设要求，把亚运会备战参赛工作放在中国特色社会主义伟大事业的全局中去谋划、去推动、去落实、去担当。坚持"世界眼光、国际标准、中国特色、高点定位、恶补短板"，坚持"一刻也不能停、一步也不能错、一天也耽误不起"的务实精神，以改革促备战，以备战强改革，从创新体制机制、优化结构布局、强化人才支撑、提升训练水平、加强科技助力、落实条件保障等方面做好各项训练参赛工作；遵循"真选、真练、真高、真干"思路，做到全项目准备、全项目参赛、全方位厚积人才，奋力实现"参赛也要出彩"目标，为举办一届"绿色、智能、节俭、文明"的亚运会作出贡献。

（二）工作方针

坚持党的领导。认真落实党中央、国务院发展体育工作的精神，加强党对备战参赛工作的全面领导，牢牢把握参赛工作的政治方向，充分发挥党总览全局、协调各方的核心作用，切实提升国家队思想政治工作水平。

坚持改革创新。不断深化训练参赛体制机制改革，通过创新驱动增强参赛工作动力。广泛借鉴国际先进经验，调动社会力量，凝聚多方共识，建立备战工作协同机制，优化配置各方资源，发挥整体优势，提升备战参赛综合效益。

坚持统筹兼顾。从实际问题出发，紧紧围绕参赛目标，加强顶层设计，优化项目布局，推动各类项目全面、协调、可持续发展。统筹协调备战机制，抓重点、补短板、强弱项，全面提高训练参赛水平，提升备战效率。

坚持开放融合。齐心协力抓备战，以更为"开放"的观念创新备战参赛工作，充分利用社会市场资源，调动社会力量支持参赛工作，推进举国体制与市场机制融合，建立开放共享的参赛体系，推动各方协同合作，形成强大合力。

坚持务实真干。紧密围绕备战参赛工作中存在的问题，改进工作方法，攻坚克难，多点突破，认真对接参赛目标任务，倒排工作计划，坚定服务参赛目标不动摇，把各项具体训练参赛工作落到实处。

三、参赛目标与任务

（一）总体目标

到2022年杭州亚运会，我国参赛项目总体成绩继续保持亚洲第一的同时，竞技体育综合实力和国际竞争力显著增强。优势项目成绩巩固扩大，新兴项目、弱势项目竞技水平进一步提高，足球、篮球、排球整体水平全面提升，力争"三大球"每个项目获取金牌。金牌和奖牌结构明显改善，涌现出一大批新的金牌增长点。科学化管理和训练水平大幅提升，形成系统的后备人才梯队，完成全项目参赛、全方位厚积人才的任务，运动成绩和精神文明取得双丰收，实现"参赛也要出彩"目标。

（二）阶段任务

2018—2019年厚基础：按照抓重点、补短板、强弱项的工作思路，整合全国优质资源，科学筹划亚运会项目设置，打造不同项目联动递进的后备人才梯队，扩充国家队人才储备。大力实施"铁人计划"，推进"科技助力"工作，打造训练参赛保障体系，引进世界顶级、国际一流的教练员及团队，成立国家队队委会和复合型训练管理团队。

2019—2020年选精英：建立严格的国家队选拔制度，搭建项目选拔与跨界选拔相结合的选拔机制，遴选成绩最好、状态最好的运动员进入国家队。各个项目建成"大国家队"，基本明确重点运动员，初步固定国家队组成人员，形成系统的参赛方案，全面提高训练水平和实战能力。

2020—2021年瞄重点：精选精练，精准参赛，在"大国家队"模式下对参赛项目进行分类，有所偏重、有所区别地制定不同项目的具体参赛措施，注重抓重点项目的备战工作，明确重点运动员，建立参赛尖子群体，最大限度取得亚运资格积分。

2021—2022年强冲刺：细化各项目运动员的参赛任务，拟定各项目倒计时参赛计划，提升体能训练强度和参赛的精准度，利用模拟实战演练，推进程序化参赛；全力打好亚运会资格赛，取得全项目参赛资格，以最高的竞技能力、最好的精神面貌参加杭州亚运会。

四、政策措施

（一）创新备战组织管理的体制机制

构建国家和社会多元参与的亚运备战体系，整合政府、社会、协会、俱乐部等各种竞技体育资源，吸收更多社会主体进入亚运备战。一是全面提高备战工作的社会化、专业化、市场化水平，放宽准入门槛，在设施建设、训练保障、队伍组建等方面广泛引入社会力量。二是引导和鼓励有能力、有动力的地方体育和社会组织，以及企业、高校、个人承担训练参赛任务，发挥各地在人才、科研、资金、政策、保障和管理等方面的优势。三是建立多元参与的"扁平化"备战组织体系，形成"亚运备战有落实，任务落实有主体"的组织体系。四是推动各类运动项目协会改革，充分发挥协会在杭州亚运会备战参赛工作中的作用。

（二）优化竞技项目结构布局

科学筹划亚运会项目设置，统筹优势与潜优势项目、传统项目与新兴项目，以及集体球类项目、基础项目与弱势项目协调发展。一是继续扩大和巩固亚运会传统优势项目规模，加大项目核心竞争力培育，加强优势项目群开发，拓宽夺金项目范围。二是重点扶持"三大球"发展，实施"集体球类项目振兴战略"，在国内竞赛、人才交流、奖励机制、后备人才基地建设等方面对"三大球"实行倾斜政策。三是实施"体能项目全面提高"战略,加强对项目训练竞赛规律研究,不断提高田径、游泳、自行车、赛艇、皮划艇等体能类项目竞技水平,力争实现优势小项的新突破。

(三)多渠道、多途径培育竞技人才

提升包括运动员、教练员、裁判员,以及科技、体能、管理等人才在内的竞技体育人才队伍综合素质。一是建立健全广纳英才、公开竞争、公平公正的选人用人制度,形成"开门办亚运,开门参赛"局面。二是大力实施精英教练员资助计划和基层教练员培训工程,健全教练员培训体系,根据项目特点组建中外结合的教练员团队。三是加强运动队复合型训练管理团队建设,打造一支能够深刻把握项目训练规律、具有科学训练理念和方法的复合型训练管理团队。四是培养一批具有国际水平的竞赛组织人才队伍和国际体育组织认可的人才团队,增强我国在国际体育事务中的影响力和话语权。

(四)构建服务亚运会参赛目标的竞赛体系

围绕杭州亚运会参赛目标,协调训练与比赛关系,使全国综合性运动会更好地为亚运战略服务。一是坚持全运会与亚运会接轨、年度赛事与全运会挂钩,将国内比赛和亚运会参赛目标有机结合,从利于亚运会参赛为出发点安排国内比赛,形成科学的备战竞赛体系。二是扩大赛事规模与数量,通过形式多样的系列赛、大奖赛、分站赛等,增加运动员参赛机会和实战练习,通过多元竞赛体系挖掘不同项目运动员的最大竞技能力。三是调动地方体育部门和社会力量办赛积极性,加快推进市场化、社会化程度较高的项目建立职业联赛体系,建立与杭州亚运会接轨的现代化竞赛体系。

(五)创新国家队组建与管理模式

对国家队多元组建实施引导与政策扶持,广泛依靠体育行政部门和地方政府,动员社会力量,以创新的模式组建国家队。一是拓宽国家队多元共建方式,向地方、企业、社会、高等院校等广泛开放,推进亚运会国家队办队模式的地方化、院校化和社会化,鼓励组建"国家地方队",形成开放的参赛格局。二是实施国家队扁平化管理,坚持目标导向,落实绩效考核,强化主教练的责任和作用,以制度化方式保障各国家队备战目标的实现。三是建立严格的国家队奥运选拔制度,遴选成绩最好、状态最好的运动员进入国家队,充分调动各方参与训练竞赛的积极性,提升备战整体效率。

(六)实施"多元选材"工程

创新优秀运动员选拔方式,围绕亚运会新增项目和我国弱势项目等大力推行跨界、跨项、跨地域选材。一是建立项目选拔与跨界选拔相结合的选拔机制,创新运动员选材标准,推行"跨项选材""青春期后选材"和"晚定项动态选材",打造不同项目联动递进的后备人才梯队。二是拓宽选材渠道,面向全球、全社会、多民族选材,针对特定地区、特定人群、特定项目、特定行业等实施多元选材。三是实施精准选材,制定详细的选材标准和科学的选材测试方案,严格把控招募、测试和试训三个阶段,提高选材的整体效率。

（七）推进"智能亚运"工程

完善"科技助力"工作的体制机制，深入推动训练参赛创新驱动，吸纳社会力量参与"科技助力"工作。一是实施科技助力和科技支撑计划，广泛运用人工智能、大数据、云计算、物联网等技术，提升训练参赛的智能化水平。二是将科学保障贯穿始终，加快复合型训练团队建设，提升训练过程和状态监控的科学化、信息化水平。三是提高训练场馆设施的科技元素，打造具有技术诊断、医务监督、信息情报收集、身体恢复等多功能的智能训练中心。四是广泛调动国内外科技资源，创新训练理念和方法，提升运动训练的智能化水平。

（八）落实"铁人计划"工程

大力实施"铁人计划"工程，通过体能训练弥补运动员身体功能训练和核心力量训练的短板，提高运动员的体能储备。一是转变体能训练理念和方法，全周期坚持体能训练，将体能训练渗透到每一个赛季、每一天和每一节课。二是出台体能教练员制度建设和激励政策，设计智能化、数字化体能训练器材设备，广泛运用大数据和人工智能技术提升体能训练科学化水平。三是围绕重点项目构建体能训练标准，提升重点项目专项体能训练水平，找准国际竞争对手、世界冠军的标准，及时引进、消化、吸收国际体能训练新经验、新模式。

（九）做好赛风赛纪和反兴奋剂工作

牢固树立公平、公正、公开、透明的选拔原则，加大执法、执纪力度，强化责任倒查追究。一是推进反兴奋剂教育常态化和制度化，贯彻落实《国家队运动员、教练员选拔与监督工作管理规定（试行）》《全国体育竞赛裁判员选派与监督工作管理办法（试行）》，强化运动队管理。二是深入开展赛风赛纪和反兴奋剂专项治理，贯彻落实《反兴奋剂条例》，通过与有关责任部门签订《反兴奋剂工作责任书》，建立反兴奋剂责任制。三是健全反兴奋剂风险防控体系，完善运动队反兴奋剂准入制度，提高兴奋剂检测水平，实现干净参赛目标。

（十）加强国家队思想政治工作

发挥国家队思想政治工作优势，认真研究新形势下国家队思想政治工作的新特点和新方法。一是把思想政治工作作为同技战术训练、体能训练同等重要的工作一起部署、一起落实、一起检查、一起考核，将对运动员精神、意志、心理和作风的锤炼融入其平时的训练和生活。二是加强运动员职业道德教育和文明礼仪教育，培养运动员无私奉献的精神、坚忍不拔的意志、顽强拼搏的作风。三是加强纪律作风建设，严守各项规矩纪律，大力弘扬中华体育精神和奥林匹克精神，增强运动员民族自尊心和自豪感，增强为国争光的使命感和荣誉感。

（十一）充分挖掘东道主优势效应

从场地优势、训练优势、人力优势、资源优势、项目主导优势等多个层面挖掘东道主良性效应，促使东道主有利因素得到更好的发挥，不利因素能够转化为有利因素。一是充分利用好东道主对亚运会项目设置的主动权，在分析亚洲主要竞争对手重点项目实力水平的基础上，结合我国运动项目发展的情况，对杭州亚运会项目作出针对性调整。二是充分利用场地环境优势，在亚运会重点项目、新兴项目等场地设置上，要围绕更好地适应我国运动员平常的训练特征，将东道主效应对一些特殊项目（如射击、体操、跳水等）可能造成的不利影响降至最低。

（十二）强化备战工作的监控与动态评估

全方位检查和评估运动员选材、教练员培养、科技服务，以及训练设施、政策保障等实现程度。一是构建科学合理的目标执行评估体系，将训练、比赛、管理、信息、科技、保障等各要素进行有机整合，采取分阶段有序推进和评估。二是建立健全质量管理评估实施办法，从业务水平、训练效果、参赛成绩、目标任务等方面对国家队教练员及团队实施评估考核，实现"能上能下"。三是制定训练参赛目标评估体系，设立阶段目标，以量化标准进行考评，形成动态的备战目标评估体系，对运动员训练进行公平公正评估，不搞"一选定终身"。

五、组织实施

（一）加强组织领导

加强政府在亚运会备战参赛中的主导作用，按照党中央决策部署，推动工作落实，从全局和战略高度重视参赛工作，严格落实责任制，把参赛工作纳入重要议事日程，形成工作合力。建立由国家体育总局、重点项目省市体育局等多部门参与的备战工作小组，明确工作职责，主要负责人对所属工作负主要责任。

（二）形成实时联动

调动全国参与杭州亚运会参赛工作的积极性，吸引社会力量介入备战工作，引导和鼓励具备条件的地方政府、高等院校、企业和社会组织承担国家队训练参赛任务。相互之间要加强沟通配合，相互支持、相互补台，要集思广益，群策群力，确保实时联动、及时沟通，在重点、难点领域开展联合攻关，对于备战中出现的新问题，要及时讨论研究，迅速加以解决。

（三）提升条件保障

坚持"大财务"原则，加强与相关方面沟通，满足各项目训练、科研、外事、器材、聘用外教和训练基地建设的需求。成立中国体育代表团保障营，做好经费、外事、后勤、基地、器材等各项保障服务工作，加强对训练基地科研、医疗、文化教育的投入，提高全国运动训练基地的训练、科研、医疗、教育和保障水平。

（四）创新激励机制

完善运动员收入分配和激励保障政策，规范教练员引入政策和考评制度，完善复合型训练管理团队收入分配和激励政策，将复合型训练管理团队的工作业绩与个人收入、奖惩措施、政治荣誉挂钩，形成责、权、利相统一的激励机制。改进科技介入亚运备战的奖励制度，建立科技攻关与信息服务激励政策，提高科技服务的质量和效率。

（五）强化督导检查

各级体育部门应把明确职责分工作为实施计划目标任务的重要举措，建立权责明确、职责清晰的工作机制，定期对落实情况加以总结、归纳。建立备战亚运会统筹决策、督查督办、协同推进的工作机制，各地及时跟踪督促本计划进展情况，定期公布督查评估情况，优化和改进计划实施方案，促进目标任务全面实现。

项目编号（2019-B-01）

我国国家队教练员聘用和激励机制改革研究

刘红建

党的十八大以来,以习近平同志为核心的党中央高度重视体育工作,习近平总书记多次对体育工作发表重要论述,为我国体育的改革与创新指明了方向,提供了根本遵循。国家队教练员是竞技体育的核心人才资源。回顾历史,我国国家队在教练员聘用和激励方面已经形成了颇具特色的模式。面对现实,伴随着竞技体育事业的蓬勃发展,我国国家队教练员的聘用和激励机制仍然存在一些问题,迫切需要提出改革措施,进而提升国家队教练员水平和能力,保持我国竞技体育可持续发展。

一、我国国家队教练员聘用和激励机制概况

(一)我国国家队教练员发展简况

中华人民共和国成立初期,我国国家队教练员大多是从有专业特长的运动员或体育教师中遴选的,人数较少。随着竞技体育"举国体制"的产生,我国国家队教练员队伍日益壮大,一些优秀运动员实现了角色的转换,开始转为教练员。进入21世纪,伴随着国际竞技体育竞争日益激烈及我国竞技体育发展的实际需要,我国国家队教练员队伍的建设力度逐步加大,数量逐步增加,教练员素质和能力稳步提升。截至目前,我国夏季奥运会项目共有62支国家队,其中教练员约725人;冬季奥运会项目共有34支国家队,其中教练员约437人。

(二)我国国家队教练员聘用和激励机制改革实质

"聘用"是一个过程性概念,包含"聘"和"用"两个层面的内容,"聘"指教练员的选聘、选拔,"用"指对教练员的使用与管理。"激励"是通过有效的方法激发教练员的动机,实现既定目标的行为,激励也是解决我国国家队教练员如何更好地"用"的问题。聘用和激励机制的改革研究实际上就是对如何"聘"得更加科学、合理,"用"得更加高效、高质,充分调动教练员的积极性和创造性,从而投身于国家队教练员岗位工作,取得更优更佳的工作成绩的研究。

二、我国国家队教练员的聘用和激励机制特征及存在的问题

(一)我国国家队教练员聘用和激励机制特征

1. 出台了专门的国家队教练员选聘政策

2014年,国家体育总局下发了《国家队运动员、教练员选拔与监督工作管理规定(试行)》的通知,对选拔工作的基本原则、基本程序与要求、公示与公开、运动员与教练

员基本条件、监督与处罚等方面都进行了明确的规定。我国国家队教练员的选拔过程及结果会在各协会网站及时公开。到目前为止,已经有中国篮球协会、国家体育总局射击射箭运动管理中心、国家体育总局水上运动管理中心、国家体育总局小球运动管理中心等部门或协会制定并公布了国家队教练员的选聘政策。

2. 增强了国家队教练员选聘模式的科学性

当前,我国国家队教练员选聘多是按照一定的聘用规则,通过竞聘、调任、遴选、聘请等程序化方式进行选拔的,选拔优秀的国内外人才,通过与国家体育总局项目管理中心(全国性单项体育协会)签订工作合同的方式从事国家队教练员岗位工作,这种模式稳定性、权威性与科学性逐步增强,选聘过程能够体现公平性与公正性,选聘结果能够及时在协会网站上对外公布,接受社会公众和舆论媒体的监督。

3. 扩充了国家队教练员队伍,逐步建成复合型团队

随着《2011—2020年奥运争光计划纲要》的颁布,我国国家队教练员队伍开始扩充,专注于体能、科研、医疗、康复、营养等方面的教练员不断加入国家队中,许多国家队积极引入外籍教练员,一些优势运动项目的国家队逐步形成了由主(总)教练、科研教练员、体能教练员、外籍教练员、营养教练员、助理教练员等多种类型人员组成的复合型教练员队伍。

4. 创新了国家队教练员聘期使用与管理方式

在新的改革背景下,各项目协会在教练员聘期使用与管理方面各具特点,各种方式与措施不断涌现:第一,同一项目组建两支国家队教练组,不固定教练员,形成良性竞争。第二,国家队教练员社会化、全球化聘用,分期分批选聘教练组。第三,根据运动员需求、教练员能力优化组合国家队教练员队伍。

5. 提升了国家队教练员聘期培训的力度和质量

第一,我国国家队教练员培训政策不断涌现。《关于加速培养跨世纪优秀中青年教练员的意见的通知》《国家体育总局高层次体育人才培养工作计划》《国家体育总局精英教练员双百培养计划实施办法》等政策相继制定、颁布。第二,我国国家队教练员培训质量不断提升。一是强调对我国国家队教练员综合素质的培养;二是开展了针对我国国家队教练员的专项化培训。

6. 完善了国家队教练员激励政策,激励内容多样

第一,我国国家队教练员的激励政策逐步完善。《运动员教练员奖励暂行办法》《运动员教练员奖励实施办法》都规定了教练员的奖励内容。《关于第十三届全国运动会实施教练员激励政策的通知》提出同时为运动员与教练员颁发奖牌。第二,我国国家队教练员的激励内容多样。一是绩效和津贴逐步提升;二是荣誉激励层次提高,中国女排教练员郎平及女排队员,受到习近平总书记会见并合影留念,同时受邀参加庆祝建国70周年大会的群众游行;三是晋升激励稳步改善。

(二)我国国家队教练员聘用和激励机制存在的问题

1. 国家队教练员选聘政策不完善,选聘过程不严谨

第一,我国国家队教练员选聘政策不完善。有的项目关于国家队教练员的选聘还没有制定相匹配的政策,缺乏教练员聘用标准;有的项目制定的选聘政策科学性不够,聘用程序不健全;有的项目教练员聘用办法过于笼统,欠缺规范,操作性不强。第二,我

国国家队教练员的选聘过程亟须进一步完善。一是选拔过程还存在不公正现象；二是选拔过程仍然不公开，选拔过程和选拔结果没有及时向社会公众公布、传达。

2. 国家队教练员聘用过程中的监督机制不健全

第一，有的国家队因循守旧，缺乏创新，仍然采取传统的教练员选拔机制，不重视选拔过程的监督机制建设。第二，有的国家队虽然重视对"聘"过程的监督，如在选聘教练员时临时成立监督小组参与选聘全过程，却忽略了对"用"过程的监督，导致我国国家队教练员在实际工作中存在"唯我独尊""独断专行"的思想和行为，造成我国国家队教练员的权力过大，自由裁量权过高。

3. 国家队教练员聘期中的利益关系存在协调难题

第一，我国国家队教练员与原单位特别是地方体育部门的冲突问题。有的地方"奥运战略"和"全运战略"相冲突，导致被选聘到国家队的教练员，更加偏重服务于本地区输送的国家队运动员，而忽视对其他地区运动员的指导服务。第二，我国国家队教练员个人之间的矛盾问题。因我国国家队教练员类型较多，当利益划分不当的时候，往往会带来教练员之间的矛盾问题，演变成国家队教练员管理中的内耗问题，对国家队的建设和管理造成损失。第三，我国国家队本土教练员与外籍教练员的利益问题。外籍教练员的到来势必要分"一杯羹"，这直接导致本土教练员津贴、奖金等经济利益的减少，则本土教练员对外籍教练员的排斥问题便会产生。

4. 国家队教练员聘期中的工资与职称问题亟待解决

第一，我国国家队教练员的工资收入亟须提升。我国现行的国家队教练员工资收入制度存在一定的平均主义现象，不利于激发教练员的积极性和创造性，会造成劳动报酬与劳动贡献的匹配度发生偏离，影响教练员在国家队中的工作态度。第二，我国国家队教练员的职务晋升或职称评定需要更科学。在教练员实际的职务晋升与职称评审过程中，仍然存在唯"文凭、论文、帽子"的现象，教练员聘期内的职业道德和执教业绩情况所占的参数在评审中体现不够。

5. 国家队教练员聘期中的培训方式和内容需要完善

第一，我国国家队教练员的培训面向群体不够广泛。因国家队教练员培训大多是采取遴选方式组织的，仍有一些国家队教练员没有参与到这些培训活动中。第二，专项化、分类别的国家队教练员培训内容力度不够。目前来看，关于教练员综合能力及体能方面的相关培训较多，而运动医疗、保健、营养等，以及不同运动项目的先进的知识理念与技战术方面的培训力度还不够。

6. 国家队教练员聘期全方位服务保障体系有待健全

当前我国国家队教练员的服务保障体系还不够健全。例如，如何正确对待一些项目协会领导的双重工作，在收入分配时并没有兼顾到这种双重身份；教练员们来自全国各地，他们往往牺牲了家庭，并没有采取妥善措施安排家属来队探亲；一些国家队教练员忙于训练和比赛，有时往往错过单位组织的体检，对于这些教练员理应安排上门体检服务，从而有效保障教练员的身心健康等。

三、我国国家队教练员聘用和激励机制改革路径

（一）我国国家队教练员聘用机制改革路径

1. 完善国家队教练员选聘标准，规范选聘过程，灵活构建不同项目的复合型教练员团队

第一，完善我国国家队教练员的选聘标准。首先要坚持国际视野，拓宽国家队教练员选聘对象的范围。其次要坚持选聘标准的科学化。要充分考虑教练员的国家荣誉感、集体责任感及事业心，加强对教练员的考察、跟踪、问效与问责。第二，规范国家队教练员的选聘过程，严格执行《国家队运动员、教练员选拔与监督工作管理规定（试行）》，及时公布选聘方案及选聘标准，组建专业性、代表性强的教练员选聘团队，成立由纪检监察等人员组成的选聘监督小组，及时公开选聘结果情况。第三，坚持以教练员为首要的国家队管理原则，突出核心成员的地位和作用，特别是主（总）教练的地位和作用。打造一支组织决策民主、管理水平科学、训练理念先进、服务保障高效的国家队教练员管理团队。

2. 强化国家队教练员人才梯队建设，实施"世界级教练员计划"，构建"能上能下"、科学合理的教练员选聘机制

第一，加快国家队教练员人才梯队建设步伐。积极制订并实施"世界级教练员计划"，包括世界精英计划、精英学徒计划及冠军运动员转教练员计划，每年选拔高水平教练员及奥运冠军、世界冠军等退役运动员，提供专项资金激励和资源支持。第二，灵活构建"能上能下"、科学合理的国家队教练员聘用机制。树立"以成绩论英雄"的聘用导向，建立国家队教练员的"能上能下"考评体系并客观评价，让素质好、水平高、能力强、业务精的教练员脱颖而出。第三，要建立国家队教练员舆论引导及容错纠错机制。针对处于舆论焦点的国家队教练员，要及时客观进行辟谣与解释。针对非主观因素造成成绩不佳等问题，要给予教练员足够的时间和空间，防止教练员频繁更换、流失等现象的产生。

3. 重视国家队教练员的思想政治工作，提升教练员的思想站位、职业道德水平和社会责任感

第一，强化国家队教练员的爱国主义及理想信念教育。首先深入学习贯彻习近平总书记关于爱国主义与理想信念教育的重要论述，教育引导教练员深刻理解爱国主义的重要意义和精神内涵。其次将国家队教练员的爱国主义、理想信念教育与"不忘初心、牢记使命""祖国在我心中"等主题教育活动紧密结合。第二，提升国家队教练员的职业道德水平和社会责任感。一是邀请专家开展专题讲座，带领教练员深入学习奥林匹克精神及中华体育精神。二是教育引导教练员自觉遵守《国家队运动员行为规范（试行）》和《国家队教练员行为规范（试行）》，坚决抵制不正之风，杜绝兴奋剂问题。三是组织学习领会习近平总书记会见中国女排代表重要讲话和致中国女排重要贺电精神，切实提升国家队教练员的职业道德水平和社会责任感。

4. 建立国家队教练员利益需求识别机制，完善聘期人事管理的制度政策，构建全方位立体化服务保障体系

第一，建立国家队教练员利益需求识别机制，保障教练员聘期中合理的利益需求得到有效满足。首先通过实地访谈、问卷调查及网络调查等方式，建立常态化的教练员利益需求识别机制。其次畅通国家队教练员利益表达渠道，及时向国家体育总局相关管理

部门反馈。第二，理顺国家队教练员聘期中的利益关系，完善聘期人事管理的制度政策。通过契约形式规范和约束教练员聘期过程中的各种行为，以制度化方式完善国家队教练员工资奖金发放、职称职位晋升等人事管理政策。第三，构建国家队教练员全方位立体化服务体系。要切实关心教练员的身心健康，定期为各项目教练员开展健康体检；要严格执行各项休假制度，针对因公未休假的教练员应参照《中华人民共和国劳动法》《中华人民共和国公务员法》等相关法律支付日工资收入300%的工资报酬；妥善安置来队探亲的教练员亲属，提供食宿安排、路费报销等多种条件和支持。

5. 完善国家队教练员聘期评价考核制度，开展周期与阶段相结合的第三方评价，根据结果实施监督问责

第一，健全国家队教练员聘期评价考核制度。坚持将教练员的职业道德、执教能力、执教效果及知识更新等作为考核的关键指标。第二，委托第三方对国家队教练员开展周期与阶段相结合的考核评价。组建由国家体育总局相关部门、地方体育部门管理人员，体育院校、体育专业组织等相关专家，教练员、运动员及社会公众等共同组成的评估主体，采取周期与阶段相结合的方式进行评估考核。第三，根据评价考核结果实施监督问责。根据多次考核结果形成国家队教练员的综合评价意见，并及时反馈，针对评价考核结果予以问责。

（二）我国国家队教练员激励机制改革路径

1. 健全国家队教练员的工资政策，拓宽奖励经费来源渠道

第一，坚持按劳动贡献大小分配工资报酬的原则，将教练员收入的多少与国家队运动员的大赛成绩直接挂钩，破除唯职称、唯学历、唯资历的条框限制。第二，大幅提升国家队教练员的奖励工资收入，对聘期内培养的运动员获得优异成绩的教练员，应大幅提升奖励力度，吸引更多能力强、业务精、素质好的教练员加入国家队大家庭中。第三，拓宽国家队教练员奖励经费来源渠道。秉承"政府奖励为主，社会奖励为辅"的原则，制定教练员社会奖励资金来源与使用政策，建立必要的管理制度，使之成为教练员奖励工资的有益补充。

2. 完善国家队教练员职务晋升与职称评审政策

第一，继续完善国家队教练员职务晋升与职称评审的各项政策。突出教练员在聘期内的职业道德和执教业绩情况，减少"文凭、论文、帽子"等因素的影响。对在聘用期限内所培养的运动员取得优异成绩的教练员，可放宽要求，积极推荐，破格审定相应等级。第二，妥善处理来自地方的国家队教练员的职务晋升与职称评审工作。国家体育总局相关部门应与地方体育部门积极沟通，督促地方根据有关政策规定为其审定或推荐审定相应级别的职务、职称等级，并为教练员提供相应的材料支撑。

3. 实施国家队教练员培训工程，创新培训内容与方式

第一，实施国家队教练员全面培训工程。邀请国内外竞技体育专家、学者，围绕职业道德素质、综合知识素养、体能训练创新及训练管理能力等基础性、综合性内容，对所有运动项目国家队教练员开展培训。第二，实施国家队教练员分类培训工程。按照不同项目群，邀请国内外知名专家、学者围绕运动项目开展专题培训，分类培训工程应强化不同运动项目的培训。第三，实施国家队教练员海外培训工程。鼓励更多国家队教练员"走出去"，通过到项目优势强国开展实地调研、邀请专家讲座、参加海外培训等方式不断创新训练理念,优化训练技战术,培养具有国际视野、创新思维、实践能力的领军型教练员。

4. 创新激励思路,强化对国家队教练员的荣誉激励

第一,提升社会对国家队教练员的尊重程度。通过各种制度设计让教练员从"幕后"走向"台前",和运动员一样成为社会关注的焦点,提升教练员的社会影响力,赢得社会对教练员的尊重和认同。第二,强化对国家队教练员的荣誉激励。提高国家队教练员在劳动模范、荣誉市民、先进人物等各类荣誉称号的评选力度,让更多的教练员真切体验到个人的成就感及社会的尊重度,成为服务国家队建设及竞技体育实力提升的中坚力量。

项目编号(2019-B-02)

新时代优秀运动队思想政治工作研究

时维金

改革开放以来,经过30年的不懈努力和辛勤付出,我国已经从竞技体育弱国发展到竞技体育强国。北京奥运会后,我国明确提出"由体育大国向体育强国迈进"的战略任务,彰显了我国体育价值的意识转换,突出了由原来追求体育的外在价值向如今追求体育的内涵发展的转变,由注重"硬实力"建设向注重"软实力"塑造的转变。在新时代背景下,作为竞技体育主体的优秀运动队,未来在国际赛场上将不再是竞赛成绩"硬实力"单一方面的展现,代表体育强国形象更需要综合素质,特别是思想道德素质"软实力"的支撑。由此,在新时代体育强国建设过程中,优化优秀运动队的思想道德素质、发挥思想政治工作的功能与作用、提升优秀运动队综合素质成为新时代体育强国"硬核实力"建设过程中亟待完善的主要内容之一。

"思想政治工作的优势"素来被视为我国体育工作的起家本钱、看家本领、传家法宝,及竞技体育屡创佳绩的基本经验之一。伴随时代的进步和发展,要实现体育大国向体育强国的转变,就必须在继承和发扬优良传统的基础上,探求新形势下运动队思想政治工作体制和运行机制,才能适应体育事业发展的客观要求。由此,本研究将思想政治工作的开展作为一个有序发展的有机整体进行研究,着重探讨了新时代优秀运动队思想政治工作的内在机理、时代诉求及发展规律,全面探析了新时代优秀运动队思想政治工作的主要内容及其存在的问题与成因,重点探究了新时代优秀运动队思想政治工作的路径选择,并借此建构了新时代优秀运动员思想政治工作未来发展战略矩阵、发展战略四边形、发展战略向量及战略新格局。

一、寻根溯源:新时代优秀运动队思想政治工作的内在机理

本研究认为,优秀运动队思想政治工作是运动队管理的核心,是培养优秀教练员与高水平运动员的核心工作。一个完整的优秀运动队思想政治工作过程就是思想政治工作主体(运动员、教练员和管理人员)在一定的思想政治工作规范和思想政治工作环境的制约下,通过一定的思想政治工作手段实现思想政治工作目标的过程,其工作是对运动队的政治观点、思想意识、道德规范、心理素质和管理工作进行积极引导,树立正确的思想观念。结合优秀运动队思想政治工作的实践看,优秀运动队思想政治工作具体包括政治教育、思想教育、道德教育、心理教育和管理工作。

(一)新时代优秀运动队与思想政治工作的关系审视

新时代优秀运动队与思想政治工作的共同点在于两者的目的均是使运动员取得优异的比赛成绩,通过政治教育与管理工作,促进优秀运动员的心理健康,提高运动员思想素质和道德素质,形成良好的队风队貌。两者的差异点在于思想政治工作的实质属于政治工作范畴,而新时代优秀运动队则是中国特色社会主义体育的重要组成部分,是发挥举国体制优越性、创造优异成绩、为国争光的特殊竞技体育群体。

（二）新时代优秀运动队思想政治工作的形成机理

新时代优秀运动队思想政治工作形成的机理依据在于新时代优秀运动队思想政治工作的互动融合；认知条件在于新时代优秀运动队思想政治工作的逻辑关联；现实基础在于新时代优秀运动队思想政治工作的发展趋势。

（三）新时代优秀运动队思想政治工作的作用功能

新时代优秀运动队思想政治工作的教育功能在于促进优秀运动队的发展；导向功能在于发挥优秀运动队的价值；激励功能在于增强优秀运动队的活力；凝聚功能在于动员优秀运动队的力量。

（四）新时代优秀运动队思想政治工作的理论依据

新时代优秀运动队思想政治工作的产生和发展并不是凭空想象出来的，它具有深厚的马克思主义哲学理论基础。新时代优秀运动队思想政治工作的理论依据不仅源自马克思主义经典作家的相关理论，还源自我国历代党和国家领导人的思想结晶，即毛泽东思想、邓小平理论、"三个代表"重要思想、科学发展观、习近平新时代中国特色社会主义思想。

二、时代契机：新时代优秀运动队思想政治工作面临的新形势与新要求

作为当前党和国家优秀运动队工作的重要战略部署，落实奥运争光战略、体育扶贫工程和全民健身战略成为思想政治工作面临的新形势，为优秀运动队思想政治工作的开展提供了新要求、新契机和新挑战。其中，奥运争光战略为优秀运动队思想政治工作提供了新的发展引领，体育扶贫工程对优秀运动队思想政治工作提出了新的发展要求，全民健身战略为优秀运动队思想政治工作提出了新的发展需求，而加强优秀运动队思想政治工作是贯彻落实奥运争光战略、体育扶贫工程和全民健身战略的重要保证。

三、成效落实：新时代优秀运动队思想政治工作取得的新发展与新成就

党的十八大以来，我国优秀运动队思想政治工作取得了新的发展和新的成就。在党和国家的领导下，优秀运动队思想政治工作主体呈现多元化，功能职责呈现多样化，队伍整体也呈现年轻化、高学历、高素质的特点。同时，优秀运动队整体政治素养得到大幅提高，在政治素养、思想素养、道德素养及心理素养等方面都有长足进步。新时代优秀运动队思想政治工作中运动队管理人员、教练员和运动员的主体地位得到提升，且能以主人翁的身份参与到新时代体育强国的建设中，使得新时代优秀运动队思想政治素质获得提升。

四、新时代优秀运动队思想观存在的问题与原因

（一）新时代优秀运动队思想观存在的问题

1. 思想观的接受前提：需求旺盛，但导向意识略显缺失

新时代优秀运动队充分认可思想政治工作的必要性与重要性，且对思想政治工作内

容存在旺盛的需求，但内在的需要需与外在的导向有机结合才能产生行为动机，当下优秀运动队思想政治工作导向意识略显不足，未能全面对接运动员的旺盛需求。

2. 思想观的接受动机：多为自我价值实现，但功利色彩依然存在

新时代优秀运动队中运动员的接受动机多为围绕自我价值的实现，但在自我价值实现的接受动机上也不能否认运动员所伴有的功利主义色彩，这主要归结于受新时代优秀运动队运动员努力训练的动机、教练员或管理人员的重视程度、家人的关注情况等因素的影响。

3. 思想观的认知环节：知识性认知丰富，但价值性认知相对模糊

新时代优秀运动队思想政治工作的接受行为多处于认知阶段，且聚焦于思想政治工作相关知识的肯定性认知上，但不可否认的是，对思想政治工作相关知识的价值判断与理解上难以做到有效认知，主要表现为相对模糊的价值性认知状态。

4. 思想观的情感环节：感性认同正向，但理性基础不足

新时代优秀运动队思想政治工作的情感认同积极正向，但值得注意的是，新时代优秀运动队思想政治工作情感认同多为感性的转移，而非理性判断和运动员认同其价值的结果，致使其情感认同的理性基础略显不足。

5. 思想观的意志与践行环节：意志向践行的有效转化仍显薄弱

新时代优秀运动队思想政治工作对象——运动员能够认识到思想政治工作的价值，但受限于多重因素的影响，多数运动员会在新时代优秀运动队思想政治工作的过程中出现疲劳感，这使得新时代优秀运动队思想观在践行思想政治工作内容时的有效转化略显薄弱。

6. 思想观的接受结果：信以为"真"与信以为"值"的矛盾

通过教练员与管理人员的合理阐释、运动员的理性判断、运动员对教练员与管理人员的情感转移等方式，使得新时代优秀运动队思想政治工作的真理性极易被运动员肯定，即达成了信以为"真"。但是不可否认的是意志向践行转化的环节证明信以为"真"不足以达成信以为"值"，即新时代优秀运动队思想观更多地表现为认同性接受，但并未外化践行成为运动员的素质或习惯。

（二）新时代优秀运动队思想观存在问题的原因

1. 新时代优秀运动队思想政治工作的教育动力不足

"运动水平提高慢或成绩起伏大""成绩不理想，无法适应新的训练方式""人际关系复杂，难处理""目标不清、易变，不知做什么适合自己"等问题反映的是内在需要与外在导向有机结合的欠缺。同时，新时代优秀运动队中运动员的接受动机多为围绕自我价值的实现，但自我价值实现的接受动机上也伴有功利主义色彩。与之相对应的是新时代优秀运动队思想政治工作情感认同多为感性的转移，而非理性判断和运动员认同其价值的结果，致使其情感认同的理性基础略显不足。上述问题折射出的成因便在于新时代优秀运动队思想政治工作的教育动力不足。

2. 新时代优秀运动队思想政治工作的教育过程不畅

"内容和自己的训练及生活不相符""内容并非针对运动员个体而定""内容没有结合运动项目特色""内容太深奥，听不懂"等问题凸显，致使运动员情感感性认同的理性基础不足，"运动队思想教育的内容不符合运动项目特色"使得运动员在意志向践

行的转化环节仍显薄弱。新时代优秀运动队思想政治工作的接受行为环节转化不畅，意味着新时代优秀运动队思想政治工作的接受行为未能最终得以有效完成。

3. 新时代优秀运动队思想政治工作的教育导向意识不足

"结合生活实际，容易接受"意味着内在需要需与外在导向有机结合才能产生行为动机，当下优秀运动队思想政治工作导向意识的呈现不足，未能全面对接运动员的旺盛需要。这一方面呈现出了新时代优秀运动队思想政治工作的价值，另一方面也凸显出了思想政治工作的导向应与运动员的内在需要相契合，以促成新时代优秀运动队思想政治工作接受动机的生成。

4. 新时代优秀运动队思想政治工作的教育价值体验欠缺

意志向践行转化的环节证明信以为"真"不足以达成信以为"值"，即新时代优秀运动队思想观更多地表现为认同性接受，并未外化践行成为运动员的素质或习惯，这在很大程度上归结于运动员欠缺新时代优秀运动队思想政治工作接受价值的相关实践体验。

五、主线实质：新时代优秀运动队思想政治工作的主要内容

在新时代全面建设体育强国的背景下，对我国优秀运动队开展思想政治工作的具体内容要符合我国提出的由体育大国向体育强国迈进的奋斗目标，尤其是我国体育事业进入新常态以来党和国家所倡导的政治观、价值观、法制观与道德观。在遵循思想政治工作原则的基础上，可针对运动员最关心、当代体育建设发展最迫切的需求进行设置，从而达到团结运动员并为运动队注入精神动力的目的。新时代优秀运动队思想政治工作的主要内容为：以新时代中国特色社会主义理论为主线的政治观教育，即马克思主义中国化理论体系教育、拥护中国共产党的执政地位教育、中国特色社会主义理想信念教育与新时代国情形势和体育政策教育；以社会主义核心价值观为主导的价值观教育；以遵规守矩和反兴奋剂为重点的法制观教育；以体育职业道德为主要内容的道德观教育；以提高综合文化素养为主线的补偿式思想政治工作；以竞赛规程和竞技能力为中心的专业性思想政治工作。

六、新时代优秀运动队思想政治工作的路径选择

（一）新时代优秀运动队思想政治工作的 C-SWOT 战略要素

新时代优秀运动队思想政治工作的 C-SWOT 战略要素及具体内容如表1所示。

（二）新时代优秀运动队思想政治工作的路径探析

新时代优秀运动队思想政治工作的战略定位位于谱系的第一象限，并且落在[0，$\pi/4$)区域内；战略强度系数 $\rho>0.5$，位于开拓型战略区域内（图1）。基于 C-SWOT 分析结果可见，新时代优秀运动队思想政治工作应选择实力型战略，并积极采取开拓型战略。

优秀运动队思想政治工作过程通常具备6个要素，即思想政治工作主体、思想政治工作手段、思想政治工作内容、思想政治工作目标、思想政治工作规范及环境。优秀运动队思想政治工作又包括5个方面，即政治教育、思想教育、道德教育、心理教育及管理工作。因此，在新时代优秀运动队思想政治工作的路径探析中应结合优秀运动队思想

表 1 新时代优秀运动队思想政治工作的 C-SWOT 战略要素

要素	具体内容
优势	S1：我国处于新时代发展时期，党中央十分重视社会主义精神文明建设和全民族思想道德素质的提高
	S2：马克思列宁主义、毛泽东思想、邓小平理论、"三个代表"重要思想、科学发展观、习近平新时代中国特色社会主义思想对新时代优秀运动队思想政治工作的指导作用
	S3："红色网站"等网络思想政治工作普及广泛
	S4：优秀运动队中高学历的教练员队伍为思想政治工作的开展起到了促进作用
	S5：优秀运动队中教练员自身道德修养较高
	S6：优秀运动队中运动员自我道德素质的提升
	S7：优秀运动队中运动员的思想政治工作可塑性较强
劣势	W1：一些思想政治工作的内容缺乏时代感和针对性，即难求实效性
	W2：运动队中党团组织的作用发挥不够
	W3：一些运动队的思想政治工作脱离信息时代和市场经济的实际，仍采用简单粗暴的"家长式"管理
	W4：一些运动队对思想政治工作目标的认识不够统一，存在运动员创造优异成绩与全面发展二维目标之间的冲突
	W5：优秀运动队中思想政治工作没有转化或渗透到训练中
	W6：运动员在思想政治工作中处于被动模式——"我说你听，听后必改"，完全忽视了运动员的主体地位和需要
	W7：运动员缺乏吃苦、拼搏精神和敬业精神
	W8：运动员心理脆弱，承受能力相对较差
	W9：运动员缺乏祖国培养意识
	W10：运动员的文化基础、学习习惯、思想道德素质教育相对薄弱
	W11：运动员价值观念的转变，拜金主义、享乐主义和极端利己个人主义有所滋长，商业意识渐浓
机会	O1：社会主义公有制在我国市场经济领域的主体地位与中国共产党的领导，为新时代优秀运动队的思想政治工作提供了保障
	O2：新时代优秀运动队思想政治工作开展的有利政策环境，弘扬"为国争光、无私奉献、科学求实、遵纪守法、团结协作、顽强拼搏"的中华体育精神在《体育强国建设纲要》部署战略任务中的提出
	O3：新时代优秀运动队思想政治工作中有利的思想教育，目前一些运动队凝练出具有本项目特色的竞技体育精神，如"女排精神"
	O4：以奥林匹克主义精神为核心的西方竞技体育文化与中华民族竞技体育文化的结合推动了新时代优秀运动队思想政治工作的开展
	O5：新时代经济的快速发展，为优秀运动队思想政治工作提供了经济支持
	O6：相关优秀运动队思想政治工作的宣传媒介发展迅速
	O7：我国进入新时代发展阶段，不仅限于对物质方面的需求，更强调对精神的需求，因此，对提高优秀运动员思想政治工作的要求更为迫切

续表

要素	具体内容
威胁	T1：缺乏较完善的优秀运动队思想政治工作考核与评价指标体系
	T2：体育比赛中存在的使用违禁药物
	T3：体育比赛中存在的裁判员不公、弄虚作假等不正之风
	T4：优秀运动队思想政治工作的规章制度不够健全，缺乏新形势下的指导文件和工作条例
	T5：优秀运动队中存在的学训矛盾，即因体育训练、比赛带来的疲劳和心理紧张造成思想政治工作开展在精力和时间上与客观需要之间的矛盾
	T6：优秀运动队思想政治工作的体制机制不完善，缺乏具有高素质思想政治的专业队伍
	T7：优秀运动队缺少文化建设，影响了运动员文化素质和思想政治素质的提高
	T8：优秀运动队思想政治工作中缺乏领导核心，分工不明确，责任不清，计划性不强
	T9：优秀运动队思想政治工作中缺乏激励和惩罚机制
	T10：网络发展给优秀运动队思想政治工作带来的负面影响
	T11：对外的宣传力度不够，社会、家庭方面对运动员思想政治工作的认知依然不足

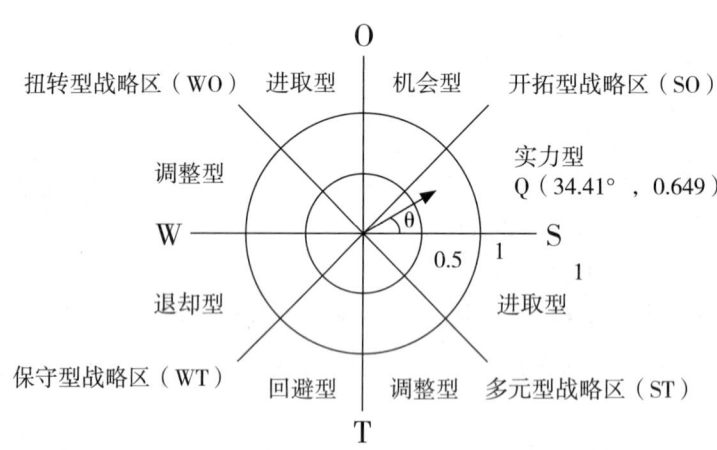

图 1 新时代优秀运动队思想政治工作的战略类型选择及分布谱系图

政治工作过程的 6 个要素、5 个方面，基于 C-SWOT 的分析结果，积极利用外部机会，发挥自身优势，努力使内部优势和外部机会这两种要素趋于最大化。

1. 强化新时代优秀运动队思想政治工作规范的主导性

新时代优秀运动队思想政治工作应强化思想政治工作规范的主导性，建立新形势下的优秀运动队思想政治工作指导文件和工作条例，健全优秀运动队思想政治工作的规章制度，完善优秀运动队思想政治工作的体制机制。积极抓住当前国家推进优秀运动队思想政治工作的发展政策，以习近平新时代中国特色社会主义思想为指导，深入贯彻落实《体育强国建设纲要》中"发扬传承中华体育精神"的战略目标和"提升竞技体育综合实力，增强为国争光能力"的战略任务。

2. 激发新时代优秀运动队思想政治工作主体的主动性

激发新时代优秀运动队思想政治工作主体的主动性应锻炼优秀运动员肯吃苦的毅力与承受竞争压力的心理耐力，提升优秀运动员集体主义意识与国家培养意识，消磨拜金主义、享乐主义和极端个人主义，培养优秀运动员为国争光、顽强拼搏精神与敬业精神，同时提高教练员自身道德修养，丰富教练员思想政治工作，并充分发挥优秀运动队中管理人员的管理能力。

3. 确保新时代优秀运动队思想政治工作内容的有效性

确保新时代优秀运动队思想政治工作内容的有效性是新时代开展优秀运动队思想政治工作的新路径。优秀运动队思想政治工作的内容应紧跟时代步伐，有针对性地开展优秀运动队思想政治工作内容，有计划性地实施优秀运动队思想政治工作内容，在进行优秀运动队思想政治工作内容时，应明晰责任分工，确定领导核心，以便建立优秀运动队思想政治工作内容的运行机制，让优秀运动队中每一个人的思想政治工作落到实处。

4. 探索新时代优秀运动队思想政治工作手段的创新性

传统思想政治工作的政治说教手段已不能适应竞技体育新形势发展的需要，新时代优秀运动队思想政治工作手段要紧贴信息时代和市场经济的实际，注重人文关怀与公平化管理。利用高科技信息宣传手段、教练员与领队的正向引导手段、高素质运动员与教练员的榜样示范手段，建立正念训练团队等创新手段，把握优秀运动员的思想轨迹和心理活动，拓宽文化教育方式，灵活地将优秀运动队的思想政治工作渗透到日常生活和训练中。

5. 注重新时代优秀运动队思想政治工作环境的适应性

党的十九大报告中明确提出构建人类命运共同体的重要思想，在这种新型全球价值观念中，"和平发展、互利共赢、互学互鉴、开放包容、共同繁荣"等理念将化为构建人类命运共同体这一新型全球价值观的重要依据。在此基础上，将"为国争光、无私奉献、科学求实、遵纪守法、团结协作、顽强拼搏"的中华体育精神融入我国社会主义核心价值体系的建设中。与此同时，在复杂的政治环境、经济环境、文化环境、社会环境背景下，必须注重新时代优秀运动队思想政治工作环境的适应性，以便在思想上和观念上形成强有力的组织凝聚力。

6. 构建新时代优秀运动队思想政治工作目标的科学性

新时代优秀运动队思想政治工作在体育强国建设过程中发挥着不可替代的作用，新时代优秀运动队思想政治工作是做好运动队其他工作的"生命线"，优秀运动队思想政治工作目标就是"生命线"的起点。因此，必须要构建新时代优秀运动队思想政治工作目标的科学性，遵循优秀运动员思想行为变化规律，让优秀运动队对思想政治工作目标有统一的认识，解决运动员创造优异运动成绩与全面发展二维目标之间的冲突，实现运动队集体思想政治工作目标与运动员个人多重目标的有机结合。

七、研究结论

第一，优秀运动队思想政治工作过程是思想政治工作主体（运动员、教练员和管理人员）在一定的思想政治工作规范和思想政治工作环境的制约下，通过一定的思想政治工作手段来实现思想政治工作目标的过程，具体包括六个过程要素和五个工作方面，即思想政治工作主体、思想政治工作手段、思想政治工作内容、思想政治工作目标、思想政治工作规范和思想政治工作环境六个过程要素；政治教育、思想教育、道德教育、心理教育和管理工作五个工作方面。

第二，新时代优秀运动队与思想政治工作之间既相互交叉又相互独立，彼此间存在着辩证统一的关系。两者的教育功能在于促进优秀运动队的发展；导向功能在于引导优秀运动队的价值；激励功能在于增强优秀运动队的活力；凝聚功能在于动员优秀运动队的力量。新时代优秀运动队与思想政治工作的理论依据不仅源自马克思主义经典作家的相关理论，还源自历代党和国家领导人的思想结晶。两者形成的机理依据在于新时代优秀运动队与思想政治工作的互动融合；认知条件在于新时代优秀运动队与思想政治工作的逻辑关联；现实基础在于新时代优秀运动队与思想政治工作的发展趋势。

第三，实现奥运争光战略、体育扶贫工程和全民健身战略成为思想政治工作面临的新形势，为优秀运动队思想政治工作的开展提供了新要求、新契机和新挑战。在党和国家的领导下，运动队思想政治工作主体构成成分呈现多元化、功能职责呈现多样化，队伍整体亦呈现出年轻化、高学历、高素质的特征。同时运动队整体政治素养得到大幅提升，在政治素养、思想素养、道德素养及心理素养等方面都有长足进步。

第四，新时代优秀运动队思想观存在的问题在于接受前提中需要旺盛，但导向意识略显缺失；接受动机中多为自我价值实现，但功利色彩依然存在；认知环节中知识性认知丰富，但价值性认知相对模糊；情感环节中感性认同正向，但理性基础不足；意志与践行环节中意志向践行的有效转化仍显薄弱；接受结果中信以为"真"与信以为"值"的矛盾。究其原因在于新时代优秀运动队思想政治工作的教育动力不足、教育过程不畅、教育导向意识不足和教育价值体验欠缺。

第五，新时代优秀运动队思想政治工作的主要内容在于以新时代中国特色社会主义理论为主线的政治观教育；以社会主义核心价值观为主导的价值观教育；以遵规守矩和反兴奋剂为重点的法治观教育；以体育职业道德为主要内容的道德观教育；以提高综合文化素养为主线的补偿式思想政治工作；以竞赛规程和竞技能力为中心的专业性思想政治工作。

第六，新时代优秀运动队思想政治工作的战略定位于战略类型分布谱系的第一象限，且落在 $[0, \pi/4)$ 区域内，战略强度系数 $\rho > 0.5$，位于开拓型战略区域内。为此，新时代优秀运动队思想政治工作应选择实力型战略，并积极采取开拓型战略。在其路径选择中应强化新时代优秀运动队思想政治工作规范的主导性，激发新时代优秀运动队思想政治工作主体的主动性，确保新时代优秀运动队思想政治工作内容的有效性，探索新时代优秀运动队思想政治工作手段的创新性，注重新时代优秀运动队思想政治工作环境的适应性，构建新时代优秀运动队思想政治工作目标的科学性。

项目编号（2019-B-03）

我国冰雪项目后备人才培养保障政策设计研究

张春萍

一、我国冰雪项目后备人才培养现状

我国目前共有 8 个省级单位、37 个地市级单位开展冰雪项目，其中开展冰雪项目的省级单位有黑龙江省（开展 4 个大项、9 个分项）、吉林省（开展 2 个大项、8 个分项）、解放军（开展 3 个大项、6 个分项）、内蒙古自治区（开展 3 个大项、4 个分项）、辽宁省（开展 2 个大项、4 个分项）、新疆维吾尔自治区（开展 2 个大项、3 个分项）、上海市（开展 2 个大项）、山东省（开展 1 个大项、1 个分项）。目前已经开展的 5 个大项、11 个分项、72 个小项主要是滑冰（速度滑冰、花样滑冰、短道速滑）、滑雪（高山滑雪、越野滑雪、跳台滑雪、自由式滑雪、单板滑雪）、冰球、冰壶和冬季两项。尚未开展的项目包括雪车、雪橇两个大项，北欧两项一个分项，以及高山滑雪、自由式滑雪和单板滑雪分项中的部分小项。总体来讲冰雪项目发展不均衡，冰强雪弱。

自第二十一届温哥华冬奥会开始，我国已经形成以短道速滑为优势项目，速度滑冰、花样滑冰、自由式滑雪、冰壶为潜优势项目的冬奥竞技优势和发展格局。过去这些项目的发展主要依靠举国体制下的传统三级训练网体系，靠拥有参与冰雪运动传统地区的体育主管部门主导，采用行政手段进行选拔，进入传统三级训练网体系接受封闭式的专项训练。为了保证竞技成绩往往会放弃对一些运动员进行文化课的培养。这些运动员经过培养进入更高层次的体工队甚至国家队之后，又能通过在各类竞赛中的出色表现吸引政策和投资上的倾斜，不断扩大本省（市）在该项目上的优势，容易形成一定数量的后备人才储备。本研究组依照访谈中专家的意见，将这种模式称为"行政模式"，但近些年来，这些项目也出现了后备人才流失、数量萎缩、质量下降的情况。

党的十九大报告指出，中国特色社会主义进入了新时代，我国社会主要矛盾已经转化为人民日益增长的美好生活需要和不平衡不充分的发展之间的矛盾。竞技体育后备人才的培养形式在这一时期发生了巨大的变化，过去专业竞技体制下建立的体工队及各级体校的数量正在逐步减少，"市场经济"时代的多种社会主体参与的培养模式正在逐步赶上甚至赶超过去的"计划经济"体系。本研究对象中以冰球项目为代表，正是在这样的背景之下发展出了由家庭、社会主导，以强身健体、培养兴趣爱好为主要目标的新型发展模式——"家庭模式"。这种模式正在成为一二线城市冰球运动发展的主流。

对比两种发展模式，"行政模式"是过去中国国内竞技体育后备人才的摇篮，并且取得了一定成功，但由于"行政模式"只强调竞技人才培养，且以运动员为核心，在教练员、后勤保障人员、赛事运作管理等相关方面的后备人才培养不足，一定程度上也限制了相关体育项目整体的发展速度。这类问题在个人项目中不易凸显，而冰球是团体项目，需要的资金投入比个人项目更高，且看似很大的资金投入往往无法产生立竿见影的实际效果，边际效用与个人项目完全无法相提并论，因此问题较为突出。引入社会力量进行市场化运作的"家庭模式"也正是始于冰球项目。

相关专家认为，冰球运动要想发展，一定要发动市场的力量参与。政府要回归到引导位置，制定顶层设计，统筹管理体育项目的发展，通过制定政策，吸引社会资本进入，同时落实协会实体化的工作，实现冰球项目发展的规范化管理。联盟或协会的出现正是为了处理行业发展中靠个体无法解决的公共服务和公共需求问题，由行业内部的相关成员参与，以谋取和增进全体会员的共同利益为宗旨，实现行业内的自我服务、自我协调、自我监督、自我保护。目前，青少年冰球联赛，特别是立足于中小学和青少年的冰球联赛已经初具规模，也急需出台相关的技术规范和保障政策，对相关市场进行规范和监管。冰球项目的经验也可以借鉴，用于发展、推广其他项目。

二、问卷及访谈调查结果

我国目前的冰雪项目后备人才培养保障已经初步形成体系，从供给侧、需求侧和环境侧三方面影响着当下的社会环境。为了更好跟踪现行政策体系的结果，收集反馈信息，本研究组编制了问卷，通过电子问卷和网络问卷两种形式，对北京市、黑龙江省、辽宁省、内蒙古自治区和新疆维吾尔自治区的冰雪运动管理专家进行调查，结果如下：

总体来看，大部分受访专家对于所在地区的冰雪运动后备人才培养的各项状况表示基本满意，有比较好的意见集中度；但是在总体评价当地的冰雪运动后备人才培养保障政策的态度方面，持有积极态度和消极态度的专家都比较多，呈现出较大的意见分散。

总结各地的突出问题，北京市的受访者有半数表示自己不太了解相关政策，这与其他省市相比有非常大的不同，并且与本研究组的预测产生了比较大的差距。即将举行冬奥会的北京市应当是我国冰雪运动发展的示范地区，但有相当多的受访专家并不清楚有关冰雪运动后备人才的培养保障政策。在开放性问题中，北京市的专家也有超过半数无法列出任何一项相关政策文件的名称。政策宣传不到位、政策意识淡薄可能是制约北京市冰雪运动后备人才发展的问题。

黑龙江省的受访者表示，该地区发展冰雪运动的最大掣肘是场地问题。尽管他们认为黑龙江省内的冰雪运动发展状况喜人，经费也较为充足，但一致表示场地过少，无法满足现有后备人才的训练需要和未来发展。此外，在开放性问题中，他们提到的高频词为运动员的生活、教育和退役后的保障问题。

辽宁省的受访者反映的最大问题是经费不足。辽宁省在夏季项目上还有较大的投入，因此难免对冬季项目缺少资金支持。在开放性问题中，出现的高频词为"经费""场地""人才外流"和"人才质量"，可见辽宁省在冰雪运动发展上有较多的物质欠缺。

新疆维吾尔自治区和内蒙古自治区的受访者表示在经费和人才质量上都有不足，群众基础相对薄弱。这与当地的经济发展水平有比较大的关联。在开放性问题中，出现的高频词为"校园"，可见通过冰雪运动进校园的方式，有望快速提高当地的冰雪运动群众参与度。

通过总结分析问卷数据可知，"冰雪运动后备人才培养保障政策执行情况"会对"对冰雪运动后备人才培养保障政策的评价"产生显著的正向影响关系。但是"冰雪运动后备人才培养保障政策作用大小"并不会对"对冰雪运动后备人才培养保障政策的评价"产生相关影响关系。因此，无论冰雪运动后备人才培养保障政策发挥的作用大小如何，只要有相关政策就一定会为冰雪运动后备人才的培养保障带来较好的正向效果。另外，在制定好政策的基础上，还必须保障政策的执行和落实，否则政策将无法发挥应有的作用。

三、结论与建议

第一，从政策环境上来看，冰雪运动后备人才确实在不断发展，但是问题很多。受制自然气候因素影响，冰雪运动普及度不够。后备人才培养模式单一，人才流失严重。存在"学训矛盾""重训轻教"，无法对高端人才的培养形成支撑。基层教练员执教能力、待遇水平亟待提高。科技研发投入不足与训练保障经费投入不足。目前我国冰雪项目底子薄、基础差、人才少的状况仍未得到根本改变，要加快补齐短板。

第二，从政策文本上来看，现有冰雪后备人才培养保障政策不断推近，具有一定成效，但是具体实施与可量化标准尚不充足。现有的政策文件主要分为四类：一是在整体冰雪运动相关内容中涉及后备人才；二是在后备人才相关内容中涉及冰雪项目；三是冰雪后备人才政策；四是某一项目的等级评定标准。在冰雪运动相关指导意见、规划类文件中，多个文件都在冰雪运动的开展工作中提到大力培养后备人才，鼓励学校、企业、社会组织合作，用多元化模式培养后备人才。对于有关工作从政策法规、兼顾学业、资金投入、场地建设、科技（大数据）支持、上升渠道等方面提出对后备人才的鼓励和保障，另外对于后备人才培养基地提出扶持，多为从供给侧提出的指导型条款。全国性文件提出总体工作方向，地方性的文件多为配合全国性文件拟定，结合地方特点，但关于"后备人才"的内容较为模糊笼统，缺少详细的工作计划。此类文件统一呈现出有高层设计、有方向、有相关人群，涉及的范围较为全面，而具体的实施计划和可量化的标准不足。

第三，从政策体系目标上来看，总体目标与具体目标明确化更有利于冰雪后备人才培养。首先，总体目标与具体目标不同。一是总体目标是相对于"政策体系"而言，具体目标则是相对于某项政策而言，即不同政策具有不同的具体目标。二是具体目标是总体目标的子集，即一项总体目标可以包含若干个具体目标。其次，冰雪运动后备人才发展目标与冰雪运动后备人才培养保障政策目标二者之间有所不同，将二者区分开会提高政策绩效。最后，任何冰雪项目后备人才培养保障政策目标都应注重"定性与定量相结合"的表达。定性与定量目标应相互统一，相互补充。定性目标是定量目标的基本前提，定量目标使定性目标更科学、准确、客观。在以往政策中，较多的政策目标属于定性目标。

第四，从政策主客体选择模式上来看，要充分考虑实际情况，强调实务性、多样化与多元性。在政策主体职责分工模式的选择问题上，中央和地方政府是冰雪项目后备人才培养保障政策主体，按照各自职责分工，促进冰雪项目后备人才培养保障发展的政策主体可以有五种组合：中央政府负责制；地方政府负责制；中央和地方政府共同管制；以中央整体性为主，地方区域性为辅；以地方区域性为主，中央整体性为辅。具体使用哪种组合需根据具体情况恰当地选择分工模式。以中央政府为指导，地方政府为重点的冰雪运动后备人才培养保障政策体系则是政策主体选择的首要模式。对于以各级各类体校、体育学院和专业队为主，以大中小学和社会培训机构为辅的各类客体而言，其诉求也具有多样性。

第五，从政策执行与评估上来看，内外部困难多、政策体系中尚有部分缺陷。本研究组在省市的实际调研中发现，地方普遍反映存在经费不足、政策执行不到位、对于相关政策了解不清的实际情况，特别是西部地区的反映更为强烈。因此需要从实际出发制定政策，因地制宜执行政策，统筹兼顾完善政策。加强各层级运动队梯队建设，重点选拔培养优秀苗子，拓宽选材渠道。注重挖掘选拔边疆少数民族适龄青少年中有运动天赋的人才，经科学评估论证后充实到冰雪运动队伍中。完善冰雪运动后备人才培养体系，形成多元化的冰雪竞技运动后备人才培养格局。加强高水平后备人才基地建设，改善后备人才培养的训练设施和师资条件。着力培养青少年对冰雪运动的兴趣和爱好，推行"百万青少年上冰雪计划"和"校园冰雪计划"，促进青少年冰雪运动的普及发展。

第六，从政策体系上来看，需打造一个协同合作的后备人才培养体系。观览各国的冰雪运动后备人才培养方式，我国应该融合教育、体育、社会等多方力量，将改善基层冰雪项目体育设施纳入全民健身公共体育服务体系，打造一个协同、合作的后备人才培养体系，制定适合青少年发展阶段的培养模式。同时，要建立符合我国冰雪运动后备人才培养规律的"一条龙"培养运行体系，健全吸引大众参加冰雪运动的有效机制。并且还要完善冰雪运动员社会保障体系，吸引更多人才加入到冰雪运动中。另外，要创新项目竞赛体系，建立完善的人才选拔体系。政策扶植组建梯队，遏制人才外流。加强体教结合，培养高质量冰雪人才。在人事编制、引进教练员与运动员方面，给予一定的政策支持与保障。

项目编号（2019-B-04）

体育赛事"一站式"服务研究

朱洪军

党的十八大以来,各级党委和政府认真贯彻党中央决策部署,切实践行以人民为中心的发展思想,聚焦企业和群众反映突出的办事难、办事慢、多头跑、来回跑等问题,扎实推进简政放权、放管结合,不断优化服务改革。在体育赛事政务服务领域,自2014年国务院明确商业赛事和群众性体育赛事"审批权取消"以来,2018年国务院办公厅颁布《完善促进消费体制机制实施方案(2018—2020年)》、2019年国家发展改革委等十八部委联合印发了《加大力度推动社会领域公共服务补短板强弱项提质量 促进形成强大国内市场的行动方案》等政策文件,都明确指出要推动大型赛事活动多部门联合建立"一站式"服务。2019年国务院办公厅印发《关于促进平台经济规范健康发展的指导意见》指出要加快发展"互联网+服务业",支持社会资本进入体育领域,推进体育与互联网的融合发展,这为构建体育赛事"一站式"服务提供了技术支持。

一、体育赛事"一站式"服务研究主要内容的概括与梳理

(一)体育赛事服务多元相关主体构成

体育赛事的组织运作涉及多元相关主体,主要包括政府、承办组织、场地运营组织、赛事生产者(运动员、教练员和裁判员)及观众等。这些相关主体从本质上可以分为五大类:赛事组织运营的核心主体——赛事承办组织;赛事组织运营的政策保障服务主体——体育局、公安局等相关职能部门;赛事组织运营的技术保障服务主体——运动项目管理中心和全国性单项体育协会;赛事组织运营的要素保障服务主体——场地设施运营方、安保方等;赛事接受主体——社会公众。赛事核心主体既是赛事接受主体的服务方,也是政策保障服务主体和要素保障服务主体的被服务方。从根本上讲,赛事组织运作质量的高低离不开赛事政策保障服务主体、技术保障服务主体和要素保障服务主体对赛事核心主体提供规范约束、运营指导和组织协调等服务支持。

(二)体育赛事服务不足与缺陷

1.体育赛事各类服务主体服务能力有待提升

政策保障服务主体依然存在着严重的官本位思想,某些政府职能部门工作人员观念落后,缺乏服务意识。"亲""清"政商关系还没有理顺,致使不同程度上存在权力寻租、制度性交易成本过高等现象。从办赛主体所有制情况分析,许多政府部门对民营和私人办赛主体还存在显性或者隐性的市场壁垒,缺乏公平公正服务意识。在具体政务服务环节中,部分政府工作人员通常以部门政策为导向,按部就班,生搬硬套。

2.体育赛事各类服务主体间沟通协调难

当前我国体育赛事组织运作所需各类要素保障,还需要众多政策保障主体审批与监管,政府分业管理格局依然存在,政府相关职能部门交叉、多头管理,政策保障主体与

其他各类保障主体之间缺乏相应的沟通协调机制。门难进、脸难看、磨破嘴、事难办、证明多等现象，致使信息传递效率、资源利用率和服务效能不高等问题成为突出难题，赛事运作时间成本、沟通成本、机会成本，甚至风险成本不断增加，严重影响赛事组织运作主体的获得感和满意度。

3. 体育赛事服务标准化缺失

当前我国出台了一系列体育赛事政策文件规范体育赛事的组织运作，但这些赛事政策大多宽泛模糊，无法对体育赛事形成明确的指导，实际管理上一直存在较大空白。从运动项目管理中心和全国性单项体育协会等技术保障服务主体所颁布的办赛指南来看，对于赛事所需的医疗救护、交通运行、餐饮卫生等各类保障性服务都无法根据赛事规模、赛事参与人数给出具体服务要求。从要素保障服务主体来看，因场地设施经营管理体制的不完善，大多场地设施服务主体对所能提供的空间服务、时间服务及相关配套服务都缺少标准化说明。

4. 体育赛事服务模式缺乏整体性

当前我国体育赛事服务模式在政策保障服务领域仍以计划经济阶段政府审批服务模式为主，且审批职能部门分散。在要素保障服务领域仍以赛事运作主体关系网络为主导，对要素保障服务主体的选择空间有限，不利于挑选高质量、高性价比的要素保障服务主体。赛事接受服务主体选择赛事种类和范围有限，信息收集成本高。另外，当前赛事服务以赛事举办为目标，缺少对赛事服务满意度的追踪，赛事政策保障服务主体—技术保障服务主体—要素保障服务主体—赛事接受主体的服务信息反馈渠道不通畅。

（三）体育赛事"一站式"服务的界定

体育赛事服务属于综合性服务，离不开众多相关政府部门的支持。我国体育赛事实施属地管理，"一站式"服务理论与整体性治理理论为体育赛事综合服务和属地服务提供了理论指导，参照国内文旅活动和国外体育赛事监管服务经验，结合当前中国行政管理的实际，依托信息化实现体育赛事"一站式"服务。

体育赛事"一站式"服务基于赛事组织运营流程再造，利用现代网络通信技术，将体育赛事政策保障服务主体、技术保障服务主体、要素保障服务主体和赛事接受主体进行整合，相关用户只需进入服务平台，就可以实现服务的全程全面处理，最终实现促进体育赛事的规模化、创新化、持续化发展，实现以人民为中心的体育赛事服务思想。

体育赛事"一站式"服务机制的重心是服务的整合，不仅包括服务内容的整合，还包括服务过程的整合。体育赛事"一站式"服务接受的主体包括组织运营主体（企业、协会、非政府组织）和社会公众（观众/参赛者）。根据国内外相关行业经验，结合我国的国情和体育赛事属地管理的特征，本研究认为我国体育赛事服务可分为两大类：封闭公共空间的体育赛事服务和开放公共空间的体育赛事服务。封闭公共空间体育赛事是参与人数在200人以下，且对周边环境不会产生较平时较大影响的体育赛事，其无须纳入县级以上政策服务主体监管范畴，但应接受相关技术服务主体的指导。开放公共空间体育赛事是在公路、步道、空域、水域等其他公共空间举办的公众性体育赛事，其应纳入监管范畴。同时，因公路是极其重要的公共资源，参照国外有关城市如伯灵顿（Burlington）市2013等的规定，可进一步做如下规定：对于需要封闭公路的赛事，一条既定的路线在一年中只能使用一次；任何道路的同一路段每年只在不同的比赛中使用两次，以减少给该地区居民带来的不便。体育赛事"一站式"服务，相较于传统体育赛事服务具有信息化、层次化、一体化和标准化的特点。

（四）构建体育赛事"一站式"服务平台

体育赛事"一站式"服务平台就是以互联网为平台，整合体育赛事运营的前中后等众多利益相关主体于一体，构建集体育赛事审批与指导服务、赛事信息发布、赛事组织运营和赛事组织参与等多功能于一体的平台。该平台分为前台和后台两个部分，前台是一个虚拟的、统一对外的服务窗口。前台的主体包括赛事运营核心主体、要素保障服务主体和赛事接受主体。后台的主体包括政策保障服务主体和技术保障服务主体。赛事运营核心主体、要素保障服务主体和赛事接受主体三大体育赛事"一站式"服务前台主体在政策保障服务主体和技术保障服务主体两大后台主体的监督与指导下，会以生物界著名的"自组织理论"为导向逐渐形成内在良性发展动力机制壮大和优化赛事产业链，前台用户的需求应用量必然"滚雪球式"与日俱增。体育赛事"一站式"服务的后台实际上是体育赛事组织运作前的审批与指导服务环节，赛中现场指导与监管环节，以及赛后的相关经验总结和政策指南的完善环节，由政策保障服务主体和技术保障服务主体的相关执行机构和人员组成，负责具体的服务执行。

（五）构建体育赛事"一站式"服务平台标准化体系

第一，针对体育赛事组织运营，在内容标准体系方面要明确体育赛事主体资质、从业人员资质、财务能力，以及经营场所准入限制，确保赛事运营主体的办赛能力，避免赛事组织运营主体能力参差不齐、鱼龙混杂；在运营内容方面，根据赛事组织运营规律，明确赛事运营在交通、卫生、餐饮、安保等赛事服务保障的各领域所要达到的具体标准；在运营流程方面，要明确赛前、赛中和赛后等不同时间节点要获得的行政许可或达到的服务标准。

第二，针对体育赛事信息发布，在内容标准体系方面，要明确要素保障服务主体的准入资质、具备的相应能力和条件；在信息发布方面，要从要素保障服务主体介绍、产品与服务发布形式（如字体、格式、图片等）、产品与服务发布内容（如产品与服务范围描述、产品技术指标、服务说明等）等方面建立明确的标准体系；在流程标准体系方面，要围绕赛前、赛中赛后，与政策保障服务主体和技术保障服务主体协调推进。

第三，针对体育赛事社会公众需求，要借鉴国内外体育及旅游行业团队活动行业管理经验，并结合体育行业的实际情况，首先应在公众参赛或观赛环节方面，明确准入资质，尤其对于马拉松、山地户外等赛事，需要明确比赛选手的参与资格、经验、血型等方面的条件；在服务环节方面，明确竞赛服务的内容（如比赛服装、参赛用品等），确定衍生服务范围（如交通、住宿、餐饮和旅游等）；在交易环节方面，要明码标价，明确交费方式等内容，只有用规范的方式明确双方的责权利，明确赛事服务内容与标准，才能从根本上切实保障公众的赛事服务权益；在标准化流程体系方面，赛前应制定相应的准入资格，明确竞赛服务的相关内容，并在报名环节严格审定公众参赛或观赛资格；在交易服务环节方面，要合理确定参赛或观赛价格，监督交易方式；在衍生服务环节方面，要在各政策保障服务主体的监督下，明确服务内容，并依据电子合同及时监督、处理公众参赛或观赛时遇到的各种纠纷。最后要建立公众投诉反馈机制。

（六）建立体育赛事"一站式"服务的工作机制

赛前咨询环节实行首问负责制和服务承诺机制。赛事审批环节实行一次性告知机制和限时办结机制。赛事执行环节要及时实行纠偏机制。赛后环节实行双向联合激励机制和舆情监督机制。

二、体育赛事"一站式"服务研究主要创新与贡献

第一，体育赛事组织运营是多元主体服务集成的提供过程。这些多元主体主要包括五类：赛事组织运营核心主体、政策保障服务主体、技术保障服务主体、要素保障服务主体和社会公众。体育赛事"一站式"服务不仅包括政策保障服务主体对赛事组织运营核心主体的"一站式"服务，还应包括对社会公众、要素保障服务主体的服务。

第二，标准化是体育赛事"一站式"服务的基础，体育赛事"一站式"服务不仅体现在各级政府与职能部门对赛事组织运营核心主体、要素保障服务主体和社会公众的公共服务规范中，也体现在各运动项目管理中心和全国性单项体育协会对赛事组织运营核心主体和社会公众的技术服务规范中。

第三，在行业协会脱钩的大背景下，各运动项目管理中心和全国性单项体育协会应积极由赛事组织运营者角色向赛事技术服务提供者角色转换。各运动项目管理中心和全国性单项体育协会应从赛事组织运营人员培训、组织运营方案制定、赛事等级评定和赛场赛道认证等方面制定好体育赛事技术服务规范，明确赛事技术收费服务标准。

第四，针对社会公众，各运动项目管理中心和全国性单项体育协会应构建起覆盖全生命周期、全人群的一体化运动项目竞赛体系，根据体育赛事性质制定好社会公众的参赛或观赛标准，提升社会公众的参赛或观赛体验。

第五，针对赛事组织运营主体，各级政府及相应职能部门应围绕体育赛事组织运营的公共安全、公共影响等，在道路、水域、空间、安全、卫生、环境等众多领域制定出体育赛事的公共服务标准。同时建立标准化申办流程和标准化工作机制，明确赛事组织运营中各类运营方案提交的时间节点和审批时限。

第六，鉴于赛事广泛外部效应和赛事审批权取消后体育赛事审批跨部门难以协调的现实情况，本研究提出构建赛事分级分类管理体系，在国务院健康中国行动推进委员会或全民健身工作部际联席会议下组建成立体育赛事领导协调小组。对于占公资源和赛事公共影响较大的赛事由体育赛事领导小组审批。县（区）、市和省级政府可参照中央政府的模式成立本地区的赛事领导协调小组，负责本辖区内重大赛事的统筹安排与组织领导工作。

第七，为保护社会公众在参赛或观赛中的消费者权益，各级政府及相应职能部门可参照旅游合同，制定标准化的消费权益保障合同，明确社会公众在观赛或参赛中的各种消费内容、消费标准，切实保护好社会公众的消费权益。

第八，建立体育赛事组织运营方案的联合制定与联合审批机制。赛事组织运营方案质量高低是赛事组织运营能否顺利开展的关键，因此在制定赛事组织运营方案的过程中，赛事组织运营主体应联合赛事要素保障服务主体（场地、交通、医疗、卫生等）联合制定方案。各级政府及相关职能部门，要与技术保障服务方——运动项目管理中心和全国性单项体育协会，共同审批赛事组织运营的各类方案，确保赛事组织运营各类方案的可控性、可行性和可操作性。

第九，构建对赛事组织运营核心主体和要素保障服务主体的联合激励与惩戒机制。赛事组织运营是一个你中有我、我中有你的联合服务过程，需要赛事组织运营核心主体和要素保障服务主体紧密配合，联合提供各类服务。基于赛事组织运营核心主体与要素保障服务主体是赛事组织运营中的利益共同体关系，各级政府和职能部门可建立起针对赛事组织运营核心主体和要素保障服务主体的守信联合激励和失信联合惩戒机制。

第十，为响应贯彻国务院《关于积极推进"互联网+"行动的指导意见》，避免赛事组织运营多元主体服务提供过程的零散化、碎片化，确保高品质多样化的赛事服务产品的持续提供，本研究认为体育赛事"一站式"服务的核心是"信息化、智慧化"，鉴于我国赛事属地管理的实际，建议在全国范围内构建起集赛事组织运营核心主体—政策保障服务主体—技术保障服务主体—要素保障服务主体—社会公众等多元主体为一体的，县（区）—市—省—国家四级智慧化体育赛事"一站式"服务平台，从而更好地服务赛事组织运营的多元主体。

上述 10 条是本研究的主要结论，文中还提出许多建设性意见，如鉴于当前我国体育赛事实行以安保服务为底线的交通、卫生、医疗等多部门串联式体育赛事审批服务形式，不利于甚至违背体育赛事组织运作和体育赛事市场开发的规律，本研究提出实行安保、交通、卫生、医疗等多部门并列式体育赛事审批服务等。因这些意见与观点散落于研究的各个章节，本研究会在接下来的研究中进一步理顺逻辑，提出更为丰富的体育赛事"一站式"服务观点。

项目编号（2019-B-07）

地方足球治理体系研究

赵 毅

"地方足球治理体系"这一命题的提出,是建立在 2015 年以来的中国足球领域深化改革基础上的。"地方足球治理体系"是足球改革进入深化时期后的一大创新性表述,蕴含了丰富的治理理论、法治理论、行业自治理论和地方性知识的原理,又承载了现阶段足球改革发展的要求。"地方足球治理体系"的应有之义包括:第一,"地方足球治理体系"的建设对象是中国各地方的足球,而非作为一个统一概念的中国足球。"地方"是一个具有不同行政区划意义的纵向概念,它相对于"中国",但内部亦有诸多层级。第二,"地方足球治理体系"的建设内容是足球治理。包括群众足球治理、青少年足球治理和职业足球治理,涉及社会生活的方方面面,其中既有政府治理的内容,也有足球改革力求实现的"管办分离"和行业自治的内容。参与地方足球治理的主体也是多元的,既包括各种层级的地方政府(以地方体育行政部门为代表)、中国足球协会、地方各级足球协会,也包括地方教育部门和各类学校(它们是践行校园足球的主要力量),还包括各类足球俱乐部、青训机构,以及球员、家长、教练员、裁判员等。第三,"地方足球治理体系"的建设目标是实现体系化的足球治理。应该抓住地方足球协会这一最重要的主体,通过实现地方足球协会的实体化和组织化再造工作,通过地方足协治理的制度化实现地方足球治理的体系化。

当前地方足球治理体系建设存在以下四大关键问题。

一、地方政府与地方足球协会的关系问题

目前,还有相当一部分地方足球协会(以下简称足协)挂靠在地方体育部门,地位模糊,政社不分、事社不分,既不符合国家有关改革的精神,也限制了地方足协充分发挥应有的作用。因此,应重视地方足协的改革问题。

要推动地方足球治理体系的发展,需要进一步把脉现有症结,推动地方足协改革的步伐,加快地方足协脱钩。各地应当通过深入贯彻《中国足球改革发展总体方案》,通过实质性地提高地方足协的生存能力,加快地方足协与地方体育行政部门的脱钩。地方足协需要通过脱钩,真正实现人权、事权、财权的独立,以社会团体法人的角色发挥作用。脱钩以后,地方政府的管理将以政策扶持、宏观管理、法律监督为主,而不再干涉地方足协专门社团法人职能的发挥。

有效处理地方政府和地方足协的关系,进而实现地方足协有效脱钩的对策包括:第一,厘清行业管理与行政管理的边界。第二,通过地方足球发展联席会议支持地方足球治理。第三,区域因地制宜发展。第四,提升地方足协的生存能力,完善财务管理,广开收入来源。国家应当出台相应的配套政策扶持地方足球发展,加大足球发展资金投入,中国足协应当通过各种方式和途径帮助地方足协构筑竞赛体系、青训体系,指导地方足球发展,加大对地方足协的扶持力度。

二、不同层级地方足球协会的关系问题

就中国足协与地方足协的关系而言,中国足协通过"突破计划"客观推动了地方足球治理体系的完善,但就省级足协与城市足协的关系而言,谁才是地方足球治理的中心?相关对策建议主要有以下三个方面。

第一,各级足协做好定位分工,省级足协对省内的足球事务进行统筹管理,主持省级足球事务,而城市足协负责所在城市的具体足球事务,负责具体的足球发展问题。同理,在市县足协之间同样可以参照省市足协模式,合理确定二者之间的定位与分工。

第二,省市两级足协同为地方足球发展的关键力量,其向上对接中国足协,向下面向县区足球、社区足球,意义重大。与此同时,中国足协可以配套实施省市足协的共同激励机制,使得一方获得利益的同时另一方也获得相应利益,相互促进,共谋地方足球发展。

第三,建立金字塔形的治理模式。应当通过大力扶持省级足协实现省级足协做大、做强,然后通过省级足协统筹省内城市足协的发展,带动地方足球发展。省级协会无疑也应走进社会和基层中,多借鉴发展较好的市级协会运作模式。就更多的城市足协而言,现在的工作重心更应该是加强对区县级足协的管理,把区县级足协统一纳入地市级足协的管理范畴。

三、地方足球协会内部治理的科学化、规范化问题

按照现有足球改革文件有关指示,地方足协应对内部权力机构、执行机构和监督机构进行相应的设置或者完善,实现三者的制约与平衡,但目前,地方足协未设或者虚设会员大会的现象较为普遍,权力机构多被架空。执行委员会(理事会)的人员构成不合理,政府人员占比过高,足球专业人士较少。在监事部门的设置上,绝大多数地方足协是没有设置监事机构的,甚至连独立的监事人员都没有,使得内部监督成为空谈。

强化地方足协内部治理科学化、规范化工作的建议主要有以下四个方面。

第一,各级地方足协应建立严格的会员大会制度。对于长期难以举行会议、纪律涣散,从而导致会员大会虚设的地方足协,必须对会员的权利和义务进行严格的规定。

第二,对于执行机构,地方足协应增加足球专业人士和社会人士代表的比例,减少政府工作人员数量,使得执行机构符合民主性和专业性的要求。执行机构内部分工必须明确,务必形成各司其职、分工负责的良好局面。

第三,地方足协应当参照现代社团法人制度,建立监事机构,对执行机构执行地方足协事务的行为进行监督。地方足协可以根据自身的规模大小,因地制宜地选择成立监事会或者只设立符合规定章程数量的监事。

第四,地方足协理应加强章程的管理工作,严格依照章程办事。

四、充分协调、发挥各项治理主体的功用问题

在各类地方足球治理的主体中,充分协调、发挥以下三类主体的功用尤为重要。

第一,理顺与教育行政部门的关系,大力开展校园足球建设。在未来的足球改革逐步推进过程中,体育系统和各级足协必须加强与教育系统的协同沟通,开展对话与合作,明确各自在足球人才培养过程中的定位,各司其职,做到资源共享、体系共建、人才共用。

中国足球整体的发展和进步应当适时将校园足球加以统筹，使得校园足球能够为中国足球发展吸引更多的青少年球员。

第二，优化足球赛事治理体系。地方足协生存发展同样需要拥有属于自己的赛事，即竞赛体系。地方足协应当加大对于业余联赛的经费投入，将业余联赛打造成当地的品牌赛事，吸引更多足球爱好者参与足球赛事，吸引更多赞助商赞助业余足球联赛。地方足协应通过行业标准建设为社会办赛提供公平、有序的秩序保障，制定赛事承办标准、教练员、裁判员标准，比赛规则和纪律处罚规则。在赛事治理的配套措施上，地方足协应当向有关部门协调安保、场地、卫生、消防等事项。在赛事的事中监管、事后评估上，社会办赛机构应当事先向地方足协备案，使地方足协发挥监督作用；在赛事结束后，地方足协应对赛事的社会效果进行评估。

第三，加强教练员、裁判员培养。地方足协应该在教练员、裁判员现有培训基础上，加大培养规模，为地方足球发展做铺垫。在教练员的培养方面，应当将 D 级和 E 级的教练员培训工作交由城市足协。通过组织教练员培训，地方足协可以积累相应的教练员人才，为后来的青训工作和足球赛事的组织铺平道路。与此同时，地方足协教练员培训工作所获得的培训费可以纳入地方足协自身的办公经费之中，扩大经费来源。在裁判员的培养方面，将 D 级和 E 级裁判员的培训工作交由城市足协，由城市足协组织相关工作。为吸引更多人参与足球裁判员的培训工作，地方足协或可将中国足协"突破计划"的资金下发到城市足协，相应地禁止或者减少城市足协收取培训费。但是最终无论是否禁止城市或地方足协收取培训费，省级足协都应下发相应资金，为城市和地方足球的裁判员队伍发展和壮大提供尽可能多的支持。

第四，加强志愿者队伍建设。地方足协可以根据足球行业的特殊性对志愿者的管理、培养和权利、义务等事项作出具体的规定，实现行业内部的法治化和规范化管理。地方足协有必要对志愿者进行相关的课程培训，使其了解相关的足球领域规则，提升足球管理服务能力。

项目编号（2019-B-09）

体育产业与文旅产业融合发展研究

王 凯

当前,中国体育正在步入体育自身发展与通过体育推动其他领域发展的并重阶段。步入新时代的中国体育产业更应紧扣时代主题,规划目标、设置任务,推动发展,为我国体育事业和经济社会发展作出应有贡献。体育产业与文旅产业融合发展是培育经济新动能的内在要求,是满足消费升级需求的有力支撑,是优化升级产业结构的重要手段。政策的引导和持续推进是体育产业与文旅产业融合发展的重要保障;居民消费需求升级是体育产业与文旅产业融合发展的前提条件;科学技术的不断创新是体育产业与文旅产业融合发展的助力剂;企业间竞争与合作关系是体育产业与文旅产业融合发展的主导力量。

一、体育产业与文旅产业融合领域

体育产业、文化产业、旅游产业是国民经济产业中融合性较强的产业类型。伴随着国民经济不断发展,产业结构不断调整优化,三者之间的产业关联度、协同度、渗透度不断走高,产业间融合的领域不断扩大。根据国家统计局公布的《体育产业统计分类(2019)》《文化及相关产业分类(2018)》《国家旅游及相关产业统计分类(2018)》,体育产业与文旅产业融合领域主要有两个方向:一是内生融合领域,即体育产业体系结构中内生了大量文旅及相关产业,形成体育产业内生型文旅产业融合领域;二是外拓融合领域,即体育产业结构体系外延拓展至文旅产业,形成大量体育产业外拓型文旅产业融合领域。

(一)体育产业内生型文旅产业融合领域

1. 内生文化产业融合领域

在体育产业11个大类中,体育产业明确提到并显著涉及的文化及其相关产业的大类有5个:03体育健身休闲活动;05体育经纪与代理、广告与会展、表演与设计服务;07体育传媒与信息服务;09体育用品及相关产品制造;10体育用品及相关产品销售、出租与贸易代理。体育产业结构本身内生诸多文化产业领域,覆盖面从大类上看超过整个体育产业结构体系的45%,具体细分领域见表1。

2. 内生旅游产业融合领域

体育产业明确提到并显著涉及的旅游及其相关产业的大类主要集中在03体育健身休闲活动,04体育场地和设施管理,08其他体育服务,09体育用品及相关产品制造,10体育用品及相关产品销售、出租与贸易代理五大类别之中。其中,体育健身休闲活动大类下的运动休闲活动、群众体育活动、其他体育休闲活动等子门类就是旅游娱乐活动本身;体育场地和设施管理大类下的体育场馆、体育综合体、体育公园同时也是体育游览中的旅游设施或旅游目的地;其他体育服务大类下明确提出的体育服务子板块,是指观赏性体育旅游活动(如观赏体育赛事、体育节、体育表演等内容的旅游活动),组织

表 1　体育产业结构体系内生文化产业板块

体育产业大类	03 体育健身休闲活动	05 体育经纪与代理、广告与会展、表演与设计服务	07 体育传媒与信息服务	09 体育用品及相关产品制造	10 体育用品及相关产品销售、出租与贸易代理
体育产业细分门类	0321 民族民间体育活动	051 体育经纪与代理服务 052 体育广告与会展服务 053 体育表演与设计服务	071 体育出版物出版服务 072 体育影视及其他传媒服务 073 互联网体育服务 075 体育博物馆服务 076 其他体育信息服务	094 体育相关用品和设备制造	101 体育出版物销售 102 体育用品及相关产品互联网销售
融合关键词	体育类非物质文化遗产	体育类票务代理、广告、会展、表演、设计	体育类新闻、图书、报纸、期刊、音像制品、电子出版物、体育广播电视节目、App 等	体育奖杯和纪念证（章）运动智能无人机	体育出版物销售

体验性体育旅游活动的旅行社服务，以体育运动为目的的旅游景区服务，以及露营地、水上运动码头、体育特色小镇、体育产业园区等的管理服务；体育用品及相关产品制造大类和体育用品及相关产品销售、出租与贸易代理大类下，体育娱乐游艺设备生产、租赁及销售也是体育旅游产业中的装备制造业部分。

由此可见，文化产业和旅游产业本身就大规模内在于体育产业结构体系中，很多体文旅融合的领域就是由此生发并逐渐壮大，最后直接促动三个产业的协同勃兴。因此，在未来必须牢牢把握此部分，使之立足为体育产业打造体文旅融合发展的战略出发点及融合生长点。

（二）体育产业外拓型文旅产业融合重点领域

1. 外拓文化产业融合领域

《文化及相关产业分类（2018）》将文化产业分为文化领域（6 个大类、25 个中类）和文化相关领域（3 个大类、18 个中类）。经过详细梳理和调查发现，文化产业结构体系能够有效承载体育产业外部延伸触角，创造更高层次的融合领域，具体表现在：一是文化产业的六大核心领域存在和体育产业全面融合的可能领域；二是文化产业的三大相关领域存在和体育产业多点融合的可能领域。

2. 外拓旅游产业融合领域

《旅游及相关产业分类（2018）》将旅游产业分为旅游业和旅游相关产业两大部分。其中，旅游业包括7个大类、21个中类和46个小类；旅游相关产业包括2个大类、6个中类和19个小类。经过详细梳理和调查发现，旅游产业结构体系与体育产业具有诸多产业内容交叉、管理职能相同、客群群体交集的普遍现象，这说明旅游产业能够有效承载体育产业外部延伸触角，创造更高层次的融合领域，具体表现在：一是旅游产业领域的协同式融合；二是旅游相关产业的共享式融合。

二、体育产业与文旅产业融合的内容与路径

（一）体育产业与文旅产业融合的内容

体育产业与文化产业融合的内容包括"体育+竞赛表演""体育+综艺""体育+影视""体育+版权""体育+游戏""体育+文创产品""体育+主题公园/博物馆/纪念堂""体育+App（小程序等）"。体育产业与旅游产业融合的内容包括体育赛事游、体育康养游、体育户外游、体育活动游、体育场馆游、体育总部游。

（二）体育产业与文旅产业融合的路径

体育产业与文旅产业融合应从四个维度展开：资源禀赋融合方面的体育造势、文化铸魂、旅游落地，产品服务融合方面的中央厨房、统一采集、多频输出，市场客群融合方面的盘活存量、创新转化、释放潜能，企业主体融合方面的公私盘活、特色发展、合作共赢。

（三）体育产业与文旅产业融合发展的现实困境

当前三大产业融合存在以下困境：产业融合深度不够，缺乏统一规划指导；市场调节力度过大，缺少政策宏观调控；基建工作尚未完善，缺少政策激励支持；可持续发展机制缺失，缺少配套政策制约；产业专业人才缺失，缺乏专业培养渠道。

三、体育产业与文旅产业融合发展的政策建议

（一）坚持"以人为本，创新共享"的融合发展理念

树立以人民为中心的发展理念，把"满足人民日益增长的美好生活需要"作为产业融合发展的出发点和落脚点，以人民的满意度作为最高评判标准，在资源配置上向全民参与倾斜，不断提高体育吸引力，提升老百姓的幸福感和体育获得感；推进体育产业与文旅产业新生产品专业化、集约化、品牌化发展，促进三大产业深度融合，催生新技术、新工艺、新产品，满足新需求。

（二）协同管理，创新体文旅产业融合管理机制

建立国家—省市—地方三级联动管理机制，把发展体文旅产业融合纳入国民经济和社会发展规划，鼓励有条件的地方编制体文旅融合发展专项规划。建立推动体育产业与文旅产业融合发展的多部门合作机制，国家层面建立部长联席会议制度，省市层面建立

常态化联系机制，重特大项目鼓励合署办公，及时分析解决存在的问题。地方层面加强各职能部门融合，做好融合落实情况跟踪分析评估，加强产业统计，提供科学依据。

（三）完善体育产业与文旅产业融合发展服务平台建设

打造国家级产业项目服务平台、贸易信息平台、知识产权交易平台、产业人才培养平台、体文旅品牌服务平台、政策信息平台、投融资平台、产业大数据平台、体文旅消费数据库等全国性信息服务平台。

（四）加强金融服务供给，以金促产探索新的"PPP模式"

探索政银合作及部委联合实施的模式，持续深化文化、旅游与金融合作，推动建立多层次、多渠道、多元化的产业投融资体系，促进优质文化和旅游项目落地实施。探索开展体文旅景区经营权、门票收入权、体育赛事版权收益权质押，以及体文旅融合项目企业建设用地使用权抵押、林权抵押等贷款业务。鼓励社会需求稳定、具有可经营性、能够实现按效付费、公共属性较强的体文旅融合类项目采用PPP模式。鼓励金融创新支持体文旅融合项目。

（五）加强体育产业与文旅产业融合发展人才培养

推动实施三大领域人才互相输送计划，打破体制壁垒，扫除身份障碍，交换培养，营造有利于创新型人才健康成长、脱颖而出的制度环境。积极推进政产学研联合培养机制；鼓励多方投入，完善政府、用人单位和社会互为补充的多层次人才奖励体系；规范从业人员职业培训机制，加强体文旅融合产业人才培育的国际交流与合作。

（六）促进体育产业与文旅产业融合发展载体建设

持续打造国家级体文旅融合发展精品品牌，打造体文旅融合发展示范基地（园区），推进体文旅融合发展精品项目，建立体文旅融合发展基金，协助文化和旅游部门体育元素项目融入。

（七）加大体育产业与文旅产业融合发展客群培养

完善激励消费政策，鼓励企业与金融机构合作，试点发行体文旅融合消费联名银行卡，实施特惠商户折扣；支持各地创新体文旅融合消费引导机制，引导保险公司开发相关保险产品，拓展文化和旅游消费信贷业务。

（八）丰富产品供给，创新产品服务新形态

采用政府购买服务、原创剧目补贴、以奖代补等方式，支持和引导有条件的文化演艺行业、体育竞赛表演业、旅游企业强强联合，创新新业态、提供新服务、融入新技术、开发新模式、拓展新消费。鼓励打造中小型、主题性、特色类的体文旅融合产品。

（九）加强国有企业三大产业融合发展作为

推动经营性体育、文化、旅游事业单位转制为企业，依法登记为有限责任公司或股份有限公司，推动企业做强、做优、做大。推进国有体文旅资本授权经营，形成国有体

文旅资本流动重组、布局调整的有效平台，优化资源配置。为体文旅融合发展中的社会资本创造良好的发展环境，落实体文旅产业融合的体育、文化、旅游等专项优惠政策，如涉及的土地政策、税收政策、财政政策等。

（十）重点布局特色领域，做大、做强新兴融合产业

重点布局五大特色领域。第一，推动"文武游"结合。支持有条件的体文旅企业深耕民族传统体育文化，建立集养生、健体、观光、度假、学习等模式为一体的体文旅特色小镇。第二，推动"体医游"结合。积极推广覆盖全生命周期的运动健康服务，发展运动医学和康复医学，发挥中医药在运动康复等方面的特色作用，促进健身休闲与文化、养老、教育、健康、农业、林业、水利、通用航空、交通运输等产业融合发展。第三，推动"体娱商"结合。盘活国家队、省队运动资源，理顺体制机制，开发体育IP，孵化运动明星，为运动员、教练员转岗就业搭建更大的平台、创造更大的经济效益和社会影响力。第四，推动"体节游"结合。鼓励探索红色文化与体育节赛旅游结合新模式。第五，推动"体文网"结合。将互联网作为新时代振兴体育文化的第二战场。重视体育物质文化与非物质文化遗产的数字化典藏与保护；重视利用新兴媒介技术深度开发、二次创作体育文化新形态，丰富艺术表达手段；鼓励互联网企业创业体文旅融合，推动企业由销售导向向服务导向转变。

项目编号（2019-B-10）

健康中国背景下健身气功中长期发展规划研究

范铜钢

健身气功是健康中国建设的有力抓手、全民健身与全民健康深度融合的有力载体。在2015年国务院印发的《中医药健康服务发展规划（2015—2020年）》中，明确提出了"推广健身气功、导引等中医传统运动"的重点任务。在2016年国务院印发的《"健康中国2030"规划纲要》和《全民健身计划（2016—2020年）》中，又明确指出要"扶持推广健身气功等民族民俗民间传统运动项目"的具体任务，国家体育总局联合文化和旅游部（原国家旅游局）更是将"重点发展健身气功养生旅游等体育旅游新产品、新业态"作为重点任务纳入《关于大力发展体育旅游的指导意见》中。与此同时，中共中央在印发的《关于实施中华优秀传统文化传承发展工程的意见》中，不仅提出"推动民族传统体育项目的整理研究和保护传承"的号召，同时还要求"各地要根据本地传统文化传承保护的现状，制定完善地方性法规和政府规章"，为健身气功中长期发展规划的研制提供了强有力的制度保障。健身气功是健康中国建设的推动者，是体育强国建设的践行者，是传承中华优秀传统文化的传播者，是实现中华民族伟大复兴和推动人类文明进步的守护者。

一、健身气功中长期发展研究的目的意义

（一）解决健身气功发展过程中存在的"瓶颈问题"

《健身气功发展规划（2013—2018年）》中曾提出"习练人员不少于300万人，国家编创推广的健身气功功法达到12种"的目标，而根据20世纪八九十年代记载，我国气功习练人数已达6000万人，功法数以百计，可见差距之大。受不良因素影响，致使当前健身气功发展存在着"发展瓶颈"，进行健身气功中长期发展规划研究实为解决之道。

（二）破解健身气功发展过程中存在的"技术难题"

自国家体育总局健身气功管理中心成立以来，已先后组织完成了健身气功11套新功法的编创工作，同时还进行了二十四节气、站桩功和功法运动处方的招标工作。传统体育养生功法种类多达成百上千种，如何将如此丰富的宝贵财富更好地服务于全民健身与全民健康，进行健身气功中长期发展规划研究必将有助于破解这一"技术难题"。

（三）改变健身气功发展过程中存在的固有"思维模式"

21世纪以来，健身气功经过近二十年的常态化发展，已经走过了最初的艰难困苦阶段，但当下大众"医学气功与健身气功"的概念困惑、"气功比赛竞技化发展"的方向选择、"气功功法复原编创"的单一功用、"气功版权"的过度保护等问题严重制约着气功的

健康发展，如何打破传统思维模式的禁锢，进行健身气功中长期发展规划必将改变健身气功固有"思维模式"。

二、中华人民共和国以来健身气功发展脉络梳理

健身气功作为我国正式开展的体育项目之一，也是我国历史发展长河中最早出现的古代文明象征，历经数千年而绵延不绝。回顾中华人民共和国健身气功发展历史与脉络，健身气功的发展道路具有鲜明的时代特点，在经历了初兴、曲折与新发展三个阶段后，也逐渐走向了科学化、规范化、法制化的正确发展道路。中华人民共和国成立初期，在国家的高度重视下，健身气功进行了初步的挖掘、整理和研究推广，各地气功疗养院所也相继成立。改革开放以后，气功事业得以恢复并取得了快速发展，以健身为目的的气功功法相继问世，"中国气功科学研究会""中国体育气功研究会""世界医学气功学会"等组织机构的成立，使得气功的发展走向了第二次高潮。进入21世纪以来，在经历了"制度缺失、管理滞后、谈气色变"的困境后，国家体育总局健身气功管理中心正式挂牌成立，经过不断地探索，气功事业也迈入了正常的发展轨道。

三、近年来健身气功发展规划的研制情况

健身气功规范化的发展道路，除了组织机构的成立、新功法的编创、交流活动的宣传推广外，还与其逐步完善的制度建设密不可分。自2006年以来，除出台《健身气功管理办法》外，还先后制定了《全国健身气功培训基地管理办法（试行）》《健身气功裁判员管理暂行办法》《中国健身气功对外技术等级评定办法（试行）》等，并于2013年制定了《健身气功发展规划（2013—2018年）》，作为阶段性的规划部署，《健身气功发展规划（2013—2018年）》从指导思想、基本原则、目标任务、对策措施和组织实施五个方面对健身气功的五年发展作了详细部署，为健身气功的发展树立了正确的阶段性发展目标。同时，还于2019年制定了《健身气功行动计划（2019—2021年）》。

四、围绕健身气功发展现状展开社会调查

为更加了解健身气功发展状况及健身气功习练者实际需求，本研究将健身气功置于社会发展的大环境中，运用社会学、文化学、人类学的理论和知识，从宏观到微观的调查视野出发，通过对健身气功站点开展实际情况进行实地调研，对各站点的习练者进行问卷调查，对健身气功习练者的基本情况、习练状况、习练效果及社会需求等内容进行系统分析，得出习练者对健身气功的效果期待和社会需求因素，以便为健身气功中长期发展规划的研制提供数据支撑，为编创更适合当下人们习练的健身气功功法，归纳和总结健身气功发展基本理念和方针，为促进健身气功可持续发展奠基。

五、探究健身气功发展中存在的问题与对策

21世纪以来，健身气功取得了快速发展，编创推广了九套功法，形成了规范化的发展道路；构建了全国站点体系，制定了科学化管理标准；国内外习练人口快速增长，会员体系逐步建立；提供了多层次比赛交流平台，促进了教习人才队伍建设；国家政策的大力支持及产业化融合为健身气功发展提供了政策支持和战略机遇。但是，当前健身气功传统功法的单一性与特殊人群功法的紧迫性、不同区域站点与基层传播者发展的不均

衡性、习练人群年龄特征存在较大差异性、健身气功竞赛规则评判的不合理性、健身气功市场产业化发展的小众性等问题依然突出。本研究认为，新时代健身气功的发展，关键在于编创多样化的健身气功功法，以满足不同人群需求；应全面普及健身气功技术及理论，加强基层组织建设；积极探索国外健身气功事业发展模式，建立协会体系；在竞技时代的冲击下，遵循健身气功传统形式及简约化发展，回归健身气功本质；进一步开放健身气功版权，走开放产业化道路，促进健身气功全面发展。

六、研判健身气功中长期发展战略定位

从健身气功中长期发展定位进行审视，在"健身气功"与"医疗气功"的区别上，要形成清晰的"健身气功"认知概念，明确健身气功的健身属性；在"统一编创"与"百花齐放"的选择上，要鼓励传统功法的复原与编创，满足健身气功习练者的多元需求；在"奥运项目"与"健身项目"的目标上，要确立健身气功的健身项目定位，避免盲目的"奥运项目化"改造；在"比赛交流"与"身心健康"的重心上，要认清比赛交流是项目发展的手段，促进人体身心健康才是项目的应有价值；在"版权保护"与"大众传播"的矛盾上，要开放健身气功相关版权内容，利用多种途径提供更为便捷的健身服务；在"健身养生"与"包治百病"的界限上，要避免健身气功被神化和虚化，树立健康科学的"健身养生"项目形象；在"科学规划"与"执行标准"的冲突上，要制定健身气功中长期发展规划，充分考虑项目发展的生态建设。

七、研制《健身气功中长期发展规划（2020—2050 年）》（建议稿）

本研究在确保规划编制系统性、前瞻性、规范性与科学性的前提下，从发展基础、发展目标、战略任务、重大工程、政策保障与措施五个方面完成了《健身气功中长期发展规划（2020—2050 年）》（建议稿）（以下简称《规划》）。《规划》中指出，要坚持以人民为中心、以健康为主题、以市场为引领、以时代为准则、以国内为基础、以国际为重点、以创新为动力、以传承为源泉、以共享为目标的基本原则，并划分了三个阶段，最终致力于将健身气功打造成为世界上流传最广、习练人群最多的健身项目之一。在战略任务方面，《规划》中指出，要挖掘健身气功技术资源，丰富非物质文化遗产；健全健身气功基层组织，助力现代化体育强国建设；发挥健身气功养生优势，推进健康中国建设步伐；释放健身气功市场活力，服务产业经济转型升级；推动健身气功文化发展，繁荣中华优秀传统文化；加快健身气功国际推广，提升国际影响力和话语权。《规划》还提出了健身气功"技术开发""组织建设""健康养生""产业发展""文化精品""对外传播"六大工程，提出了加大政策支持和制度保障、提高组织管理和政治站位、加强人才培养的体系建设、加快基础理论的研究工作、加强舆论宣传和推广普及，以及强化跟踪监测和考核评估六项政策保障与措施，为健身气功中长期可持续发展打下坚实基础。

项目编号（2019-B-17）

我国职业足球青训与校园足球衔接体系研究

邱 林 周 誉 王长琦 宋 冰 刘盼盼 廖 培

党的十八大以来,以习近平同志为核心的党中央把振兴足球作为建设体育强国的重要任务摆上日程。2015年,国务院办公厅下发《中国足球改革发展总体方案》,将"青少年足球人口大幅增加"列为"足球运动纳入经济社会发展规划的中期目标",这是一个纵观全局的国家发展目标和价值追求。2018年,教育部联合中国足球协会下发《关于完善校园足球竞赛体系畅通青少年人才培养机制的实施意见》,提出建立完善校园足球与青少年竞技足球融合发展的体制机制,构建体教深度融合的"一体化设计、一体化推进"的中国青少年足球人才培养新格局。因此,如何推进我国职业足球青训与青少年校园足球两大体系的有机衔接已成为中国足球改革发展亟待解决的重大现实问题。目前,我国职业足球青训与校园足球体系衔接存在的主要问题有两方面,一是纵向上普及与提高两大层级呈割裂发展态势,具体表现为:首先,管理部门利益藩篱、权责不明;其次,发展理念不统一;最后,缺乏一条明晰的人才培养与输送路径等。二是横向上青训主体相对混乱,各主体之间相对孤立等问题。因此,本研究在全面了解我国职业足球青训与校园足球发展现状的基础上,解析我国职业足球青训与校园足球衔接内涵,综合学理、历史、现实和国际经验几个方面的逻辑因素,提出体系衔接的实施路径及体制机制保障,以期为国家的相关政策提供咨询。

第一,从管理、学训、竞赛、保障四个方面,借助典型案例,对我国职业足球青训与校园足球两大体系发展现状进行深入剖析,对存在问题进行诊断性分析,为体系衔接提供实践依据。

第二,从学理、历史、现实和国际经验四个方面,分析我国职业足球青训与校园足球衔接的路径选择逻辑。

从学理方面看,选择我国职业足球青训与校园足球衔接的路径,首先要选择两者之间衔接的关键出发点,进行以点带面的推进;其次要通过控制影响两者衔接的关键要素,使衔接过程不偏离应有的轨迹。

从历史发展的成功经验方面看,只有在保障学生全面发展基础上,吸引更多的青少年参与足球活动,并遵循足球人才培养规律,选择职业足球青训与校园足球衔接的足球后备人才培养模式,才能够真正提升我国青少年足球发展水平。

从现实情况方面看,我国职业足球青训与校园足球在青少年足球发展中存在明显的优势互补,两者间的衔接是培养"全面发展、特长突出"的青少年足球后备人才的必由之路。

从国际经验方面看,青少年足球运动与足球教育的发展在全球化背景下已形成跨地域的共性问题和共性的发展思路,借鉴日本、法国、阿根廷在青少年足球后备人才培养方面的先进经验,并对其进行客观的审视与研判。

第三，分析我国职业足球青训与校园足球衔接体系构建的实施路径。

一是理念先行，解决职业足球青训与校园足球衔接的认识障碍。首先，根据《中国足球改革发展总体方案》的战略部署，重新认识校园足球与职业足球青训的战略地位与作用；其次，要树立"大青训"理念，推进普及与提高的协同发展。

二是以全面深化改革为动力，破除制约职业足球青训与校园足球衔接的体制机制障碍。首先，改革政府管理体制。简政放权、放管结合、协同治理，明确细化各协同部门的工作职责，形成各部门和各层级权责分明、问责到位、高效联动的管理体制格局。其次，推进供给侧结构性调整。利用供给侧改革强化对我国职业足球青训与校园足球领域生产要素的高效配置，发挥市场在资源配置中的决定性作用。

三是建立促进职业足球青训与校园足球衔接的政策法规。首先，提高顶层设计政策法规的法律效力，从法律层面提高对相关部委的约束力，加强其执行力；其次，政策法规要明确界定相关主体的权责边界，对体系衔接的一系列战略规划或运行机制应建立相应的配套政策和实施方案；再次，建立政策法规建设的组织保障体系；最后，进行重点、难点法规试点先行。

第四，促进我国职业足球青训与校园足球衔接体系的体制构建。

在体制构建方面，统筹职业足球青训与校园足球的衔接，必然要涉及诸多部委的力量，更需要一个强有力的"权威"来推进。一方面，涉及职业足球青训与校园足球衔接问题的部委，要主动投入此项工作；另一方面，各部委要根据机构职能，从国家层面设立专职机构（如中国足球青训建设指导委员会），抽调兼职人员参与工作，教育与体育两家必须派遣专人进行工作。

在管理制度方面，应结合《中国足球青训体系建设"165"行动计划》《关于完善校园足球竞赛体系畅通青少年人才培养机制的实施意见》等文件，从国家层面制定《我国职业足球青训与校园足球衔接体系规划纲要》，作为体系衔接的纲领性文件，明确规定相关部门的职责，以及完成该职责所要采取的具体策略。

第五，促进我国职业足球青训与校园足球衔接体系的机制构建。

在运行机制构建方面，一是提高各层级政府对衔接工作的重视程度，将其纳入政府工作总体规划、议事日程、财政预算、考核评估中。明确政府职责，避免行政干预过大，做到"专业人干专业事"，强化决策责任制度，提升决策科学性。

二是从更高层面建立跨部门的领导机制。从国家层面设立专职机构，即中国足球青训建设指导委员会，教育与体育部门派遣专人进行工作。该机构主要进行体系衔接的战略规划，同时，整合各部门资源，研制跨部门协调措施，指导督促部门间深度合作。

三是建立部门间协作机制。在中央层面明确互不隶属的部门间的协作条件。在法律层面明确各部门职责，建立国家级的相关部门之间的协作机制，使用激励措施鼓励部门之间开展合作，在部门的绩效目标中设定跨部门合作所占的比例，作为部门绩效评估的依据。

四是横向上普及层面的校园足球校内事务、校外青少年业余足球俱乐部、体育传统校、体校、足球学校进行有效融合，形成校园足球业余足球俱乐部；强化层面的职业俱乐部 U19 以下梯队、省市体育局青少年竞训队进行有效衔接，形成新型足球学校或青训中心；育成层面的俱乐部梯队及一线队、国字号球队进行有效调配等。纵向上普及、强化及育成三个层面之间进行有效衔接，形成一条主线明晰的人才培养与输送路径，形成统一的人才培养理念。

五是运用政策、资金、政绩评价和表彰等激励手段，推进体系衔接的有序进行。在政策引导方面，体系衔接要通过国家宏观的顶层设计、区域中观的规划管理、基层微观的执行操作三个层次的衔接来实现；在资金投入方面，应该建立长效、充足的财政投入机制；在政绩评价方面，各级政府应将体系衔接工作纳入政绩评价指标，研制评价指标体系，建立开放式的激励模式。

六是建立共同监督、协同治理的长效机制。首先，从内部监督主体角度，加强监督机制的合力成效，责任分工明确，对检查结果予以共享，提升内部监督的权威性与规范性。其次，从外部监督主体角度，发挥大众媒体事前监督与预警的作用。重点监督与报道运行中出现的"政绩行为"，以及"寻租、设租、创租"等逐利行为。最后，政府发挥强有力的官方权威作用，建立事后行政处罚机制，发挥事后长效治理作用。

在保障机制构建方面，一是制度保障。从政策制定、政策执行、政策监管等方面建立制度环境，形成体系衔接完善的保障机制。政策制定方面，明确政策目标多重性，厘清政策目标的先后次序，在政策设计上明确近期目标、中期目标与长远目标，确保基本目标、锁定重点目标。政策目标定位应呈现出"普及""强化""育成"等多元化特征，即不仅要培养身心健康、全面发展的青少年，也要注重发现、选拔和培养足球苗子，更要形成高水平的、行业认可的后备人才培养体系。政策执行方面，纵向上通过顶层推动与中间层级协调进行层级性治理。首先，应依照我国"职责同构"机制，保持不同层级执行主体在纵向间职能、职责和机构设置上的统一对应，真正实现上下级"无缝"对接。其次，顶层部门应合理借助人、财、事权的优势，调动下级执行主体积极性，建立常态化巡视、监督和检查工作机制。最后，发挥中间层级作用，保持政策一致性。横向上切实发挥"中国足球青训建设指导委员会"作用，形成横向联动治理格局。首先，赋予其权威、高效、统一的领导权与协调权。其次，减少执行摩擦成本。通过"以党委为核心"的领导小组方式，形成集体政策。最后，形成强大政策推动力。建立"高位推动"治理模式，运用党的权威来实现政策有效执行。政策监管方面，首先，建立相对独立的垂直领导的监管体系，通过规范性文件，对各级监管主体的性质、职权、作用、监控对象与范围等作出明确界定，赋予其职责一致的监控权利，并加大对监控部门的资金、技术设备、人员编制等方面的扶持力度。其次，建立分权与制衡的政策监控运行机制。

二是组织保障。首先，衔接工作要依托政府力量，达成体系发展衔接共识，在一定政策、制度、标准下来完成，这也是衔接工作的顶层设计。其次，成立"中国足球青训建设指导委员会"，从全局上对我国职业足球青训与校园足球衔接体系的构建进行统筹、协调，进行组织领导；制定衔接体系的发展规划与实施方案；明确各部门的职责与权限，做到分工到位，责任追究制度等。最后，避免职能重叠出现的相互扯皮、责任不到人的问题，要充分尊重职业俱乐部的"市场逐利性"，不可过多地运用行政手段干涉青训工作，使青训工作既要体现事业性，也要体现市场性，激发职业俱乐部的参与积极性，吸引更多的职业俱乐部或社会组织、市场机构参与其中。

三是经费保障。在经费投入主体方面，需要建立"政府、市场和社会"三方投入机制。首先，政府需要建立专项资金投入机制，可以从国家体育彩票公益金中划拨专项资金，根据体系构建的进程需要，逐年增加资金数量。其次，职业足球俱乐部应坚决执行"职业俱乐部每年在青训方面的支出不少于全年支出的15%"的要求。最后，建立良好平台，接受社会捐赠与市场机构赞助。在经费使用方面，一定要做到"专款专用"。首先，要明确责任主体在经费方面投入的职责。明确各级政府在财政性经费支出的数额,提高财政转移支付的效率,加强各级政府相关部门对经费使用的监管。其次,加大对赛事和训练体系衔接的投入,突出重点,建立示范点。再次,完善经费使用监督制度。加强专业监管,采用内部监督与外部监督相结合的方式,并逐步实现经费使用的社会监督。最后,进一步完善足球场地设施建设。

四是技术保障。在教学训练方面,撰写真正符合足球运动发展规律的、接近真实足球比赛需要的、适合学校内部应用的"青少年校园足球教学训练纲要"。在竞赛组织方面,"青超联赛"是样板,如何更好地开展好校级联赛、校内联赛,以及市长杯、省长杯等赛事,是需要专业人士进行指导的。在球员选拔与输送方面,校园足球与俱乐部青训联合制定选拔机制——"双向度输送机制",好的学生球员可以顺利进入职业俱乐部发展,职业球员也可以回到大学读书。在师资培训方面,借助职业俱乐部的优质资源培训校园足球体育教师,提升足球专业执教水平。一方面是培训足球教师或校园足球教练员,另一方面是培训校园足球教练员讲师。

在评价机制构建方面,我国职业足球青训与校园足球衔接体系需要建立以多维评价与常态评价相结合的评价机制,明确评价主体、评价对象、指标体系等要素,并进行相对客观全面的评价,继而由理论再回到实践,让职业足球青训与校园足球衔接体系发挥更大作用,体现其实际效能。首先要有科学完整的评价流程;其次要明确评价主体与评价对象;最后要构建科学合理的指标体系。

评价机制由评价、反馈、优化三个环节组成。细致划分为"评价—反馈—改进提高—再评价"。其中,评价环节是整个评价机制的基础,也是核心价值所在,其好坏将直接影响后两个环节的作用。体系衔接的评价可以通过长期的追踪、观察、反馈,了解其具体的发展变化趋势,形成常态化评价。反馈环节是发挥评价机制价值的核心所在,良好的反馈就是在体系衔接中总结经验、寻找不足,并试图寻找解决问题的方法,为后期发展积累经验。优化环节是评价机制的重点,也是推进顶层设计改善的关键举措,如何将评价与反馈环节中存在的问题予以解决将是确保两大体系衔接运行通畅的关键。

评价机制构建过程中的评价主体应遵循多维性和多层性原则,主体主要包括政府相关部门、职业俱乐部、校园足球三大主体,具体细分也包含管理人员、教练员、体育教师等利益相关者。评价对象将是两大体系衔接过程中涉及的相关领域,例如,管理、教学、训练、竞赛、保障,细致划分将是衔接运行中的利益相关个体。

根据评价指标体系构建的基本原则与方法,从管理、教学、训练、竞赛、保障五个方面构建评价指标体系,初步归纳整理了我国职业足球青训与校园足球衔接体系的评价指标,后期将根据两大体系衔接进程中出现的实际问题予以调整,逐步构建出全面实用的评价指标体系。

项目编号(2019-B-19)

新时代我国体育法治框架体系研究

谭小勇

本研究共分为五个部分：缘起、体育法治界说、我国体育法治体系建设现状梳理及审视、我国体育法治框架体系构建路径与策略、个案研究。针对研究内容，研究组前期做了大量的准备工作，收集了国内外关于体育法治的相关文献，并在中期进行了实地访谈与调研，以更好地了解现状并获取一手材料，在后期，研究组组织了会议讨论，并分组进行个案研究，以丰富项目研究的内容，并最终顺利完成研究。研究组认为，我国体育法治建设相对其他行业法治建设已经落后，还存在较为严重的短板，已经与蓬勃发展的我国体育不相适应，应引起高度重视。

在第一部分缘起中，首先介绍了本研究的重大意义。党的十九大后，我国进入了中国特色社会主义新时代，在新时代、新体育、新治理的时代背景下，回顾和总结我国体育法治建设体系的发展，提炼体育法治建设的中国特色与经验，对完善我国的体育法治框架体系具有重要意义。其次通过聚类图谱分析了国内外研究的现状。通过分析得知，目前国内有关体育法治研究的关键词聚类主要以"体育法规""奥林匹克运动""竞技体育""体育纠纷""协会自治""现代化"和"依法治体"为主。国外的研究则相对分散。有的研究介绍了国际体育法治化的发展过程，对国际奥委会机构、反兴奋剂等国际体育法治问题及其解决进行了分析；有的研究在分析各国体育立法情况的基础上，指出了体育法治的全球化趋势；有的研究对各国的体育立法情况、类型和特点进行了介绍。同时，还有些研究就某个国家的体育法规进行了介绍，如美国体育管理法规的历史发展、立法形式和司法程序，以及管理和控制美国体育产业和体育市场运作的主要法规。通过对国内外研究现状的分析，本研究在时代感及视角、观念上都取得了突破。

在第二部分体育法治界说中，首先从实质法治与形式法治的角度分析了法治的内涵，通过对法治内涵的分析，进而对体育法治的真义进行探讨，并尝试性地提出了体育法治的概念，即以民主为前提，以严格依法办事为核心，以确保国家权力在体育领域正当运行为重点的体育管理机制、体育活动方式和体育治理秩序。其次结合当前我国法治体系标准，总结了体育法治的四个标准：一是要形成完备的体育法律规范体系；二是要有高效的体育法治实施体系；三是要建立严密的体育法治监督体系；四是要健全有力的体育法治保障体系。

在第三部分我国体育法治体系建设现状梳理及审视中，对我国当前体育法治体系的建设、实施、监督、保障四个方面进行了全方位的综合性分析与批判。第一，关于体育法治体系建设的分析。在体育法治体系建设方面，主要针对全民健身、竞技体育、体育产业、体育纠纷的法治建设现状及政策法规的嬗变进行了详细的探讨，并得出以下结论：目前，我国的体育政策法规规划工作还存在许多不足，面临着不少新的困难和挑战，已不能满足体育改革发展的需求。有的政策法规准确反映体育规律和人民意愿不够，针对性、实用性、可操作性不强；有些重要领域的政策法规还有缺失，有的没有因形势变化而及时修改；法律、行政法规、地方性法规、规章之间的协调还不够；规划的执行约束刚性不足等。因此，我们需要加快推进体育立法和修法工作、健全体育执法工作机制、继续深化体育管理体制改革、探索建立法律法规实施的监督和评估制度、完善体育法律服务和纠纷救济路径、处理好诉讼与仲裁的关系，构建中国体育仲裁制度，推动新时期我国的体育法治建设。第二，关于体育法治实施体系建设现状的分析。从本研究组的调研情况看，我国体育执法监督情况不容乐观。国家体育总局近些年制定了多个监管办法，但其中更多的是原则性规定，缺少对执法监管具体方式和程序的规定。在事前监管缺位的情况下，体育行政执法主体在对商业性和群众性体育赛事进行监管的问题上陷入了两难，实践中有时只能让赛事主办单位以事后说明情况的方式承担责任，监管效果不尽如人意。由此不难看出，当下体育市场乱象的根源在于执法和监管机制的缺位，体育行政执法面临着对象更加复杂化、手段亟待革新的境遇。第三，关于体育法治监督体系建设现状的分析。当下，我国的体育法治监督体系存在的主要问题是行业标准建设不健全，运行机制不规范，运动员的选拔程序规则不透明、不规范，政社不分、管办同一，运动员产权不清晰，因而无法监督。第四，关于体育法治保障体系建设的分析。现阶段我国在体育法治人才队伍建设、体育法律纠纷解决机制、体育法制理念和法治文化、经费等方面都存在明显缺陷。基于以上分析，本研究对我国体育法治建设得出一个基本判断：砥砺前行，任重而道远。改革开放四十多年来，我国体育立法工作持续高效推进，成效显著。可以认为，一个以《中华人民共和国体育法》为主导、相关规章制度为补充的我国体育法治框架体系已初步形成，但仍需要继续探索前行，使思想境界得以升华，本研究认为应着力注重以下三个方面：第一，法治体育、依法治体是体育发展的必由之路，转变政府体育职能是体育治理现代化发展的一般要求，坚持科学立法、规范有序是提升体育法治建设质量的重要保障。虽然我国的体育法治建设取得了长足发展，成就辉煌，但也存在明显短板，主要是体育法治实施体系和体育法治保障体系，可以说还只是刚刚起步。本研究有一个基本认识就是：我国的体育法治体系中，主要问题不是出在体育法治法规体系，而是如何使这些法规正常运行发挥其应有作用，得到有效执行。当然也不是说其他体系没有问题，只能说这是目前最大的问题。体育法治法规体系中最大的问题不是立法而是修法，尤其是在我国立法资源极其短缺的情况下，出台更多高质量具有可操作性的行政法规会更高效，特别是在现有体育体制机制之下，在体育行业发展落后于其他行业的现实面前更是如此。

在第四部分我国体育法治框架体系构建路径与策略中，本研究有针对性地提出了九条建议。第一，强化顶层设计，构建新时代体育法治体系；第二，凝心聚力，提升《中华人民共和国体育法》修法质量和效率；第三，依法自治，高度重视体育社会组织的治理体制机制建设；第四，间接柔性引导政府体育部门对体育社会组织的监管；第五，填补空白，建立体育纠纷解决机构；第六，体育执法队伍建设是体育法治建设的重要抓手；第七，体育领域行政执法常态化；第八，体育法律法规实施评估和监督的制度化体育；第九，加强对法治文化的宣传，提升中国在国际体育法治中的话语权。

在第五部分个案研究中，为了尽可能地使该研究落到实处，研究组除在面上进行较为宏观的研究之外，还选择了对体育政府与体育社会组织互动、《学校体育工作条例》修改、自甘风险适用等问题进行了较为深入的个案研究。

第一个个案研究是对国家体育法治与体育自治的互动这一微观问题的详细研究，本研究得出以下结论：国家的控制与体育行业自治的价值都是值得肯定的，单纯地强调一方或否定另一方都是有失偏颇的,应该将两者结合起来,使两者的政治实践价值发挥到最大限度。鉴于此,一方面,应明确对体育行业自治的权威控制是必要的而且是正当的。对体育行业自治的控制目的不在于削弱行业自治的强度和空间,而在于规避自治的缺陷和危害;权威控制还必须是在一定范围内的控制,这种控制应建立在法治的基础之上,以正当的法律为依据,并且必须辅以正义性救济程序,使自治主体在受到不正当控制时有申辩的机会和途径。另一方面,明晰体育行业自治是作为体育行业各参与主体所向往和追求的政治权利,在享受权利的同时,也应承担相应的责任和履行相应义务。即树立良善自治的主体意识,自觉主动地培养法律意识、协商意识、公德意识和包容意识,同时培育接受正当的控制意识,多主体依据相应的法治规范体系,以协商、合作和互动的理念为引导,遵循社会责任规范,为体育强国的建设作出应有的贡献。

第二个个案研究立足于新时代,从经济、法治、学校体育法律体系的构建及学校体育自身发展形势的角度分析了《学校体育工作条例》(以下简称《条例》)修改的必要性。本研究认为,首先,当前《条例》带有浓厚的计划经济体制色彩,不符合依法治国的基本要求,且由于《条例》在指导学校体育工作中的重要法律地位,其已经对学校体育的法律体系建设产生了消极影响。其次,《条例》之所以具有修改的紧迫性,还在于其未能适时修改,影响了学生、教师权利的保护,使学生的体育权利受到严重侵犯,体育教师权益无法得到有效保障,工作积极性不高,而《条例》未能建立相关的责任机制也使得《条例》的实施步履维艰。最后,针对上述问题,本研究在宏观的视角下对《条例》的修改提出以下建议:第一,要有正确的法律指导思想,应当坚持"以人为本,增强学生身体素质"的立法思想,实现"增强体质"向"体质健康"的转变,以及"权力本位"向"权利本位"的转变。第二,要继续采用行政法规的形式,当前《条例》存在着"执行难"的现象,而违反《条例》的行为主要是给予行政上的处罚或者处分,主要是靠教育、体育行政管理部门来加以落实。另外,以行政法规的方式修改《条例》可以节约成本和时间。第三,扩大修法参与的主体,使《条例》能够兼顾各个阶层群体的利益。第四,细化《条例》的内容,增强《条例》的可操作性,弥补《条例》存在的严重法律漏洞。

第三个个案研究指出,第一,学校体育应继续推动立法,明确自甘风险规则的适用是从根本上解决问题的唯一途径,虽然困难重重,但也必须以"明知江上有风险,偏向风波浪里行"的精神,特别是要抓住这次编写《中华人民共和国民法典》的契机,力争突破立法瓶颈。第二,支持法官在现有法律框架下自主解释自甘风险在学校体育中的适用,此举是在法律没有明确自甘风险规则适用的条件下,为解决当前现实问题而采取的权宜之策,但具有重要的现实意义,也为自甘风险的适用提供了实践经验,并将为推动我国自甘风险入法提供动力。第三,完善包括保险在内的学校体育伤害社会保障机制,建设完善的保险、基金等社会保障机制是自甘风险规则适用于学校体育的基础工程。目前,学校已经购买了学校责任险,学校也在推进学生自愿购买意外伤害险,上海市教委等一些教育主管部门还成立了社会公益性的"学校体育运动伤害专项保障基金",但这些保障机制还有待完善,需要采取激励政策进一步推进,以解除人们因体育伤害事故而承担损失的后顾之忧。事实上,自甘风险的适用与相关保障机制建设是相辅相成的,可以相互促进。

项目编号(2019-B-20)

体育市场"黑名单"制度建设与组织实施研究

罗文桦

"黑名单"制度建设及组织实施具有行政监管创新、健全失信惩戒机制、保护消费者权益、完善社会信用体系的重要意义。当前,健全多部门、跨地区、跨行业联动响应和联合惩戒机制,建立各行业失信"黑名单"制度和市场退出机制,是我国经济和社会发展规划纲要。我国法律、行政法规尚未对"黑名单"制度的法律性质作出规定,本研究认为行政主体把相对人列入"黑名单"属于可复议、可诉讼的具体行政行为,具有较强的申诫罚和行为罚属性,可归类于行政处罚范畴。本研究从"黑名单"制度的列入标准、列入程序、公示方式、公示内容、公示期限、信用修复、移出、异议、救济、信息共享及联合惩戒等方面对体育市场"黑名单"制度建设与组织实施进行研究,对体育改革发展的重点领域和前沿问题积极建言献策。此外,在体育全球化的今天,本研究从比较法视野,对美国、欧盟、英国的"黑名单"制度进行研究,以期为我国体育市场"黑名单"制度建设及组织实施提供借鉴。

一、行政"黑名单"制度的定义及法律性质

(一)行政"黑名单"制度的定义

行政"黑名单"制度是指行政主体基于加强市场监督管理、强化市场主体的诚信意识、加快诚信体系建设的目的,依法将严重违反法律法规的市场主体及从业人员列入"黑名单"名单或数据库,在一定期限内向社会公布,实施信用约束、联合惩戒的法律制度。

(二)行政"黑名单"制度的法律性质

根据法律法规关于"黑名单"的规定,"黑名单"制度具有强烈的失信惩戒和"一处失信,处处受制"的属性,且往往是对失信相对人进行综合性、敞口性的否定及限制,本研究认为,行政机关将市场主体列入"黑名单"属于可复议、可诉讼的具体行政行为,可归类于行政处罚的范畴。

二、行政"黑名单"制度的现实困境

(一)"黑名单"制度缺乏国家法律、行政法规层面的系统立法

目前,国家规划及政策性文件均明确规定建立各行业失信"黑名单"制度和市场退出机制,但法律、行政法规尚未进行"黑名单"制度的系统立法。目前,我国司法实践尚未对"黑名单"制度的法律性质作出明确判定,若行政机关将市场主体列入"黑名单"

被认定为行政处罚，则在应然状态下，只有法律、行政法规可以设定"黑名单"制度，地方性法规需要作出具体规定的，必须在法律、行政法规规定的给予行政处罚的行为、种类和幅度的范围内规定。

（二）"黑名单"制度运作程序不规范，在一定程度上影响行政效率和行政公信力

目前，实践中的"黑名单"制度大多基于行业制定，一般采用"列举+兜底"的方式规定列入标准，许多列入条件难以量化，导致不同执法人员具有较大不同的裁量权，列入标准宽严不一。除了列入标准，"黑名单"的公示标准、惩戒措施、移出标准等也分散在不同设定主体制定的"黑名单"制度中，标准不一，导致市场主体相似行为在不同行业、不同地区受到实质差别的信用约束，对行政效率和行政公信力造成影响。

（三）"黑名单"制度信息互通共享及联合失信惩戒机制不完善

"黑名单"制度以信息归集共享为基础，以信息公示为手段，以信用监管为核心，旨在构建"一处违法，处处受限"的联合惩戒长效机制，以加大对违法市场主体的信用约束力度。"黑名单"信息的分散和分割不利于信息归集和共享，联合惩戒机制的薄弱导致"黑名单"威慑力大幅下降，造成行政资源浪费并影响行政效率和质量。

三、体育市场"黑名单"制度建设

体育市场"黑名单"制度建设包括列入标准、列入程序、公示方式、公示内容、公示期限、信用修复、移出、异议、救济、信息共享及联合惩戒等诸多环节。

（一）"黑名单"的列入标准

列入标准是否合法、合理、公平及适度，关系到"黑名单"制度的基础及立法目标的实现。"黑名单"制度具有较强的惩戒性，执法需审慎包容，审慎把握列入标准并规定信用修复机制，以实现"黑名单"制度健全，激励惩戒机制，提高全社会诚信水平的效能。

（二）"黑名单"的列入程序

"黑名单"的列入程序具有巨大的制度价值，可扩大公民参政权行使的途径，保护行政相对人的权利，提高行政效率及督促行政机关依法行使职权。根据法律法规的规定及参考现有部门规范性文件"黑名单"列入程序，本研究建议，体育市场"黑名单"制度列入程序可考虑设置如下内容：第一，信息采集；第二，信息调查核实；第三，列入前告知相对人；第四，相对人陈述、申辩（10个工作日期限内）；第五，行政机关书面答复（15个工作日期限内）；第六，决定是否列入"黑名单"。

（三）"黑名单"的公示方式

"黑名单"公示是依法行政的内在要求，是社会公众了解市场主体信用的重要手段，是行政机关联合惩戒的基础，是信用体系建设及"黑名单"制度价值实现的重要保障。基于"黑名单"制度的立法目标及内在特点，"黑名单"公示需遵循公示范围广、公示效果好、公示效率高、方便社会公众及行政机关查询等原则，理想的状态是建立全国统

一的"黑名单"公示平台，在目前的条件下，可考虑在国家企业信用信息公示系统、全国信用信息共享平台进行统一公示。

（四）"黑名单"的公示内容

基于"黑名单"制度失信惩戒及信用约束的目的及政府信息的属性，"黑名单"的公示内容应遵循公正、公平、合法、便民的原则，充分发挥政府信息对人民群众生产、生活和经济社会活动的服务作用，并不得侵害商业秘密、个人隐私，但不公开会对公共利益造成重大影响的除外。公示内容过窄无法良好地实现失信惩戒及信用约束效果，公示内容过于宽泛又会增加系统运营成本，甚至侵犯失信主体的权利。

（五）"黑名单"的公示期限

"黑名单"公示期限应当考虑违法失信行为的事实、性质、情节及社会危害程度，既做到对严重失信者联合惩戒，优化市场信用环境，又要兼顾失信者的信用修复，健全惩戒激励机制，提高全社会诚信水平，完善社会信用体系。"黑名单"公示期限的合理设置既可避免因期间过短无法实现联合惩戒、构建社会信用体系的目的，又可防止期限过长，对行政相对人的合法权益造成侵害，本研究建议，体育市场"黑名单"公示期限可考虑设置如下内容：具体期限根据情节轻重程度确定，一般为自公布之日起3个月至36个月；对"黑名单"实行动态管理；鼓励"黑名单"列入主体通过纠正失信行为消除不良影响等方式修复信用。

（六）"黑名单"的信用修复

建立信用修复机制有利于失信主体自我纠错、重塑信用、重返市场，保护其合法权益，让诚信成为全社会共同的价值追求和行为准则，发挥"黑名单"制度提高全社会诚信水平、完善社会信用体系的作用。对于"黑名单"，可积极探索通过按时履约、志愿服务、慈善捐助等方式修复信用。

（七）"黑名单"的移出

根据法律法规的规定及参考现有部门规范性文件"黑名单"移出程序，本研究建议，体育市场"黑名单"制度移出程序可考虑设置如下内容：第一，列入体育市场"黑名单"的经营主体或从业人员公布期限届满或信用修复的，由省级人民政府体育主管部门组织监督检查；第二，未发现在公布期限内存在应列入"黑名单"情形或信用修复通过的，应当及时将经营主体或从业人员信息移出体育市场"黑名单"；第三，上级部门有权撤销下级部门的"黑名单"移出决定；第四，移出决定通过部门门户网站、"信用中国"网站、国家企业信用信息公示系统等予以公示。

（八）"黑名单"的异议

被列入"黑名单"是对行政相对人的负面评价并实施联合惩戒，"黑名单"的异议可赋予相对人行政参与权，提高"黑名单"的准确性，缓和行政机关和相对人之间的关系，有效保障相对人权益，提高行政效率及降低行政救济成本。基于"黑名单"制度失信惩戒的属性，本研究建议，体育市场"黑名单"规定行政相对人的异议权利，可考虑规定如下内容：当事人在被告知或者信息公示后的10个工作日内，有权向体育主管部门提交书面陈述、申辩及相关证明材料；体育主管部门应当在15个工作日内予以书面答复。

（九）"黑名单"的救济

基于"黑名单"制度失信惩戒及行政处罚的属性，"黑名单"制度应规定行政相对人的救济途径。本研究建议，体育市场"黑名单"宜参考《中华人民共和国行政处罚法》，对行政相对人的救济作出规定：被列入"黑名单"的当事人对列入决定不服的，有权依法申请行政复议或者提起行政诉讼；因行政机关违法列入"黑名单"受到损害的，有权依法提出赔偿要求；当事人申请行政复议或者提起行政诉讼的，列入"黑名单"不停止执行。

（十）"黑名单"的信息共享及联合惩戒

"黑名单"制度旨在建立健全多部门、跨地区、跨行业联动响应和联合惩戒机制，形成"一处失信，处处受制"的失信惩戒长效机制，提高全社会的诚信水平。"黑名单"的信息共享及联合惩戒是"黑名单"制度实现效能的关键。为实现"黑名单"信息共享，本研究建议，通过国家企业信用信息公示系统、"信用中国"网站予以公示，并逐步建立"全国一张网"，实现各行政主体"黑名单"信息的统一公示、互通共享，节约行政资源，提高行政执法效率。根据法律、行政法规的规定及参考现行部门规范性文件"黑名单"惩戒措施，本研究建议，体育市场"黑名单"惩戒措施可考虑设置如下内容：第一，作为信用监管评价指标之一，在开展年度信用评价时，降低其信用等级；第二，实行差别化日常监管模式，在日常监督检查时，作为重点检查对象，增加检查频次；第三，限制政策支持，在确定政策试点、政策性资金扶持等适用对象时，作为不利因素；第四，限制参与政府项目，在政府采购、政府投资项目招投标、公共体育资源交易等活动时，作为不利因素；第五，限制参加表彰奖励活动，取消体育领域的各类评优评先资格；第六，纳入行业禁入和退出机制，禁止进入职业体育活动，对于已经进入的，通过准入制度强制其退出；第七，对再次发生相关违法违规行为的，应当从重处罚；第八，将信息通报金融机构作为其评级授信、信贷融资的重要参考依据；第九，将信息通报保险机构作为其保险承保、保费核定和保险理赔的重要参考依据；第十，将列入体育市场黑名单的经营主体或从业人员通报有关部门，实施联合惩戒；第十一，法律、法规规定的其他监管措施。

四、体育市场"黑名单"制度的组织实施

"黑名单"制度的组织实施需要提高思想认识、加强组织领导，明确责任分工、强化组织协调，加强业务培训、强化督查考核，加强行业管理、联合惩戒监管，也离不开执法、司法、科技等保障及法律监督。

联合惩戒机制的建立及执行是"黑名单"制度组织实施的重点。目前执法实践中，执法部门上位法的依据除相关法律法规外，还包括其主管部委联合多部委签订的联合惩戒备忘录。国家体育总局可考虑与国家发展改革委、人民银行、文化和旅游部、中央组织部、中央宣传部、中央统战部、中央文明办、科技部、财政部、人力资源社会保障部、自然资源部、海关总署、税务总局、市场监管总局、银保监会、证监会、全国总工会等部委联合签署开展联合惩戒的合作备忘录，建立健全体育市场领域失信联合惩戒机制，加快推进体育市场领域信用体系建设。目前，联合惩戒合作备忘录已在文化市场领域、

统计领域、会计领域、社会保险领域、知识产权领域、政府采购领域、科研领域、医疗领域、旅游领域等诸多领域大量存在，联合签署方可以对相应领域严重违法失信市场主体及有关人员进行联合惩戒。

五、境外"黑名单"制度

（一）美国"黑名单"制度情况

美国的信用监管模式以市场为主导，其主要采用信用评级的监管方式，并未形成统一的、综合性的"黑名单"制度。美国在一些领域内明确了"黑名单"制度，包括涉及国家安全的"黑名单"、涉及公共利益的"黑名单"、涉及与政府交易的"黑名单"、行业禁入的"黑名单"等。"黑名单"制度主要内容通常包括设立主体、列入条件、列入程序、列入后果四个方面，被列入"黑名单"的主体可能为某一种产品、某一类产品、某一企业或个人。同时，根据触犯事项数量和严重性的不同，相关主体被列入"黑名单"的时间也有所不同。

美国四大职业体育联盟，即美国职业篮球联赛（NBA）、美国职业橄榄球大联盟（NFL）、美国职业棒球大联盟（MLB）、北美职业冰球联盟（NHL）均有类似"黑名单"的暂停名单（Suspended List）。

（二）欧盟"黑名单"制度情况

欧盟并没有统一的"黑名单"制度，只是在个别领域有单独的"黑名单"制度。欧盟最典型的"黑名单"制度是在民用航空领域和关于国际避税天堂的"黑名单"。欧洲足球协会联盟（UEFA）存在类似"黑名单"的暂停名单（Suspended List）的规定。

（三）英国"黑名单"制度情况

英国没有制定统一的"黑名单"制度，英国对商事信用的建设并非以"黑名单"制度为侧重点，而是以个人信息使用的边界为核心进行构建。英国在某些领域存在"黑名单"制度，如签证"黑名单"制度，另外，在某些领域（如劳动就业），法律法规则禁止设立"黑名单"。

项目编号（2019-B-23-2）

民族民间民俗体育文化挖掘与传承研究

陆学杰　黄建团

习近平总书记在党的十九大报告中指出："文化是一个国家、一个民族的灵魂。文化兴国运兴，文化强民族强。"曾为中华文明、东南亚文明始创并发展产生重大而深远推动作用的广西古骆越文化至今仍保持着丰富深厚的文化资源，其中历史悠久、绚丽多彩、群众喜爱的民族传统体育文化成为西南边疆地区跨民族、跨国界的重要文化脉承与文化亲缘基础，是坚持民族自尊与坚定文化自信的深厚基础，是中华民族伟大复兴的不竭动力。因此，加强广西民族传统体育文化挖掘与传承研究，有助于丰富、拓展文化资源研究的内涵与外延，有利于揭示广西文化分布特征、发展规律，对建构边境民族认同、多元文化具有重要作用与理论意义，对构建边境文化安全与和谐社会具有重大的现实意义。

广西壮族自治区（以下简称广西或自治区）体育局从建设新时代中国特色社会主义文化与体育强国的高度出发，从 2012 年以来积极开展广西创建国家民族传统体育保护传承示范区，取得了丰硕的成果。为进一步促进示范区建设不断深入开展，本研究以广西创建国家民族传统体育保护传承示范区为调查对象，对示范区内民族传统体育文化挖掘与传承现状进行实地调研，完成了深度访谈、座谈会、参与性观察、实地考察、数据采集、文字与图片收集等调研工作，掌握了第一手资料，全面总结了示范区建设在民族传统体育文化挖掘与传承方面的成效、主要作法与存在问题等方面的事实数据与借鉴经验，旨在为示范区下一步建设提供更具科学性、战略性、可行性的思路与措施，为民族传统体育文化挖掘、保护与传承提供数据参考、理论基础与经验借鉴。

一、广西民族传统体育文化挖掘与传承的主要问题

（一）挖掘与传承基础较薄弱

广西是少数民族主要集居地，是祖国的边陲和经济欠发达地区，尤其是少数民族又多在山区和贫困县，目前各级政府都在全力做好脱贫攻坚工作。保护本民族传统体育文化，在许多地区难以提上日程，"脱贫致富"才是民族地区发展的关键。对于民族传统体育文化挖掘与传承，虽然人们有较强的保护与发展意识，但一些市、县（市、区）迄今还没有制订完整系统的民族传统体育文化挖掘与传承计划，一些欠发达县（市、区）还没有把民族传统体育文化挖掘与传承置于重要的议事日程上。随着城市化的推进，少数民族传统体育活动场地被房屋建造和道路修建不断侵占、拆除，制作传统体育的原材料在逐渐减少，场地器材日趋消减。广西民族传统体育文化挖掘与传承总体规模较小，虽然先后组织进行了多次挖掘整理，但由于缺乏足够资金，挖掘整理还不够系统完善。

(二)项目与传承人流失严重

随着经济的全球化与改革开放的深化和扩大,少数民族传统体育生存环境日益恶化,工业化、城市化导致了人们生活方式的急剧变化,在一定程度上影响了少数民族地区民族民间风俗习惯的发展,一些传统技艺濒临失传,许多珍贵实物和资料严重流失,民族传统体育项目与传承人流失状况也十分严重。本研究调查发现,除了一些少数民族传统体育运动会项目、各县(市、区)的品牌项目与流行项目等保存较好(这些项目一般在少数民族传统体育运动会、少数民族聚居地民俗节庆与学校课堂教学开展活动,群众参与较多,生存环境较好),其他项目已处于失传或濒临失传的状态。民族传统体育技艺以人的动作行为为载体,以父授子、师授徒、长授幼的方式代代相传。随着经济和社会的变迁,一些具有历史、文化价值的传统体育文化资源遭到不同程度的破坏,学校体育基本以西方现代体育运动项目为主,学生对民族传统体育文化认知与技能传承十分匮乏,传统体育技艺的传承后继乏人,许多民间"绝活"与"绝技"正面临"人亡艺歇、人亡技绝"的危险。如白裤瑶族的铜鼓舞、打竹筒鼓、瑶拳等绝技正面临失传的危险。

(三)参与人群日趋减少

随着城镇化与市场经济的不断推进,很多年轻人外出经商打工,无暇学习和传承传统体育文化,与民族传统体育文化产生隔阂,甚至逐渐抛弃了传统体育文化。随着广播、电视等现代传媒的迅速普及和交通状况的极大改善,少数民族与外界社会联系逐渐增多,现代文明的价值观与行为取向与少数民族文化不断交流与碰撞。网络影视、流行歌曲、网络游戏、扑克、麻将、街头舞、迪斯科等逐步成为年轻人的主要娱乐内容,传统体育娱乐内容日益消亡。19世纪末期以来,以奥林匹克运动为代表的现代体育主流文化,迅速在中国大地上不断扩张,少数民族传统体育也受到不断冲击,学校体育教学内容以现代体育为主,学生对传统体育文化了解与学习逐步减少,参与人群也在不断缩减。

(四)挖掘与传承经费短缺

目前,民族传统体育挖掘与传承存在的严重问题是设施建设、比赛、训练、节庆活动经费匮乏,国家财政对民族传统体育的支持力度有限,市场自生机制与能力尚未形成,加之民族传统体育场地设施不断老化,经费短缺的现象更加突出,特别是少数民族传统体育训练基地,从自治区到各市、县(市、区)、基地经费都极其匮乏,每个基地每年仅有1万至2万元的比赛训练经费,在很大程度上限制了广西民族传统体育项目的发展。经费短缺导致了传统节庆活动规模与影响力逐渐衰退,村寨性的节庆活动逐渐减少,村级自发组织开展传统文体活动的现象已寥寥无几。目前,由政府主导发展较好的有宾阳炮龙节、三江花炮节、武鸣"三月三"民族传统体育比赛、隆林跳坡节、田阳布陀洛歌圩运动会等。

二、广西民族传统体育文化挖掘与传承的主要经验

(一)坚持政府主导与融合发展

以各级党委与人民政府为主导,按照统一规划,推进民族传统体育与全民健身、文化、

教育、卫生、科技等融合发展，构建了融"科技、教育、文化、卫生、体育"于一体的综合服务中心，开创了民族传统体育文化挖掘与传承平台，建成了以民族博物馆为中心，辐射各民族文化生态保护区、民族体育传承馆与各村级公共服务中心的挖掘与传承网络体系，通过"体育+旅游+扶贫"推动乡村发展融合创新，解决了民族传统体育文化保护缺少平台、场所、体系、组织、人员等难题，探索了民族体育在理念、机制、政策、规划、组织、设施、队伍、活动八个方面融合发展，推进了民族传统体育挖掘与传承与各部门、各行业互通互融、优势互补、资源共享、相互促进。

（二）构建活态挖掘与传承体系

活态保护遵循"非遗"的本质属性，在继承中创新，在创新中发展，在发展中利用，在利用中实现社会效益和经济效益的最佳平衡。坚持理论与实践相结合，实现理论和实践新发展，建成组织机构健全、管理制度完善、运作机制顺畅的"以政府为主导、社会广泛参与"的少数民族传统体育保护与传承发展体系，启动实施一批民族传统体育保护与传承建设项目，建成以少数民族传统体育赛事、节庆表演活动等为核心，与旅游、文化、会展等多业态融合的产业发展格局，积极推动国内外交流与合作，进一步凸显了少数民族传统体育文化的独特魅力，成为地域文化"走出去"战略的重要载体。

（三）常态化开展民族传统体育赛事活动

坚持办好各级少数民族传统体育运动会，提高广西民族传统体育竞技项目水平，坚持组团参加全国少数民族传统体育运动会，推动少数民族传统体育竞技项目发展。创编完成民族健身操、民族健身舞，举办系列民族健身舞（操）大赛，推动了民族体育和全民健身的融合发展。创新组织开展系列民族传统体育节庆活动。

（四）夯实民族传统体育基础设施

大力开展公共体育设施建设，逐步形成市、县（市、区）、乡镇（街道）、社区（行政村）四级公共体育设施网络，不断提高人均体育场地面积和公共体育设施比例，不断改善城乡基层特别是边疆地区的民族传统体育设施条件，为人民群众进行民族传统体育健身提供便捷的公共服务，为举办或承办民族传统体育赛事活动提供优质的场地设施。

三、民族传统体育文化挖掘与传承的对策建议

（一）立足实际，抓好特色

从各地发展实际出发，突出地域文化特色做好民族传统体育挖掘与传承工作。加强政府主导与深度融合创新，探索出符合本地方民族传统体育文化挖掘与传承新路子。

（二）抢抓机遇，融入大局

要根据党的十九大关于中华优秀传统文化传承发展的指导思想，抢抓"一带一路"、中华优秀传统文化传承发展工程、体育强国等国家战略实施发展机遇，围绕民族传统体育文化发展中心，主动融入中华民族伟大复兴战略大局，以民族传统体育为载体、以活动为媒介，进行发掘整理和田野调查，通过科学考据和考证，探索民族传统体育存在价

值和发展规律，申报各级非遗名录，在保护的前提下结合旅游业适度开发。举办国内外民族传统体育系列赛事活动，使我国民族传统体育文化"走出去"，践行"一带一路"文化交流与民心互通的前沿阵地与桥头堡作用，增进我国与"一带一路"沿线国家相互了解和信任，服务国家对东盟外交战略的大局，更好地服务中国经济社会发展战略建设，促进我国与"一带一路"沿线国家各领域的开放合作。

（三）准确定位，聚力发展

围绕我国体育强国战略目标，明确民族传统体育挖掘与传承发展方向和优势特色，要充分发挥政府力量与社会力量在民族传统体育文化挖掘与传承中的重要作用，在民族传统体育挖掘与传承中找准自身特色和功能定位。通过政府工作目标考核、制定促进民族传统体育资源保护开发和利用规划与制度、建立统筹兼顾保障体系与组织体系、发挥高校与科研院所智库智慧、探索行之有效的工作机制等方面，聚力推进民族传统体育挖掘与传承工作。

（四）主抓重点，形成常态

紧紧围绕民族传统体育传承人保护与培养、竞技化、教育化、健身化与产业化等挖掘与传承的重点开展系列挖掘与传承活动，促进民族传统体育挖掘与传承活动常态化发展，探索符合本地方实际的民族传统体育挖掘与传承的发展模式。

项目编号（2019-B-24-2）

城市马拉松旅游效应与创新发展研究

许春蕾　邢尊明　周家婷　郝海亭　黄亨奋　张颖慧　王苏凯

一、研究背景

大型体育赛事具有旅游杠杆效益的历史实践基础，国内体育赛事旅游消费需求兴起、地区马拉松赛事发展势头迅猛及各级各地政府（城市）对提升马拉松赛事影响效应的迫切需求的现实国情，决定了评价城市马拉松旅游效应及建构城市马拉松赛事与城市旅游协同发展指导框架的紧迫性与必要性。基于此，本研究从马拉松赛事对促进城市自我更新、提升城市综合效益的战略意义出发，以马拉松大型赛事与城市旅游的互动发展关系为研究对象，综合运用文献资料分析，实地调研、专家访谈、数理统计法、比较分析法，定性与定量分析相结合等研究方法，围绕马拉松赛事对城市旅游的经济效应、社会效应、空间效应三个研究议题，论证国内城市马拉松旅游效应的现状、影响因素及发展趋向。同时，在现状调查、规范分析及实证评价结果的基础上，结合国外大型体育赛事与城市旅游互动发展的成功经验与教训，提出未来我国城市马拉松赛创新发展和系统构建的相关观点和政策建议，为国家体育总局、地方政府及相关职能部门利用大型体育赛事推动城市旅游发展提供正确的战略指向及决策参考。

二、研究内容与方法

本研究主要按照理论构建、实证分析、对策研究三个维度进行研究。

第一，城市马拉松旅游属于较新的研究领域，还没有成形的理论框架，研究目的在于探求马拉松赛事与城市旅游协同发展的方法论。通过文献资料法与专家访谈法，从现代城市与体育赛事融合发展的新战略背景出发，分别从大型体育赛事与城市互动发展的生成逻辑、大型体育赛事与城市旅游融合发展的内在关联、马拉松赛事与城市旅游协同共生的契合理路三个层次，完成构建城市马拉松旅游研究的基础理论分析框架。

第二，通过"关系检验"（数量化模型）和"感知测量"（问卷调查）相结合的半定量化方式，选取北京、上海、厦门、大连四地国际马拉松赛事为分析对象，将研究视野聚焦于国内城市国际马拉松赛事与城市旅游互动发展问题，评价目前国内马拉松赛事对城市旅游各方面的影响，形成马拉松赛事对城市旅游效应状况的评估结论。

第三，从城市马拉松参赛者需求感知视角出发，采用非结构化研究和结构化研究的混合研究方法，对形成城市马拉松旅游效应的影响因素进行归因诠释。利用扎根理论的非结构化方法，提炼与建构城市马拉松旅游感知的初始维度；采用结构化实证研究方法，借助结构方程模型，论证引致城市马拉松旅游效应因素的可靠性及相关性。

第四，综合运用文献资料法、个案研究法与对比分析法，深入剖析波士顿马拉松赛事与城市旅游互动发展的成功经验，提炼并归纳国际马拉松赛事与城市旅游互动发展的两个逻辑、三个层次。

第五，以波士顿马拉松赛事的成功经验与国内城市马拉松旅游发展现状为研究基础，结合专家访谈法、文献资料法与对比分析法，从价值理念、制度安排及创新策略三个方面构建国内城市马拉松旅游创新路径与发展对策。

三、研究结论及建议

第一，西方发达国家的实践经验表明，大型体育赛事作为城市体育的核心资源和载体，对城市现代化发展与转型具有重大的推动作用。不同的城市化进程，不同的城市产业结构、社会基础及文化特征，影响着大型体育赛事对不同城市的牵拉效应。在信息化、知识化为主要特征的后工业化时期，大型体育赛事成为城市功能定位与自我更新的重要载体和依托。城市马拉松赛事与城市旅游协同发展产生的互动效应，赋予了城市发展新效率，成为现代化城市跃迁发展的新路向。

第二，城市马拉松赛事与城市旅游协同发展包含双重匹配过程。一方面是马拉松赛事与城市功能价值的匹配。城市马拉松赛事是政府促进城市经济、城市社会文化与政治发展的客观工具，是城市旅游功能建构的产物。另一方面是马拉松赛事与城市社会价值的内在关联。城市马拉松赛事是承载城市某种价值与理想的符号，与城市旅游具有内在价值追求的趋同性。城市马拉松赛事的参与者也是城市旅游的消费者，是城市旅游市场的目标群体。他们的参赛动机、行为及态度将直接影响城市旅游的综合效益。

第三，旅游效应评价是指用某种方法对旅游活动所产生效应的正负、大小、影响等进行评估。根据事件系统理论，城市马拉松旅游效应反映的是马拉松赛事与城市周边环境互动发展产生的多层次和多领域的传递性改变，包括经济效应、空间效应和社会效应。采用"关系检验"（数量化模型）和"感知测量"（问卷调查）相结合的半定量化方式，根据数据的可得性等因素，选取北京、上海、厦门、大连四地国际马拉松赛事为分析对象，评价马拉松赛事对城市旅游各方面的影响程度。研究显示，城市马拉松旅游的综合效应评价值 Ai=4.12，位于中等偏上水平。城市社会效应（Ai=4.15）＞经济效应（Ai=4.11）＞空间效应（Ai=4.09）。

第四，城市马拉松旅游效应与赛事的旅游吸引力密切相关，赛事旅游吸引力基于城市"游客"感知。本研究从城市马拉松参赛者需求感知视角出发，采用非结构化研究（扎根理论）和结构化研究（结构方程模型）相结合的混合方法，论证引致城市马拉松旅游效应因素的可靠性及相关性。路径分析结果显示：城市马拉松赛事的旅游吸引力是多维变量的，包括赛事质量、活动介入、赛事服务和参与成本四个感知维度。赛事质量是影响城市旅游吸引力的第一要素，活动介入影响力高于赛事服务影响力。参与成本是影响城市马拉松旅游吸引力的显著因素，但是低于赛事质量、活动介入与赛事服务。根据以往研究，赛事成本是影响城市旅游效应的最大约束条件，通常成为影响城市旅游者个体决策的重要因素。这一发现突破了以往体育赛事旅游研究停留在时间、距离、费用等成本问题是影响城市赛事出游动机的自然联想。与一般城市目的地旅游者突出有形要素不同，城市马拉松旅游吸引力更侧重于旅游目的地的无形要素感知。

第五，美国波士顿马拉松赛事与城市旅游互动发展成功的本质在于从旅游需求角度出发，构建了一个由马拉松赛事牵动和相关主题赛事产品吸引，并由消费引导和发展条件所辅助的城市旅游吸引力框架系统。从赛事旅游发展路径及相互关系来看，波士顿马拉松赛事"核心赛事产品经营（制造体验）—外围活动产品强化（活动介入）—无形资产运营（链接文化）"的运作机制，从表意上（价值观念）、组织上（制度安排）和感知上（游客体验）形成了波士顿城市旅游的三个层次，创新马拉松赛作为城市事件旅游的内容，是赛事自身价值利益取向与城市旅游内在生活追求价值取向相互契合、相互作用的结果。

第六，未来城市马拉松旅游发展可归结为两个因素和两个逻辑。两个关注因素，即旅游体验本质决定的需求结构和旅游场所决定的相对空间优势。遵循两个逻辑，一是满足旅游需求，参赛者旅游动机及在旅游过程中形成的系列感知与体验是影响旅游者消费行为决策的关键；二是促进旅游供给，创新办赛理念，形成新的旅游吸引力，将马拉松赛事作为城市形象更新或文化重塑的重要手段和政策取向。这些转变反映了体育赛事与城市旅游的互动发展路径从"工具理性"到"价值理性"的变迁。

基于以上的研究分析与结论，本研究提出以下建议。

第一，明确赛事定位，转变角色观念。城市马拉松赛事的举办目的应从"工具理性"转移到"价值理性"。识别城市马拉松赛旅游的高介入游客及满足核心诉求，明确和制定赛事的组织权限、运行机制、活动方式等一系列规范和制度，关注城市马拉松赛事集聚的城市文化特性，因地制宜地定位城市马拉松赛事的主题产品和主体形象，形成城市旅游市场发展的核心优势。

第二，正确处理城市文化与马拉松赛事的关系。强化城市文化、旅游与马拉松赛事的三者关系，通过借势平台、整合资源、渠道链接等丰富赛事组织方式，建构城市文化与赛事主题之间的关系，形成赛事服务生产价值取向与社会旅游需求层面价值取向相契合的制度安排，提升城市马拉松赛事的旅游吸引力。

第三，促进马拉松赛事成为城市可持续发展的核心旅游事件。形成可持续发展的城市旅游事件需具备三个条件：一是扩大城市旅游事件的经济效应，保障可持续发展的资金来源；二是城市自我更新是空间环境（城市硬性物质基础和城市软性文化）的重要支撑；三是社会效应的衔接，得到社会的持续支持。

相关的政策建议主要包括以下几方面：城市马拉松赛事运营效率成为衡量城市政府绩效的重要指标。地方政府的价值理念、制度安排及创新举措将决定马拉松赛事在城市旅游发展过程中产生的影响及影响的深度。地方政府应立足于城市总体发展的格局，建立城市相关职能部门协同发展的公共治理机制，形成文化、旅游与体育多元融合的相关支持政策体系，通过出台一系列政策保障体系，尽力做好公共服务保障措施，致力于创造城市赛事旅游可持续发展和城市整体可持续发展的良性机制，以提高城市马拉松赛事的公共服务质量及城市旅游效应。

四、研究的局限性

第一，城市马拉松旅游属于较新的研究领域，没有成形的理论框架，可直接借鉴的文献也比较有限，属于探索型研究。而且本研究属于研究"怎么样"的问题，目的在于探求马拉松赛事与城市旅游协同发展的方法论。虽然本研究从城市马拉松赛事的经济效应、空间效应与社会效应三个方面进行研究，但城市马拉松旅游是一个包含多因子协同发展的综合性系统，需要进行长期研究，许多问题还需进一步深入挖掘和探讨。

第二，本研究属于定量与定性相结合的混合式研究，偏重定量实证研究，局限性主要在于研究对象数据的可得性方面。国内城市马拉松赛事众多，发展状况迥异，赛事数据难以全面收集。虽然借助第三方的专业调研公司进行了调研数据收集，但由于项目时间限制和设计要求，抽调样本仅局限于北京、上海、厦门、大连四地在国内具有一定代表性的大型城市马拉松赛事。

第三，区域旅游资源禀赋层次分化，城市马拉松旅游效应参差不齐。研究样本量选取有限，多少会影响研究结论的普遍性和适用性，进而使基于此所提建议的适用范围有所偏差。尽管如此，这样的数据采集方式也是目前该议题研究领域最好的选择。因此，在今后的研究中可考虑采用多种分析手段，扩大研究样本范围，延长追踪时间并在此基础上，进一步深入研究城市马拉松旅游发展的特点和规律性，使调查数据结果更具推广性、项目研究建议更具操作性和实践指导意义。

项目编号（2019-C-01）

英、德、法、日、加等国体育 ADR（替代性纠纷解决）机制比较研究

向会英

一、英、德、法、日、加体育 ADR（替代性纠纷解决）机制对我国体育纠纷 ADR 解决机制的启示

（一）建立独立的体育 ADR（替代性纠纷解决）机构

独立性与中立性是纠纷解决机构裁决公平性和公正性的保证，建立独立的体育纠纷 ADR（替代性纠纷解决）机构已是一种必然要求。我国的体育纠纷解决机构至今尚未建立，在一定程度上是由于在"举国体制"的体育管理体制与机制下，政府在体育管理中占绝对主导地位，建立独立的体育纠纷 ADR 机构存在现实困难。有学者提出，我国应建立半独立的依附性仲裁与独立的全国性体育仲裁相结合的制度，也有专家指出建立多样化争端解决渠道。这些观点为我国体育纠纷解决机制的构建提供了参考。事实上，当前国内体育争议一部分是通过法院诉讼解决，如体育知识产权类争议、体育伤害事故类争议，一部分争议直接约定了商事仲裁机构进行仲裁，如体育赞助争议等，还有一部分争议是通过体育协会争议解决机制进行裁定的，如通过中国足协仲裁委员裁定争议，涉及国际争议的往往通过国际单项联合会再上诉到 CAS（国际体育仲裁法庭）。因此，体育争议的多元化解决不仅是一种需要，也已成为一种事实。建立独立的体育争议解决机构，符合体育争议解决机构的合法性要求，且在争议解决服务方面不仅可以直接服务于体育争议解决，还可以全方位地为体育争议的预防、咨询、教育及人才培养提供服务，如加拿大体育争议解决中心、英国体育争议解决中心、日本体育争议解决中心等机构，实质上是全方位地为体育争议解决提供服务，从而更好地推动体育法治进程。

（二）先行构建体育调解机构，充分发挥调解的作用

调解在中国具有悠久的历史，也是体育 ADR 制度的一种重要方式，上述各国体育 ADR 机制都包含了调解或调停程序，其中调解还是法国体育争议解决的核心。近些年，我国在推进多元化纠纷解决机制改革中大力促进行业调解的发展，提倡发挥行业专业性组织自治和服务功能。国内各类调解机构也纷纷建立，如经贸调解中心、银行业调解中心等，这些调解机构的成功运作为体育调解机制发展提供了参考和借鉴。2019 年 8 月 7 日，中国成为《联合国关于调解所产生的国际和解协议公约》（以下简称《新加坡调解公约》）的首批签约国，也将进一步推动调解的发展。

现代体育调解具有合意、简易高效、保密、费用低等优势，对于保障公民体育权利、化解矛盾、维护稳定及丰富体育多元化纠纷解决具有重要作用。有学者提出构建独立的体育调解机构，由国家奥林匹克委员会、中华全国体育总会发起设立"中国体育调解委

员会",也有学者指出由国家体育总局或中华全国体育总会设立体育调解机构无法保证其独立性。在当前国内体育仲裁制度建设尚存在法律障碍的背景下,充分发挥调解的作用就显得尤为重要。我国可以先行设立独立的体育调解机构,通过调解缓解纠纷救济缺失的矛盾,还可以通过体育调解积累体育纠纷解决经验、知识及培养体育争议解决的人才。

(三)《中华人民共和国体育法》增加"体育纠纷解决"章节

作为成文法国家,体育仲裁立法的缺位是制约我国体育仲裁发展的因素。1994年颁布的《中华人民共和国仲裁法》包含了劳动仲裁和农业承包合同仲裁等特殊仲裁的规定,却没有关于体育仲裁的规定。2015年《中华人民共和国立法法》修正案规定了诉讼和仲裁制度只能通过制定法律,这意味着按照《中华人民共和国体育法》(以下简称《体育法》)规定由国务院出台体育仲裁条例的不合法,因此,这也成为体育仲裁机构建立的法律障碍。随着《体育法》修改纳入工作规划,在《体育法》修正案中增加"体育纠纷解决"章节,成为应对或化解这一法律障碍的重要举措。

在关于体育纠纷解决的立法内容方面,上述各国各有不同,法国是在其《体育法典》的第L141-4条规定由国家奥委会和体育委员会负责设立调解委员会并任命其成员,并限定了调解的争议范围,以及由国务院颁布实施条例。法国在《体育法典》实施条例的第L141-5条至第L141-25条则详细规定了体育调解的基本原则和调解规则。日本在《体育基本法》第15条规定了建立纠纷解决机制的目的、机构建立及包括仲裁和调停两种方式等内容。加拿大的《促进体育活动和运动法案》第9条至第35条都是关于体育纠纷解决中心的规定,详细规定了机构的设立、使命和权力、人员组成及机构运行等方面的内容。德国的《反兴奋剂法》仅规定了仲裁协议是参与有组织的体育活动的前提,尤其强调对于实施《世界反兴奋剂条例》必须有仲裁协议,因此,德国的《反兴奋剂法》并不是对体育仲裁的正式规定。总体来说,上述各国在法律层面上对体育仲裁和调解仅作了原则性规定,不涉及具体的仲裁程序或调解程序,加拿大的《促进体育活动和运动法案》第27条规定针对主要是机构而不是程序。程序规则往往随着体育争议和争议解决的实践不断进行调整,如CAS的仲裁程序规则就有2004年修正案、2012年修正案、2013年修正案、2017年修正案及2019年修正案等,因而不应在国家立法中直接规定,而应由争议解决机构另行制定。我国《体育法》"体育争议解决"章节的内容也应是一些原则性的规定,不应包含具体的程序规则。

(四)建立适度的司法审查

对于司法是否应当审查体育组织的决定是存在争议的,有学者认为司法审查会影响体育行业的自主和自治,也有学者指出体育行业可能因垄断而被"滥用"。通过司法解决体育纠纷不是最为恰当的路径,但司法制度仍是人权和程序公正的保障,各国司法干预体育纠纷的程度不同,但都保留了司法审查制度,CAS的裁决也受到了瑞士联邦法院的审查。因此,我国体育纠纷救济机制也应需要适当的司法审查制度,当然,对体育纠纷裁决的审查应坚持用尽内部救济原则的程序限制和尊重事实认定的审查范围限制。

(五)完善和规范体育协会内部纠纷解决机制

中国大多数体育协会没有规范的纠纷解决机制,体育纠纷处理往往是通过具有权威性和强制性的调解。走在职业体育化最前沿的足球协会，其仲裁制度也需要进一步完善，与中国足协直接相关的"刘建案""卡马乔案"都从侧面折射出中国足协管理中的问题。因此，通过规范和完善体育协会的内部管理制度，确保运动员有公平的机会参赛，确保运动员、俱乐部、协会之间的争议得以公平的解决，只有这样才能真正实现"依法治体"。

（六）完善向 CAS 仲裁的上诉机制

上述各国大多对某些特定的体育争议建立向 CAS 上诉的机制，主要是兴奋剂争议和奥运会有关纠纷。事实上，对于奥运会有关纠纷通过 CAS 特别仲裁庭仲裁已是惯例。对于兴奋剂争议向 CAS 的上诉机制，已在国际宣言、规则中明确规定。1999 年的《洛桑宣言》规定：国际奥委会、国际单项体育联合会、各国家和地区奥委会将保持它们自己的程序执行兴奋剂处罚规定的权力和责任，并与国际反兴奋剂机构合作。对于裁决的上诉，国际奥委会、国际单项体育联合会、各国家和地区奥委会在执行完各自的程序后，承认 CAS 的权威。2015 年版《世界反兴奋剂条例》明确规定了向 CAS 提起上诉的条款，其中第 13.2.1 条规定，对于参加国际体育赛事或涉及国际级运动员案件，可向 CAS 申诉；第 13.2.2 条规定，国内运动员则先通过国内纠纷解决机构进行裁定。CAS 的裁决是最终的并具有约束力的。各国也纷纷建立兴奋剂争议上诉到 CAS 的机制，这也是各国履行所签订的联合国教科文组织《反对在体育运动中使用兴奋剂国际公约》建立全球统一的、有效的反兴奋剂规则的承诺。在国内体育争议解决机构尚未建立的情况下，我国运动员的兴奋剂违规处理通知的内容中也包含"根据《世界反兴奋剂条例》的有关规定，运动员对本处理不服的，可以在接到通知的 21 日内向国际体育仲裁院提起上诉"的规定。理论上，似乎用尽内部救济机制是可以上诉到 CAS 的，但实际上，对于普通运动员的兴奋剂争议，寻求远在瑞士洛桑的 CAS 的救济成本大、难度高，无异于"画饼充饥"。从 CAS 的实践来看，CAS 并不承认在缺乏国内独立争议解决机构的情况下当事人有直接向 CAS 提起上诉的权利，如"CAS 2015/A/4024 教练 E 诉土耳其田径联合会"事件和"WADA 案"。因此，国内当前的上诉机制既不符合国际反兴奋剂体系对争议救济机制的要求，也不能为当事人提供可获得的上诉途径。虽然 CAS 已在上海设立了听证中心，该机构也在积极尝试在反兴奋剂争议受理功能方面的突破，但目前并无直接受理案件的功能。因此，应参照德国的仲裁程序上诉机制，对于国内兴奋剂争议先通过国家反兴奋剂争议解决机构裁定，不服裁决可继续上诉到 CAS，以保障当事人的权利。

二、英、德、法、日、加的体育仲裁规则比较分析及对我国的启示

（一）各国仲裁规则比较分析

1. 各国仲裁规则形式及程序的比较分析

在仲裁规则的形式上，英国、德国、法国、加拿大的全国性争议解决机构都是通过一部仲裁程序规则规定了所有的体育争议仲裁程序，其中《加拿大体育争议解决条例》还包括便利解决、调解等规则，日本则针对不同的争议类型建立了《体育仲裁规则》《基于特别仲裁协议的个案仲裁规则》《兴奋剂仲裁规则》三部仲裁规则。

在程序方面，上述各国在程序上都借鉴了 CAS 的经验，相比较于 CAS 仲裁包含上诉程序、普通程序、临时仲裁程序及反兴奋剂仲裁程序，英国 SRs 包括上诉仲裁程序和

完全仲裁程序，德国仲裁院体育仲裁庭包括初审程序、上诉程序和兴奋剂争议程序，法国体育仲裁院主要包括仲裁程序和紧急仲裁程序，日本 JSAA 仲裁包括上诉仲裁、个案仲裁和兴奋剂仲裁程序，加拿大 SDRCC 仲裁程序包括调解/仲裁程序、一般仲裁程序和兴奋剂争议和申诉特别程序。除了法国仲裁院的仲裁程序没有区分兴奋剂仲裁程序和上诉仲裁程序外，其他各国的仲裁规则都进行了区分。

2. 各国仲裁规则的适用范围的比较分析

在仲裁规则的适用范围方面，各国的规定也有区别。英国 SRs 的上诉仲裁程序受理反对运动联合会、管理机构、俱乐部、协会或其他机构的纪律、兴奋剂、选拔或其他决定的争议；完全仲裁程序受理仲裁协议约定的体育相关纠纷。德国仲裁院体育仲裁规则适用于与体育活动相关的各类争议，初审程序受理通过仲裁协议不属于协会决定的争议，上诉程序受理反对体育协会决定的争议，兴奋剂程序受理基于反兴奋剂法律法规产生的处罚及其他决定相关的争议，且规定了在程序规定的范围外的兴奋剂争议除外。法国体育仲裁院适用所有通过合同中的仲裁条款或仲裁协议约定仲裁的争议。日本 JSAA 仲裁是按照不同程序受理不同类型的体育争议，仲裁程序主要受理与运动协会、体育组织决定相关的争议，个案仲裁程序主要处理协议约定的争议，兴奋剂争议程序则处理兴奋剂争议。加拿大 SDRCC 仲裁受理所有未在调解中解决和所有调解/仲裁程序和仲裁程序的争议及兴奋剂争议。

3. 各国仲裁费用的比较分析

在仲裁费用方面，日本 JSAA、加拿大 SDRCC 的仲裁费用相对比较低。日本除了个案仲裁程序外，兴奋剂仲裁和仲裁程序都只需支付 5 万日元的申请费，仲裁员费和其他费用由 JSAA 承担，个案仲裁程序费用则需按照 JSAA 的计算公式进行计算费用。加拿大 SDRCC 仲裁程序当事方则不需要承担仲裁员费等。英国体育仲裁中心、德国 DIS 体育仲裁庭、法国仲裁院的仲裁费较高，当事人需要承担申请费、仲裁员报酬及专家、代理人等费用，其中德国对反兴奋剂仲裁设立程序补助基金，以减轻当事人在兴奋剂争议程序的经济压力，英国体育仲裁中心也通过提供免费法律咨询服务，以减轻仲裁程序的经济负担。

（二）对我国体育仲裁规则的启示

1. 按照争议类别建立不同的仲裁程序

纪律类争议、兴奋剂争议和商事合同类争议的确存在较大的差异，CAS 及上述日本、德国、加拿大、英国据此设置了不同的程序，进行了区别处理，有利于纠纷的解决，也有利于当事人维护自身权益。因此，我国体育仲裁也应针对不同争议类别建立不同程序，如普通程序、上诉程序和兴奋剂程序。上诉仲裁程序受理体育协会、组织决定相关争议，兴奋剂仲裁程序受理兴奋剂争议，普通仲裁程序可以受理任何体育相关的争议。在仲裁程序规则的形式上，可以是一部规则包含多个不同程序内容。

2. 扩大体育仲裁规则的适用范围

随着体育商业化和快速发展，各类体育纠纷和新问题层出不穷，除了纪律性争议外，很多非纪律性体育争议也具有体育的专业性、特殊性，如商业性赛事假赛争议，法院诉讼程序显然跟不上快速变化的体育发展形势，这种具有体育特性的争议亟须有专业的纠纷解决机制，这类争议得不到专业的救济，将直接影响体育的发展。

3. 建立仲裁程序补助，降低仲裁程序费用

随着我国法治化的发展，"人权司法保障"受到高度重视，"国家尊重和保障人权"已被庄严地写入《中华人民共和国宪法》，成为一项重大的宪法原则。体育仲裁制度的重要目标之一应是保障当事人救济的权利。然而，除了商事合同之类纠纷，其他纪律性纠纷包括兴奋剂纠纷，除少数知名运动员的兴奋剂处罚会涉及很大的商业利益外，大部分反兴奋剂争议涉及的标的不大，仲裁程序成本直接制约当事人申请的积极性，且我国并不是诉讼发达的国家，受法律观念影响，国内当事人通常会因经济原因放弃救济。另外，基于"举国体制"的惯性，体育协会又具有行政混合性质，一些当事人不敢通过法律途径维护自身权益。因此，即使建立了体育争议解决机构，也存在申请救济不积极的可能性。应对体育仲裁程序提供程序补助，降低仲裁程序费用，尤其是针对纪律性处罚争议和兴奋剂争议，不仅要从经济上支持运动员或运动员辅助人员申请救济，也要从政策上鼓励当事人积极维护自身合法权益。

项目编号（2019-C-05）

我国冰雪运动产业高质量发展内涵及标准研究

王兆红

冰雪运动产业作为绿色产业、朝阳产业，已经成长为推动我国经济转型升级、优化经济结构和转换增长动力的助推器，冰雪运动产业的高质量发展将有利促进我国经济实现高质量发展。随着冰雪运动"南展西扩东进"战略的实施，"三亿人上冰雪"的冰雪运动普及目标正在加快实现，我国冰雪运动产业正稳健迈向高质量发展的全新历史阶段。

本研究旨在通过明确冰雪运动产业高质量发展的基本内涵和构建冰雪运动产业高质量发展的标准体系，为我国冰雪运动产业实现高质量发展提供标准借鉴，以推动我国冰雪运动产业逐步实现高质量发展，发挥冰雪运动产业对实现我国经济高质量发展的重要助推力。本研究的研究成果将对培育冰雪运动产业自主品牌、增加冰雪产品有效供给、实现"三亿人上冰雪"目标具有积极的理论意义和实践意义。

一、我国冰雪运动产业发展现状

我国冰雪运动产业已步入快速启动期，发展环境较为优越，行业前景形势利好，其中北方发展优势突出，群众基础不断扩大。目前，冰雪旅游成为热点，市场份额不断增加；冰雪竞赛丰富多样，各类赛事协同发展；运动培训备受青睐，青少年成为发展重点。尽管目前发展态势良好，但我国冰雪运动产业无论是从发展时间还是发展条件看，都与冰雪发达国家具有较大差距，仍存在一定的现实问题。如市场规模仍然较小，整体经营效益偏低；南北之间区域发展仍不均衡；供给结构也存在发展不平衡的问题；文化基础相对薄弱，群众普及度不够高等。此外，专业人才匮乏、专业化程度不高及市场准入门槛低、行业标准不健全等问题也成为影响我国冰雪运动产业发展的现实问题。

二、冰雪运动产业高质量发展的内涵

（一）以五大发展理念为行动先导

创新是引领冰雪运动产业高质量发展的第一动力。实现冰雪运动产业高质量发展，必须始终把创新驱动摆在高质量发展全局的核心位置，始终坚持以创新为第一动力，不断推进理论层面、制度层面、文化层面、技术层面的多维创新，为冰雪运动产业的高质量发展提供源源不断的动力，也为冰雪运动产业实现质量变革、效率变革奠定基础。

协调是产业实现持续高质量发展的内在要求。协调发展正是解决当前冰雪运动产业发展不平衡的最优解。当前，我国冰雪运动产业应当注意合理调整结构和关系，才能够全面兼顾产业发展的整体效能，坚持区域协同、城乡共建、经济建设和社会协调两手抓、物质文明和精神文明并重，不断增强产业高质量发展的协调性和整体性。

绿色是永续冰雪运动产业高质量发展的必要条件。冰雪运动产业作为体育产业的重要组成部分，需要将经济的可持续发展理念贯穿在产业发展的整个过程中，真正做到节约资源保护环境，促进资源循环利用，避免过度开发对生态环境造成的危害。合理利用有效开发，多部门共同监管，健全资源环境管理监测制度，真正实现产业发展和生态环境之间的和谐共生。

开放是冰雪运动产业高质量发展的必由之路。经济全球化发展促进了生产要素在各部门、各领域之间的流动，对于冰雪运动产业的高质量发展，开放是极其重要的一环。针对当前我国冰雪运动产业发展现状，应进一步放开冰雪运动产业市场、资源和各要素，顺应我国经济发展转型升级的趋势，因势利导融入世界冰雪运动产业发展的潮流，充分利用好国内、国际两个市场和资源，实现更高水平的开放型产业发展，构建更为广泛、更为高效的内外联动利益共同体。

共享是冰雪运动产业高质量发展的本质要求。发展的最终目的是满足人民日益丰富的物质文化需求，共享发展正是旨在解决社会公平正义的问题，冰雪运动产业高质量发展的根本目标也是让人民群众能够参与进来，享受冰雪运动的魅力，从中获得身体和精神上的双重愉悦，这一目标对产业发展提出了展望：不断扩大冰雪消费人口，满足人民群众对冰雪运动培训和消费的多样化需求，丰富赛事活动，加强人才培养，提高服务质量，加大场地设施建设，不断优化冰雪运动产业的产业布局结构，让冰雪运动产业高质量发展的成果惠及所有人民。

（二）以兼顾四个统一为内在要求

实现冰雪运动产业的高质量发展，应当兼顾宏观与微观的统一。宏观层面继续深入推进冰雪运动产业供给侧结构性改革，加快实施创新驱动战略，合理调整体制机制，充分发挥调控作用；微观层面要注重冰雪运动产品和相关服务的水平，细化行业标准体系，培育冰雪运动精品项目，鼓励创建高质量冰雪运动品牌。

实现冰雪运动产业的高质量发展，应当兼顾供给与需求的统一。从供给端来看，冰雪健身休闲业、冰雪竞赛表演业、冰雪装备制造业的供给仍需进一步提质扩容，创新型企业亟待不断培育壮大，促进人才要素、技术要素、资本要素供给质量提升也是实现冰雪运动产业高质量发展的重要环节；从需求端来看，冰雪运动产业的高质量发展正是顺应人民冰雪运动需求不断升级的应然结果。

实现冰雪运动产业的高质量发展，应当兼顾质量和数量的统一。坚持"质量第一、效率优先"，不仅要实现市场规模、增长率等硬性指标的数值增长，更要提升冰雪运动产品和服务的输出质量，全面提升行业的品牌竞争力，实现保质保量的新型增长，兼顾质量和数量的统一。

实现冰雪运动产业的高质量发展，应当兼顾公平和效率的统一。冰雪运动产业高质量发展是高效率、高附加值与更具持续性、包容性的结合。要实现高质量发展，必先解决公平与效率的统一问题。

（三）以推动三大变革为发展目标

冰雪运动产业高质量发展要推动质量变革。其中提高供给质量的关键是提高要素质量，主要从人才、资本和技术要素入手。此外，质量变革还要加强制度建设，创新管理模式和管理机制，提高组织管理质量和效率。

冰雪运动产业高质量发展要推动效率变革。冰雪运动产业效率变革就是要促进生产效率、市场效率和协调效率的提升。在生产效率方面要提升冰雪运动产业发展要素配置效率、冰雪运动组织运行效率及企业经营效率。在市场效率方面要通过"互联网+"模式提高产业运行的效率。在协调效率方面要促进冰雪运动产业发展过程中产业发展与文化传播、生态环境之间的协调发展。冰雪运动产业高质量发展要推动动力变革。不仅要增强全要素生产率提升的动态可持续性,同时要靠科技创新和体制改革提供源源不断的内生动力。动力变革主要依靠产业创新驱动和产业结构发展动力。

总体而言,冰雪运动产业高质量发展就是坚持以创新、协调、绿色、开放、共享为行动先导,通过提高产品供给质量和制度建设推动质量变革,通过提升生产效率、市场效率和协调效率实现效率变革,通过创新驱动和产业结构升级实现动力变革,兼顾宏观与微观、供给与需求、质量与数量、公平和效率的统一,以充分满足人民群众日益增长的多元化、多样化冰雪运动需求。

三、冰雪运动产业高质量发展标准体系

(一)我国冰雪运动产业高质量发展标准体系模型构建

本研究在综合经济高质量发展理论研究、冰雪运动产业高质量发展的内涵及相关研究的基础上,依据可操作性、系统性、代表性、开放性原则,共以五大维度设立5个一级指标、15个二级指标和41个三级指标。

(二)我国冰雪运动产业高质量发展标准体系的赋权

1. 标准体系赋权流程

确定目标层 G、准则层 C 和方案层 P 后,采用层次分析法确定标准体系各独立指标的权重,具体步骤如下:①建立层次结构模型;②构造判断矩阵;③采用方根法计算判断矩阵的最大特征根及其对应的特征向量 W。

2. 我国冰雪运动产业高质量发展标准体系及其权重

根据专家组回收汇总的问卷数据,依照上述计算步骤,依次获得各级指标权重,经汇总获得了我国冰雪运动产业高质量发展标准体系及其权重(表1)。

表1 我国冰雪运动产业高质量发展标准体系及其权重

一级指标(G)	二级指标(C)	三级指标(P)
A 创新发展(0.2766)	A1 创新投入(0.1113)	A_{11} 政府关于冰雪运动产业研发资金的投入强度(0.0439)
		A_{12} 冰雪运动企业研发经费占主营业务收入的比重(0.0233)
		A_{13} 冰雪运动产业基础研究人员人均经费(0.0201)
		A_{14} 设立研发机构的冰雪运动企业所占比重(0.0128)
		A_{15} 开展产学研一体化的冰雪运动企业所占比重(0.0112)

续表

一级指标（G）	二级指标（C）	三级指标（P）
A 创新发展（0.2766）	A₂ 创新产出（0.0867）	A₂₁ 冰雪运动相关发明专利授权量（0.0477）
		A₂₂ 每百家冰雪运动相关企业商标拥有量（0.0182）
		A₂₃ 冰雪运动技术市场成交额（0.0208）
	A₃ 创新机制（0.0786）	A₃₁ 科学技术支出占冰雪运动产业财政支持的比重（0.0490）
		A₃₂ 冰雪研究与开发人员占就业人员的比重（0.0178）
		A₃₃ 冰雪运动产业信息化平台建设情况（0.0118）
B 协调发展（0.2162）	B₁ 产业发展结构（0.1139）	B₁₁ 冰雪服务业占冰雪运动产业产值的比重（0.1139）
	B₂ 区域协调发展（0.0561）	B₂₁ 南北方冰雪运动产业产值占比的比例（0.0280）
		B₂₂ 南北方每万人冰雪运动人口数量的比例（0.0155）
		B₂₃ 南北方冰雪运动场地设施数量及规模比重（0.0126）
	B₃ 产业融合发展（0.04612）	B₃₁ 开展"冰雪+"项目的企业占企业总数的比重（0.0462）
C 绿色发展（0.2818）	C₁ 资源利用（0.1025）	C₁₁ 冰雪运动产业能源消耗总量（0.0351）
		C₁₂ 新增冰雪运动产业用地规模（0.0381）
		C₁₃ 冰雪运动产业用水总量（0.0293）
	C₂ 生态治理（0.1038）	C₂₁ 冰雪运动企业污水处理率（0.0381）
		C₂₂ 冰雪运动企业一般工业固体废物排放总量减少百分比（0.0241）
		C₂₃ 冰雪运动企业气体污染物排放总量减少百分比（0.0234）
		C₂₄ 冰雪运动产业多元参与生态治理体系的建设（0.0182）
	C₃ 绿色生活（0.0755）	C₃₁ 冰雪运动产业清洁能源使用率（0.0254）
		C₃₂ 冰雪运动产业绿色产品市场占有率（0.0276）
		C₃₃ 冰雪运动产业行业绿色发展监管制度建设情况（0.0225）
D 开放发展（0.1180）	D₁ 贸易发展（0.0492）	D₁₁ 冰雪运动产业进出口总额占产业生产总值比重（0.0324）
		D₁₂ 中国冰雪运动市场中国内、外品牌数量比值（0.0168）

续表

一级指标（G）	二级指标（C）	三级指标（P）
D 开放发展（0.1180）	D₂ 投资发展（0.0511）	D₂₁ 外商直接投资（FDI）占产业生产总值的比重（0.0337）
		D₂₂ 对外直接投资（OFDI）占产业生产总值的比重（0.0174）
	D₃ 技术含量（0.0177）	D₃₁ 高技术产品出口占产业总出口额的比重（0.0125）
		D₃₂ 互联网境外冰雪市场、营销网络平台搭建情况（0.0052）
E 共享发展（0.1074）	E₁ 全面共享（0.0451）	E₁₁ 群众性冰雪娱乐活动组织情况（0.0119）
		E₁₂ 冰雪运动设施的开放率（0.0147）
		E₁₃ 冰雪运动设施利用的辐射范围（0.0113）
		E₁₄ 冰雪文化宣讲开展情况（0.0072）
	E₂ 全民共享（0.0390）	E₂₁ 冰雪运动人口占比（0.0216）
		E₂₂ 每万人拥有冰雪运动场地设施的数量及规模（0.0174）
	E₃ 共建共享（0.0233）	E₃₁ 冰雪运动产业就业增长量（0.0071）
		E₃₂ 冰雪运动产业信息平台建设（0.0059）
		E₃₃ 冰雪运动产业发展规划的科学性（0.0103）

四、研究结论与建议

（一）研究结论

本研究认为，解读冰雪运动产业高质量发展的内涵可以从三个方面入手：一是冰雪运动产业的高质量发展以五大发展理念为行动先导，其中创新是引领冰雪运动产业高质量发展的第一动力，协调是实现冰雪运动产业高质量发展的内在要求，绿色是永续冰雪运动产业高质量发展的必要条件，开放是冰雪运动产业高质量发展的必由之路，共享是冰雪运动产业高质量发展的本质要求；二是冰雪运动产业的高质量发展以兼顾四个统一为内在要求，包括宏观与微观的统一、供给与需求的统一、质量和数量的统一、公平和效率的统一；三是冰雪运动产业的高质量发展以推动三大变革为发展目标，其中推动质量变革主要落脚于完善冰雪运动产业供给体系和加快冰雪运动产业制度建设，推动效率变革主要是促进生产效率、市场效率和协调效率的提升，推动动力变革主要从产业创新驱动和产业结构发展动力的变革发起。

本研究构建了冰雪运动产业高质量标准体系模型，共以五大维度设立5个一级指标，分别为 A 创新发展、B 协调发展、C 绿色发展、D 开放发展、E 共享发展；15个二级指标，分别为 A₁ 创新投入、A₂ 创新产出、A₃ 创新机制、B₁ 产业发展结构、B₂ 区域协调发展、B₃ 产业融合发展、C₁ 资源利用、C₂ 生态治理、C₃ 绿色生活、D₁ 贸易发展、D₂ 投资发展、D₃ 技术含量、E₁ 全面共享、E₂ 全民共享、E₃ 共建共享；另外还有41个三级指标。通过层次分析法（AHP）逐步确立了各级评价指标的相对权重，从而获得了分层明确、权重明晰的冰雪运动产业高质量发展标准体系。

（二）研究建议

在已构建的标准体系中，A 创新发展、B 协调发展、C 绿色发展分别占比 27.66%、21.62%、28.18%，说明在冰雪运动产业高质量发展的过程中，应当坚持创新驱动为第一动力，在机制创新的前提下，加大创新投入，实现产品及服务供给质量的提升，同时坚持协调发展的重要发展理念，加快整体产业结构调整和转型升级，为体育产业乃至国民经济发展注入新动力。同时，在产业高质量发展过程中，务必不断提升资源利用效率，坚持生态治理、环境保护同产业发展共重，为人民群众能够享受高品质的绿色生活添砖加瓦。此外，在经济全球化的浪潮中，冰雪运动产业应因势利导，以对外贸易和投资为重要抓手，探索行业内外联动发展的新天地。对冰雪运动产业而言，其发展的根本目的在于成果人民共享，唯有把握好新的历史时期产业高质量发展的深刻内涵，才能稳扎稳打促进冰雪运动产业高质量发展成果的全面共享、全民共享、共建共享和渐进共享。

推动高质量发展已经成为当前和未来一段时期内我国经济与社会明确发展方向、完善政策体系、实施宏观调控的根本要求，对于冰雪运动产业而言，为促进其实现高质量发展，应坚持创新、协调、绿色、开放、共享的发展理念，不断提升供给体系质量，加快实施创新驱动战略，合理规划产业布局，提高冰雪场地要素供给，积极落实相关政策保障，不断完善人才培养体系，持续深化相关产业融合发展，继续加强冰雪文化宣传力度，全面推动质量、效率、动力三大变革。

项目编号（2019-C-09）

人工智能应用与体育传播方式变革研究

王相飞 王真真 李爱群 延怡冉 蔡平原 王再聪 庄淋淋

在传播领域，传播技术的革新推动了"智媒"时代的到来，AI（人工智能）逐步被运用到传播领域中的信息采集、内容生产及信息传播和分发等环节，重构着传播业态，同时也给传播行业带来了一定的挑战。体育传播作为传播领域的重要分支之一，也不可避免地受到 AI 的影响。对 AI 在体育传播领域的应用进行系统研究，从整体勾勒未来 AI 作用下体育传播方式的变革图景，有利于推动我国新一代 AI 与体育传播的深度融合，促进体育传播领域的科技变革与产业变革，实现体育传播科技的跨越发展、体育传播产业的优化升级，为有关媒体机构与媒体平台未来在 AI 传播领域的发展提供借鉴，从而促进我国网络强国建设、体育强国建设。

一、人工智能在体育传播领域的应用现状

（一）体育传播辅助工作

机器辅助写作是一项重要功能，主要包括关键词提取、摘要自动生成、语音与图像智能识别及转化、视频自动编辑、智能化核查体育新闻与稿件纠错、稿件校对等工作，能够给予体育采编人员智能协助，以提升写作质量和效率。

（二）新闻行动者方面

主要包括发现体育新闻线索，挖掘潜在的趋势、选题和进行体育新闻采访。AI 可以实时监控海量的体育信息，对信息的价值和真实性进行判断，发现数据中的规律、变化、异常情况等，从而挖掘潜在的体育选题、发现体育新闻线索，以及分析判断体育新闻的传播趋势和可能的传播爆点等，为体育记者提供分析结果和背景信息。

（三）新闻内容生产方面

主要为机器人新闻。目前机器写作主要包括以下三种体育新闻报道类型：一是简讯。主要是利用数据库中的表格数据和知识库生成自然语言的比赛结果报道。二是赛事资讯。这一过程主要是通过机器学习，对比赛过程中的文字直播或者解说员的精彩评论等进行智能排序和智能选择，最终生成篇幅相对较长的赛事报道。三是对长篇赛事信息进行精简，使其转变成适用于社交媒体传播的短小内容。目前，国内外的大部分知名媒体已在体育领域实现了"机器人写新闻"。

（四）新闻评论和在线讨论

体育传播领域对 AI 的应用主要集中在社交媒体互动方面，较具代表性的是 NHL（北

美职业冰球联盟）等职业体育联盟利用 Facebook Messenger 和 Whats App 等基于 AI 的社交媒体平台与粉丝开展互动评论及线上讨论。

（五）新闻传播者

主要包括聊天机器人、生成体育主播、机读体育新闻等。

（六）新闻分发方面

算法推荐在体育新闻传播中的应用主要是对用户的媒介使用数据进行分析，包括获取用户定位、社交媒体浏览偏好和其他的公开数据等，在此基础上形成体育用户的媒介画像，进而进行精准传播。通过这种智能分发实现"一人一机""一人一新闻"等。

（七）媒体智能化核查与舆情分析

目前关于新闻审核方面的 AI 技术已经比较成熟，已经开发出了一些专门的能够识别假新闻、假照片、网络谣言的智能识别模型，以及智能的文字纠错系统。另外，就是对于舆情的监控与分析，目前各种体育社会热点事件不断，包括各种球迷骚乱、球场暴力、兴奋剂事件、裁判员判罚不公等都会成为舆情事件。借助 AI 可以了解舆情走势，作出准确判断，制订预案，科学合理引导社会舆论。

（八）比赛转播

主要是有关比赛的视频剪辑，还包括以下四个方面，视频打标：由机器自动生成事件发生的时间点及事件类别；集锦生成：根据打标信息自动生成比赛场景、球员集锦；比赛转播：自动完成镜头切换、远近景切换及球员特写；球员数据信息获取：跟踪球员轨迹，获取球员在全场比赛中的位置、跑动数据等。

二、人工智能在体育传播领域应用中存在的问题

（一）人工智能在体育内容生成方面应用有限

机器写作质量目前仍无法与人类记者相比，体育内容生成方面应用有限，主要表现为 AI 暂时不具有"人情味"，难以胜任逻辑性较强的工作，"AI 合成主播"目前还处于一种初步发展阶段。

（二）体育传播内容失衡

基于数据和算法的机器人写作往往过分关注传播效果，以用户数据为基础而形成的受众需求导向，容易产生体育传播内容失衡的现象，主要表现为过度推送迎合受众的低俗内容，使用户容易陷入信息茧房，弱化媒体责任。

（三）算法偏见、透明及信息损耗

第一，算法偏见问题。现阶段的算法还不具有自我意识，唯其如此，算法模型被形容为"偏见入则偏见出"。第二，算法透明问题。由于算法具有一定的复杂性和"算法黑箱"的存在，公众无从了解数据来源，算法的生成逻辑、形成路径等，便产生了算法

的透明问题。第三，信息损耗问题。目前 AI 的应用很大程度上仍处于弱人工智能阶段，在对语言的处理上，人类语言中的情绪、灵感、节奏及直觉等尚且很难被精准无误地读入机器算法中，从而表现出 AI 对体育信息的阅读、理解、解读偏差问题。

（四）用户的隐私与安全问题

随着 AI 在体育传播领域应用的加速，用户在获得各种便利的同时，也面临着 AI 使用更隐含的心理和行为数据，造成增加心理操纵、过度使用用户数据、侵犯用户隐私等问题，进而产生各种伦理问题、法律问题。

（五）生产内容的版权及责任问题

目前没有相关的 AI 创作作品保护的法律法规。AI 是否具有法律主体地位、人类是否应该承认 AI 的主体权利和地位，均是引起争议的问题。另外，由于体育新闻来源不透明，机器人体育新闻写作在未经许可或未支付费用的情况下对各种新闻素材的任意抓取，也是对其他公民著作权的侵犯。

三、人工智能应用背景下体育传播方式的变革

（一）体育新闻信息采集：范围广泛与深度挖掘

AI 依靠其更大范围的数据分析和识别能力，可以收集各种体育信息，发现体育报道线索。随着物联网时代的来临，"万物皆媒"成为可能。

（二）体育新闻编辑制作：机器写作辅助功能增强

随着 AI 在体育新闻传播领域应用范围的不断扩大，未来体育记者将逐步从传统的低级重复劳动中得到解放，迎接更为复杂的工作分工。机器写体育新闻在未来 10 年至 20 年极大可能取得突破性进展，包括思辨能力、写作风格和自然语言等方面，真正实现"创造性"写作，其辅助功能将大大增强。

（三）体育新闻产品：更加重视体验与认知

智慧媒体的一大突出特征是将用户感知置于核心位置，AI 与移动互联网的结合使许多新的体育信息交互场景得以出现，可以说是革新了体育新闻的样式形态和传播模式。AI 先驱皮埃罗·斯加鲁菲在 2016 年预言："未来的新闻将不再是用来'读'的，而是用来'体验'的。"

（四）体育新闻产品生产：无终态

在 AI 技术的背景下，一方面体育新闻的完稿并不意味着稿件的终结，而只是整个新闻工作中的一个起点，新闻稿件从理论上来说永远没有终点。另一方面体育新闻的生产将不再仅仅取决于专业媒体机构，还取决于社交媒体平台、受众的喜好、商业广告机构的倾向，从而导致体育新闻处于一种被激活的状态和不断迭代的过程中。体育新闻将是明天的历史，体育新闻将处于一种模糊的动态变化中，从而表现为一种过程的真实。

（五）体育新闻的算法分发：更加个性化与场景化

随着行为科学的快速发展和广泛应用，将把认知偏差、人类情感和博弈论等方方面面结合起来引入体育新闻服务中。行为科学与 AI 技术的结合将带来媒体信息内容分发环节的技术革命，智能分发与内容推荐成为其中的关键，并在深层次上影响着体育媒体行业现有的分发机制，从而打造个性化的阅读。

（六）生产场景：人机高度协同

以 AI 为代表的新技术将将大技术分解落地为适用媒体场景的模式创新，并逐步磨合进化，形成理性、感性交融的人机协同。体育新闻生产场景将会以 AI 和大数据技术为基础，以人机高度交互和协作为特征，人机边界逐渐模糊，终将进入人机协同甚至人机合一的境界。

四、人工智能应用背景下体育传播方式变革中的应对

（一）加强人工智能的法律、规范标准及伦理道德建设

倡导数字民主以避免信息茧房所导致的群体极化，避免其背后的机构通过掌握的数据权利进行民意操纵，避免算法歧视，真正实现社会公平和公民信息自由，增强 AI 技术透明度，明确责任主体。从立法上将可抓取数据的范围和边界，以及数据使用过程中侵犯隐私权的处罚力度、方式予以明确，从而为保护公众隐私提供法律依据。政府应规定 AI 的发展方向和发展原则等问题，改进和完善监管方式及手段，一切应以促进人类的和平与发展为最终目的，促进社会高效合理安全地利用公民数据。在社会层面，提高公民的数据保护意识和社会责任感，自觉遵守数据使用伦理准则。

（二）实现媒体跨界连接与整合

媒体将不再仅仅作为单纯的新闻内容平台存在，而是同时作为内核和纽带重新定义连接内容的连接方式。特别是随着 5G 及 5G"边缘"设备的推出，如智能手机、热点、网关和物联网设备，将为 AI 提供新的商业和消费场景，从而不断丰富体育传播的产品形态。媒体将会进行更多的跨界融合，逐渐不再仅仅只是生产体育新闻内容，还会为用户提供更多的生活服务。

（三）加强人工智能对数据、算力、算法的挖掘和创新

未来，一个媒体平台的竞争力将取决于数据、算力、算法。AI 本身是一种数据科学，"谁拥有数据，谁就拥有世界"。大多数体育媒体遇到的最大困难就是：没有现成数据，又很难手工标记所有现有的数据。这就需要现有的体育媒体通过各种渠道获得尽可能多的数据资源，并不断提高整合利用数据的能力。

（四）重视培养适应人工智能时代的体育传播全媒体人才

智能化带来的革命对媒体来说意味着技术的作用与日俱增，但大多数媒体缺乏技术背景与技术人才，技术瓶颈的制约日益凸显。未来，为适应 AI 时代体育新闻传播的要求，

体育媒体从业人员既要胜任理解和表述数据的工作，又需要在智媒时代充分发挥社交媒体在体育新闻编辑中的重要作用，还应擅长利用团队合作和多方尝试积累新闻编辑经验。从这一意义上讲，AI时代媒介需求的主力军应是具有出色媒介素养的创新性和复合型体育人才。

　　总体来看，目前AI对新闻业的渗透还处于萌芽期，在体育传播领域的应用也较为有限，在当前和未来相当长一段时间内AI还远不能替代人的作用，但是AI对体育新闻生产和传播格局的改变是全方位、全环节的，AI被寄予了成为下一代产业革命驱动力的厚望。未来，人类将充分实现人和机器的功能互补和价值匹配，实现以人为主、以机为辅的协同发展，用AI思维重塑体育传媒业态，规划体育媒体新的发展路径，构筑体育传播新的生态圈，充分释放AI的能量。同时，在体育传播领域形成巨大的产业革命动能，通过AI技术与体育传播的充分契合，并结合其他现代传播技术，使AI真正解决体育传播领域的痛点，实现体育传播方式的颠覆性变革。

项目编号（2019-C-11）

大型体育场馆公共体育服务补贴政策的实施效果及转变方式研究

金涛 季洁 蔡维燕 周超 李天珍 刘良钰

一、大型体育场馆补贴政策实施存在的主要问题

（一）补贴政策内容较笼统，易出现政策"失范"现象

通过梳理相关政策文件及对场馆管理者访谈可知，目前国家对大型体育场馆的补贴主要依据场馆的座位数规模，场馆免费、低收费开放及收支情况等进行划分，但是在实际绩效评价中，很难做到对场馆情况客观公正地评价。

在场馆座位数方面，实际的数字无法反映场馆实际的服务人数和开放效果，某些场馆为了获得补贴资金，甚至存在增补场馆座位数、虚报服务数据等现象。场馆免费、低收费开放方面也存在问题，免费、低收费的评估应以综合评估为主，但目前评价标准不够细致，缺乏统一性，督导组在检查的过程中，经常以总结材料评审为主，且评审时间较集中，主观能动性发挥作用较大，评价结果存疑。

场馆在进行免费、低收费开放时，由于政策制定得不具体，同时大多场馆都是自负盈亏的情况，因此会在一定程度上出现对政策进行"截留"、执行不全面等现象，导致政策偏离、失范。

（二）补贴辐射面较窄，补贴政策规定的执行力有待完善

在补贴资金方面，相关政策规定中央财政对东、中、西部地区按照20%、50%、80%的补贴比例安排资金，其余部分由地方财政部门统筹安排，地方可以根据实际情况提高补贴标准。然而在调研中发现，国家补贴的资金是分批拨付，先下发一部分资金给场馆，到中期再进行二次拨付，这样可能出现场馆在前期进行公益性开放时资金吃紧的现象，在一定程度上会打击场馆的积极性。

另外，政府配套资金严重不足。在《大型体育场馆免费低收费开放补助资金管理办法》中有明确规定，中央财政对大型体育场馆只补贴其中一部分，剩余部分由地方政府统筹安排。然而在与场馆管理者的访谈中了解到，地方财政配套资金不足不是个别现象，究其原因主要有两方面：一是地方财政资金不足，在进行城市建设等多项工程后难有余力再对大型体育场馆进行补贴；二是地方相关单位考虑场馆在开放过程中是公益性和经营性相结合的，通过经营也能够获得一些收入，便很少再给予场馆资金补贴。

除了补贴资金不到位情况外，还存在补贴辐射面较窄的情况。国家的免费、低收费政策是针对大型体育场馆的，但是就场馆的规模来看，高校和社会场馆也有一定的规模但并不在补贴范围之内，这样在免费、低收费开放上浪费了较多场馆资源。

（三）绩效的监督与评价体系有待进一步完善

国家体育总局于 2014 年发布了《大型体育场馆基本公共服务规范》和《大型体育场馆运营管理综合评价体系》，但制定的一些指标比较模糊，在实际的评价过程中不好界定。比如，开放天数这一指标，只是简单地将开放天数对应相应的分值，但体育场、体育馆及户外公共区域应如何区分，比较模糊；在补贴资金方面没有明确的评价指标体系，这样很难对补贴资金的使用情况进行评估，无法了解场馆免费、低收费开放的实际效果。

在监督体系上也不够完备，目前对场馆免费、低收费的督察主要采取的是后期检查的方式，检查的周期较短且形式较单一，主要是通过场馆提交的总结性文字材料进行考核，而对于开放过程的实际考察力度较小，如果场馆在进行总结时夸大数据，检查就毫无效果可言，导致监督逐步流于形式。同时，成立的督察小组成员大多也都是体育系统内部人员，这样在检查过程中容易出现主观随意性，加之某些地方可能出现相关部门保护，容易形成利益关系，甚至导致腐败滋生。

（四）缺少专业的运营管理人才，不利于场馆开放与管理

在调研过程中了解到，目前大型体育场馆有隶属于当地体育局的事业单位性质的，也有集团企业化性质的，由于性质的不同，在进行免费、低收费开放过程中的实际效果也不同。在《大型体育场馆免费低收费开放补助资金管理办法》中明确规定"补助资金不得用于编制内在职人员和离退休人员工资及津补贴"。员工在免费、低收费开放过程中的付出无法得到实际体现，导致其工作的积极性和动力严重不足，出现"坐、等、靠"思想，不主动作为，只想着如何完成任务，并不真正耗费精力在工作中。同时在访谈中发现，场馆的内部体制机制并不完善，运营管理能力也较弱，部分运营模式还较为传统，特别是在信息化方面，虽然已经进入大数据时代，但多数场馆还未引进科技性的人脸识别、刷卡等统计技术，大多场馆还是采用传统的手动登记的方式，这样在数据统计上难以保证精确，并且耗时耗力，还不利于留存。

同时，场馆也缺乏专业的运营管理人才，虽然工作人员学历在大专学历以上的人数超过核定标准，但并不是所有员工都是体育专业出身，即便是体育相关专业出身，但大多也是体育教育、运动训练等方向，鲜有体育产业、场馆运营等方向的专业人员，在与场馆管理者交流中了解到，并非场馆不想引进专业的工作人员，而是苦于人事制度、薪酬水平的限制，很难吸引专业人士加入。

二、大型体育场馆补贴政策方式优化对策

（一）从"看座位"向"重绩效"转变

在进行大型场馆免费、低收费补贴时，应从"衡量座位数"转变为"以绩效为主"，即主要依据场馆接待人次、体育赛事和体育活动开展情况、体育培训开展情况、为群众身边的体育组织服务情况等。只有让老百姓真正受益了，才可以获得补助，而不是单单根据场馆的座位数进行补贴。在政策的制定上，要正确衡量参与者的实际诉求，要增加广大群众的参与权、监督权，根据群众的真实需求制定开放政策，增加广大群众的运动体验感和获得感。

进一步推进理论研究，加强理论与实践相结合，对补贴过程进行逐级分解，从前期调研到中期论证再到后期反馈要呈现连续递进关系，要继续明晰政策法规体系，对评估过程也要做到认真细致，要根据受补助对象实际所需推算补助水平，明确场馆分类，并严格筛选补助对象。

（二）优化资金补贴方式，严格规范资金使用范围

在资金的补贴方式上要进一步优化，目前采用的方式是根据场馆座位数进行补贴，但是实施效果并不理想，有许多场馆会增设座位数甚至虚报数据以获得补贴，应该调整为依据公共体育服务具体实施开展效果进行补贴，并根据开展效果调整补贴比例，这样可以在一定程度上调动场馆进行公共服务的积极性，提高开放的成效。在绩效考核过后应及时拨付补助资金，不宜拖欠，以保证场馆开放项目的正常运行，保障场馆对外开放的服务质量。

要严格规范补贴资金的使用范围，对文件中的适用类别进行进一步的细化，让场馆在实施过程中能清晰地了解资金可以具体使用的项目，避免出现支出混乱、浑水摸鱼的现象。同时建议国家加快对社会场馆、高校场馆等中小型体育场馆的资金补贴研究，将其作为免费、低收费补贴政策的延伸，充分利用各类公共体育服务资源。

（三）完善监督评价体系，引入第三方机构进行考核

监督评价对大型体育场馆在享受补贴资金后有效开展公共体育服务起到制约、评估的作用，目前的监督机制还不够完善，主要是依据场馆自己申报材料，监督小组进行审核，这样存在一定的弊端。应增加在开放过程中的实地检查，采用明察暗访的形式，并设立监督举报电话，加强与群众之间的联系，以便群众能够及时精确地反映问题，促进服务质量的提升。

各级体育和财政部门应积极履行职责，加强开放服务的规范化建设和绩效考核评价，按照实际情况进行反馈，对场馆开放过程中存在的问题要及时通报并限期整改，不断提高管理水平、开放水平和服务水平。同时要引进第三方评估机构，更加公平公正地对场馆开放效果进行考核，掌握场馆的实际运营效果、管理水平，真正实现评价指标精细化、检查手段多样化、检查内容全面化。

对大型体育场馆公共服务的监督和评价应制定行之有效的绩效评价标准，应联合体育、财政、审计等多部门进行商定，经过多方反复讨论、研究，制定绩效考核指标。比如，在开放面积方面，应设置具体的开放地点（田径场、足球场、篮球馆、羽毛球馆等）；在体育赛事和群体活动方面，应明确赛事和活动性质，对竞技体育比赛和群体活动进行区分，以免出现重复统计，导致数据不明确等现象。

（四）引进专业运营管理人才，提高公共体育服务水平与效率

专业运营管理人才是大型体育场馆有效运行的关键。大型体育场馆应积极引入专业的运营管理人才队伍，场馆应做好专业化人才储备，完善专业人才招聘、培养、稳定机制，制定相关的人事、薪酬制度，以防专业人才流失。同时要适当提高人才引进的条件和门槛，做好人才梯队建设。条件允许的情况下可采用招标的形式引进专业的运营机构，委托其对场馆进行全方位的经营管理。

结合场馆实际建立起内在控制体系和服务质量监控体系，立足大众对体育公共服务的需求，拓宽渠道，创新惠民举措，拓展配套服务，提高公共体育场馆利用率，改善大型体育场馆的专业化运营管理水平，真正做到取之于民、用之于民、服务于民，把大型体育场馆公共服务补贴政策落到实处。

项目编号（2019-C-13）

国家体育产业基地建设现状与应对路径研究

许焰妮

近年来,体育产业日益成为我国新常态下的新兴经济增长点,旨在发挥增长极功能、促进产业集聚、形成规模经济、扩大区域辐射等作用的国家体育产业基地,成为我国政府推动体育产业发展的综合性国家级平台。从 2006 年起,全国共设立了 45 个国家级体育产业示范基地、73 家示范单位和 53 个示范项目,构成了"国家队"体育产业基地体系,对体育产业发展起到了积极促进作用。《体育产业发展"十三五"规划》中提出了到 2020 年要实现 250 个国家体育基地的建设目标。可以预见,国家体育产业基地的建设仍将快速推进,也将在推动产业发展中扮演更重要的角色。

本研究的主要内容是我国国家体育产业基地的建设现状及应对路径。建设现状部分包括国家体育产业基地总体发展状况、产业发展特征、管理结构特征和政策体系特点,并基于功能定位分析其发展困境及讨论发展机遇。应对路径部分建立在对新区域主义理论和国内外案例分析的基础上,提出优化基地建设的应对路径。运用数理统计分析、政策文本量化研究、案例分析法、调研访谈法和社会网络分析等方法构成的混合研究路径,得出以下结论。

一、国家体育产业基地的总体发展状况及产业发展特征

以示范基地、示范单位、示范项目三个不同层次组成的国家体育产业基地已经覆盖我国各个省(区、市),设立进程中带有明显的"先集中,后分散"的特点,全国性的体育产业网络正在铺开。体育产业基地的发展带来了良好的经济收益和社会效用,体育作为我国下一个新兴经济增长点,其产值占 GDP 比重逐年增加,为增加财政收入、解决就业问题发挥着重要作用。体育产业基地通过集聚效应、扩散效应、网络重构效应,对我国体育产业自身结构优化起到了促进作用;产业基地间的合作也形成了多样化的合作网络,为我国体育产业发展增添了新的活力。

二、国家体育产业基地建设中的管理体制及政策支持

我国国家体育产业基地已经形成了较为成熟的组织管理体系,当前主要采取的是"国家体育总局—省级政府—属地政府—产业基地"四级体系。根据成本收益分析,基地管理中的"行政化、属地化"层级化模式较为鲜明,其中,以示范基地最为典型,表现为上级政府宏观"目录管理"和地方政府"属地化管理"相结合的纵向科层结构。这一模式尤其对地方政府在基地建设中的资源支持与政策配合提出了较高要求。

基于自 2006—2019 年中央政府及区县级以上(含县级)地方政府发布的涉及国家体育产业基地的 71 份政策进行的政策文本量化分析发现,整体来看我国国家体育产业

基地的政策体现出了由"以管制性工具为主，其他工具为辅"转向"管制性工具日益减少，经济性工具大量增多，组织性工具次之，信息性工具、志愿性工具逐年增加"的发展趋势。这一演变反映了在体育这一新兴产业发展中，政府治理体制和政府职能方式的转变，但也反映出政策体系中存在的许多问题。

三、国家体育产业基地建设的发展困境及机遇

我国采取的行政化、属地化的政府主导型治理体制，在治理具有产业集群、增长极、经济区域、利益共同体和产业网络五大内涵的体育产业基地时，面临五大困境：第一，基地中产业发展内聚力不足，基地成"飞地"；第二，行政区经济下，区域竞争激烈，资源内耗严重；第三，园区治理中企业、社会缺位，对多元利益主体的协调不足；第四，政策支持体系不健全，精细化政策落地困难；第五，管理服务水平有限，制度体系有待完善。基地的发展也面临五大机遇：第一，体育产业发展日益受到政策关注；第二，体育消费需求日益扩大，市场细分不断清晰；第三，体育产业组团发展、跨域协调发展推动基地资源整合；第四，体育产业基地日益成为重要发展抓手及政策创新平台；第五，市场力量、政府力量正日益合力，社会组织日趋健全。

四、优化国家体育产业基地建设的理论参考与案例借鉴

在强调集权与分权之间寻找平衡、利益主体间形成合作联盟的新区域主义理论的基础上，本研究分析了六个代表性案例，分别是：昆山苏南基地（台资制造业重镇如何嫁接制度创新发展体育产业）、上海久事（体育创新赛事运营、构建全产业链产业集团）、青岛国际帆船周·国际海洋节（政企合作打造高国际化发展平台）、澳大利亚实践（组织创新连接政企，行业协会提供公共产品）、法国实践（组织创新连接政企，行业协会提供公共产品）、美国实践（税基共享建立"特别区"为体育场馆提供财政支持）。获得的启示有五方面：第一，体育管理机制需要正视自己的资源优势与资源不足，构建网络合作机制，促进产业发展；第二，尊重市场主体及时响应市场需求、成本收益机制明晰的结构优势，培育市场主体，政府扮演服务者角色；第三，鼓励具有专业技术、深入群众的民间体育协会发展，利用协会为民众日益增长的运动热情及丰富民众体育需求提供社群化支持和专业性指导；第四，多层治理结构参与培育社会体育文化，增强社会需求；第五，通过财政方案，使基地拥有自我支持、自我循环的财力资源，并使项目可持续发展。

五、国家体育产业基地的应对路径

（一）整体思路及基本原则

1.明确基地定位，创新发展平台

根据基地的评定要求及平台特点，明确其各自职能分工：示范基地需在发挥集聚效应、提升专业化分工协作配套水平、形成特色鲜明的产业集群方面有所作为；示范单位作为龙头企业应发挥完善产业链、引导产业转型升级的引领带动作用；示范项目应培育体育产业新兴增长点，以点带面推动区域体育特色发展。引导基地通过制度创新，升级发展平台，变依靠行政力量推动的行政区划经济为依靠多元力量整合的大平台经济，争取更多发展资源。

2. 坚持顶层引领，调动地方热情

坚持中央政府层面的政策引领作用，强化国家体育总局的顶层设计，向社会释放大力支持国家体育产业基地发展的利好信号。国家体育产业基地建设借鉴各类开发区在财税政策、土地利用、管理体制等方面的灵活发展模式，或者直接将其建设与辖区内已有的特殊经济区相衔接，调动地方政府在政策创新、资源供给上的参与热情，实现"以荣誉换政策"的实质落地。

3. 开放发展视角，推进政府和市场机制相结合

着力调动多元力量参与基地建设，利用服务外包、特许经营、委托代理等多样化形式，推进基地治理中政府与市场机制相结合，弥补信息不对称、专业性不足、效率意识弱等导致的"政府失灵"。

（二）主要支撑

1. 增强激励：丰富基地内涵，扩大品牌红利

探索发展资源与"国家体育产业基地"荣誉称号的挂钩机制，如政府采购竞标、项目产业化支持、引导资金协调、土地开发指标和财税支持、特色赛事准入与审批、行政审批权限、先行先试权限，在政策制定的过程中享有优先建议权或试点申请优先权等发展资源与权限，与基地授牌相联系；并与其他部门合作，将同类或相关称号进行合并，实现资源整合，避免重复授牌。

2. 加大约束：严格监督管理，设置退出机制

设置"国家体育产业基地"荣誉称号的监督管理机制及有效退出机制。第一，严格评审环节，提高准入门槛。由获评基地组成基地联盟，由联盟推选评审委员会，与国家体育总局领导、科研专家共同组成由产、官、学构成的评审团队。第二，动态评估监管，引入退出机制。一方面由基地联盟进行业内监督，另一方面完善对示范单位和示范项目的评估指标研究，建立基地信用体系，督促发展滞后的基地限期整改或直接摘帽。需注意的是，加大约束、严格管理，需要与增强激励相结合，否则将进一步降低地区参与基地建设甚至申请参与的积极性。

3. 多举赋能：构建多元网络，创新管理模式

第一，构建体育产业基地联盟，助力多层次、立体化的合作网络构建。打通基于类别对基地进行的人为分割，促进示范基地的政府管理者、示范单位的企业经营者、示范项目的多样化运营者之间的相互沟通，作为参考的是长三角园区共建联盟、澳大利亚奥克兰地区的船舶行业协会。第二，扩大中间夹层，借力现有专业协会助力。在基地建设中，将体育社会组织的培育和支持纳入工作内容，考虑在基地内设置协会孵化器，在配合民政部门监督的前提下进行职能授权，基于协会评级进行任务发包，通过政府采购提供资源支持。第三，探索市场化的运营机制，弱化行政化的科层结构。探索采用股份合作或委托招商的模式，采用市场化的利益分享方式，引入专业的基地运营公司或招商公司参与基地治理，或与大型体育生产或服务企业合作，调动其参与基地治理的积极性。第四，创新合作机制，规范委托代理关系。在多主体合作过程中，由于信息不对称和利益诉求不同，需要利用成本共担、利益共享、监控市场、培养监督主体等措施，构建合理的制度或协议约束合作主体行为。第五，便利区域合作，促进资源整合。借助国家体育总局或基地联盟力量，利用论坛交流、

特色赛事、鼓励联合创新、指导新兴领域等形式促进跨区域、跨类型的基地合作，并为一些活动提供政策指导，以及协调合作中遇到的信任不足及矛盾；倡导区域间联合开发，打造区域基地品牌，并鼓励地方探索利益分享机制，为基地发展提供支持；充分发挥省级政府的行政组织优势，鼓励同省内的基地组团发展，利用特色项目为线、基地为点，点线结合带动形成区域体育产业带，在行政审批、市场规范、标准协调等方面协调支持；基地间的合作协调，可与现存的区域合作组织或形式相挂钩，本着"不求所有，但求所用"的精神，借助已有平台提升影响力。

4. 精细政策：优化政策体系，鼓励区域试点

第一，补充促进国家体育产业基地发展的专项政策，对地方政府提供自上而下的政策指引。研究出台专项政策支持基地发展，整合现有政策资源，通过政策工具完善发展资源与"国家体育产业基地"荣誉称号挂钩的激励机制，并优化政策工具组合。第二，创新现有的政策工具，提升资源利用效率，争取并鼓励国家体育产业基地优先获批政策试点。在出台新增政策扩大财政支持较为困难的现实情况下，进一步创新现有的财政政策机制和政策工具，并争取以国家体育产业基地为试点，两个基本建议方向为与省市级政府合作，探索建立财政补贴的退出机制，以及探索财政补贴的"股权化"或"债权化"。第三，开展政策培训，提升政策落地效果。组织政策研究及产业研究专家团队，对各地关注的主要热点政策问题进行研究梳理，组织基地或赴代表性基地，对新出台政策进行政策解读，对分散的政策资源进行整合梳理。第四，鼓励区域试点，总结政策创新。组织专家团队对地方政府在推动基地中的政策创新或制度创新进行总结研究，形成体育产业基地发展政策创新案例库，并在政策制定环节参考地方的创新实践。

（三）保障机制

1. 组织保障：确定专职机构，推动政策落地，协调部门合作

第一，监督地方政府从编制、经费、人员和办公条件等方面，对实施基地日常管理和服务的专职机构进行保障，避免基地管理仅限于数据管理和材料收集；特别示范基地需探索财政方案设计，使基地拥有可以自行支配且可持续的财力资源，可以借鉴美国资助文化资产区时采用的税基共享构建资金池的做法。第二，依托交流论坛、筹建基地联盟、业务培训等方式，与各基地保持经常性沟通。

2. 服务保障：完善信息系统，加强政策辅导，便利交流展示

第一，完善国家体育产业基地信息系统及统计平台，定期发布统计数据及行业信息，以利于科学化的政策跟进及管理监督。第二，组织政策研究及产业专家团队，对相关政策进行解读，对有需要的基地进行专业辅导。第三，搭建制度化的交流平台，为基地间联系奠定基础；探索激励机制，鼓励先进基地进行经验总结与分享，促进创新扩散。

3. 人才保障：共享专家智库，部校／地校合作，重点行业引导

第一，在原有的专家委员会基础上，建立国家体育产业基地发展智库，推荐行业专家，为地方政府进行政策咨询与研究提供便利，实现中央与地方的智库共享。第二，国家体育总局与院校合作，地方与院校合作，对基地建设中急需的管理人才、中介人才、教育培训人才等展开重点培养，或通过建设学生实践基地、创业基地、实习平台等方式保障

基地建设的人才需求。第三，组织专家，结合地方需求设计课程体系，开展基地管理培训班，提升基地工作人员的业务能力。

　　本研究主要的贡献是：第一，政策层面，基于对国家体育产业基地发展建设现状及管理现状的深入研究，充分借鉴前沿理论及国内外体育产业发展经验，为优化当前推进体育产业基地建设提供了包括基本原则、主要支撑、保障机制的多层体、立体化应对路径；第二，理论层面，本研究结合公共管理前沿的新区域主义研究，基于对体育产业基地的试验研究，对体育产业这一新兴产业发展中的政府与市场关系调整及多元合作网络构建问题进行了分析。

项目编号（2019-C-14）

体育产业促进就业的渠道与政策研究

徐开娟

近年来,在党中央和国务院的高度重视和大力支持下,我国体育产业取得长足发展,2006年至2017年,体育产业增加值从983亿元增长到7811亿元,体育从业人员数从256.3万人增加至558.9万人。体育产业对培育经济增长新动能和促进就业的贡献日渐突出。进入新时代,为了更好地发挥体育产业在促进就业方面的独特作用,有必要对目前体育就业的格局进行梳理,对未来体育就业的新问题和新形势进行研判,为设计一套包容性强、可持续的扩大体育就业的制度预案提供理论和现实依据。

一、体育产业具有促进就业的强大功能

第一,澳大利亚、法国、德国、英国、西班牙、韩国等发达国家体育产业发展数据显示,体育从业人员数占国家总就业人口的比重均超过了1%,部分国家甚至达到了5%左右。更加值得注意的是,由于体育产业链条长,且具有良好的正外部性特征,其带动旅游、餐饮、零售、传媒、教育等行业就业的作用也非常明显。据统计数据显示,2012年,德国体育产业发展为社会其他行业带来了114.6万个就业岗位。此外,体育就业增长速度明显高于总就业增长速度,近5年,欧洲34个国家中有29个国家的体育就业年均增长率高于总就业年均增长率。

第二,体育产业在缓解青年失业压力方面起到重要作用。据欧盟报告显示,目前欧洲青年失业问题格外突出,2018年6月,欧盟青年失业率为15.2%。在这种背景下,欧洲青年体育就业数据却十分亮眼。2017年,近37%的体育产业从业人员年龄在15~29岁,几乎是青年总就业人口数量(19%)的两倍。其中,西班牙从事体育就业的青年比例是青年总就业比例的2.7倍。丹麦、瑞典、荷兰、英国、芬兰的青年进行体育就业的比例占青年总就业比例的57%、44%、44%、44%和43%。

第三,体育就业人员的受教育程度相对较高。2012—2017年,除希腊、爱尔兰、匈牙利和德国之外的所有欧盟成员国的体育从业人员中,受高等教育毕业生比例整体上升。受过高等教育的人比较青睐从事体育行业。欧洲超过1/3的体育就业人员完成了高等教育(37%),略高于欧洲总就业中受高等教育的比例(34%)。希腊、保加利亚、克罗地亚和葡萄牙的体育从业人员受高等教育的比例几乎是总就业中受高等教育比例的两倍。

二、我国体育就业具有巨大的空间和潜力

第一,我国体育产业在促进就业方面表现出明显的后发优势。2017年,我国体育产业从业人员已经达到558.94万人,其中,体育服务业就业人员占比达52.8%。2006—2017年,体育产业从业人员平均增长率为11.1%。另外,从"就业弹性"看,我国体育产业尤其是体育服务业,要远远高于旅游产业和文化产业,表明体育产业快速发展已经具备良好的产业体系和扩张能力,具有更加强劲的发展潜力和更广阔的就业空间。

第二,体育产业是未来国民经济支柱性产业。《体育强国建设纲要》明确提出,到

2035年体育产业更大、更活、更优，成为国民经济支柱性产业。届时体育产业将在吸纳就业数量、扩大就业范围、平衡就业结构性矛盾、创新就业形态等方面释放更大的效能。经本研究严密测算，到2035年我国体育产业成为国民经济支柱性产业之时，我国体育就业人数将达到1800万人。

三、西方发达国家促进体育就业的方式

第一，扩充社会需求旺盛的体育就业模块。澳大利亚、新西兰等国家将赛马运动的场地维护、竞赛活动组织等作为新兴职业；英国为适应行业需要而设置体育法官、体育文化专家、登山向导和赛马教练等体育职业；韩国将电竞运动和游戏设备制造类、体育和游戏产品零售类划分为独立的职业类别。

第二，举办大型体育赛事带动体育就业。体育赛事除了提供大量就业岗位外，还在吸收剩余劳动力、消解非自愿性失业方面发挥重要作用。2002年盐湖城奥运会的总就业人数增加了4000~7000人，就业增长主要集中在休闲产业。根据Oxford Economics（牛津经济学）评估报告，伦敦奥运会创造了12200个工作岗位，而与奥运会相关的旅游活动产生了23000个就业机会，其中包括8000个接待岗位、750个环保岗位及4300个交通运输岗位。

第三，发展户外运动产业吸纳就业。美国户外产业协会发布的《2017年户外休闲经济报告》显示，美国居民年度户外运动休闲消费支出总额达8870亿美元，人均消费2720美元；直接提供733万个就业岗位，其中露营、徒步及攀岩、水上项目三个项目类别提供的就业岗位数占60.4%。

第四，扶持中小体育企业释放就业潜力。据不完全统计，美国体育企业从2007年的92277家增加到2017年的268759家，十年间增长了1.9倍，新增企业主要以中小微企业为主。以美国体育体能健身行业为例，该行业2017年总企业数为120577个，雇用员工500名以上的大企业仅有64家。

四、我国体育产业促进就业的渠道

（一）加快发展体育产业，扩大体育就业规模

一是不断壮大市场主体，扩大就业岗位供给。体育产业集团稳步增长，民营体育企业迅速崛起，体育"双创"热情不断高涨。以上海为例，2018年上海从事体育类经济活动的单位数量共计16286个（主营），同比增长41.8%，人数达33.33万人，2015—2018年就业人数平均增长率为15.4%。二是推动运动项目产业发展，提升就业吸纳能力。截至2017年12月底，有8个省（区、市）研制了运动项目产业专项规划，运动项目产业吸纳能力逐渐显现，截至2018年年底，水上项目从业人员达6万人，马术、射击射箭、国际象棋、击剑项目的就业人数分别在6万人、3万人、3万人、0.77万人左右。三是加强体育产业载体建设，拓宽就业空间。国家体育产业示范基地拉动就业的力度明显增强，2017年吸纳就业人员90.54万人，同比增长11.3%。

（二）优化体育产业结构，拓展体育就业链条

一是体育服务业结构高级化走向明显，催生高质量就业岗位。随着新兴技术逐渐成

熟，催生了体育产业新模式和新业态的出现，创造出一批需要深度思考、充分知识共享、满足个性化需求的就业岗位。二是体育制造业持续转型升级，造成大量低端就业岗位消失。体育制造企业正向品牌化、国际化、科技化的高端产业链转化，转型升级逐渐削弱了传统体育制造业的竞争力并造成大量低端就业岗位的消失。三是促进产业融合，延伸体育就业链条。一方面，体育产业具有内容融合性。产业融合催生出医疗健康、体育娱乐等新业态和服务产品，刺激出新的消费需求，进而倒逼相关复合型人才的培养与供给。另一方面，体育产业具有较强的空间融合性。利用冰雪、森林、湖泊等自然禀赋，以及城市余裕空间资源，通过体育与空间功能联动，实现体育产业对区域就业的整体拉动。这其中，"体育+"融合发展的就业带动效应巨大，在关乎国计民生的重大领域，尤其在助力乡村振兴和激活扶贫就业中不断释放自身活力。

（三）培育规范体育市场，深挖体育就业潜力

一是深化简政放权，释放就业潜能。积极推进全国性单项体育协会向市场主体释放协会主办的赛事、培训等资源，进而振奋市场主体的信心，进一步释放促进就业潜力。开放主要体育产业体系资源，随着取消体育赛事活动审批、公共资源市场化流转，竞赛表演业和健身休闲业快速发展，释放出巨大的潜力。增加体育产业发展的要素供给，释放土地能量，拓宽就业空间。二是加强对体育市场的规范，为高质量就业保驾护航。国家层面从优化体育产业消费热点的监管策略、制定体育细分领域发展标准等方面，规范体育市场的发展，提升市场主体的信心，为高质量就业保驾护航。三是进一步创新服务方式，提升政府服务体育水平。"一站式"服务的建设，体育企业市场运行的行政成本进一步降低，提升体育企业发展效率，从而进一步带动就业。此外，体育专项平台的作用日益凸显，提高就业市场的供需匹配。

（四）加强体育专业人才培养，提高体育产业就业能力

一是不断完善退役运动员职业转换扶持体系，加强就业引导，不断夯实体育类高校教育，培育精英化体育人才。二是加强从业人员培训，完善职业资格认证体系。加强从业人员职业培训，开展体育经纪人、健身教练等职业资格认证，通过上述方式，结合市场需求培育专业型人才、复合型人才、技能型人才和中高级人才，为体育产业高质量发展提供人力保障。

（五）完善相关配套措施，改善体育就业环境

一是强化政策指引和分类指导。包括对体育休闲专业人才、体育赛事专项人才、航空运动人才、山地户外运动产业人才、水上运动人才、冰雪等运动项目产业人才的需求和培养制定政策。二是搭建的体育产业创新创业教育服务平台、体育智库平台等，进一步强化了专项人才集聚与培养。

（六）实施专项就业行动计划，开展重点人群的双创试点

一是发展体育职业教育试点，加强专项人才培养。张家口市职教中心与河北体育学院联合开发了首个"3+4冰雪运动"本科专业，这将极大地破解冰雪运动专业人才不足的瓶颈。二是设立退役运动员创业扶持基金，带动运动员创业就业，成果逐渐显现。三

是探索多种创新创业教育试点，探索"高校创新+孵化器+人才培养"等多种创新创业教育模式，推动大学生就业水平的提升。

五、体育产业促进就业的政策建议

第一，制定《户外运动项目产业规划》，通过大力发展户外运动产业激发就业潜力。

第二，强化体制和机制创新，加强体育就业试点工作。将体育就业促进、体育产业人才培养等就业相关指标纳入体育消费试点城市和地方体育事业评价体系。加强体育职业教育试点，加强体育特需型人才的引进和培养工作，搭建体育产业学历型与技能型人才培养基地。加强高等院校与运动项目协会协同创新试点，鼓励具备较好市场基础的运动项目试点运动员、教练员商业权和所有权分离。

第三，探索将体育产业打造成引领产教融合改革的标杆行业。强化体育主管部门和行业组织在产教融合改革中的协调推动和公共服务职能。充分利用体育产业发展协同创新中心、各种体育产业高端智库等作用，在大型体育集团企业和"双一流"院校开展试点。

第四，探索校企共建体育科技园区、众创空间，面向小微体育企业开放服务，以体育双创带动就业。依托企业创新体育实训基地建设，推动校企合作培养体育技能人才工作，强化技能实训环节，落实订单式培养。

第五，实施体育产业高技能人才工程和新成长劳动技能提升、在职岗位技能提升、企业新型学徒制培训、体育产业紧缺劳动力技能提升等计划。鼓励规模以上的体育企业建立体育技能培训机构，对成效明显的地区、项目等，给予"金融+财政+土地+信用"的组合式奖励。培育一批深度参与产教融合的体育企业，鼓励企业深度参与体育职业院校、高等学校教育教学改革，将企业需求融入技能人才培训环节中。推广体育管培生制度，加快培养适应市场用工变化的技能型劳动者队伍。建立常态化、制度化的体育类校企人才双向交流机制。

第六，探索建立体育产业就业信息平台，促进供需市场精准对接。编制和发布《体育产业重点领域紧缺人才开发目录》，将紧缺急需的体育相关职业技能培训项目列入国家职业技能补贴培训目录。建立体育就业人员就业信息库，进一步推动扩展人社部关于体育职业认定范围。尽快开展体育就业质量评价工作，加快形成推动就业质量发展的指标体系和统计体系。通过"促流动"挖掘体育产业发展所需的新人口红利。

第七，拓宽退役运动员发展空间，打通向教练员、裁判员、社会体育指导员、企事业单位、运动协会及休闲健身俱乐部管理人员的转岗就业渠道。明确退役运动员的职业规划培养，建立标准的岗位培训体系，改进运动员的退出计划，制定运动员个人职业发展规划。实施优秀教练员培养工程，建立学历教育、岗位培训和业务培训相结合的培训体系，全面提高教练员的业务水平。

第八，健全体育赛事志愿者等级评定体系，构建专业体育赛事志愿者团队。针对特殊就业人群进行职业技能培训，以大型赛事举办等契机加大转岗职工、退役运动员、残疾人等劳动者体育产业方面职业技能培训力度。

项目编号（2019-C-23）

体育促进乡村振兴的路径及政策研究

陈珍怀　游国鹏　曾新月　胡小清　卢文洲　王永安　潘幕元

2017年10月18日，在党的十九大报告中，习近平总书记表示："实施乡村振兴战略，农业农村农民问题是关系国计民生的根本性问题，必须始终把解决好'三农'问题作为全党工作重中之重。"体育是社会事业发展的重要组成部分，如何认识体育促进乡村振兴是亟待解决的现实问题。本研究在分析体育促进乡村振兴内涵的基础上，通过体育促进乡村振兴的内在机制、现实案例解析，提出体育促进乡村振兴的具体路径及机制保障，为国家制定有关的乡村政策提供咨询。

一、体育促进乡村振兴的内涵

体育本身不具备所谓的其他功能，是随着社会实践的丰富，体育与其他学科的发展，出现体育教育、体育经济、体育环境、体育文化、体育组织、体育治理、体育卫生等，这些交叉学科实践的发展推动着体育的功能和外延不断增加，根据学者前期对"体育"概念的探讨与交流及社会实践现实发展的情况，本研究对"体育"的定义为：以发展体能，促进健康为主的教育。这一定义阐明的要点包括：第一，体育的发展与国家颁布政策的体育概念发展相一致，如《"健康中国2030"规划纲要》《全民健身计划（2016—2020年）》《体育强国建设纲要》《国务院关于加快发展体育产业促进体育消费的若干意见》等，是与时俱进地增加其内涵和外延；第二，体育的实施和参与主体包括：政府、社会、市场；第三，体育的目的是促进人的发展，实现全社会、全人群、全行业参与体育，实现人的健康；第四，释放体育的本质功能，融合相关业态发展。

根据概念分析本研究认为，"乡村振兴"的定义是"产业兴旺、生态宜居、乡风文明、治理有效、生活富裕"。这一定义阐明的要点包括：一是农村现代化与国家现代化之间的关系，乡村振兴战略的提出背景是我国经济社会发展进入新时代，即将全面建成小康社会和开启全面建设社会主义现代化强国的新征程，因此农村现代化是国家现代化的基础；二是"产业兴旺、生态宜居、乡风文明、治理有效、生活富裕"是乡村振兴战略的主要内容、价值追求和衡量标准，也是"五位一体"总体布局在乡村的具体展开；三是乡村振兴战略的本质和根本目标是实现农业农村的现代化；四是乡村振兴战略的实施是一个复杂的系统工程和长期过程，应尊重乡村发展规律，因地施策，切勿急于求成、千篇一律。

促进的基本解释是促使发展。与"促进"相近的词语有"鞭策""推动""鼓动""促使"。从区域来看，体育促进乡村振兴，主要阵地在乡村，不同社会发展阶段呈现不同形态；从管理学角度来看，是两个系统要素间相互协同的过程；从参与主体来看，体育促进乡村振兴的各个环节，包括产业兴旺、生态宜居、乡风文明、治理有效、生活富裕；从促进的具体内容来看，有宏观层面的决策层促进，主要指两个系统的战略规划、政策法规、重大问题的解决方案等要促进，有中观的管理层促进，主要指规划、设计、资源配置、绩效评估、设施、组织、活动、人才、宣传、科技等方面要统筹，有微观层面的操作层促进，主要指体育赛事促进乡村旅游发展的具体方案、手段和方法上的促进及平台构建，以及体育公共服务促进乡村公共服务的计划、手段、方法上的促进和平台的建设。

二、体育促进乡村振兴存在的问题

（一）思想观念认知不足

从政府、体育主管部门到乡村个体经营者、乡村居民，对体育促进乡村振兴所具备的条件认知不足，对发展乡村体育产业所具备的特征和要素不够清晰，对游客乡村休闲活动的认知不够。

（二）缺乏统一针对体育发展的规划

无论是乡村休闲体育或者乡村体育赛事的发展，还是"体育+农业、文化、生态"等都需要对乡村进行统筹安排、全面规划，目前未充分利用乡村的山水林田湖草生态资源。

（三）乡村公共体育服务的不平衡

主要体现在体育场地基础设施的不平衡，体育经费投入的不平衡，乡村体育专业和管理人才的不平衡三个方面。

（四）乡村公共体育服务供给不充分

主要体现在供给公共体育服务的产品单一，群众缺乏对公共体育服务需求表达的热忱，乡村体育公共服务的供给效率低下三个方面。

（五）体育精准扶贫未深入青少年

对乡村学校体育教师、学生及场地设备的关注不足。

三、体育促进乡村振兴的建议

（一）制定相应的政策法规

统筹乡村体育发展空间布局开发和建设乡村，利用不同类型乡村自然资源和人文资源，利用乡村的山水林田湖草生态资源，开展体育融合乡村农业、旅游、生态、文化、人文等产业，促进乡村体育事业的发展，通过政策将乡村道路建设与体育健身步道相融合，通过产业将发展体育事业与发展地方经济相结合，既能够满足乡村居民的经济创收，还能通过改善体育基础设施与群众闲暇体育活动相联系。随着新时代大健康、大卫生健康理念的深入，塑造健康公民和建设健康乡村，尤其是针对慢性病和地方性疾病多发地区，应提倡"以体为先"和"体医融合"原则，加大力度对慢性病知识普及和干预，有针对性地结合卫生部门传授健身知识和运动处方制定，有效地减少因病而出现贫困和返贫的现象。营造良好的乡风文明建设，提倡积极、健康、文明的生活方式，让体育行为和体育参与成为乡村居民日常生活的重要部分，通过体育活动引导健康生活方式和丰富乡村居民的业余生活。

（二）增强体育意识，合理利用体育资源

乡村体育的发展需要人们改变对体育的意识，需要政府部门加强对体育的宣传，应当建立由中央到地方的乡村体育宣传网络体系，各地区各类媒体应开设体育促进乡村振兴的成果专栏，加大体育在乡村振兴中大有可为的宣传和报道力度，通过新媒体、网络、广播、电视、宣传画报等载体，进行体育健身锻炼、体育健身指导、体育科普知识的宣讲，提高群众的体育意识；通过体育与乡村产业发展的深度解读和宣传，乡村管理经营者对待体育意识的转变，让体育项目融入休闲旅游、农业观光、水上项目等方面。要加强乡村学校体育的发展，形成内部联动机制，通过学校体育培养人们的终身体育意识，为乡村源源不断地输入具有终身体育意识和能力的体育参与者。

（三）推进乡村公共体育服务供给水平

乡村的公共体育服务供给以中央和省级政府为主体，应当进一步加大中央和省级政府及各级体育彩票公益金对乡村公共体育服务的投入，健全财政投入保障制度，让公共财政更大力度地向乡村"三农"倾斜。另外，借助乡村振兴的不同阶段，实现乡村公共体育服务的供给能够纳入社会各行业各领域支持乡村振兴的政策议程中，以增加更多资源推进乡村公共体育服务供给水平，实现乡村公共体育服务在数量和质量上能够满足乡村人民不断增长的体育需求。

（四）发挥基层党组织的治理能力

在基层党组织治理过程中应当通过法治、德治、自治相结合推进乡村体育治理。尤其在治理过程中针对乡村现状，关注老、弱、病、残、儿童、青少年等乡村社会弱势群体。理顺乡村基层部门的权、责是乡村治理的重要内容，在乡村治理过程中应当加强公共体育组织网络建设、活动建设、人才建设，增强乡村体育公共服务的供给能力。体育组织网络治理方面，通过政策推广和营造健身氛围，以建立和完善镇（乡）全民健身的领导机构、文体工作站；有效推进村级体育领导机构和健身活动点建设；强化妇联、残联和共青团组织的职能，针对对应服务对象进行体育服务的供给；另外，发挥不同人群、项目、行业等协会的作用，尤其是农民体育协会在乡村协会中的"龙头"效应。公共体育活动治理方面，应大力推广群众喜闻乐见的群众体育赛事，通过全民健身体育赛事、协会引领的赛事及民间传统体育赛事等，推动镇（乡）和村两级体育活动赛事体系的完善。乡村公共体育服务人才建设方面，应加强对以政府、企事业单位及乡镇离退休人员为主的人才培养，发挥他们在社会体育组织工作中的优势，同时，大力引进有理想、有才能、有意愿从事体育公益事业的新乡贤，借助新乡贤对家乡建设的热情，从不同行业的背景出发对乡村社会体育组织建设贡献力量。与此同时，发挥现有人员的作用，通过与体育院校、单项体育社团组织合作，加强组织成员体育专业知识理论、实践工作技能的培训和志愿精神、服务意识的培养，提升乡村体育服务管理能力和体育服务专业化水平。另外，应加大"大学生志愿者"参与乡村体育的发展，贡献其智慧与力量，起到带动群众体育参与、传播体育知识和教授运动技能的作用。

（五）巩固生态文明，加强公共体育场地设施建设

将乡村公共体育基础设施融入县、镇（乡）、村的整体规划中，发挥山水林田湖草作为一个生命共同体融入乡村体育规划中，形成一村一品、一村一业、一村一策的具有不同地域特点和样式的乡村公共体育基础设施建设，同时在乡村公共体育设施建设中应凸显生态效益的价值，发挥不同民族、地域、项目、节气等特点，以此为依据进行乡村公共体育设施、器材的建设和配备。

（六）强化文化引领，丰富乡村体育文化新内涵

充分挖掘和整理乡村"乡土"农耕文化、非物质体育文化、民俗文化，健全乡村公共体育文化服务体系。推进乡村公共体育文化服务标准化建设、乡村公共体育文化服务数字化建设等，进而实现乡村现代公共体育文化服务体系的飞跃式发展。

（七）精准扶贫，体育担当

体育事业不仅是我国社会生活的重要组成，也是决战决胜脱贫攻坚、奔向全面小康社会的重要力量。农村学校是体育扶贫的重要基地，应当着眼于乡村体育教师、设施的培养和建设。同时应加大关注乡村儿童、青少年。体育作为教育的重要组成部分，是实现体育扶贫的重要手段。在儿童少年成长的关键时期应通过"扶体扶智"，帮助青少年强健体魄、健全人格、完善自我、突破物质和精神贫困。

项目编号（2019-C-27-1）